100

| 한국장로교총회창립 100주년기념 표준주석 |

예레미야

1~25장

강성열 지음
대한예수교장로회총회교육자원부 편

한국장로교출판사

발간사

본 주석서는 대한예수교장로회총회의 신앙과 신학 이념을 따라 평신도와 신학생, 목회자와 신학 교수들이 성경을 바르게 이해하도록 도움을 주는 데 그 목적이 있다.

대한예수교장로회 교단은 1934년 희년에 즈음하여 성경전서 주석의 간행을 총회에서 결의한 바 있다. 그리하여 1937년부터 총회표준주석(1937년, 『욥기』, 『시편』, 『잠언』, 『전도서』, 『아가』; 1939년, 『로마서』, 『고린도전·후서』, 『갈라디아서』)이 간행되기 시작하였다. 그러나 제2차 세계대전의 발발과 일제강점기의 한국교회 탄압으로 주석 발간 사업은 일시 중단되었다. 1945년, 해방은 되었으나 38선으로 남북이 분열되고, 1950년 6·25한국전쟁의 비극을 겪어야 했다. 1953년, 휴전된 후 총회표준주석 사업이 재개되어 1954~1957년(1954년, 『이사야』; 1955년, 『요한복음』; 1956년, 『창세기』; 1957년, 『레위기』, 『민수기』)에 출판이 있었으나, 1959년에 교단의 분열로 오늘에 이르기까지 총회표준주석 사업은 불가한 형편이었다.

대한예수교장로회 제90회기(2005) 총회는 총회창립 100주년(2012)기념 사업의 일환으로 교단 신학의 정체성 확립과 한국장로교회의 신학적 표준을 제시할 총회표준주석을 출판하기로 결의하고, 총회 산하 신구약성경 신학자들에게 집필을 위촉하게 되었다.

2005년 12월 한국장로교총회창립 100주년기념 표준주석편찬위원회가 조직된 후 집필 원칙을 정하고 집필자를 선정하여, 그 원칙에 충실할 것을 서약하게 하였다. 지난 7년 동안 집필자들의 깊은 기도와 연구의 산고 끝에 이제 그 실체가 드러나 장로교 총회표준주석이 출판되었다. 편찬위원회는 수차례 모임을 갖고 50여 명에 이르는 많은 집필자들을 격려하고 집필 목적과 방향 제시를 수시로 하여 주석서의 통일성과 진정성을 유지하게 하였다. 집필된 원고가 제출된 경우, 검독위원회가 총회의 신학과 신앙에 맞는 주석을 출판하기 위해 내용을 수정 또는 추가할 것을 요청하기도 하였다.

이 주석서가 빛을 보기까지 집필자는 물론이고, 총회교육자원부와 한국장로교출판사의 수고가 있었고, 전국 교회들의 기도 지원이 있었다. 무엇보다도 출판비 및 연구비 전액을 이름 없이 지원해 준 교회가 있었다. 이에 독자 여러분과 함께 하나님께 찬양을 드리며, 이 일에 헌신하신 분들께 감사를 드린다.

유사 이래 성경보다 더 긴 세월 동안 연구되고 읽혀진 책은 없다. 그렇기 때문에 해석 방법도 시대와 지역에 따라 다양하게 나타났다. 에스라 시대까지 거슬러 올라가서 사용된 미드라쉬(Midrash) 주해 방법부터 시작하여 중세의 종교개혁자들과 현대 비평주의자들의 해석 방법 등 수많은 해석학적 이해가 있어 왔고, 여러 언어로 번역되어 하나님의 말씀인 성경은 읽혀졌다. 그러나 하나님의 말씀은 (해석자들이나 번역자들에게) 매이지 않는다(딤후 2:9). 성경 주석가와 번역자들은 자기 시대와 문화 속에서 어떤 전제(presupposition)를 갖고 성경을 읽기 때문에 언제나 해석의 한계가 있음을 인정할 수밖에 없다. 그런 의미에서 본 주석서도 예외는 아닐 것이다. 그럼에도 불구하고 본서는 그 한계를 최소화시키기 위해 다양한 신학적 입장, 다른 해석들, 교회사적 해석들, 지리적 상황을 포함하려고 노력했다.

우리의 전제는 신구약성경 66권이 하나님의 영감으로 특별 계시된 말씀이라는 대한예수교장로회의 신앙고백을 준거(準據)로 했다. 그러므로 본서는 집필자 자신의 신앙고백과 신학도 내포되었지만, 그보다 총회의 신앙과 신학의 표준적 입장에서 성경을 주석한 것이다. 즉, 사도신경, 웨스트민스터신앙고백서, 장로교신앙고백을 따르는 개혁주의 신학과 신앙 전통을 따른 것이다.

집필을 하는 데 있어서 학문적 깊이를 외면할 수는 없으나 목회자나 평신도가 성경을 이해하는 데 도움을 주기 위해 설교를 위한 묵상을 삽입하기도 하였다. 그러나 각 권의 기록자, 기록 연대, 문학적 특징, 책의 목적 등을 설명하는 개론적 연구를 할 때에는 그것이 학문적 연구에 꼭 필요하다고 여겨지는 경우에 한하여 최근 많은 성경학자들이 사용하는 비평적 방법도 가설(假說)로는 소개하였으나 결론은 따르지 않았다. 그것이 교회의 신앙적 지도를 위한 적절한 방법은 아니기 때문이다.

영감으로 된 하나님의 말씀인 성경의 해석은 성령의 조명이 가장 중요한 조건이다. 따라서 본서의 집필자들은 종교개혁자들이 채택했던 문법적, 역사적, 신학적 원리를 주된 해석 방법으로 채택하고, 기도하면서 하나님의 계시된 말씀의 원의를 알기 쉽게 해석하려고 힘썼다. 외래어 사용은 가급적 줄이되 히브리어나 헬라어와 같은 원어를 반드시 읽어야 할 경우에는 음역화해서 누구나 원어의 발음으로 읽게 했다. 각주(脚註)도 가급적 줄이되 문장 뒤에 참고로 넣었다. 또한 각 절이 아닌 단락별로 주해를 하여 전체적 파악을 도왔다.

주석 앞에는 대한성서공회가 출판한 개역개정 성경(4판)을 단락별로 제시했다. 히브리어 성경은 BHS(Biblia Hebraica Stuttgartensia)를, 헬라어 성경은 United Bible Societies가 출판한 The Greek New Testament(4th ed)를 각각 원문으로 채택하여 사용하였다. 특히 개역개정 성경의 번역에 대한 문제가 있다는 의견을 총회가 받아들여 본 편찬위원회에 수정 의뢰를 하였고, 집필자들이 원문을 바로 번역하여 대한성서공회에 제시함으로 수시 교정 제도를 따라 수정하도록 했다.

우리의 생명이시며 찬양의 대상이 되신 우리 주 예수 그리스도를 계시하시고, 하나님의 공의와 사랑을 그의 십자가를 통하여 실현시켜 우리를 구원하신 하나님의 깊은 뜻을 알게 해 주는 신구약성경을 더 많은 사람들이 더 깊이, 더 분명하게 이해하고, 믿게 하기 위하여 대한예수교장로회총회 창립 100주년을 기하여 한국 교회와 세계 교회 앞에 겸손한 자세로 이 주석을 내어놓는다.

"내가 온 것은 양으로 생명을 얻게 하고 더 풍성히 얻게 하려는 것이라" (요 10 : 10b).

Soli Deo Gloria!

한국장로교총회창립 100주년기념
표준주석편찬위원회
위원장 이 종 윤

추천사 1

할렐루야! 2012년은 대한예수교장로회(통합)총회가 창립 100주년을 맞이하는 해입니다. 총회가 창립된 이후 1세기가 지난 지금까지 우리 한국 교회를 세계가 주목할 만큼 눈부시게 성장할 수 있도록 도와주신 에벤에셀의 하나님께 모든 찬송과 영광과 감사를 드립니다.

이와 같은 한국 교회의 놀라운 부흥 가운데서도 마음 한구석에 늘 안타까움이 자리하고 있었는데, 그것은 바로 우리 한국 교회만의 권위 있는 주석이 없다는 사실이었습니다. 현재 목회현장에서 사용되는 우리말 주석들은 대부분 오래되었거나 현대의 한국 교회 상황에 맞지 않는 서구 교회의 해석, 또는 성서학 전문가들의 주석이 아닌 짜깁기식 주석이 대다수를 차지합니다.

이러한 현실 가운데 이번 총회창립 100주년기념사업의 일환으로 본 교단에서 『한국장로교총회창립 100주년기념 표준주석』을 출간하기로 결의하고, 주석서를 출간하게 된 것은 대단히 자랑스럽고 의미 있는 일이 아닐 수 없습니다.

이번 『표준주석』의 출판으로 한국 교회는 이전보다 더욱 '개혁주의 신학과 신앙 전통'을 따르는 성경 해석의 기초를 확립하게 될 것이며, 많은 목회자들이 이 주석서를 통해 하나님의 말씀에 중심을 둔 목회를 실천할 수 있을 것으로 기대합니다. 더 나아가 이 『표준주석』은 한국 교회의 신앙을 더욱 견고히 하는 성경 해석의 표본이 될 것입니다.

아무쪼록 이번 『표준주석』 출간을 계기로 우리 한국 교회가 당면한 갖가지 위기를 극복하고 더욱 하나님 말씀으로 충만하여, 평화통일은 물론 주님의 지상명령인 땅끝까지 복음을 전하는 사명을 보다 잘 감당하는 교회로 거듭나게 되기를 기대하며, 한국의 모든 교회와 성도님들께 자랑스럽게 이 주석서를 추천하는 바입니다. 샬롬!

장로회신학대학교
전 총장 장 영 일

추천사 2

『한국장로교총회창립 100주년기념 표준주석』의 발간을 축하합니다. 한국 교회 역사에서 중요한 자리를 차지하고 있는 『총회표준주석』은 한국 교회에 큰 영향을 끼친 박윤선 박사님께서 박형룡 박사님을 도와 『표준주석』의 고린도후서 주석 집필에 참여하면서 평생을 주석 집필에 헌신하게 했던 뜻깊은 주석이었습니다.

그러나 그동안 중단되었던 표준주석 사업을 재개함에 있어 편집위원장 이종윤 목사님이 밝힌 대로 성경이 성령으로 영감된 정확 무오한 하나님의 말씀이라는 분명한 신앙고백 위에 집필토록 하였다는 편집 원칙을 통해 『표준주석』의 맥을 잇고자 하는 의지를 보여 줍니다.

이런 맥락에서 비평적 성서연구가 교회의 신앙적 지도에 적합하지 않다는 인식을 가지고 전통적인 개혁주의 해석 방법을 채택할 뿐만 아니라 복음적이고 목회적인 관심을 드러낸 점도 환영할 만한 일입니다. 또한 성경 자체에 대한 전문적인 지식뿐만 아니라 한국 교회와 성도를 체험적으로 알고 있는 성경학자들이 오랜 기도와 연구 끝에 발간하였다는 점도 높이 사고 싶습니다.

아무쪼록 본서가 많은 이들에게 풍성하고 깊이 있는 신학적 성찰을 제공하는 귀한 책이 되길 소망합니다.

합동신학대학원대학교
전 총장 성 주 진

예레미야 1~25장

차 례

예레미야 1~25장

서 론

A. 눈물의 예언자 예레미야

B. 예레미야의 구조

C. 시대적인 배경

D. 주요 내용과 신학

1. 하나님에 대한 유다 백성의 배신과 예레미야의 회개 촉구
2. 거짓 평화에 대한 확신과 공박
3. 예레미야의 고백
4. 새로운 언약

| 예레미야 1~25장 |

서 론

A. 눈물의 예언자 예레미야

제사장 힐기야의 아들이었던 예레미야는 "야웨께서 (태를) 여신다" 또는 "야웨께서 높이신다"는 뜻(Thompson, 139)의 이름을 가진 예언자로서, 주로 남왕국 유다에서 예언 활동을 전개하였다. 20여 세 전후에 하나님의 부르심을 받아(1 : 6, 주전 627년경) 예언자가 된 그는 시드기야(주전 597-587년) 제11년 말(주전 587년)까지 하나님의 말씀을 전하였다(1 : 2-3). 1 : 1에 의하면, 그는 베냐민 지파에 속한 아나돗 지역 출신으로 제사장 가문에서 출생하였으나, 유다 왕 요시야(주전 640-609년) 제13년에 하나님의 예언자로 부름을 받았다. 본래 그는 겁이 많고 조용한 성품의 사람이었지만(1 : 6), 예언자가 된 후로는 하나님의 약속을 믿고서 담대하게 하나님의 말씀을 전할 수 있었다(1 : 7-10).

"너는 이 땅에서 아내를 맞이하지 말며 자녀를 두지 말지니라"(16 : 2)는 하나님의 명령으로 예레미야는 가정도 갖지 못한 채 남왕국 유다가 멸망할 것이라는 충격적인 사실을 전해야만 했다. 그는 동족의 슬픈 미래를 자신의 아픔으로 받아들일 만큼 감성이 풍부한 사람이었다. 그래서 사람들은 그를 일컬어 "눈물의 예언자"라고 부르는 것을 주저하지 않는다. 예레미야가 이처럼 민족의 파멸을 예언했기 때문에 당시의 지배 계층은 여러 방법으로 그를 핍박했다.

예레미야는 주위 사람들의 핍박을 견디다 못해 여러 차례 하나님께 자신의 고통을 호소하였지만, 죽을 때까지 그가 당하던 고난으로부터 벗어나지 못했다. 그는 또한 남왕국에 평화가 지속될 것이라고 예언하던 거짓 예언자들과 논쟁을 벌이기도 했다. 예레미야는 평화 대신에 파멸을, 그리고 바벨론에 항복할 것을 외쳤기 때문이다. 그렇다고 그가 줄곧 심판만을 외친 것은 아니다. 하나님께서 자기 백성과 맺으실 새 언약을 선포함으로써 그는 파멸 후에 있을 하나님의 구원의 은총과 새로운 미래를 분명하게 보여 주기도 했다.

B. 예레미야의 구조

성경에서 가장 두꺼운 책(Fretheim, 1)인 예레미야의 내용은 크게 보아 1~25장과 26~36장, 37~45장, 46~51장의 네 부분으로 나누어진다. 거의 시문체로 되어 있는 1~25장은 예레미야를 1인칭으로 묘사함으로써 그가 남왕국 유다를 향하여 직접 선포한 메시지를 담고 있으며, 예레미야를 3인칭으로 묘사하고 있는 26~36장은 바룩이 그 대부분을 기록한 것으로 알려져 있다. 그리고 세 번째 부분인 37~45장 역시 바룩이 기록한 것으로, 예루살렘 포위 당시의 예레미야의 활동과 그가 당한 고난 및 예루살렘 멸망 후 이집트로 이주하기까지의 활동 등을 담고 있다.

이렇듯이 예레미야를 3인칭으로 칭하는 앞의 두 부분, 곧 26~36장과

37~45장이 예레미야 개인의 삶과 관련된 전기적인 자료를 많이 포함하고 있는 반면에, 네 번째 부분인 46~51장은 이스라엘 주변의 다른 나라들을 향한 하나님의 심판을 담고 있다. 이 네 번째 부분은 이집트, 블레셋, 모압, 암몬, 에돔, 다메섹, 게달과 하솔, 엘람, 바벨론 등의 나라들을 심판의 대상으로 언급한다. 그리고 마지막 52장은 일종의 부록에 해당하는 본문이라 할 수 있다. 물론 이상의 내용, 곧 26~52장까지 이어지는 부분은 시문체로 되어 있는 1~25장과는 달리 거의 대부분이 산문체로 되어 있다(Carroll I, 35). 시문체로 되어 있는 30~31장과 46~51장을 제외하고서 말이다.

그런데 한 가지 흥미로운 것은, 본래 히브리어로 기록되어 있던 구약성서를 주전 3세기 중반경에 알렉산드리아에서 헬라어로 옮긴 70인역(*Septuagint*)이 1~25장, 46~51장, 26~45장의 순서로 달리 배열되어 있다는 점이다. 이것은 예레미야가 상당히 복잡한 편집 과정을 거쳐서 지금의 형태로 완성된 것일 수도 있음을 암시한다. 이 점은 현재의 히브리어 본문이 70인역보다 1/7 정도 더 길다는 사실, 곧 히브리어 본문이 21,111개의 낱말들로 되어 있는 반면에 70인역에는 3,097개 정도의 낱말이 빠져 있다는 사실에 의하여 뒷받침된다(Fretheim, 25). 이러한 점을 염두에 두면서 앞서 설명한 예레미야의 구조를 알기 쉽게 정리하면 다음과 같다.

1~25장	유다와 예루살렘을 향한 하나님의 심판
26~36장	예레미야의 전기(1)
37~45장	예레미야의 전기(2)
46~51장	이방 나라들에 임할 하나님의 심판
52장	부록:유다가 바벨론에 멸망할 당시의 상황

그리고 한 가지 더 주목할 것은, 예레미야가 하나님의 말씀을 받은 연도에 대해서 언급하는 본문이 적지 않다는 점이다. 물론 그 연도는 예레미야의

연대적인 순서와 아무런 관계가 없다. 이것은 예레미야의 내용이 예언 메시지를 받은 순서대로 정리되어 있지 않다는 것이다. 본문에 나타나는 연도들을 주요 단락별로 정리하면 다음과 같다.

1 : 2	요시야가 다스린 지 13년(주전 627년)
25 : 1	요시야의 아들 여호야김 제4년(주전 605년)
26 : 1	여호야김의 즉위 초(주전 608년)
28 : 1	시드기야 제4년(주전 594년)
32 : 1(33 : 1)	시드기야 제10년(주전 588년)
35 : 1	요시야의 아들 여호야김 때(연도 불확실)
36 : 1	요시야의 아들 여호야김 제4년(주전 605년)
36 : 9	요시야의 아들 여호야김 제5년 9월(주전 604년)
39 : 1	시드기야 제9년 10월(주전 589년)
39 : 2	시드기야 제11년 4월 9일(주전 587년)
41 : 1	시드기야 제11년 7월(주전 587년)
45 : 1	요시야의 아들 여호야김 제4년(주전 605년)
51 : 59	시드기야 제4년(주전 594년)
52 : 4	시드기야 제9년 10월 10일(주전 589년)
52 : 5~6	시드기야 제11년 4월 9일(주전 587년)
52 : 28	느부갓네살 제7년(주전 598년)
52 : 29	느부갓네살 제18년(주전 587년)
52 : 30	느부갓네살 제23년(주전 582년)
52 : 31	여호야긴이 사로잡혀 간 지 37년(주전 560년)

C. 시대적인 배경

예레미야가 활동하던 당시의 시대적인 배경은 어떠했을까? 그가 예언자로 부름 받은 지 얼마 안 되어 요시야 왕(주전 640-609년)은 대대적인 종교개혁을 단행하였다(주전 621년경, 왕하 22-23장; 대하 34-35장). 그는 자기 나라 안에 있는 모든 이방 신앙과 우상 숭배를 남김없이 제거하려고 노력하였는 바, 예레미야는 요시야의 이러한 노력을 매우 좋게 보았다: "네(여호야김)가 백향목을 많이 사용하여 왕이 될 수 있겠느냐 네 아버지(요시야)가 먹거나 마시지 아니하였으며 정의와 공의를 행하지 아니하였느냐 그때에 그가 형통하였었느니라 그는 가난한 자와 궁핍한 자를 변호하고 형통하였나니 이것이 나를 앎이 아니냐 여호와의 말씀이니라"(렘 22 : 15-16). 그 까닭에 예레미야는 요시야 왕이 죽었을 때 그의 죽음을 크게 슬퍼하였다(대하 35 : 25; 애 4 : 20).

그러나 요시야의 종교개혁은 그렇게 크게 성공을 거둔 것 같지 않다. 왜냐하면 당시의 남왕국은 요시야의 종교개혁에도 불구하고 여전히 많은 문제점을 안고 있는 것으로 보이기 때문이다. 우리는 그것을 예레미야가 요시야 시대에 전한 것이 확실한 예레미야 1~6장에서 확인할 수 있다. 아마도 요시야의 종교개혁은 기득권을 가진 지배 계층과 일반 백성에 의해 형식적인 개혁으로 변질되었을 것이다. 이러한 사실은 요시야가 죽은 후에 여호아하스(주전 609년)나 여호야김(주전 609-598년)이 다시금 우상 숭배로 돌아선 것을 볼 때 분명하게 드러난다.

이집트의 왕인 느고(Necho Ⅱ, 주전 610-594년)가 여호아하스를 잡아가고 그 대신 왕으로 세웠던 여호야김은 초기에 이집트를 섬기다가 바벨론 왕 느부갓네살(주전 605-562년)의 공격을 받고 바벨론에게 조공을 바치게 된다. 그러나 여호야김은 3년 후에 바벨론을 배반함으로써 느부갓네살의 진노를 산다(왕하 24 : 1-4). 여호야김을 이어 여호야긴이 왕위에 오르자 느부갓네살은 군사를 모아 예루살렘을 공격한다(주전 597년). 그는 자신에게 항복한 여호야긴과 많은 유다 백성들을 포로로 잡아가고 성전 기물들을 파괴한다(왕하 24:10-16): "바벨론의 느부갓네살 왕이 유다 왕 여호야김의 아들 여고냐와 유다 고관들과 목공들과 철공들을 예루살렘에서 바벨론으로 옮긴 후에 여호와께서 여호와의 성전 앞에 놓인 무화과 두 광주리를 내게 보이셨는데"(렘 24:1).

느부갓네살은 자신이 유다의 왕으로 세운 시드기야(또는 맛다니야)가 여호야김과 마찬가지로 조공을 중단하자, 대군을 이끌고 예루살렘을 공격하여 남왕국 유다를 완전히 멸망시킨다(왕하 25:1-21; 렘 39:1-10). 이때에 예레미야도 포로로 잡혀갔다가 석방되어 느부갓네살이 유다 성읍들의 총독으로 세운 그다랴(더 정확한 히브리어 발음은 '그달르야후'이지만 왕하 25장은 이 똑같은 사람의 이름을 "그달리야"로 조금 다르게 음역함.)에게로 간다(렘 40:1-6). 그러나 그다랴는 느다냐의 아들 이스마엘과 그의 무리에게 살해당하게 되고, 이스마엘은 남은 백성들을 이끌고 암몬으로 간다(41:1-10). 이러한 사실을 전해 들은 가레아의 아들 요하난은 이스마엘이 강제로 암몬으로 데리고 가던 사람들을 구출하여 이집트로 가려고 작정한다(41:11-18). 예레미야는 이집트로 가서는 안 된다는 하나님의 말씀을 전했지만 거절당하여 결국 그들을 따라 이집트로 간다(42-43장).

D. 주요 내용과 신학

예레미야는 멸망 직전의 유다 나라가 심각한 신앙적, 도덕적 위기에 직면해 있음을 지적하였다. 그가 보기에 당시의 유다 백성은 하나님 아닌 이방신들을 무수히 섬겼다. 그것은 마치 남편과도 같은 하나님을 버리고 다른 남자를 따르는 것과 같은 행동이 아닐 수 없었다. 설령 그들이 하나님을 섬기는 경우라 할지라도, 하나님의 율법에 순종하면서 진실하고 온전한 마음으로 하나님을 섬기는 사람을 찾기가 어려웠다. 도리어 율법을 위반하면서 위선과 거짓으로 하나님을 섬기는 경우가 대부분이었다. 이처럼 비뚤어진 신앙은 무엇보다도 당시 나라를 이끌어 가는 지배 계층에게 일차적인 책임이 있었다. 그들에게서는 이사야가 강조한 '미슈파트'(justice)와 '체데크/츠다카'(righteousness)를 도무지 찾을 길이 없었다. 특히 거짓 예언자들과 거짓 제사장들의 종교적인 탈선과 횡포가 극에 달해 있었다.

그중에서도 거짓 예언자들은 하나님이 자기들을 안전하게 지켜 주실 것이니 아무 염려할 필요가 없다고 강변하였다. 그들은 칼과 기근으로 대표되는 하나님의 심판이 임하기는커녕 도리어 하나님의 평화가 영원토록 자기 땅에 머물 것이라고 외쳤다. 그러나 예레미야는 이들의 위선과 허위의식을 신랄하게 비판하면서, 그들의 예언이 하나님께로부터 비롯된 것이 결코 아님을 낱낱이 폭로하였다. 또한 그는 평화가 아니라 칼과 기근의 심판이 있을 것임을 외치면서, 심판의 도구로 사용될 바벨론에 맞서지 않고 도리어 항복하는 자라야 목숨을 건질 수 있을 것이라고 예언했다. 이 때문에 예레미야는 여러 차례 생명의 위협을 겪었지만, 그것이 하나님의 계획에 대한 그의 확신과 순종 의지를 꺾지는 못했다.

그럼에도 불구하고 하나님의 계획은 결코 심판으로 끝나지 않는다. 심판은 더 큰 은총을 향해 나아가는 과정에 지나지 않는다. 실제로 예레미야는 하나님이 자기 백성의 죄악을 철저하게 심판하신 후에, 이전과는 다른 새로운 언약을 그들과 맺으실 것이요, 그로 인하여 이제는 그들이 전적으로 하나님의 은총에만 의지하는 새로운 삶을 시작하게 될 것이라고 예언한다.

1. 하나님에 대한 유다 백성의 배신과 예레미야의 회개 촉구

예레미야 한 세대 전에 이미 히스기야 왕(주전 715-687년)의 대대적인 종교개혁(왕하 18 : 1-6)이 있었음에도 불구하고, 유다 왕국은 본질적인 변화로 나아가지 못했다. 그 때문에 히스기야가 죽은 후에 유다 백성은 더욱 악한 길로 빠져들 수밖에 없었다. 므낫세(주전 687-642년, 왕하 21 : 1-11)와 아몬(주전 642-640년, 왕하 21 : 19-22)의 비뚤어진 통치가 그 점을 잘 보여준다. 요시야 왕의 종교개혁 직전에 예언자로 부름 받은 예레미야는 유다 백성의 죄악을 크게 두 가지로 나누어 고발한다. 첫째로 그들은 하나님이 아닌 것들, 곧 우상이나 이방 신들을 야웨 하나님 대신 섬기는 죄를 범하였다. 그들은 높은 나무에 오르고 푸른 나무 아래로 가서 행음하였으며 돌과 나무로 된 헛된 우상을 향해 절하였다(1 : 16; 2 : 20-28; 3 : 6-10, 13; 8 : 1-2; 10 : 1-11; 11 : 9-13; 13 : 10; 16 : 11-14; 17 : 1-2; 19 : 4-5 등). 그들이 섬기는 이방 신들의 수는 너무도 많아서 유다 왕국 성읍들의 수효와 맞먹을 정도였다(2 : 28; 11 : 13).

두 번째로 그들은 하나님께 예배를 드리면서도 거룩한 산 제사를 드리지 못했다. 그들은 외국에서 수입한 값비싼 유향과 향품으로 제사를 드리기도 했지만(6 : 20), 생활 속에서 공의를 행하거나 진리를 구하는 자들은 매우 드물었다. 약한 자들과 가난한 자들을 억압하고 재판을 공정하지 않게 하는 일이 매우 흔하였다(5 : 1, 26-28; 9 : 3-9, 13-14 등). 이렇듯이 하나님의 말씀과 언약을 충실하게 지키지 않고서 드리는 형식적인 예배는 결단코 하나님께 열납될 수가 없었다(7 : 21-26; 8 : 8-10; 11 : 6-8 등). 말씀을 떠난 삶, 하나님을 배반한 생활을 그대로 두고 성전에 온다고 해서 저절로 죄가 사해지는 것은 아니기 때문이다.

예레미야는 이 점을 "성전 설교"에 해당하는 7장에서 신랄하게 비판한 바가 있다: "너희는 이것이 여호와의 성전이라, 여호와의 성전이라, 여호와의 성전이라 하는 거짓말을 믿지 말라 너희가 만일 길과 행위를 참으로 바르게 하여 이웃들 사이에 정의를 행하며 이방인과 고아와 과부를 압제하지 아니하며 무죄한 자의 피를 이곳에서 흘리지 아니하며 다른 신들 뒤를 따라 화를 자초하지 아니하면 내가 너희를 이곳에 살게 하리니 곧 너희 조상에게 영원 무궁토록 준 땅에니라"(7:4-7).

이 모든 범죄의 궁극적인 책임은 과연 누구에게 있었던 것일까? 일반 백성들에게도 문제가 있었지만, 그들을 다스리고 그들을 올바른 길로 인도할 책임을 지고 있는 지도자들, 곧 지배 계층에게 일차적인 책임이 있었다. 다윗의 왕위에 앉은 자들, 제사장, 예언자, 서기관 등 모든 지배 계층이 스스로 말씀을 버리고 백성을 억압하고 우상 숭배를 장려하였기 때문에 유다 왕국은 하나님의 심판을 면할 길이 없었던 것이다(2:8; 5:5, 31; 8:1, 8-10; 10:21; 12:10 등). 이제 예레미야는 하나님의 심판에 직면한 모든 유다 백성들에게 절망적인 심정으로 회개하고 하나님께 돌아오라는 설교를 하지 않을 수 없었다. 그들이 하나님 앞에서 가증한 것, 곧 우상을 버리고 진실과 공평과 정의를 행하기로 맹세하면 하나님은 그들을 버리지 않으실 것이다. 그러나 만물보다 거짓되고 심히 부패한 그들의 마음(17:9)에 할례를 행하고서 하나님께로 돌이키지 않는다면, 누구도 끌 수 없는 맹렬한 분노가 그들을 불사를 것이다(4:1-4).

2. 거짓 평화에 대한 확신과 공박

유다 백성이 그 죄를 뉘우치고 하나님께로 돌아서지 않는 한, 하나님의 심판은 피할 길이 없다고 예레미야가 설교하였음에도 불구하고, 당시의 많은 예언자들은 회개를 전파하기는커녕 모든 것이 잘될 것이요, 평강(peace, '샬롬')이 그들에게 임할 것이라고 외쳤다. 또한 그들은 야웨를 인정하지 않았으며 재앙이 유다 백성에게 결코 임하지 않을 것이라고 단언하였다: "…… 이스라엘의 집과 유다의 집이 내게 심히 반역하였느니라 그들이 여호와를 인정하지 아니하며 말하기를 여호와께서는 계시지 아니하니 재앙이 우리에게 임하지 아니할 것이요 우리가 칼과 기근을 보지 아니할 것이며 선지자들은 바람이라 말씀이 그들의 속에 있지 아니한즉 그같이 그들이 당하리라……"(5 : 11-13); "이는 그들이 가장 작은 자로부터 큰 자까지 다 탐욕을 부리며 선지자로부터 제사장까지 다 거짓을 행함이라 그들이 내 백성의 상처를 가볍게 여기면서 말하기를 평강하다 평강하다 하나 평강이 없도다"(6 : 13-14; 8 : 10-11).

뿐만 아니라 당시의 거짓 예언자들은 유다 백성이 칼을 보지 않을 것이요, 기근이 임하지 않을 것이며, 도리어 야웨께서 그들에게 확실한 평강(peace, '샬롬')을 주실 것이라고 예언하였다. 그러나 야웨께서는 예레미야를 통하여 그들이 하나님의 이름으로 거짓을 예언하고 있음을 드러내셨으며, 그들이 하나님의 보내심이나 명령을 받지 않았음에도 불구하고 "거짓 계시와 점술과 헛된 것과 자기 마음의 거짓"으로 유다 백성에게 예언하였음을 폭로하셨다. 그러면서 그는 칼과 기근이 유다 땅에 이르지 않을 것이라고 예언하는 거짓 예언자들 스스로가 칼과 기근에 멸망할 것이요, 거짓 예언을 받은 유다 백성 역시 동일한 심판을 받게 될 것임을 분명하게 밝히셨다(14 : 13-15).

참으로 거짓 예언자들은 한결같이 평화(샬롬)를 예언하였으며, 야웨의 회의에 참여하여 하나님의 말씀을 전하지 않고 도리어 그들 스스로 만들어 낸 말을 전하였다(23 : 16-22). 그뿐이 아니다. 그들은 간음을 행하며 악을 행하는 손을 강하게 하여 사람들로 하여금 그 악에서 돌이킴이 없게 하였다(23 : 14). 그러나 거짓 평화를 예언하고 불의를 행하는 거짓 예언자들과는 대조적으로 예레미야는 유다 나라와 백성에게 반드시 하나님의 심판이 임할 것이라고 예언하였다. 그는 북방에서 강하고 잔인한 나라(바벨론)가 유다 왕국을 공격할 것이요, 이로 인해 왕을 비롯한 많은 백성들이 포로로 잡혀가게 될 것이라고 선포했던 것이다(1 : 13-15; 4 : 5-31; 5 : 14-18; 6 : 1-8, 22-26; 7 : 29-8 : 17; 13 : 1-27 등).

하나님은 예레미야가 유다 백성을 위해 중재 기도하는 것을 금지시킴으로써 그들에게 임할 심판이 필연적이며 불가피함을 거듭 강조하셨다: "그런즉 너는 이 백성을 위하여 기도하지 말라 그들을 위하여 부르짖어 구하지 말라 내게 간구하지 말라 내가 네게서 듣지 아니하리라"(7 : 16; 11 : 14-17; 14 : 10-12; 15 : 1-4 등). 하나님은 또한 예레미야가 그들을 위하여 복을 구하며 금식을 통하여 또는 번제나 소제를 통하여 심판의 철회를 간구한다 할지라도 그의 간구를 듣지 않으실 것이요, 도리어 칼과 기근과 전염병으로 그들을 멸할 것임을 밝히셨으며(14 : 11-12), 심지어는 모세와 사무엘 같은 중재자가 기도할지라도 유다 나라에 임할 심판이 취소되지 않을 것임을 확실하게 선언하셨다(15 : 1).

더 나아가서 하나님은 거짓 예언자들의 평화 예언이 그들 스스로 지어낸 것임을 지적하면서 심판의 도구로 사용될 바벨론에 저항하기보다는(참조. 왕하 24 : 20) 그들에게 항복하는 자라야만 살 수 있다고 말씀하셨다: "이 성읍에 사는 자는 칼과 기근과 전염병에 죽으려니와 너희를 에워싼 갈대아인에게 나가서 항복하는 자는 살 것이나 그의 목숨은 전리품같이 되리라"(21 : 9; 38 : 2). 예레미야는 바벨론에 맞서 저항하려고 하기보다는 도리어 바벨론을 섬기려는 태도로 바벨론 왕에게 항복해야 산다는 하나님의 말씀을 유다 왕국의 마지막 왕인 시드기야에게 그대로 전하기도 하였다(38 : 17-18).

그들의 목에 바벨론의 멍에를 메어야만 살 수 있다는 예레미야의 예언(27 : 1-17; 29 : 28)에 대하여 당시의 거짓 예언자인 하나냐(28 : 1-4, 10-11)와 스마야(29 : 24-28)는 2년이 채 못 되어 유다 백성이 다시 본국으로 돌아올 것이라고 예언하였지만, 이들 역시 하나님의 심판 메시지를 듣지 않으면 안 되었다. 예레미야가 전한 심판 메시지에 의하면, 하나냐는 야웨께서 보내지 않았음에도 불구하고 유다 백성으로 하여금 거짓 예언을 믿게 한 죄로 인하여 지면에서 제하여 버림을 당할 것이라는 심판 메시지를 들었다. 실제로 그는 예레미야가 전한 심판 메시지 그대로 그해 7월에 죽음의 형벌을 받고야 말았다(28 : 15-17). 거짓 예언자인 스마야 역시 비슷한 심판의 말씀을 듣지 않으면 안 되었다(29 : 30-32).

3. 예레미야의 고백

예레미야는 자신의 동족이 그 죄악으로 인해 하나님께 큰 벌을 받을 것이라는 사실을 예언하면서도 마음속으로는 크게 괴로워하며 슬퍼하였다(4:10, 19-22; 8:18-9:2, 10; 10:19-25; 14:13). 그는 자신의 동족이 저지른 모든 죄악을 그들을 대표하여 고백하고 회개하였지만(3:22-25; 14:7-9, 19-22) 아무 소용이 없었다. 동족이 당할 파멸을 앞에 둔 예레미야의 답답함과 슬픈 마음은 예루살렘의 멸망을 슬퍼하며 부른 노래인 애가(애 1-5장)에 구구절절이 반영되어 있다. 그러나 동족이 당할 재난과 파멸에 못지않게 예레미야를 괴롭힌 것은 그의 주변 사람들이 심판과 항복을 예언하는 그를 핍박했다는 사실이다.

그는 고향 아나돗 사람들이 자신을 죽이려고 한 사실을 알고서 하나님께 크게 불평한 적이 있었다(11:21-23; 12:1-4). 그는 또한 여호야김 왕 때에 성전 뜰에서 하나님의 심판을 설교했다가 생명의 위협을 당한 적이 있었으며(26장), 바룩을 시켜 기록한 하나님의 말씀을 왕 앞에서 읽었다가 동일한 위험에 빠진 일도 있었다(36:1-26). 시드기야 왕 때에는 왕의 신하들이 그를 감옥에(37:14-15), 시위대 뜰에 있는 구덩이에(38:5-6), 혹은 시위대 뜰에 계속 가두어 둔 적도 있었다(32:1-5; 37:21; 38:28).

이처럼 여러 차례 생명의 위협을 느낀 예레미야는 하나님 앞에 자신의 억울함을 호소하지 않을 수 없었다(15:10, 15-18; 17:7-18; 18:18-23). 그는 또한 자신의 출생 자체를 저주할 정도로 탄식한 적도 있었다(20:14-18). 그때마다 하나님은 그를 위로하시고 그를 구원해 주겠다고 약속하셨다(12:5-6; 15:11-14, 19-21). 이로 인하여 그는 하나님의 약속을 확신하는 가운데 고통과 괴로움 속에서도 불붙는 가슴을 가지고 하나님의 말씀을 선포하지 않을 수 없었던 것이다(20:7-11): "내가 다시는 여호와를 선포하지 아니하며 그의 이름으로 말하지 아니하리라 하면 나의 마음이 불붙는 것 같아서 골수에 사무치니 답답하여 견딜 수 없나이다"(20 : 9).

4. 새로운 언약

예레미야는 필연적인 하나님의 심판을 예언하면서도 절망 속에 빠지지는 않았다. 오히려 그는 바벨론에 항복할 것을 권유하였으며, 회개할 것을 요구할 수 있었다. 그가 극도의 고통 속에서도 이렇게 할 수 있었던 것은, 하나님이 온 이스라엘과 더불어 새 언약을 세우실 것임을 확신하고 있었기 때문이다. 그가 전한 새 언약은 과거에 시내 산에서 맺은 언약과는 다른 새로운 것이었다. 이제까지의 시내 산 언약 속에서 하나님은 신실한 남편으로 아낌없는 사랑을 베푸셨지만, 왕이나 제사장, 예언자, 일반 백성들 중에서 그 누구도 하나님의 언약적인 사랑에 바로 응답하지 못했다. 그래서 이제는 하나님이 직접 그들의 마음을 변화시키고 그들의 마음속에 하나님의 법을 기록하기로 작정하신 것이다.

이제는 하나님이 더 이상 그들의 죄를 기억하지 않으실 것이며, 그들 모두가 자연스럽게 하나님을 알게 될 것이다. 이스라엘 전체를 하나님과의 인격적인 관계 속으로 인도할 새로운 언약은 이제 더 이상 죄인인 인간에게 의존하지 않고 신실하신 하나님의 은총에 근거할 것이다(31 : 31-34): "……보라 날이 이르리니 내가 이스라엘 집과 유다 집에 새 언약을 맺으리라 이 언약은 내가 그들의 조상들의 손을 잡고 애굽 땅에서 인도하여 내던 날에 맺은 것과 같지 아니할 것은…… 내가 나의 법을 그들의 속에 두며 그들의 마음에 기록하여 나는 그들의 하나님이 되고 그들은 내 백성이 될 것이라……"(31 : 31-33).

이 새 언약은 궁극적으로 예수 그리스도의 죽음과 부활을 통해서 성취되었다. 예수께서는 제자들과 더불어 마지막 만찬을 나누시면서, 자신의 죽음과 부활이야말로 새 언약의 핵심이 될 것임을 말씀하신 바가 있다: "식후에 또한 그와 같이 잔을 가지시고 이르시되 이 잔은 내 피로 세운 새 언약이니 이것을 행하여 마실 때마다 나를 기념하라 하셨으니"(고전 11 : 25). 이 말씀에 의하면, 예수를 믿는 자는 누구든지 그가 주신 새 언약을 통해 하나님의 자녀가 되고 그의 백성이 될 수 있게 된 것이다.

이 점을 잘 알고 있던 바울 사도는 고린도후서에서 자신을 비롯한 복음의 사도들을 "새 언약의 일꾼"으로 칭하였으며(고후 3 : 6), 히브리서는 새 언약에 대하여 언급하면서 예레미야 31장 본문을 거의 그대로 인용하고 있기까지 하다: "……볼지어다 날이 이르리니 내가 이스라엘 집과 유다 집과 더불어 새 언약을 맺으리라…… 이 언약은 내가 그들의 열조의 손을 잡고 애굽 땅에서 인도하여 내던 날에 그들과 맺은 언약과 같지 아니하도다…… 그날 후에 내가 이스라엘 집과 맺을 언약은 이것이니 내 법을 그들의 생각에 두고 그들의 마음에 이것을 기록하리라 나는 그들에게 하나님이 되고 그들은 내게 백성이 되리라"(히 8 : 8–10).

제 I 부

유다와 예루살렘을 향한 하나님의 심판

예레미야 1 : 1~25 : 38

| 예레미야 1 : 1~25 : 38 |

유다와 예루살렘을 향한 하나님의 심판

예레미야 1 : 2은 예레미야의 활동 시작 시점이 요시야 왕의 통치 제13년째 되던 해라고 말한다. 주전 627년경이 바로 그 시점이다. 그리고 예레미야를 거의 항상 1인칭으로 칭하는 1~25장 단락의 마지막인 25 : 1은 요시야 왕의 아들인 여호야김 통치 제4년째 되던 해에 예레미야에게 25장 본문의 말씀이 주어졌다고 말한다. 이것은 25장의 예언 메시지가 주전 605년경에 주어졌음을 의미한다. 따라서 전체적으로 본다면, 1~25장의 예언은 주전 627년에서 605년 사이에 선포된 말씀들이라고 할 수 있다. 이처럼 시대적인 배경을 달리하는 다양한 메시지들이 1~25장에 들어 있기는 해도, 이 큰 단락은 전체적으로 유다와 예루살렘을 향한 하나님의 심판을 다루고 있으며, 예언 활동으로 인하여 고통당하는 예레미야의 탄식을 군데군데 포함하고 있다.

그래서인지 1~25장은 예레미야의 소명과 관련된 야웨의 말씀인 1 : 5과 예레미야의 탄식을 담고 있는 20 : 18에서 예레미야의 출생과 예언 소명을 다룸으로써, 이 단락 전체가 모태와 예레미야의 출생을 일종의 수미쌍관(首尾雙關) 구조의 기본 틀(inclusio)로 가지고 있음을 잘 보여 주고 있다(Craigie 외, 281): "내가 너를 모태에 짓기 전에 너를 알았고 네가 배에서 나오기 전에 너를 성별하였고 너를 여러 나라의 선지자로 세웠노라"(1 : 5); "어찌하여 내가 태에서 나와서 고생과 슬픔을 보며 나의 날을 부끄러움으로 보내는고"(20 : 18). 수미쌍관 구조의 처음과 끝에 해당하는 이 두 구절은 1~25장 단락이 모태에서 나오기 전부터 예언자로 선택된 예레미야가 야웨의 말씀을 선포함으로 인하여 온갖 고통과 핍박을 당한 뒤에 절망 중에 탄식하는 내용으로 끝맺고 있음을 암시하고 있다.

1~25장은 유다 나라 전체, 곧 유다 백성과 예루살렘 도성을 향한 하나님의 심판을 다루고 있지만, 몇 개의 세부 단락들로 나누어진다. 첫 번째 단락인 1~6장은 가장 먼저 1장에서 예레미야의 소명과 환상을 소개하고 있으며, 이어지는 2~6장에서 유다 백성의 무수한 죄와 이미 확정되어 철회될 수 없는 하나님의 심판을 다루고 있다. 중간중간에 회개 촉구의 메시지가 주어지지만, 유다 백성의 근본적인 변화가 불가능하기에 그것은 어디까지나 심판의 확실성을 뒷받침하는 근거 자료가 될 뿐이다.

두 번째 단락인 7~20장은 예레미야의 성전 설교(7장)로부터 시작하여 유다와 예루살렘의 죄악과 그에 상응하는 하나님의 심판을 전반적으로 다루되, 마지막 20장에서는 눈물의 예언자인 예레미야의 고백과 탄식을 실감나게 소개하고 있다. 그리고 마지막 세 번째 단락인 21~25장에서는 여호아하스와 여호야김, 그리고 여호야긴과 시드기야 등의 유다 왕국 말기 통치자들의 죄악과 그에 대한 야웨 하나님의 심판을 다루고(21-22장), 참 예언자인 예레미야가 심판과 파멸을 예언하고 있는 것과는 달리 재앙이 결코 임하지 않을 것이라는 헛된 말로 사람들을 미혹하는 거짓 예언자들의 악행을 고발하고 있으며(23장), 무화과 두 광주리 비유와 진노의 술잔 비유를 통하여 나쁜 무화과와도 같은 유다 백성의 죄악에 대하여 진노하신 야웨께서 바벨론으로 하여금 70년 동안 그들을 다스리게 하실 것임을 분명하게 밝히고 있다(24-25장).

A. 예레미야의 소명과 환상(1 : 1-19)

대부분의 문서 예언자들이 그렇듯이, 예레미야도 1~6장 단락의 서두인 1장에서 자신의 소명과 관련된 내용을 소개하며, 자신의 메시지가 궁극적으로 이스라엘-더 구체적으로는 남왕국 유다와 예루살렘-의 죄악과 그에 대한 하나님의 심판에 초점을 맞추고 있음을 분명하게 밝힌다. 먼저 그는 1~3절에서 예언자로 부름 받게 된 자신의 개인적인 배경과 예언 활동의 연대에 관해서 말한다. 이 활동 연대는 그가 예언자로 부름 받기 전의 공간적인 배경과 예언자로 활동하게 된 시간적인 배경을 포함하고 있다.

그리고 이어지는 4~10절에서 예레미야는 자신이 예언 소명을 받게 된 구체적인 과정을 하나님과의 대화 형식으로 소개한다. 그는 자신의 나이나 경험 등의 부적절함을 예로 들어 예언 소명을 거부하지만, 하나님은 그를 설득하시면서 그의 안전을 보증하심과 아울러 그가 전해야 할 예언 메시지를 그의 입에 담아 주겠다고 약속하신다. 예레미야가 전해야 할 말씀은 두 가지 환상, 곧 살구나무 가지 환상과 끓는 가마 환상을 통하여 구체적으로 그 모습을 드러낸다(11-16절). 그가 선포할 심판의 말씀을 사람들이 불편하게 생각한 나머지 그를 괴롭히겠지만, 하나님께서 그를 견고한 성읍처럼 안전하게 지켜 줄 것이니 걱정하거나 두려워하지 말라고 말씀하신다(17-19절).

이상으로 요약되는 1장은 크게 산문체인 1~3절과 시문체인 4~19절로 나누어지며, 그 내용에 따라서는 다음과 같은 다섯 개의 세부 단락들로 나누어진다:(1) 예레미야의 개인적인 배경과 활동 연대(1 : 1-3); (2) 예레미야의 소명(1 : 4–10); (3) 살구나무 가지 환상(1 : 11–12); (4) 끓는 가마 환상(1 : 13–16); (5) 예레미야의 안전에 대한 하나님의 보증(1 : 17–19). 그리고 예레미야의 예언 메시지가 야웨 하나님의 말씀임을 강조하는 '느움 야웨'(declares Yahweh, "야웨의 말씀이니라")라는 특징적인 예언구는 8, 15, 19절에서 세 번 사용되고 있으며, '코 아마르 야웨'(thus says Yahweh, "야웨께서 이와 같이 말씀하시기를")라는 사자 양식은 한 번도 사용되지 않는다.

1. 예레미야의 개인적인 배경과 활동 연대(1 : 1–3)

> [1]베냐민 땅 아나돗의 제사장들 중 힐기야의 아들 예레미야의 말이라 [2]아
> 몬의 아들 유다 왕 요시야가 다스린 지 십삼 년에 여호와의 말씀이 예레
> 미야에게 임하였고 [3]요시야의 아들 유다의 왕 여호야김 시대부터 요시
> 야의 아들 유다의 왕 시드기야의 십일 년 말까지 곧 오월에 예루살렘이
> 사로잡혀 가기까지 임하니라

[1 : 1–3] 예레미야는 예루살렘에서 북동쪽으로 3마일 정도 떨어진 아나돗(Anathoth)에서 출생했다(1절). 아나돗은 베냐민 지파에 할당된 레위 지파의 성읍이었다(수 21 : 18). 엘리(Eli) 제사장의 후손인 아비아달이 다윗 말년에 솔로몬 대신 아도니야를 지지한 일로 인하여 아나돗으로 추방당했다는 점을 고려한다면(왕상 2 : 26), 예레미야의 집안은 아비아달의 후손일 가능성이 높다(Lundbom I, 223; Fretheim, 46). 그리고 어쩌면 예레미야의 아버지 힐기야는 요시야의 종교개혁 때 성전에서 율법책을 발견한 대제사장 힐기야(왕하 22 : 4, 8–14)와 동일 인물일 수도 있다. 이상을 두고 볼 때, 예레미야는 비록 현직 제사장은 아니었을지라도 제사장 가문에 속한 사람이었음에 틀림없다. 예레미야의 이러한 가문 배경 때문에, 나중에 아나돗 지역 사람들은 나라의 파멸과 바벨론 항복을 설교한 예레미야를 죽이려고 했던 것이다(11 : 21). 아

나돗 출신이 바벨론에 나라를 팔아먹은 매국노가 되었다는 오해에 근거해서 말이다.

예레미야는 종교개혁으로 유명한 남왕국 유다의 요시야 왕 때 예언자로 부름을 받았다. 그가 부름 받은 때는 아몬의 아들 요시야가 왕위에 오른 지 13년째 되던 해였다(627년경). 그리고 그의 예언 활동은 요시야의 아들 여호야김 시대를 거쳐 남왕국의 마지막 왕이면서 역시 요시야의 아들인 시드기야 통치 말년까지 계속되었다(2-3절). 이것은 예레미야가 요시야 왕의 종교개혁(621년경)이 있기 몇 년 전에 예언자로 부름 받아, 남왕국 유다가 완전히 망할 때인 시드기야 왕 11년 말(587년)까지 예언 활동을 계속했음을 의미한다. 예레미야는 남왕국 멸망 이후에도 살아남은 사람들과 함께 이집트로 가서 모종의 활동을 계속했으나(42-44장), 그것이 그의 공식적인 예언 사역에 포함되지 않고 일종의 부록과도 같은 것으로 여겨졌기에 2~3절은 그것을 언급하지 않고 있는 것으로 보인다.

예레미야의 예언 활동 기간에 대한 2~3절의 이러한 설명은 두 가지 점에서 우리의 관심을 끈다. 그 하나는 저자가 예레미야의 활동 시대를 설명하면서, 요시야 다음의 통치자인 요시야의 아들 여호아하스와 여호야김 다음의 통치자인 여호야김의 아들 여호야긴을 생략하고 있다는 점이다. 이것은 역사적인 무지에서 비롯된 것이 아니라, 여호아하스와 여호야긴이 각각 3개월 정도밖에 나라를 다스리지 못했기 때문에(왕하 23:31; 24:8), 일부러 기록에서 제외한 것으로 보인다(Jones, 61). 그리고 우리의 관심을 끄는 두 번째 사실은 예레미야의 마지막 활동 연대가 시드기야 왕의 통치 말년이라는 저자의 설명에 있다. 이 설명은 적어도 1~3절의 서두 부분이 예레미야가 어느 정도 완성된 후에 추가되었을 것이라는 추론을 가능케 한다.

예레미야가 선포한 메시지가 어떤 주제를 다루고 있는지에 대해서는 1~3절이 구체적으로 언급하지 않고 있지만(예로 사 1:1의 "유다와 예루살렘에 관하여 본 계시"; 암 1:1의 "이스라엘에 대하여 이상으로 받은 말씀"), 1절은 예레미야에 기록되어 있는 예언의 말씀들을 묶어서 "예레미야의 말"(the words['디브레'] of Jeremiah)이라고 표현하고 있다. 그러나 엄밀하게 말해서 그것은 사실상 야웨 하나님께로부터 비롯된 것이다. 그러기에 2절은 요시야 왕 제13년에 여호와의 말씀(the word of Yahweh; '드바르 야웨')이 그에게 임했다고 말한다. 일종의 말씀 사건(word-event)을 가리키는 이 구절은 예레미야가 하나님의 대변인임을 뜻하는 것으로, 문서 예언자들에게서 대단히 많이 발견된다. 특히 예언자의 소명을 다루는 예언서의 서두에서 자주 나오는 것이기도 하다(호 1 : 1; 겔 1 : 3; 욜 1 : 1; 욘 1 : 1; 미 1 : 1; 습 1 : 1; 학 1 : 1; 슥 1 : 1; 말 1 : 1). 예레미야에서 보듯이 예언서의 중간 단락 여기저기에서 대단히 많이 사용되고 있기는 하지만 말이다.

2. 예레미야의 소명(1 : 4–10)

4여호와의 말씀이 내게 임하니라 이르시되 5내가 너를 모태에 짓기 전에
너를 알았고 네가 배에서 나오기 전에 너를 성별하였고 너를 여러 나라
의 선지자로 세웠노라 하시기로 6내가 이르되 슬프도소이다 주 여호와
여 보소서 나는 아이라 말할 줄을 알지 못하나이다 하니 7여호와께서 내
게 이르시되 너는 아이라 말하지 말고 내가 너를 누구에게 보내든지 너
는 가며 내가 네게 무엇을 명령하든지 너는 말할지니라 8너는 그들 때문
에 두려워하지 말라 내가 너와 함께하여 너를 구원하리라 나 여호와의
말이니라 하시고 9여호와께서 그의 손을 내밀어 내 입에 대시며 여호와
께서 내게 이르시되 보라 내가 내 말을 네 입에 두었노라 10보라 내가 오
늘 너를 여러 나라와 여러 왕국 위에 세워 네가 그것들을 뽑고 파괴하며
파멸하고 넘어뜨리며 건설하고 심게 하였느니라 하시니라

[1 : 4–10] 예레미야가 예언자로 부름 받는 내용은 예레미야를 3인칭으로 칭하

는 앞의 1~3절과는 달리 예레미야를 1인칭으로 소개하고 있다. 예레미야의 소명은 하나님과 예레미야 사이에 오가는 대화들로 구성되어 있다. 이를 좀 더 세분하면 다음과 같다.

하나님과의 대면(4절)
소명(5절)
거부(6절)
재보증(7-10절)

그 첫 번째 요소인 하나님과의 대면은 여기서 "야웨의 말씀"('드바르 야웨')이 예언자에게 임하는 방식으로 이루어진다(4절). 아마도 그 말씀은 예레미야가 말한 대로 야웨의 회의('소드 야웨')에 참여한 상태에서 그에게 주어졌을 것이다(23 : 18, 22). 예레미야에게 임한 야웨의 말씀은, 이사야의 경우와 마찬가지로(사 44 : 2; 49 : 1, 5), 주께서 예레미야가 태어나기 전부터 그를 미리 아셨고, 그를 여러 나라의 예언자로 구별하여 세웠다는 소명 중심의 내용이다(5절). 여기서 "아셨다"('야다')는 표현은 아모스 3 : 2에서 보듯이 선택 개념을 포함하고 있으며, 언약의 맥락에서 하나님을 주님으로 인정(또는 인식)하는 것을 뜻한다. 그리고 "구별하여 세웠다"는 것은 세속적인 모든 직무로부터 그를 분리시켜 하나님의 거룩한 뜻을 이루도록 특정 직무에 임명하였음을 의미한다. 그런가 하면 야웨께서 그를 "여러 나라"(nations)의 예언자로 부르셨다는 것은, 하나님이 세상 모든 나라들을 주관하시는 분임을 암시함과 동시에, 유다 백성을 향한 예레미야의 메시지가 이방 나라들까지 포함함으로써(10절; 46-51장) 하나님의 역사 주권을 확립시키는 성격의 것임을 가리킨다(Jones, 69-70; Carroll I, 95-101).

선택과 구별에 기초한 하나님의 소명에 대하여, 예레미야는 두 가지 이유를 들어 즉각적인 거부의 태도를 보인다. 먼저 그는 '아하흐'(Alas; "슬프도소이다!")라는 탄식의 부사를 사용하면서(4 : 10; 32 : 17) 자신이 예언자 직무를 수행하기에는 너무 젊다는(too young; 히브리어로는 '나아르') 것을 첫 번째 이유로 든다. 이어서 그는 자신이 말할 줄 모른다는 것을 두 번째 이유로 든다(6절). 이것은 말재간이 부족하다는 것을 뜻할 수도 있지만, 다른 한편으로는 여러 나라의 예언자로 부름 받은 자신이 당시의 복잡한 국제 정세와 관련하여 무슨 예언을 해야 할지 전혀 알지 못하는 상태임을 뜻할 수도 있다. 이 두 가지 이유는 그가 하나님의 일을 할 준비가 전혀 되어 있지 않았을 뿐더러, 충분히 성숙하지도 않은 나이였기 때문에 예언자가 될 수 없음을 뜻했다.

예레미야가 나중에 하나님께로부터 결혼 금지 명령을 받은 것으로 보아(16 : 1-2), 아마도 소명 받을 당시에 그는 감수성이 예민한 20세 전후의 청년이었을 것이다. 이 때문에 나중에 왕과 고향 사람들을 비롯한 많은 사람들이 그의 예언을 받아들이지 않고 그를 핍박했을 것이다. 보다 근본적으로는 그의 예언 메시지가 나라의 멸망을 선포했기 때문이긴 하지만 말이다. 그러나 야웨께서는 너무 젊어서 예언자로서의 준비가 되지 않았다는 것이 소명 거부의 이유가 될 수 없다고 말씀하시면서, 그를 누구에게 보내든, 무엇을 명하든 그대로 말하라고 명하신다(7절). 이것은 예레미야가 말할 내용을 하나님이 직접 가르쳐 주겠다는 말씀이나 다름없다. 또한 야웨께서는 자신이 항상 그와 함께 있으면서 보호해 줄 것이니 사람들을 두려워하지 말라고 위로하신다(8절; 참조. 수 1 : 1-9; 신 20 : 1; 31 : 8; 사 41 : 10 등). 나이가 어리다고 해서 함부로 그를 해치거나 무시하지 못하도록 지켜 주겠다는 것이다. 하나님은 8절 하반절에서 이러한 약속의 말씀을 반드시 지키실 것임을 예레미야에서 168회나 사용되고 있는 "나 여호와의 말이니라"('느움 야웨'; declares Yahweh, 더 정확하게는 Yahweh's declaration/oracle)는 전형적인 예언구를 통하여 보증하신다(Holladay I, 35).

하나님이 예레미야의 두 가지 거부 이유를 차단시키시는 모습은, 그가 출애굽의 지도자로 부름 받은 모세의 여러 가지 소명 거부 이유를 막으시고 그에 상응하는 것들을 약속하심으로써 그를 마침내 출애굽의 지도자로 세우시는 모습(출 3 : 11–4 : 17)과 상당히 유사한 데가 있다. 모세의 경우와 똑같이(출 4 : 12–16) 하나님은 마침내 예레미야의 입에 손을 대시고서, 구체적으로 "내 말"('드바리')을 그의 입에 넣어 주겠다고 약속하신다(9절). 이는 그가 철저하게 "하나님"의 말씀을 사람들에게 선포해야 함을 의미한다(15 : 16; 민 22 : 38; 23 : 5, 12; 신 18 : 18; 사 51 : 16; 59 : 21; Jones, 70–71). 달리 말해서 그는 말씀의 종으로 부름 받은 다른 예언자들과 마찬가지로 하나님의 대변인(mouthpiece, spokesman)이 되어야 한다는 얘기다. 하나님의 대변인임을 자칭하는 거짓 예언자들이 실제로는 자기 입으로 지어낸 말을 하는 것과는 구별되게 말이다(14 : 14).

그렇다면 예레미야가 전해야 할 하나님의 말씀은 무엇을 기본 내용으로 가지고 있는가? 그것은 곧 여러 나라들과 여러 왕국들을 "뽑고 파괴하며 파멸하고 넘어뜨리며 건설하고 심게" 하는 일이다(10절; 참조. 12 : 14–17; 18 : 7–9; 24 : 6). 앞의 네 가지가 부정적인 의미의 심판을 뜻하는 것이라면, 뒤의 두 가지는 긍정적인 의미의 구원을 뜻한다(Fretheim, 51). 한마디로 말해서, 예레미야가 전해야 할 하나님의 말씀은 여러 나라들과 여러 왕국들을 향한 심판과 구원을 핵심 내용으로 가지고 있는 셈이다. 그러나 비율로 따지면 부정적인 것이 두 배나 더 많다. 이것은 예레미야가 선포해야 할 하나님의 말씀이 심판에 더 초점을 맞추고 있음을 뜻하며, 따라서 그의 예언 메시지가 유다 사람들에게 불쾌감을 안겨 줄 것임을 암시한다. 예레미야를 향한 그 시대 사람들의 지나치게 적대적인 태도가 이 점을 잘 보여 준다.

3. 살구나무 가지 환상(1 : 11–12)

> 11여호와의 말씀이 또 내게 임하니라 이르시되 예레미야야 네가 무엇을
> 보느냐 하시매 내가 대답하되 내가 살구나무 가지를 보나이다 12여호와

께서 내게 이르시되 네가 잘 보았도다 이는 내가 내 말을 지켜 그대로 이루려 함이라 하시니라

[1 : 11–12] 하나님은 예레미야가 전해야 할 말씀을 두 가지 환상을 통하여 구체적으로 보여 주신다. 물론 이 두 가지 환상도 궁극적으로는 "야웨의 말씀"('드바르 야웨')으로 주어진 것이다. 야웨의 말씀은 대부분이 구두(口頭)로 선포하는 메시지이지만, 때때로 꿈이나 환상으로 주어지기도 한다. 그리고 에스겔의 경우에서 보듯이 다양한 상징적인 행동들 역시 야웨의 말씀으로 주어질 수 있다. 예레미야에게 야웨의 말씀으로 주어진 두 가지 환상은 앞의 소명 단락과 마찬가지로 하나님과 예레미야 사이의 대화로 이루어져 있다.

첫 번째 환상은 살구나무(almond tree) 가지에 관한 환상이다. 예레미야가 본 살구나무는 히브리어로 '샤케드'이다(11절). 하나님은 왜 예레미야에게 살구나무 가지를 보게 하신 것일까? 그 이유는 12절에 잘 나타나 있다. 하나님은 살구나무 가지를 본 예레미야에게 "내 말"이 그대로 이루어지는 것을 "지켜보고" 있다고 말씀하신다. 여기서 "지켜보다"로 번역된 히브리어 낱말은 '샤코드'로, "살구나무"를 뜻하는 히브리어 낱말과 어근이 같을 뿐만 아니라 발음도 비슷하다. 이러한 표현 방법을 보통은 말놀이(word–play)라고 한다. 따라서 이 첫 번째 환상은 하나님께서 '샤케드'를 보여 주심으로써, "내 말"('드바리'=9절)이 '샤코드'(더 정확하게는 '샤코드'의 분사 형태인 '쇼케드'; 개역 개정판은 "지켜"로 번역함.), 즉 이루어지게 하실 것임을 뜻한다. 하나님이 예레미야를 통하여 전하신 말씀을 정확하게 잘 살펴서 반드시 그대로 이루실 것이라는 얘기다(Lundbom 1, 236; Fretheim, 52).

이러한 말놀이는 구약성서에서 꽤 많이 발견되는 바, 그 대표적인 사례를 우리는 아모스 8 : 1~2에서 찾을 수 있다. 1절에 의하면, 하나님께서 아모스에게 여름 "과일"(히브리어로 '카이츠') 한 광주리를 보여 주신다. 아모스가 이 환상의 의미에 대해서 묻자 주께서는 이스라엘의 "끝"(히브리어로 '케츠')이

이르렀다고 말씀하신다. 하나님께서는 아모스에게 '카이츠'를 보여 주심으로써, 이스라엘의 '케츠'가 가까이 왔음을 상징적으로 보여 주신 것이다. 따라서 이러한 말놀이에서는 여름 과일 자체가 무슨 의미를 가지고 있는 것이 결코 아니다. 오히려 여기서는 그러한 것들을 가리키는 히브리어 낱말의 발음이 하나님께서 실제로 의도하시는 심판을 상징한다는 점이 더 중요한 의미를 갖는다.

그러나 예레미야가 본 살구나무 가지 환상은 이러한 발음상의 유사성을 넘어서 그 나름의 의미를 포함하고 있는 것으로 보인다. 아마도 예레미야는 싹이 트거나 이미 꽃이 핀 살구나무 가지를 보았을 것이다. 싹이 튼 나뭇가지는 곧 꽃을 피울 것이요, 꽃이 핀 나뭇가지는 곧 열매를 맺을 것이다. 이것은 예레미야를 통하여 선포된 하나님의 말씀이 곧 개화하거나 열매를 맺을 것임을 뜻하는 바, 이는 예레미야가 선포한 예언의 말씀이 빠른 시일 안에 반드시 이루어질 것임을 암시하는 것이다(Craigie 외, 16).

4. 끓는 가마 환상(1 : 13–16)

> 13여호와의 말씀이 다시 내게 임하니라 이르시되 네가 무엇을 보느냐 대
> 답하되 끓는 가마를 보나이다 그 윗면이 북에서부터 기울어졌나이다 하
> 니 14여호와께서 내게 이르시되 재앙이 북방에서 일어나 이 땅의 모든
> 주민들에게 부어지리라 15내가 북방 왕국들의 모든 족속들을 부를 것인
> 즉 그들이 와서 예루살렘 성문 어귀에 각기 자리를 정하고 그 사방 모든
> 성벽과 유다 모든 성읍들을 치리라 여호와의 말이니라 16무리가 나를 버
> 리고 다른 신들에게 분향하며 자기 손으로 만든 것들에 절하였은즉 내
> 가 나의 심판을 그들에게 선고하여 그들의 모든 죄악을 징계하리라

[1 : 13–15] 예레미야가 본 두 번째 환상도 "야웨의 말씀"('드바르 야웨')으로 주

어진다. 그가 두 번째로 본 끓는 가마는 바닥이 평탄하지 않아서인지 그 윗면이 북쪽에서부터 남쪽으로 기울어져 있었고, 그 안의 끓는 물이 아래쪽인 남쪽으로 넘쳐흐르고 있었다(13절). 이 환상은 예레미야가 선포한 메시지의 핵심에 해당하는 것으로서, 하나님이 바벨론 제국의 군대를 통하여 유다 나라를 벌하실 것임을 상징하고 있다(14절). "북방 왕국들의 모든 족속들", 곧 바벨론 군대 및 바벨론과 연합한 나라들의 모든 군대가 예루살렘을 파멸시키기 위하여 예루살렘 성문 앞에 진을 칠 것이요, 바벨론 연합군의 왕들은 제각기 성문 앞에 자리(throne)를 정하고 앉아서(참조. 왕상 22 : 10; 렘 39 : 3; 43 : 10) 군대를 지휘하되, 병사들로 하여금 예루살렘 사면 성벽과 유다의 모든 성읍들을 치게 할 것이다(15절). 북방 군대를 통한 이러한 심판이 확실하게 이루어질 것임을 강조하기 위하여 야웨께서는 8절에서와 똑같이 "여호와의 말이니라"(declares Yahweh, '느움 야웨'; 개역 개정판의 다른 부분들에서는 이 표현이 거의 "여호와의 말씀이니라"로 번역되어 있음.)라는 말로 15절의 심판 메시지를 마무리하신다.

[1 : 16] 주께서 유다 나라를 이처럼 벌하시는 이유는 어디에 있는가? 그것은 곧 유다 백성이 야웨 하나님을 버리고(forsake, '아잡'=2 : 13, 17, 19; 5 : 7, 19 등; Holladay I, 41–42) 다른 신들에게 분향하면서 사람의 손으로 만든 우상들에게 절하였기 때문이다(16a절). 다른 신들에게 분향하는 행동은 예레미야가 활동하던 시대의 남왕국 유다에서 널리 행해지던 종교 행습이었다(참조. 왕하 22 : 17; 렘 19 : 4; 44 : 3, 5, 8, 15). 그리고 사람의 손으로 만든 우상들에게 절하는 행동은 훨씬 더 폭넓게 행해지던 종교적인 탈선에 해당하는 것이었다. 신명기(신 4 : 28; 27 : 15; 31 : 29)나 역사서(왕상 16 : 7; 왕하 19 : 18; 22 : 17), 예언서(호 14 : 3; 미 5 : 13; 사 2 : 8), 시편(115 : 4; 135 : 15) 등은 이스라엘의 우상 숭배를 매우 강하게 비판하고 있다(Lundbom I, 244). 그러한 비판에 비추어 본다면, 바벨론 연합군의 예루살렘 공격은 우상 숭배의

죄악에 대한 하나님의 준엄한 심판과 징계가 아닐 수 없다(16b절).

5. 예레미야의 안전에 대한 하나님의 보증(1 : 17–19)

> [17]그러므로 너는 네 허리를 동이고 일어나 내가 네게 명령한 바를 다 그
> 들에게 말하라 그들 때문에 두려워하지 말라 네가 그들 앞에서 두려움
> 을 당하지 않게 하리라 [18]보라 내가 오늘 너를 그 온 땅과 유다 왕들과
> 그 지도자들과 그 제사장들과 그 땅 백성 앞에 견고한 성읍, 쇠기둥, 놋
> 성벽이 되게 하였은즉 [19]그들이 너를 치나 너를 이기지 못하리니 이는
> 내가 너와 함께하여 너를 구원할 것임이니라 여호와의 말이니라

[1 : 17] 하나님은 예레미야에게 허리를 동이고 일어나 그에게 명한 모든 것들을 유다 백성에게 선포하라고 명하신다(17a절). 허리를 동이라고 명하는 일은 흔히 누군가에게 무슨 일을 맡길 때 주어지는 것이다(왕하 4 : 29; 9 : 1). 야웨께서 예레미야에게 그러한 명령을 내리신 것은 예레미야가 하나님의 사자(messenger)로 선택되었음을 의미한다. 그러나 하나님의 사자에게는 다른 사람들보다 훨씬 더 큰 어려움과 고통이 뒤따른다. 하나님은 그 점을 잘 알고 계시기에 8절에서와 똑같이 사람들을 두려워하지 말고, 설령 그가 그들을 두려워한다고 할지라도 주께서 그들로 하여금 예레미야를 두려워하게 할 것이니 걱정할 것이 전혀 없다고 그를 위로하신다(17b절). 이와 비슷한 안전 보증은 신명기 7 : 17~26과 역대하 20 : 15, 17에서도 자세하게 나타난다.

[1 : 18–19] 예레미야를 위한 하나님의 안전 보증은 18~19절에서도 계속된다. 17절이 일반적인 안전 보증에 해당한다면, 18~19절은 그것을 군사적인 용어로 바꾸어 설명하고 있다. 18절에 의하면, 주께서는 예레미야를 온 땅과 유다 왕들, 곧 요시야 이후로 남왕국 멸망에 이르기까지 여러 왕들과 족장들

과 제사장들 및 그 땅의 모든 백성 앞에서 튼튼하게 방비된 요새가 되게 하실 것이요, 쇠기둥과 놋성벽이 되게 하실 것이다. 쇠와 놋이 흔히 견고함과 힘을 상징하는 데 사용된다는 점을 고려한다면(사 45 : 2; 48 : 4; 미 4 : 13; 시 107 : 16; 욥 6 : 12; 20 : 24; 40 : 18; 41 : 27; 렘 6 : 28; Jones, 79), 하나님이 어느 정도로 확실하게 예레미야를 지켜 주실 것인지 분명하게 드러난다.

따라서 예레미야를 대적하는 자들이 아무리 머리를 써서 예레미야를 치려 한다 할지라도 그를 이기지 못할 것이다. 주께서 예레미야와 함께하셔서 그를 구원하실 것이기 때문이다(19절). 이처럼 확실한 안전 보증을 한층 강조하기 위하여 야웨께서는 8절에서와 똑같이 "여호와의 말이니라"(declares Yahweh, '느움 야웨')라는 말로 자신의 약속을 마무리하신다. 이는 하나님의 약속이 반드시 이루어질 것임을 재차 보증하는 것이라 할 수 있다. 실제로 예레미야는 왕을 비롯한 지배 계층과 고향 아나돗 사람 등으로부터 여러 차례 생명의 위협을 당했지만, 하나님의 도우심과 은총에 힘입어 이집트로 갈 때까지 계속해서 안전을 보증받을 수 있었다.

설교를 위한 묵상

1) 예레미야는 남왕국 유다가 멸망하기 얼마 전에 예언자로 부름을 받아 심판의 말씀을 선포한 사람이다. 회개 촉구와 구원의 말씀도 선포했지만, 그가 선포한 예언 메시지의 대부분은 하나님의 심판과 관련된 것이었다. 그만큼 남왕국 유다에는 문제가 많았다. 왕들과 지배 계층을 비롯한 유다 백성 대부분은 하나님을 버리고 다른 신들을 섬기는 죄악에 더하여, 그가 주신 생명의 말씀들을 거역하는 무수한 죄를 범했다. 하나님의 엄중한 심판이 불가피했다. 그래서 회개 촉구와 심판의 메시지를 선포할 사람이 필요했다. 이 일을 위해 하나님은 예레미야를 선택하셨다. 예레미야가 태어나기도 전에 이미 그를 거룩하게 구별하여 남왕국 유다를 비롯한 여러 나라의 예언자로 세우신 것이다. 하나님의 말씀을 대언해야 하는 예언자의 소명은 이렇듯

이 항상 하나님의 계획과 섭리로부터 시작한다. 하나님은 일찍부터 자신의 역사 주권을 대변하여 심판과 징계의 말씀을 선포할 종을 선택하시는 바, 예레미야도 그러한 종들 중의 한 사람이다.
하나님의 선택과 소명이 이루어진 다음에는, 부름 받은 자의 응답이 이어진다. 그런데 부름 받은 자가 항상 하나님의 선택에 기꺼이 순종하는 것은 아니다. 모세나 예레미야처럼 처음부터 거부 의사를 밝히는 사람도 있다. 그러나 일단 하나님의 선택이 이루어지면, 하나님은 결코 그 선택한 사람을 포기하지 않으신다. 요나라는 예언자의 사례가 그 점을 잘 보여 준다. 그는 니느웨로 가라는 하나님의 명령을 거부하고서 다시스로 가는 배를 탔지만, 결국에는 태풍을 만나 물고기 뱃속에 들어갔다가 니느웨로 가지 않으면 안 되는 상황에 직면했다. 하나님의 선택과 소명을 거부함으로써 하나님을 이기는 사람은 어디에도 없다. 어지럽고 혼란스러운 시대에 심판의 말씀을 선포한다는 것이 지극히 힘들고 어려운 일임에는 틀림없다. 그 까닭에 예레미야도 두 가지 이유를 들어 소명을 거부했었다. 그러나 그렇게 한다고 해서 소명으로부터 벗어날 수 있는 것은 결코 아니다. 그를 선택하시고 부르신 하나님이 궁극적으로는 그를 이기시기 때문에, 소명으로부터의 도피는 애초부터 불가능한 일이다. 소명을 받은 자는 어떤 형태로든 하나님의 명령에 순종하게끔 되어 있다.

2) 하나님은 자신의 종을 선택하시고 세우실 때 혼란과 위험의 한복판에 아무 대책도 없이 내보내시는 분이 아니다. 너무 젊은 데다가 무슨 말을 해야 할지도 몰라 두려움에 사로잡힌 예레미야도 예외가 아니다. 그는 사람들을 불편하게 만드는 심판과 재앙의 말씀 때문에 자신이 온갖 고통과 시련에 사로잡힐 것을 염려했다. 또한 그는 여러 차례에 걸쳐 이루어지는 사람들의 생명 위협에 대하여 큰 두려움을 느꼈다. 이것을 잘 알고 계시는 하나님은 그를 위협하고 괴롭히는 주변 사람들을 두려워하지 말라고 말씀하신다. 더 나아가서 하나님은 자신이 예레미야를 튼튼하게 방비된 성읍으로 만들어 주실 것이요, 아무도 해치지 못하는 쇠기둥과 놋성벽으로 만들어 주실 것임을 약속하신다.
또한 하나님은 그와 늘 함께하시면서 그를 보호해 주겠다고 약속해 주신다. 야웨께서 이처럼 처음부터 끝까지 예레미야를 안전하게 보호해 주시는 까닭에, 그에게 맞서서 덤벼드는 자는 어느 누구도 그를 이기지 못할 것이다. 하나님이 언제 어디서든 안전하게 자신을 지켜 주시고 보호해 주실 것이기에, 예레미야는 사람들의 적대감과 대적하는 분위기 속에서도 용감하게 말씀을 선포할 수 있다. 반대와 핍박이 이어지겠지만 걱정할 필요가 없다. 하나님의 보호하심과 안전 보증이 그를 지켜 줄 것이기 때문이다. 예레미야 자신은 어리고 약하지만, 그를 지키시고 보호해 주시는 하나님은 누구보다도 강한 분이기 때문이다. 예레미야는 하나님의 약속과 안전 보증을 통하여 이 점을 확신하게 되었기에, 처음에는 하나님의 선택과 부르심을 거부했었지만 나중에는 기꺼이 그의 부르심에 순종했던 것이다.

B. 유다 백성의 죄와 피할 수 없는 심판(2 : 1-37)

1장이 예레미야의 소명과 환상을 다루면서 예레미야의 중심 메시지를 압축해서 보여 주고 있다면, 예레미야의 초기 예언에 해당하는 2~6장은 예레미야의 이름을 한 번도 언급하지 않는 단락으로, 유다 백성의 죄악 고발(2장)과 회개 촉구의 메시지(3 : 1-4 : 4), 그리고 심판 선고(4 : 5-6 : 30) 등으로 이루어져 있다. 전체적으로 보아 2~6장은 아마도 여호야김 왕 때 바룩이 예레미야의 구술 내용을 받아 기록한 두루마리(36장)에 속해 있었을 것이다(Holladay, "*The Identification of the Two Scrolls of Jeremiah*", 452-467).

그 두루마리의 서두 부분에 해당하는 2장에서 다양한 인칭 변화를 시도(Craigie 외, 21)하고 있는 예레미야는 법정 소송(lawsuit)의 형태를 빌어 유다 백성의 죄악을 고발하고 있다. 9절과 29절에 나오는 히브리어 동사 '리브'(bring charges[suit] against, contend with)가 이 점을 잘 보여 준다. 먼저 예레미야는 1~3절에서 이스라엘을 2인칭 여성 단수로 칭하면서 이스라엘의 이상적인 과거, 곧 하나님과 이스라엘 사이의 친근했던 관계를 회상하며, 4~13절에서는 이스라엘을 2인칭 남성 복수로 칭하면서 조상들의 죄악을 고발한다. 이어지는 14~19절에서 예레미야는 유다 백성의 반역 행위를 2인칭 여성 단수형으로 설명하되, 그것이 우상 숭배의 죄악으로 대표되는 것임을 20~28절의 2인칭 여성 단수형 예언 메시지에서 정확하게 지적한다. 마지막 29~37절은 2인칭 남성 복수형(29-32절)과 2인칭 여성 단수형(33-37절)으로 유다 백성의 반역 행위를 고발하면서 하나님의 심판이 불가피함을 강조한다.

이상으로 요약되는 2장은 전부 시문체로 되어 있으며, 다음과 같은 다섯 개의 세부 단락들로 나누어진다(Clements, 27-28) : (1) 이스라엘의 이상적인 과거(2 : 1-3); (2) 조상들의 죄악과 하나님의 심판(2 : 4-13); (3) 유다 백성의 반역 행위(2 : 14-19); (4) 우상 숭배의 죄악(2 : 20-28); (5) 유다 백성의 반역과 불가피한 심판(2 : 29-37). 그리고 예레미야의 예언 메시지가 야웨 하나님의 말씀임을 강조하는 '코 아마르 야웨'(thus says Yahweh, "야웨께서 이와 같이 말씀하시기를")라는 사자 양식은 2절과 5절에서 두 번 사용되고 있으며, '느움 야웨'(declares Yahweh, "야웨의 말씀이니라")라는 특징적인 예언구는 3, 9, 12, 19, 22, 29절에서 모두 여섯 번 사용되고 있다.

1. 이스라엘의 이상적인 과거(2 : 1-3)

> [1]여호와의 말씀이 내게 임하니라 이르시되 [2]가서 예루살렘의 귀에 외칠
> 지니라 여호와께서 이와 같이 말씀하시기를 내가 너를 위하여 네 청년
> 때의 인애와 네 신혼 때의 사랑을 기억하노니 곧 씨 뿌리지 못하는 땅,
> 그 광야에서 나를 따랐음이니라 [3]이스라엘은 여호와를 위한 성물 곧 그
> 의 소산 중 첫 열매이니 그를 삼키는 자면 모두 벌을 받아 재앙이 그들
> 에게 닥치리라 여호와의 말씀이니라

[2 : 1-3] 1장에서 여러 차례 사용된(2, 4, 11, 13절) "야웨의 말씀"('드바르 야

웨')이라는 표현이 2장에서도 계속 언급된다(1, 4, 31절). 이 표현은 예레미야가 선포한 예언 메시지가 철저하게 하나님께로부터 비롯된 것임을 강조함으로써, 예레미야의 예언 활동에 권위를 더해 주는 것이라고 할 수 있다. 사자(使者) 양식(messenger formula)으로 불리는 2절의 '코 아마르 야웨'(thus says Yahweh, "야웨께서 이와 같이 말씀하시기를") 역시 같은 목적을 가지고 있다. 예레미야에서 맨 처음 나오는 이 표현은 예언자가 야웨 하나님의 사자(使者)로 파송받아 그의 말씀을 전하고 있음을 분명하게 밝히고 있기 때문이다.

예레미야를 자신의 사자로 부르신 야웨께서는 예루살렘의 귀에 자신의 말씀을 외치라고 그에게 명하신다. 이 명령에 의한다면, 적어도 2장에 기록된 예언의 말씀은 예레미야가 예루살렘 사람들을 대상으로 하여 공개적으로 선포한 것임이 분명해진다. 예레미야는 이 말씀을 예루살렘에서 선포하기 위하여 자신의 고향 아나돗을 떠나 예루살렘으로 이동했을 것이다(Craigie 외, 23). 그는 예루살렘에서 유다 백성의 죄악을 고발하고 비판하기에 앞서, 이스라엘 역사 초기에 있었던 하나님과 이스라엘 사이의 이상적인 관계에 대해 언급하면서, 이스라엘을 야웨 하나님의 신부와 농산물의 첫 열매로 비유한다(2–3절).

이스라엘 백성을 2인칭 여성 단수로 칭하고 있는 예레미야는, 자신보다 먼저 활동한 호세아와 마찬가지로(호 2 : 15), 이스라엘 역사의 시작이 출애굽 사건에서 비롯되었다고 본다. 이 점은 광야 시대를 이상적인 시대로 묘사하는 2절 하반절, 곧 씨를 뿌릴 수 없는 땅인 "광야에서 나를 따랐음"을 기억한다는 말씀에 의해 입증되고 있다. 당시에 야웨 하나님은 이스라엘 백성이 결혼을 앞둔 소녀 또는 결혼 초의 신부와도 같다고 하셨다(2절). 호세아에게 영향을 받은(Carroll I, 119; Clements, 29–30) 예레미야의 이러한 메시지는 야웨 하나님이 호세아의 결혼 은유(marriage metaphor, 호 1–3장)와 마찬가지로, 출애굽 사건을 거쳐 시내 산 언약 및 광야 유랑에 이르기까지의 시기를 자신과 이스라엘 백성 사이의 신혼 기간으로 기억하고 계심을 잘 보여 준다(참조. 겔 16장).

그렇다면 신혼 초기의 이스라엘 백성은 신랑에 해당하는 야웨 하나님께 어떻게 비춰졌는가? 예레미야가 전하고 있는 하나님의 말씀에 의하면, 그의 신부인 이스라엘 백성은 신혼 초기에 하나님께 대하여 "인애"('헤세드')와 "사랑"('아하바')을 잘 간직하고 있었다. 이 두 낱말 역시 호세아의 결혼 은유에 자주 나타나는 것으로(호 2:5, 7, 10, 12; 3:1; 4:1; 6:6 등), 제각기 언약에 근거한 하나님의 사랑(covenant love)과 부부가 서로 지켜야 할 기본 덕목을 뜻하지만, 여기서는 언약의 파트너요 하나님의 신부인 유다 백성이 하나님께 대하여 또는 그가 주신 언약 규정들에 대하여 가져야 할 성실함과 충성과 헌신(faithfulness, loyalty, devotion), 그리고 사랑 등을 뜻하는 낱말들로 사용되고 있다.

이러한 언약 관계에 비추어 본다면, 이스라엘은 참으로 야웨께 드려져야 할 성물, 곧 거룩하게 구별된 농산물 중의 첫 열매나 다름없었다(참조. 호 9:10). 달리 말해서 이스라엘은 세상 모든 민족들 중에서 가장 특별하게 선택된 거룩한 민족이요, 그러기에 오직 야웨께만 온전히 바쳐져야 하는 민족이었던 것이다. 그런데 이처럼 하나님께만 바쳐져야 하는 이스라엘이 아무나 먹을 수 있는 농산물처럼 된다면, 그것은 하나님의 재앙을 불러일으키는 행동이 될 수밖에 없었다(3절). 참으로 그들은 아무도 함부로 대할 수 없는 하나님의 소유요, 하나님이 특별히 선택하신 민족이건만, 이스라엘이 이처럼 거룩한 하나님의 계획과 섭리를 무시하고 다른 민족들과 똑같은 길을 걷게 된다면 하나님께 벌을 받아 재앙을 만날 수밖에 없다. 4절 이하의 내용이 이 점을 분명하게 보여 주고 있는 바, 이상의 내용을 가진 1~3절 단락은 1:8, 19절과 마찬가지로 "야웨의 말씀이니라"라는 특징적인 예언구(declares Yahweh, '느움 야웨')로 마무리된다.

2. 조상들의 죄악과 하나님의 심판(2 : 4–13)

4야곱의 집과 이스라엘의 집 모든 족속들아 여호와의 말씀을 들으라 5나
여호와가 이와 같이 말하노라 너희 조상들이 내게서 무슨 불의함을 보
았기에 나를 멀리하고 가서 헛된 것을 따라 헛되이 행하였느냐 6그들이
우리를 애굽 땅에서 인도하여 내시고 광야 곧 사막과 구덩이 땅, 건조하
고 사망의 그늘진 땅, 사람이 그곳으로 다니지 아니하고 그곳에 사람이
거주하지 아니하는 땅을 우리가 통과하게 하시던 여호와께서 어디 계시
냐 하고 말하지 아니하였도다 7내가 너희를 기름진 땅에 인도하여 그것
의 열매와 그것의 아름다운 것을 먹게 하였거늘 너희가 이리로 들어와
서는 내 땅을 더럽히고 내 기업을 역겨운 것으로 만들었으며 8제사장들
은 여호와께서 어디 계시냐 말하지 아니하였으며 율법을 다루는 자들은
나를 알지 못하며 관리들도 나에게 반역하며 선지자들은 바알의 이름으
로 예언하고 무익한 것들을 따랐느니라 9그러므로 내가 다시 싸우고 너
희 자손들과도 싸우리라 여호와의 말씀이니라 10너희는 깃딤 섬들에 건
너가 보며 게달에도 사람을 보내 이같은 일이 있었는지를 자세히 살펴
보라 11어느 나라가 그들의 신들을 신 아닌 것과 바꾼 일이 있느냐 그러
나 나의 백성은 그의 영광을 무익한 것과 바꾸었도다 12너 하늘아 이 일
로 말미암아 놀랄지어다 심히 떨지어다 두려워할지어다 여호와의 말씀
이니라 13내 백성이 두 가지 악을 행하였나니 곧 그들이 생수의 근원되
는 나를 버린 것과 스스로 웅덩이를 판 것인데 그것은 그 물을 가두지
못할 터진 웅덩이들이니라

[2:4–13] 예레미야는 1~3절에서 이스라엘을 2인칭 여성 단수로 칭했지만, 4~13절에서는 이스라엘을 2인칭 남성 복수로 칭한다. 이러한 인칭 변화는 히브리 성서에서 매우 자주 발견되는 현상이기에, 그것에 특별한 의미를 부

여할 필요는 없다. 어쩌면 야웨께서는 자신과 이스라엘 사이의 이상적인 관계를 다루는 1~3절 단락에서 그들을 전체로서 보았기에 2인칭 여성 단수로 친근하게 부르셨을 수도 있다. 그러나 이제 그들의 죄악을 구체적으로 고발해야 하는 4~13절 단락에서는 고발과 책망의 대상을 명확히 한정할 필요가 있어서 그들을 남성 복수형으로 칭했을 수도 있다. 실제로 4절에서 야웨께서는 고발과 책망의 대상을 "야곱의 집과 이스라엘의 집 모든 족속들"로 구체화시켜 언급하시면서, 그들에게 "야웨의 말씀"을 들으라고 명하신다.

이에 야웨께서는 5절에서부터 본격적으로 법정 용어를 빌어 이스라엘의 죄악을 고발하고 비판하신다. 4~13절 단락의 중간에 있는 9절의 법정 소송 용어 '리브'가 이 점을 잘 보여 준다. 물론 여기서 말하는 죄악의 고발과 비판은 야웨 하나님과 이스라엘 사이의 정상적인 결혼 관계 내지는 언약 관계가 조상들이 범한 각종 죄악들로 인하여 깨지고 말았다는 사실을 기본적으로 전제하고 있다. 그리고 그것은 이미 멸망한 나라인 북왕국의 백성과 멸망의 길을 걷고 있는 남왕국의 백성 모두를 대상으로 하고 있다(4절). 비록 예레미야가 남왕국의 수도인 예루살렘에서 유다 백성을 대상으로 하여 예언의 말씀을 전하고 있기는 하지만, 넓은 의미에서 보면 북왕국 멸망 후 남왕국으로 내려온 사람들까지도 모두 죄악의 고발과 관련된 야웨의 말씀을 들어야 했을 것이다.

5절은 2절과 마찬가지로 사자 양식인 '코 아마르 야웨'(thus says Yahweh, "야웨께서 이와 같이 말씀하시기를")라는 문구를 사용함으로써 예레미야가 선포한 예언 메시지가 야웨 자신의 말씀임을 강조하고 있다. 이 말씀은 수사학적인 질문과 더불어 시작된다. 도대체 야웨께 무슨 불의가 있기에 그들의 조상들이 그를 멀리하고 헛된 우상들을 따라갔으며, 그 결과 그들 스스로가 헛되게 되고 말았느냐는 것이다. 야웨 하나님의 이러한 질문은, 이전에 광야에서 그를 열심히 따르던(2절) 그들이 무슨 이유로 젊었을 때의 인애와 신혼 때의 순전한 사랑을 그렇게 쉽게 버리게 되었는지 묻고 있는 것이나 마찬가지이다. 대체 하나님께 무슨 잘못이 있다고 그렇게 비뚤어진 길로 가다가 마침내는 스스로 헛되게 되고 말았느냐는 것이다.

또한 그들은 압제와 속박의 땅 이집트에서 자기들을 이끌어 내시고 황량하고 구덩이가 많은 땅, 죽음의 그림자가 짙게 깔려 있는 메마른 땅, 사람이 살 수 없는 죽음의 땅에서 그들을 인도하신 하나님이 어디에 계시는지 도무지 묻지 않았다(6절). 여기서 주목할 것은 그러한 질문이 갖는 의미이다. 일반적으로 "주께서는 어디에 계십니까?"라는 질문은 두 가지 의미로 이해된다. 첫 번째는 이방인들이 신실한 이스라엘 사람들을 향하여 "너희가 믿는 신이 어디 있느냐?"고 물으면서 그들을 조롱하는 경우를 가리킨다(왕하 18:34; 시 42:3, 10; 79:10; 115:2; 렘 17:15; 미 7:10; 욜 2:17; 말 2:17). 그리고 두 번째는 엘리사가 하나님의 응답을 간절히 구하면서 하나님께 어디 계신지 묻는 경우를 가리킨다(왕하 2:14; 욥 35:10; Jones, 85). 예레미야가 6절에서 의도하는 것은 바로 이 두 번째의 경우이다. 한마디로 말해서, 이스라엘 백성은 출애굽 해방과 광야 유랑 생활에서 드러난 하나님의 은혜와 사랑을 송두리째 잊어버렸으며, 그가 누구인지에 대해서도 도무지 관심이 없었던 것이다.

그뿐이 아니다. 그들은 자기들을 약속의 땅 가나안으로 인도하여 그곳의 풍성한 열매를 먹게 하신 하나님의 은혜를 망각한 채로, "내 땅"을 더럽히고 "내 기업"을 역겨운 것으로 만들고 말았다(7절). 하나님 아닌 다른 신들을 섬긴 행위가 하나님의 땅과 기업을 부정하게 만든 것이다. 하나님의 성물이요, 거룩한 첫 열매였던(2:3) 그들이 도리어 역으로 하나님의 땅과 기업을 오염시키고 말았다는 얘기다. 이스라엘 백성을 이끌어 가는 지도층 인사들의 행동은 또 어떠했는가? 제사장들은 6절에서 본 바와 마찬가지로, "여호와께서 어디 계시냐"고 묻는 법이 없었다. 하나님의 응답을 간절히 구하기는커녕 하나님의 존재 자체에 무관심했던 것이다. 그리고 율법을 다루는 자들, 곧 서기관들이나 지혜자들(8:8-9) 또는 레위인들(느 8:7-9; 대하 35:3)은 그 율법을 주신 분이 누구인지 전혀 알지 못했으며, 목자들(shepherds, '로임'; 관리들이나 통치자들을 가리키기에 개역 개정판은 "관리들"로 번역함.)은 노골적으로 하나님께 반역하는 죄를 범하였다. 그런가 하면 하나님의 말씀을 선포해야 할 예언자들은 바알 신의 이름으로 예언하면서, 아무런 도움도 주지 못하는 우상들만 좇아다녔다(8절).

하나님은 자기 백성의 죄악을 그대로 두시는 분이 결코 아니다. 그는 유다 백성의 죄악을 철저하게 심판하실 것이다. 9절 서두의 "그러므로"('라켄'; therefore)라는 접속사가 이 점을 잘 보여 준다. 이 접속사는 일반적으로 예언자들이 자신의 예언 메시지에서 고발과 비판 및 책망의 말씀에 이어 하나님의 심판을 선고할 때 사용하는 전문 용어이다. 9절 서두에 이 낱말이 사용되고 있다는 것은 9~13절 단락이 하나님의 심판에 관한 메시지임을 암시한다. 그래서인지 9절은 법정 소송을 뜻하는 동사 '리브'를 두 번씩이나 사용하고 있다. 개역 개정판에서 "싸우다"로 번역된 이 동사는 이스라엘 백성의 죄악을 손바닥 들여다보듯이 잘 알고 계시는 하나님이 이제는 그들과 법정 소송을 벌이면서 그들과 싸우기로 작정하셨음을 뜻한다. 하나님을 배신하고 떠난 그들을 벌하고 징계하기 위해서 말이다.

하나님께서 그들과 싸우실 수밖에 없는 이유는 무엇인가? 그것은 바로 다른 어느 나라에서도 발견되지 않은 기가 막힌 일이 이스라엘에서 발생했기 때문이다. 그것은 곧 이스라엘이 신랑이요 남편이신 하나님을 버린 일을 가리킨다. 13절은 그것을 크게 두 가지 차원으로 나누어 설명하고 있다. 그 하나는 이스라엘이 생수의 근원이신 하나님을 버린(forsake, '아잡'=1 : 16; 2 : 17, 19; 5 : 7, 19 등) 일이요, 다른 하나는 물을 저장할 수 없는 터진 웅덩이, 곧 바알을 비롯한 이방 신들을 그들의 샘으로 삼은 일이다. 이스라엘의 서쪽에 있는 깃딤(키프로스) 섬들에서도, 그리고 베두인 족이 살고 있는 이스라엘 동쪽의 게달에서도 그러한 일은 없었다(10절). 이스라엘처럼 지조 없이 한 번 섬긴 신을 갈아 치우는 파렴치한 짓을 한 민족은 어디에도 없었다는 것이다(11절).

야웨께서는 이스라엘의 이처럼 몰상식한 행동을 11절의 수사학적인 질문을 통하여 한층 강조하신다: "어느 나라가 그들의 신들을 신 아닌 것과 바꾼 일이 있느냐". 그런데도 "나의 백성"인 이스라엘은 야웨 하나님의 은혜와 사랑을 저버리고 그들의 영광(하나님)을 무익하고 쓸모없는 것(우상)과 바꾸고 말았다. 이러한 행위는 참으로 사람이 아닌 하늘조차도 깜짝 놀랄 일이요, 야웨 앞에서 심히 떨고 두려워할 일이었다. 그래서 주께서는 피조 세계의 일부인 하늘을 그 일의 증인으로 소환하고 계신다(12절). 12절은 이러한 증인 소환의 메시지를 '느움 야웨'(declares Yahweh, "야웨의 말씀이니라")라는 중요한 예언 문구로 마무리함으로써, 자연계를 대표하는 하늘을 증인으로 소환하시는 하나님의 명령이 반드시 이루어질 것임을 강조하고 있다. 반드시 하나님의 심판이 있을 것임을 강조하는 9절("야웨의 말씀이니라")의 경우와 마찬가지로 말이다.

3. 유다 백성의 반역 행위(2 : 14-19)

> 14이스라엘이 종이냐 씨종이냐 어찌하여 포로가 되었느냐 15어린 사자들이 그를 향하여 부르짖으며 소리를 질러 그의 땅을 황폐하게 하였으며 그의 성읍들은 불타서 주민이 없게 되었으며 16놉과 다바네스의 자손도 네 정수리를 상하였으니 17네 하나님 여호와가 너를 길로 인도할 때에 네가 그를 떠남으로 이를 자취함이 아니냐 18네가 시홀의 물을 마시려고 애굽으로 가는 길에 있음은 어찌 됨이며 또 네가 그 강물을 마시려고 앗수르로 가는 길에 있음은 어찌 됨이냐 19네 악이 너를 징계하겠고 네 반역이 너를 책망할 것이라 그런즉 네 하나님 여호와를 버림과 네 속에 나를 경외함이 없는 것이 악이요 고통인 줄 알라 주 만군의 여호와의 말씀이니라

[2 : 14–19] 4~13절 단락에서 북왕국과 남왕국을 포함하는 이스라엘 백성 전체를 대상으로 하여 조상들의 죄악과 그에 대한 자신의 심판을 다룬 야웨께서는, 14~19절 단락에서 이제 시야를 좁혀 예레미야가 활동할 당시의 남왕국 유다의 반역 행위를 2인칭 여성 단수 형태로 고발하되, 14~15절에서만 예외적으로 그들을 3인칭 남성 단수로 칭하며, 앗수르 제국에 의해 망한 북왕국의 이야기를 고발과 비판의 메시지에 조금씩 포함시키고 있다. 그리고 또 한 가지 주목할 것은, 14~19절 단락이 종이나 포로가 되어 버린 이스라엘 백성의 비참한 현실(14절)이나 그러한 재앙이 초래된 원인(17절)을 두 종류의 수사학적인 질문을 통하여 지적함으로써, 이스라엘의 반역 행위를 우회적으로 고발하고 있다는 점이다.

먼저 야웨께서는 11절에서와 마찬가지로 14절에서 다시금 이스라엘에게 세 가지 질문을 던지신다. 그들이 과연 일반적인 의미에서 말하는 종(a slave, '에베드')–이를테면 빚 때문에 종이 되거나 전쟁 포로 신분으로 종이 된 경우–인지, 아니면 집에서 태어난 종, 곧 태어나면서부터 종의 신분을 가지고 난 자(a homeborn servant, '열리드 바이트')인지, 그리고 그들이 어찌하여 다른 나라 사람들의 포로(종, 노예)가 되어야만 했는지 물으신 것이다. 물론 당연히 앞의 두 질문에서 하나님이 그들에게 원하시는 답변은 "결코 그렇지 않습니다."라는 부정적인 대답이다. 그렇다! 이스라엘은 종이나 노예가 아니라, 하나님의 신부나 아내와 같은 언약 백성이요, 오로지 야웨께만 바쳐져야 하는 성물이나 다름없다(2 : 2–3). 그들은 또한 그의 자녀이기도 하다(출 4 : 22–23; 호 11 : 1). 그의 특별한 사랑과 선택에 힘입어 출애굽과 광야 인도, 가나안 정착 등의 은혜를 입은 "나의 백성"(2 : 11, 13)인 것이다.

그런데도 그들은 하나님을 버려 그의 친 백성이기를 거부하였다. 자기들에게 그처럼 특별한 사랑을 베푸신 하나님을 버리고 다른 신들을 따라간 것이다. 그 결과 북왕국 이스라엘의 경우에서 보듯이, 젊은 사자들과도 같은 원수들이 그들을 향하여 부르짖으며 소리를 질러 그들의 땅을 황폐하게 하였다. 원수들은 또한 그들의 성읍들을 불태워 더 이상 사람들이 살 수 없는 곳들로 만들고 말았다(15절). 이집트 고왕국 시대의 수도였던 나일 강변의 놉(Noph=멤피스, Memphis)과 이집트 북동쪽 성읍인 다바네스(Tahpanhes, 렘 43 : 7–9)의 자손도 이스라엘의 정수리(the crown of the head)를 침으로써 그들에게 치명상을 입혔다(16절). 아마도 이 사건은 주전 609년에 있었던 이집트의 유다 침공을 가리킬 것이다(Thompson, 173–174; Lundbom I, 272).

야웨 하나님께서 일찍부터 이스라엘의 길을 인도하여 주시고 그들을 보호해 주셨는데도 그들이 하나님을 버리고 떠났으니, 그러한 재앙을 당하는 것은 너무도 당연한 일이었다. 그 까닭에 야웨께서는 그럴 수밖에 없는 그들의 불행한 현실을 다시금 수사학적인 질문의 형태로 강조하신다: "네 하나님 여호와가 너를 길로 인도할 때에 네가 그를 떠남으로(forsake, '아잡'=1 : 16; 2 : 13, 19; 5 : 7, 19 등) 이를 자취함이 아니냐"(17절). 실제로 그들은 시홀(나일) 강물을 마시려고 이집트로 달려갔으며, 유프라테스 강물을 마시려고 앗수르로 달려갔다(18절; 참조. 호 8 : 9–10). 앗수르가 주전 612년에 멸망했다는 사실을 염두에 둔다면, 18절 본문이 말하는 두 나라에게 의존하고자 했던 정책은 주전 612년 이전의 어느 한 시점을 가리킴이 분명하다(Craigie 외, 31). 어쩌면 요시야 왕(주전 640–609년)이 종교개혁을 시작(주전 621년)하기 전의 한 시점일 가능성이 높을 것이다.

어쨌든 이스라엘이 이집트나 앗수르의 물을 마시려고 했다는 것은, 그들이 하나님을 의지하기보다는 강대국들의 무력을 의지하고자 했음을 의미한다. 하나님을 버리고 이방 신들을 좇은 것도 모자라서 이제는 하나님보다 강대국들의 군사력을 더 의지하고 신뢰하고자 한 것이다. 이러한 상황에서 이제 남은 것은 하나님의 심판과 징계를 받는 일뿐이다. 그들이 저지른 악이 그들을 징계할 것이요, 하나님께로부터 방향을 돌이킨 그들의 반역 행동('슈브' 동사의 명사형인 '므슈바')이 그들을 벌할 것이다. 심판과 징계를 받고 나서야 이스라엘은 야웨 하나님을 버리는(forsake, '아잡'=1 : 16; 2 : 13, 17; 5 : 7, 19 등) 행동과 그를 경외하지 않는 삶이 얼마나 고통스러운지 깨닫게 될 것이다(19절). 야웨께서는 19절에서 유다 백성의 반역과 그에 따르는 심판의 상황을 마무리하시면서, 이스라엘의 죄악에 대한 자신의 심판이 분명하게 이루어질 것임을 '느움 야웨'(declares Yahweh, "야웨의 말씀이니라")의 다소 확대된 형태인 '느움 아도나이 야웨 츠바오트'("주 만군의 여호와의 말씀이니라")라는 특징적인 예언구를 통하여 다시금 강조하신다.

4. 우상 숭배의 죄악(2 : 20–28)

20네가 옛적부터 네 멍에를 꺾고 네 결박을 끊으며 말하기를 나는 순종
하지 아니하리라 하고 모든 높은 산 위에서와 모든 푸른 나무 아래에서
너는 몸을 굽혀 행음하도다 21내가 너를 순전한 참 종자 곧 귀한 포도나
무로 심었거늘 내게 대하여 이방 포도나무의 악한 가지가 됨은 어찌 됨
이냐 22주 여호와의 말씀이니라 네가 잿물로 스스로 씻으며 네가 많은
비누를 쓸지라도 네 죄악이 내 앞에 그대로 있으리니 23네가 어찌 말하
기를 나는 더럽혀지지 아니하였다 바알들의 뒤를 따르지 아니하였다 하
겠느냐 골짜기 속에 있는 네 길을 보라 네 행한 바를 알 것이니라 발이
빠른 암낙타가 그의 길을 어지러이 달리는 것과 같았으며 24너는 광야에
익숙한 들암나귀들이 그들의 성욕이 일어나므로 헐떡거림 같았도다 그
발정기에 누가 그것을 막으리요 그것을 찾는 것들이 수고하지 아니하고
그 발정기에 만나리라 25내가 또 말하기를 네 발을 제어하여 벗은 발이
되게 하지 말며 목을 갈하게 하지 말라 하였으나 오직 너는 말하기를 아
니라 이는 헛된 말이라 내가 이방 신들을 사랑하였은즉 그를 따라가겠
노라 하도다 26도둑이 붙들리면 수치를 당함같이 이스라엘 집 곧 그들의
왕들과 지도자들과 제사장들과 선지자들이 수치를 당하였느니라 27그들

이 나무를 향하여 너는 나의 아버지라 하며 돌을 향하여 너는 나를 낳았다 하고 그들의 등을 내게로 돌리고 그들의 얼굴은 내게로 향하지 아니하다가 그들이 환난을 당할 때에는 이르기를 일어나 우리를 구원하소서 하리라 [28]너를 위하여 네가 만든 네 신들이 어디 있느냐 그들이 네가 환난을 당할 때에 구원할 수 있으면 일어날 것이니라 유다여 너의 신들이 너의 성읍 수와 같도다

[2:20-28] 이스라엘을 2인칭 여성 단수로 칭하는 14~19절이 하나님의 심판을 초래하는 유다 백성의 반역 행위와 그에 대한 하나님의 심판을 선고하고 있다면, 똑같이 2인칭 여성 단수형을 사용하는 20~28절은 유다 백성의 반역 행위를 우상 숭배로 집약해서 고발하고 있다. 야웨께서는 이 단락의 전반부인 20~25절에서 여섯 가지 비유를 통하여 이스라엘의 우상 숭배를 신랄하게 비판하신다. 첫 번째 비유는 멍에를 꺾고 묶은 줄을 끊어 버리고서 주인에게 순종하기를 거부하는 고집 센 짐승을 예로 들고 있으며, 두 번째 비유는 바알 종교의 풍요 제의(fertility cult) 장소로 애용되는 높은 산 위와 푸른(무성한) 나무 아래에서 몸을 굽혀 행음하는 창기를 예로 들고 있다(20절). 그리고 세 번째 비유는 좋은 열매를 맺지 못하는 나쁜 포도나무를 예로 들고 있으며(21절), 네 번째 비유는 몸에서 지워지지 않는 얼룩(22절)을 예로 들고 있다. 그런가 하면 다섯 번째 비유와 여섯 번째 비유는 제각기 방향을 종잡을 수 없는 암낙타(23절)와 성욕에 사로잡혀 있는 들암나귀(24절)를 예로 들고 있다.

첫 번째 비유는 동물을 소재로 한 것으로, 이스라엘이 멍에를 부러뜨리고 묶은 줄을 모두 끊어 버림으로써 주인에게 저항하는 짐승과도 같음을 고발하고 있다(20a절). 고집 세고 반항적인 짐승과도 같은 이스라엘이 "나는 섬기지 아니하리라"고 억지를 부린다(20a절). 여기서 "섬기지"(serve, 개역 개정판은 "순종하지"로 번역함.)로 번역된 낱말은 14절의 "종"('에베드')과 어근이 같은

'아바드' 동사로서, 이스라엘이 야웨 하나님을 섬기지 않고 이방 신들을 섬기겠다고 고집부리고 있음을 지적하는 것이다. 야웨께서 압제와 속박의 땅 이집트에서 종살이하던 그들을 해방시켜 주시고 자신을 올바로 섬기도록 각종 토라 규정들을 선물로 주셨건만, 그들은 그것을 불편한 멍에와 결박으로 간주한 나머지 그 모든 것들을 다 끊어 버리고 하나님을 더 이상 섬기지 않겠다는 배은망덕한 태도를 보인 것이다.

이스라엘의 죄악을 고발하는 두 번째 비유는 사람을 소재로 하고 있다. 20절 하반절에 의하면, 이스라엘 백성은 모든 높은 산 위에서와 모든 푸른 나무 아래에서 몸을 굽혀 행음하는 창기와도 같았다. 이 비유는 바알과 아세라의 부부 관계가 지상 세계에 풍요와 다산을 보증해 준다는 믿음 아래 바알 신전에서 신전 창기와 동침함으로써 바알과 아세라의 부부 관계를 재현하고자 했던 이스라엘 백성의 비뚤어진 신앙(참조. 호 4:13-14; 강성열, 『성서로 보는 결혼 은유:결혼 은유의 기원과 전승에 관한 연구』〈서울:성광문화사, 1998〉, 78-122)을 고발하는 메시지나 다름없다. 사실 예레미야가 활동하던 시대의 남왕국 유다에서는 요시야 왕의 강한 종교개혁이 필요할 정도로 바알 종교의 신전 창기 풍습이 널리 행해졌었다(왕하 23:4-7).

이 점에 비추어 본다면, 예레미야는 남왕국 유다에서 야웨 신앙의 바알화를 본격적으로 공격한 처음 예언자였음이 분명하다. 그는 바알 종교의 풍요 제의가 행해지던 장소를 구체적으로 드러냄과 동시에, 그것이 일반 대중 사이에 얼마나 깊이 퍼져 있었는가를 20절 하반절에서 있는 그대로 폭로하였다. 당시에 바알 신전은 나무와 숲이 우거진 산에 자리하고 있는 경우가 많았다. "모든 높은 산"과 "모든 푸른 나무"는 바알 신전이 있는 곳을 가리키는 전형적인 표현이라 하겠다. 이와 비슷한 구절은 구약에 모두 17회 사용되었으며, 바알 종교의 풍요 제의 장소를 나타내는 전형적인 표현으로 알려져 있다(신 12:2; 왕상 14:23; 왕하 16:4; 17:10; 사 30:25; 57:5, 7; 65:7; 렘 2:20; 3:6, 13; 17:2; 겔 6:13; 20:28; 34:6; 호 4:13; 대하 28:4).

세 번째로 이스라엘의 죄악은 좋은 열매를 맺지 못하는 나쁜 포도나무의 비유를 통하여 고발되기도 한다(21절). 야웨께서는 애초에 자기 백성 이스라엘을 종자가 아주 좋고 순전한 포도나무로 심으셨다. 시편 80 : 8~11이 잘 설명하고 있는 것처럼, 가장 귀한 극상품 포도나무로 심으셨다는 것이다. 그런데도 이스라엘은 하나님을 버리고 이방 신들을 따라간 탓에 가장 귀한 포도나무의 좋은 가지로 자라기는커녕 도리어 이방 포도나무의 악한 가지로 변하고 말았다. 에스겔 15 : 1~8은 이처럼 나쁜 종자로 변해 버린 포도나무는 불에 던져지는 땔감밖에 되지 못한다는 사실을 구체적으로 잘 설명해 주고 있다(참조. Craigie 외, 37).

야웨께서 예레미야를 통하여 말씀하신 네 번째 비유는 어떤 수를 써도 사람의 몸에서 지워지지 않는 얼룩을 예로 들고 있다(22절). 이것은 이스라엘 백성의 죄악이 이제는 잿물로 아무리 열심히 씻어도 지워지지 않고, 아무리 많은 비누를 사용한다 할지라도 씻어지지 않을 정도로 완전한 부정(不淨)의 상태에 빠졌음을 의미한다. 자기들의 몸이 더럽혀지지 않았다거나 자기들이 바알들의 뒤를 따르지 않았다고 그들이 아무리 완강하게 변명을 해도 소용이 없다(23a절). 그들의 몸과 삶이 도무지 지워지지 않을 정도로 오염되어 있다는 사실은 다섯 번째 비유와 여섯 번째 비유를 통하여 입증된다. 방향을 종잡을 수 없는 암낙타(23b절)와 발정기에 이르러 성욕에 사로잡혀 있는 들암나귀(24절)가 그렇다.

예레미야는 골짜기 안에 난 그들의 길을 보면 그들의 죄악을 금방 확인할 수 있다고 말하면서, 마치 발이 빠른 암낙타가 그의 길을 어지럽게 달리는 것이나 발정기에 성욕을 이기지 못한 채로 헐떡거리는 들암나귀와도 같다는 비유의 말씀을 전한다. 여기서 예레미야가 말하는 "골짜기"(23절)가 어디를 가리키는지는 분명치 않으나, 일단은 "골짜기"라는 낱말이 별다른 설명 없이 정관사만으로 사용되는 것을 보면, 그곳이 예레미야 자신과 그 시대의 사람들에게 널리 알려진 곳임을 알 수 있다. 더욱이 이 본문의 설교가 예루살렘에서 행해진 것임을 고려한다면(2 : 2), 그곳은 당연히 예루살렘 바로 왼쪽에 있는 골짜기, 즉 예루살렘의 북쪽에서 남쪽으로 길게 뻗어 있는 "힌놈의 아들 골짜기"(the Valley of the Son of Hinnom; 수 15 : 8; 18 : 16; 왕하 23 : 10; 대하 28 : 3; 33 : 6; 느 11 : 30 등)를 가리킨다고 볼 수 있다. 예레미야도 이 골짜기에 대해서 여러 차례 언급하고 있어서(7 : 31–32; 19 : 2, 6; 31 : 40; 32 : 35), 23절의 "골짜기"는 "힌놈의 아들 골짜기"로 보는 것이 가장 옳을 것이다(Jones, Jeremiah, 1992; Lundbom I, 281; Fretheim, 69).

그렇다면 예레미야가 힌놈의 아들 골짜기에 대해서 말한 것은 어떠한 의미를 가지고 있는가? 잘 알려진 바와 같이, 이 골짜기에서는 어린아이를 바알이나 몰렉에게 제물로 드리는 이른바 유아 인신 제사(child-sacrifice)가 매우 폭넓게 행해졌는 바, 역사적으로 보면 포로기 이전에는 남왕국의 아하스(왕하 16 : 3)와 므낫세(왕하 21 : 6)의 때 그러했으며, 요시야 왕의 종교개혁(왕하 23 : 10)이나 여호야김 당시의 종교적인 상황(렘 7 : 31–32; 19 : 5; 32 : 35)을 보아도 그 골짜기에서의 인신 제사 풍습이 남왕국 유다에서 사라지지 않고 계속 남아 있었음을 알 수 있다. 뿐만 아니라 힌놈의 아들 골짜기에는 바알 신전이 건축되어 있어서(렘 32 : 35; 참조. 19 : 5) 유다 백성의 바알 숭배 중심지 역할을 수행하기도 했다.

이 점에서 볼 때, 골짜기와 관련된 예레미야의 비판 메시지는 유다 백성이 힌놈의 아들 골짜기를 자주 찾음으로써 바알 종교의 풍요 제의에 빠져들어 갔음을 뜻한다고 보아야 할 것이다. 예레미야가 유다 백성의 잦은 힌놈의 아들 골짜기 방문을 암낙타와 들암나귀에 비유하는 것이 그러한 사실을 뒷받침한다. 젊은 암낙타는 본래 사소한 자극에도 쉽게 동요하여 도무지 어느 방향으로 갈지 알 수 없을 정도로 통제하기가 어려운 짐승인데, 예레미야는 유다 백성을 젊은 암낙타에 비유함으로써 그들이 통제할 수 없을 정도로 자주 산당이 있는 힌놈의 아들 골짜기를 찾아다니고 있음을 비판한다.

예레미야는 이상의 여섯 가지 비유를 통하여 이스라엘의 죄악을 고발하고 비판하되, 그 모든 문제의 원인이 야웨 신앙을 버리고 바알 종교에 빠져든 데 있음을 지적한다(25절). 아울러 그는 유다 백성이 그처럼 열심히 바알 숭배에 빠져들게 된 가장 근본적인 책임이 "왕들과 지도자들과 제사장들과 선지자들"(26a절)에게 있었음을 분명하게 밝히고 있다. 그들은 올바른 지도자 역할을 수행하지 못한 까닭에, 마치 도둑이 붙들리면 수치를 당하는 것과 마찬가지로 수치를 당하게 될 것이다(26b절). 그들은 평소에는 나무(아세라 상징)나 돌(바알 상징)을 아버지나 어머니로 부르면서 바알과 아세라를 비롯한 여러 신들을 섬기면서도, 환난을 당할 때는 야웨 하나님께 구해 달라고 부르짖는 이중적인 태도를 보인다(27절).

26~27절의 이러한 비판과 고발의 메시지는 이스라엘의 지배 계층이 바알을 상징하는 돌 기둥과 아세라를 상징하는 나무 기둥을 찾아 숭배하였음을 잘 보여 준다(3:9; 참조. 신 4:28; 호 4:12; 미 5:12-14; 합 2:19). 여기서 예레미야는 그들이 자기들의 진정한 아버지(신 32:6)이신 야웨를 버리고 도리어 나무를 그들의 아비로 여기고 돌을 그들의 어미로 여긴다고 보아, 나무와 돌의 성적인 역할을 바꾸어 놓음으로써, 바알 종교의 풍요 제의를 조롱하며 비판한다(27절; Thompson, 180; Boadt, 26; Fretheim, 70). 더 나아가서 예레미야는 지배 계층의 비뚤어진 신앙 행태로 인해 바알 숭배가 걷잡을 수 없이 일반 백성에게까지 확산되었다고 본다. 유다 백성이 이미 멸망한 북왕국 이스라엘의 전례를 따라 바알과 아세라를 상징하는 돌과 나무와 더불어 행음함으로써 그 땅을 더럽혔다는 메시지(3:9)가 그 점을 잘 보여 준다. 참으로 그들이 섬기는 신들은 유다 나라에 있는 성읍들의 수만큼이나 많았다(28절).

5. 유다 백성의 반역과 불가피한 심판(2:29-37)

29너희가 나에게 대항함은 어찌 됨이냐 너희가 다 내게 잘못하였느니라

여호와의 말씀이니라 30내가 너희 자녀들을 때린 것이 무익함은 그들이
징계를 받아들이지 아니함이라 너희 칼이 사나운 사자같이 너희 선지자
들을 삼켰느니라 31너희 이 세대여 여호와의 말을 들어 보라 내가 이스
라엘에게 광야가 되었었느냐 캄캄한 땅이 되었었느냐 무슨 이유로 내
백성이 말하기를 우리는 놓였으니 다시 주께로 가지 아니하겠다 하느냐
32처녀가 어찌 그의 패물을 잊겠느냐 신부가 어찌 그의 예복을 잊겠느냐
오직 내 백성은 나를 잊었나니 그 날 수는 셀 수 없거늘 33네가 어찌 사
랑을 얻으려고 네 행위를 아름답게 꾸미느냐 그러므로 네 행위를 악한
여자들에게까지 가르쳤으며 34또 네 옷단에는 죄 없는 가난한 자를 죽인
피가 묻었나니 그들이 담 구멍을 뚫었기 때문이 아니라 오직 이 모든 일
때문이니라 35그러나 너는 말하기를 나는 무죄하니 그의 진노가 참으로
내게서 떠났다 하거니와 보라 네 말이 나는 죄를 범하지 아니하였다 하
였으므로 내가 너를 심판하리라 36네가 어찌하여 네 길을 바꾸어 부지런
히 돌아다니느냐 네가 앗수르로 말미암아 수치를 당함같이 또한 애굽으
로 말미암아 수치를 당할 것이라 37네가 두 손으로 네 머리를 싸고 거기
서도 나가리니 이는 네가 의지하는 자들을 나 여호와가 버렸으므로 네
가 그들로 말미암아 형통하지 못할 것임이라

[2:29-37] 유다 백성의 반역 행위를 고발하면서 하나님의 심판이 불가피함을 강조하는 29~37절은 그들을 2인칭 남성 복수형으로 칭하는 단락(29-32절)과 2인칭 여성 단수형으로 칭하는 단락(33-37절)으로 나누어진다. 29~37절 단락은 이처럼 두 종류의 인칭 변화를 보이면서도 수사학적인 질문들을 통하여 유다 백성의 죄악을 지적하는 일에 있어서는 공통점을 보이고 있다. 29절과 31~32절, 그리고 33절과 36절 등이 그렇다. 또한 이 단락에서 예레미야는 유다 백성이 자기들의 잘못된 행동을 정당화하면서 직접 말한 내용을 두 차례나 인용하고 있다. 31절과 35절이 이에 해당한다.

29~37절 단락은 그 서두인 29절에서 법정 소송 용어인 '리브' 동사를 사용하여 하나님의 고발과 비판(9절의 '리브')에 대한 유다 백성의 저항과 불만을 수사학적인 질문의 형태로 표현하고 있다: "너희가 나에게 대항함('리브')은 어찌 됨이냐". 이 질문에는 그들이 야웨 하나님을 버리고 다른 신들을 좇았을 뿐만 아니라, 하나님보다는 강대국의 무력과 군사력을 더 의지하는 잘못을 범했음에도 불구하고, 하나님께 대항한다는 것이 과연 가당키나 한 것이냐는 의도가 담겨 있다. 하나님 보시기에 그들은 온통 잘못한 것들뿐인데, 그런 그들이 하나님께 불평하고 저항한다는 것은 도무지 용납할 수 없는 어리석은 행동이었을 것이다. 유다 백성의 죄악에 대한 이러한 판단과 평가는 예언자 예레미야에 의해서 이루어진 것이 아니라 순전히 하나님 자신에 의하여 내려진 것이기에, 야웨께서는 '느움 야웨'(declares Yahweh, "야웨의 말씀이니라")라는 특징적인 예언구로 29절을 마무리하신다.

그동안 여러 차례 야웨께서는 유다 백성("자녀들")을 징계하심으로써 그들이 자신의 반역 행위를 뉘우치고 바른 길로 돌아서기를 기대하셨지만 아무런 소용이 없었다. 도리어 그들은 하나님의 말씀을 대언하는 중에 그들의 죄악을 고발하고 비판하던 예언자들을 마치 사나운 사자처럼 칼로 죽이는 일을 서슴지 않았다(30절; 참조. 26:20-23). 거짓 예언자들은 바알의 이름으로 예언해도 아무런 제재를 받지 않고 도리어 국가 지도자들로서의 권세를 마음껏 누렸지만(2:8), 야웨의 말씀을 대언했던 참 예언자들은 너무도 쉽게 목숨을 잃을 정도로 그 시대가 악했던 것이다. 예레미야 자신도 야웨의 말씀을 선포한 것 때문에 여러 차례 목숨을 잃을 뻔했으니(11:21-23; 12:1-4; 26장; 32:1-5; 36:1-26; 37:14-21; 38:5-6, 28 등), 그 시대가 얼마나 악했는지는 더 말할 필요가 없을 것이다.

유다 백성의 이처럼 파렴치하고 배은망덕한 모습에 대하여 하나님은 "야웨의 말씀"('드바르 야웨')을 들어 보라고 하시면서, 그들에게 세 가지 질문을 연속으로 던지신다: "내가 이스라엘에게 광야가 되었었느냐 캄캄한 땅이 되었었느냐 무슨 이유로 내 백성이 말하기를 우리는 놓였으니 다시 주께로 가지 아니하겠다 하느냐"(31절). 여기서 말하는 광야와 캄캄한 땅은 6절에 언급되어 있는 "광야 곧 사막과 구덩이 땅, 건조하고 사망의 그늘진 땅"과 의미상 크게 다를 바가 없다. 양자 사이에 차이가 있다면, 6절이 야웨께서 인간의 생존을 불가능하게 하는 광야에서 이스라엘 백성을 인도하셨음을 강조하는 본문인 반면에, 이곳의 광야와 캄캄한 땅은 도리어 야웨 하나님이 자기 백성을 죽이려는 의도를 가지고 있다는 이스라엘의 터무니없는 불평의 대상으로 나타나고 있다는 점이다.

그들은 이렇듯이 야웨 하나님을 광야와 캄캄한 땅으로 보고 있기에, 야웨를 버리는 것이야말로 진정한 해방과 자유를 뜻하는 것이요, 따라서 이제는 더 이상 주께로 갈 필요가 없다고 생각했다. 이것은 야웨께서 원하시는 삶을 멍에와 결박으로 착각하고서 그것을 다 끊어 버린 후에 다시는 야웨를 섬기지 않겠다고 말하는 것(2 : 20)이나 다름없다. 자족감 내지는 자만심에 사로잡힌 이스라엘이 이처럼 철저하게 야웨 하나님을 버리고 다른 신들이나 주변 강대국들에 의존하려는 것과는 대조적으로, 야웨께서는 그들의 배신 행위를 낱낱이 고발하면서도 여전히 그들을 "내 백성"으로 칭하심으로써, 그들과의 관계 회복에 대한 여지를 남겨 두신다.

이 점은 32절에서도 똑같이 확인된다. 이 본문에서 야웨께서는 신혼 때와도 같이 순전하고 행복했던 초기 역사, 곧 하나님과 이상적인 관계를 맺고 지내던 과거(2 : 2-3)를 금방 잊어버린 이스라엘의 배은망덕함을 두 개의 수사학적인 질문을 통하여 우회적으로 비난하신다. 결혼을 준비 중인 젊은 처녀가 어찌 신랑과의 사랑을 입증하는 예물인 결혼 패물을 잊겠으며(forget, '샤카흐'), 신부가 어찌 결혼 예복을 잊을 수 있겠느냐는 질문이 그렇다. 그런데 실제로 이스라엘 백성이 그랬다. 하나님의 신부와도 같았던 이스라엘은 셀 수도 없이 무수한 날 동안 그를 잊고(forget, '샤카흐'; 3 : 21; 13 : 25; 18 : 15 등) 지냈던 것이다. 그럼에도 불구하고 자기 백성 이스라엘을 향한 하나님의 근본적인 마음에는 변함이 없다. 그들의 반역 행위를 수도 없이 목격하셨으면서도 하나님은 배은망덕한 그들을 여전히 "내 백성"으로 부르고 계신다. 31절 말미에서와 마찬가지로 말이다.

그러나 하나님의 애타는 마음을 알 길이 없는 이스라엘은 애초에 자기들에게 있던 사랑, 곧 청년 때의 인애와 신혼 때의 사랑(2:2)을 버리고서 이방신들의 사랑을 얻으려고 마치 창기처럼 자신을 아름답게 치장하는 일에 여념이 없었다. 하나님의 은혜와 사랑을 저버린 그들의 패역함은 다른 악한 여자(창기)들에게 자신의 잘못된 행동을 가르칠 수 있을 정도였다(33절). 이러한 신앙적인 탈선과 그릇된 사랑은 필연적으로 도덕적인 타락을 초래하는 바, 34절에 그 점이 잘 지적되어 있다. 그들의 옷단에는 죄 없는 가난한 자들을 죽인 피가 묻어 있었다. 그 가난한 자들이 나쁜 마음을 품고 도둑질하려고 담벼락을 뚫고서 그들의 집으로 들어온 것도 아닌데 말이다(34절).

본래 시내 산에서 주어진 토라 규정들은 가난한 자들을 업신여기지 말고 도리어 사랑으로 그들을 섬기고 보살펴 주라고 했건만(출 22:21-27; 23:9-11; 레 19:9-10, 33-34; 23:22; 25장; 신 10:18-19; 14:28-29; 15:1-18; 16:11, 14; 24:14-22 등), 이스라엘은 도리어 피를 흘리면서까지 그들을 압제하고자 했으며, 그들을 착취하여 자신의 개인적인 욕심을 채우는 데 혈안이 되어 있었다. 이처럼 많은 문제점들이 그들에게서 발견되었는데도, 그들은 뻔뻔스럽게 "나는 무죄하니 그의 진노가 참으로 내게서 떠났다"고 말하는 어처구니없는 반응을 보였다. 죄를 뉘우치고 하나님께 돌아와도 부족한 판국에 이처럼 죄가 없다고 억지를 부리고 있으니, 그들이 하나님의 진노와 심판을 피해 갈 수 없음은 명약관화한 일이다(35절).

그들의 삶과 신앙은 자기들에게 죄가 없다는 거짓된 확신에 기초하고 있는 까닭에, 여전히 하나님을 좇던 길을 바꾸어 다른 신들에게 사랑을 받기 위해 부지런히 돌아다니는 모습을 보이고 있다. 마치 양심에 화인 맞은 사람들(딤전 4:2)처럼 말이다. 그러나 그들은 자기들이 의존하고자 했던 앗수르로 말미암아 수치를 당한 것과 똑같이 이집트로 말미암아 수치를 당할 것이다(36절). 그렇게 되면 그들은 수치심과 슬픔을 견디지 못한 나머지, 마치 포로처럼 두 손으로 머리를 감싼 채로(참조. 삼하 13 : 19) 이집트를 떠나게 될 것이다. 왜냐하면 그들이 의지하고자 했던 강대국들을 야웨께서 버리셨기(reject, '마아스') 때문이다. 따라서 이스라엘이 그들이 하나님 대신 의존하고자 했던 다른 신들이나 강대국들로 인하여 형통함을 누리는 일은 결코 없을 것이다(37절).

설교를 위한 묵상

1) 이스라엘은 그들의 역사 초기에 주어졌던 하나님의 은혜와 사랑을 끝까지 간직하지 못하는 어리석은 모습을 보였다. 출애굽 해방과 광야 유랑으로 대표되는 그들의 초기 역사는 하나님과 그들 사이에 부부에게서 보는 것과도 같은 인애와 사랑으로 가득 차 있었다. 적어도 그들에게는 그 시기가 그야말로 신혼 기간이나 다름없었다. 그러나 시간이 지나면서 그들은 수시로 하나님과의 언약 관계를 깨뜨렸으며, 야웨 하나님을 버리고서 이방 신들–특히 바알 종교의 풍요 제의–을 따라가는 신앙적 탈선에 빠지는 경우가 빈번했다. 사사기에서 열왕기까지 이어지는 역사서에 그러한 내용이 잘 기록되어 있다.

그들은 또한 야웨 하나님을 의지하고 신뢰하기보다는 앗수르나 이집트 같은 강대국의 경제력과 군사력에 더 의존하려는 모습을 보이기도 했다. 그것은 모든 민족들 중에서 아주 특별하게 선택된 민족으로서 오로지 야웨께만 바쳐져야 하는 이스라엘의 특수성을 크게 훼손하는 행동이었다. 하나님과의 관계를 깨뜨리는 이스라엘의 이러한 신앙적 탈선은 도덕적인 범죄로 이어진다. 야웨 하나님을 버린 그들은 가난한 자들과 사회적 약자들을 괴롭히고 그들을 착취하여 자신의 배를 채우는 파렴치한 행동에 탐닉함으로써, 하나님이 이스라엘 역사 초기에 그들에게 선물로 주셨던 토라 규정들을 멸시하는 모습을 보이곤 했다. 이렇듯이 세상의 다른 나라들과 똑같은 길을 걷고자 하는 그들에게는 에누리 없는 하나님의 심판과 재앙이 기다리고 있을 수밖에 없다. 오늘의 교회와 기독교인들 역시 하나님의 지극한 사랑과 관심을 거부한 채로 이스라엘과 같이 비뚤어진 길을 갈 경우에는 동일한 심판에 직면하지 않을 수 없을 것이다.

2) 이스라엘은 하나님의 특별한 섭리와 은총에 보답하는 삶을 살려고 노력하기는커녕, 도리어 그의 거룩한 뜻을 무시하고서 이방 신들을 섬기는가 하면, 강대국의 무력을 의지하고 가난한 자들을 압제하는 도덕적인 불감증에 빠지고 말았다. 이것은 여전히 자기 백성에 대한 애착을 접지 못한 채로 계속 그들을 "내 백성"으로 부르고자 하시는 하나님의 은혜와 섭리에 대한 배신 행위가 아닐 수 없었다. 신랑과도 같은 하나님을 향한 이스라엘의 반역 행동은 사실상 당시의 정치 지도자들과 종교 지도자들에게서 그 뿌리를 찾아볼 수 있다. 제사장들과 율법을 다루는 자들 및 목자들, 그리고 (거짓) 예언자들이 바로 그 사람들이었다.
그들은 율법을 주신 하나님이 누구신지, 그리고 그가 어디 계신지에 대해서 전혀 무관심했으며, 바알 신의 이름으로 예언하면서 우상 숭배를 조장하는 잘못을 범하였다. 지도층 인사들의 이러한 신앙적 탈선은 마침내 이스라엘 백성 전체로 하여금 용감하게 하나님을 버리고 이방 신들을 따르게 만들었을 것이다. 지도층 인사들의 강대국 의존 정책도 이에서 벗어나지 않는다. 강대국 의존 정책은 결과적으로 강대국 백성이 섬기는 이방 신들의 유입을 초래할 것이기 때문이다. 오로지 하나님만을 절대적으로 의지하고 신뢰하고자 하는 처음 신앙의 회복이야말로 이스라엘에게 필요한 것인데, 이스라엘의 지도층 인사들과 일반 백성은 이것을 전혀 깨닫지 못했다. 깨달음과 뉘우침이 없는 백성은 망하는 법이다. 우리는 이스라엘에게서 바로 이 점을 배워야 할 것이다.

C. 회개 촉구(3 : 1-4 : 4)

앞의 2장에서 이스라엘의 범죄와 반역 행위를 고발하고 비판함과 아울러 그들을 향한 하나님의 엄중한 심판을 선고한 예레미야는 3 : 1~4 : 4까지 그들의 회개를 촉구하는 메시지를 반복적으로 선포하고 있다. 이 단락의 핵심 어휘라 할 수 있는 히브리어 '슈브' 동사가 그 점을 잘 보여 준다. 이 동사는 "회개하다"(방향 전환)를 뜻하는 헬라어의 '메타노에오' 동사와 거의 같은 의미를 가지고 있으며, 이 짧은 단락에서 무려 열일곱 번이나 사용되고 있다. 예레미야는 이 동사를 3장에서만 열다섯 번 사용하고 있다. 1절(2회), 7절(2회), 8절, 10절, 11절, 12절(2회), 14절(2회), 19절, 22절(3회)이 그렇다. 그리고 4 : 1~4 단락에서는 '슈브' 동사를 1절에서만 두 번 사용하고 있다.

그뿐이 아니다. 3 : 1~4 : 4 단락은 그 문체가 조금 다양한 편이다. 일반적으로 예언자들이 선포한 메시지는 거의 대부분이 시문체로 되어 있지만, 예레미야의 이 단락은 특이하게도 시문체와 산문체가 골고루 섞여 있는 모습을 보이고 있다(Craigie 외, 47). 이를테면 유다 백성의 신앙적인 음행을 고발하는 3 : 1~5은 시문체로 되어 있고, 이스라엘과 유다의 배역과 행음에 관해 언급하는 6~11절은 산문체로 되어 있다. 그리고 회개 촉구의 메시지를 담고 있는 12~13절은 다시금 시문체로 바뀌며, 똑같이 회개 촉구의 메시지를 선포하고 있는 14~18절 역시 다시금 산문체로 바뀐다. 3장의 마지막 단락인 19~25절은 4 : 1~4와 마찬가지로 시문체로 되어 있으며, 이스라엘의 진실한 회개와 그에 따르는 하나님의 용서를 다루고 있다.

3 : 1~4 : 4 단락은 또한 인칭 변화에 있어서도 다양한 변화를 보인다. 3장의 2, 13, 19절이 이스라엘을 2인칭 여성 단수로 칭하고 있는 반면에, 12, 19, 20, 22절은 이스라엘을 2인칭 남성 복수로 칭하고 있다. 그리고 4 : 1은 이제껏 사용되지 않았던 2인칭 남성 단수를 이스라엘에게 적용하고 있다.

이상으로 요약되는 3 : 1~4 : 4 단락은 그 내용에 따라 다음과 같은 네 개의 세부 단락들로 나누어진다 : (1) 유다 백성의 신앙적인 음행(3 : 1–5); (2) 이스라엘과 유다의 배역과 행음(3 : 6–11); (3) 이스라엘과 유다를 향한 회개 촉구(3 : 12–18); (4) 회개와 용서(3 : 19–4 : 4). 그리고 예레미야의 예언 메시지가 야웨 하나님의 말씀임을 강조하는 '느움 야웨'(declares Yahweh, "야웨의 말씀이니라")라는 특징적인 예언구는 1, 10, 12(×2; 개역 개정판은 첫 번째 '느움 야웨'를 "여호와께서 이르시되"로 조금 다르게 번역하고 있음.), 13, 14, 16, 20절에서 모두 여덟 번 사용되고 있으며, '코 아마르 야웨'(thus says Yahweh, "야웨께서 이와 같이 말씀하시기를")라는 사자 양식은 한 번도 사용되지 않는다.

1. 유다 백성의 신앙적인 음행(3 : 1–5)

1그들이 말하기를 가령 사람이 그의 아내를 버리므로 그가 그에게서 떠
나 타인의 아내가 된다 하자 남편이 그를 다시 받겠느냐 그리하면 그 땅
이 크게 더러워지지 아니하겠느냐 하느니라 네가 많은 무리와 행음하
고서도 내게로 돌아오려느냐 여호와의 말씀이니라 2네 눈을 들어 헐벗
은 산을 보라 네가 행음하지 아니한 곳이 어디 있느냐 네가 길가에 앉
아 사람들을 기다린 것이 광야에 있는 아라바 사람 같아서 음란과 행악
으로 이 땅을 더럽혔도다 3그러므로 단비가 그쳤고 늦은 비가 없어졌느
니라 그럴지라도 네가 창녀의 낯을 가졌으므로 수치를 알지 못하느니라
4네가 이제부터는 내게 부르짖기를 나의 아버지여 아버지는 나의 청년
시절의 보호자이시오니 5노여움을 한없이 계속하시겠으며 끝까지 품으
시겠나이까 하지 아니하겠느냐 보라 네가 이같이 말하여도 악을 행하여
네 욕심을 이루었느니라 하시니라

[3 : 1] 예레미야는 앞에서 호세아의 결혼 은유(호 1–3장)를 예루살렘과 유다

백성의 신앙적이고 도덕적인 탈선에 적용함으로써, 유다 백성이 옛 조상들 때부터 그때까지 줄곧 야웨 하나님을 버리고 이방 신들을 섬겼음을 매우 강한 어조로 비판한 바가 있다. 그는 또한 호세아 8 : 9~10에 근거하여 유다 백성이 야웨 하나님을 신뢰하는 대신 이집트나 앗수르와 같은 주변의 강대국에 의존함으로써 일상적인 삶의 풍요와 함께 국가적인 삶의 안전을 추구하고자 하는 태도에 대해서조차 비판의 고삐를 늦추지 않았다. 이것은 그가 호세아의 결혼 은유를 단순히 종교적인 차원에만 적용하지 않았음을 뜻하는 바, 유다 백성의 이러한 총체적인 불성실함은 신혼 때의 성실함이나 사랑과 뚜렷한 대조를 이루는 것으로서, 야웨 하나님과 유다 백성 사이의 결혼 관계를 위태롭게 만드는 중요한 요인으로 작용한다. 그리고 그것은 궁극적으로는 야웨 하나님의 이혼 선언으로 귀결된다. 1절에 그 점이 잘 반영되어 있다.

예레미야는 1절에서 모세가 야웨를 3인칭으로 하여 이스라엘 자손에게 말하고 있는 신명기 24 : 1~4의 서술문을 자유롭게 변형시켜 야웨께서 직접 말씀하시고 묻는 의문문 형태로 바꾼다. 또한 그는 신명기 24 : 4("그를 다시 아내로 맞이하지 말지니")에서 "다시금 무슨 일을 하다"는 뜻으로 사용되고 있는 '슈브' 동사의 본래적인 의미, 즉 "회개하다" 또는 "뉘우치다"라는 의미를 되살려, 처음 남편인 야웨께서 신앙적인 탈선에 빠진 이스라엘 백성을 버린("보내다" 또는 "내쫓다"라는 의미를 가진 '샬라흐' 동사; 이혼을 의미함.) 후 타인(다른 신)의 아내가 되어 버린 그들에게로 돌아서실('슈브') 수 있겠느냐는 수사학적인 물음을 던진다.

그런데 이 물음의 핵심 의도는 야웨께서 방향을 돌이키는 것에 있지 않고 도리어 이스라엘이 회개하고서 방향을 돌이키는 것에 있기 때문에, 개역 개정판을 비롯한 많은 번역본들은 이 물음을 "남편이 그를 다시 받겠느냐"로 번역하고 있다. 어쨌든 오래전에 집을 나간 아내를 전 남편이 다시 받아들이는 것과도 같은 일이 발생한다면, 야웨께서 이스라엘에게 선물로 주신 땅이 더러워질 수밖에 없다는 것이 예레미야의 생각이요, 하나님의 뜻이었다. 그 까닭에 하나님의 목소리를 대변하고 있는 예레미야는 그들에게 많은 무리와 행음하고서도('자나' 동사; behave as a prostitute) 야웨께로 돌아오려느냐('슈브')는 질문을 던짐으로써 그들의 죄악을 비난하며, 2장의 여러 본문들과 마찬가지로 '느움 야웨'(declares Yahweh, "야웨의 말씀이니라")로 1절을 마무리한다.

[3 : 2–3] 호세아 전승의 영향을 받은(Carroll I, 143) 예레미야의 이러한 비판 메시지는 언약 관계의 회복이 전적으로 야웨 하나님께 달려 있지만, 호세아 3 : 1~5에서 보는 것과 같은 관계 회복이 그렇게 쉽게 이루어지지 않을 것임을 예고한 것이나 다름없다. 하나님의 아내였던 유다 백성이 단순히 어떤 한 사람의 아내가 된 정도가 아니라, 여기저기 많은 곳에서 많은 무리와 더불어 행음함으로써 하나님과의 언약 관계를 너무도 자주 깨뜨렸기 때문이다. 더 구체적으로 말하자면, 이스라엘은 헐벗은 산이든 길가든 행음하지 않은 곳이 없을 정도로 영적인 타락에 빠져 있었다. 그들의 음행은 광야에 있는 아라바 사람들 내지는 유목민들이 숨어서 지나가는 사람들을 기다리고 있다가 그들의 물건을 터는 것과 조금도 다를 바가 없었다. 그 결과 이제는 그들에게 선물로 주어진 땅이 그들의 음란과 행악으로 인하여 크게 더러워지게 되었다(2절).

여기서 한 가지 흥미로운 것은, 헐벗은 산에 대한 2절의 언급이다. 예레미야는 헐벗은 산들, 곧 벌거숭이 산들(bare heights)이 행음의 장소로 널리 사용되고 있음을 비판한다. 학자들 중에는 이 산이 광야에 있는 유목민들의 통행로에 관해 언급하는 하반절과 평행 관계에 있다고 보아, 사람들이 많이 다녀서 잘 다져진 대상(隊商)의 "통행로"(tracks)로 번역해야 한다고 보기도 한다(Holladay I, 113–114). 그러나 "네 눈을 들어"라는 표현이 있는 것을 보면, 들판에 있는 대상의 통행로보다는 본래의 의미인 벌거숭이 산들을 가리킨다고 보는 것이 더 적절할 것이다.

따라서 헐벗은 산들에 대한 언급은, 유다 백성이 바알과 아세라 사이의 거룩한 결혼 의식을 중심 내용으로 갖는 풍요 제의에 참여하기 위해 뻔질나게 산당이 있는 높은 산을 찾는 바람에 사람이 다니는 길이 잘 다져져서 마치 벌거숭이 산들같이 되었음을 가리킨다(Thompson, 187). 그러나 삶의 풍요를 보증받기 위해 아무리 자주 풍요 제의에 참여한다고 해도 그것은 결코 의도하는 바를 이루지 못한다. 도리어 풍요와는 정반대되는 상황, 곧 단비가 그치고 늦은 비도 오지 않는 심한 기근이 그들에게 형벌로 주어진다(3a절; 참조. 호 4 : 10). 이것은 가나안 종교의 풍요 제의가 자연계의 조화로운 순환과 그로 인한 풍요의 제공에 전적으로 무기력함을 웅변적으로 보여 준다. 왜냐하면 자연계의 순환이나 풍요의 제공은 창조주이시요 역사의 주관자이신 야웨 하나님에 의해서만 가능하기 때문이다. 그런데도 이스라엘은 창녀('조나'; '자나' 동사에서 파생한 명사, prostitute)의 낯을 가져서인지 도무지 자신의 잘못된 신앙과 삶에 대하여 부끄러움과 수치를 느끼지 못했다(3b절).

[3 : 4–5] 4~5절은 이처럼 안타까운 상황을 잘 드러내고 있다. 심한 기근으로 인한 고통 앞에서 이스라엘은 야웨 하나님을 향하여 "나의 아버지여 아버지는 나의 청년 시절의 보호자이시오니 노여움을 한없이 계속하시겠으며 끝까지 품으시겠나이까"라는 질문을 던질 법도 했다. 그러나 설령 그들이 그러한 질문을 던진다 해도, 그들은 이미 각종 악을 행하여 자신의 욕심을 충분히 이룬 상태였다(4–5절). 이제까지 왔던 길을 돌이키기에는 너무도 먼 길을 오고 말았다는 얘기다. 풍요와 다산을 보증받기 위해 바알 종교의 풍요 제의에 깊숙이 관여하던 그들이, 이제 와서 하나님의 심판과 재앙으로 인하여 고통에 직면하게 되자 하나님을 아버지로 부르면서 그의 도우심을 바란다는 것은 참으로 뻔뻔스러운 일이요, 일종의 혼합주의 신앙이 아닐 수 없었다. 바알도 섬기고 야웨 하나님도 섬기려는 혼합 종교의 양상이나 신앙적인 이중성이 어찌 하나님 앞에 온전히 받아들여질 수 있겠는가!

2. 이스라엘과 유다의 배역과 행음(3 : 6–11)

6요시야 왕 때에 여호와께서 또 내게 이르시되 너는 배역한 이스라엘이
행한 바를 보았느냐 그가 모든 높은 산에 오르며 모든 푸른 나무 아래로
가서 거기서 행음하였도다 7그가 이 모든 일들을 행한 후에 내가 말하
기를 그가 내게로 돌아오리라 하였으나 아직도 내게로 돌아오지 아니하
였고 그의 반역한 자매 유다는 그것을 보았느니라 8내게 배역한 이스라
엘이 간음을 행하였으므로 내가 그를 내쫓고 그에게 이혼서까지 주었으
되 그의 반역한 자매 유다가 두려워하지 아니하고 자기도 가서 행음함
을 내가 보았노라 9그가 돌과 나무와 더불어 행음함을 가볍게 여기고 행
음하여 이 땅을 더럽혔거늘 10이 모든 일이 있어도 그의 반역한 자매 유
다가 진심으로 내게 돌아오지 아니하고 거짓으로 할 뿐이니라 여호와의
말씀이니라 11여호와께서 내게 이르시되 배역한 이스라엘은 반역한 유
다보다 자신이 더 의로움이 나타났나니

[3:6–11] 6~11절 단락은 시문체로 되어 있는 1~5절 단락과는 달리 산문체로 되어 있지만, 1~5절 단락의 중심 주제를 거의 그대로 이어받고 있다. 이를테면 "회개하다" 또는 "(방향을) 돌이키다"라는 뜻을 가진 '슈브' 동사와 이로부터 파생한 명사 '므슈바'(1절과 6, 7, 8, 10, 11절)나, "행음하다"라는 뜻을 가진 '자나' 동사와 이로부터 파생한 명사 '조나'(1, 2, 3절과 6, 8, 9절), 그리고 "버리다, 내쫓다"(이혼을 의미함.)라는 뜻의 '샬라흐' 동사(1절과 8절)와 "더럽히다"라는 뜻을 가진 '하나프' 동사(1, 2절과 9절) 등이 그렇다(Craigie 외, 54).

그런가 하면 본 단락의 서두인 6절은 본문의 말씀을 요시야 시대에 주어진 것으로, 그리고 야웨께서 예레미야에게 직접 들려주신 말씀임을 분명하게 밝히고 있다. 그 정확한 시점이 언제인지는 도무지 알 길이 없지만, 예레미야의 고발과 비판이 상당히 강력한 어조로 되어 있다는 점을 염두에 둔다

면, 본문의 예언 메시지는 요시야 왕의 종교개혁이 시작되기 전에 주어진 것이 아니었겠느냐는 추론이 가능할 것이다. 아마도 예레미야는 예언 활동의 초기에 받았을 이 말씀을 유다 백성 모두에게 그대로 전했을 것이다.

6절은 또한 심판을 받아 망한 북왕국 이스라엘을 일컬어 "배역(背逆)한 자"로 칭한다. 히브리어 '므슈바'의 번역에 해당하는 이 표현은 "(방향을) 돌이키다"라는 뜻을 가진 '슈브' 동사의 명사형으로, 야웨 하나님을 버리고 바알을 비롯한 이방 신들에게로 방향을 돌이킨 이스라엘의 배신 행위를 일컫는 대표적인 낱말이라 할 수 있다(참조. 2 : 19). 야웨께서는 6절 하반절에서 이스라엘의 이러한 배신행위가 무엇을 가리키는지 분명하게 밝히신다. 그것은 곧 이스라엘 백성이 이방 신들을 숭배하면서 풍요 제의에 속한 행음에 빠져 있었고, 그것이 모든 높은 산과 모든 푸른 나무 아래에서 행해지고 있었음을 가리키는 것이었다. 상황이 이렇다 보니, 그들이 배신행위와 행음을 다 끝내고서 야웨께로 돌아온다는 것은 불가능한 일이나 다름없었다. 야웨 하나님은 집 나간 탕자와도 같은 이스라엘 백성이 다시 돌아오기만을 간절히 기다리는 애절함을 가지고 있었지만, 실제 현실은 전혀 그렇지 못했던 것이다(7a절).

그런데 더욱 안타까운 것은, 야웨께서 배역한('므슈바') 북왕국 이스라엘이 간음을 행한 탓에 언약 관계를 종결시키신 후 그들을 내쫓고('라카흐') 이혼서까지 그들에게 주었지만, 북왕국의 자매인 유다 백성은 그들의 종교적인 음행과 하나님의 심판(이혼)을 목격했음에도 불구하고, 그것을 전혀 하나님의 경고로 받아들이지 못했다는 점이다. 도리어 어리석게도 그들은 북왕국 이스라엘이 야웨 하나님을 배신하고서 이방 신들을 따라감과 아울러 음란한 가나안 종교의 풍요 제의를 탐닉한 죄로 인하여 심판을 받아 멸망한 모습을 보고서도 두려움에 사로잡히기는커녕 도리어 그들을 본받아 그들과 똑같이 행음의 죄악에 빠져들었다(7b-8절). 바알을 상징하는 돌과 아세라를 상징하는 나무와 더불어 행음함을 가볍게 여기고, 그러한 행음으로 야웨께서 선물로 주신 땅을 더럽히기까지('하나프') 했다(9절; 2 : 27; 3 : 2).

예레미야를 통해서 주어진 이러한 메시지는, 야웨 하나님의 또 다른 아내인 북왕국 이스라엘이 아내 된 도리를 다하지 못하고 간음을 행한 결과 야웨께로부터 이혼을 당하여 앗수르 제국에 의해 망한 것과 마찬가지로, 어리석기 짝이 없는 유다 백성 역시 남편인 야웨께로부터 이혼을 당하여 북왕국처럼 하나님께 심판을 받아 망할 것임을 암시하고 있다. 그 까닭에 유다 백성은 이제 더 이상 야웨께로 돌아설 수가 없고, 야웨 하나님 역시 유다 백성에게로 돌이킬 수가 없다. 이것은 결과적으로 야웨께서 유다 백성을 벌하기 위해 작정하신 심판이 확정되어 돌이킬 수 없게 되었음을 뜻하는 것으로, 유다 백성을 위한 중재 기도를 금지시키는 하나님의 명령(7 : 16-17; 11 : 14-17; 14 : 10-12; 15 : 1-4 등)에 의해 간접적으로 확인된다.

그래서인지 예레미야는 '슈브' 동사에서 파생한 명사인 '므슈바'를 북왕국 이스라엘에게 네 차례나 적용하여("배역한 이스라엘"; 6, 8, 11, 12절) 그들의 종교적인 음행이 야웨께로부터 방향을 돌이킨 것과 똑같다고 보며, 남왕국 유다에게는 그와 거의 비슷한 의미를 가진 '바고다'("반역한"; 7, 10절) 또는 '보게다'("반역한"; 8, 11절)를 역시 네 차례나 적용하여 그들의 종교적인 배신행위를 비판한다. 아내가 남편을 배신하고('바가드'; 개역 개정판, "속이고") 떠남같이 남북 왕국을 포함한 이스라엘 자손 전체가 야웨 하나님을 배신했다는('바가드'; 개역 개정판, "속였느니라") 20절의 비판도 같은 맥락에 속한다.

언뜻 보기에는 그들이 야웨께 돌아온 것처럼 보일 수도 있지만, 야웨께서는 그것이 진심으로 돌아온 것이 아니라 단지 거짓으로 한 것뿐이었음을 지적하시면서, 이상의 비판과 고발이 야웨 자신의 말씀임을 '느움 야웨'(declares Yahweh, "야웨의 말씀이니라")라는 특징적인 예언구를 통하여 분명하게 밝히신다(10절). 이것은 아마도 요시야 왕의 종교개혁이 위로부터 아래로 강요된 것이었기 때문에 기득권층의 반발이 심했을 것이고, 따라서 종교개혁이 사회 구석구석에 폭넓게 미치지 못했음을 암시하는 메시지나 다름없다. 그리고 또 한 가지 주목할 것은, 야웨께서 배역한 이스라엘을 반역한 유다보다 더 의로운(righteous, '차다크' 동사) 자들로 판단하셨다는 점이다(11절). 유다가 이스라엘의 신앙적인 탈선과 심판을 보았으면서도 아무런 교훈과 경고도 얻지 못한 채 똑같이 악한 길을 따라갔기에, 야웨께서 보시기에는 이스라엘보다 유다가 더 악한 자들로 여겨질 수밖에 없었을 것이다.

3. 이스라엘과 유다를 향한 회개 촉구(3 : 12–18)

[12]너는 가서 북을 향하여 이 말을 선포하여 이르라 여호와께서 이르시되
배역한 이스라엘아 돌아오라 나의 노한 얼굴을 너희에게로 향하지 아
니하리라 나는 긍휼이 있는 자라 노를 한없이 품지 아니하느니라 여호
와의 말씀이니라 [13]너는 오직 네 죄를 자복하라 이는 네 하나님 여호와
를 배반하고 네 길로 달려 이방인들에게로 나아가 모든 푸른 나무 아래
로 가서 내 목소리를 듣지 아니하였음이라 여호와의 말씀이니라 [14]여호
와의 말씀이니라 배역한 자식들아 돌아오라 나는 너희 남편임이라 내
가 너희를 성읍에서 하나와 족속 중에서 둘을 택하여 너희를 시온으로
데려오겠고 [15]내가 또 내 마음에 합한 목자들을 너희에게 주리니 그들이
지식과 명철로 너희를 양육하리라 [16]여호와의 말씀이니라 너희가 이 땅
에서 번성하여 많아질 때에는 사람들이 여호와의 언약궤를 다시는 말하
지 아니할 것이요 생각하지 아니할 것이요 기억하지 아니할 것이요 찾
지 아니할 것이요 다시는 만들지 아니할 것이며 [17]그때에 예루살렘이 그
들에게 여호와의 보좌라 일컬음이 되며 모든 백성이 그리로 모이리니
곧 여호와의 이름으로 말미암아 예루살렘에 모이고 다시는 그들의 악한
마음의 완악한 대로 그들이 행하지 아니할 것이며 [18]그때에 유다 족속이
이스라엘 족속과 동행하여 북에서부터 나와서 내가 너희 조상들에게 기
업으로 준 땅에 그들이 함께 이르리라

[3 : 12–18] 1~11절에서 신앙적인 음행으로 대표되는 이스라엘 백성의 죄악을 고발하고 비판함과 아울러 그에 상응하는 심판이 있을 것임을 예언한 예레미야는, 12~18절에서 심판을 피하기 위해 회개하고 하나님께 돌아올 것을 촉구한다. 1~11절이 1~5절의 시문체 단락과 6~11절의 산문체 단락으로 구성되어 있는 것과 마찬가지로, 12~18절도 북왕국 이스라엘의 회개를 촉구하는 12~13절의 시문체 단락과 남왕국 유다의 회개를 촉구하는 14~18절의 산문체 단락으로 구성되어 있다. 북왕국을 대상으로 하는 시문체 단락과 남왕국을 대상으로 하는 산문체 단락의 합성으로 되어 있다는 얘기다.

아내와도 같은 이스라엘 백성이 남편 되시는 하나님을 버리고 이방 신들을 따라가는 상황에서, 야웨께서는 이혼서를 주고서 그들을 내어 쫓는 심판을 내리셨지만, 그것이 끝은 아니다. 야웨 하나님은 자신과 이스라엘 백성 사이의 부부 관계를 완전히 끝장내지 않으시고 둘 사이의 관계를 회복시키고자 하신다. 무엇보다도 야웨께서는 심판을 받아 멸망한 북왕국 이스라엘과의 관계 회복을 원하시는 바, "북을 향하여 이 말을 선포하여 이르라"는 말씀(12a절)이 이 점을 잘 보여 준다. 그것이 야웨 하나님의 말씀임을 '느움 야웨'(declares Yahweh, 개역 개정판은 "여호와께서 이르시되"로 번역함.)라는 특징적인 예언구로 분명하게 밝힌 예레미야는 6, 8, 11절에서와 똑같이 이스라엘을 "배역한"('므슈바') 자들로 칭한다.

그는 야웨께로부터 "방향을 돌이킨"('므슈바') 이스라엘 백성에게 다시금 "방향을 돌이켜" 야웨께로 "돌아올"('슈브') 것을 강력하게 촉구한다(12절). 이를 히브리어 본문으로 읽으면 '슈바 므슈바'이다. 일종의 말놀이(word-play)에 해당하는 셈이다(Carroll I, 147). 그들이 회개하고 돌아오면 야웨께서는 자신의 노한 얼굴을 그들에게로 향하지 않으실 것임을 약속하신다. 그 까닭은 야웨 하나님이 '하시드'이시기 때문이다. 개역 개정판은 이를 "긍휼이 있는 자"로 번역하지만, 더 정확하게는 "'헤세드'를 행하시는 분"을 뜻한다. 달리 말해서 언약 관계에 기초한 야웨 하나님의 신실하심 또는 사랑('헤세드')이야말로 회개하는 자들을 용납할 수 있는 근거가 된다는 얘기다. 노를 한없이 품지 않으시는 그의 성품도 마찬가지이다. 회개하는 자들을 향한 야웨 하나님의 용서가 이처럼 확실한 것이기에, 예레미야는 12절 하반절에서 다시금 '느움 야웨'(declares Yahweh, "야웨의 말씀이니라")라는 예언구를 사용한다.

그렇다면 이스라엘에게 꼭 필요한 회개의 행동으로 가장 중요한 것은 무엇인가? 그것은 곧 야웨 앞에서 자신의 죄를 자복하는 일이다. 야웨 하나님을 배반하고서 풍요와 다산을 보증받기 위해 이방 신들에게로 달려간 죄와 하나님의 목소리를 무시한 채로 이방 신전과 산당이 있는 모든 푸른 나무 아래에서 풍요 제의에 참여한 죄를 뉘우치고 회개해야 한다는 얘기다(13절). 야웨 하나님의 대변인과도 다름없는 예레미야는 관계 회복에 관한 14절의 예언 메시지에서 다시금 결혼 은유를 사용하면서, 유다 백성과의 관계 회복이 어떻게 이루어질 것인가를 북왕국 이스라엘의 경우를 들어 우회적으로 설명한다. 야웨께서는 배역한 자식들('바님 쇼바빔')에게 돌아오라('슈브')고 명하시면서, 이스라엘 백성이 풍요의 신으로 즐겨 섬기던 바알이 그들의 참된 남편이 아니라, 그들과 언약 관계를 맺으신 야웨 하나님이야말로 그들의 참된 남편임을 강조하신다. 야웨께서는 이러한 부부 관계에 기초하여 이스라엘 백성과의 관계 회복을 기대하시는 바, 예레미야는 이스라엘 백성에게 야웨께로 돌아오라는 명령문 형태로 그것을 표현하고 있는 셈이다.

그런데 이 명령문은 단순히 회개를 촉구하는 내용으로만 되어 있지 않다. 야웨께서 자신을 남편으로 칭하시는 것 자체가 결혼 관계의 갱신을 목표로 한 야웨 하나님의 강한 의지를 표현하고 있는 데다가, 이스라엘 백성이 이제는 더 이상 야웨를 떠나 바알과 연합하지 않을 것임을 은연중에 암시하고 있기 때문이다. 더욱이 북왕국 이스라엘이 이미 오래전에 종교적인 음행으로 인해 형벌을 받아 고통을 당하고 있기에, 이 명령문은 이스라엘이 비뚤어진 현실로부터 돌이키기를 바라는 회개 촉구의 메시지로 보기 어렵다.

도리어 그것은 이미 하나님께 형벌을 받고 있는 이스라엘 백성이 포로 상태로부터 풀려나 그들의 본 땅으로 돌아올 것임을 우회적으로 표현하고 있다(Thompson, 199). 달리 말해서 이스라엘 백성이 야웨께서 내린 형벌로부터 벗어나 다시 본 남편인 그에게 돌아와 부부 관계를 회복할 것임을 회개 촉구의 메시지를 통해 간접적으로 표현했을 것이라는 얘기다. 그 뒤에 이어지는 포로 귀향의 메시지가 이를 뒷받침한다. 비록 한 성읍에서 한 명씩, 그리고 한 족속에서 두 명씩 차출될 정도로 소수의 남은 자들이 돌아오겠지만(참조. 44 : 14, 28), 그들은 언약 관계에 기초한 하나님의 사랑에 힘입어 통일 왕국의 수도가 될 예루살렘(시온)으로 돌아오게 될 것이다(14, 18절).

여기서 생기는 한 가지 의문점은, 북왕국 이스라엘의 회복을 향한 예레미야의 이러한 예언이 그의 주요 활동 무대인 남왕국 유다와 어떠한 관계를 가지고 있느냐 하는 것이다. 뚜렷한 설명은 없으나 한정된 소수의 귀향과 지도권의 갱신을 중심으로 하는 그의 메시지는 주전 598년과 587년의 포로 상황 이후에 주어진 것으로(Clements, 35), 틀림없이 당장 포로의 위협을 당하고 있거나 이미 포로 생활을 겪고 있는 유다 백성에게 희망의 메시지로 받아들여졌을 것이다(Holladay I, 120). 더 나아가서 그것은 유다 백성 역시 남편이신 야웨 하나님의 은총에 힘입어 부부 관계를 회복함과 동시에 나라를 재건하게 될 것임을 암시하는 메시지로 이해되었을 것이다. 15절 이하의 예언 메시지가 이를 잘 보여 준다.

15절의 예언에 의하면, 그들은 남편이신 야웨 하나님의 구원 은총에 힘입어 그가 세우신 의롭고 바른 지도자들, 곧 이전의 비뚤어진 지도자들(2 : 8의 '로임')과는 달리 "내 마음에 합한 목자들"('로임')의 다스림을 받되, 그들의 지식과 명철로 양육받을 것이다(15절). 이어지는 16~18절은 종말론적인 예언에 해당하는 것으로, 마침내 그들이 약속의 땅에서 번성하여 많아지게 되면 사람들이 야웨의 언약궤를 다시는 말하지 않을 것이요, 그것을 기억하거나 찾거나 만들지도 않을 것이라고 말한다(16절). 그 까닭은 야웨의 임재와 보좌를 상징하던 언약궤를 대신하여 이제는 예루살렘이 그들에게 야웨의 보좌로 일컬어질 것이요, 이스라엘의 영역을 넘어서서 세상 모든 백성이 야웨의 이름으로 말미암아 세상의 중심이 될 그곳으로 모여들 것이기 때문이다(참조. 사 2:2-4; 미 4:1-4; 슥 14:16-19). 다시는 그들이 악한 마음에서 나오는 고집대로 행하지 않을 것이요(17절), 유다 족속과 이스라엘 족속이 하나되어 함께 북에서부터 나와서 야웨께서 조상들에게 기업으로 주셨던 땅으로 돌아올 것이다(18절).

4. 회개와 용서(3:19-4:4)

19내가 말하기를 내가 어떻게 하든지 너를 자녀들 중에 두며 허다한 나
라들 중에 아름다운 기업인 이 귀한 땅을 네게 주리라 하였고 내가 다시
말하기를 너희가 나를 나의 아버지라 하고 나를 떠나지 말 것이니라 하
였노라 20그런데 이스라엘 족속아 마치 아내가 그의 남편을 속이고 떠나
감같이 너희가 확실히 나를 속였느니라 여호와의 말씀이니라 21소리가
헐벗은 산 위에서 들리니 곧 이스라엘 자손이 애곡하며 간구하는 것이
라 그들이 그들의 길을 굽게 하며 자기 하나님 여호와를 잊어버렸음이
로다 22배역한 자식들아 돌아오라 내가 너희의 배역함을 고치리라 하시
니라 보소서 우리가 주께 왔사오니 주는 우리 하나님 여호와이심이니이
다 23작은 산들과 큰 산 위에서 떠드는 것은 참으로 헛된 일이라 이스라
엘의 구원은 진실로 우리 하나님 여호와께 있나이다 24부끄러운 그것이
우리가 청년의 때로부터 우리 조상들의 산업인 양 떼와 소 떼와 아들들
과 딸들을 삼켰사온즉 25우리는 수치 중에 눕겠고 우리의 치욕이 우리를
덮을 것이니 이는 우리와 우리 조상들이 청년의 때로부터 오늘까지 우
리 하나님 여호와께 범죄하여 우리 하나님 여호와의 목소리에 순종하지
아니하였음이니이다 4:1여호와께서 이르시되 이스라엘아 네가 돌아오려

거든 내게로 돌아오라 네가 만일 나의 목전에서 가증한 것을 버리고 네
가 흔들리지 아니하며 2진실과 정의와 공의로 여호와의 삶을 두고 맹세
하면 나라들이 나로 말미암아 스스로 복을 빌며 나로 말미암아 자랑하
리라 3여호와께서 유다와 예루살렘 사람에게 이와 같이 이르노라 너희
묵은 땅을 갈고 가시덤불에 파종하지 말라 4유다인과 예루살렘 주민들
아 너희는 스스로 할례를 행하여 너희 마음 가죽을 베고 나 여호와께 속
하라 그리하지 아니하면 너희 악행으로 말미암아 나의 분노가 불같이
일어나 사르리니 그것을 끌 자가 없으리라

3 : 19~4 : 4 단락은 똑같이 시문체로 되어 있는 3 : 19~25과 4 : 1~4로 나누어진다. 3 : 12~18의 회개 촉구 메시지를 이어받고 있는 3 : 19~4 : 4 단락은 만일 이스라엘이 진실한 마음으로 회개함으로써 야웨 하나님께 돌아온다면 어떠한 일이 생기는지 다루고 있다. 이스라엘의 진실한 회개와 그에 따르는 하나님의 용서를 다루고 있다는 얘기다. 조금 더 세분하자면, 3 : 19~22a은 야웨 하나님을 버리고 떠난 이스라엘의 배신 행동과 야웨 하나님의 회개 촉구 메시지를 담고 있으며, 3 : 22b~25은 야웨께서 기대하시는 이스라엘의 진실한 회개를 담고 있다. 그리고 4 : 1~4은 다시금 이스라엘을 향한 하나님의 회개 촉구 메시지를 담고 있다.

[3 : 19–25] 3 : 19~20에서 예레미야는 과거에 이스라엘에게 주어진 야웨 하나님의 은혜와 사랑이 어떠한 성격의 것이었는지를 회상하면서, 그에 전혀 상응하지 못하는 이스라엘에 대하여 실망하시는 야웨 하나님의 모습을 그리고 있다. 이스라엘 역사의 초기에 야웨께서는 어떻게 해서든 그들을 자신의 "자녀"로 삼고 그들에게 아름답고 귀한 땅을 기업으로 주겠다고 약속하셨다. 그렇게 되면 그들이 야웨 하나님을 "나의 아버지"라 칭하면서, 자신을 떠나지 않을 것이라고 기대하셨다(19절). 여기서 예레미야는 호세아에게서

비롯된 결혼 은유에 기초하여 하나님과 이스라엘 사이의 관계를 부부 관계로 보던 방식(2 : 2, 32–33; 3 : 1–3, 8, 14)에서 잠시 벗어나, 하나님과 이스라엘 사이의 관계를 부모와 자녀 사이의 관계로 보는 방식(3 : 4; 참조. 신 1 : 31; 8 : 5; 호 11 : 1–4)으로 전환한다. 그러나 야웨 하나님의 이러한 기대는 완전히 물거품이 되고 말았다. 그 까닭은 마치 아내가 남편을 속이고 떠나감 같이 그들이 야웨를 속였기 때문이다(20절). 여기서 다시금 예레미야는 자녀 은유 내지는 가족 은유에서 결혼 은유로 전환한다(Carroll I, 152).

하나님의 기대와 역사적인 현실 사이의 이러한 갈등, 곧 이스라엘이 야웨 하나님의 기대를 배신한 채 그를 속인 행동은 21절에 잘 설명되어 있다. 그들은 바알 신전이 있는 헐벗은 산들(3 : 2) 위에서 풍요 제의에 참여하던 중에 울부짖으면서 야웨 하나님께 간구하는 모습을 보였다. 입으로는 야웨 하나님을 찾으며 부르짖지만, 행동은 바알 종교의 풍요 제의를 따르고 있으니 이 얼마나 가증스러운 일인가! 예레미야는 그들의 이중적인 행동을 누구보다도 잘 알고 있기에, 그들이 마땅히 가야 할 길에서 벗어나 야웨 하나님을 잊어버리는 큰 잘못을 범했다고 비난한다. 바알 종교와 야웨 신앙을 뒤섞는 방식의 혼합주의 신앙은 야웨 하나님께서 도저히 받아들일 수 없는 신앙적인 탈선에 해당하기 때문이다.

그럼에도 불구하고 야웨께서는 그들을 향한 사랑과 은총을 완전히 거두지 않으신다. 여전히 그들을 자신의 자녀들로 사랑하시는 야웨 하나님은 배역한 자식들('바님 쇼바빔')에게 돌아오라고('슈브') 당부하시면서(3 : 14도 동일함.), 그들의 배역함('므슈바')을 고쳐 주겠다고 약속하신다(22a절). 이에 대한 이스라엘의 반응은 어떠해야 하는가? 2 : 5~9의 역전이라 할 수 있는 (Carroll I, 155) 22b~25절에 그 해답이 들어 있다. 이 본문은 실제로 이스라엘이 진실한 마음으로 회개하고 야웨께 돌아올 것임을 예견하는 말씀이 아니다. 도리어 그것은 야웨께서 기대하시는 이스라엘의 진실한 회개를 담고 있다. 실제로 그런 일이 발생하지는 않았지만 말이다.

하나님의 기대와 바람에 의하면, 그들은 바알을 비롯한 이방 신들이 아니라 야웨야말로 자기들의 참 하나님임을 믿음으로 받아들일 것이요, 작은 산들과 큰 산들 위에서 행해지던 풍요 제의에 참여하여 떠들어 대는 것(참조. 13 : 27; 17 : 2)이, 애초에 그들이 기대하던 풍요와 다산을 절대로 보증해 주지 못함을 인정하게 될 것이다. 도리어 정반대로 그들은 자기들이 섬기던 부끄러운 우상이 청년의 때로부터 조상들의 산업인 양 떼와 소 떼와 아들들과 딸들을 삼켜 버렸음을 인정해야만 할 것이다(23a, 24절). 이것은 풍요 제의 참여가 결코 풍성한 곡물 수확과 자녀 출산 등의 결과를 가져오지 못한다는 메시지(3 : 3)와 맥을 같이한다.

바알 숭배나 풍요 제의 참여가 참으로 헛될 뿐인 상황에서는, 이스라엘의 구원이 오직 야웨 하나님께만 있다는 고백이 절로 나올 수밖에 없다(23b절). 그들은 아득한 옛날부터 지금에 이르기까지 조상들이 야웨께 범죄하여 그의 목소리, 곧 언약 관계에 기초한 토라 규정들에 순종하지 않은 탓에, 그리고 그들 역시 조상들의 비뚤어진 길을 그대로 따라간 탓에, 수치 중에 눕겠고 치욕이 자기들을 덮을 것임을 알게 될 것이다(25절). 이것은 수치를 침대로, 그리고 치욕을 이불로 묘사하는 수사학적인 표현 방식에 해당하는 것으로, 조상 대대로 지나온 역사가 순전히 부끄러움과 수치로 가득 찬 역사였음을 고백하는 것이나 다름없다. 이로써 그들은 신앙적인 탈선으로 얼룩진 과거 역사를 송두리째 부정하지 않을 수 없게 된 셈이다.

[4 : 1–4] 야웨께서는 4 : 1~4에서 다시금 이스라엘을 향한 회개 촉구의 메시지를 전하신다. 1절 서두에 있는 개역 개정판의 "여호와께서 이르시되"는 '느움 야웨'(declares Yahweh, "야웨의 말씀이니라")를 번역한 것으로, 회개 촉구의 메시지가 야웨 하나님께로부터 비롯된 것임을 확증하는 효과를 갖는다. 야웨께서는 이스라엘이 자신에게로 돌아오되('슈브'), 자신이 싫어하는 가증한 우상들을 버리고 흔들림 없는 굳센 믿음으로 바로 설 것을 요청하

신다(1절). 또한 그는 그들이 언약 관계의 핵심에 해당하는 진실(truth, '에메트')과 정의(justice, '미슈파트')와 공의(righteousness, '츠다카') 등으로 야웨께서 살아 계심을 두고 맹세하면, 세상 모든 나라들이 야웨로 말미암아 스스로 복을 빌며 또 야웨로 말미암아 자랑할 것이라고 말씀하신다(2절).

야웨께서 이스라엘에게 이렇듯이 이방 신들의 존재를 부정하고서 야웨 하나님의 살아 계심을 인정할 것을 요청하신 것은, 이스라엘만의 유익을 위해서가 아니라 궁극적으로는 이스라엘을 도구로 하여 세상 모든 나라들에게 복과 영광을 주려는 것임이 분명해진다. 야웨 하나님이야말로 살아 계신 유일한 참 신이요, 세상 모든 나라들의 역사를 주관하시는 분이기 때문이다. 이처럼 중요한 일을 위하여 장차 유다와 예루살렘 사람들이 추가로 해야 할 일이 있다. 3~4절에 이것이 잘 설명되어 있다. 먼저 3절에서 야웨께서는 앞으로 유다와 예루살렘 사람들이 추구해야 할 새로운 삶의 양식이 어떠해야 하는지 농경문화와 관련된 은유를 사용하여 구체적으로 말씀하신다. 잡초가 무성하게 자란 그들의 묵은 땅을 갈아엎음으로써 생명의 씨앗이 자랄 수 있는 땅으로 만들 것이요(참조. 호 10 : 12), 그 반대로 씨앗이 자랄 수 없는 가시덤불에는 파종하지 말라고 말이다(3절; 참조. 막 4 : 1–9).

그리고 4절에서 야웨께서는 할례의 내면적인 의미와 관련된 은유를 사용하신다. 그는 유다와 예루살렘 사람들에게 마음 가죽을 베는 할례를 행함으로써 야웨께 속할 것을 요청하신다. 이것은 언약 관계의 외적인 표징으로 행해지던 할례(창 17 : 10–14)가 점차 형식에 치우치면서 그 본래적인 의미를 상실하게 되었기에, 육체에 행하는 외적(外的)인 할례보다는 마음과 귀에 행하는 내적(內的)인 할례가 더 중요함을 강조하는 메시지가 아닐 수 없다. 할례의 의미를 내면화시킨 셈이다. 신명기 10 : 16; 30 : 6; 예레미야 9 : 26; 에스겔 44 : 7, 9; 사도행전 7 : 51; 로마서 2 : 29 등도 같은 메시지를 전하고 있다. 만약 유다와 예루살렘 사람들이 마음의 할례를 행하지 않을 경우에는 어떻게 되는가? 그럴 경우에는 그들의 악행으로 인하여 야웨 하나님의 분노가 불같이 일어나 그들을 태울 것이요, 어느 누구도 그것을 끌 수 없을 것이다.

설교를 위한 묵상

1) 야웨 하나님은 이스라엘 백성을 자신의 아내와도 같이 아끼고 사랑하셨다. 그러나 시간이 지나면서 이스라엘 백성들은 신혼 초기의 성실함과 사랑을 어디론가 내던져 버리고, 풍요와 다산을 보증받기 위해 야웨 하나님 대신 이방 신들을 따라가기도 하고, 국가적인 안전을 보증받기 위해서 이집트나 앗수르 같은 강대국들에 의존하는 영적인 음행에 빠져들고 말았다. 남편이신 하나님의 은혜와 사랑을 배신한 이스라엘의 이러한 행동은 야웨 하나님의 이혼 선언으로 귀결될 수밖에 없었다. 벌거벗은 산들을 비롯한 많은 곳들에 그들의 영적인 음행의 흔적이 남아 있었기에, 하나님과의 언약 관계가 깨지는 위기가 초래된 것이다. 이것은 북왕국이나 남왕국에 차이가 없었다. 남왕국은 북왕국의 죄악과 그에 대한 하나님의 심판을 보면서도 깨달음을 얻지 못한 채로, 북왕국과 똑같이 행음의 죄악에 빠져들었다.

이혼 선언으로 표상되는 언약 관계의 파괴는 결과적으로 애초에 기대했던 풍요와 다산이 이루어지기는커녕 정반대로 극심한 기근을 불러일으키고 말았다. 이로부터 비롯된 고통을 이기지 못한 이스라엘은 여전히 이방 신들을 섬기는 중에 형식적으로 하나님을 아버지로 부르면서 그의 자비와 긍휼을 구하지만, 그렇게 해서는 아무런 소용이 없다. 이제는 무엇인가 근본적인 변화가 필요하다. 하나님을 버리고 떠난 탓에 배역한 자('므슈바')가 되어 버린 그들이 마음을 고쳐먹고 다시금 야웨 하나님께로 완전히 방향을 돌이키지('슈브') 않으면 안 된다는 얘기다. 이 때문에 예레미야는 여러 차례 이스라엘 백성과 유다 백성에게 그들의 근본적인 변화를 요청하는 회개 촉구의 메시지를 전하며, 마음의 가죽을 베는 내면적인 할례를 통하여 그들이 근본적으로 새로워져야 함을 강조한다. 마음의 할례를 행하고 이제까지 범한 모든 죄를 철저하게 자복하고 뉘우치는 회개야말로 그들이 살 수 있는 유일한 길이기 때문이다.

2) 야웨 하나님은 이스라엘과 유다가 회개하는 마음으로 자신에게로 돌아오기를 간절히 바랐지만, 실제 현실은 그렇지 못했다. 그들이 잘못을 깨닫고 돌아오기 바라는 마음으로 그들에게 이혼서를 주고서 내쫓았지만 아무런 소용이 없었다. 그러나 이스라엘과 유다가 수도 없이 야웨 하나님을 버리고 배역한 자의 길로 갔다 할지라도, 그들을 향한 하나님의 마음에는 변함이 없다. 회개하면 용서하겠다는 메시지와는 별도로, 하나님은 비록 소수일지라도 사로잡혀 간 땅에서 돌아오게 하겠다는 약속을 주신다. 그들이 스스로 변화된 모습으로 야웨께로 돌아올 가능성이 거의 없기에, 이제는 하나님이 직접 나서서 그들을 회복시키겠다는 것이다. 또한 그는 자신의 마음에 합한 지도자들을 세워서 지식과 명철로 자기 백성을 다스리고 양육하게 하실 것이다.

그뿐이 아니다. 야웨께서는 자신의 임재와 보좌를 상징하는 언약궤가 더 이상 필요하지 않은 희망의 미래를 그들에게 선물로 주실 것이다. 그 결과 통일 왕국의 수도인 예루살렘이 회복될 것이요, 북왕국과 남왕국은 하나가 되어 예루살렘을 중심으로 하는 새로운 나라를 건설할 수 있을 것이다. 그리고 그들의 수도인 예루살렘이 언약궤를 대신하여 야웨 하나님의 보좌를 상징하는 도시가 될 것이요, 그야말로 세상 모든 나라 사람들이 모여드는 세계의 중심이 될 것이다. 하나님의 이러한 약속은 이스라엘의 회개나 변화와 상관없이 하나님이 일방적으로 그들에게 주시는 선물이다. 야웨 하나님은 자기 백성에게 진노하여 그들에게 이혼서를 주시는 공의로운 분이지만, 그러면서도 다른 한편으로는 진노의 심판을 넘어서는 구원 은총을 통하여 자기 백성을 새롭게 만드시는 사랑의 하나님이시기도 하다.

D. 심판과 멸망으로 인한 혼돈 상황(4 : 5-31)

예레미야의 초기 예언을 다루고 있는 1~6장 단락의 후반부에 해당하는 4 : 5~6 : 30은 이제껏 야웨 하나님의 대변인인 예레미야가 예언한 죄악 비판과 고발 및 그에 따르는 심판을 되풀이하되, 그것이 목전에 다가왔음을 한층 구체적으로 알리는 본문이다. 4:5~6:30은 대부분이 시문체로 되어 있지만, 단편적으로 산문체로 된 본문들도 드물게 발견되는 바, 4:11~12과 5:18~19가 그에 해당한다. 그리고 또 한 가지 주목할 것은, 이 단락이 군데군데에서 야웨 하나님과 예레미야 사이의 대화 형식을 빌어 심판의 불가피성을 강조하고 있다는 점이다. 5:1~9; 6:9~15; 27~30의 세 본문이 그렇다.

예레미야의 예언 메시지가 야웨 하나님의 말씀임을 강조하는 '느움 야웨'(declares Yahweh, "야웨의 말씀이니라"; 4:9, 17; 5:9, 11, 15, 18, 22; 6:12)나 '코 아마르 야웨'(thus says Yahweh, "야웨께서 이와 같이 말씀하시기를")라는 사자 양식(4:27; 5:14; 6:6, 9, 16, 21, 22)이 다른 본문 단락들에서처럼 빈번하게 사용되고 있음은 물론이다. 또한 이 단락은 조금 길기는 해도 이전에 이미 언급된 주제, 특히 임박한 심판의 주제를 매우 다양한 방식으로 변형시켜 설명하고 있다. 그 첫 번째인 4:5~31도 예외가 아닌 바, 1~6장 단락의 후반부에 속한 4:5~31은 다음과 같은 세부 단락들로 나눌 수 있다.

4:5~10	다가올 재난과 멸망
4:11~18	강한 바람처럼 몰려오는 심판
4:19~22	예레미야의 고뇌와 탄식
4:23~28	태초의 혼돈 상황
4:29~31	딸 시온의 탄식

1. 다가올 재난과 멸망(4 : 5–10)

5너희는 유다에 선포하며 예루살렘에 공포하여 이르기를 이 땅에서 나

팔을 불라 하며 또 크게 외쳐 이르기를 너희는 모이라 우리가 견고한 성
으로 들어가자 하고 6시온을 향하여 깃발을 세우라, 도피하라, 지체하지
말라, 내가 북방에서 재난과 큰 멸망을 가져오리라 7사자가 그 수풀에
서 올라왔으며 나라들을 멸하는 자가 나아왔으되 네 땅을 황폐하게 하
려고 이미 그의 처소를 떠났은즉 네 성읍들이 황폐하여 주민이 없게 되
리니 8이로 말미암아 너희는 굵은 베를 두르고 애곡하라 이는 여호와의
맹렬한 노가 아직 너희에게서 돌이키지 아니하였음이라 9여호와의 말씀
이니라 그날에 왕과 지도자들은 낙심할 것이며 제사장들은 놀랄 것이며
선지자들은 깜짝 놀라리라 10내가 이르되 슬프도소이다 주 여호와여 주
께서 진실로 이 백성과 예루살렘을 크게 속이셨나이다 이르시기를 너희
에게 평강이 있으리라 하시더니 칼이 생명에 이르렀나이다

[4:5–10] 시문체로만 되어 있는 5~10절 단락은 야웨 하나님의 말씀(5–7절)과 유다 백성을 향한 예레미야 자신의 훈계(8절), 그리고 다시금 야웨 하나님의 말씀(9절)과 예레미야의 탄식(10절) 등으로 이루어져 있다. 일종의 교차대구 형식(chiasmus)인 셈이다. 물론 본 단락의 핵심은 5~7절에 있는 전쟁 경보의 메시지를 발하라고 명하시는 야웨 하나님의 말씀에 있다. 야웨께서는 파수꾼이나 다름없는 예언자 예레미야에게 유다와 예루살렘을 향하여 전쟁 경보의 나팔을 불되(참조. 6:1), 유다 땅 방방곡곡에 그들의 죄악에 대한 심판의 성격을 갖는 전쟁이 가까이 왔음을 나팔 소리로 알리라고 명하신다.

그러나 전쟁 경보는 나팔 소리로만은 안 된다. 큰 목소리로 외칠 필요도 있다. 예레미야가 두 번째로 받은 명령이 바로 그것이다. 예레미야는 그들을 향하여 큰 목소리로 외쳐야 한다. 그러고는 그들로 하여금 함께 모여 견고한 성읍들, 곧 예루살렘을 비롯한 요새들에 들어가서 목숨을 보전하라고 그들에게 경고해야 한다(5절). 남왕국을 향하여 쳐들어오는 대적은 그들이 쉽게

맞서서 싸울 수 있는 상대가 아니기에, 그들 스스로가 견고한 성읍들로 인식하고 있는 곳들로 서둘러 피신하라는 얘기다. 그들은 시온으로 가는 길에 전쟁이 가까웠음을 알리는 경고의 깃발(signal, '네스')을 높이 세움으로써, 누구나 그것을 보고서 심각한 위기의식을 느낀 나머지 신속하게 견고한 성읍들로 피신할 수 있게 해야 한다.

예레미야는 유다 백성이 이처럼 지체 없이 예루살렘을 비롯한 견고한 성읍들로 도망해야 하는 이유를 두 가지로 설명한다(6절; Craigie 외, 73). 그 하나는 남왕국 유다를 멸하려는 강력한 군대가 북쪽에서부터 내려올 것이기 때문이다. 이미 주전 722년경에 북왕국 이스라엘을 멸망시킨 앗수르의 뒤를 이어 이제는 바벨론 제국의 군대가 북쪽에서부터 남왕국을 향해 나아올 것이요, 그들은 유다 땅에 재난과 큰 멸망을 가져올 것이다. 예레미야는 유다 백성이 급박하게 견고한 성읍들로 피신해야 하는 두 번째 이유로 그처럼 가혹한 전쟁의 심판이 야웨 하나님께로부터 비롯될 것이라는 사실을 든다. 바벨론 군대의 침략 전쟁은 바벨론 제국이 스스로 원해서가 아니라, 본질적으로 유다 백성의 죄와 반역 행위를 벌하기 위한 하나님의 역사 주권에 의해서 이루어질 것이라는 얘기다.

야웨께서는 바벨론 군대의 이러한 전쟁 위협을 맹수의 제왕인 사자에 비교하신다. 세상 나라들을 파멸시킬 힘을 가진 그들은 마치 숲속에서 뛰쳐나오는 무서운 사자와도 같아서, 그들이 지나가고 나면 유다 땅이 폐허로 바뀔 것이요, 그 땅에 거하는 사람들도 다 사라질 정도가 될 것이다(7절). 참으로 파괴적인 침략 전쟁이 아닐 수 없다. 그들로서는 영토 확장과 자원 확보를 위한 명분의 전쟁이겠지만, 세상 역사를 주관하시는 야웨 하나님의 시각에서는 유다 백성의 죄악에 대한 심판의 성격을 갖는 전쟁이나 다름없다.

예레미야는 이처럼 가혹한 전쟁의 심판과 파멸에 직면한 유다 백성에게 굵은 베옷을 허리에 두른 채 애곡할 것을 촉구한다(참조. 강성열, "고대 이스라엘의 애곡 의식과 회개," 「신학이해」 제45집〈2013〉, 7-39). 이것은 일종의 마지막 회개 촉구의 메시지라 할 수 있다. 그래서인지 그는 계속해서 야웨 하나님의 맹렬한 진노가 아직 그들에게서 떠나지 않았음을 인하여 탄식하며 슬피 울라고 촉구한다(8절). 그렇게 한다면 혹시라도 그 진노가 그들에게서 떠날 수도 있지 않겠느냐는 생각에서 말이다. 그의 이러한 회개 촉구의 메시지는 유다 백성이 단순히 목숨을 건지기 위해서 도망치기만 할 것이 아니라, 무슨 이유로 그러한 상황이 벌어졌는지 차분하게 생각하고서 반성하는 마음으로 애곡하고 회개할 것을 요구한 것이라 하겠다. 실제로는 그런 일이 일어나지 않았지만 말이다. 9절의 연이은 심판 선고가 이 점을 잘 보여 준다.

북쪽 군대에 의한 전쟁과 파멸의 날이 오면, 유다 백성 모두가 큰 혼란에 빠지고 말 것이다. 왕과 지도자들은 절망과 낙심에 빠질 것이요, 제사장들은 당혹감에 사로잡힐 것이며, 전쟁이 임하지 않을 것이라고 예언하던 (거짓) 예언자들도 깜짝 놀랄 것이다(9절; 참조. 8 : 1; 13 : 13; 17 : 25; 25 : 18; 32 : 32; 44 : 17, 21 등). 절망과 낙심에 빠진 지도자들이 도무지 자신의 정상적인 직무를 수행할 수 없을 정도로 나라가 온통 혼란과 무질서에 빠질 것이기 때문이다. 야웨 하나님의 이처럼 철저한 심판의 말씀(declares Yahweh, “야웨의 말씀이니라”; ‘느움 야웨’=9절)에 대하여, 예레미야는 유다 백성의 애곡과 탄식을 촉구하던 8절에서와는 달리 이제는 자신의 개인적인 탄식을 하나님께 쏟아붓는다.

‘아하흐’(Alas; “슬프도소이다!”)라는 탄식의 부사를 사용함으로써(1 : 6; 32 : 17) 자신의 슬픔을 표현하고 있는 예레미야는 야웨께서 자기 백성과 예루살렘을 크게 속이셨다고 불평한다. 거짓 예언자들이 이구동성으로 그들에게 평강(peace, ‘샬롬’)이 있을 것이라고 헛된 예언(6 : 14; 14 : 13, 15; 23 : 17)을 해도 막지 않으셨고(Holladay I, 155–156; Lundbom I, 339), 그로 인하여 유다 백성이 다 그것에 속아 넘어가는 바람에 안심하고 있다가, 갑작스럽게 칼이 그들의 생명(‘네페쉬’)에 이르는 재앙을 만날 것이기 때문이다(10절). 유다 백성을 향한 긍휼에 기초한 예레미야의 이러한 불평과 탄식은 일종의 중재 기도에 해당하는 것으로, 그가 눈물의 예언자임을 우회적으로 뒷받침하는 메시지가 아닐 수 없다.

2. 강한 바람처럼 몰려오는 심판(4 : 11–18)

> 11그때에 이 백성과 예루살렘에 전할 자가 있어서 뜨거운 바람이 광야에
> 있는 헐벗은 산에서 내 딸 백성에게 불어온다 하리라 이는 키질하기 위
> 함도 아니요 정결하게 하려 함도 아니며 12이보다 더 강한 바람이 나를
> 위하여 오리니 이제 내가 그들에게 심판을 행할 것이라 13보라 그가 구
> 름같이 올라오나니 그의 병거는 회오리바람 같고 그의 말들은 독수리보
> 다 빠르도다 우리에게 화 있도다 우리는 멸망하도다 하리라 14예루살렘
> 아 네 마음의 악을 씻어 버리라 그리하면 구원을 얻으리라 네 악한 생
> 각이 네 속에 얼마나 오래 머물겠느냐 15단에서 소리를 선포하며 에브
> 라임 산에서 재앙을 공포하는도다 16너희는 여러 나라에 전하며 또 예
> 루살렘에 알리기를 에워싸고 치는 자들이 먼 땅에서부터 와서 유다 성
> 읍들을 향하여 소리를 지른다 하라 17그들이 밭을 지키는 자같이 예루살
> 렘을 에워싸나니 이는 그가 나를 거역했기 때문이니라 여호와의 말씀이
> 니라 18네 길과 행위가 이 일들을 부르게 하였나니 이는 네가 악함이라
> 그 고통이 네 마음에까지 미치느니라

[4 : 11–18] 심판의 도구인 바벨론의 군대를 메마르고 건조한 사막 바람에 비교하는 11~12절이 산문체로 되어 있다면(시문체로 보는 견해도 있음, Holladay, "Structure, Syntax and Meaning in Jeremiah iv 11–12a," 28–37), 그들을 회오리바람에 비교하는 13~17절은 시문체로 되어 있다. 그리고 똑같이 시문체로 되어 있는 마지막 18절은 그러한 심판이 임하는 까닭을 밝히고 있는 말씀이라 할 수 있다. 11, 14, 16절이 예루살렘을 언급하고 있

는 것으로 보아, 예레미야의 이 예언은 예루살렘에서 선포되었을 가능성이 높다.

야웨께서는 남왕국 유다를 침공할 북쪽의 바벨론 군대를 강한 바람에 비교하신다. 그는 예레미야를 통하여 유다 백성과 예루살렘을 향한 심판을 선고하게 하시는 바, 이 심판 선고에 의하면 그들에게 임할 하나님의 심판은 광야에 있는 헐벗은 산들에서 불어오는 뜨겁고 건조한 사막 바람과도 같을 것이다. 약속의 땅 남쪽이나 동쪽에서 매우 강한 사막 바람이 "딸 내 백성"('바트-암미'; 개역 개정판은 9:7에서와 마찬가지로 "내 딸 백성"으로 번역하지만, 6:26; 8:11, 19, 21, 22; 9:1 등에서처럼 "딸 내 백성"으로 일관성 있게 번역함이 옳다.)에게 불어오는 까닭은 곡식을 키질하기 위함도 아니요, 알곡을 가려내어 정결하게 하려는 것도 아니다. 그것은 순전히 야웨 하나님을 위한("나를 위하여") 바람이요, 그가 원하시는 심판을 집행함으로써 그의 뜻을 이루기 위하여 불어오는 바람이다(11-12절). 야웨께서 그들을 여전히 "딸 내 백성"('바트-암미')이라고 부르시기는 하지만, 그들에게는 더 이상 희망이 존재하지 않는다. 단지 선인과 악인을 구별하지 않는 완전한 파멸과 심판만이 남아 있을 뿐이다(겔 21:3-5; Carroll I, 163).

야웨께서 이미 정하신 심판의 도구로 쓰실 북쪽의 바벨론 군대는 이처럼 메마른 사막 바람과 비교될 뿐만 아니라, 먹구름이나 회오리바람, 그리고 독수리 등과 비교되기도 한다. 그들의 군대가 먹구름처럼 올라올 것이요, 그들이 몰고 오는 병거들은 마치 회오리바람과도 같을 것이라는 표현, 또는 그들이 타고 오는 말들이 독수리보다 더 빠를 것이라는 표현이 그렇다(참조. 사 5:26; 합 1:8). 유다 백성을 압도하는 바벨론 군대의 이처럼 기세등등한 모습에 유다 백성은 자기들이 화를 당하여 망할 것이라고 생각할 수밖에 없다(13절).

이러한 상황에서 유다 백성이 구원을 받기 위하여 할 수 있는 일은 무엇일까? 그것은 오직 한 가지뿐이다. 그들의 마음에서 악을 씻어 버리는 일이다. 흉악한 생각을 속에서 지워 버리는 일이다(14절). 수사학적인 질문의 형태로 마무리되고 있는 이 말씀은 여전히 그들에게 일말의 희망이 있을 수도 있음을 암시하기도 하지만, 실제 현실은 전혀 그렇지 못하다. 그들이 그렇게 할 이유가 없기 때문이다(2 : 22). 그 까닭에 야웨께서는 14절 하반절에서 부정적인 답변이 예상되는 질문을 그들에게 던지신 것이다.

15절 이하의 메시지가 그 점을 한층 분명하게 보여 준다. 이스라엘 최북단 지역인 단(Dan)에서부터 심판의 소리가 울리며, 남왕국 유다의 북쪽에 있는 에브라임 산에서 재앙을 공포하는 소리가 들릴 것이라는 메시지가 그렇다(15절). 유다와 예루살렘을 침략할 심판의 도구인 바벨론 군대가 북쪽에서부터 올 것이라는 6절의 메시지를 염두에 둔다면, 단이나 에브라임 산처럼 남왕국의 북쪽에 있는 지역들에서 하나님의 심판을 알리는 소리가 들릴 것이라는 사실은 지극히 당연한 일이 아닐 수 없다. 그 소리는 이스라엘 주변의 여러 나라들을 향하여 전쟁과 심판의 소식을 알릴 것이요, 예루살렘에도 똑같이 그 소식을 전할 것이다. 심판의 도구가 될 적군이 먼 땅, 곧 북쪽에서부터 몰려와서 예루살렘을 포위할 것이요, 유다 성읍들을 향하여 전쟁의 함성을 지를 것이라는 소식을 말이다(16절).

그들은 밭을 지키는 자들, 곧 밭의 곡물을 도둑들이나 짐승들로부터 지키는 자들(guards of a field; Holladay I, 159)처럼 예루살렘을 사방에서 포위할 것이다(17a절). 침략군이 이처럼 거세게 들이닥쳐 유다와 예루살렘을 압박하는 이유는 무엇인가? 17절 하반절이 분명하게 밝히는 바와 같이, 그것은 유다 백성이 야웨 하나님을 거역했기 때문이다. 그것은 야웨께서 하신 말씀('느움 야웨'; declares Yahweh, "야웨의 말씀이니라")이기 때문에 어느 누구도 부정할 수 없는 너무도 확실한 사실이다. 신앙적인 측면에서 본다면, 바벨론 군대의 영토 확장욕과도 같은 정치적인 행동은 둘째 문제일 수밖에 없다. 야웨 하나님을 버리고 이방 신들을 따라간 그들의 모든 잘못된 길과 행동이 그처럼 가혹한 심판을 초래한 것이다. 그들의 잘못된 행실에 상응하는 열매로 전쟁의 재앙이 그들에게 닥칠 것이라는 얘기다. 그 결과 그들은 자신이 범한 죄악으로 인하여 마음속까지 파고들어오는 고통을 느낄 것이다(18절).

3. 예레미야의 고뇌와 탄식(4 : 19–22)

> 19슬프고 아프다 내 마음속이 아프고 내 마음이 답답하여 잠잠할 수 없
> 으니 이는 나의 심령이 나팔 소리와 전쟁의 경보를 들음이로다 20패망
> 에 패망이 연속하여 온 땅이 탈취를 당하니 나의 장막과 휘장은 갑자기
> 파멸되도다 21내가 저 깃발을 보며 나팔 소리 듣기를 어느 때까지 할꼬
> 22내 백성은 나를 알지 못하는 어리석은 자요 지각이 없는 미련한 자식
> 이라 악을 행하기에는 지각이 있으나 선을 행하기에는 무지하도다

[4:19–22] 4:19~22은 유다 백성의 안타까운 상황에 대한 예레미야의 탄식과 고백(19–21절)에 이어, "내 백성"의 어리석음에 대한 야웨 하나님의 탄식(22절)을 기록하고 있는 본문이다. 19절에 의하면, 예레미야는 나팔 소리와 전쟁 경보를 통하여 하나님의 심판이 임박했음을 유다와 예루살렘에 알려야 하는 파수꾼 예언자였을 뿐만 아니라(5절; 6:11; 20:9), 자신의 심령('네페쉬')이 환상 중에 그러한 전쟁 경보음을 직접 듣는 신비로운 체험을 하는 예언자이기도 했다. 그러나 그의 예언 활동은 단순히 자신이 선포해야 하는 야웨 하나님의 말씀을 직접 삶 속에서 경험하는 것으로 끝나지 않는다. 그는 그처럼 신비로운 경험 속에서 자신의 창자가 아프고(개역 개정판의 각주에 있는 "내 창자여 내 창자여"가 히브리어 본문에 적합한 번역임.) 마음이 답답함을 느낀다(19절; 시 22:14; 사 16:11; 63:15; 애 1:20).

이것은 예레미야가 자신이 선포해야 하는 말씀과 완전히 하나가 되었음을 의미하는 것으로, "창자가 끊어질 듯 아프다."는 한국식 고통 표현과 일맥상통하는 바가 있다. 마음의 고통과 아픔이 신체의 특정 부위와 긴밀하

게 연결되어 있음을 나타내는 표현이 아닐 수 없다. 더 나아가서 이것은 유다 백성 전체를 상대로 죄악 고발과 심판의 메시지를 전해야 하는 입장에서는 예레미야의 공적인 예언 직무가 표면에 드러나지만, 그들에게 닥칠 재앙과 심판에 대하여 커다란 심적 고통과 아픔을 느낄 수밖에 없는 유다 백성의 입장에서는 예레미야의 사적인 감정이 그대로 드러나고 있음을 보여 준다. 공적인 예언 직무에서는 냉혹하기 이를 데 없는 심판을 선고하지만, 그 배후에 있는 사적인 감정에서는 동족의 슬픈 미래를 두고서 마음 아파하는 연약한 시민일 뿐인 것이다(참조. Craigie 외, *Jeremiah 1–25*, 79). 바로 이 점에서 우리는 앞서 설명한 대로 예레미야를 일컬어 "눈물의 예언자"라고 칭하게 된다.

눈물의 예언자인 예레미야의 이러한 사적인 고통과 아픔은 20~21절로 계속 이어진다. 그는 패망에 패망이 꼬리를 물고 이어지는 바람에 온 땅이 탈취를 당하여 황무지처럼 바뀌는 모습을 환상 중에 목격한다. 또한 그는 자신만의 안전한 피신 공간인 장막(tents)이 순식간에 무너지고 휘장(curtains)까지도 홀연히 찢겨 나가는 모습을 목격한다(20절). 이로부터 비롯된 당혹감과 충격을 이겨 내지 못한 예레미야는 하나님을 향하여 탄원조의 질문을 던진다. 자신이 전쟁을 알리는 깃발(=6절, '네스')을 언제까지 바라보아야 하고, 전쟁 경보의 나팔 소리를 언제까지 더 듣고 있어야 하는지 묻는 질문을 던진 것이다(21절).

예언자 예레미야의 탄식은 야웨 하나님의 탄식(22절)으로 이어진다. 엄밀하게 말해서 예레미야의 탄식은 야웨 하나님의 탄식을 반영하는 것이라 할 수 있다. 예언자는 자신을 부르신 야웨 하나님의 말씀과 감정에 누구보다도 충실한 사람이기 때문이다. 야웨 하나님의 탄식은 자기들의 하나님을 알지('야다') 못하는 유다 백성의 어리석음을 겨냥하고 있다. 그는 여전히 유다 백성을 향한 애정과 관심을 간직한 채로 그들을 "내 백성"이라 부르면서도, 그들이 야웨 하나님을 알지 못하는 어리석은 자식들이요, 지각이 없는 미련한 자식들이라고 꾸짖으신다. 그들의 이러한 무지와 어리석음은 하나님의 탄식을 자신의 탄식으로 예민하게 받아들이는 예레미야의 모습과 너무도 뚜렷한 대조를 이룬다. 악한 일을 행하는 데에는 지각이 있으나 선을 행하는 데에는 무지한 자들이라는 책망도 같은 맥락에 속한다. 그러면서도 하나님의 이러한 책망과 탄식은 유다 백성의 죄악에 대한 심판이 완전한 끝은 아닐 것이라는 암시를 주고 있다. 실낱같은 희망의 근거가 그 안에 감추어져 있다는 얘기다.

4. 태초의 혼돈 상황(4 : 23–28)

23보라 내가 땅을 본즉 혼돈하고 공허하며 하늘에는 빛이 없으며 24내가
산들을 본즉 다 진동하며 작은 산들도 요동하며 25내가 본즉 사람이 없
으며 공중의 새가 다 날아갔으며 26보라 내가 본즉 좋은 땅이 황무지가
되었으며 그 모든 성읍이 여호와의 앞 그의 맹렬한 진노 앞에 무너졌으
니 27여호와께서 이와 같이 말씀하시길 이 온 땅이 황폐할 것이나 내가
진멸하지는 아니할 것이며 28이로 말미암아 땅이 슬퍼할 것이며 위의 하
늘이 어두울 것이라 내가 이미 말하였으며 작정하였고 후회하지 아니하
였은즉 또한 거기서 돌이키지 아니하리라 하셨음이로다

[4 : 23–28] 예레미야는 하나님의 심판을 받아 망하게 될 남왕국 유다의 모습을 창조 때의 혼돈(창 1–2장, 특히 1 : 2)과도 같은 자연의 대파국과 관련시킨다. 이와 비슷한 차원의 혼돈 상황은 남왕국 유다를 향한 심판의 예언을 담고 있는 예레미야 9 : 10~16; 이사야 2 : 12~17; 24 : 1~7, 17~23; 32 : 9~14 등에서도 발견되며, 동일한 심판 예언에 속한 에스겔 38 : 19~23에서는 유다 백성의 죄악이 자연계의 질서까지 영향을 미치는 하나님의 심판을 초래할 것임을 출애굽 사건의 재앙 이야기들과 비슷한 언어로 표현하고 있

다(참조. 신 28 : 27–29).

23~28절의 경우, 23절과 24절이 여러 공간들의 혼란스러움에 관해 설명하고 있다면, 25절은 그러한 공간들에 거주하는 생명체들에 대해서 설명하고 있다. 그리고 나머지 26~28절은 다시금 23~24절과 마찬가지로 다양한 공간들이 당하게 될 고통과 혼돈에 관해서 묘사한다. 창조 세계에 대한 이러한 언급은 창세기 1장과 매우 유사한 모습을 보이고 있다. 이를테면 23절의 혼돈과 공허는 창세기 1 : 2과 일치하며, 23절의 빛과 하늘과 땅은 창세기 1 : 3, 8, 10의 빛과 하늘과 땅에 상응한다. 그리고 25절의 사람과 새는 창세기 1 : 20, 26의 새와 사람에 상응하는 모습을 보이고 있다.

본 단락의 후반부인 26~28절은 유다 백성의 성읍들과 땅에 관해서 언급함으로써, 관심의 초점을 창조 세계로부터 남왕국 유다로 좁히고 있는 바, 이러한 방향 전환 내지는 초점 축소 역시 창세기 1~2장과 매우 유사한 양상을 보이고 있다. 왜냐하면 창세기 1 : 1~2 : 4a이 우주 만물의 창조에 관한 포괄적인 설명에 초점을 맞추고 있는 것과는 달리, 창세기 2 : 4b 이하는 인간의 실질적인 생존 공간인 땅과 그곳에 거주하는 사람에 초점을 맞추어 하나님의 창조에 대해서 서술하고 있기 때문이다(강성열, 『현대인을 위한 창세기 강해』〈서울:한국장로교출판사, 1998〉, 39).

양자 사이에는 이러한 유사성이 있지만, 몇 가지 중요한 차이점들도 발견된다. 첫째로, 창세기의 창조 기사는 하나님의 창조를 혼돈(chaos)으로부터 질서(cosmos)를 향해 나아가는 것으로 묘사하고 있지만, 예레미야는 정반대로 유다 백성이 하나님의 은혜와 사랑에 기초한 질서 있는 세계(cosmos; "좋은 땅"=26절)로부터 무질서와 혼돈(chaos; "황무지"=26절)을 초래하는 심판을 향해 질주하고 있는 것으로 묘사하고 있다. 둘째로, 창세기 1 : 2의 혼돈과 무질서가 아름다운 창조 세계를 건설하기 위한 기초와 배경을 이루고 있는 반면에, 예레미야가 말하는 혼돈과 무질서는 자기 백성의 죄악을 참지 못하고 진노하시는 하나님의 심판의 결과로 인하여 생겨나는 것이다.

예레미야는 남왕국 유다가 심판을 받아 망하게 될 모습을 먼저 포괄적인 창조 세계의 표상과 관련시킨다. 그는 하나님의 심판에 직면한 남왕국 유다가 태초의 혼돈으로 복귀한 것과도 같은 재앙에 빠질 것이라고 말한다. 그의 예언에 따르면, 땅이 혼돈하고 공허하며, 하늘에는 빛이 없고, 산들이 진동하고 작은 산들조차도 흔들리는 대재앙이 초래된다(23-24절). 또한 그는 사람도 없고 공중의 새도 다 날아가고 없는 모습을 환상 중에 목격한다(25절). 남왕국 유다에 임할 하나님의 심판은 창조 세계의 우주적인 차원에만 멈추지 않는다. 그것은 하나님께서 선물로 주신 남왕국 유다의 좋은 땅이 황무지('미드빠르'=wilderness, "광야")로 변하고 그 모든 성읍들이 야웨의 맹렬한 진노 앞에 무너지는 모습으로 구체화된다(26절).

그러나 혼돈과 무질서로 대표되는 심판으로 남왕국 유다가 완전히 끝장나는 것은 결코 아니다. 야웨께서는 유다의 온 땅을 황폐하게 만들기는 해도 완전히 멸망시키지는 않겠다고 말씀하신다(27절). 물론 유다와 예루살렘에 임할 파괴적인 심판으로 인하여 온 땅이 슬퍼하고 하늘은 어두워질 것이다. 야웨께서 말씀하셨기에 그 일은 반드시 이루어질 것이다. 야웨께서 한 번 작정하신 것을 후회하거나('니함') 그로부터 돌이키는('슈브') 법이 없기 때문이다(28절; 참조. 23-26절). 그럼에도 불구하고 야웨께서는 자기 백성을 위해 실낱같은 희망을 남겨 두실 것이다. 그들을 향한 심판 의지에는 변함이 없지만, 그렇다고 해서 파멸과 심판으로 모든 것을 끝내지는 않으신다는 얘기다. 이 점에서 본다면, 23절의 혼돈 상황은 어쩌면 그로부터 질서 있는 우주 만물이 창조된다는 창세기 1장과 비슷한 희망의 미래를 그 안에 감추고 있는 것으로 볼 수도 있을 것이다.

5. 딸 시온의 탄식(4 : 29-31)

29기병과 활 쏘는 자의 함성으로 말미암아 모든 성읍 사람들이 도망하여

수풀에 들어가고 바위에 기어오르며 각 성읍이 버림을 당하여 거기 사
는 사람이 없나니 [30]멸망을 당한 자여 네가 어떻게 하려느냐 네가 붉은
옷을 입고 금장식으로 단장하고 눈을 그려 꾸밀지라도 네가 화장한 것
이 헛된 일이라 연인들이 너를 멸시하여 네 생명을 찾느니라 [31]내가 소
리를 들은즉 여인의 해산하는 소리 같고 초산하는 자의 고통하는 소리
같으니 이는 시온의 딸의 소리라 그가 헐떡이며 그의 손을 펴고 이르기
를 내게 화가 있도다 죽이는 자로 말미암아 나의 심령이 피곤하도다 하
는도다

[4:29-31] 예레미야는 4장의 마지막 단락인 29~31절에서 유다와 예루살렘에 임할 심판의 불가피성을 강조함과 아울러, 재앙과 멸망의 심판을 초래한 유다 백성의 어리석음과 무지함을 고발하며(29-30절), 뒤늦게야 자신의 잘못을 깨닫고서 비참한 심판의 결과에 대하여 탄식하는 유다 백성의 모습을 비유적인 언어를 사용하여 설명하고 있다(31절). 이를 조금 다른 시각에서 설명한다면, 예레미야는 적군의 공격과 침략 앞에서 유다 백성이 택할 수밖에 없는 정상적인(normal) 행동(29절)과 평소에 야웨 하나님을 버리고 이방 신들이나 강대국들을 더 의존하고자 했던 비정상적인(abnormal) 행동(30-31절)을 대비시키는 방식을 쓰고 있다(Craigie 외, 84).

한 가지 흥미로운 것은, 바로 앞 단락인 23~28절이 심판의 우주적인 차원을 강조하고 있는 것과는 달리, 29~31절은 하나님의 심판을 순전히 유다 땅의 차원에서만 설명하고 있다는 점이다. 그리고 5~6절의 심판 선고가 유다 사람들에게 예루살렘을 비롯한 여러 견고한 성읍들로 도망하고 피신할 것을 명하는 것과는 달리, 여기서는 반대로 그러한 성읍들조차도 안전하지 않기에 사람들이 목숨을 건지기 위하여 필사적으로 성읍 밖으로 도망하여 수풀과 바위를 피신 장소로 선택할 것이라고 말한다(참조. 사 2:19, 21). 기병들과 활 쏘는 군인들의 함성을 들은 사람들이 두려움에 사로잡힌 나머지

자기들의 주거 공간인 성읍들을 버리고 숲속으로 숨고 바위 위로 기어 올라가는 상황이 벌어질 것이라는 얘기다. 그렇게 되면, 평소에 사람들로 북적거리던 성읍들에 주민들이 한 사람도 없어지는 상황이 초래될 것이다(29절).

심판의 위기 앞에서 유다 백성이 보일 정상적인 반응을 설명한 예레미야는, 창기의 은유를 빌어 예루살렘의 비정상적인 행동을 설명하고자 한다. 그가 사용한 창기의 은유에 의하면, 예루살렘은 화려한 옷을 입고 금은패물로 몸단장을 하고 눈 화장을 짙게 하는 파렴치한 모습을 보인다. 이방 신들, 특히 주변 강대국들과의 화친 관계를 창기의 행동으로 비유한 예레미야는 그들의 화장이 결코 기대하는 효과를 거두지 못할 것이요, 도리어 헛된 일이 되고 말 것이라고 말한다. 그러한 외모 치장이 내면적인 아름다움을 대신하지 못하기 때문이다. 그래서인지 예레미야는 예루살렘의 연인들이나 다름없는 주변 강대국들이 남왕국 유다와의 화친 관계를 무시한 채로 그들의 생명을 취하려고 애쓸 것이라고 말한다(30절).

이어서 마지막으로 예레미야는 출산과 관련된 은유를 통하여 유다 백성의 안타까운 상황에 대해서 보고한다. 30절의 창기 은유를 어느 정도 발전시킨 것으로 볼 수도 있는 31절의 출산 은유에 따르면, 야웨께서는 마침내 해산하는 여인의 진통 소리와도 같은 탄식 소리를 들으신다. 첫아이를 낳는 여인처럼 신음하는 소리, 딸 시온('바트-치욘'; 개역 개정판은 "시온의 딸"로 번역함; 참조. 4:31)이 초산의 고통 속에서 몸부림치는 소리를 들으신다(참조. 사 13:8; 호 13:13). 딸 시온이 고통을 견디지 못한 나머지 숨을 헐떡이는 중에 손을 휘저으면서 "내게 화가 있도다 죽이는 자로 말미암아 나의 심령('네페쉬')이 피곤하도다"라고 신음하는 소리를 듣는다.

31절의 이러한 출산 은유는 아마도 30절의 창기가 임신하여 사생아를 낳는 모습을 염두에 두고서 만들어 낸 표현 방식일 것이다. 또한 그것은 출산의 고통을 견디지 못한 창기가 출산 중에 죽음을 맞이하는 모습을 가리킬 수도 있고, 출산하기도 전에 자신을 죽이려고 달려드는 자들의 손에 죽임을 당하는 모습을 가리킬 수도 있을 것이다. 어떻게 보든 간에 예레미야가 선포한 이러한 출산 은유의 메시지는 유다와 예루살렘이 하나님의 심판을 받아 망하게 될 것이라는 사실을 가리키고 있음이 분명하다.

설교를 위한 묵상

1) 예레미야는 유다와 예루살렘을 향하여 전쟁 경보의 나팔을 불어야 하는 파수꾼으로 부름 받은 예언자이다. 그에게는 본질적으로 유다와 예루살렘의 죄악을 비판하고 고발하는 직무가 맡겨져 있지만, 이에 더하여 그러한 죄악에 대한 하나님의 심판을 선포하면서 심판의 재앙과 파멸에 직면한 자들에게 전쟁 경보를 알려 자신의 목숨을 건질 것을 충고하는 직무도 그에게 허락된 것이다. 예레미야가 유다 백성에게 알려야 하는 전쟁 경보는 심판의 도구로 선택된 강력한 군대가 북쪽으로부터 내려올 것이요, 그것이 마치 태초의 혼돈으로 되돌아간 것과도 같은 결과를 초래할 것이라는 데 있다. 이것은 그들에게 임할 심판과 전쟁의 재앙이 우주 만물을 창조하시고 세상 역사를 주관하시는 야웨 하나님께로부터 비롯된 것임을 의미한다. 예언자를 선택하여 자신의 말씀을 선포하게 하는 분도 야웨 하나님이시요, 북방에 있는 나라의 군대를 소환하여 자기 백성을 벌하게 하시는 분도 야웨 하나님이신 것이다.
그는 자기 백성의 죄악을 그냥 두시는 분이 결코 아니다. 설령 자신이 선택한 민족이라 할지라도, 그들이 사랑과 은혜에 기초한 언약 관계를 깨뜨리고 이방 신들과 강대국의 무력을 의지하고 신뢰한다면, 에누리 없이 그들에게 진노의 심판을 내리실 분이 바로 야웨 하나님이신 것이다. 그는 자기 백성의 배신행위를 용납하지 않는 분이다. 그는 무서운 사자처럼 그들을 덮치실 것이요, 그들이 사는 땅을 폐허로 만드실 것이다. 그러나 아무 예고 없이 그렇게 하시는 분은 결코 아니다. 그는 자신의 종 예언자를 통하여 미리 경고의 메시지를 주신다. 하나님을 배신한 유다 백성이 그러한 경고의 메시지를 받아들인 후 자신의 잘못을 고치고 회개함으로써 주께로 돌아가면 재앙과 심판이 그들을 피해 가겠지만, 그렇지 못할 경우에는 가차 없는 심판이 그들을 벼랑으로 몰 것이다. 이렇듯이 심판이 철회되는 길은 그러한 심판을 초래한 유다 백성 스스로의 변화에 의해서만 가능하다. 다른 길은 없다.

2) 예레미야의 예언 직무는 이중성을 가지고 있다. 공적인 측면과 사적인 측면이 그렇다. 공적인 측면에서 볼 경우, 그는 냉정하게 유다 백성의 죄악을 비판하고 고발해야 한다. 그리고 그러한 죄악에 따르는 하나님의 엄중한 심판을 에누리 없이 선포해야 한다. 그러나 사적인 측면에서 볼 경우, 그는 자기 백성의 죄악과 심판에 대하여 큰 고통과 슬픔을 느낄 수밖에 없다. 예레미야가 눈물의 예언자인 것은 바로 이 점과 밀접하게 관련되어 있다. 그는 평화가 있을 것이라는 거짓 예언자들을 하나님이 막지 않으셔서 유다 백성이 거짓된 안전의식에 사로잡힌 채 마음껏 악을 행하다가 결국에는 파괴적인 심판에 직면하고 말았다는 불평을 하나님께 쏟아부으며, 유다 백성을 향해 심판을 피하기 위해서라도 잘못된 길을 고치고 회개하여 주께 돌아올 것을 촉구한다.

그러나 그렇게 될 가능성이 거의 없기에 그는 창자의 아픔을 온몸으로 느끼며 마음이 답답하여 견딜 수 없다고 탄식한다. 자기 백성을 멸해야 하는 하나님의 마음도 같다. 맨 처음에 그는 자기 백성을 향한 사랑에 기초하여 언약 관계를 맺으시고 각종 토라 규정들을 선물로 주셨다. 그들이 자신의 은혜와 사랑을 배신하고 엉뚱한 길로 갔을 때는 심판과 재앙으로 그들을 치셨지만, 항상 그들을 완전히 멸하지는 않으셨다. 그들을 향한 긍휼과 사랑이 여전히 남아 있기 때문이다. 예언자는 하나님의 이러한 마음과 하나가 되지 않으면 안 되는 사람이다. 하나님을 거역하는 죄악에 대해서는 심판을 마다 않는 정의로움을 간직해야 하지만, 궁극적으로는 심판이 모든 것의 끝이 아님을 믿음으로 받아들이는 태도가 그의 삶과 생각을 지배해야 하는 것이다. 심판을 능히 뛰어넘는 긍휼과 사랑의 마음 말이다.

E. 예루살렘의 허물과 반역, 그리고 심판(5 : 1–31)

예레미야 5장은 유다 백성의 죄악을 비판하고 고발함과 아울러 그에 상응하는 심판을 선포하는 전형적인 예언 메시지 외에도 야웨 하나님과 예레미야 사이의 대화를 다루는 내용을 포함하고 있다. 5장의 서두 부분인 1~9절이 그렇다. 그리고 5장은 전체적으로 보아 시문체가 지배적이지만, 산문체의 단락을 일부 포함하고 있기도 하다. 18~19절이 그렇다. 또한 예레미야의 예언 메시지가 야웨 하나님의 말씀임을 강조하는 '느움 야웨'(declares Yahweh, "야웨의 말씀이니라"; 9, 11, 15, 18, 22, 29절)와 '코 아마르 야웨'(thus says Yahweh, "야웨께서 이와 같이 말씀하시기를")라는 사자 양식(14절)도 자주 사용하고 있다.

5장의 내용은 크게 세 부분으로 나누어진다. 첫 번째 단락인 1~9절에서 예레미야는 예루살렘의 허물과 반역을 다루고 있으며, 두 번째 단락인 10~19절에서는 자기 백성을 버리시는 하나님의 공의로우신 모습을 다루고 있다. 그리고 마지막 세 번째 단락인 20~31절에서는 유다 전역에 퍼진 죄악과 그에 상응하는 하나님의 심판을 담고 있다. 1절이 "예루살렘 거리"를 언급하고 있는 것을 보면, 세 단락으로 나누어지는 5장의 예언 메시지는 남왕국의 수도인 예루살렘을 공간적인 배경으로 하고 있음이 분명해 보인다.

1. 예루살렘의 허물과 반역(5 : 1–9)

1너희는 예루살렘 거리로 빨리 다니며 그 넓은 거리에서 찾아보고 알라
너희가 만일 정의를 행하며 진리를 구하는 자를 한 사람이라도 찾으면
내가 이 성읍을 용서하리라 2그들이 여호와께서 살아 계심을 두고 맹세
할지라도 실상은 거짓 맹세니라 3여호와여 주의 눈이 진리를 찾지 아니
하시나이까 주께서 그들을 치셨을지라도 그들이 아픈 줄을 알지 못하며

그들을 멸하셨을지라도 그들이 징계를 받지 아니하고 그들의 얼굴을 바
위보다 굳게 하여 돌아오기를 싫어하므로 4내가 말하기를 이 무리는 비
천하고 어리석은 것뿐이라 여호와의 길, 자기 하나님의 법을 알지 못하
니 5내가 지도자들에게 가서 그들에게 말하리라 그들은 여호와의 길, 자
기 하나님의 법을 안다 하였더니 그들도 일제히 멍에를 꺾고 결박을 끊
은지라 6그러므로 수풀에서 나오는 사자가 그들을 죽이며 사막의 이리
가 그들을 멸하며 표범이 성읍들을 엿본즉 그리로 나오는 자마다 찢기
리니 이는 그들의 허물이 많고 반역이 심함이니이다 7내가 어찌 너를
용서하겠느냐 네 자녀가 나를 버리고 신이 아닌 것들로 맹세하였으며
내가 그들을 배불리 먹인즉 그들이 간음하며 창기의 집에 허다히 모이
며 8그들은 두루 다니는 살진 수말같이 각기 이웃의 아내를 따르며 소리
지르는도다 9여호와의 말씀이니라 내가 어찌 이 일들에 대하여 벌하지
아니하겠으며 내 마음이 이런 나라에 보복하지 않겠느냐

[5:1–9] 야웨 하나님과 예레미야 사이의 대화 형식으로 되어 있는 첫 번째 단락 1~9절은 예루살렘의 허물과 반역을 고발하고 비판하는 예언 메시지(참조. 9:2–8)로, 대화의 주체에 따라서 다음과 같이 세 부분으로 나눌 수 있다.

야웨께서 예레미야에게 주신 말씀(1–2절)
예레미야의 반응(3–6절)
야웨 하나님의 답변(7–9절)

이 중에서도 세 번째 부분 서두에 나오는 7절은 본 단락의 핵심에 해당하는 것으로서, 야웨 하나님께서 유다 백성을 향하여 직접 하시는 말씀으로 이해되며, 그 뒤에 이어지는 8~9절이야말로 3~6절에 있는 예레미야의 말에 대한 응답에 해당하는 것이라고 할 수 있다.

야웨께서는 먼저 예레미야와 그 주변 사람들("너희"; Lundbom I, 376)에게 예루살렘 거리로 빨리 다니면서 그 넓은 거리에서 정의('미슈파트')를 행하며 진리('에무나')를 구하는 자를 찾아보라고 말씀하신다. 그러고는 만일 예루살렘 거리에서 그러한 사람을 한 사람이라도 찾는다면, 예루살렘 성읍을 용서하겠다고 약속하신다(1절). 약간의 과장법을 포함하고 있는("한 사람이라도"; Carroll I, 176; Fretheim, 108) 야웨 하나님의 이러한 명령과 약속은 토라의 기본 정신인 정의와 진리야말로 유다 백성의 옳고 그름을 판단하는 기준이 되는 것임을 뜻하는 바, 이는 소돔과 고모라를 위해 중재하는 아브라함의 모습(창 18 : 23-33)을 연상시킨다. 결국 소돔과 고모라는 의인 열 사람이 없어서 멸망당하고 말았지만, 야웨께서는 예루살렘 거리에서 정의를 행하고 진리를 구하는 자가 한 사람이라도 있다면, 그 도성을 용서하겠다는 파격적인 제안을 하신다.

예레미야에게 주어진 말씀과 아브라함의 중재 기도 사이에 차이가 있다면, 이곳에서는 사람 찾는 일의 주도권이 야웨 하나님께 있지만, 아브라함 이야기에서는 그 일의 주도권이 아브라함에게 있다는 점이다. 예레미야나 아브라함이 실제로 길거리로 나가서 의로운 사람들을 찾았을 것으로 여겨지지는 않지만 말이다. 그리고 설령 유다 백성 중에 통상적인 맹세 양식인 야웨 하나님의 살아 계심을 두고 맹세하는 사람이 있다고 해도, 그것은 사실 거짓 맹세나 다름없는 것이다(2절; 참조. 12 : 16). 왜냐하면 그들은 자기들이 야웨 하나님을 잘 섬기고 있다고 말하지만, 실제로는 말하는 것과 행동하는 것이 판이하게 다르기 때문이다. 말은 바르게 하는데 행동이 전혀 그 입바른 말을 따르지 못한다는 얘기다.

부정적인 답변이 나올 수밖에 없는 야웨 하나님의 제안에 예레미야는 유다 백성의 미련하고 어리석은 모습을 있는 그대로 폭로한다. 그는 야웨의 눈이 진리('에무나')를 찾지 않으시냐는 질문을 던지면서, 유다 백성이 자기들을 때리시고 멸하시는 하나님의 징계를 받아도 정신을 차리지 못하고 교훈받기를 거절할 뿐만 아니라, 그들의 얼굴을 바위보다 더 굳게 하여 주께 돌아오기를('슈브') 싫어한다고 말한다(3절). 예레미야의 이 말은 언뜻 보면 하나님의 징계와 심판이 소기의 목적한 바를 이루지 못했음을 지적하는 듯한 발언으로 여겨지지만, 실상은 유다 백성의 완악함과 무지함을 고발하는 메시지가 아닐 수 없다.

이러한 사실은 4~5절의 메시지에서도 똑같이 발견된다. 예레미야가 보기에 유다 백성은 야웨 하나님께서 원하시는 길과 그의 법('미슈파트')을 도무지 알지('야다') 못하는 비천하고 어리석은 자들일 뿐이다(4절). 이 점에 있어서는 남왕국 유다의 지도자들도 예외가 아니다. 적어도 지도자들만큼은 야웨 하나님의 길과 그의 법('미슈파트')을 알 것이라 생각했으나, 그들 역시 고삐 풀린 망아지처럼 야웨께서 자신만 올바로 섬기도록 메어 주신 멍에를 꺾고 자기들 마음대로 결박을 끊어 버린 파렴치한 자들이었다(5절; 참조. 2 : 20). 이렇듯이 일반 백성이나 지도자들 할 것 없이 모두 그들의 허물이 많고 반역이 심한 까닭에, 야웨께서는 수풀에서 나오는 사자처럼 그들을 죽이실 것이요, 사막의 이리처럼 그들을 멸하시고, 표범이 성읍들을 엿보다가 그곳에서 나오는 자들을 찢어발기는 것처럼 그들을 찢어 죽이실 것이다(6절; 참조. 호 13 : 7-8). 6절의 이러한 심판 메시지는 2 : 9과 마찬가지로 그 서두의 심판 선고 전문 용어인 "그러므로"(therefore, '알-켄')에 의하여 암시되고 있다.

예레미야가 이처럼 유다 백성과 지도자들의 미련함과 어리석음을 폭로하면서 그들에게 임할 심판을 맹수의 사냥에 비교하여 설명하자, 야웨께서는 예루살렘을 향하여 "내가 어찌 너를 용서하겠느냐?"는 질문을 던지심으로써, 그들을 향한 심판이 불가피함을 역설하신다. 그 까닭은 그들이 야웨 하나님을 버리고(forsake, '아잡'=1 : 16; 2 : 13, 17, 19; 5 : 19 등) 신이 아닌 것들, 곧 우상들을 빙자하여 맹세하였으며, 자기들을 풍족하게 해 주신 야웨 하나님의 은혜를 저버리고 창기의 집으로 몰려가서 간음을 행하는 일이 너무도 빈번했기 때문이다(7절). 이것은 야웨께서 유다 백성에게 온갖 풍요를 제공하여 그들을 배부르게 먹여 주셨는데도, 그들이 배은망덕하게 풍요의 근원이신 야웨 하나님을 버리고 바알 숭배를 위해 마련한 신전 창기의 집에 허다히 모여서 바알 종교의 풍요 제의에 속한 음행을 즐기고 있었음을 고발하고 있는 것이나 다름없다(Carroll I, 179).

유다 백성의 이러한 음행을 야웨께서는 다시금 8절에서 비유적인 언어로 신랄하게 비판하며 조롱하신다. 8절의 비판과 조롱에 따르면, 유다 백성은 먹을 것을 충분히 잘 먹어서 살지고 튼튼한 수말(7절의 "배불리 먹인즉")과도 같으며, 마치 정욕이 왕성한 수말이 암말을 향해 소리 지르듯이 그들 중의 남자들이 욕정에 사로잡혀 이웃의 아내를 향해 소리지르며 음행을 즐긴다. 예레미야는 여기서 말의 울음소리를 나타내는 낱말인 '차할' 동사(8 : 16의 "우는 소리")를 유다 백성의 남자들에게 적용하여 그들의 요란한 풍요 제의 참여를 비판한다. 그는 13 : 27에서도 같은 방식으로 이 낱말의 명사형("사악한 소리")을 유다 백성의 종교적인 음행에 적용한다. 그러나 나중에 예레미야는 말의 울음소리와도 같은 큰 목소리로 야웨 하나님을 찬양하는 행위를 이 동사로 표현함으로써(31 : 7, 개역 개정판의 "전파하며"보다는 개역 한글판의 "외쳐 전파하며"가 더 적절한 번역임.) 그것을 공식적인 야웨 제의와 관련시키기도 한다(Holladay I, 180).

본 단락의 맨 처음에서 야웨께서는 정의를 행하고 진리를 구하는 자를 한 사람이라도 찾으면 유다 백성의 죄악을 용서할 수 있다고 말씀하심으로써 그들이 용서받을 수 있는 일말의 가능성을 열어 두셨으나(1절), 이제는 더 이상 그럴 가능성이 전혀 없다는 말씀으로 1~9절 단락을 마무리하신다. 그는 부정적인 답변이 예상되는 수사학적인 질문을 통하여 심판이 불가피함을 강조하신다. 바알 종교의 풍요 제의에 속한 음행을 즐기는 유다 백성의 죄악을 어찌 벌하지 않을 수가 있겠으며, 자신의 마음('네페쉬')이 어찌 이처럼 배은망덕한 나라에게 분풀이를 하지 않을 수 있겠느냐는 질문이 그렇다(9절). 이 질문과 9절 중간에 나오는 '느움 야웨'(declares Yahweh, "야웨의 말씀이니라"; 개역 개정판은 맨 앞에 번역함.)는 유다 백성이 이제는 어떤 방식으로도 하나님의 심판을 피할 수 없음을 분명하게 밝히는 효과를 갖는다.

2. 자기 백성을 버리시는 하나님(5 : 10–19)

10너희는 그 성벽에 올라가 무너뜨리되 다 무너뜨리지 말고 그 가지만
꺾어 버리라 여호와의 것이 아님이니라 11여호와의 말씀이니라 이스라
엘의 집과 유다의 집이 내게 심히 반역하였느니라 12그들이 여호와를
인정하지 아니하며 말하기를 여호와께서는 계시지 아니하니 재앙이 우
리에게 임하지 아니할 것이요 우리가 칼과 기근을 보지 아니할 것이
며 13선지자들은 바람이라 말씀이 그들의 속에 있지 아니한즉 그같이 그
들이 당하리라 하느니라 14그러므로 만군의 하나님 여호와께서 이와 같
이 말씀하시니라 너희가 이 말을 하였은즉 볼지어다 내가 네 입에 있는
나의 말을 불이 되게 하고 이 백성을 나무가 되게 하여 불사르리라 15여
호와의 말씀이니라 이스라엘 집이여 보라 내가 한 나라를 먼 곳에서 너
희에게로 오게 하리니 곧 강하고 오랜 민족이라 그 나라 말을 네가 알
지 못하며 그 말을 네가 깨닫지 못하느니라 16그 화살통은 열린 무덤이
요 그 사람들은 다 용사라 17그들이 네 자녀들이 먹을 추수 곡물과 양식
을 먹으며 네 양 떼와 소 떼를 먹으며 네 포도나무와 무화과나무 열매를
먹으며 네가 믿는 견고한 성들을 칼로 파멸하리라 18여호와의 말씀이니
라 그때에도 내가 너희를 진멸하지는 아니하리라 19그들이 만일 이르기
를 우리 하나님 여호와께서 어찌하여 이 모든 일을 우리에게 행하셨느
냐 하거든 너는 그들에게 이르기를 너희가 여호와를 버리고 너희 땅에
서 이방 신들을 섬겼은즉 이와 같이 너희 것이 아닌 땅에서 이방인들을
섬기리라 하라

[5:10–19] 산문체로 되어 있는 18~19절을 제외한 10~17절 전부가 시문체로 되어 있는 10~19절 단락 역시 앞 단락과 마찬가지로 임박한 심판에 관해 설명하고 있지만, 전체적인 맥락에서는 그것이 최종적인 것이 아님을 은연중에 암시하고 있다. 그리고 10~19절 단락에서 한 가지 주목할 것은, 유다 백성의 죄악으로 인하여 심판의 도구인 적군이 곧 쳐들어오겠지만 그것이 완전한 파멸은 아님을 예고하는 서두 부분(10–13절)과 적군의 공격으로 인하여 많은 사람들이 포로로 잡혀가겠지만 그것이 완전한 파멸은 아니라는 결론 부분(18–19절)이 대칭 관계에 있고, 그 중간에 있는 14절과 15~17절 역시 대칭 관계에 있다는 점이다(Craigie 외, 91). 이것을 알기 쉽게 정리하면 다음과 같다.

10~13절	완전한 파멸이 아닌 심판
14절	말씀의 불로 인한 심판
15~17절	적군의 침략으로 인한 심판
18~19절	완전한 파멸이 아닌 심판

10~19절 단락의 서두 부분인 10~13절은 두 부분으로 나눌 수 있는 바, 10~11절이 심판의 도구인 적군을 향한 말씀을 담고 있다면, 12~13절은 자기 정죄에 빠진 유다 백성의 말을 인용하여 심판을 정당화하는 내용으로 이루어져 있다. 그리고 14절은 예레미야에게 전달되는 불 같은 심판의 말씀을 담고 있으며, 이스라엘 집을 겨냥하고 있는 말씀인 15~17절은 이스라엘 집을 벌하기 위한 적군의 공격이 임박했고 그들로 인한 파멸이 총체적일 것임을 알린다. 예레미야를 통하여 선포된 말씀이 야웨의 말씀임을 강조하는 특징적인 예언구 '느움 야웨'(declares Yahweh, "야웨의 말씀이니라"; 11, 15, 18)와 '코 아마르 야웨'(thus says Yahweh, "야웨께서 이와 같이 말씀하시기를")라는 사자 양식(14절) 또한 10~19절 단락에서 비교적 자주 사용되고 있다.

야웨께서는 맨 먼저 10절에서 심판의 도구가 될 적군, 곧 바벨론 군대를 향하여 말씀하시면서, 그들에게 포도원 길('샤라'[vine-row]의 복수형)로 올라가서(개역 개정판은 "그 성벽에 올라가"로 달리 번역함.) 그곳을 무너뜨리되 다 무너뜨리지 말고 그 가지만 꺾어 버릴 것을 명하신다. 그곳이 이제는 더 이상 야웨 하나님께서 아끼고 사랑할 수 없는 부정한 곳으로 바뀌고 말았기 때문이다(10절). 이스라엘의 집과 유다의 집이 야웨 하나님을 완전히 배반하고('바가드' 동사의 부정사 절대형을 사용함으로써 배반의 의미를 강조함; Davidson, 114) 떠나갔으니(11절), 어떻게 그들이 그의 사랑하는 백성일 수 있겠는가! 그럼에도 야웨께서는 자신의 포도원과도 같은(사 5장) 이스라엘을 완전히 멸하지 않게 하심으로써 일말의 희망을 남겨 놓으신다. 심판을 뛰어 넘는 은총의 미래가 있을 것이라는 얘기다.

유다와 예루살렘-더 정확하게는 13절의 거짓 예언자들과 그들에게 속아 넘어간 자들(Holladay I, 187; Lundbom I, 389)은 자기 백성을 끝까지 생각하시는 하나님의 마음을 전혀 모르는 탓에, 야웨 하나님의 존재를 인정하지 않을 뿐만 아니라 그가 계시지 않기에 칼과 기근을 포함한 재앙이나 심판이 자기들에게 임하지 않을 것이라고 말한다(12절; 참조. 14 : 13, 15; 23 : 17). 그런데 유다 백성이 거짓된 확신에 사로잡히게 된 것에는 이유가 있다. 여기서 예레미야는 일종의 말놀이(word-play)를 통하여 거짓 예언자들의 무익함을 고발하고 있다. 거짓 예언자들을 바람('루아흐')이라 칭하는 표현이 그렇다. 참 예언자들은 야웨의 영('루아흐')에 사로잡혀 그의 말씀을 받은 자들이지만, 거짓 예언자들은 그러한 경험이 없는 사기꾼들이다. 이로써 예레미야는 야웨의 영('루아흐')에 사로잡히기는커녕 바람('루아흐')처럼 허망하기 짝이 없는 거짓 예언자들이야말로 유다 백성에게 있는 거짓 확신의 주범임을 통렬하게 비난하고 있다(13a절). 따라서 야웨의 말씀을 대변하지 못한 그들에게는 야웨께서 애초에 말씀하신 재앙과 심판이 임할 수밖에 없다(13b-14절;14 : 15). 더 구체적으로 말하자면, 참 예언자인 예레미야의 입에 있는 야웨의 말씀이 불이 되어 나무와도 같은 유다 백성을 태워 버릴(더 정확하게는 "먹어 치울"['아칼'], 17절 참조) 것이다(14절). 17절까지 계속 이어지는 이러한 심판의 말씀은 2 : 9이나 5 : 6의 경우처럼 14절 서두의 심판 선고 전문 용어인 "그러므로"(therefore, '라켄')에 의하여 분명하게 암시되고 있다.

실제로 15~17절은 야웨께서 예레미야에게 이스라엘 집을 향해 선포하도록 주신 심판의 말씀을 추가로 담고 있다. 그는 자기 백성을 벌하기 위하여 먼 곳에서 한 나라(a nation; '꼬이')를 오게 하실 것이다. 강하고 오랜 민족(an enduring nation, an ancient nation; 히브리어 본문에서는 '꼬이'가 두 번 사용됨.), 그리고 유다 백성이 전혀 알지 못하는 언어를 사용하는 민족(a nation), 곧 바벨론 제국의 군대가 그들을 공격하려고 내려올 것이다(15절). 모두가 용사들인 그들의 화살통은 열린 무덤과도 같기에 맞서 싸워 이길 사람이 없다(16절). 그들과 맞서 싸운다는 것은 곧 무덤 속으로 들어가는 것이나 다를 바가 없다. 그들의 공격을 받는 자들에게는 오로지 죽음만이 있을 뿐이다. 그들은 유다와 예루살렘의 식량과 가축, 그리고 식물 등의 모든 것을 깡그리 먹어 치울 것이요, 유다 백성이 스스로 견고하다고 믿는 성읍들(4 : 5)을 칼로 무너뜨릴 것이다(17절). 여기서 예레미야는 네 차례에 걸친 '꼬이'(a nation)의 사용(15절)과 마찬가지로, 14절의 '아칼' 동사를 네 번에 걸쳐 반복해서 사용함으로써("먹을"; "먹으며"; "먹으며"; "먹으며"), 견고한 성읍들을 향한 야웨 하나님의 심판이 철저하게 이루어질 것임을 강조하고 있는 바(Carroll I, 185), 이는 야웨께서 예레미야를 견고한 성읍(1 : 18)처럼 만들어 그를 안전하게 지켜 주겠다고 약속하신 것과는 너무도 대조적인 말씀이 아닐 수 없다.

10~13절과 대칭 관계에 있는 18~19절은, 바벨론 군대를 통한 하나님의 심판이 유다 백성을 완전히 멸하지 않을 것임을 예고한다는 점에서(18절), 포도원을 완전히 멸하지 말라는 10절과 마찬가지로 심판 후에 있을 희망의 미래를 열어 두는 은총의 말씀이라 하겠다. 상황이 이러한데도 여전히 자신의 배역함을 인정하지 못하는 유다 백성은 야웨께서 무슨 이유로 자기들에

게 그러한 일을 행하셨는지 알 수가 없다는 투로 질문을 던질 것이다. 이에 대하여 예레미야는 그들이 야웨 하나님이 선물로 주신 땅에서 그를 버리고 (forsake, '아잡'=1:16; 2:13, 17, 19; 5:7 등) 다른 땅 사람들이 섬기던 이방 신들을 섬겼기에, 그들 역시 야웨 하나님께로부터 버림을 받아 그 이방 신들이 섬김 받는 땅에서 역으로 이방인들을 섬길 것이라는 심판의 말씀을 선포해야 한다(19절). 이것은 바벨론 군대를 통한 전쟁에 더하여 유다 백성이 포로로 사로잡혀 갈 것이라는 두 번째 요소가 심판의 주제에 추가될 것임을 암시하고 있다. 2:14과 3:14~18에 암시되어 있는 것처럼 말이다.

3. 유다 전역에 퍼진 죄악과 그에 상응하는 심판(5 : 20-31)

20너는 이를 야곱 집에 선포하며 유다에 공포하여 이르기를 21어리석고
지각이 없으며 눈이 있어도 보지 못하며 귀가 있어도 듣지 못하는 백성
이여 이를 들을지어다 22여호와의 말씀이니라 너희가 나를 두려워하지
아니하느냐 내 앞에서 떨지 아니하겠느냐 내가 모래를 두어 바다의 한
계를 삼되 그것으로 영원한 한계를 삼고 지나치지 못하게 하였으므로
파도가 거세게 이나 그것을 이기지 못하며 뛰노나 그것을 넘지 못하느
니라 23그러나 너희 백성은 배반하며 반역하는 마음이 있어서 이미 배반
하고 갔으며 24또 너희 마음으로 우리에게 이른 비와 늦은 비를 때를 따
라 주시며 우리를 위하여 추수 기한을 정하시는 우리 하나님 여호와를
경외하자 말하지도 아니하니 25너희 허물이 이러한 일들을 물리쳤고 너
희 죄가 너희로부터 좋은 것을 막았느니라 26내 백성 가운데 악인이 있
어서 새 사냥꾼이 매복함같이 지키며 덫을 놓아 사람을 잡으며 27새장에
새들이 가득함같이 너희 집들에 속임이 가득하도다 그러므로 너희가 번
창하고 거부가 되어 28살지고 윤택하며 또 행위가 심히 악하여 자기 이
익을 얻으려고 송사 곧 고아의 송사를 공정하게 하지 아니하며 빈민의

재판을 공정하게 판결하지 아니하니 [29]내가 이 일들에 대하여 벌하지 아니하겠으며 내 마음이 이같은 나라에 보복하지 아니하겠느냐 여호와의 말씀이니라 [30]이 땅에 무섭고 놀라운 일이 있도다 [31]선지자들은 거짓을 예언하며 제사장들은 자기 권력으로 다스리며 내 백성은 그것을 좋게 여기니 마지막에는 너희가 어찌하려느냐

[5 : 20–31] 유다 전역에서 광범위하게 발견되는 죄악과 그에 상응하는 심판을 다루는 20~31절 단락은 예레미야가 유다 백성 전체를 상대로 하여 선포하는 비판과 고발 및 심판의 메시지를 담고 있는 것으로, 예레미야가 비난하는 유다 백성의 범죄 성향에 따라서 크게 세 부분으로 나누어진다. 그 첫 번째 부분인 20~25절은 유다 백성의 완악함을 비판하고 있으며, 두 번째 부분인 26~29절은 유다 백성의 불의함을 폭로하고 있다. 그리고 마지막 세 번째 부분인 30~31절은 유다의 지도자들에게 있는 심각한 문제점들을 지적하고 있다.

그러나 20~31절 단락의 이처럼 상이한 세 부분들은 "백성"을 뜻하는 히브리어 낱말 '암'(people)을 공통적으로 가짐으로써 하나의 연결된 단락을 구성하고 있다. 21, 23절과 26절, 그리고 31절 등이 그렇다. 특히 29절은 앞의 9절과 거의 똑같은 내용을 가지고 있는 것으로 보아, 9절과 함께 일종의 후렴 역할을 수행하고 있는 것이 아닌가 하는 추측을 불러일으킨다(Holladay I, 181; Fretheim, 110). 또한 예레미야의 예언 메시지가 야웨 하나님의 말씀임을 강조하는 특징적인 예언구 '느움 야웨'(declares Yahweh, "야웨의 말씀이니라")가 앞 단락의 9, 11, 15, 18절과 마찬가지로 22절과 29절에서도 똑같이 발견되고 있다는 것도 주목할 만한 특징들 중의 하나이다.

20~31절 단락의 서두인 20절은 이 예언 메시지가 유다 백성을 대상으로 하는 것임을 분명하게 보여 준다. 야웨께서 예레미야에게 이곳에 기록되어 있는 예언 메시지를 "야곱의 집"에 선포하고 "유다"에게 공포하라고 명하시

고 있음이 그 점을 뒷받침한다. 야웨께서는 심판을 받아 마땅한 유다 백성을 일컬어 "어리석고 지각이 없으며 눈이 있어도 보지 못하며 귀가 있어도 듣지 못하는 백성"이라고 비난하심으로써, 그들이 지각과 시각과 청각 모두를 상실한 민족임을 폭로하신다(4 : 22; 사 6 : 10; 시 115 : 5-8). 그러면서도 야웨께서는 그들에게 예레미야가 전하는 자신의 말씀에 귀를 기울이라고 명하신다(21절). 그는 유다 백성이 하나님을 두려워하지 않고 그 앞에서 떨지 않음을 수사학적인 질문의 형태로 고발하시는 바(22a절), 야웨 경외를 최고의 지혜로 치는 지혜문학의 가르침(잠 1 : 7)에 따르면, 유다 백성의 야웨 경외 상실은 미련하고 어리석은 행동으로 규정될 수밖에 없다(Craigie 외, 96).

더 나아가서 야웨 하나님은 모래를 바다의 경계선으로 만들어 놓고 바다의 거친 파도조차도 함부로 넘어설 수 없는 경계선으로 그어 놓으신 창조주의 권능을 은연중에 강조하신다(22b절). 이것은 놀라운 창조의 권능으로 우주 만물에 경계선을 만드신 야웨께서 자기 백성에게도 똑같이 그들이 넘어가서는 안 되는 경계선을 그어 두셨음을 의미한다. 그런데도 그들은 창조주 하나님이 설정해 놓으신 경계선을 마음대로 넘어섰을 뿐만 아니라, 종국에는 배반하며 반역하는 마음을 가지고서 그를 떠나고 말았다(23절). 그뿐이 아니다. 그들은 필요할 때에 이른 비(가을철)와 늦은 비(봄철)를 주시며(신 11 : 14; 욜 2 : 23; 약 5 : 7) 추수 기한을 정하시는(창 8 : 22) 창조주 하나님을 경외하자고 마음속으로 말한 적이 없었다(24절). 그들이 야웨 하나님을 올바로 섬기며 그의 뜻을 따라 사는 데 힘썼다면 그가 주시는 온갖 은총의 선물들을 마음껏 누릴 수 있었겠지만, 그 반대로 야웨를 버리고 이방 신들을 따라가는 그들의 죄악과 허물이 너무도 커서 그처럼 좋은 선물들을 누리지 못하는 불행한 일이 발생하고 말았다(25절).

21~25절이 이렇듯이 창조 세계에 초점을 맞추어 유다 백성의 죄악을 고발하고 있다면, 26~29절에서는 관심의 방향이 유다 백성의 구체적인 생활 세계 쪽으로 바뀌면서, 사회적인 불의의 주제가 비판과 고발의 주요 흐름을

구성한다. 유다 백성이 야웨께서 정하신 창조 질서와 신앙 공동체의 규범을 무시함으로써 자연계 안에 있는 온갖 은총의 선물들을 누리지 못하게 된 근본적인 원인은 유다 백성 중에 거하는 악한 지도자들에게 있었다. 야웨께서는 새 사냥꾼들의 비유를 들어 그들의 죄악을 비판하시는 바, 그가 보기에 유다 백성의 악한 지도자들은 마치 새 사냥꾼들이 허리를 굽히고 숨어 엎드려 있다가 새를 잡는 것처럼 수많은 곳에 덫을 놓아 힘 없고 약한 자들을 사냥하는 파렴치한 행동을 자행하곤 했다(26절). 새장에 새들이 가득함같이 그들의 집은 가난한 백성을 속여서 빼앗은 재물들로 가득 차 있었다. 이처럼 불의한 재물들로 인하여 그들은 번창하고 벼락부자가 되었으며, 살지고 윤택한 삶을 사는 것에 더하여 자기들의 잇속을 채우는 데 혈안이 되어 있었다. 그들이 고아의 억울한 사정을 올바르게 재판하지 않고, 가난한 사람들의 권리를 지켜 주는 공정한 판결도 하지 않는 악을 행하기에 급급했다는 사실이 이 점을 잘 보여 준다(27–28절). 가장 정의롭고 공정해야 할 법정의 질서마저도 무너뜨리는 죄악이 그들에게 있었던 것이다.

유다 백성과 지도자들의 죄악이 이토록 컸기 때문에, 야웨께서는 그들을 벌하지 않을 수 없었다. 후렴과도 같은 역할을 수행하는 9절과 마찬가지로 긍정적인 답변이 예상되는 수사학적인 질문을 통하여 이 점을 강조하신(29절) 야웨께서는, 다시금 종교 지도자들과 일반 백성의 신앙적인 탈선을 고발하시면서, 그들의 죄악이 참으로 놀랍고도 끔찍스러운 것들임을 탄식해 마지 않으신다(30절). 야웨의 영을 통하여 그의 말씀을 받은 적이 없는 사기꾼 예언자들은 거짓을 예언하며, 제사장들은 권력에 도취되어 백성을 함부로 다스리고, 유다 백성은 그런 것들을 좋게 여기는 현실이 그렇다. 이에 야웨께서는 "마지막에는 너희가 어찌하려느냐?"는 안타까운 질문으로 20~31절 단락을 마무리하신다. 그럼에도 불구하고 야웨께서 두 차례에 걸쳐 유다 백성을 "내 백성"(26, 31절)으로 칭하시는 것을 보면, 그들을 향한 하나님의 긍휼과 사랑이 완전히 사라진 것이 아님을 간접적으로 확인할 수 있다.

1) 야웨께서 범죄한 유다 백성을 벌하시고 징계하시는 것에는 반드시 일정한 기준이 있다. 하나님은 아무 기준도 없이 자기 백성을 심판하시는 분이 아니다. 5 : 1과 4~5절에서 세 차례에 걸쳐 반복적으로 언급되는 '미슈파트'(justice)와 1절과 3절에서 두 번 언급되는 '에무나'(truth)가 바로 그 기준에 해당하는 것들이다. 이 두 가지는 야웨께서 시내 산에서 모세를 통하여 주신 토라의 기본 정신을 대표하는 것들로, 강하고 힘 있는 자들이 그렇지 못한 자들을 배려하고 섬기고 사랑함으로써 사랑과 정의와 행복이 넘치는 신정 공동체를 지탱하는 매우 중요한 신앙 덕목들이라 할 수 있다. 그러나 불행하게도 유다 백성 중에는 이 두 가지를 올바로 실천하는 자들이 거의 없는 것이나 마찬가지였다.

지도자들마저도 야웨의 길과 하나님의 법을 무시하였으며, 가난한 백성을 속여 빼앗은 재물들로 자기 집을 가득 채우는 불의를 행하는 데 주저함이 없었다. 심지어는 고아나 빈민의 재판을 억울하게 하는 경우도 빈번했다. 그뿐이 아니다. 거짓 예언자들은 야웨의 영('루아흐')에 기초한 공의로운 심판의 말씀을 전하기는커녕 마치 바람('루아흐')과도 같이 헛된 말들을 지껄이면서, 야웨께서 계시지 않는다거나 재앙이나 칼이나 기근으로 표상되는 그의 엄중한 심판이 없을 것이라는 거짓말로 사람들을 거짓된 확신에 사로잡히게 만들곤 했다.

설령 그들 중에 야웨께서 살아 계심을 두고 맹세하는 자가 있다 해도, 그것은 순전히 거짓에 지나지 않는 것이다. 예수께서 서기관들과 바리새인들을 가리켜 "무엇이든지 그들이 말하는 바는 행하고 지키되 그들이 하는 행위는 본받지 말라 그들은 말만 하고 행하지 아니하며"(마 23 : 3)라고 말씀하신 것과 똑같은 상황이 아닐 수 없다. 바로 이 때문에 야웨께서 유다 백성을 버리고 그들을 사자나 표범처럼 찢어 죽이실 것이요, 열린 무덤과도 같은 화살통을 들고 있는 강한 민족을 동원하여 악의 무리를 준엄하게 심판하실 것이다. 야웨 하나님을 버리고 떠난 자들에게는 그에게서 버림받는 심판이 기다리고 있을 뿐이다. 그 외의 다른 길은 없다.

2) 유다 백성은 참으로 미련하고 어리석은 자들이다. 야웨께서 아무리 예언자들을 통하여 심판 메시지를 전하게 하고 회개를 촉구하도록 해도 소용이 없다. 경고의 메

시지에 귀를 기울이지 않는 그들은 멸망의 자식들이 아닐 수 없다. 야웨를 경외하는 지혜도 없고, 창조 질서를 통하여 정해 주신 경계선을 지키려는 열의도 믿음도 없다. 그러다 보니 그들은 창조주 하나님이 자연계를 통하여 주시는 온갖 풍요로운 선물들을 마음껏 누리지 못한다. 풍요와 다산의 근원이 야웨 하나님이 아닌 다른 신들, 특히 가나안 사람들이 섬기는 바알과 아세라에게 있다고 믿기에, 우주 만물을 창조하시고 자연계의 온갖 풍요를 주관하시는 하나님의 권능을 도무지 받아들이려 하지 않는다. 야웨께서 예레미야를 통하여 지적하신 대로 그들은 지각도 없고 청각도, 시각도 잃어버린 영적 장애인들인 셈이다.

그럼에도 불구하고 야웨 하나님은 자기 백성을 완전히 버리시지 않는다. 자신을 버리고 다른 신들을 따라간 그들을 버리고 가혹한 심판을 내리시기는 하겠지만, 그들을 완전히 포기하지는 않으신다. 포도원을 완전히 무너뜨리지 말고 가지만 꺾어 버릴 것을 명하시는 것이나, 그들을 진멸하지는 않으시겠다는 다짐이 그 점을 잘 보여준다. 이것은 예레미야를 통하여 선포되는 전쟁과 재앙과 심판이 그들의 완전한 끝이 아님을 의미한다. 그렇다! 우리가 믿는 하나님은 그의 도와 법을 무시하고 악을 행하는 자들을 벌하시는 분이지만, 그것으로 모든 것을 끝내지 않으시고 반드시 희망의 미래를 약속하시는 분이다. 심판을 넘어서는 미래 말이다.

이런 의미에서 본다면, 예언자가 선포하는 심판의 말씀은 경고의 메시지이며 자기 백성의 부정함을 제거하고 새롭게 변화시키려는 목적을 가지고 있는 것임이 분명해진다. 악과 부정의 요소를 제거하고 이스라엘을 새롭게 만들기 위한 목적이 그렇다. 하나님과의 관계 회복이 궁극적인 목적인 것이다. 심판을 받아 망할 유다 백성을 두 번씩이나 "내 백성"(26, 31절)이라고 칭하는 것에서 그것을 확인할 수 있다. 우리가 믿는 하나님은 공의로우신 분이면서도 사랑과 자비와 긍휼이 충만하신 분임이 다시금 확실해진다.

F. 피할 수 없는 심판(6 : 1–30)

앞의 장들이 거의 시문체로 구성되어 있되 때때로 산문체를 포함하고 있는 것과는 달리, 6장은 예외 없이 전부가 시문체로 되어 있다. 예레미야의 초기 예언을 마무리하는 6장은 이제까지 언급된 내용들을 다시금 요약, 정리하여 소개하고 있는 듯한 느낌을 준다. 유다 백성의 죄악과 그에 대한 심판 경고의 메시지, 경고의 거부로 인하여 확정된 심판. 그리고 심판의 도구가 될 북방 군대의 모습 등이 그렇다. 이 점에 비추어 6장의 구조를 분석해 보면, 크게 네 개의 세부 단락들로 나누어짐을 알 수 있다.

1~8절	심판 경고의 메시지
9~15절	자기 백성을 향한 하나님의 심판
16~21절	경고의 거부에 따르는 심판
22~30절	북방에서 쳐들어오는 민족

예레미야의 예언 메시지가 야웨 하나님의 말씀임을 강조하는 '느움 야웨'(declares Yahweh, "야웨의 말씀이니라"; 12, 15절)와 '코 아마르 야웨'(thus says Yahweh, "야웨께서 이와 같이 말씀하시기를")라는 사자 양식(6, 9, 16, 21, 22절)도 자주 나타나는 바, 다른 단락에 비해서 사자 양식이 훨씬 더 많이 사용되고 있다는 특징을 가지고 있다.

1. 심판 경고의 메시지(6 : 1–8)

1베냐민 자손들아 예루살렘 가운데로부터 피난하라 드고아에서 나팔을
불고 벧학게렘에서 깃발을 들라 재앙과 큰 파멸이 북방에서 엿보아 옴
이니라 2아름답고 우아한 시온의 딸을 내가 멸절하리니 3목자들이 그 양

떼를 몰고 와서 주위에 자기 장막을 치고 각기 그 처소에서 먹이리로다
4너희는 그를 칠 준비를 하라 일어나라 우리가 정오에 올라가자 아하 아
깝다 날이 기울어 저녁 그늘이 길었구나 5일어나라 우리가 밤에 올라가
서 그 요새들을 헐자 하도다 6만군의 여호와께서 이와 같이 말하노라 너
희는 나무를 베어서 예루살렘을 향하여 목책을 만들라 이는 벌 받을 성
이라 그중에는 오직 포학한 것뿐이니라 7샘이 그 물을 솟구쳐 냄같이 그
가 그 악을 드러내니 폭력과 탈취가 거기에서 들리며 질병과 살상이 내
앞에 계속하느니라 8예루살렘아 너는 훈계를 받으라 그리하지 아니하면
내 마음이 너를 싫어하고 너를 황폐하게 하여 주민이 없는 땅으로 만들
리라

[6:1–8] 6장의 첫 번째 단락인 1~8절은 전쟁 경보의 나팔과 봉홧불(1절), 목장과도 같이 평화로운 유다에게 닥칠 파멸(2–3절), 적군의 급박한 전투 준비(4–5절), 적군을 향한 포위 공격의 말씀(6–7절)과 예루살렘을 향한 훈계의 말씀(8절) 등의 다양한 내용들로 이루어져 있다. 이러한 내용들은 앞서 이미 설명한 4:5~9과 매우 비슷한 모습을 보이고 있는 바(Jones, 131), 특히 경고의 나팔과 깃발에 대해서 언급하는 6:1과 4:5~6이 그렇다(Holladay I, 204). 양자 사이에 차이가 있다면, 4:5~6이 여전히 예루살렘을 안전을 보증받을 수 있는 견고한 성읍으로 묘사되고 있는 반면에, 6:1은 예루살렘조차도 안전할 수 없기에 다른 안전한 곳으로 도망가야 한다고 묘사되고 있다는 점이다. 또한 4:6이 전쟁 경보의 "깃발"(signal, '네스')에 대해서 언급하고 있는 반면에, 6:1은 전쟁 경보의 봉홧불(fire–signal, '마스에트'; 개역 개정판은 4:6과 똑같이 "깃발"로 번역하고 있음)에 대해서 언급하고 있다는 점도 양자 간의 차이점으로 주목할 만하다.

야웨께서는 먼저 1~3절에서 베냐민 자손들을 향하여 경고의 말씀을 주신다. 베냐민 자손들은 예레미야가 속한 베냐민 지파(1:1)의 사람들을 가리

키는 것처럼 보이지만, 실제로는 예루살렘 사람들이나 유다 백성 전체를 가리키는 표현이다. 임박한 전쟁을 피하기 위하여 그들은 이제 예루살렘을 떠나 보다 안전한 곳으로 피신하되, 드고아에서 전쟁 경보의 나팔을 불고 벧학게렘에서 위급 상황을 알리는 봉홧불을 피워 올리라는 명을 받는다(1절). 아모스의 고향인 드고아(암 1 : 1)는 예루살렘에서 남쪽으로 12마일 정도 떨어진 곳으로서, 북방 군대의 침략을 피하기 위해서 남쪽으로 내려가야 하는 상황에서 반드시 거쳐가야만 하는 곳이다(Craigie 외, 100). 그런 점에서는 드고아처럼 예루살렘 남쪽에 있는 벧학게렘도 마찬가지이다. 물론 유다 백성이 이처럼 예루살렘까지 버리고 남쪽으로 도망가야 하는 이유는 재앙과 큰 파멸이 북방에서 밀려오고 있기 때문이다.

그런데 흥미롭게도 예레미야는 1절에 있는 몇 개의 낱말들을 가지고서 일종의 말놀이(word-play) 작업을 수행함으로써, 1~8절 단락 전체에서 그 나름대로 중요한 의미를 전달하고 있다. 그 첫 번째 낱말은 "(나팔을) 불다" 또는 "(장막을) 치다"라는 뜻을 가진 '타카' 동사와 "싫어하다"라는 뜻을 가진 '야카' 동사이다. 1절의 지명 '트코아'(드고아)와 '타카' 동사의 칼 명령형인 '티크우'("불고"), 3절에 있는 '타카' 동사의 칼 완료 3인칭 남성 복수형 '타크우'("치고"), 그리고 8절에 있는 '야카' 동사의 칼 미완료 '테카'("싫어하고") 등이 그렇다. 그리고 말놀이 대상이 되고 있는 두 번째 낱말은 동사 '라아'("방목하다, 양을 치다")와 명사로 쓰이는 형용사 '라아'("악한, 나쁜")이다. 1절의 형용사 '라아'("재앙"), 3절에 있는 '라아' 동사의 분사형 '로임'("목자들")과 '라아' 동사의 칼 완료 3인칭 남성 복수형 '라우'("먹이리로다"), 그리고 '라아' 형용사의 2인칭 여성 단수 소유격 어미가 붙은 7절의 '라아타흐'("그 악"; 더 정확하게는 "그녀의 악") 등이 말놀이에 해당한다.

이러한 말놀이를 통하여 유다 백성의 악함과 그에 상응하는 재앙과 심판을 선포하고 있는 야웨께서는 2~3절에서도 특이한 방식으로 예루살렘의 파멸을 예고하신다. 예루살렘의 평화롭고 아름다운 목장 이미지를 순식간에 군사적이고 파괴적인 전쟁터의 이미지로 바꾸는 표현 방식이 그렇다. 그는 예루살렘을 "아름답고 우아한 시온의 딸"(더 정확하게는 "딸 시온")로 의인화시켜 칭하면서도, 이제 곧 목자들(이방 왕들)이 양 떼(많은 병사들)를 몰고서 쳐들어와 성읍 사방에 진을 칠 것이요, 아름답고 탐스러운 유다의 목장에서 자신의 병사들을 배불리 먹일 것이라고 말씀하신다. 이것은 곧 야웨께서 바벨론 연합군을 통하여 딸 시온을 멸절시키겠다는 것을 의미한다.

야웨께서는 유다 백성에게 이러한 경고의 말씀을 주신 다음에, 곧바로 심판의 도구가 될 북방 군대를 향하여 전투 준비를 할 것을 명하시며, 그들이 전략회의를 하는 중에 서로 주고받는 대화를 인용하시면서 예루살렘의 죄악을 낱낱이 폭로하기도 하신다(4-7절). 그들은 애초에 공격 개시 시각을 정오로 정했으나 날이 너무 늦은 탓에 야간 공격으로 전환하기로 작정하면서, 야간 공격을 통하여 예루살렘을 비롯한 드고아, 벧학게렘 등의 요새들을 헐어버리자고 모의한다(4-5절). 야웨께서는 그들에게 전투 행렬에 장애가 되는 나무들을 다 베어 버리고, 예루살렘을 향하여 토성(삼하 20 : 15; 겔 26 : 8; '솔를라'; 개역 개정판은 이 히브리어 낱말을 여기서 "목책"으로 번역하며, 왕하 19 : 32; 단 11 : 15에서는 "토성"으로 번역하고 있다. 그리고 겔 4 : 2에서는 "공성퇴"로, 그리고 렘 32 : 24; 33 : 4에서는 "참호"로 번역함.)을 쌓아서 공격하라고 명하신다(6a절).

야웨께서 심판의 도구가 될 북방 군대에게 이렇게 구체적으로 전투 방식을 알려 주시는 이유는, 벌 받아 마땅한 예루살렘이 온갖 압제로 가득한 성읍이요, 샘이 그 물을 솟구쳐 냄과도 같이 온갖 죄악을 끊임없이 새롭게 솟구쳐 낼 뿐만 아니라, 폭력과 탈취의 소리가 끊이지 않고 또 질병과 상처로 가득한 성읍이기 때문이다(6b-7절). 이에 더하여 야웨께서는 다시금 예루살렘을 향하여 명하시면서, 예언자를 통하여 주어지는 훈계를 받으라는 말씀으로 1~8절 단락을 마무리하신다. 그들이 훈계의 말씀을 받아들이지 않는다면, 야웨의 마음('네페쉬')이 그들을 싫어할 것이요, 그곳을 아무도 살 수 없는 황무지로 만들고 말 것이다(8절). 예루살렘을 향한 이러한 심판과 훈계의 말씀은 야웨 하나님의 마음 안에서 자기 백성을 향한 분노와 긍휼이 긴장 관계 속에서 서로 싸우고 있음을 의미한다.

2. 자기 백성을 향한 하나님의 심판(6 : 9–15)

9만군의 여호와께서 이와 같이 말씀하시되 포도를 따듯이 그들이 이스
라엘의 남은 자를 말갛게 주우리라 너는 포도 따는 자처럼 네 손을 광주
리에 자주자주 놀리라 하시나니 10내가 누구에게 말하며 누구에게 경책
하여 듣게 할꼬 보라 그 귀가 할례를 받지 못하였으므로 듣지 못하는도
다 보라 여호와의 말씀을 그들이 자신들에게 욕으로 여기고 이를 즐겨
하지 아니하니 11그러므로 여호와의 분노가 내게 가득하여 참기 어렵도
다 그것을 거리에 있는 아이들과 모인 청년들에게 부으리니 남편과 아
내와 나이 든 사람과 늙은이가 다 잡히리로다 12내가 그 땅 주민에게 내
손을 펼 것인즉 그들의 집과 밭과 아내가 타인의 소유로 이전되리라 여
호와의 말씀이니라 13이는 그들이 가장 작은 자로부터 큰 자까지 다 탐
욕을 부리며 선지자로부터 제사장까지 다 거짓을 행함이라 14그들이 내
백성의 상처를 가볍게 여기면서 말하기를 평강하다 평강하다 하나 평강
이 없도다 15그들이 가증한 일을 행할 때에 부끄러워하였느냐 아니라 조
금도 부끄러워하지 않을 뿐 아니라 얼굴도 붉어지지 않았느니라 그러므
로 그들이 엎드러지는 자와 함께 엎드러질 것이라 내가 그들을 벌하리
니 그때에 그들이 거꾸러지리라 여호와의 말씀이니라

[6:9–15] 유다 백성을 향한 심판의 말씀을 담고 있는 9~15절은 5 : 1~9과 마찬가지로 야웨 하나님과 예레미야 사이의 대화 형태로 되어 있다. 9절이 야웨께서 예레미야에게 주시는 교훈의 말씀을 담고 있다면, 10~11a절은 질문

과 불평으로 구성되어 있는 예레미야의 반응을 담고 있다. 그리고 11b~12절은 예레미야의 질문에 대한 야웨 하나님의 답변을 담고 있으며, 13~15절은 유다 백성의 죄악과 임박한 심판에 관한 말씀을 담고 있다. 특히 15절에 있는 "그러므로"(therefore, '라켄')는 15절이 심판 선고의 의미를 갖는 본문임을 암시하고 있다(개역 개정판 11절의 "그러므로"는 히브리어 원문에 없음).

한 가지 더 주목할 것은, 5:10에서 한 번 사용된 적이 있는 포도원 이미지가 6:9에서 다시금 사용되고 있다는 점과, 예언자들과 제사장들에 대한 5:31의 비판 메시지가 6:13~14에서 다시금 나타나고 있다는 점이다(Craigie 외, 103). 물론 양자 사이에는 약간의 차이도 있다. 5:10이 포도원의 완전한 파괴를 허용하지 않는 반면에, 6:9은 북방 군대가 포도원에서 남은 것들까지 샅샅이 뒤져 갈 것이라는 점에서 차이가 있으며, 종교 지도자들에 대한 6:13~14의 비판이 5:31보다 훨씬 더 구체적이라는 점도 차이점으로 주목할 만하다.

야웨께서는 먼저 심판의 도구가 될 북방 군대가 포도나무에서 포도송이를 따듯이 이스라엘의 남은 자들을 샅샅이 뒤져서 끌어갈 것이라고 말씀하신다. 5:10의 포도원 이미지보다 훨씬 더 포괄적인 심판이 예고되어 있는 셈이다. 그럼에도 불구하고 야웨께서는 예레미야에게 아직 시간이 있을 때 포도 따는 사람이 포도덩굴을 낱낱이 들추어 남아 있는 포도열매를 찾아내는 것처럼 그가 구할 수 있는 사람들을 구할 것을 명하신다(9절). 이에 대하여 그럴 가능성이 거의 없다고 판단한 예레미야는 부정적인 답변이 예상되는 질문으로 하나님께 불평한다. 야웨께서 주신 경고와 심판의 말씀을 대체 누구에게 말하며 경책하여 듣게 해야 하느냐는 질문이었다. 물론 이 질문의 배후에는 유다 백성이 듣든지 안 듣든지 어떻게든 야웨께서 주신 심판의 말씀을 그들에게 선포해야 한다는 예언자의 고뇌가 고스란히 담겨져 있다.

아무튼 예레미야가 보기에 유다 백성은 그 귀가 할례를 받지 못한 탓에(4:4), 심판의 말씀을 아무리 진지하게 말해도 그것을 즐거운 마음으로 귀담아 듣지 않을 것이다. 도리어 그들은 심판의 말씀을 욕으로 알고서 비웃을 것이다(10절). 설령 하나님의 말씀이 기분 나쁘게 들리고 그들에게 불편함을 준다고 할지라도, 그것을 기쁨으로 받아들이고 잘못된 생각과 삶을 고치는 것이 정상인데도, 유다 백성은 그렇게 하기는커녕 그것을 자기들에 대한 모욕으로 판단하고서 비웃음으로 그것을 거부한 것이다. 이로 인하여 좌절과 낙심에 빠진 예레미야는 야웨 하나님의 분노로 가득하게 되어 그것을 도저히 참을 수 없는 상태에 이르게 된다(11a절). 이것은 하나님의 말씀을 대변하는 예언자가 그 말씀에 담긴 하나님의 분노까지도 자신의 것으로 느끼고 있음을 의미한다.

예레미야의 터질 듯이 답답한 심정을 잘 알고 계신 야웨께서는 그의 질문과 불평에 대한 답을 주신다. 그는 예레미야의 가슴속에서 부글부글 끓고 있는 자신의 분노를 길거리의 아이들과 한데 모여 있는 젊은이들에게 쏟으실 것이요, 그 결과 결혼한 지 얼마 되지 않은 남자들과 여자들 및 나이든 장년층의 사람들과 죽을 날을 기다리는 노인들까지 다 포로로 사로잡혀 갈 것이라고 말씀하신다(11b절; 겔 9 : 5-6). 그야말로 완전한 파멸과 재앙이 아닐 수 없다. 이처럼 포괄적이고 전면적인 심판의 메시지는 12절에서 조금 더 구체적으로 서술된다. 야웨께서 유다 땅에 사는 사람들을 향하여 자신의 손을 들어 펼치시면, 그들의 집과 밭과 아내가 전부 타인의 소유로 이전되고 말 것이라는 메시지가 그렇다(8 : 10; 신 28 : 30). 이 메시지는 그러한 소유권 이전이 실제로는 북방 군대의 침략 전쟁으로 인한 전리품의 성격을 가지고 있는 것이지만, 신앙적인 견지에서 본다면 야웨 하나님께서 펼치신 심판의 손길이 그렇게 만든 것이라는 점을 강조하고 있는 셈이다.

예레미야의 질문과 불평에 대하여 11b~12절의 답을 주신 야웨께서는 방향을 달리하여 유다 백성이 심판을 받을 수밖에 없는 이유를 구체적으로 설명하시되, 무엇보다도 남왕국의 지도자들에게 있는 문제점들을 지적하심으로써 심판의 불가피성을 강조하신다. 그가 보기에 유다 공동체의 모든 구성원들, 이를테면 가장 작은 자들로부터 큰 자들에 이르기까지 모두가 예외 없이 자기 잇속을 채우는 데 혈안이 되어 있었고, 온갖 종류의 탐욕에 사로잡혀 있었다. 그런가 하면 예언자들이나 제사장들 같은 종교 지도자들은 하나님과 사람 앞에서 거짓을 행하는 잘못까지 추가로 저질렀다(13절). 그들은 특히 연약하고 무지한 "내 백성"의 상처를 가볍게 여기면서, 평강(peace, '샬롬')이 전혀 없는데도 계속해서 평강('샬롬')을 외치는 사기꾼들이나 다름없었다(14절; 겔 13 : 10, 16). 그들은 일상생활 속에서 참으로 가증하고 역겨운 일들, 곧 가나안 원주민들의 그릇된 풍요 제의 행위들(7 : 10; 32 : 35; 44 : 4, 22; Jones, 136)을 저지르고도 부끄러움을 전혀 느끼지 못하는 파렴치한 경제 동물들이나 마찬가지였다. 상황이 이러한 탓에 그들은 야웨께서 행하실 진노의 심판을 피할 길이 없다. 야웨께서 그들에게 벌을 내리실 때, 그들은 모두 거꾸러져서 죽을 것이다(15절).

3. 경고의 거부에 따르는 심판(6 : 16–21)

> 16여호와께서 이와 같이 말씀하시되 너희는 길에 서서 보며 옛적 길 곧
> 선한 길이 어디인지 알아보고 그리로 가라 너희 심령이 평강을 얻으리
> 라 하나 그들의 대답이 우리는 그리로 가지 않겠노라 하였으며 17내가
> 또 너희 위에 파수꾼을 세웠으니 나팔 소리를 들으라 하나 그들의 대답
> 이 우리는 듣지 않겠노라 하였도다 18그러므로 너희 나라들아 들으라 무
> 리들아 그들이 당할 일을 알라 19땅이여 들으라 내가 이 백성에게 재앙
> 을 내리리니 이것이 그들의 생각의 결과라 그들이 내 말을 듣지 아니하
> 며 내 율법을 거절하였음이니라 20시바에서 유향과 먼 곳에서 향품을 내
> 게로 가져옴은 어찌함이냐 나는 그들의 번제를 받지 아니하며 그들의
> 희생제물을 달게 여기지 않노라 21그러므로 여호와께서 이와 같이 말씀
> 하시니라 보라 내가 이 백성 앞에 장애물을 두리니 아버지와 아들들이

함께 거기에 걸려 넘어지며 이웃과 그의 친구가 함께 멸망하리라

[6 : 16–21] 앞의 9~15절이 야웨 하나님과 예레미야 사이의 대화를 담고 있다면, 16~21절은 그 전반부인 16~17절에서 야웨 하나님과 유다 백성 사이의 대화를 다루되, 유다 백성을 향한 야웨 하나님의 경고성 회개 촉구의 메시지와 그것을 거부하는 그들의 반응을 담고 있으며, 후반부인 18~21절에서는 그러한 거부 행위에 대한 야웨 하나님의 심판 선고를 다루고 있다. 16절과 17절은 제각기 야웨 하나님의 회개 명령과 유다 백성의 거부를 다룸으로써, 두 차례에 걸친 야웨 하나님의 명령이 두 번 다 거부되고 있음을 잘 보여 주고 있다. 그리고 18~21절이 심판 선고의 단락에 해당한다는 사실은, 18절과 21절의 서두에서 똑같이 사용되고 있는 "그러므로"(therefore, '라켄')라는 낱말에 의해서 금방 확인된다. 아울러 21절은 예레미야의 예언 메시지가 야웨 하나님의 말씀임을 강조하는 '코 아마르 야웨'(thus says Yahweh, "야웨께서 이와 같이 말씀하시기를")라는 사자 양식을 사용하고 있기도 하다.

야웨 하나님의 첫 번째 명령은 여러 갈래의 길들이 만나는 교차로에 서서 예전에 믿음의 조상들이 걸었던 바르고 선한 길, 곧 하나님과의 언약 관계에 충실했던 생명과 믿음의 길이 어디인지 알아보고, 이제까지 잘못 걸어왔던 길에서 방향을 돌이켜 그 선한 길로 가라는 말씀으로 이루어져 있다. 그래야만 그들의 심령('네페쉬')이 참된 쉼과 안식(rest, '마르꼬아'; 개역 개정판은 '샬롬'을 뜻하는 "평강"으로 번역함.)을 얻을 수 있기 때문이다. 그러나 유다 백성은 "우리는 그리로 가지 않겠노라"고 말함으로써, 야웨 하나님의 명령을 일언지하에 거절한다(16절). 이에 야웨께서는 두 번째로 그들 위에 자신의 말씀을 대변하는 파수꾼들('초핌')을 세웠으니 그들이 발하는 경고의 나팔 소리에 귀를 기울이라는 메시지를 전달하신다. 그러나 유다 백성은 파수꾼들로 표상되는 예언자들(참조. 겔 3 : 16–21; 33 : 1–20)의 나팔 소리를 듣지 않겠다는 말로 또다시 야웨 하나님의 명령을 거부한다(17절).

두 차례에 걸친 회개 거부는 그에 상응하는 야웨 하나님의 두 가지 심판을 초래하기에 이른다. 그 첫 번째로 심판 선고의 접속사인 "그러므로"(therefore, '라켄')를 18절 서두에서 사용하시는 야웨께서는 이방 나라들과 이방 민족들을 증인으로 소환하여 "이 백성"에게 어떠한 일이 일어날지 똑똑히 알아두라고 말씀하신다(18절). 에누리 없는 심판이 그들에게 임할 것이기에 야웨께서는 그들을 전처럼 "내 백성"이라 칭하지 않고, 도리어 "이 백성"으로 칭함으로써 그들을 객관화시키고 있다. 그는 또한 유다 백성의 삶의 터전인 땅을 증인으로 소환하여(참조. 신 30:19; 32:1) 그들에게 재앙을 내릴 것이라고 말씀하신다. 그런데 흥미롭게도 야웨께서는 자연의 일부인 땅에게는 심판의 이유를 분명하게 밝히신다. 그들의 비뚤어진 생각과 허위의식이 심판의 근거임을 밝히신 것이다. 더 정확하게는 그들이 언약 관계에 기초한 야웨의 말씀을 듣지 않고 언약 관계의 핵심인 그의 율법을 거절하였기 때문이다(19절).

이어서 야웨께서는 잘못된 제의 행동에 대해서도 비판의 고삐를 늦추지 않으신다. 유다 백성은 시바에서 유향을 수입하고 먼 곳에서 향품을 수입하여(왕상 10:2, 10) 야웨께 드리면 그가 기쁨으로 그것들을 받으실 것이라고 생각했다. 그러나 그것은 완전히 잘못된 생각이었다. 야웨 하나님은 값비싼 수입 재료로 제사 드리는 것을 기뻐하시는 분이 아니기 때문이다(20a절). 도리어 그가 원하시는 올바른 제사는 19절에 언급된 바와 같이 그의 말씀과 율법에 순종하는 삶이었다. 5:1이 말하는 정의와 진리를 구하며 실천하는 삶이야말로 야웨께서 진정으로 그들에게 원하시는 올바른 제사였던 것이다. 바로 이 때문에 야웨께서는 그들이 바치는 온갖 번제물이나 희생제물을 기쁜 마음으로 받아들일 수가 없었다(20b절). 이러한 결론은 제사가 공의롭고 바른 삶과 같은 차원에 속한 것임을 강조하는 다른 예언자들의 메시지와 맥을 같이하는 것이다(삼상 15:22; 사 1:10-17; 호 6:6; 암 5:21-24; 미 6:6-8; 렘 7:3-7). 지혜문학의 가르침(잠 15:8; 16:6; 21:3 등)이나 바울 사도의 가르침(롬 12 : 1-2)도 이에서 벗어나지 않는다.

하나님의 마음과 생각을 모르는 유다 백성으로서는 이제 더 이상 하나님의 심판을 피할 길이 없다. 토라에 순종하는 삶을 살기는커녕 값비싼 수입품으로 제사를 드리기만 하면 된다는 잘못된 제사 만능주의야말로 하나님의 심판을 불러일으키는 지름길이기 때문이다. 심판 선고의 접속사 "그러므로"로 시작되는 21절의 두 번째 심판 선고가 이 점을 강조하고 있다. 야웨께서는 19절과 마찬가지로 21절의 심판 선고에서도 유다 백성을 "이 백성"으로 객관화시켜 칭하시면서, 그들 앞에 장애물들을 두어 아버지들과 아들들이 거기에 걸려 넘어지게 하시고, 이웃 사람들과 그의 친구들을 함께 멸망시키겠다고 말씀하신다. 이것은 그들을 향한 야웨 하나님의 심판이 그야말로 공동체 전체를 파멸에 빠뜨리는 전면적인 재앙이 될 것임을 의미한다.

4. 북방에서 쳐들어오는 민족(6 : 22-30)

> 22여호와께서 이와 같이 말씀하시되 보라 한 민족이 북방에서 오며 큰
> 나라가 땅끝에서부터 떨쳐 일어나나니 23그들은 활과 창을 잡았고 잔인
> 하여 사랑이 없으며 그 목소리는 바다처럼 포효하는 소리라 그들이 말
> 을 타고 전사같이 다 대열을 벌이고 시온의 딸인 너를 치려 하느니라 하
> 시도다 24우리가 그 소문을 들었으므로 손이 약하여졌고 고통이 우리를
> 잡았으므로 그 아픔이 해산하는 여인 같도다 25너희는 밭에도 나가지
> 말라 길로도 다니지 말라 원수의 칼이 있고 사방에 두려움이 있음이라
> 26딸 내 백성이 굵은 베를 두르고 재에서 구르며 독자를 잃음같이 슬퍼
> 하며 통곡할지어다 멸망시킬 자가 갑자기 우리에게 올 것임이라 27내가
> 이미 너를 내 백성 중에 망대와 요새로 삼아 그들의 길을 알고 살피게
> 하였노라 28그들은 다 심히 반역한 자며 비방하며 돌아다니는 자며 그들
> 은 놋과 철이며 다 사악한 자라 29풀무불을 맹렬히 불면 그 불에 납이 살

라져서 단련하는 자의 일이 헛되게 되느니라 이와 같이 악한 자가 제거되지 아니하나니 [30]사람들이 그들을 내버린 은이라 부르게 될 것은 여호와께서 그들을 버렸음이라

예레미야의 초기 활동을 마무리하는 22~30절은 세 개의 세부 단락들로 이루어져 있다. 그 첫 번째 단락인 22~23절은 예루살렘을 2인칭 여성 단수로 칭함으로써, 북방 군대의 임박한 침략에 관해 그들에게 경고하는 말씀을 담고 있다. 북방 군대에 대해서는 이미 앞의 여러 본문들, 특히 1:13~15; 4:6~7, 11~17, 23~29; 5:15~17; 6:1~6 등에서 언급한 바가 있다. 그리고 두 번째 단락인 24~26절은 예루살렘을 1인칭 복수로 칭하면서, 임박한 전쟁으로 인하여 유다 백성 안에 퍼져 갈 두려움과 공포심을 임산부 은유와 장례식 은유를 빌어 실감나게 표현하고 있다. 마지막 세 번째 단락인 27~30절은 바로 앞의 16~17절과 마찬가지로 야웨 하나님과 예레미야 사이에 오가는 대화 형식으로 되어 있다.

[6:22-23] 21절에 이어 곧바로 '코 아마르 야웨'(thus says Yahweh, "야웨께서 이와 같이 말씀하시기를")라는 사자 양식을 사용하고 있는 22절은 23절과 더불어 남왕국을 공격할 심판의 도구에 대해서 상세하게 설명하고 있다. 두 본문의 설명에 의하면, 멀리 떨어져 있는 땅인 북방 지역에서 올 민족은 큰 나라인 바벨론을 암시하는 바, 그 나라의 군대는 활과 창으로 중무장한 병사들로 구성되어 있다. 바벨론 연합군에 속한 병사들은 난폭하고 잔인한 자들이요, 인정도 자비도 없는 자들이다. 그들은 바다처럼 요란한 소리를 내면서 군마를 타고서 전열을 갖추어 달려올 것이요, 기세를 몰아 딸 시온, 곧 예루살렘을 공격할 것이다.

[6:24-26] 이렇듯이 공포심을 초래하는 북방 군대의 진격 소식에 유다 백성

은 두 팔에 맥이 풀림을 느낄 것이요, 해산하는 여인이 겪는 것과도 같은 극심한 고통과 불안에 사로잡힐 것이다(24절). 그들은 밭으로 나가서도 안 되고 길거리를 돌아다녀서도 안 된다. 원수의 군대가 칼로 무장하고서 진격해 올 것이요, 그로 인하여 사방에 공포와 두려움이 있을 것이다(25절). 하나님의 엄중한 심판에 직면한 "딸 내 백성"('바트-암미'; 4 : 11)은 장례식에 참여한 자들처럼 굵은 베를 입고서 잿더미 속에서 굴러야 할 것이요, 외아들을 잃은 어머니처럼 통곡하면서 슬피 울부짖어야 할 것이다. 이것은 생명 출산의 고통(24절)이 순식간에 외아들의 죽음에서 비롯된 슬픔(26a절)으로 바뀌고 말 정도로 급박한 심판이 있을 것임을 암시하고 있다. 멸망시키는 자가 갑자기 그들을 덮칠 것이라는 26절 하반절의 말씀도 같은 맥락에 속한다.

[6 : 27–30] 심판에 직면한 유다 백성의 고통과 슬픔을 이처럼 안타까운 어조로 표현하신 야웨께서는, 예레미야와 함께 대화를 나누시는 중에 그에게 주어진 직무의 성격을 밝히시고 유다 백성의 죄악을 낱낱이 고발하시되, 그것을 광석 제련 작업, 곧 광석의 성분을 분석하고 평가함과 아울러 불순물을 제거하는 작업에 비교하여 설명하신다. 그런 점에서 27~30절은 야웨 하나님과 예레미야 사이의 대화가 아니라 예레미야를 향한 야웨 하나님의 독백에 가까운 말씀이라 할 수 있다. 예레미야의 응답이나 반응이 전혀 없이 일방적으로 야웨 하나님의 말씀만이 계속 예레미야에게 주어지고 있기 때문이다. 그러나 다른 시각에서 본다면, 28~30절은 예레미야가 27절에 있는 야웨의 직무 규정에 따라 유다 백성을 분석하고 평가한 결과를 보고하고 있는 것으로 이해될 수 있다. 그럴 경우, 27~30절은 야웨 하나님의 독백이라기보다는 야웨의 직무 규정(27절)과 예레미야의 평가 보고(28–30절)로 이루어지는 양자 간의 대화로 볼 수도 있을 것이다(Craigie 외, 109).

27절의 직무 규정에 따르면, 야웨께서는 자신이 예레미야를 "내 백성" 중에 금속의 품질을 검사하는 시금자(試金者, assayer)와 검사자(tester)로 삼으셨다고 말씀하신다. 개역 개정판은 히브리어 '바혼'과 '미브차르'를 제각기 "망대"와 "요새"로 번역하지만, 대부분의 영역본 성서들과 주석들은 27~30절 단락의 문맥에 맞추어 이 두 낱말을 "시금자"와 "검사자"로 번역한다. 특히 '미브차르'의 경우, '바차르'(test) 동사의 피엘형인 '므바체르'로 이해하여 "검사자"(tester)로 번역하는 것이 거의 모든 학자들의 공통된 의견으로 굳어져 있다(Thompson, 265; Lundbom I, 448; Fretheim, 127). 시금자와 검사자로서의 역할을 수행해야 하는 예레미야의 직무는 마치 금속이나 광석을 검사하듯이 유다 백성의 길과 행위를 잘 살피고('야다') 검사하는('바한') 데 있었다(27절). 그들이 야웨 하나님께 대하여 어떤 생각을 가지고 있고, 그들의 신앙과 삶이 어떤 성분으로 이루어져 있는지 꼼꼼하게 살피는 사람으로서 말이다(참조. 사 1 : 25; 겔 22 : 18-22; 슥 13 : 9; 말 3 : 3).

예레미야의 직무를 이렇게 시금자 은유를 통하여 설명하신 야웨께서는 유다 백성의 죄악을 광석 은유나 광석 제련 과정과 관련된 은유를 통하여 고발하신다. 그가 보시기에 유다 백성은 한결같이 심히 반역한 자들이요, 비방하면서 돌아다니는 자들이요, 마음의 완악하기가 놋이나 철과도 같은 자들이다. 참으로 그들은 속속들이 썩은 자들이 아닐 수 없다(28절). 시금자인 예레미야가 보기에 유다 백성은 순수한 은을 제련해 낼 수 있는 좋은 광석이 아니다. 그들의 무수한 죄악이 효과적인 광석 제련 작업을 방해하는 불순물과도 같기 때문이다.

풀무불을 한층 뜨겁게 해도 그 뜨거운 불 속에서 납이 녹아내리기 때문에, 불순물이 없어지지 않으면 결과적으로 은을 제련하는 일이 헛수고가 되고 만다. 아마도 은의 함유량에 비해 불순물이 너무 많거나 실질적인 은의 함유량이 얼마 되지 않기 때문에 그럴 것이다. 이는 유다 백성 중에 있는 악한 자들이 너무 많아서 쉽게 제거되지 않는 것과도 같은 이치에 속한 것이다(29절). 이로 인하여 그 광석은 불순물이 전혀 제거되지 않은 탓에 "내버린 은"이라 불릴 것이다. 많이 들어 있지도 않은 은이 따로 분리되지 않은 채로 불순물 속에 뒤섞여 있으니 효용 가치가 적을 수밖에 없지 않은가! 그 까닭에 그것은 내버린(rejected, '마아스'의 니팔형) 은이나 다름없는 것이다. 그들이 야웨 하나님을 버렸기에 야웨께서도 그들을 버리셨으니(reject, '마아스') 당연한 귀결이 아닐 수 없다(30절).

설교를 위한 묵상

1) 하나님의 은혜와 사랑으로 선택된 이스라엘은 본래 아름답고 평화로운 목장과도 같고, 모든 것이 풍부하게 갖추어진 포도원과도 같았다. 이스라엘 백성을 행복하게 해 주는 목자들이 있었고, 그들의 삶을 윤택하게 해 주는 온갖 풍요가 있었다. 그러나 이제는 그 모든 것들이 다 사라질 것이다. 그 땅에 있는 지도자들과 백성 모두가 야웨 하나님을 버린 까닭에 그들을 정화시키기 위한 목적의 준엄한 심판이 그 땅에 임할 것이기 때문이다. 예레미야가 활동할 당시에는, 유다 백성을 행복하게 해 주어야 할 지도자들, 곧 예언자들과 제사장들이 한결같이 탐욕과 거짓의 노예가 되어 있었고, 도저히 평화('샬롬')가 이루어질 수 없는 상황 속에서조차 거짓된 평화를 외치는 위선자들이었다. 일반 백성들도 예외가 아니었다. 그들은 마음과 귀에 할례를 받지 못한 자들 같아서, 야웨의 말씀과 훈계를 가볍게 여기고 무시하였으며, 야웨께서 원하시는 바른 길과 선한 길을 싫어하였고, 파수꾼 예언자들을 통하여 주어지는 경고의 나팔 소리에도 귀를 기울이지 않았다. 예루살렘은 그야말로 폭력과 탈취, 질병과 살상이 가득한 죄악의 도성이었고, 도저히 그 안에 뒤섞여 있는 불순물을 제거할 수 없는 버려진 은과도 같은 곳이었다.

이에 야웨께서는 멀리 북방으로부터 자기 백성을 징계하고 심판할 강하고 큰 군대를 불러오실 것이다. 그는 유다 백성의 죄악을 징벌하기 위하여 이방 군대에게 예루살렘을 쉽게 정복할 수 있는 방법까지 가르쳐 주실 것이다. 그들은 야웨 하나님의 지시를 받아 마치 포도원에서 포도 열매를 따듯이 유다 백성을 샅샅이 뒤져서 끌어갈 것이다. 이전에는 예루살렘이 하나님께서 선택하신 성읍으로 최고의 안전을 보증해 주는 곳이었을지 모르지만, 이제는 아무런 소용이 없다. 누구든 전쟁 경보를 들으면 자기 목숨을 건지기 위해서라도 예루살렘을 등지고 더 안전한 곳으로 피신하지 않으면 안 된다. 야웨께서 자신의 사랑이 깃든 그곳을 이제는 더 이상 사람이 살 수 없는 폐허로, 황무지로 만드실 것이기 때문이다. 그 결과 유다 백성은 해산하는 여인이 겪는 것과도 같은 고통과 아픔을 느낄 것이요, 외아들을 잃은 부모의 심정으로 크게 슬퍼하며 애통할 것이다. 하나님을 버리고 떠난 자들에게는 이처럼 에누리 없는 심판이 있을 수밖에 없다. 하나님의 자녀들은 그의 심판과 징계를 피하기 위해서라도 매일의 삶 속에서 그의 뜻을 소중히 여기고 그를 기쁘시게 하는 선한 길, 의로운 길을 선택하는 데 소홀함이 없어야 한다.

2) 야웨께서는 북방 군대를 동원하여 자기 백성을 확실하게 징계하실 것이지만, 그럼에도 불구하고 그는 일말의 기대감을 가지고서 그들에게 예언자가 선포하는 훈계의 말씀에 귀를 기울일 것을 촉구하시며, 예언자로 하여금 그들을 위한 전쟁 경보의 소리를 발하게 하신다. 그들이 훈계를 받지도 않고 전쟁 경보를 무시할 것을 아시면서도 그는 자기 백성을 구하기 위해 최선을 다하신다. 그것도 부족해서인지 그는 포도원에서 다 거두어 가지 못한 포도열매를 찾아내듯이 유다 백성 중에서 구할 수 있는 사람들을 끝까지 구할 것을 예레미야에게 명하신다. 유다 백성이 자신의 초청을 두 차례나 거부한 까닭에 그들을 "이 백성"으로 객관화시키면서 에누리 없는 심판을 그들에게 선포하시면서도, 여전히 그들을 "딸 내 백성"으로 칭하시는 분이 바로 야웨 하나님이신 것이다. 이것은 야웨 하나님의 마음 안에서 자기 백성을 향한 분노와 긍휼이 긴장 관계 속에서 싸우고 있음을 의미한다.
예언자는 하나님의 이러한 마음을 누구보다도 잘 알고 있는 사람이다. 그는 하나님의 말씀을 대언하는 사람일 뿐만 아니라, 하나님의 마음을 공감하고 그 마음과 하나가 되어야 하는 자이기도 하다. 달리 말해서 그는 야웨의 분노를 대변하는 자이면서 동시에 그의 긍휼을 대변하는 자이기도 한 것이다. 그 까닭에 그는 유다 백성이 경고와 심판의 말씀에 귀를 기울이지 않더라도 불평해서는 안 된다. 아무도 귀담아 듣지 않는데 굳이 그런 메시지를 선포할 필요가 있겠느냐는 마음을 품어서도 안 된다. 설령 자신이 선포해야 하는 하나님의 말씀이 그들을 불편하게 하고 그들을 기분 나쁘게 만든다 할지라도, 그리고 설령 그들이 그러한 경고와 심판의 말씀을 욕으로 알고 그것을 비웃음으로 거부한다 할지라도, 그는 야웨 하나님의 정의와 분노를 대변하는 입장에서 말씀을 대언하는 예언 직무에 최선을 다해야 한다. 그 일로 말미암아 자신이 좌절과 낙심에 빠질 수도 있고, 고난과 핍박에 시달릴 수도 있겠지만, 그럼에도 불구하고 그는 그 말씀에 담긴 하나님의 정의와 분노의 화신(化身)이 될 수 있어야 하며, 그 배후에 숨어 있는 그의 사랑과 긍휼까지도 통찰할 수 있어야 한다.

G. 성전 설교(7 : 1-8 : 3)

야웨께서는 예레미야에게 성전 문 앞에 서서 유다 백성에게 살아남기 위해 회개할 것을 촉구하도록 명하시는 바, 예레미야는 이에 순종하여 예루살렘 성전 앞으로 가서 그곳에 출입하는 유다 백성을 향해 야웨 하나님의 말씀을 선포한다. 그가 선포한 말씀은 크게 다섯 개의 단락들로 나누어진다.

정의로운 삶과 성전 예배(7 : 1-15)
중재 기도의 금지(7 : 16-20)
제사보다 더 중요한 것(7 : 21-28)
도벳 사당의 인신 제사(7 : 29-34)
천체 숭배(8 : 1-3)

특징적이게도 이 다섯 개의 단락들이 담고 있는 예언 메시지는 모두 산문체로 되어 있다. 7 : 29 한 구절이 유일한 예외이긴 하지만 말이다. 그리고 이곳에 있는 말씀들은 모두가 성전이라는 공간적인 배경을 전제하고 있으며, 성전에서 이루어지는 희생제사와 예배를 공통분모로 가지고 있다. 예레미야의 예언 메시지가 야웨 하나님의 말씀임을 강조하는 '느움 야웨'(declares Yahweh, "야웨의 말씀이니라"; 7 : 11, 13, 19, 30; 8 : 1, 3)와 '코 아마르 야웨'(thus says Yahweh, "야웨께서 이와 같이 말씀하시기를")라는 사자 양식(7 : 20, 21)도 자주 나타난다.

아마도 예레미야는 시편 15편이나 24편에 반영되어 있는 성전 입장 예전(temple entrance liturgy)의 기회에 이러한 내용의 예언 메시지를 선포했거나, 아니면 그러한 예전을 염두에 두고서 이곳의 말씀을 선포했을 것이다. 나중에 26 : 1~7에 언급되는 예레미야의 성전 설교가 이곳에 있는 성전 설교를 가리키고 있음이 확실하다면, 그것은 요시야의 아들 여호야김이 다스리기 시작한 때(26 : 1, 주전 609년경) 행해진 것일 가능성이 높다(참조. Craigie 외, 119–120; Jones, 146; Holladay I, 240).

1. 정의로운 삶과 성전 예배(7 : 1–15)

1여호와께로부터 예레미야에게 말씀이 임하니라 이르시되 2너는 여호와
의 집 문에 서서 이 말을 선포하여 이르기를 여호와께 예배하러 이 문으
로 들어가는 유다 사람들아 여호와의 말씀을 들으라 3만군의 여호와 이
스라엘의 하나님께서 이와 같이 말씀하시되 너희 길과 행위를 바르게
하라 그리하면 내가 너희로 이곳에 살게 하리라 4너희는 이것이 여호와
의 성전이라, 여호와의 성전이라, 여호와의 성전이라 하는 거짓말을 믿
지 말라 5너희가 만일 길과 행위를 참으로 바르게 하여 이웃들 사이에
정의를 행하며 6이방인과 고아와 과부를 압제하지 아니하며 무죄한 자
의 피를 이곳에서 흘리지 아니하며 다른 신들 뒤를 따라 화를 자초하지
아니하면 7내가 너희를 이곳에 살게 하리니 곧 너희 조상에게 영원무궁
토록 준 땅에니라 8보라 너희가 무익한 거짓말을 의존하는도다 9너희가
도둑질하며 살인하며 간음하며 거짓 맹세하며 바알에게 분향하며 너희
가 알지 못하는 다른 신들을 따르면서 10내 이름으로 일컬음을 받는 이
집에 들어와서 내 앞에 서서 말하기를 우리가 구원을 얻었나이다 하느

> 냐 이는 이 모든 가증한 일을 행하려 함이로다 11내 이름으로 일컬음을
> 받는 이 집이 너희 눈에는 도둑의 소굴로 보이느냐 보라 나 곧 내가 그
> 것을 보았노라 여호와의 말씀이니라 12너희는 내가 처음으로 내 이름을
> 둔 처소 실로에 가서 내 백성 이스라엘의 악에 대하여 내가 어떻게 행하
> 였는지를 보라 13여호와의 말씀이니라 이제 너희가 그 모든 일을 행하였
> 으며 내가 너희에게 말하되 새벽부터 부지런히 말하여도 듣지 아니하였
> 고 너희를 불러도 대답하지 아니하였느니라 14그러므로 내가 실로에 행
> 함같이 너희가 신뢰하는 바 내 이름으로 일컬음을 받는 이 집 곧 너희와
> 너희 조상들에게 준 이곳에 행하겠고 15내가 너희 모든 형제 곧 에브라
> 임 온 자손을 쫓아낸 것같이 내 앞에서 너희를 쫓아내리라 하셨다 할지
> 니라

성전 설교의 첫 번째 단락에서 예레미야는 성전에서 예배만 드리면 된다는 생각의 위험성을 지적하면서, 야웨께서 원하시는 정의로운 삶 또는 사회적 약자들을 보살피고 섬기고 돕는 삶이 동반되지 않는 성전 예배는 무의미할 뿐만 아니라, 야웨께서 역겹게 생각하시는 것임을 분명하게 밝히고 있다. 1~15절 단락은 이러한 중심 주제에 맞추어 다음과 같이 세분될 수 있다.

성전 설교를 명하시는 야웨 하나님의 말씀(1-2절)
하나님이 원하시는 정의로운 삶(3-7절)
유다 백성의 반역 행위(8-11절)
야웨 하나님의 심판(12-15절)

[7:1-4] 히브리어 본문의 1절은 "여호와께로부터 예레미야에게 말씀이 임하니라"라는 구절로 시작한다. 더 정확하게는 "야웨께로부터 예레미야에게 임한 말씀"(The word which came to Jeremiah from Yahweh)이라는 명사 문

장으로 되어 있다. 이어서 예레미야는 야웨의 집, 곧 성전 문에 서서 말씀을 선포하되, 야웨께 예배하러 그 문으로 들어가는 유다 사람들에게 회개 촉구의 메시지를 선포하라는 지시를 받는다(1-2절). 어쩌면 그때는 이스라엘 군중이 몰려드는 3대 축제들 중의 하나였을 수도 있다.

아무튼 예레미야는 하나님의 명령에 순종하여 '코 아마르 야웨 츠바오트 엘로헤 이스라엘'("만군의 여호와 이스라엘의 하나님께서 이와 같이 말씀하시되")이라는 조금은 확대된 형태의 사자 양식으로 자신의 예언 메시지를 시작한다. 3절에서 유다 백성을 2인칭 남성 복수형으로 칭하고 있는 그는 그들이 자신의 길과 행위를 바르게 해야만 야웨께서 그들로 하여금 예루살렘 성전을 중심으로 하는 지역에서 살게 하실 것이라고 말한다. 그러나 그렇지 않을 경우에는, 그들이 예루살렘 성전을 가리켜 아무리 열심히 "여호와의 성전"으로 칭한다 할지라도, 그것은 새빨간 거짓말이나 다름없다(4절). 이 점을 강조하기 위해 예레미야는 "여호와의 성전"이라는 표현을 세 번씩이나 반복하고 있다(참조. 22 : 29; 사 6 : 3; 겔 21 : 32).

그들은 야웨 하나님의 임재를 상징하는 성전이야말로 자기들의 안전과 번영을 보증해 주는 것이라고 믿었겠지만, 토라에 순종하는 삶을 생략한 채 성전에 찾아오는 자들에게는 성전이 더 이상 그러한 곳이 될 수 없다. 그런 사람들에게 있어서 성전은 하나님의 임재를 체험할 수 있는 거룩한 공간이 아니라, 그저 아무 의미 없는 세속적인 공간일 뿐이다. 성전 설교는 이처럼 잘못된 성전 신학 내지는 그릇된 성전 신뢰 의식을 경계하려는 의미에서 계획된 것이다. 성전이라는 유형적인 건물 자체가 중요한 것이 아니라, 하나님의 말씀에 순종하는 삶의 태도가 훨씬 더 중요하다는 것을 유다 백성이 망각하고 있었기 때문이다.

[7 : 5-7] 이 점을 조금 더 구체적으로 진술하고 있는 5~7절에서 예레미야는 성전 입장 예전의 경우(시 15 : 2-5; 24 : 3-4)와 마찬가지로 도덕적인 삶의

실천에 초점을 맞춘 메시지를 전한다. 만일 그들이 길과 행위를 바르게 하여 이웃들 사이에 정의(justice, '미슈파트')를 행하며, 이스라엘 공동체의 3대 약자 계층인 "이방인"(개역 개정판은 히브리어 '게르'를 일관성 없이 "나그네", "객", "거류민" 등으로 다양하게 번역함; 강성열, "구약성서의 이주민 신학과 다문화 선교의 실천," 「종교문화학보」 제15집〈2018. 12〉, 102-110)과 고아와 과부를 압제하지 않으며 무죄한 자들의 피를 성전에서 흘리지 않으며 다른 신들의 뒤를 따르는 잘못을 저지르지 않는다면(5-6절), 야웨께서는 그들의 조상에게 영원히 선물로 주신 땅에서 그들이 계속해서 살 수 있게 해 주실 것이다(7절). 3~7절의 경고성 메시지에 하나님의 약속이 추가된 것을 보면, 이곳의 성전 설교는 아직 유다와 예루살렘의 파멸이 확정되기 전에 선포된 것임이 분명하다(Chisholm, 245).

[7:8-9] 그러나 경고의 메시지에 추가된 약속은 현실성이 없는 것이나 다름없다. 그들의 변화는 도무지 기대할 수 없는 것이기 때문이다. 그럴 수밖에 없는 이유를 예레미야는 8절 이하에서 구체적으로 설명하면서, 심판을 자초하는 유다 백성의 죄악을 낱낱이 고발한다. 그들은 성전이야말로 안전과 번영을 보증하는 곳이라는 무익한 거짓말을 신뢰하였으며(8절), 십계명에 담겨 있는 도덕적이고 신앙적인 규범들을 고의적으로 무시하였다(9절). 도둑질과 살인과 간음이 십계명의 후반부를 가리키는 것이라면, 거짓 맹세와 바알을 향한 분향, 야웨 하나님을 버리고 다른 신들을 섬기는 행동 등은 십계명의 전반부를 가리키는 것이라 할 수 있다. 한마디로 말해서 유다 백성은 하나님과의 언약 관계에서 비롯되는 율법 규정들을 철저하게 멸시했던 것이다.

[7:10-11] 그들은 매일의 삶 속에서 이처럼 큰 죄를 범했으면서도, 야웨의 이름으로 일컬음을 받는(10, 11, 14절; 32:34; 34:15; 왕상 8:43; 소유권 상징, Holladay I, 245-246; Lundbom I, 466) 성전으로 오기만 하면 모든 죄악

을 용서받고 구원받을 수 있다는 이상한 논리에 빠져 있었다. 그러나 그것은 야웨께서 보시기에 매우 가증한 일이 아닐 수 없었다(10절). 성전 만능주의의 거짓된 확신에 사로잡힌 그들의 행동은 야웨의 이름으로 일컫는 성전을 도둑들의 소굴로 만드는 행동이나 다름없었다. 성전 밖에서는 도둑들처럼 악하게 행동하고서 성전에만 들어오면 마치 도피성에 있는 것처럼 죄 용서와 구원을 받을 것이라고 생각하는 태도야말로 성전을 도둑들의 소굴로 만드는 행동이기 때문이다. 야웨께서는 이처럼 근본적으로 잘못된 그들의 생각과 삶을 완전히 다 꿰뚫어 보고 계셨다(11절). 야웨 하나님의 눈으로부터 벗어날 수 있는 것은 어디에도 없다. 그의 명령을 거역한 요나도 그러한 의도를 가지고서 다시스로 도망하였지만, 결국에는 붙잡혀 물고기 뱃속에 들어가고 말았다(욘 1-2장).

[7 : 12-15] 야웨께서는 자신이 목격한 잘못된 것들을 결코 그대로 두시는 분이 아니다. 그는 자신이 본 것에 상응하는 징계를 계획하시고 실천에 옮기시는 분이다. 12절 이하의 심판 선고가 그 점을 뒷받침하고 있다. 야웨께서는 먼저 범죄한 유다 백성에게 맨 처음 자신의 이름을 두셨던 실로 성소(삼상 1 : 3)로 순례 여행을 떠날 것을 명하신다. 그리고 자신이 이스라엘의 죄악을 어떻게 벌하셨는지 자세하게 살펴보라고 명하신다(12절). 사무엘상 1~4장에 의하면, 실로는 한때 언약궤가 안치되었던 곳으로, 야웨 하나님의 임재가 함께하는 이스라엘 공동체의 신앙 중심지였다. 그러나 대제사장 엘리의 가족이 범죄함으로 인하여 언약궤는 블레셋 사람들에게 탈취당했고, 야웨께서는 실로를 버리셨다(삼상 4장; 시 78 : 60). 이로써 야웨 임재의 공간-특히 예루살렘 성전-이라고 해서 절대적인 안전을 보증받는 것은 아니라는 사실이 밝혀진 셈이다.

그런데 이제는 유다 백성이 당시의 죄악을 그대로 본받아 행하고 있다. 야웨께서 새벽부터 부지런히 말해도 듣지 않았고, 불러도 성실하게 응답한 적이 없었다(13절). 야웨께서도 그들이 바뀌고 변화하기를 더 이상 기다릴 수 없다. 야웨께서는 실로에서 행했던 것같이 자기 이름으로 일컬음을 받는 예루살렘 성전을 버리실 것이요, 조상들에게 준 약속의 땅 역시 버리실 것이다(14절). 야웨 하나님의 심판은 성전이라는 예배 공간과 땅이라는 주거 공간을 버리는 것으로 끝나지 않는다. 그 안에 거하는 자들까지도 똑같이 심판을 피할 수 없는 바, 야웨께서는 그들의 형제였던 북왕국 이스라엘(=에브라임)을 완전히 쫓아내신 것같이 범죄한 유다 백성 역시 자신 앞에서 쫓아내실 것이다(15절).

2. 중재 기도의 금지(7 : 16–20)

> 16그런즉 너는 이 백성을 위하여 기도하지 말라 그들을 위하여 부르짖어
> 구하지 말라 내게 간구하지 말라 내가 네게서 듣지 아니하리라 17너는 그
> 들이 유다 성읍들과 예루살렘 거리에서 행하는 일을 보지 못하느냐 18자
> 식들은 나무를 줍고 아버지들은 불을 피우며 부녀들은 가루를 반죽하여
> 하늘의 여왕을 위하여 과자를 만들며 그들이 또 다른 신들에게 전제를
> 부음으로 나의 노를 일으키느니라 19여호와의 말씀이니라 그들이 나를
> 격노하게 함이냐 자기 얼굴에 부끄러움을 자취함이 아니냐 20그러므로
> 주 여호와께서 이와 같이 말씀하시니라 보라 나의 진노와 분노를 이곳
> 과 사람과 짐승과 들나무와 땅의 소산에 부으리니 불같이 살라지고 꺼
> 지지 아니하리라 하시니라

[7 : 16–20] 하나님은 때때로 경건한 지도자가 자기 백성을 위해 간구할 때 그의 기도를 들으시고 응답해 주셨다. 이를테면 금송아지 사건 직후 진노하신 야웨께서 이스라엘 백성을 멸하고자 하셨을 때, 모세가 그들을 위한 중재의 기도를 드리자 야웨께서는 그들을 멸하려는 계획을 철회하셨다(출 32 :

7-14). 예언자 아모스의 중재 기도를 들으시고 이스라엘에게 내리시기로 한 메뚜기 재앙과 불 재앙을 돌이키신 적도 있다(암 7 : 1-6). 그러나 예레미야 시대의 유다 왕국은 중재 기도가 효력을 발하기에는 너무 늦어 버렸다. 유다 백성의 죄악이 너무도 큰 까닭에, 그리고 그들이 도무지 심판 경고의 메시지에 귀를 기울이지 않는 까닭에, 야웨께서는 예레미야에게 그들을 위한 중재의 기도를 금지시키신다(16절; 참조. 11 : 14-17; 14 : 10-12; 15 : 1-4 등). 야웨께서 한동안 에스겔의 입을 봉하신 것(겔 3 : 26-27)도 같은 맥락에서 이해되는 바(Wilson, 91-104), 그가 유다 백성을 객관화시켜 "이 백성"으로 칭하시는 것은 바로 이러한 이유에서이다(참조. 6 : 19, 21). 더 이상 사랑과 긍휼을 베풀어야 할 "내 백성"이 아닌 것이다.

무엇이 야웨를 이토록 진노하게 만들었을까? 대체 무엇 때문에 이제는 더 이상 심판이 철회될 수 없게 확정된 것일까? 그 이유에는 여러 가지가 있지만, 그중에서도 가장 중요한 것이 폭넓은 이방 신 숭배이다. 언약 관계에 기초한 정의로운 삶도 중요하지만, 야웨 하나님과의 올바른 관계야말로 그러한 삶의 기초를 이루는 것이기 때문에, 야웨 하나님을 가장 크게 진노하게 만드는 것은 그를 버리고서 이방 신들을 따르는 행동이라 할 수 있다. 실제로 예레미야가 활동할 당시의 유다 성읍들과 예루살렘 거리에서는 다양한 형태의 이방 종교가 판을 치고 있었다(17절). 그중에서도 특히 "하늘의 여왕"(queen of heaven; 44 : 15-25; 예레미야에만 나오는 표현임.)을 숭배하는 일이 그곳에서 널리 행해지고 있었다(18절). 하나님의 성전이 있는 예루살렘에서조차 하늘의 여왕이 숭배되고 있었으니, 당시의 종교 지도자들이 얼마나 자신의 직무에 소홀했는지 한눈에 알 수 있다.

하늘의 여왕의 정체에 대해서는 학자들 사이에 논란이 많은 편이다. 그러나 대체적으로 많은 학자들이 하늘의 여왕을 가나안 원주민들이 섬기던 아스타르트(Astarte) 여신으로 이해한다. 사랑과 전쟁의 여신인 아스타르트는 메소포타미아의 이슈타르(Ishtar) 여신에 해당하는 존재로서, 아나트

(Anat)나 아세라(Asherah)처럼 바알의 배우자 여신이기도 했다(참조. Day, *Yahweh and the Gods and Goddesses of Canaan*, 144–150; Fretheim, 138). 아스타르트는 구약성서에서도 자주 언급되는 바, 히브리 성서에서 단수형인 '아스도렛'(Ashtoreth; 왕상 11:5, 33; 왕하 23:13)으로 표기되거나 복수형인 '아스다롯'(Ashtaroth; 삿 2:13; 10:6; 삼상 7:3–4; 12:10; 31:10)으로 표기되는 경우가 그렇다. 개역 개정판이나 표준 새번역은 단수형의 경우를 복수형과 구별하지 않은 채로 똑같이 '아스다롯'으로 번역하고 있으나 이것은 명백히 잘못된 것이다. 반면에 공동번역은 단수형을 '아스도렛'으로 옳게 번역하고 있다. 본래 단수형 '아스도렛'은 "수치"를 뜻하는 히브리어 낱말 '보쉐트'의 모음을 집어넣은 것이다(Finegan, *Myth and Mystery*, 133).

그런데 예레미야의 비판과 고발에 의하면, 남왕국 유다에서는 많은 가정들에서 일가족 전체가 하늘의 여왕을 섬기는 일에 참여하는 경우가 허다하였다. 자식들은 땔감으로 쓸 나무를 줍고 아버지들은 불을 피우며 부녀들은 하늘의 여왕을 위한 과자(cakes; "제사빵," 박동현 I, 338)를 만들려고 가루를 반죽하였다. 다른 신들에게 술을 부어 제물로 바치는 전제(奠祭, drink offering; "제삿술," 박동현 I, 338)를 드림으로써 야웨 하나님의 진노를 사는 사람들도 부지기수였다(18절). 이러한 종교 관행이 예루살렘 성전이라는 공적인 예배 공간을 넘어서서 일반 가정에서조차 폭넓게 행해지고 있었다는 것은, 그것이 남왕국 유다에 얼마나 널리 퍼져 있었는지를 짐작케 해 주는 대목이 아닐 수 없다.

유다 백성의 이처럼 폭넓은 이방 신 숭배는 언약 관계의 핵심을 이루는 십계명 전반부, 특히 첫 번째 계명과 두 번째 계명을 위반한 행동으로, 야웨 하나님을 격노케 하는 것이요, 그들 자신의 얼굴을 수치스럽게 만드는 행동이었다(19절). 이에 야웨께서는 전형적인 심판 문구인 "그러므로"(therefore, '라켄')를 사용하시면서, 그들을 향한 자신의 진노와 분노를 "이곳"(this place)과 유다 백성과 짐승과 들의 나무들과 땅의 모든 열매들 위로 쏟겠다고 다짐하신다(20절). "이곳"은 좁게 보면 예루살렘 성전을 가리키지만, 넓게 보면 예루살렘 성읍과 남왕국 유다 전체를 가리키는 표현이다. 이 점에서 본다면, 하나님의 심판은 성전과 도시 및 나라 전체, 그리고 사람과 동식물 등에 이르기까지 피조 세계 전체를 포괄하는 전면적인 것을 의미하는 것으로, 하나님의 심판이 태초의 혼돈으로 복귀하는 것과도 같은 자연의 대파국을 동반할 것이라는 4 : 23~28의 심판 메시지와 맥을 같이하고 있다.

3. 제사보다 더 중요한 것(7 : 21–28)

21만군의 여호와 이스라엘의 하나님께서 이와 같이 말씀하시되 너희 희
생제물과 번제물의 고기를 아울러 먹으라 22사실은 내가 너희 조상들을
애굽 땅에서 인도하여 낸 날에 번제나 희생에 대하여 말하지 아니하며
명령하지 아니하고 23오직 내가 이것을 그들에게 명령하여 이르기를 너
희는 내 목소리를 들으라 그리하면 나는 너희 하나님이 되겠고 너희는
내 백성이 되리라 너희는 내가 명령한 모든 길로 걸어가라 그리하면 복
을 받으리라 하였으나 24그들이 순종하지 아니하며 귀를 기울이지도 아
니하고 자신들의 악한 마음의 꾀와 완악한 대로 행하여 그 등을 내게로
돌리고 그 얼굴을 향하지 아니하였으며 25너희 조상들이 애굽 땅에서 나
온 날부터 오늘까지 내가 내 종 선지자들을 너희에게 보내되 끊임없이
보내었으나 26너희가 나에게 순종하지 아니하며 귀를 기울이지 아니하
고 목을 굳게 하여 너희 조상들보다 악을 더 행하였느니라 27네가 그들
에게 이 모든 말을 할지라도 그들이 너에게 순종하지 아니할 것이요 네
가 그들을 불러도 그들이 네게 대답하지 아니하리니 28너는 그들에게 말
하기를 너희는 너희 하나님 여호와의 목소리를 순종하지 아니하며 교훈
을 받지 아니하는 민족이라 진실이 없어져 너희 입에서 끊어졌다 할지
니라

[7:21] 유다 백성은 하늘의 여왕을 비롯한 여러 이방 신들을 섬기는 중에도 야웨께 계속해서 희생제사를 드렸다. 순전히 자기들의 모든 추한 행동들을 가리기 위해서였다. 야웨께서 이것을 모르실 리가 없다. 그 까닭에 예레미야는 조롱하는 투로 그들에게 희생제물과 번제물의 고기를 함께 먹으라고 말하되, 조금은 확대된 형태의 사자 양식('코 아마르 야웨 츠바오트 엘로헤 이스라엘')을 사용한다(21절). 본래 번제물은 다 태워서 하나님께 바치는 것이지만, 이방 신들을 섬기면서 거짓된 태도로 그것을 야웨 하나님께 바친들, 그가 그것을 받아 주시겠는가! 따라서 번제물의 고기도 다른 희생제물의 고기처럼 먹으라는 말씀은, 그들이 바치는 번제물을 받아 줄 수 없으니 그냥 가지고 가서 먹어도 상관없다는 의도를 포함하고 있다. 야웨께 열납되는 번제물이라면 사람이 그 고기를 함부로 먹어서는 안 되지만, 유다 백성의 경우에는 번제물 자체가 열납될 수 없기에, 다른 희생제물의 고기처럼 먹어도 괜찮다는 말씀인 것이다.

[7:22] 더 나아가서 야웨께서는 12~15절에서와 마찬가지로 제사 드리는 것보다 더 중요한 것이 있음을 강조하기 위하여 다시금 조상들의 역사를 기억에서 끄집어내신다(22-26절). 맨 먼저 그는 자신이 이스라엘의 조상들에게 번제나 희생제사에 대하여 말한 적도 없고 명령한 적도 없다고 말씀하신다(22절). 이 말씀은 일종의 과장법에 해당하는 것으로, 그런 제사를 드리지 말라는 얘기가 아니라 그것보다 더 중요한 것을 강조하기 위한 목적의 수사학적인 표현일 뿐이다. 희생제사나 번제 같은 종교적인 의례도 중요하지만, 언약 관계에 기초한 야웨 하나님의 말씀과 뜻에 순종하는 삶이 더 중요하다는 점을 강조하기 위한 수사학적인 표현이다. 일종의 우선순위의 문제인 셈이다(Lundbom I, 481-482; Carroll I, 215-216; Thompson, 288).

6:20에서도 예레미야는 야웨께서 값비싼 수입품 유향과 향품으로 드리는 제물을 좋아하시지 않는다는 사실을 강조한 바가 있다. 그리고 아모스는

아모스 5:25에서 이와 비슷하게 "이스라엘 족속아 너희가 사십 년 동안 광야에서 희생과 소제물을 내게 드렸느냐"라는 책망의 말씀을 전하고 있으며, 호세아는 호세아 6:6에서 "나는 인애(loyalty, '헤세드')를 원하고 제사를 원하지 아니하며"라는 말로서 우선순위의 문제를 다루고 있다. 이 본문들은 한결같이 야웨께서 제사를 아예 원하시지 않는 게 아니라, 그것보다 말씀에 대한 순종과 인애를 더 원하신다는 메시지를 전달하고 있다. 제사도 필요하고 중요하지만, 제사를 제사 되게 만드는 정의로운 삶, 선하고 의로운 삶, 그의 말씀에 순종하는 삶이 더 중요하다는 얘기다.

[7:23-24] 실제로 예레미야는 23절에서 야웨 하나님이 진정으로 원하시는 것이 무엇인지 더욱 분명하게 밝히고 있다. 야웨께서는 이스라엘의 조상들에게 "너희는 내 목소리를 들으라 그리하면 나는 너희 하나님이 되겠고 너희는 내 백성이 되리라"라고 말씀하심으로써, 그들이 자신의 목소리에 귀를 기울일 경우에 그들과 언약 관계를 맺으실 것임을 약속하셨으며, 자신이 명령한 모든 길로 걸어가야만 복을 받을 수 있다는 것도 강조하신 바가 있다. 그러나 아무 소용이 없었다. 그들은 야웨 하나님의 목소리를 순종하지 않았으며, 그의 말씀에 귀를 기울이지도 않았다. 도리어 그들은 악한 마음에서 나오는 온갖 나쁜 계획과 어리석은 고집을 따라 살았고, 야웨께로부터 등과 얼굴을 돌리는 배역 행위로 일관하였다(24절).

[7:25-28] 야웨께서는 출애굽 이후 예레미야 때까지 줄기차게 예언자들을 보내심으로 이스라엘 백성을 바른 길로 인도하려고 최선을 다하셨지만, 별다른 효과를 거두지 못했다(25절; 13절; 11:7; 25:3-4; 26:5; 29:19; 32:33; 35:15; 44:4; 대하 36:15-16). 유다 백성은 끊임없이 야웨께 불순종하였으며, 그의 말씀과 명령에 귀를 기울이지 않을 뿐더러, 조상들보다 더 많은 악을 행하는 모습을 보이기까지 했다(26절). 한마디로 그들의 역사는

진보와 발전의 역사가 아니라 역행과 퇴보의 역사였던 것이다. 이에 야웨께서는 그들을 향한 기대감을 완전히 접으시고는, 예레미야가 비판과 고발, 책망과 경고의 말씀을 전해도 그들이 순종하지 않을 것이요, 불러도 대답하지 않을 것이라고 말씀하신다(27절). 또한 그는 예레미야에게 그들의 이러한 완악함을 그대로 전하되, 그들의 입에서 그리고 그들의 삶 속에서 진실('에무나'; 개역 개정판의 5 : 1에서는 "진리"로 번역됨.)이 사라졌음을 폭로하라고 명하신다(28절).

4. 도벳 사당의 인신 제사(7 : 29–34)

> 29너의 머리털을 베어 버리고 벗은 산 위에서 통곡할지어다 여호와께서
> 그 노하신 바 이 세대를 끊어 버리셨음이라 30여호와께서 말씀하시되 유
> 다 자손이 나의 눈 앞에 악을 행하여 내 이름으로 일컬음을 받는 집에
> 그들의 가증한 것을 두어 집을 더럽혔으며 31힌놈의 아들 골짜기에 도벳
> 사당을 건축하고 그들의 자녀들을 불에 살랐나니 내가 명령하지 아니하
> 였고 내 마음에 생각하지도 아니한 일이니라 32그러므로 여호와께서 말
> 씀하시니라 날이 이르면 이곳을 도벳이라 하거나 힌놈의 아들의 골짜기
> 라 말하지 아니하고 죽임의 골짜기라 말하리니 이는 도벳에 자리가 없
> 을 만큼 매장했기 때문이니라 33이 백성의 시체가 공중의 새와 땅의 짐
> 승의 밥이 될 것이나 그것을 쫓을 자가 없을 것이라 34그때에 내가 유다
> 성읍들과 예루살렘 거리에 기뻐하는 소리, 즐거워하는 소리, 신랑의 소
> 리, 신부의 소리가 끊어지게 하리니 땅이 황폐하리라

[7 : 29–34] 조상 대대로 야웨께 불순종한 유다 백성의 죄악을 낱낱이 지적한 예레미야는, 7장의 마지막 단락인 29~34절의 가운데에 있는 30~32절에서 온갖 우상 숭배와 힌놈의 아들 골짜기에 있는 도벳 사당에서의 유아 인신

제사(child-sacrifice) 관습을 신랄하게 비판한다. 그리고 이 단락의 양끝인 29절과 33~34절에서는 야웨 하나님의 엄중한 심판을 선고하고 있는 바, 이 단락의 한가운데에 있는 32절은 심판 선고를 의미하는 접속사 "그러므로"(therefore, '라켄')를 가지고 있기에 심판 선고의 맥락에 속해 있으면서도, 그 내용은 인신 제사와 밀접하게 관련되어 있다.

맨 앞의 심판 선고(29절)에서 예레미야는 유다 백성에게 애곡과 슬픔의 표시로 머리털을 밀어 버리고(욥 1 : 20; 스 9 : 1-3), 신앙적인 음행의 자리인 벌거벗은 산들(3 : 2, 21; 4 : 11) 위에서 통곡하라고 말한다. 야웨께서 진노하시는 중에 그들의 세대를 끊어 버리실 것이기 때문이다(29절). 이처럼 가혹한 심판이 그들에게 임하는 까닭은, 그들이 뻔뻔스럽게도 야웨의 성전 안에 그가 가증히 여기는 우상들을 세워 둠으로써 야웨 하나님의 집을 더럽혔기 때문이다(30절). 이러한 일은 이미 히스기야 왕의 아들인 므낫세 왕의 시대에도 널리 행해지던 것이었다(왕하 21 : 3-7). 므낫세와 아몬을 이어 왕이 된 요시야가 강력한 종교개혁을 추진하면서 성전을 정화하기는 했지만(왕하 23 : 4-20), 그가 죽은 후에 야웨께서 보시기에 악을 행했던 그의 두 아들 여호아하스(왕하 23 : 32)와 여호야김(왕하 23 : 37)을 거치면서 또다시 우상 숭배가 유다 백성의 삶을 지배하기에 이르렀다(참조. 겔 8 : 3-16).

그뿐이 아니다. 유다 백성은 예루살렘 남서쪽 바깥에 있는 힌놈의 아들 골짜기에 몰렉(Molech) 신의 신전이라 할 수도 있는(레 18 : 21; 20 : 2-5; 왕하 23 : 10; Jones, 156) 도벳 사당을 건축하고서는, 거기에서 몰렉 신에게 자녀들을 희생제물로 바치기도 했다(31a절; 19 : 5-6; 32 : 35). "힌놈의 아들 골짜기"(the Valley of the Son of Hinnom, 수 15 : 8; 18 : 16; 왕하 23 : 10; 대하 28 : 3; 33 : 6; 렘 7 : 31-32; 19 : 2, 6; 32 : 35)는 "힌놈의 골짜기"(수 15 : 8; 18 : 16; 느 11 : 30)로도 불리는 곳인 바, 예레미야도 이 골짜기에 대해서 7 : 31~32을 비롯하여 다른 곳에서 몇 차례 언급한 바가 있다(19 : 2, 6; 31 : 40; 32 : 35). 아마도 유다 백성은 이방 종교의 인신 제사 풍습을 야웨 신앙

안에 도입함으로써 일종의 혼합종교 현상에 빠져들었을 것이다.

그리고 도벳(Topheth, "난로" 또는 "화덕"을 뜻함.) 사당은 본래 쓰레기 소각장 같은 곳이었겠지만, 결국에는 하나님이 주신 가장 귀한 선물인 자녀를 불태우는 위험한 공간으로 바뀌고 말았다(Craigie 외, 125). 요시야 왕은 종교개혁 과정에서 이처럼 가증스러운 도벳 사당을 더럽힌 바가 있었다(왕하 23:10). 그러나 그가 죽은 후에는 그러한 개혁마저도 아무 소용이 없을 정도로 유다 백성이 너무도 쉽게 인신 제사 풍습에 빠져들고 말았다. 아마도 그들은 요시야 왕이 더럽히고 무너뜨린 도벳 사당을 재건함으로써, 다시금 그곳에서의 인신 제사에 몰입하였을 것이다.

그렇지만 야웨께서는 단연코 그들에게 그렇게 하라고 명하신 적이 없었고, 그것을 마음속으로 생각하신 적도 없었다(31b절). 유다 백성은 처음 난 아들들을 야웨께 돌려야 한다는 출애굽기 13:2, 12~16; 22:29에 근거하여 인신 제사가 합법적이고 정당한 신앙 행동이라고 생각했겠지만, 그것은 결코 인신 제사를 명하는 규정이 아니었다. 도리어 야웨 하나님은 엄격하게 인신 제사를 금지하는 율법 규정들을 조상들에게 주신 분이었다(레 18:21; 20:2-5; 신 12:31; 18:10). 그러나 그러한 금지 규정들조차도 그들에게는 아무런 소용이 없었다. 2:23에서 설명한 바와 같이, 이미 남왕국의 아하스 왕(왕하 16:3)과 므낫세 왕(왕하 21:6) 때에 인신 제사가 널리 행해졌으며, 요시야 왕의 종교개혁(왕하 23:10)이나 여호야김 당시의 종교적인 상황(렘 7:31-32; 19:5; 32:35)을 보아도, 도벳 사당에서의 인신 제사 풍습이 남왕국 유다에서 사라지지 않고 계속 남아 있었음을 알 수 있다. 에스겔이 에스겔 20:26에서 장자를 인신 제물로 바치는 잘못된 관행을 비판하고 있는 것을 보면, 주전 587년 나라가 멸망하기 직전까지도 인신 제사가 널리 행해지고 있었음이 분명하다.

그들이 이처럼 자주 인신 제사 금지 규정을 어겼기 때문에, 이제는 그곳이 더 이상 도벳이나 힌놈의 아들 골짜기라 불리지 않고 "죽임의 골짜기"

(Valley of Slaughter)라 불릴 것이다(19 : 6). 인신 제사에 희생되는 어린아이들의 죽음이 아니라, 가증스런 인신 제사 풍습에 빠진 자들의 죽음으로 가득한 골짜기가 될 것이라는 얘기다. 그리고 앞으로는 사람들이 더 이상 매장할 데가 없을 때까지 도벳에 와서 시체를 매장할 것이다(32절; 개역 개정판은 "매장했다"고 과거 시제로 번역하지만, 미래 시제로 번역함이 옳다. 19 : 11 참조). 또한 그들은 죽음 이후에도 정상적인 방식으로 매장되지 못하는 불명예스러운 죽음을 맞이하게 될 것이다. 야웨 하나님의 심판을 받아 죽은 자들의 시체는 많은데 매장할 데는 부족한 상황에서 시체들을 그냥 쌓아두다 보니, 공중의 새와 땅 짐승이 달려들어 그 시체들을 자기들의 먹이로 삼을 것이기 때문이다. 뿐만 아니라 그들의 시체가 새나 짐승의 먹이가 되어도 그것들을 쫓아낼 사람이 없을 것이다(33절). 그들이 사는 땅과 그 땅의 거주민들까지 모두 심판을 받아 망할 것이기 때문이다(20절).

뿐만 아니라 이제는 유다 성읍들과 예루살렘 거리에서 기뻐하는 소리나 즐거워하는 소리, 그리고 결혼의 기쁨에 사로잡힌 신랑의 소리나 신부의 소리가 끊어질 것이요, 그들의 주거 공간이었던 땅조차도 폐허로 바뀌고 말 것이다(34절). 결혼의 기쁨을 표현하는 소리가 끊어질 것이라는 심판의 말씀은 결국 남녀의 결혼이 불가능하게 될 것이요, 따라서 당연히 결혼 다음에 이루어질 자녀 출산이 금지될 것임을 의미한다. 이것은 하나님의 귀한 선물인 자녀를 불살라 제물로 바치는 행동 때문에 결국에는 자녀 출산권 자체를 빼앗길 것임을 뜻하는 심판의 말씀이 아닐 수 없다. 왜냐하면 정상적인 결혼은 인신 제사에 사용될 또 다른 희생자를 낳는 결과를 초래할 것이기 때문이다. 따라서 이 심판의 말씀은 아직 태어나지 않은 자녀들을 배려하는 차원의 메시지일 수도 있다(Craigie 외, 126; Lundbom I, 500).

5. 천체 숭배(8 : 1–3)

1여호와의 말씀이니라 그때에 사람들이 유다 왕들의 뼈와 그의 지도자
들의 뼈와 제사장들의 뼈와 선지자들의 뼈와 예루살렘 주민의 뼈를 그
무덤에서 끌어내어 2그들이 사랑하며 섬기며 뒤따르며 구하며 경배하던
해와 달과 하늘의 뭇 별 아래에서 펼쳐지게 하리니 그 뼈가 거두이거나
묻히지 못하여 지면에서 분토 같을 것이며 3이 악한 민족의 남아 있는
자, 무릇 내게 쫓겨나서 각처에 남아 있는 자들이 사는 것보다 죽는 것
을 원하리라 만군의 여호와의 말씀이니라

[8 : 1] 앞서 말한 것처럼, 야웨께서는 자녀들을 불살라 제물로 바치는 인신 제사라는 잔혹한 죄를 범한 자들을 엄하게 벌하실 것이다. 그 결과 힌놈의 골짜기는 "죽임의 골짜기"로 개명될 것이요, 야웨 하나님의 심판에 희생될 자들의 공동묘지로 변할 것이다. 죽은 자들이 너무 많아 그들을 매장할 공간이 부족한 상태가 되면, 시체들이 땅 위에 쌓아올려질 것이요, 새들과 들짐승들에게 먹힐 것이다(참조. 왕상 16 : 4). 시간이 지나면 그들의 시체들은 뼈밖에 남지 않는다. 유다 백성의 가증스런 범죄와 신앙적 탈선에 진노하신 야웨께서는 그러한 뼈들까지도 가만두지 않으신다. 그는 사람들로 하여금 유다 왕들의 뼈와 정치 지도자들인 고위 관리들의 뼈, 종교 지도자들인 제사장들과 예언자들의 뼈, 그리고 예루살렘 주민의 뼈를 시체들의 안식처라 할 수 있는 무덤에서 끄집어내게 하실 것이다(1절).

이것은 그들의 무덤까지도 더럽혀지고 오염될 것임을 의미하는 바, 그 뼈들을 끄집어낸 원수의 군대는 아이러니하게도 그 뼈들을 그동안 그들이 지성으로 섬겼던 하늘의 해와 달과 모든 천체 아래 펼침으로써, 그들의 시체가 마지막 순간까지 더럽혀지고 모욕당하게 할 것이요, 그들이 신으로 숭배했던 해와 달과 별 등은 이처럼 모욕당하는 그들의 시체에 대하여 아무런 도움

도 주지 못할 것이다. 뿐만 아니라 무덤에서 파헤쳐져서 만천하에 공개된 그 뼈들은 아무도 다시 묻어 주는 사람이 없기에, 어느 정도 세월이 흐른 다음에는 자연스럽게 땅바닥에서 분토(dung)가 되고 말 것이다(2절; 16:4; 25:33). 모압 사람들이 에돔 왕의 뼈를 불살라 재로 만들었다는 아모스 2:1의 메시지도 거의 비슷한 의미를 갖는다. 그것이 심판의 맥락에 속한 것이 아니라, 시체를 모독하는 고대 근동 지역의 일반적인 전쟁 풍습에 속한 것이긴 하지만 말이다.

[8:2-3] 그렇다면 야웨께서 유다 백성에게 이처럼 가혹한 심판을 추가하시는 이유는 무엇일까? 그 이유는 그들이 평소에 해와 달과 별 등의 천체를 숭배하는 이른바 천체 숭배에 깊이 빠져 있었기 때문이다. 그들은 이들 천체를 좋아하면서 노예처럼 섬기고 뒤쫓아 다녔으며, 그들의 뜻을 물으면서 열심히 그들을 예배하고 섬기기까지 했다(2절). 이스라엘의 역사를 보면 그 점을 분명하게 확인할 수 있다. 천체 숭배를 금지하는 규정(신 4:19; 17:3)이 있었음에도 불구하고, 이스라엘 백성은 끊임없이 천체를 숭배하는 죄를 범하였다. 아모스는 북왕국 이스라엘의 별 숭배를 비난한 바가 있으며(암 5:26), 천체 숭배의 죄악은 북왕국 이스라엘의 멸망 이유들 중의 하나였다(왕하 17:16). 남왕국 유다에서는 천체 숭배가 세 번째 왕인 아사의 종교개혁 대상이었지만(대하 14-15장), 히스기야의 아들 므낫세는 아버지 히스기야의 종교개혁을 무시한 채로 천체 숭배를 널리 퍼뜨리는 죄를 범하였다(왕하 21:3-5). 이 때문에 천체 숭배는 요시야 왕이 추진했던 종교개혁의 대상이 될 수밖에 없었다(왕하 23:5, 11; 대하 34:4, 7).

예레미야 역시 남왕국 유다에서 성행하던 천체 숭배를 여러 차례 비판한다(렘 10:2; 19:13; 44:17-19). 바벨론 포로기 직전에 에스겔은 예루살렘 성전 안뜰에서 태양신 숭배에 몰두해 있는 제사장들을 목격하기까지 했다(겔 8:16). 참으로 유다 백성은 야웨 앞에서 악한 민족이었다. 그 까닭에 야웨 하나님은 앞의 7장에서 말씀하신 것과도 같은 가혹한 심판을 그들에게 내리실 것이다. 그들 중에 살아남은 자들은 포로로 잡혀가겠지만, 포로기의 비참한 삶을 견디지 못하여 차라리 죽기를 더 희망할 것이다(3절). 살아 있으면서 고통을 겪는 것보다는 차라리 죽음을 선택하는 것이 더 낫겠다는 판단에서 말이다.

설교를 위한 묵상

1) 예레미야의 성전 설교는 성전에 대한 유다 백성의 그릇된 확신과 허위의식을 깨뜨리기 위한 목적을 가지고 있다. 그들은 적어도 하나님의 임재를 상징하는 예루살렘 성전이 자기들 곁에 있는 한, 칼이나 기근이나 전염병 등의 심판이 자기들에게 미치지 못할 것이라고 생각했다. 야웨 하나님의 집인 성전이야말로 모든 재앙과 불행으로부터 자기들을 막아 주는 안전판이라고 생각한 것이다. 그러나 성전의 존재 자체가 안전과 평화를 보증해 주는 것은 결코 아니다. 성전 자체가 그들을 안전하게 해 주고 그들에게 '샬롬'을 가져다주는 것이 아니라, 도리어 가난한 자들에 대한 압제와 우상 숭배를 포함한 모든 악한 행동을 버릴 때에야 비로소 참된 안전과 평화가 가능해진다.

성전은 하나님의 계명을 위반한 공동체에게 어떠한 피난처도 제공해 주지 못한다. 이를테면 이방 신 숭배와 도둑질과 살인과 간음 등을 금지하는 십계명을 어기는 경우가 그렇다. 십계명을 비롯한 다양한 율법 규정들에 담겨 있는 하나님과의 언약 관계를 성실하게 지키지 못한 자들에게는 결코 성전이 안전한 곳이 될 수 없는 것이다. 그런 사람들에게는 성전조차도 지극히 세속적인 공간에 지나지 않을 뿐이다. 실로 성소와 관련된 조상들의 역사가 그러한 사실을 분명하게 보여 주고 있다.

그런데도 유다 백성은 자기들의 역사로부터 어떠한 교훈도 받기를 꺼렸다. 도리어 그들은 성전이 있기 때문에 안전할 것이라는 허위의식의 포로가 되어 있었다. 그랬기에 그들은 길과 행위를 바르게 할 필요성을 전혀 느끼지 못했으며, 약한 자들을 괴롭혀서는 안 된다는 계명도 무시했다. 심지어는 가정들마다 뻔뻔스럽게 하늘의 여왕을 섬기는 신앙적인 탈선이 유다 전역에 널리 퍼져 있었다. 힌놈의 아들 골짜기에 있는 도벳 사당에서 자녀들을 불살라 제물로 바치는 인신 제사 풍습도 널리 행해지고 있었다. 해와 달과 별 등을 신성시하는 천체 숭배도 오랫동안 행해지고 있었다. 성전과 제사 자체를 그 어떤 것보다도 우선시하는 태도가 유다 백성을 이렇듯이 비뚤어진 길로 내몰고 말았다. 야웨 하나님이 원하시는 정의로운 삶, 그의 계명에 순종하는 바르고 의로운 삶이야말로 가장 우선적인 것인데도 말이다.

2) 야웨께서는 유다 백성이 예언자들을 통한 경고의 말씀에 귀를 기울이기는커녕 도리어 계속해서 이방 신들을 섬기고 선물로 준 율법 규정들에 순종하는 삶을 거부한 까닭에, 그들에게 내리기로 한 심판을 확정지으신다. 그리고서는 예레미야에게 더 이상 그들을 위하여 기도하지 말라는 엄명을 내리신다. 이른바 중재 기도의 금지령이 내려진 것이다. 그러나 뒤집어서 생각하면 이것은 예언자가 심판받아 망할지도 모르는 자기 백성을 위하여 중재 기도를 드릴 수도 있고, 또 마땅히 그러해야 한다는 사실을 우리에게 가르쳐 준다. 조카 롯을 위해 중재 기도를 드렸던 아브라함이나 출애굽 공동체를 멸망으로부터 건졌던 모세의 중재 기도, 그리고 북왕국 이스라엘을 위하여 두 번씩이나 중재 기도를 드렸던 아모스의 경우가 그 대표적인 예에 해당한다.
물론 상황에 따라서는 중재 기도가 응답받지 못하는 경우가 생겨날 수도 있다. 하나님이 원하시는 조건이 충족되지 않거나 심판을 받아 마땅한 자들의 죄악이 도무지 개선될 여지가 없을 때가 특히 그렇다. 소돔과 고모라를 위한 아브라함의 중재 기도나 본문에 나오는 예레미야의 경우가 그렇다. 그러나 그렇다고 해서 하나님의 부르심을 받은 종들이 자신에게 맡겨진 자들을 위한 중재 기도를 게을리해서는 안 되는 법이다. 이방인의 사도로 부름 받은 바울 사도도 자기 백성 이스라엘을 위해 간절한 마음으로 중재 기도를 드리지 않았던가!(롬 10-11장) 모름지기 말씀의 종으로 부름 받은 자들은 누구든지 타인을 위한 중재 기도에 많은 관심을 기울이지 않으면 안 된다. 그들의 구원과 평안과 행복을 위해서 말이다.

H. 깨달음이 없어 망하는 백성(8 : 4–9 : 1)

바로 앞의 7 : 1~8 : 3이 산문체로 되어 있는 반면에, 8 : 4~9 : 1(히브리 성서는 8장이 23절까지 있는 바, 이는 개역 개정판의 9 : 1에 해당한다. 따라서 히브리 성서의 9장은 26절로 되어 있는 개역 개정판과는 달리 25절로 되어 있다.)은 전부가 시문체로 되어 있다. 8 : 4~9 : 1 단락은 세 가지 중심 주제들을 가지고 있다. 그 첫 번째 주제는 앞에서도 자주 다루어진 것으로서, 유다 백성의 죄악에 대한 비판과 고발을 담고 있다. 그리고 두 번째 주제 역시 지금까지 계속 다루어진 것으로서, 유다 백성의 죄악에 상응하는 야웨 하나님의 심판을 선고하고 있으며, 새롭게 추가된 것이라고도 볼 수 있는 세 번째 주제는 자기 백성의 파멸을 선포해야 하는 예언자 예레미야의 고통과 아픔을 다루고 있다. 이 세 번째 주제는 8 : 4~9 : 1 단락을 앞에 나오는 내용들로부터 구별되게 하는 특징으로 이해된다.

8 : 4~9 : 1 단락은 이러한 세 가지 주제들을 중심으로 구성되어 있다. 8 : 4~12이 첫 번째 주제를 다루고 있다면, 8 : 13~17은 두 번째 주제와 관련되어 있으며, 8 : 18~9 : 1은 세 번째 주제와 관련되어 있다. 그리고 8 : 4~12에서 한 가지 주목할 만한 것은, 8 : 10~12이 그 내용이나 어휘들에 있어서 6 : 12~15과 거의 평행을 이루고 있다는 점이다. 그래서인지 구약성서의 헬라어 번역본인 70인역에는 10~12절이 없다(Holladay I, 274). 이에 더하여 예레미야의 예언 메시지가 야웨 하나님의 말씀임을 강조하는 '느움 야웨'(declares Yahweh, "야웨의 말씀이니라"; 13, 17절)와 '코 아마르 야웨'(thus says Yahweh, "야웨께서 이와 같이 말씀하시기를")라는 사자 양식(4절)이 이곳에서는 다른 곳에서보다 드물게 나타나는 편이라는 점도 주목할 필요가 있을 것이다.

1. 회개할 줄 모르는 백성(8 : 4-12)

4너는 또 그들에게 말하기를 여호와의 말씀에 사람이 엎드러지면 어찌
일어나지 아니하겠으며 사람이 떠나갔으면 어찌 돌아오지 아니하겠느
냐 5이 예루살렘 백성이 항상 나를 떠나 물러감은 어찌함이냐 그들이 거
짓을 고집하고 돌아오기를 거절하도다 6내가 귀를 기울여 들은즉 그들
이 정직을 말하지 아니하며 그들의 악을 뉘우쳐서 내가 행한 것이 무엇
인고 말하는 자가 없고 전쟁터로 향하여 달리는 말같이 각각 그 길로 행
하도다 7공중의 학은 그 정한 시기를 알고 산비둘기와 제비와 두루미는
그들이 올 때를 지키거늘 내 백성은 여호와의 규례를 알지 못하도다 8너
희가 어찌 우리는 지혜가 있고 우리에게는 여호와의 율법이 있다 말하
겠느냐 참으로 서기관의 거짓의 붓이 거짓되게 하였나니 9지혜롭다 하
는 자들은 부끄러움을 당하며 두려워 떨다가 잡히리라 보라 그들이 여
호와의 말을 버렸으니 그들에게 무슨 지혜가 있으랴 10그러므로 내가 그
들의 아내를 타인에게 주겠고 그들의 밭을 그 차지할 자들에게 주리니
그들은 가장 작은 자로부터 큰 자까지 다 욕심내며 선지자로부터 제사
장까지 다 거짓을 행함이라 11그들이 딸 내 백성의 상처를 가볍게 여기
면서 말하기를 평강하다, 평강하다 하나 평강이 없도다 12그들이 가증한
일을 행할 때에 부끄러워하였느냐 아니라 조금도 부끄러워하지 않을 뿐
아니라 얼굴도 붉어지지 아니하였느니라 그러므로 그들이 엎드러질 자
와 함께 엎드러질 것이라 내가 그들을 벌할 때에 그들이 거꾸러지리라
여호와의 말씀이니라

8:4~12 단락은 그 내용에 따라 세 개의 세부 단락들로 나눌 수 있다. 4~7절, 8~9절, 10~12절이다. 4~7절이 유다 백성을 겨냥하고 있는 비판과 고발의 말씀이라면, 8~9절은 유다 백성 중의 지혜로운 자들을 겨냥하

고 있다. 이 두 본문은 비판과 고발이라는 공통분모를 가지고 있다. 그러나 10~12절은 6 : 12~15과 자구적으로 거의 일치하는 본문으로서, 제사장들이나 예언자들 같은 종교 지도자들을 겨냥하고 있으며, 비판과 고발의 메시지도 담고 있지만, 10절 서두에 나오는 "그러므로"(therefore, '라켄')에서 확인할 수 있듯이, 본질적으로는 심판 선고의 내용을 담고 있는 본문이다.

[8 : 4–7] 유다 백성의 계속적인 범죄는 누가 보아도 분별없는 짓이요, 비정상적인 것이었다. 야웨께서 보시기에는 훨씬 더 그랬다. 그 까닭에 야웨께서는 4~5절에서 연속적으로 수사학적인 질문들을 던지시며, 이 질문들에 기초하여 그들의 죄악을 고발하신다. 인간의 보편적인 본성에 관한 지혜의 가르침을 담고 있는(Jones, 158) 4절의 두 가지 질문은 상식적인 차원에서 사람들이 생각하고 행동하는 것에 초점을 맞추고 있다. 사람들이 누구나 넘어지고 엎드러지면 다시 일어나지 않겠느냐는 질문이나, 누구든 방향을 돌이켜 떠나더라도('슈브') 시간이 지나면 다시 돌아오지('슈브') 않겠느냐는 질문이 그렇다. 이어지는 5절에서 야웨께서는 범위를 좁혀 유다 백성의 몰상식한 행동을 비난하고자 하는 의도의 질문을 던지신다. 배역한('슈브' 동사의 명사형인 '므슈바'; 개역 개정판은 이 낱말을 번역하지 않음.) 예루살렘 백성이 항상 야웨를 떠나려고만('슈브') 하는 이유가 무엇인지 묻는 질문이 그렇다. 그들은 거짓된 것에 사로잡힌 탓에 야웨께로 돌아오기를('슈브') 한사코 거절한다(참조. 5 : 3).

또한 그들은 정직을 말하지 않았으며, "내가 이런 일을 하다니!"라고 자책하면서 자신의 악을 뉘우치려고 하지도 않았다. 그들은 마치 전쟁터로 달려가는 군마들처럼 신속하게 야웨 하나님을 떠나고 말았다(6절). 야웨께서는 인내심을 가지고서 그들이 회개하고 자기에게 돌아오기를 기다리셨지만, 그들은 완고하게 자기들의 잘못을 인정하지 않으려고 했고, 그들 자신의 욕망을 따라 행동하기를 고집했던 것이다. 유다 백성의 어리석음은 자연계의 질서와 비교되기도 한다. 하늘을 나는 새들, 이를테면 학과 산비둘기와 제비와 두루미 등의 철새 떼들이 그렇다. 이 새들은 하나님이 세우신 자연 질서(참조. 소와 나귀, 사 1 : 3)를 따라 언제 다른 곳으로 옮겨가야 하는지 본능적으로 알아챈다. 그런데도 유다 백성은 자연계의 질서와 크게 다를 바가 없는 야웨의 규례('미슈파트'), 곧 그가 율법을 통하여 세우신 도덕 질서를 무시한다(7절; Carroll I, 227-228; Fretheim, 148-149).

[8 : 8-9] 8절의 또 다른 수사학적인 질문에 의하면, 유다 백성은 율법을 가지고 있다는 사실을 자랑하였으며, 그것이 자기들을 지혜롭게 하였다고 주장하였다. 그러나 사람들을 바르게 가르쳐야 할 책임을 지고 있는 서기관들이 거짓된 붓으로 율법을 거짓말로 바꾸어 놓고 말았다(8절; 참조. 2 : 8의 "율법을 다루는 자들"). 이런 상황에서는 율법의 지혜를 자랑한다는 것이 가당치 않은 것일 수밖에 없다. 율법에 정통한 서기관들이 율법을 왜곡시켜 전달하고 있는 마당에, 어찌 율법의 지혜를 자랑할 수 있겠는가! 스스로를 지혜로운 자들이라 칭하는 서기관들의 이러한 죄악은 하나님의 심판을 자초하는 행동이 아닐 수 없다. 마침내 그들은 부끄러움을 당할 것이요, 공포에 떨면서 붙잡혀 갈 것이다(9a절). "야웨의 말씀을 버린 그들에게 무슨 지혜가 있겠느냐?"는 9절 하반절의 수사학적인 질문은 그들이 야웨의 말씀을 버렸기에 결코 그들에게 지혜가 있다고 할 수 없음을 강조하고 있다(개역 개정판은 "말"로 번역하고 있으나 "말씀"으로 수정할 필요가 있음).

[8 : 10-12] 이제 남은 것은 하나님의 심판을 받는 일밖에 없다. 그 심판은 6 : 12~15과 거의 평행을 이루고 있다. 양자 사이에 차이가 있다면, 전체적인 맥락에 비추어 볼 때 6 : 12~15이 거짓 예언자들과 서기관들을 겨냥하고 있는 반면에, 이곳에서는 조금 시각을 달리하여 율법을 다루고 있는 서기관들을 겨냥하고 있다는 점이다. 이곳의 10절이 8~9절의 서기관 비판 메시지

에 바로 이어서 나온다는 사실이 그 점을 뒷받침하고 있다. 야웨께서는 스스로를 지혜롭다고 생각하는 서기관들의 아내와 밭을 다른 사람들이 차지하게 하실 것이다(10a절). 아내를 포함한 모든 재산이 그들에게서 사라질 것이라는 얘기다.

야웨께서는 유다 백성을 향한 심판의 또 다른 이유로 유다 공동체의 구성원들 모두가 너 나 할 것 없이 자신의 탐욕을 채우는 데 혈안이 되어 있었고, 예언자들과 제사장들을 포함하는 종교 지도자들마저도 거짓을 행하는 데 앞장섰다는 사실을 예로 드신다. 특히 그들에게 문제가 된 것은, 그들이 도무지 '샬롬'을 찾아볼 수 없는 상황 속에서 "딸 내 백성"('바트-암미')의 상처를 가볍게 여기면서 '샬롬'을 강조하는 사기 행각을 벌였다는 사실이다(10b-11절; 참조. 4 : 10). 또한 그들은 야웨의 도덕적인 기준들을 무시하고 백성들에게 그들이 듣고 싶어 하는 것들만 골라서 들려줌으로써, 야웨의 율법을 왜곡시키는 불법을 자행하면서도 도무지 부끄러워할 줄 몰랐다. 따라서(therefore, '라켄') 그들은 엎드러지고 거꾸러지는 심판을 도저히 피하지 못할 것이다(12절).

2. 열매 없는 포도나무(8 : 13-17)

13여호와의 말씀이니라 내가 그들을 진멸하리니 포도나무에 포도가 없
을 것이며 무화과나무에 무화과가 없을 것이며 그 잎사귀가 마를 것이
라 내가 그들에게 준 것이 없어지리라 하셨나니 14우리가 어찌 가만히
앉았으랴 모일지어다 우리가 견고한 성읍들로 들어가서 거기에서 멸망
하자 우리가 여호와께 범죄하였으므로 우리 하나님 여호와께서 우리를
멸하시며 우리에게 독한 물을 마시게 하심이니라 15우리가 평강을 바라
나 좋은 것이 없으며 고침을 입을 때를 바라나 놀라움뿐이로다 16그 말
의 부르짖음이 단에서부터 들리고 그 준마들이 우는 소리에 온 땅이 진

동하며 그들이 이르러 이 땅과 그 소유와 성읍과 그중의 주민을 삼켰도
다 [17]여호와의 말씀이니라 내가 술법으로도 제어할 수 없는 뱀과 독사를
너희 가운데 보내리니 그것들이 너희를 물리라 하시도다

[8 : 13–17] 13~17절 단락은 야웨 하나님의 심판 선고(13절)와 이에 대한 유다 백성의 반응과 탄식(14–16절), 그리고 다시금 이어지는 야웨 하나님의 심판 선고(17절) 등으로 구성되어 있다. 야웨께서는 먼저 가을철의 수확기를 맞은(20절) 과수원 은유를 통하여 유다 백성에 대한 심판이 철저하게 이루어질 것임을 분명하게 밝히신다(참조. 6 : 9). 그는 유다 백성을 진멸하되, 포도나무에 더 이상 포도 열매가 남아 있지 않을 정도로, 그리고 무화과나무에 무화과가 더 이상 남아 있지 않을 정도로 멸하실 것이요, 그 잎사귀가 완전히 마를 정도로 확실하게 그들을 심판하실 것이다. 그리하여 나중에는 그가 그들에게 선물로 주셨던 모든 것들이 깡그리 사라지는 운명에 처하게 될 것이다(13절). 마치 추수꾼과도 같은 야웨께서 아무런 수확도 거두지 못할 것임을 뜻하는(참조. 눅 13 : 6–9; Carroll I, 231–232) 이러한 심판 메시지는 그들을 황무지가 되게 하고 폐허가 되게 하겠다는 말씀이나 다름이 없다(4 : 23–28; 6 : 8).

이러한 심판 선고의 말씀에 대하여 유다 백성은 절망과 탄식에 사로잡힌 나머지 자기들이 그냥 앉아서 죽을 수는 없다고 말한다. 죽더라도 차라리 자기들이 견고하다고 여기는 성읍들로 들어가 거기에서 죽자고 말한다. 그들은 야웨께서 범죄한 자기들을 멸하려고 작정하시고는 독이 든 물(poisoned water; 개역 개정판은 "독한 물"로 조금 약하게 번역함.)을 마시게 하시는 까닭에 어느 누구도 그 엄중한 심판으로부터 벗어날 수 없다고 판단한 것으로 보인다(14절; 9 : 15; 23 : 15). 사실 그들은 성전이 있는 예루살렘을 비롯한 견고한 성읍들이 자기들의 안전을 보증해 줄 것이라고 믿었으나(7 : 4, 10), 그것은 처음부터 잘못된 확신이었다. 그들이 가지고 있던 이러한 그릇된 확신

은 임박한 심판이 목전에 닥칠 때 산산조각 나고 말 것이다.

그들은 거짓 예언자들과 제사장들이 줄기차게 선포했던 '샬롬'(6 : 14; 8 : 11)을 기대하지만, 좋은 일들이 그들에게 닥쳐올 리가 없다. 또한 자기들에게 있는 상처가 낫기를 간절히 바라지만, 거짓 예언자들이나 제사장들이 그 상처를 대수롭지 않게 여겼기 때문에, 그 상처가 낫기는커녕 도리어 무섭고도 놀라운 일, 곧 북방 군대의 침략과 공격이 그들에게 닥쳐올 뿐이다(15절; 22절; 14 : 19b). 적군의 말들이 내는 콧소리가 이스라엘 땅의 최북단에 있는 단(Dan)에서부터 들리고, 그 힘센 말들이 부르짖는 소리에 온 땅이 진동할 것이다. 또한 북방에 있는 적군이 단(Dan)을 지나 계속 남쪽으로 내려와 유다 땅으로 쳐들어올 것이요, 그 땅과 그들의 모든 재산과 그 땅 주민들을 집어삼키고 말 것이다(16절).

야웨께서는 유다 백성이 적군의 공격을 직접 겪고서 탄식하게 될 심판의 상황을 뱀과 독사의 은유를 통하여 한층 구체적으로 묘사하신다. 그는 어떤 술법으로도 제어할 수 없는 뱀과 독사를 유다 백성 중에 보내실 것이요, 그것들로 하여금 그들을 물게 하실 것이다(17절). 그렇게 되면 그들은 야웨께서 보내신 뱀과 독사의 치명적인 독에 중독되어 순식간에 목숨을 잃고 말 것이다. 물론 여기서 말하는 뱀과 독사는 바벨론 군대를 가리키는 바, 유다 백성에게 임할 중독사(中毒死)는 바벨론 군대의 파괴적인 공격이 가져올 대파국을 암시하는 것이라 할 수 있다.

여기서 한 가지 흥미로운 것은, 어떤 술법으로도 제어할 수 없는 뱀과 독사의 심판이, 출애굽 직전에 이집트의 현인들과 마술사들의 술법에 의하여 지팡이가 뱀으로 변한 것(출 7 : 11)을 암시하고 있는 것으로 보인다는 점이다. 그때 당시에는 이집트의 술법이 뱀을 제어할 수 있는 기술로 여겨졌겠지만, 야웨께서 유다 백성을 심판하실 때에는 어떠한 술법도 심판의 도구인 뱀과 독사를 제어하지 못할 것이다. 이것은 그 심판이 너무도 확실하고 두려운 것임을 강조하는 말씀이 아닐 수 없다. 그리고 뱀과 독사의 은유는 아모스의 심판 예언에서도 비슷하게 발견되는 바(암 5 : 19), 이는 많은 이스라엘 백성이 광야 유랑 중에 불순종과 불평의 대가로 독사에게 물려 죽은 사건(민 21 : 6)을 연상시킨다.

3. 예레미야의 슬픔(8 : 18–9 : 1)

> [18]슬프다 나의 근심이여 어떻게 위로를 받을 수 있을까 내 마음이 병들
> 었도다 [19]딸 내 백성의 심히 먼 땅에서 부르짖는 소리로다 여호와께서
> 시온에 계시지 아니한가, 그의 왕이 그 가운데 계시지 아니한가 그들이
> 어찌하여 그 조각한 신상과 이방의 헛된 것들로 나를 격노하게 하였는
> 고 하시니 [20]추수할 때가 지나고 여름이 다하였으나 우리는 구원을 얻지
> 못한다 하는도다 [21]딸 내 백성이 상하였으므로 나도 상하여 슬퍼하며 놀
> 라움에 잡혔도다 [22]길르앗에는 유향이 있지 아니한가 그곳에는 의사가
> 있지 아니한가 딸 내 백성이 치료를 받지 못함은 어찌 됨인고 [9:1]어찌하
> 면 내 머리는 물이 되고 내 눈은 눈물 근원이 될꼬 죽임을 당한 딸 내 백
> 성을 위하여 주야로 울리로다

개역 개정판은 8장이 22절로 끝나지만, 히브리 성서는 23절로 끝난다. 그러다 보니 개역 개정판의 9 : 1이 히브리 성서의 8 : 23에 해당하는 구절로 이해되며, 따라서 당연히 개역 개정판의 9장은 히브리 성서의 9장보다 한 절 더 길게 이어진다. 이는 히브리 성서의 9 : 25이 개역 개정판의 9 : 26과 일치하는 구절임을 의미한다. 그렇지만 여기서는 독자들의 편의를 위하여 히브리 성서의 장절 구분법보다는 개역 개정판의 장절 구분법을 따르기로 한다.

[8 : 18] 8 : 18~9 : 1 단락은 전체적으로 유다 백성에게 임할 가혹한 심판에 대한 예레미야의 반응을 담고 있다. 그의 반응은 처음부터 끝까지 탄식과 슬

픔으로 가득 차 있다. 예레미야는 사실 나팔 소리와 전쟁 경보를 듣고서 자신의 마음이 아프고 슬플 뿐만 아니라 답답하여 견딜 수 없음을 이미 앞에서 탄식의 어조로 고백한 바가 있다(4 : 19-22). 그런데 그는 여기서도 비슷하게 심판의 도구인 바벨론 군대의 침략과 공격으로 인하여 동족이 멸망한 것에 대한 자신의 슬픔이 도저히 치료할 수 없는 상태에 이르렀다고 말한다. 또한 자신의 마음이 병들었기에 이제는 누구도 자신을 위로해 줄 수 없다고 탄식한다(18절).

[8 : 19] 하나님의 심정을 대변하는 입장에서, 그는 "딸 내 백성"('바트-암미')이 포로로 잡혀간 땅, 곧 심히 멀리 떨어진 곳에서 부르짖는 소리를 듣는다. 그들의 부르짖음은 참으로 야웨께서 시온에 계시지 않은 것인지, 그리고 자기들의 왕이신 그가 정말로 그들 중에 계시지 않은 것인지 묻는 형태로 이루어져 있다. 이 두 가지 질문은 야웨께서 시온에 계시지 않고 그들 중에도 계시지 않았기에 자기들이 멸망하고 말았다는 탄식을 그 안에 포함하고 있는 바, 이는 결과적으로 야웨 하나님이 예루살렘을 보호하시고 지키시는 분으로서의 역할을 수행하기보다는 그들의 심판자로 서 계시는 불편한 현실을 토로하고 있는 것이다. 야웨께서 시온(예루살렘)에 계시지 않는다는 사실이 문제가 아니라, 그들 자신의 죄가 야웨 하나님을 예루살렘으로부터 몰아낸 것에 문제가 있는데도, 그들은 이러한 현실을 올바로 인식하지 못하고 있었다. 영적인 무지에서 비롯된 유다 백성의 그러한 불평과 탄식에 대하여 예레미야는 야웨 하나님의 답변과 책망을 겸하여 소개한다. 그들이 어찌하여 조각한 신상과 이방의 헛된 것들(우상들)로 자신을 격노하게 했는지 묻는 수사학적인 질문이 그렇다(19절).

[8 : 20-21] 그 다음으로는 13절과 비슷하게 농산물 수확의 은유로 표현되는 유다 백성의 탄식이 이어진다. 여름이 끝나고 가을의 수확기가 다가왔는데

도 자기들이 구원을 얻지 못한다는 탄식이 그렇다(20절). 유다 백성의 이러한 탄식은 자기들이 구원받을 때가 지났다고 불평하는 것을 뜻하는 것으로, 예레미야 자신의 탄식이기도 하다. 그는 동족의 탄식을 자신의 것으로 삼을 만큼 민족애가 투철한 사람이었다. 그렇지 않고서야 그가 백성의 탄식을 자신의 예언 메시지 안에 이렇게 담아낼 까닭이 없기 때문이다. 그는 또한 자기 백성을 향한 하나님의 아픈 마음을 충분히 공감하는 사람이기에, 백성의 탄식에 이어 곧바로 하나님의 탄식과 크게 다를 바가 없는 자신의 슬픔과 고뇌를 있는 그대로 표현한다. 21절의 탄식에 의하면, "딸 내 백성"이 상처를 받았기에 하나님도 예레미야도 상처를 입어 슬픔과 놀라움에 사로잡혀 있다.

[8:22-9:1] 야웨 하나님의 탄식을 대변하고 있는 예레미야의 탄식은 22절을 거쳐 9:1까지 이어진다. 두 개의 수사학적인 질문을 담고 있는 22절은 길르앗에 유향이 있고 환자를 치료하는 의사도 있는데, 왜 "딸 내 백성"이 치료를 받지 못하고 있는지 묻는다(참조. 15절). 왜 하필이면 길르앗이고, 왜 또 하필이면 그곳의 유향과 의사인가? 창세기 37:25에 언급된 바와 같이, 요단강 동편에 자리한 길르앗은 유향으로 유명한 곳이었다. 그리고 그곳의 유향은 의학적인 목적으로 사용되는 경우가 많았다(렘 46:11; King, 153-154; Holladay I, 294). 물론 이곳에 쓰인 언어는 은유적인 것이다. 유다의 질병은 본질적으로 신앙적인 것이고 영적인 것이었다. 치료받기를 거부하는 유다 백성의 이처럼 안타까운 상황으로 인하여 예레미야는 죽임을 당한 "딸 내 백성"을 위하여 낮이나 밤이나 한없이 울 수 있도록, 누가 자신의 머리를 물로 가득 채우고 눈은 눈물샘이 되게 해 주면 좋겠다는 희망을 피력한다(9:1). 자기 백성의 임박한 파멸에 대한 예레미야의 슬픔은 이처럼 억제하기 어려운 것이었다. 그는 누군가가 자기에게 한없는 눈물을 공급해 주기를 간절히 바랐던 것이다.

1) 유다 백성은 자기들의 죄악이 야웨 하나님을 진노케 하고 그의 심판을 불러일으킨다는 사실을 도무지 인정하지 않았다. 그들은 전쟁터로 달려가는 군마들처럼 빠른 속도로 야웨 하나님을 떠나려고만 했지, 돌아올 생각은 하지 않았다. 야웨 하나님을 버린 자기들의 행동을 잘못된 것으로 인식하지 못했기 때문이다. 참으로 그들의 행동과 판단은 몰지각한 것이요, 지극히 비정상적인 것이었다. 정해진 시기가 되면 본능에 따라 새로운 삶의 자리를 찾아 떠나는 철새 떼들조차도 하나님께서 세우신 창조 질서를 충실하게 지키는데, 그가 언약 관계를 통하여 선택하신 유다 백성은 그의 규례('미슈파트')를 도무지 지키지 않았다. 철새 떼들도 자신들의 몸에 새겨진 자연 질서를 잘 지키거늘, 그의 백성은 그가 선물로 주신 신앙 질서와 도덕 질서를 전혀 지키지 않은 것이다. 그들은 참으로 짐승만도 못한 자들이요, 철새 떼들만도 못한 자들이었다.
유다 백성의 이러한 영적 무지는 자기들이 율법을 가지고 있기에 저절로 지혜로워질 수 있다는 거짓된 확신에 기초한 것이었다. 그들은 참된 지혜는 율법에 순종하는 자에게서 발견된다는 지극히 당연한 사실을 무시했다. 물론 그들에게 있던 이러한 거짓된 확신은 하나님의 율법을 거짓말로 바꾸어 놓은 서기관들에게 가장 큰 책임이 있었다. 단순히 율법을 가지고 있다고만 해서 지혜로운 것이 아닌데도, 그들은 율법 자체가 자기들을 지혜롭게 만든다는 헛된 생각에 사로잡혀 있었다. 이 점에 있어서는 거짓 예언자들과 제사장들도 별다른 차이가 없었다. 온갖 탐욕에 사로잡힌 그들의 행동은 유다 백성 전체를 미련하고 어리석은 탐욕에 빠지게 만들었다. '샬롬'을 도무지 찾아볼 수 없는 상황 속에서도 그들은 거짓된 안전 의식에 사로잡힌 나머지, 유다 백성에게 줄기차게 '샬롬'을 외쳤으며, 그들 스스로가 하나님이 세우신 율법의 신앙 질서와 도덕 질서를 무시하면서 불법을 자행하였다. 이는 참으로 지도자들의 탈선이야말로 백성을 병들게 하고 나라를 망하게 하는 지름길임을 여실하게 보여 주는 귀한 교훈이 아닐 수 없다.

2) 말씀의 종인 예레미야는 눈물과 탄식의 사람이었다. 그는 자신의 동족인 유다 백성이 죄악을 뉘우치거나 회개하지 않을 뿐더러 그것을 아예 깨닫지도 못한다는 사

실로 인하여 하나님의 철저한 심판을 받아 망할 수밖에 없게 된 상황을 마음 아파했다. 동족에게 닥칠 파멸과 고통으로 인하여 자신이 스스로 고통과 슬픔에 빠져들게 된 것이다. 이것은 일차적으로 야웨 하나님의 말씀을 대변하는 그가 그 말씀과 하나가 되었음을 의미한다. 왜냐하면 그가 유다 백성에게 구두로 선포해야 하는 전쟁과 재앙의 상황은 아직 미래에 속한 것이지 지금 당장 실제로 겪고 있는 현실이 아닌데도, 그는 마치 그것을 지금 자신의 삶과 유다 백성의 삶 속에서 이루어진 것처럼 느꼈기 때문이다. 예레미야가 심판을 선고하는 중에 수시로 몸과 마음에 고통을 느낀 것은 바로 이 때문이었다. 자신이 선포하는 심판의 말씀이 그의 몸과 마음속에 육화(肉化)되었기에, 그는 미래에 이루어질 그 말씀을 당장 눈앞에 닥친 실제 현실로 경험할 수 있었고, 그로 인하여 자신의 머리가 눈물로 가득 찰 정도의 강한 슬픔과 고통을 느꼈던 것이다.

그러나 예레미야의 고뇌와 아픔과 탄식은 단순히 동족에게 닥칠 재앙과 심판에만 그 원인이 있었던 것이 아니다. 그는 유다 백성과 지도자들이 심판의 근본적인 이유를 전혀 인식하지 못한다는 사실을 두고서 괴로워하기도 했다. 자기들을 완전히 파멸에 빠뜨릴 하나님의 엄중한 심판이 목전에 다가오는데도, 그것을 깨닫지 못하고 인정하지도 않는 무지함이야말로 예레미야에게 있던 또 다른 탄식의 원천이었던 것이다. 자기들의 죄를 깨닫거나 인정하기는커녕 도리어 하나님의 예루살렘 부재 현실이 자기들에게 고통과 재앙과 전쟁을 가져다주었다고 생각하는 무지함 말이다. 참으로 절망적인 상황이 아닐 수 없다. 예레미야는 이러한 사실을 정말 가슴 아프게 생각했다. 물론 그것은 자기 백성을 향한 하나님의 아픈 마음이기도 했다. 이것은 예언자가 자신이 선포하는 말씀과 하나되는 말씀의 종이 되어야 할 뿐 아니라, 하나님의 마음으로 아파할 수 있어야 그의 종이 될 수 있음을 의미한다. 예수께서도 바로 그러한 마음으로 예루살렘의 무지에 대하여 탄식하시며 우신 적이 있다(눅 19:41-44).

I. 예레미야의 탄식과 심판(9 : 2-26)

9 : 2~26 단락은 시문체와 산문체의 결합으로 이루어져 있다. 2~11절과 17~22절이 시문체로 되어 있는 반면에, 12~16절과 23~26절은 산문체로 되어 있다. 구조상 시문체(2-11절) → 산문체(12-16절) → 시문체(17-22절) → 산문체(23-26절)의 형식으로 되어 있음을 알 수 있다. 그리고 이 네 개의 하위 단락들은 그 문체에 따라서 탄식의 주제와 심판의 주제를 담고 있는바, 시문체로 되어 있는 2~11절과 17~22절이 탄식의 주제를 담고 있다면, 산문체로 되어 있는 12~16절과 23~26절은 심판의 주제를 담고 있다.

2~11절　　예레미야의 탄식과 심판(시문체)
　12~16절　　심판의 근본적인 이유(산문체)
17~22절　　탄식을 명하시는 하나님(시문체)
　23~26절　　모든 이들에게 똑같이 임할 심판(산문체)

이에 더하여 예레미야의 예언 메시지가 야웨 하나님의 말씀임을 강조하는 '느움 야웨'(declares Yahweh, "야웨의 말씀이니라"; 3, 6, 9, 24, 25절)와 '코 아마르 야웨'(thus says Yahweh, "야웨께서 이와 같이 말씀하시기를")라는 사자 양식(7, 15, 17, 23절)이 이곳에서는 다른 곳에서보다 비교적 빈번하게 나타나는 편이라는 점도 주목할 필요가 있을 것이다. 그리고 특이하게도 22절은 '느움 야웨'와 '코 아마르 야웨'의 합성 형태인 '코 느움 야웨'를 사용하고 있다. 개역 개정판은 이를 "여호와의 말씀에"로 번역하고 있다.

1. 예레미야의 탄식과 심판(9 : 2-11)

2내가 광야에서 나그네가 머무를 곳을 얻는다면 내 백성을 떠나가리니

그들은 다 간음하는 자요 반역한 자의 무리가 됨이로다 3여호와의 말씀
이니라 그들이 활을 당김같이 그들의 혀를 놀려 거짓을 말하며 그들이
이 땅에서 강성하나 진실하지 아니하고 악에서 악으로 진행하며 또 나
를 알지 못하느니라 4너희는 각기 이웃을 조심하며 어떤 형제든지 믿지
말라 형제마다 완전히 속이며 이웃마다 다니며 비방함이라 5그들은 각
기 이웃을 속이며 진실을 말하지 아니하며 그들의 혀로 거짓말하기를
가르치며 악을 행하기에 지치거늘 6네가 사는 곳이 속이는 일 가운데 있
도다 그들은 속이는 일로 말미암아 나를 알기를 싫어하느니라 여호와의
말씀이니라 7그러므로 만군의 여호와께서 이와 같이 말씀하시되 보라
내가 내 딸 백성을 어떻게 처치할꼬 그들을 녹이고 연단하리라 8그들의
혀는 죽이는 화살이라 거짓을 말하며 입으로는 그 이웃에게 평화를 말
하나 마음으로는 해를 꾸미는도다 9내가 이 일들로 말미암아 그들에게
벌하지 아니하겠으며 내 마음이 이런 나라에 보복하지 않겠느냐 여호와
의 말씀이니라 10내가 산들을 위하여 울며 부르짖으며 광야 목장을 위하
여 슬퍼하나니 이는 그것들이 불에 탔으므로 지나는 자가 없으며 거기
서 가축의 소리가 들리지 아니하며 공중의 새도 짐승도 다 도망하여 없
어졌음이라 11내가 예루살렘을 무더기로 만들며 승냥이 굴이 되게 하겠
고 유다의 성읍들을 황폐하게 하여 주민이 없게 하리라

[9:2-11] 2~11절은 네 개의 군소 단락들로 나누어진다. 그 첫 번째인 2절과 마지막인 10~11절은 예레미야의 탄식을 다루고 있고, 중간의 3~6절과 7~9절은 공통적으로 거짓된 혀(tongue)에 대한 비판과 고발 및 심판의 말씀을 담고 있다. 이러한 구조상의 특징은 2~11절이 일종의 교차대구 형식으로 되어 있음을 의미한다(Craigie 외, 143).

2절 예레미야의 탄식(=하나님의 탄식)

3~6절 거짓된 혀에 대한 고발

7~9절 거짓된 혀에 대한 심판

10~11절 예레미야의 탄식(=하나님의 탄식)

2~11절 단락은 이처럼 교차대구 형식으로 되어 있으면서도 내용에는 약간의 차이가 있다. 2절과 3~6절이 비뚤어진 현실에 초점을 맞추고 있는 반면에, 7~9절과 10~11절은 심판에 조금 더 무게 중심을 두고 있다는 점이 그렇다. 전체적으로는 이들 군소 단락들 전부가 예레미야의 탄식(=하나님의 탄식)을 공통된 주제로 가지고 있기는 하지만 말이다.

하나님의 탄식을 그대로 대변하고 있는 예레미야는 유다 백성에게 곧 닥칠 심판과 파멸에 대하여, 그리고 그러한 심판과 파멸의 근본적인 원인을 도무지 깨닫지 못하는 유다 백성의 무지함과 어리석음에 대하여 견디기 어려운 슬픔을 느낀다(8 : 18-9 : 1). 그렇지만 그러한 슬픔 때문에 그의 영적인 통찰력이 가려지는 것은 결코 아니다. 그는 그들에게 임할 심판이 마땅한 것이요, 너무도 당연한 것임을 잘 알고 있었다. 이 때문에 야웨 하나님과 똑같이 그는 자신이 더불어 살고 있는 범죄한 공동체를 버리고(forsake, '아잡'; 개역개정판은 "떠나가리니"로 번역함.) 광야로 피신하기를 원했다. 누군가가 광야에 자신이 쉴 수 있는 휴식처를 마련하여 준다면, 기꺼이 "내 백성"을 떠나 그곳으로 가서 머물고 싶은 것이 그의 솔직한 마음이었던 것이다(2a절).

예레미야가 이처럼 자기 백성을 떠나 광야로 피신하고 싶은 이유에는 두 가지가 있다. 하나님을 향한 수직적인 차원과 이웃을 향한 수평적인 차원이 그렇다. 수직적인 차원은 이미 앞에서 충분히 언급된 바가 있기에, 여기서는 매우 간단하게만 언급되어 있다. 유다 백성이 하나님을 버리고 이방 신들을 섬기는 영적인 간음에 빠져들었을 뿐만 아니라, 그의 뜻을 무시하면서 배신과 반역을 일삼는 무리가 되었다는 지적이 그렇다(2b절). 예레미야가 광야

피신의 이유로 도리어 강조하는 것은 이웃을 향한 수평적인 관계의 현저한 왜곡이다. 3~6절까지가 모두 그 점을 다루고 있다. 거짓과 속임수의 범람으로 인하여 유다 공동체의 신뢰 관계가 완전히 깨뜨려지고 말았다는 지적이 3~6절의 요점이라 할 수 있다.

예레미야가 가장 크게 생각하는 문제점은 인간 삶의 중심을 이루는 언어생활에 있었다. 유다 백성은 활을 당김같이 혀를 놀려 거짓을 말하곤 했다. 예레미야가 여기서 군사적인 이미지를 활용한 것은, 그만큼 유다 백성의 언어생활이 공격적이고 파괴적이었기 때문이다. 특히 강성해진 자들에게 문제가 많았다. 그들은 강성해진 만큼이나 진실성이 없었고, 악에 악을 더하려고 돌아다닐 뿐이지, 야웨가 자기들의 하나님이심을 알려고('야다') 하지 않았다(3절). 이러한 일들이 너무도 흔했기 때문에, 예레미야는 유다 백성의 죄악과 그에 상응하는 심판을 선고하는 중에도, 그들에게 제각기 이웃 사람을 조심하고 형제들조차도 믿지 말라고 충고한다(4a절).

예레미야가 보기에, 당시 유다 공동체는 형제들도 서로를 속이고 비방하며 돌아다닐 뿐만 아니라(6 : 28), 어떻게 해서든 이웃 사람들을 속이려고만 들고, 진실(truth, '에메트')을 말하기는커녕 도리어 거짓말하는 법을 가르치고, 신물이 날 정도로 악을 행하기만 하는 상황에 놓여 있었다(4b-5절; 12 : 6; 참조. 사 9 : 19; 미 7 : 6). 한마디로 말해서 사회 통합의 기초를 이루는 신뢰와 진실이 온통 사라져 버린 것이다. 이렇듯이 좁게는 가족 공동체 안에서 식구들을 속이고, 넓게는 지역 공동체 안에서 주변 사람들을 속이는 사회 분열의 상황에서는, 가족이건 이웃 사람이건 어느 누구도 쉽게 믿지 않는 것이 지혜로운 처세법이었을 것이다. 결과적으로 예레미야가 활동하던 당시의 유다 공동체는 서로 속고 속이는 일들로 가득 차 있었고, 그 때문에 공동체 붕괴의 위기에 직면해 있었다. 크고 작은 공동체 전체가 이처럼 온통 거짓과 속임수에 빠져 있다 보니, 유다 백성 중에 야웨 하나님을 아는('야다') 것을 좋아하는 사람이 거의 없었다. 도리어 하나님 아는 것을 거부하였고 싫어하기까지 하였다(6절).

이에 대한 하나님의 반응은 심판으로 나타날 수밖에 없다. 심판을 선고할 때 흔히 사용되는 7절 서두의 접속사 "그러므로"(therefore, '라켄')가 이 점을 잘 보여 준다. 이 접속사에 바로 이어 나타나는 수사학적인 질문, 곧 "딸 내 백성"('바트-암미')을 녹이고 연단하는 것 이외에 그들을 처리할 다른 방법이 있겠느냐는 내용의 질문은, 광석을 녹여서 분석하고 평가하듯이 야웨께서 그들을 철저하게 깨뜨리고 녹여서 시험하실 것임을 의미한다(7절; 참조. 6:27-30). 그 까닭은 거짓으로 가득 찬 그들의 혀가 사람을 죽이는 화살 같아서(참조. 3절), 이웃 사람들에게 평화를 말하지만 마음속으로는 해를 꾸미고 있기 때문이다(8절). 이러한 상황에서 야웨 하나님께 달리 방도가 있겠는가? 7절과 마찬가지로 9절에서도 야웨께서는 수사학적인 질문들을 통하여 징계와 보복이 불가피하다는 사실을 강조하신다. 물론 이러한 형태의 질문은 5:9, 29절에서도 똑같이 주어진 바가 있다.

예레미야를 통한 야웨 하나님의 심판 선고는 마침내 10~11절의 탄식으로 이어진다. 이것은 2~11절 단락이 하나님의 탄식이나 다름이 없는 예레미야의 탄식으로 시작했다가(2-3절) 다시금 예레미야의 탄식으로 끝맺고 있음을 의미한다. 그러나 두 탄식에는 차이가 있다. 탄식(2a절)과 탄식의 이유(2b-3절)로 구성되어 있는 2~3절이 조금은 이성적이고 차분한 형태의 탄식을 담고 있다면, 똑같이 탄식(10a절)과 탄식의 이유(10b-11절)로 구성되어 있는 10~11절은 한층 감정적이고 강화된 형태의 탄식을 담고 있다는 점이 그렇다.

예레미야는 유다 땅의 산들과 광야 목장들을 위하여 울며 탄식하며 슬퍼한다(10a절). 그 까닭은 온갖 숲과 나무로 무성하던 그곳들이 다 불에 타서 황무지로 바뀌어 버린 탓에, 지나다니는 사람이 하나도 없고 가축 떼의 울음소리도 들리지 않을 뿐더러, 공중의 새로부터 들의 짐승에 이르기까지 모두가 다른 곳으로 도망하여 사라지고 말았기 때문이다(10b절). 생태학적인 재앙의 성격을 갖는(참조. 4:24-26) 이러한 탄식의 상황은 11절에서 한층 더 구체적으로 서술된다. 야웨께서 회개의 가능성을 전혀 보이지 않는 예루살렘을 돌무더기로 만드시고, 승냥이들이 우글거리는 소굴이 되게 하실 뿐만 아니라, 유다의 성읍들을 폐허가 되게 하여 아무도 살 수 없는 곳들로 만들어 버리셨던 것이다. 이것은 결국 예루살렘을 버리고 광야로 피신하고자 하셨던(2절) 하나님이 이제는 예루살렘 자체를 사람들이 도저히 살 수 없는 광야와 같은 곳으로 만들어 버리실 것임을 의미한다.

2. 심판의 근본적인 이유(9 : 12-16)

> 12지혜가 있어서 이 일을 깨달을 만한 자가 누구며 여호와의 입의 말씀
> 을 받아서 선포할 자가 누구인고 이 땅이 어찌하여 멸망하여 광야같이
> 불타서 지나가는 자가 없게 되었느냐 13여호와께서 말씀하시되 이는 그
> 들이 내가 그들의 앞에 세운 나의 율법을 버리고 내 목소리를 순종하지
> 아니하며 그대로 행하지 아니하고 14그 마음의 완악함을 따라 그 조상들
> 이 자기에게 가르친 바알들을 따랐음이라 15그러므로 만군의 여호와 이
> 스라엘의 하나님께서 이와 같이 말씀하시니라 보라 내가 그들 곧 이 백
> 성에게 쑥을 먹이며 독한 물을 마시게 하고 16그들과 그들의 조상이 알
> 지 못하던 여러 나라 가운데에 그들을 흩어 버리고 진멸되기까지 그 뒤
> 로 칼을 보내리라 하셨느니라

[9:12-16] 12~16절은 유다 백성에게 닥친 재난의 이유가 무엇인지 묻고(12절), 그에 대한 답변을 그들의 죄악을 비판하고 고발하는 데서 찾으며(13-14절), 다시금 그들의 죄악에 대한 야웨 하나님의 심판을 구체적으로 설명하는(15-16절) 형식으로 되어 있다. 이 단락에서 야웨 하나님은 자신의 율법을 어기고 다른 신들을 섬긴 백성들의 행동을 비난하시며, 바로 그 때문에 재난과

추방이 그들에게 닥칠 것임을 분명하게 밝히신다. 한 가지 흥미로운 것은, 바로 앞 단락의 서두인 2절도 12절과 마찬가지로 광야(wilderness, '미드빠르')에 대하여 언급하는 바, 2절의 광야가 야웨 하나님이나 예레미야가 자기 백성을 떠나서 가고자 하는 목적지를 가리키는 반면에, 12절의 광야는 야웨께서 유다 백성을 쫓아내고자 하시는 목적지라는 점이다.

야웨께서 유다 백성을 향하여 던지시는 맨 처음 질문은 두 종류의 그릇된 지도자들, 곧 지혜로운 자들과 예언자들에 관한 것이다. 유다 백성에게 닥친 불행한 일들을 지혜가 있어서 깨달을 만한 자가 누구이며, 야웨 하나님의 입에서 나오는 말씀을 받아서 선포할 자가 누구인가를 묻는 질문이 그렇다(12a절; 참조. 호 14:9). 이 질문은 아무리 지혜로운 자라 할지라도 유다 백성에게 닥친 재난을 쉽게 설명하기 어려울 것이요, 예언자들조차도 그것을 설명하도록 하나님께로부터 말씀을 받지 못했다는 사실을 지적하고 있는 것이다. 달리 말해서 유다 공동체 안에서 자칭 지혜롭다 하는 자들은 사실상 하나님의 참된 지혜를 가지고 있지 않은 까닭에 유다 백성에게 닥친 재난을 올바로 설명하지 못할 것이요, 예레미야 자신을 제외한 어떠한 (거짓) 예언자도 야웨 하나님의 말씀을 직접 받은 바가 없기에 심판 선고의 메시지를 선포할 수가 없다는 얘기다(Lundbom I, 554).

야웨께서 던지시는 두 번째 질문은 유다 백성에게 닥칠 전쟁의 재앙 자체에 관한 것이다. 대체 무슨 이유로 유다 땅이 멸망하여 광야같이 불타 버렸는지, 그리하여 마침내 지나가는 사람이 하나도 없는 곳이 되어 버리고 말았는지 묻고 있는 것이다(12b절). 바로 앞 단락의 10절은 이와 비슷한 내용을 서술문 형식으로 이미 언급한 바가 있지만, 여기서는 그것을 수사학적인 질문의 형태로 바꿈으로써, 바로 이어지는 비판과 고발과 책망의 메시지(13-14절)를 예비하는 효과를 갖는다.

두 가지 다른 형태로 되어 있는 12절의 이러한 질문들에 대하여 야웨께서는 크게 두 가지를 지적하신다. 율법에 대한 불순종(13절)과 우상 숭배(14절)

가 그것이다. 첫째로, 유다 백성은 야웨 하나님의 율법을 버리고(forsake, '아잡'=1:16; 2:13, 17, 19; 5:7, 19 등) 그의 목소리를 순종하지 않으며, 그것을 자기들의 삶 속에서 실천하지 않는 뻔뻔스러운 모습을 보였다(13절). 둘째로, 그들은 마음의 완악함을 따라서 살았고, 조상들이 가르쳐 준 대로 바알들을 좇는 배신과 반역의 삶을 살았다(14절; 참조. 5:19). 여기서 말하는 "바알들"은 바알 신의 지역적인 특성(local manifestations)을 총괄적으로 표현하는 개념을 가리킨다. 이를테면 바알브올(민 25:3; 신 4:3; 호 9:10)이나 바알브릿(삿 8:33; 9:4), 바알세붑(왕하 1:2, 6, 16) 등이 그렇다(Smith, *The Early History of God*, 48). 그리고 또 한 가지 중요한 것은, 율법을 "버리는"('아잡') 행동이 곧 야웨 하나님을 버리는 행동(1:16; 2:13, 17, 19; 5:7, 19 등)을 뜻한다는 점이요, 따라서 그것은 이방 신들을 섬기는 것으로 귀결될 수밖에 없다는 사실이다. 나중에 예레미야는 이 두 가지가 서로 연결된 것들임을 16:11; 22:9에서 분명하게 밝히고 있다.

유다 백성이 이렇듯이 율법에 담긴 하나님의 뜻을 실천하지 않고 도리어 다른 신들을 섬기는 신앙적인 배신행위에 대하여 야웨께서는 어떠한 벌을 내리시는가? 유다 백성의 죄악에 대한 야웨 하나님의 징계와 심판 역시 두 가지 형태로 서술되는 바, 이 두 가지는 12b절이 묘사하고 있는 전쟁 심판 이후의 상황과 관련되어 있으며, 전쟁 심판을 보충하는 효과를 갖는다. 전형적인 심판 접속사인 '라켄'(therefore)과 확대된 사자 양식("만군의 여호와 이스라엘의 하나님께서 이와 같이 말씀하시니라"; '코 아마르 야웨 츠바오트 엘로헤 이스라엘')으로 시작하는 15절과 그 뒤에 바로 이어지는 16절에 그 두 가지가 잘 기록되어 있다.

첫째로, 야웨께서는 유다 백성에게 쓴 쑥을 먹이실 것이요(참조. 신 29:18), 누구든 마시면 죽을 수밖에 없는 독한 물을 마시게 하실 것이다(15절). 그리고 둘째로는 그들과 그들의 조상이 알지 못하던 여러 나라 가운데 그들을 흩으실 것이요, 그들이 진멸될 때까지 칼이 그들을 뒤쫓게 하실 것이다

(16절). 아이러니하게도 유다 백성은 이전에는 그들의 "조상들"이 그들에게 가르쳐 준 바알들을 좇았으나, 이제는 그들의 "조상들"이 전혀 알지 못하는 나라들로 흩어질 것이라는 얘기다.

3. 탄식을 명하시는 하나님(9 : 17-22)

[17]만군의 여호와께서 이와 같이 말씀하시되 너희는 잘 생각해 보고 곡하
는 부녀를 불러오며 또 사람을 보내 지혜로운 부녀를 불러오되 [18]그들로
빨리 와서 우리를 위하여 애곡하여 우리의 눈에서 눈물이 떨어지게 하
며 우리 눈꺼풀에서 물이 쏟아지게 하라 [19]이는 시온에서 통곡하는 소리
가 들리기를 우리가 아주 망하였구나 우리가 크게 부끄러움을 당하였구
나 우리가 그 땅을 떠난 것은 그들이 우리 거처를 헐었음이로다 함이로
다 [20]부녀들이여 여호와의 말씀을 들으라 너희 귀에 그 입의 말씀을 받
으라 너희 딸들에게 애곡하게 하고 각기 이웃에게 슬픈 노래를 가르치
라 [21]무릇 사망이 우리 창문을 통하여 넘어 들어오며 우리 궁실에 들어
오며 밖에서는 자녀들을 거리에서는 청년들을 멸절하려 하느니라 [22]너
는 이같이 말하라 여호와의 말씀에 사람의 시체가 분토같이 들에 떨어
질 것이며 추수하는 자의 뒤에 버려져 거두지 못한 곡식단같이 되리라
하셨느니라

[9 : 17-22] 야웨께서 자신의 율법을 어기고 다른 신들을 좇은 유다 백성의 땅을 폐허로 만드시고 그들을 포로로 사로잡혀 가게 하시면, 참으로 대대적인 통곡이 그 땅을 휩쓸 것이다. 국가적인 재난 앞에서 통곡하는 자들은 자기들의 집에 죽음이 침투해 들어온 것에 대하여 탄식할 것이요, 들판은 심판을 받아 죽임을 당한 유다 사람들의 시체로 어질러져 있을 것이다. 야웨께서는 유다 백성에게 임할 이처럼 고통스러운 상황을 누구보다도 잘 아시기에, 유

다 백성에게 탄식할 것을 명하신다.

전체적으로 보아 탄식이라는 주제를 공통분모로 가지고 있는 17~22절 단락은 야웨 하나님의 명령을 받는 대상에 따라서 17~19절과 20~21절 및 22절로 나누어진다. 2인칭 남성 복수형 문장들을 특징으로 갖는 17~19절은 유다 백성에게 곡하는 부녀들을 불러오라는 명령이 중심을 이루며, 2인칭 여성 복수형을 특징으로 갖는 20~21절은 그렇게 불러온 부녀들에게 전달되는 야웨 하나님의 명령이 중심을 이루고 있다. 그리고 마지막 22절은 2인칭 남성 단수형으로 되어 있어서, 야웨께서 예레미야에게 직접 명하시는 내용이 중심을 이루고 있음을 잘 보여 준다.

여기서 한 가지 분명하게 드러나는 것은, 야웨께서 유다 백성에게 명하시는 탄식의 방법이 조금은 특이하다는 점이다. 유다 백성에게 그들이 처한 상황을 잘 생각해 보고 "곡하는 부녀"(mourning women, '므코느노트')를 동원하라는 명령이 그렇다(17절). 구약 전체에서 여기에 한 번밖에 나오지 않는 '므코느노트'는 전문적인 여성 울음꾼들(professional mourning women; 참조. 대하 35 : 25; 겔 8 : 14; 암 5 : 16)을 칭하는 낱말로서(Carroll I, 246; Holladay I, 312), 슬픔을 표현함에 있어서 남들보다 탁월한 능력을 가지고 있는 여인들을 가리킨다. 예수께서 세례 요한과 관련하여 그 시대 사람들을 비유하신 다음의 말씀은 아마도 곡하는 부녀들을 염두에 둔 말씀일 것이다(Lundbom I, 561): "우리가 너희를 향하여 피리를 불어도 너희가 춤추지 않고 우리가 슬피 울어도 너희가 가슴을 치지 아니하였다 함과 같도다"(마 11 : 17; 참조. 막 5 : 38).

그렇다면 곡하는 부녀들은 17절에서 대체 무슨 이유로 인하여 "지혜로운(wise, '하캄') 부녀"로 칭해지는 것일까? 당시에 지혜라는 것은 일반적으로 훈련과 경험 및 특별한 재능에 의하여 얻은 비범한 기술이나 능력을 뜻했다(Crenshaw, 『구약 지혜문학의 이해』〈서울:한국장로교출판사, 1993〉, 35-36). 이러한 지혜는 브살렐과 오홀리압(출 31 : 2-6; 35 : 30-36 : 2), 성막 제조 기술자들(출 28 : 3; 35 : 10, 25–26; 36 : 4, 8), 다윗(삼하 14 : 20), 솔로몬(왕상 3 : 4–28; 4 : 29–34; 10 : 1–10), 성전 건축 기술자들(왕상 7 : 14; 대상 22 : 15; 대하 2 : 7, 13–14), 우상 제조자들(사 40 : 20; 렘 10 : 9), 항해자들과 선박 제조자들(겔 27 : 8–9), 메시아(사 11 : 1–2) 등에게 포괄적으로 적용되고 있다. 이 점에 비추어 본다면, 곡하는 부녀들은 남들에게 없는 특별한 재주와 능력을 가지고 있기에 "지혜로운"(wise, '하캄') 부녀들로 칭해진 것임이 분명하다(참조. 삼하 14 : 1–2).

유다 백성은 이처럼 지혜로운 부녀들, 곧 애곡함에 있어서 특별한 재주와 능력을 가진 부녀들을 불러다가 자기들을 위하여 애곡하게 해야 한다. 그들의 전문적인 애곡 행위는 유다 백성의 눈에서 눈물이 흘러내리게 하고, 눈꺼풀에서 눈물이 쏟아지게 만들어 줄 것이다(18절). 곡하는 부녀들의 애곡함은 시온에서 들리는 통곡소리와 맥을 같이하고 있다. 유다 백성은 자기들이 아주 망하였고 크게 부끄러움을 당하게 되었다고 탄식한다. 심판의 도구가 된 원수의 군대가 자기들의 거처를 부숴 버렸기에, 그동안 삶의 터전으로 삼았던 땅을 "버릴"('아잡'=13절; 개역 개정판은 "떠나다"로 번역함.) 수밖에 없는 상황으로 인하여 탄식한다(19절). 그들이 야웨 하나님의 율법을 버렸고(13절, '아잡') 율법을 선물로 주신 야웨 하나님까지도 버렸으니, 야웨께서도 그들을 버리심으로 인하여 그들은 이제 그 땅을 떠날 수밖에 없는 것이다.

또한 야웨께서는 곡하는 부녀들에게 자신의 입에서 나오는 말씀에 귀를 기울이고, 딸들에게는 애곡하게 하고 각기 이웃에게 장송곡이나 만가(輓歌)에 해당하는 "슬픈 노래"(dirge, '키나')를 가르치라고 명하신다(20절). 그들이 불러야 할 슬픈 노래의 내용은 21절에 잘 요약되어 있다. 이 본문에 의하면, 의인화된 죽음이 일반 백성이 살고 있는 집들의 창문을 통하여 넘어 들어왔고, 왕족의 거주지인 왕궁에까지 들어왔다. 거리에서는 어린아이들이 죽어 가고 장터에서는 젊은이들이 죽어 간다. 집이나 왕궁 같은 건물 안에서만 죽는 것이 아니라 길거리나 장터에서 다음 시대를 이끌어 갈 젊은 세대가 다 죽어 간다는 얘기다. 이것은 결국 건물 안이든 밖이든 안전한 공간이 어디에도 없음을 뜻한다. 희망이 완전히 사라져 버린 상황이 아닐 수 없다.

마지막으로 예레미야는 이러한 장송곡 또는 만가에 대한 응답으로, 그리고 다른 한편으로는 그 슬픈 노래를 보충하는 차원에서 22절에 기록되어 있는 말씀을 선포하라는 명령을 받는다. 그 말씀은 너무도 많은 사람들이 희생된 탓에 정상적으로 매장되지 못한 시체들이 들판에 함부로 버려져 있는 상황을 생생하게 잘 묘사하고 있다. 야웨 하나님의 심판이 유다 땅에 임한 결과, 너무도 많은 사람들이 죽어 나가는 바람에 시체가 들판에 분토(dung)처럼 널려 있을 것이요, 추수하는 자들이 미처 거두지 못한 까닭에 들에 버려진 채로 있는 곡식단같이 시체가 여기저기 방치되어 있을 것이라는 메시지가 그렇다.

4. 모든 이들에게 똑같이 임할 심판(9 : 23–26)

> 23여호와께서 이와 같이 말씀하시되 지혜로운 자는 그의 지혜를 자랑하
> 지 말라 용사는 그의 용맹을 자랑하지 말라 부자는 그의 부함을 자랑하
> 지 말라 24자랑하는 자는 이것으로 자랑할지니 곧 명철하여 나를 아는
> 것과 나 여호와는 사랑과 정의와 공의를 땅에 행하는 자인 줄 깨닫는 것
> 이라 나는 이 일을 기뻐하노라 여호와의 말씀이니라 25여호와의 말씀이
> 니라 보라 날이 이르면 할례 받은 자와 할례 받지 못한 자를 내가 다 벌
> 하리니 26곧 애굽과 유다와 에돔과 암몬 자손과 모압과 및 광야에 살면
> 서 살쩍을 깎은 자들에게라 무릇 모든 민족은 할례를 받지 못하였고 이
> 스라엘은 마음에 할례를 받지 못하였느니라 하셨느니라

[9 : 23–26] 9장의 마지막 단락인 23~26절은 크게 두 가지를 강조한다. 그 하나는 인간의 지혜와 힘과 재물이 다가올 심판의 참화로부터 어느 누구도 건

져 내지 못한다는 점이다. 이 때문에 지혜롭고 강하고 부요한 자들은 자기들에게 있는 것들을 자랑해서는 안 된다. 오직 신실하신 하나님이요, 온 세상의 의로운 심판관이신 야웨를 이해하고 알고 있는 자들만이 정당하게 자신에게 있는 것들을 자랑할 수 있다. 하나님은 이러한 사람들에게만 은총을 베푸신다(23–24절). 두 번째로 이 단락이 강조하는 것은, 이스라엘이 가지고 있는 하나님의 언약 공동체라는 특별한 지위 역시 그들을 심판으로부터 건져 내지 못한다는 점이다(25–26절).

이러한 두 가지 강조점은 인간에게 있는 그 어떠한 장점도, 그리고 유다 백성에게 있는 그 어떠한 특권도 그들의 안전과 생명을 보증해 주지 못한다는 사실을 교훈하는 소중한 가르침이 아닐 수 없다. 실제로 23~24절은 보편적인 인간의 상황에 초점을 맞추고 있으며, 25~26절은 범위를 좁혀서 유다 백성의 특수한 상황에 초점을 맞추고 있다. 그리고 이 두 가지 초점은 결국 야웨 하나님의 심판으로부터 유다 백성을 건져 줄 만한 것이 그들 자신에게는 전혀 없다는 사실을 가르치기 위한 분명한 목적을 가지고 있다.

23~24절에서 먼저 소개되는 보편적인 인간 상황의 경우, 야웨께서는 세 종류의 사람들, 곧 지혜로운 자와 용사와 부자 등을 예로 사용하신다. 지혜로운 자는 자신의 지혜를 자랑해서는 안 되고, 용사는 자신의 힘을 자랑해서는 안 된다. 그리고 부자는 자신의 재물을 자랑해서는 안 된다(23절). 이런 것들은 야웨 하나님을 올바로 믿고 그에게로 나아가는 길에 방해가 되는 것들이기 때문이다. 도리어 그들은 명철하여 야웨 하나님을 아는('야다'; 1 : 5의 '야다'에 대한 설명 참조) 것을 자랑해야 한다. 또한 그들은 야웨께서 사랑(steadfast love 또는 loving-kindness, '헤세드')과 정의(justice, '미슈파트')와 공의(righteousness, '츠다카')를 땅에 행하시는 분임을 자기들이 올바로 깨닫고 있음을 자랑해야 한다. 이 세 가지의 것들은 세상에 속한 지혜와 힘과 재물 등과 대조를 이루는 것들인 바, 야웨 하나님은 다른 무엇보다도 이 세 가지 것들을 기뻐하시는 분이다(24절).

그러나 궁극적으로는 야웨 하나님을 아는 것이야말로 가장 중요한 것이다. 그를 아는 사람은 사랑과 정의와 공의까지도 잘 알기 때문이다. 물론 여기서 야웨를 "안다"는 것은 단순히 지적인 정보를 가리키지만은 않는다. 도리어 그것은 언약의 맥락에서 하나님을 "주님"으로 인정하는 것을 뜻한다. 그 까닭에 그것은 언약 관계에 기초한 야웨 하나님의 명령들에 순종하는 태도를 통하여 구체적으로 입증된다(참조. 13절; 호 2:19-20; 렘 22:16). 야웨 하나님은 이상에서 얘기한 것들을 자랑하는 자들, 곧 야웨 하나님을 알고 인정하는 자들과 세상의 지혜나 힘이나 재물 대신 그의 사랑과 정의와 공의를 자랑하는 자들에게 자신의 구원을 베푸실 것이다. 그러나 불행하게도 유다 백성은 그렇지 못했기에, 야웨 하나님의 심판을 피해 갈 길이 없다.

25~26절은 범위를 좁혀서 유다 백성의 특수한 지위에 초점을 맞추어 논의를 진행한다. 이집트나 에돔, 모압, 암몬 등의 다른 민족들과 광야에 살면서 살쩍을 깎은 자들, 즉 관자놀이의 머리카락을 짧게 깎은 자들 역시 할례 의식을 행하지만, 하나님의 심판은 이들처럼 할례 받은 자들이나 바벨론 사람들처럼 할례 받지 못한 자들에게 똑같이 임할 것이다. 할례가 하나님의 백성에게 특별한 의미를 갖는다고 해도, 야웨의 눈으로 볼 때 유다 백성은 도덕적으로나 윤리적으로 그들 주변의 할례를 행하는 이방인들과 전혀 다를 바가 없다. 그 까닭에 예레미야는 26절에서 유다 민족을 이방 민족들과 나란히 언급하고 있다. "애굽과 유다와 에돔과 암몬 자손과 모압과 및 광야에 살면서 살쩍을 깎은 자들"이라는 목록이 그렇다. 유다 백성을 포함하는 이 모든 민족들은 이집트가 주도하던 반(反) 바벨론 동맹체(anti-Babylonian coalition)에 속한 나라들로서(Thompson, 322), 참으로 마음의 할례를 받지 못한 자들이다. 몸에는 할례를 했겠지만 마음까지는 할례를 받지 못했다는 얘기다. 그리고 그들이 마음의 할례를 받지 못했다는 것은, 결국 그들의 태도와 생각이 야웨 하나님과 그의 도덕적인 기준들을 거역하고 있음을 뜻한다(4:4; 6:10에 대한 설명 참조).

1) 야웨 하나님의 심판에 직면한 유다 백성에게는 크게 두 가지 문제점이 있었다. 그 하나는 수직적인 차원에 속한 것이었고, 다른 하나는 수평적인 차원에 속한 것이었다. 수직적인 차원의 경우, 유다 백성은 풍요와 다산을 보증받는답시고 이제껏 언약 관계 속에서 자기들을 선택하시고 사랑해 주신 야웨 하나님을 버리고 다른 신들을 섬기는 파렴치한 모습을 보였다. 그리고 9 : 2~26 단락의 중심을 이루고 있는 수평적인 차원의 경우, 그들은 서로를 속이고 서로에게 거짓말을 일삼음으로써, 사회를 사회 되게 만드는 데 반드시 필요한 상호 신뢰의 정신을 잃고 말았다.
그 결과 이웃 사람들과의 신뢰 관계가 현저하게 깨졌으며, 심지어는 가장 가까워야 할 가족 구성원들 사이에서조차 서로를 믿을 수 없는 비극적인 상황이 초래되고 말았다. 공동체를 도덕적으로 지탱해 주는 진실과 정직이 사라져 버리고, 거짓과 위선이 유다 공동체를 지배하는 바람에, 마침내 공동체 붕괴의 위기에 직면하게 된 것이다. 그러나 이러한 상호 불신의 상황은 결코 야웨께서 원하시는 것이 아니다. 도리어 그가 원하시는 것은 사람들이 서로를 믿고 의지하고 신뢰하는 사랑과 섬김의 공동체요, 진실과 정직이 강물처럼 흐르는 정의로운 공동체이다. 그것은 그가 이스라엘에게 주신 율법의 기본 정신이기도 했다. 그가 선물로 주신 율법은 개개인의 도덕적이고 윤리적인 삶을 매우 소중히 여기지만, 공동체 구성원 전체가 진실과 정직과 상호 신뢰에 기초한 공동체 윤리에 충실한 삶도 대단히 소중하게 여긴다.
야웨 하나님은 유다 백성이 자신을 버리고 우상 숭배에 빠진 것에 상당한 분노와 슬픔을 느끼시고 그에 대한 징계와 심판을 계획하실 뿐만 아니라, 공동체 안의 도덕적인 삶, 곧 이웃을 향한 진실과 정직을 잃어버리고 서로를 속이는 비뚤어진 삶에 대해서도 징계를 계획하시며 슬퍼하고 탄식하신다. 그 심판으로 인하여 미래를 짊어져야 할 어린아이들도 젊은이들도 다 죽어 간다. 일반 백성이 살아가는 집에도, 지배계층의 주거 공간인 왕궁에도 죽음이 침투한다. 길거리나 장터에서도 사람들이 다 죽어 나간다. 안전한 공간이 어디에도 없다. 곡하는 부녀들과 전문적인 울음꾼들을 불러다가 탄식을 유도해야 할 정도로 가슴 아픈 심판이 그들에게 임할 것이다.

2) 일반적으로 사람들은 자신에게 있는 지혜와 힘과 재물이 자신의 삶을 안전하게

해 주고, 자신의 삶에 참된 행복과 평화를 가져다줄 것이라고 믿는다. 그런가 하면 유다 백성은 자신들에게 있는 특수한 지위, 곧 언약 관계 속에서 선택된 민족이라는 신분이 그러한 것들을 가능하게 해 줄 것이라고 믿는다. 그러나 그러한 생각은 크게 잘못된 것이다. 사람들이 의지하고 신뢰하는 지혜나 힘이나 재물이 영원토록 인간의 삶을 안전하게 해 주고 행복하게 해 주는 것은 결코 아니다. 그런 것들의 효과는 일시적인 것일 뿐이다. 오히려 중요한 것은, 신실하신 하나님을 바로 알고 오직 그만을 의지하고 신뢰하려는 삶의 자세가 참된 구원과 행복을 가능하게 해 준다는 사실이다. 그리고 온 세상의 의로운 심판관이신 야웨 하나님을 잘 알고 있음을 자랑하는 자라야 그의 사랑과 은혜를 힘입을 수 있다. 그것은 이방 민족들에게도 유다 백성에게도 똑같이 적용되는 진리이다.

그런데도 유다 백성은 이처럼 중요한 진리를 오랫동안 망각하면서 살았다. 그들은 지상 세계에 속한 지혜나 힘이나 재물이 자기들을 구원할 수 있다고 믿었다. 또한 그들은 다른 민족에게는 없고 오로지 자기들에게만 있는 특권, 곧 하나님의 언약 공동체라는 특별한 지위가 자기들을 안전하게 해 줄 것이라고 믿었다. 그러나 결코 그렇지 않다. 태어난 지 8일 만에 행하는 할례가 언약 공동체의 신분을 나타내는 것이기는 하지만, 그것이 그들을 안전하게 해 주거나 임박한 심판으로부터 그들을 건져 낼 수 있는 것은 아니다. 야웨 하나님이 진정으로 원하시는 것은 그들의 마음과 귀에 할례를 행하는 데 있다. 마음과 귀에 할례를 받은 자라면, 사람에게 있는 어떠한 장점이나 특권도 자신을 안전하게 지켜 주지 못한다는 사실을 분명하게 인식할 수 있을 것이다. 도리어 자신의 생각과 태도와 삶 전체가 야웨께서 원하시는 것으로 바뀌어야만 자신의 삶이 안전해지고 행복과 평화로 가득해질 수 있다는 것을 온몸으로 실천하면서 살아갈 것이다. 하나님을 아는 삶, 그리고 그의 뜻을 올바로 분별하면서 사랑과 정의와 공의를 자랑하며 실천하는 삶이야말로 가장 견고하고 안전한 것임을 굳게 믿고 살 것이다.

J. 우상 숭배의 무익함과 임박한 심판(10 : 1-25)

예레미야 10장은 전체가 시문체로 되어 있다. 10장은 예레미야의 다른 본문들과 구별되는 네 가지 특징들을 가지고 있다. 첫 번째 특징은 예레미야 전체에서 유일하게 11절만이 아람어(Aramaic)로 기록되어 있다는 점이다. 두 번째 특징은 히브리 성서의 예레미야 10장과 히브리 성서의 헬라어 역본인 70인역(Septuagint) 사이에 상당한 차이가 있다는 점이다. 70인역은 히브리 성서의 6~8절과 10절을 가지고 있지 않으며, 배열순서에도 약간의 차이가 있다. 왜냐하면 70인역의 10장은 1~5a, 9, 5b, 11~16, 17~25절의 순서로 배열되어 있기 때문이다. 그리고 세 번째 특징은 12~16절이 51 : 15~19에서 그대로 되풀이된다는 점이며, 마지막 특징은 헛되고 무익한 우상들과 우주 만물을 창조하신 야웨 하나님을 대비시키는 1~16절이 이사야 40 : 18~20; 41 : 7; 44 : 9~20; 46 : 5~7 등과 매우 유사한 내용을 가지고 있다는 점이다.

10장은 그 중심 주제에 따라 크게 둘로 나누어진다. 우상 숭배의 무익함이라는 주제와 임박한 심판이라는 주제가 그렇다. 전반부인 1~16절은 우상 숭배의 무익함을 다루고 있으며, 후반부인 17~25절은 유다 백성에게 곧 닥쳐올 심판을 다루고 있다. 그러나 1~16절은 헛되고 무익한 우상과 우주 만물의 창조주이신 야웨 하나님을 대비시킨다는 점에서, 1~10절과 11~16절로 세분될 수 있다. 그리고 부수적으로, 예레미야가 선포한 예언 메시지가 야웨 하나님의 말씀임을 강조하는 '코 아마르 야웨'(thus says Yahweh, "야웨께서 이와 같이 말씀하시기를")라는 사자 양식은 2절과 18절에서만 사용되고 있으며, '느움 야웨'(declares Yahweh, "야웨의 말씀이니라")라는 예언구는 한 번도 사용되지 않는다.

1. 헛되고 무익한 우상(10 : 1-10)

1이스라엘 집이여 여호와께서 너희에게 이르시는 말씀을 들을지어다 2여
호와께서 이와 같이 말씀하시되 여러 나라의 길을 배우지 말라 이방 사
람들은 하늘의 징조를 두려워하거니와 너희는 그것을 두려워하지 말라
3여러 나라의 풍습은 헛된 것이니 삼림에서 벤 나무요 기술공의 두 손이
도끼로 만든 것이라 4그들이 은과 금으로 그것에 꾸미고 못과 장도리로
그것을 든든히 하여 흔들리지 않게 하나니 5그것이 둥근 기둥 같아서 말
도 못하며 걸어 다니지도 못하므로 사람이 메어야 하느니라 그것이 그
들에게 화를 주거나 복을 주지 못하나니 너희는 두려워하지 말라 하셨
느니라 6여호와여 주와 같은 이 없나이다 주는 크시니 주의 이름이 그
권능으로 말미암아 크시니이다 7이방 사람들의 왕이시여 주를 경외하지
아니할 자가 누구리이까 이는 주께 당연한 일이라 여러 나라와 여러 왕
국들의 지혜로운 자들 가운데 주와 같은 이가 없음이니이다 8그들은 다
무지하고 어리석은 것이니 우상의 가르침은 나무뿐이라 9다시스에서 가
져온 은박과 우바스에서 가져온 금으로 꾸미되 기술공과 은장색의 손으
로 만들었고 청색 자색 옷을 입었나니 이는 정교한 솜씨로 만든 것이거
니와 10오직 여호와는 참 하나님이시요 살아 계신 하나님이시요 영원한
왕이시라 그 진노하심에 땅이 진동하며 그 분노하심을 이방이 능히 당
하지 못하느니라

[10 : 1-10] 유다 백성이 안고 있는 문제점들 중의 하나는 그들이 야웨 하나님을 버리고 이방 신들을 따라간 것이다. 이른바 우상 숭배의 죄악이 그들을 향한 야웨 하나님의 진노와 심판을 초래한 가장 큰 원인들 중의 하나였던 것이다. 예레미야는 앞에서도 이미 몇 차례 이 문제를 지적한 바가 있다(2 : 8-13, 26-28; 7 : 18; 8 : 19; 9 : 14). 그러나 10장 전반부인 1~16절에

서는 이 문제를 한층 확대시켜 다루고자 한다. 그 앞부분인 1~10절에서 예레미야는 유다 백성이 섬기는 우상들이 헛되고 무익한 것들임을 고발한다. 이를 좀 더 구체적으로 설명하자면, 1절의 도입부를 서두로 하여 2~5절에서 그는 우상들의 헛됨과 무익함을 고발하고 있으며, 6~7절에서는 야웨 하나님의 권능을 강조한다. 그리고 8~9절에서는 죽은 것이나 다름없는 우상들의 헛됨을 고발함과 아울러, 10절에서는 죽은 우상들과 대비되는 야웨 하나님의 살아 계심을 강조한다. 1~10절의 이러한 구조는 예레미야가 우상들과 야웨 하나님을 다음과 같이 대비시키고 있음을 분명하게 보여 준다 (Lundbom I, 578).

우상들(2–5절)
  야웨 하나님(6–7절)
우상들(8–9절)
  야웨 하나님(10절)

1절의 도입부에서 야웨 하나님은 "이스라엘 집"(house of Israel, '베트 이스라엘')을 향하여 말씀하신다. 예레미야에서 이 구절은 보통 유다로부터 구별되는 북왕국 이스라엘의 포로민들을 가리킨다. 이를테면 3 : 18, 20; 5 : 11; 11 : 10, 17; 13 : 11 등이 그렇다. 이 점에서 본다면, 야웨께서는 여기서 북왕국 포로민들을 향하여 말씀하고 계신 것일 수도 있다. 설령 그렇다 할지라도, 여기에 기록되어 있는 예언 메시지는 금방 북왕국의 뒤를 따라 포로로 사로잡혀 갈 유다에게도 똑같이 적용되는 것이다(9 : 16). 5 : 15에서도 이와 비슷한 기법이 사용된 적이 있다. 따라서 "이스라엘 집"이라는 표현은 언약 공동체 전체를 가리키되, 그중에서도 특히 유다에 초점을 맞추고 있는 것이라고 할 수 있다(7 : 12; 9 : 26; 10 : 16을 보라).

유다 백성을 향하여 야웨께서는 우상 숭배와 관련된 이방 나라들의 길과 풍습을 배우지 말고, 하늘의 온갖 징조들을 두려워하는 이방 사람들처럼 하지도 말라고 경고하신다(2절). 이방 나라들의 우상 숭배 풍속은 헛된 것일 뿐이다(3a절). 그것이 왜 헛된 것인지 설명하기 위하여, 예레미야는 3b~4절에서 우상 제조 과정을 비교적 상세하게 소개한다. 우상을 만들기 위해서는 가장 먼저 삼림에서 우상 제조에 필요한 나무를 잘라 내야 한다. 나무를 잘라 낸 다음에는, 우상을 제조하는 기술자들이 조각용 연장을 사용하여 그 베어 낸 나무가 일종의 공예품처럼 일정한 모양을 갖도록 다듬는다(3b절). 우상의 모양이 만들어지면, 은과 금으로 그것을 아름답게 꾸미고 우상의 이음새 부분들에 망치로 못을 박아 고정시켜서 쓰러지거나 흔들림이 없게 한다(4절).

이렇게 해서 만들어진 우상은 둥근 기둥과도 같아서, 말도 못하고 걸어 다니지도 못한다. 어떠한 일도 스스로 행할 수가 없다. 삼림에서 베어 내는 순간, 이미 그것은 생명력을 잃고 말았기 때문이다. 따라서 그 안에는 생기가 전혀 없다. 사람들이 메어야 비로소 움직일 수 있다. 그것은 사람들에게 화를 주지도 못하며, 복을 주지도 못한다. 따라서 두려워할 필요가 없는 것이다(5절). 우상에 대한 예레미야의 이처럼 비판적인 메시지는 유다 백성의 실제 상황이 그와는 정반대였음을 암시한다. 그들은 야웨 하나님을 버리고 떠났으며, 나무를 베어 조각한 다음에 은과 금으로 장식한 우상을 신격화하여 섬겼다. 그들은 그것이 화도 주고 복도 준다고 생각하여 그것을 두려워했다. 그렇게 할 필요가 전혀 없는데도 말이다.

우상이 이처럼 무기력하고 헛될 뿐인 존재라는 사실과 달리, 야웨 하나님은 그 누구와도 비교될 수 없는 분으로 이해된다. 그는 참으로 크고 위대하신 분이요, 그의 권능으로 말미암아 그의 이름이 크신 분이다(6절). 그는 또한 세상 나라들을 다스리시는 만국의 왕이시며, 누구든지 경외해야 할 분이요, 세상 만민들로부터 예배를 받을 자격이 있는 분이기도 하다. 그것은 유일한 참 하나님이신 그에게 너무도 당연한 일이다. 세상 나라들과 세상 왕국들의 지혜로운 자들 중에서 야웨와 같은 자는 어디에도 없다(7절).

그런데도 유다 백성은 야웨 하나님을 세상 나라들의 왕으로 섬기지 않았고, 그를 경외하지도 않았다. 그들은 무지하고 어리석은 자들이었기에, 나무로 만든 우상으로부터 배울 것이 전혀 없는데도, 그것을 두려워하면서 열심히 섬겼다(8절). 예레미야는 3b~4절에서와 마찬가지로 9절에서도 우상 제조 과정에 대해서 비교적 상세하게 언급하는 바, 유다 백성은 다시스에서 수입한 은으로 나무 우상 위에 얇게 펴서 입히기도 했으며, 우바스에서 수입한 금으로 나무 우상을 아름답게 꾸미기도 했다. 이렇게 은이나 금으로 우상에게 입히는 작업은 기술공과 은장색의 손에 의하여 만들어졌다. 그들은 정교한 솜씨로 청색 옷과 자색 옷을 우상에게 입히기도 했다(9절). 그러나 아무리 정교하고 아름답게 우상을 꾸미고 장식한다고 해도 그것은 생기가 전혀 없는 죽은 것이나 마찬가지이다.

야웨 하나님은 그렇지 않다. 그는 참 하나님이시요, 살아 계신 하나님이시며, 영원한 왕이시다. 우상은 넘어지거나 쓰러지지 않도록 마디마디를 못으로 고정시켜서 만들기에 넘어지는 법이 없을 뿐더러, 설령 넘어진다고 해도 겨우 땅이 조금 울릴 정도이겠지만, 야웨 하나님이 진노하시면 마치 지진이 일어난 것처럼 땅이 크게 진동할 것이다. 그리고 그가 분노하시면 세상 나라들이 도저히 그것을 감당할 수 없을 것이다(10절). 야웨 하나님은 그야말로 온 세상과 나라를 다스리는 유일한 절대 통치자요, 영원한 왕이시기 때문이다.

2. 우주 만물을 창조하신 만군의 야웨(10 : 11-16)

> 11너희는 이같이 그들에게 이르기를 천지를 짓지 아니한 신들은 땅 위
> 에서, 이 하늘 아래에서 망하리라 하라 12여호와께서 그의 권능으로 땅
> 을 지으셨고 그의 지혜로 세계를 세우셨고 그의 명철로 하늘을 펴셨으
> 며 13그가 목소리를 내신즉 하늘에 많은 물이 생기나니 그는 땅끝에서

구름이 오르게 하시며 비를 위하여 번개 치게 하시며 그 곳간에서 바람을 내시거늘 [14]사람마다 어리석고 무식하도다 은장이마다 자기의 조각한 신상으로 말미암아 수치를 당하나니 이는 그가 부어 만든 우상은 거짓 것이요 그 속에 생기가 없음이라 [15]그것들은 헛것이요 망령되이 만든 것인즉 징벌하실 때에 멸망할 것이나 [16]야곱의 분깃은 이같지 아니하시니 그는 만물의 조성자요 이스라엘은 그의 기업의 지파라 그 이름은 만군의 여호와시니라

[10 : 11–16] 앞 단락인 1~10절에서 예레미야는 우상과 야웨 하나님을 대비시키면서, 우상의 무능력함과 헛됨을 강조함과 아울러 야웨 하나님의 위대하심과 권능을 강조한 바가 있다. 이어지는 11~16절 단락에서 그는 시각을 달리하여 우주 만물을 창조하신 야웨 하나님의 위대하심과 권능을 훨씬 구체적으로 설명하고자 한다. 11~16절 단락 역시 앞 단락과 마찬가지로, 번갈아 가면서 우상과 야웨 하나님에 관해 설명하지만, 그 내용이 조금은 다르다. 이를테면 11절이 우상 자체에 관해서 다루고 있다면, 12~13절은 야웨 하나님에 관해서 언급한다. 그리고 14~15절은 우상 숭배자들과 우상 모두를 다루고 있으며, 마찬가지로 16절도 야웨를 섬기는 자들과 야웨 하나님 모두를 다루고 있다. 이를 정리하자면 다음과 같다.

우상(11절)
　야웨(12–13절)
우상 숭배자들과 우상(14–15절)
　야웨 숭배자들과 야웨(16절)

예레미야 전체에서 유일하게 아람어로 되어 있는 11절에 대해서는 논란이 많다. 왜 히브리어 본문들 한가운데에서 11절만이 유일하게 아람어로

기록되어 있는 것일까? 이에 대한 해답은 구약성서의 아람어 역본인 탈굼(Targum)에 그 해답이 있는 것으로 보인다. 탈굼은 11절 서두에 다음과 같은 내용을 추가로 가지고 있다:"이것은 예언자 예레미야가 바벨론에 있는 포로민들의 지도자들에게 보낸 편지의 사본이다:'만일에 갈대아 사람들이 너희에게 〈우리의 우상들을 예배하라〉고 말한다면, 그들에게 다음과 같이 답하도록 하시오.'" 탈굼의 이 구절은 11절의 아람어 본문이 예레미야가 주전 598~587년 사이에 바벨론에서 포로 생활하던 여호야김과 다른 사람들에게 보낸 편지(29장을 보라.)의 축소판이었음을 암시한다. 왜냐하면 바벨론 포로민들이 그 땅에서 사용한 언어가 아람어였기 때문이다(Craigie 외, 160; Lundbom I, 594-595).

어쨌든 아람어로 된 11절에서 예레미야는 각종 우상으로 표현되는 이방 신들이 "하늘"과 "땅"(개역 개정판은 "천지"로 번역함.)이 대표하는 우주 만물(창 1:1)의 창조와 아무 관계도 없는 존재들이라고 말한다. 이방 민족들이나 유다 백성이 섬기는 이방 신들은 우주 만물을 창조한 신들이 아니요, 창조의 권능을 갖지 못한 신들이라는 얘기다. 바로 그 까닭에 야웨께서 보시기에 무익하기 짝이 없는 이방 신들은 "땅" 위에서, 그리고 "하늘" 아래에서 다 망하고 말 것이다. 참으로 아이러니한 일이 아닐 수 없다. 이방 신들은 "하늘과 땅"을 창조하지 않았을 뿐더러 창조의 권능조차도 갖지 못한 무기력한 존재들이기에, "땅과 하늘"에서 다 망하고 말 것이라는 심판 메시지가 그렇다.

야웨 하나님은 이처럼 쓸모없는 이방 신들과 근본적으로 다른 분이다. 12절은 야웨 하나님의 창조 권능을 세 가지 차원에서 설명한다. 그가 자신의 권능으로 땅을 만드셨고, 자신의 지혜로 세계를 세우셨으며, 자신의 명철로 하늘을 펴신 분이라는 설명이 그렇다(12절; 시 89:11). 이어지는 13절은 당시 사람들이 바알이 주관하는 것으로 믿던 자연 현상-특히 폭풍우(storm)-에 대한 야웨 하나님의 통치권을 네 가지 차원에서 설명한다. 그것은 물과 구름과 번개와 바람이다(Holladay I, 335). 야웨께서 목소리(=천둥소리,

thunder)를 내시면 하늘에 많은 물이 생긴다. 그는 땅끝에서 먹구름이 올라오게 하시며 비가 내리도록 번개를 일으키시며, 바람 창고에서 바람을 내보내시는 분이기도 하다(13절). 참으로 야웨 하나님은 온 세상을 창조하신 분임과 동시에 자연계의 강한 힘들을 조절하시는 분이요, 자연계를 심판의 도구들로 사용하실 수도 있는 분인 것이다.

그런데도 사람들은 어리석고 무지해서, 우주 만물을 이처럼 신비롭게 창조하시고 이끌어 가시는 야웨 하나님을 인정하려 하지 않는다. 은장이들(goldsmiths)은 자신이 조각해서 만든 신상들 때문에 수치를 당할 것이다. 왜냐하면 그들이 금속을 부어서 만든 신상들은 거짓 것들이요, 그 속에 생기(breath, '루아흐')가 없기 때문이다(14절). 야웨 하나님은 바람('루아흐')을 내보내시는 분이지만(13절), 이방 신들은 그 안에 '루아흐'("바람"을 뜻하기도 하지만 "숨"이나 "생기"를 뜻하기도 함.)가 없다(14절)는 것은 일종의 언어유희(word-play)라고도 할 수 있다. 아무튼 생기 없는 우상들은 헛된 것들이요, 망령된 것들이기에, 야웨께서 벌하실 때 모두 멸망할 수밖에 없다(15절). 이방 사람들이나 유다 백성은 그것들을 신으로 숭배하지만, 야웨께서 심판과 징계를 시작하시면 그것들은 아무런 저항도 하지 못한 채 멸망할 수밖에 없다. 이로써 그것들은 더 이상 신들이 아니라 자기 자신조차도 지키지 못하는 무능력하고 무가치한 존재들임이 입증될 것이다.

야웨 하나님은 속임수에 지나지 않고 허황될 뿐인 우상들과 전혀 같지 않다. 그는 야곱의 분깃(portion, '헬레크')으로 불리시는 분이다. 야웨께서는 아론의 자손을 자신의 분깃('헬레크')으로, 그리고 자신의 기업(inheritance, '나할라')으로 인정하신 바가 있으며(민 18 : 20), 이스라엘의 예배 공동체는 역으로 야웨 하나님을 일컬어 "나의 분깃"('헬레크')이라 칭한 바가 있다(시 16 : 5). 예레미야애가 3 : 24 역시 야웨 하나님을 "나의 분깃"('헬레크'; 개역 개정판은 "기업"으로 잘못 번역함.)으로 칭한다. 넓은 의미에서 보면 야웨 하나님은 우주 만물을 창조하신 분이지만, 범위를 좁혀서 얘기하자면 이스라엘을 자신의 기업('나할라'; 개역 개정판은 12 : 7-9에 세 번 나오는 '나할라'를 모두 "소유"로 번역함.)에 속한 지파로 삼으신 분이다. 만군의 야웨가 바로 그의 이름이다(16절).

3. 임박한 심판(10 : 17-25)

17에워싸인 가운데에 앉은 자여 네 짐 꾸러미를 이 땅에서 꾸리라 18여호
와께서 이와 같이 말씀하시되 보라 내가 이 땅에 사는 자를 이번에는 내
던질 것이라 그들을 괴롭게 하여 깨닫게 하리라 하셨느니라 19슬프다 내
상처여 내가 중상을 당하였도다 그러나 내가 말하노라 이는 참으로 고
난이라 내가 참아야 하리로다 20내 장막이 무너지고 나의 모든 줄이 끊
어졌으며 내 자녀가 나를 떠나가고 있지 아니하니 내 장막을 세울 자와
내 휘장을 칠 자가 다시 없도다 21목자들은 어리석어 여호와를 찾지 아
니하므로 형통하지 못하며 그 모든 양 떼는 흩어졌도다 22들을지어다 북
방에서부터 크게 떠드는 소리가 들리니 유다 성읍들을 황폐하게 하여
승냥이의 거처가 되게 하리로다 23여호와여 내가 알거니와 사람의 길이
자신에게 있지 아니하니 걸음을 지도함이 걷는 자에게 있지 아니하니이
다 24여호와여 나를 징계하옵시되 너그러이 하시고 진노로 하지 마옵소
서 주께서 내가 없어지게 하실까 두려워하나이다 25주를 알지 못하는 이
방 사람들과 주의 이름으로 기도하지 아니하는 족속들에게 주의 분노를
부으소서 그들은 야곱을 씹어 삼켜 멸하고 그의 거처를 황폐하게 하였
나이다 하니라

유다의 임박한 파멸이라는 주제로 되돌아온 예레미야는 10장의 세 번째 단락인 17~25절에서 서로 연결되는 다섯 가지 주제들을 순서대로 다루면서, 유다 백성에게 곧 닥쳐올 적군의 침략과 전쟁을 선포한다. 그 첫 번째

인 17~18절에서 그는 적군의 침략으로 인하여 유다 백성이 포로로 사로잡혀 갈 것이라는 사실을 선포한다. 그리고 19~20절에서는 유다 백성의 탄식을 예언자 자신의 탄식으로 고백함으로써 유다 백성의 아픔과 자신의 아픔을 동일시하고 있으며, 21~22절에서는 북방 군대의 침략으로 인한 심판의 원인을 지도자들의 어리석음에서 찾고 있다. 이어지는 23~24절에서 예레미야는 다시금 유다 백성의 탄식을 자신의 탄식으로 고백하되, 그것을 정의로운 심판의 관점에서 비교적 객관적으로 서술하고자 애쓴다. 그리고 마지막 25절에서는 야웨의 진노와 심판이 속히 이루어지기를 바라는 자신의 마음을 솔직하게 표현하고 있다.

[10:17-18] 17절의 심판 선고에서 예레미야는 유다 백성을 대표하는 예루살렘을 2인칭 여성 단수로 의인화하여 칭하면서 그들에게 임할 하나님의 심판을 선고한다. 그는 예루살렘이 적군의 공격에 속수무책으로 당하게 될 것이요, 그들에게 포위되어 더 이상 그들의 칼날로부터 도망할 방법이 없을 것이라고 말한다. 따라서 이제는 유다 땅을 떠나 포로로 잡혀갈 각오를 하고서 짐을 꾸리지 않으면 안 된다(17절). 야웨께서 그 땅에 사는 백성을 전쟁 포로가 되게 하심으로써 그들을 먼 곳인 바벨론 땅으로 내던지실 것이기 때문이다. 그는 자기 백성으로 하여금 자기들의 죄를 깨달아 알도록 그들에게 참으로 견디기 힘든 고통을 안겨 주실 것이다(18절).

[10:19-20] 19~20절은 이러한 포로 심판의 상황에 직면한 유다 백성의 탄식을 담고 있다. 그런데 예레미야는 17~18절에서와는 달리 그것을 1인칭 단수로 표현함으로써, 유다 백성의 탄식이 곧 자신의 탄식이나 마찬가지임을 분명하게 보여 주고 있다. 그는 자신이 너무도 심하게 다쳤다는 사실로 인하여 크게 슬퍼한다. 그 상처는 도저히 나을 수 없는 것이기에 그로서는 그 고난을 감내하지 않으면 안 된다(19절). 그러면서 그는 4:20에서처

럼 유목민들의 주거 공간인 장막(tent; 또는 예루살렘[사 33:20; Jones, 180; Thompson, 335]이나 예루살렘 성전[Holladay I, 342])을 비유로 하여 유다 백성의 슬픔과 고통을 묘사하기도 한다. 이를테면 자신의 장막이 무너지고 장막을 지탱하고 있던 줄도 모두 끊어졌음으로 인하여 탄식한다거나, 장막을 세우고 휘장을 칠 자녀들(또는 예루살렘 주민들)마저 모두 떠나가고 없다는 사실로 인하여 탄식하는 내용이 그렇다(20절).

[10:21–22] 그렇다면 이처럼 고통 중에 탄식하는 상황은 누구에게 근본적인 책임이 있는 것인가? 예레미야는 남왕국 유다의 왕들을 가리키는(3:15) 목자들('로임')의 어리석음에서 그 원인을 찾는다. 그들은 나라와 백성을 다스림에 있어서 필요한 도움을 얻기 위하여 야웨 하나님을 찾거나 구하는 법이 없었다(21절). 그러한 행동의 결과는 어떠한가? 21절 하반절을 이끄는 접속사 '알-켄'(therefore; 개역 개정판의 "아니하므로"에 포함되어 있음.)은 지도자들의 불신앙과 어리석음에 대한 심판 메시지가 어떠할 것인지 잘 설명해 준다. 그들은 결코 형통함을 누리지 못할 것이요, 그들이 바른 길로 이끌어야 할 양 떼는 포로가 되어 뿔뿔이 흩어지고 말 것이다(겔 34장). 지도자로서의 역할을 올바로 수행하지 못한 그들의 잘못은, 마침내 유다 성읍들이 폐허로 바뀌고 승냥이의 거처가 되게 하는 불행을 초래할 것이다. 요란한 소리를 내면서 북방에서부터 진격해 들어오는 대적의 군대로 인해서 말이다(22절).

[10:23–24] 23~24절은 다시금 1인칭 단수형으로 바뀌면서, 유다 백성의 탄식을 자신의 것으로 인식하는 예레미야의 슬픔과 고통을 잘 표현하고 있다. 그는 사람의 길이 사람 자신에게 있지 않으며, 그의 걸음을 지도하는 일도 걷는 자에게 있지 않다는 지혜문학의 가르침(잠 16:9; 20:24)에 대해서 언급한다(23절). 이것은 사람이 자기 삶의 주인일 수 없으며, 어느 누구도 자기 생명을 조종할 수 없다는 지극히 당연한 사실을 인정하는 것이다. 그런데도

유다 백성은 이처럼 중요한 사실을 망각하고 있을 뿐만 아니라, 보다 적극적으로 야웨 하나님을 버리고 다른 신들을 따라갔기 때문에, 예레미야로서는 야웨께서 자신의 공의로운 판단을 따라 유다 백성을 징계하시되, 진노보다는 너그럽게 해 달라는 간구를 드린다. 진노에 의한 징계를 피한 이유는, 그 진노의 심판이 그의 백성을 완전히 없어지게 할까 두려웠기 때문이다(24절).

[10 : 25] 마지막 25절은 시편 79 : 6~7과 거의 평행을 이루고 있다. 예레미야는 이곳에서 유다 백성에게 쏟아야 할 진노를 야웨 하나님을 알지 못하는 이방 사람들과 주의 이름으로 기도하지 않는 족속들에게 쏟아부어 달라고 간구한다. 그 까닭은 그들이 야곱, 곧 유다 백성을 씹어 삼켜 멸하고 그의 거처까지도 황무지로 만들었기 때문이다. 시편 본문은 6절에서 "족속들"('미슈파호트') 대신에 "민족들"('마믈라코트')을 언급하며, 7절에서는 "그들이 야곱을 삼키고 그의 거처를 황폐하게 함이니이다"로 묘사함으로써, 예레미야 본문의 "삼켜 멸하고"를 가지고 있지 않다.

이 두 본문 사이의 상관관계가 어떠한지에 대해서는 논란이 많으나, 어쩌면 좀 더 짧은 시편 본문이 먼저 만들어진 것일 수도 있다. 아니면 그 반대로 예레미야의 본문이 시편에서 조금 짧아졌을 수도 있고, 두 본문이 어떤 공통의 전승 자료에 의존했다고 볼 수도 있다(Craigie 외, 164). 아무튼 예레미야는 24절에서와 똑같이 야웨 하나님의 정의로운 심판을 간구하는 바, 24절에서는 그것이 유다 백성에게 적용되기를 간구하며, 25절에서는 그것이 주변 나라들에 적용되기를 바란다는 점에서 차이를 보인다. 아마도 그는 유다 백성을 심판하는 데 도구로 활용된 바벨론 연합군에게도 야웨 하나님의 정의로운 심판이 이루어지기를 바라는 마음에서 그러한 간구를 드렸을 것이다. 일단 그들이 야웨께서 계획하신 임무를 완수하게 된다면 말이다. 왜냐하면 그들이 비록 하나님의 도구로 쓰이기는 해도, 그들 역시 하나님을 자기들의 주권적인 왕으로 인정하지 않기 때문이다(25절; Chisholm, 『예언서개론』〈서

울:크리스찬다이제스트, 2006〉, 253).

■■ 설교를 위한 묵상

1) 이방 나라 사람들이 섬기는 우상들은 우상 제조의 전문가들이 나무를 베어서 조각한 후 금이나 은 같은 귀금속을 입혀서 만든 헛된 것들일 뿐이다. 그것들은 인간 세상에 아무런 영향력도 줄 수 없는 나무 조각들이다. 살아 있는 나무에서 베어지는 순간 이미 그 속에 생기나 생명이 사라져 버린 죽은 것들일 뿐인 것이다. 따라서 그것들은 결코 스스로의 힘으로 움직일 수 없다. 스스로의 힘으로 움직일 수 있는 인격적인 존재도 아니다. 그 안에 생명이 없기에 구원하는 능력도 있을 리가 없다. 그런데도 이방 사람들은 이처럼 헛되고 무익한 것들을 신들로 숭배하였으며, 그것들이 자기들에게 참된 행복과 번영을 가져다주고, 삶에 필요한 풍요와 다산을 제공해 줄 수 있다고 믿었다. 참으로 무지하고 어리석은 행동이 아닐 수 없다.

이스라엘을 사랑하시고 선택하신 야웨 하나님은 어떠한 분인가? 그는 결코 이스라엘 주변 나라 사람들이 섬기던 신들과 동격에 놓일 수 없는 분이다. 그는 나무 조각들로 만든 이방 신들과 근본적으로 다른 분이다. 그는 누군가에 의해서 만들어진 신이 아니다. 도리어 그는 영원토록 살아 계신 분이요, 생명과 권능으로 충만한 분이다. 인간을 구원하는 능력은 오로지 그에게만 있다. 뿐만 아니라 그는 우주 만물을 창조하시고 운영하시며 지탱하시는 분이기도 하다. 그는 만물의 창조자이시기에, 자연계 안에 있는 모든 힘들을 자유롭게 조절하시고 통제하시는 분이다. 우상들은 어떠한가? 그것들은 사람들이 만든 것들이기에 창조의 권능을 전혀 가지고 있지 않다. 그러나 야웨 하나님은 눈에 보이는 모든 것들의 창조자이시요, 주관자이시다. 그의 손길에서 벗어날 수 있는 존재는 우주 공간 어디에도 없다. 이 점에 있어서는 우상들도 예외가 아니다. 그것들은 야웨께서 벌하시면 망할 수밖에 없는 무기력한 것들일 뿐이다. 야웨 하나님의 심판으로부터 자신을 전혀 지키지 못하는 무능력한 존재들이다. 사람들이 자기들을 지켜 줄 것이라 믿는 것들이 아이러니하게도 아무런 힘을 쓰지 못하는 모습을 보인다.

2) 나무로 만든 우상들에게 창조의 권능도 없고 구원하는 능력도 없는 것이 너무도 당연한 일인데도, 야웨 하나님의 선택된 백성인 이스라엘조차 그처럼 죽은 나무 조각들을 신으로 섬겼다. 사실 그들의 우상 숭배 행동은 하나님의 사랑을 배신하고 하나님의 뜻을 거역하는 반역 행위나 다름없었다. 따라서 그들은 야웨 하나님의 심판을 피해 갈 수가 없다. 이로 인하여 그들은 파멸의 큰 고통에 직면할 것이요, 포로로 사로잡혀 가는 불행을 맛보게 될 것이다. 예레미야는 자기 백성의 이처럼 큰 고통과 아픔을 자신의 것으로 받아들일 만큼 공감 정서가 풍부한 사람이었다. 그는 유다 백성과 자신을 동일시한 까닭에, 유다 백성의 고통과 아픔, 그리고 슬픔을 자신의 것으로 받아들일 수 있었다.
예레미야는 유다 백성의 삶의 터전인 장막이 무너지고 그곳에서 살아가던 자녀들까지도 다 사라질 것이라는 사실로 인하여 견딜 수 없는 고통과 아픔을 느꼈다. 그 까닭에 그는 하나님의 공의가 그들에게 이루어지기를 간절히 바라면서도, 진노의 심판으로 인하여 그들이 멸절되지 않게 해 달라는 간구를 드리지 않을 수가 없었다. 예수께서도 예루살렘을 자신과 동일시하시고서는 예루살렘과 그곳의 거주민들을 위하여 울며 슬퍼하신 적이 있다. 뿐만 아니라 그는 죄의 대가로 죽음의 형벌을 받아야 할 인류 공동체를 자신과 동일시하시기까지 했다. 그것은 그의 마음에 큰 고통을 안겨 주었으며, 마침내는 그를 죽음에 이르게 했다. 이 점에서 본다면, 십자가 위에서 이루어진 대속의 죽음은 인류 공동체와 자신을 동일시한 결과로 이루어진 가장 큰 은총의 선물이라고 할 수밖에 없다.

K. 심판 선고로 인한 예레미야의 수난(11 : 1–12 : 6)

11 : 1~12 : 6 단락은 산문체와 시문체의 결합으로 구성되어 있다. 산문체로 된 부분은 11 : 1~14, 17, 21~23이고, 시문체로 된 부분은 11 : 15~16, 18~20, 12 : 1~6이다. 따라서 이 단락은 다음에서 보듯이 9 :

2~26과 비슷하게 산문체와 시문체의 교차 구조를 따르고 있음이 분명하다.

산문체(11 : 1–14)
  시문체(11 : 15–16)
산문체(11 : 17)
  시문체(11 : 18–20)
산문체(11 : 21–23)
  시문체(12 : 1–6)

이러한 문체상의 특징은 11 : 1~12 : 6 단락이 중심 내용에 따라 크게 11 : 1~17과 11 : 18~12 : 6의 두 하위 단락들로 나누어진다는 사실과 밀접하게 관련되어 있다. 왜냐하면 11 : 1~17은 산문체로 시작해서 산문체로 끝나면서 중간에 시문체를 담고 있고, 11 : 18~12 : 6은 도리어 정반대로 시문체로 시작해서 시문체로 끝나면서 중간에 산문체를 담고 있기 때문이다.

그 첫 하위 단락인 11 : 1~17은 유다 백성의 언약 위반을 비판하고 책망함과 아울러 그에 상응하는 하나님의 심판을 선고하고 있는 바, 이 단락은 다시금 언약 위반에 따르는 저주를 선포하는 11 : 1~5과 유다 백성의 언약 이행 실패를 비판하는 11 : 6~8, 우상 숭배의 죄악을 고발하는 11 : 9~13, 중재 기도의 중지를 명하는 11 : 14~17 등으로 나누어진다. 그리고 두 번째 하위 단락인 11 : 18~12 : 6은 예레미야 개인의 고통과 아픔을 다루는 첫 번째 고백록(Confessions)에 해당하는 본문으로, 자신의 생명을 취하려고 하는 아나돗 주민들의 핍박과 그로부터 비롯된 예레미야의 고통과 슬픔을 일종의 고백문 형식으로 표현하고 있는 바, 11 : 18~23의 첫 번째 탄식과 응답, 그리고 12 : 1~6의 두 번째 탄식과 응답으로 나누어진다.

그리고 부수적으로, 예레미야가 선포한 예언 메시지가 야웨 하나님의 말씀임을 강조하는 '코 아마르 야웨'(thus says Yahweh, "야웨께서 이와 같이 말씀하시기를")라는 사자 양식은 3절과 11절 및 22절에서 세 번 사용되고 있으며, '느움 야웨'(declares Yahweh, "야웨의 말씀이니라")라는 예언구는 한 번도 사용되지 않는다.

1. 언약 위반에 따른 저주(11 : 1–5)

> 1여호와께로부터 예레미야에게 임한 말씀이라 이르시되 2너희는 이 언
> 약의 말을 듣고 유다인과 예루살렘 주민에게 말하라 3그들에게 이르기
> 를 이스라엘의 하나님 여호와께서 이와 같이 말씀하시되 이 언약의 말
> 을 따르지 않는 자는 저주를 받을 것이니라 4이 언약은 내가 너희 조상
> 들을 쇠풀무 애굽 땅에서 이끌어 내던 날에 그들에게 명령한 것이라 곧
> 내가 이르기를 너희는 내 목소리를 순종하고 나의 모든 명령을 따라 행
> 하라 그리하면 너희는 내 백성이 되겠고 나는 너희의 하나님이 되리라
> 5내가 또 너희 조상들에게 한 맹세는 그들에게 젖과 꿀이 흐르는 땅을
> 주리라 한 언약을 이루리라 한 것인데 오늘이 그것을 증언하느니라 하
> 라 하시기로 내가 대답하여 이르되 아멘 여호와여 하였노라

[11 : 1–5] 11장은 도입부인 1절에서 2절 이하에 이어지는 예언 메시지가 야웨께서 예레미야에게 주신 말씀임을 밝히고 있다. "여호와께로부터 예레미야에게 임한 말씀이라"는 구절이 그렇다(1절). 그러나 히브리어 본문에 의하면 이 구절은 "야웨께로부터 예레미야에게 임한 말씀"(The word which came to Jeremiah from Yahweh)이라는 명사 문장으로 되어 있다. 7 : 1은 이 똑같은 구절을 "여호와께로부터 예레미야에게 말씀이 임하니라"로 조금 다르게 번역하고 있다.

예레미야가 야웨 하나님의 명을 받아 유다 사람들과 예루살렘 주민에게 선포할 메시지는 "이 언약의 말"(the words of this covenant)로 칭하여

지며(2절), 3절에서 17절까지 이어진다. 그리고 3~17절 단락은 3절과 6절 및 9절, 11절 등에서 그 "언약의 말"이 야웨께서 말씀하시는 것임을 되풀이 함으로써, 그것이 유다 사람들과 예루살렘 주민이 절대적으로 순종해야 하는 것임을 강조한다. 그런데 한 가지 흥미로운 사실은, 예레미야에서 모두 21번 나오는 "언약"(covenant, '브리트')이라는 낱말이 11장에서만 모두 다섯 번 사용되고 있다는 점이다(2, 3, 6, 8, 10절; Craigie 외, 170). 이것은 11장이 예레미야 전체에서 언약 개념을 가장 많이 강조하는 본문임을 의미한다.

야웨께서는 먼저 첫 번째 말씀인 3~5절의 서두에서 언약의 말에 순종하지 않는 자에게는 시내 산 언약법에 규정되어 있는 저주(레 26:14-39; 신 27:15-26; 28:15-68)가 임할 것이라는 경고의 말씀을 주신다(3절). 아울러 그는 그 언약이 그들의 조상을 쇠풀무와도 같은 이집트에서 이끌어 내던 날에 그들에게 지키라고 명한 것임을 분명하게 밝히신다. 이것은 출애굽 해방이야말로 언약 관계의 근본적인 배경을 이루고 있는 사건이요, 언약 관계의 핵심을 이루기도 하는 사건임을 암시한다. 예레미야는 7:22~23과 34:13에서도 출애굽 사건을 언약 관계의 맥락에서 언급한 바가 있다.

이처럼 중요한 의미를 갖는 출애굽 해방에 기초하여 예레미야는 조건절로 되어 있는 시내 산 언약의 두 가지 강조점에 대해서 언급한다. 그 첫 번째 강조점은 유다 사람들과 예루살렘 주민이 야웨 하나님의 목소리와 명령에 순종해야 한다는 데 있으며, 두 번째 강조점은 그들이 야웨 하나님의 백성이 될 것이요, 야웨 자신은 그들의 하나님이 될 것이라는 데 있다. 그러나 두 번째 강조점은 그들이 첫 번째 강조점을 잘 지켰을 경우에만 현실화될 수 있는 것이다(4절). 이 때문에 시내 산 언약은 조건적인 언약(conditional covenant) 또는 쌍무적인 언약(bilateral covenant)이라고 불린다.

물론 시내 산 언약의 이 두 가지 강조점은 한결같이 언약 관계를 나타내는 전형적인 표현들을 그 안에 포함하고 있다. 첫 번째 강조점에서는 "내 목소리를 순종한다"는 표현(3:13; 7:23; 9:13; 11:7; 18:10; 22:21; 출

19 : 5; 신 4 : 30)이나 “나의 모든 명령”(더 정확하게는 “내가 너희에게 명한 모든 것”; 1 : 7; 7 : 23; 출 25 : 22; 신 31 : 5)이라는 표현들이 그러하며, 두 번째 강조점에서는 “너희는 내 백성이 되겠고 나는 너희의 하나님이 되리라”는 구절이 그렇다. 특히 이 구절은 언약 관계를 나타내는 가장 전형적인 표현 양식에 해당하는 것으로, 예레미야에 의해 자주 사용되며(7 : 23; 24 : 7; 30 : 22; 31 : 1, 33; 32 : 38; 참조. 겔 36 : 28), 출애굽기와 레위기의 언약 맥락에서도 사용된다(출 6 : 7; 레 26 : 12; 신 4 : 20; 7 : 6; 27 : 9; 29 : 12–13; Jones, 182). 흥미롭게도 호세아는 이 언약 양식(covenant formula)을 약간 변형시켜 심판의 메시지로 사용한 바가 있다(호 1 : 9; “너희는 내 백성이 아니요 나는 너희 하나님이 되지 아니할 것임이니라”; 강성열, 『내가 네게 장가들리라 : 설교를 위한 호세아 연구』〈서울 : 한국성서학연구소, 2010〉, 50).

이어서 야웨께서는 자신이 과거에 이스라엘의 조상들에게 “젖과 꿀이 흐르는 땅”을 선물로 주리라는 맹세를 하셨고, 그 맹세를 오래전에 성취한 후로 지금에 이르렀다고 말씀하신다(5a절). 여기서 말하는 “젖과 꿀이 흐르는 땅”이라는 표현 역시 출애굽기(3 : 8, 17; 6 : 4; 13 : 5; 33 : 3)나 신명기(6 : 3; 11 : 9; 26 : 9, 15; 27 : 3; 31 : 20) 또는 여호수아(5 : 6) 등에서 언약 체결의 맥락과 깊이 관련되어 있는 것으로 나타난다. “젖과 꿀이 흐르는 땅”에 관한 야웨 하나님의 언약 성취 말씀에 대하여 예레미야는 “아멘”으로 화답한다(5b절). 아멘의 응답은 언약 체결의 상황에서 이스라엘 자손에 의하여 이루어지는 것으로, 신명기 27 : 15~26에 있는 열두 개의 저주문에서 계속적으로 언급되는 모습을 보이고 있다.

2. 유다 백성의 언약 이행 실패(11 : 6–8)

> 6여호와께서 내게 이르시되 너는 이 모든 말로 유다 성읍들과 예루살렘
> 거리에서 선포하여 이르기를 너희는 이 언약의 말을 듣고 지키라 7내가

너희 조상들을 애굽 땅에서 인도하여 낸 날부터 오늘까지 간절히 경계하며 끊임없이 경계하기를 너희는 내 목소리를 순종하라 하였으나 [8]그들이 순종하지 아니하며 귀를 기울이지도 아니하고 각각 그 악한 마음의 완악한 대로 행하였으므로 내가 그들에게 행하라 명령하였어도 그들이 행하지 아니한 이 언약의 모든 규정대로 그들에게 이루게 하였느니라 하라

[11:6-8] 야웨께서는 첫 번째 말씀(3-5절)에 이어 두 번째 말씀(6-8절)을 예레미야에게 주신다. 이 말씀의 서두에서 그는 예레미야에게 유다의 성읍들과 예루살렘 거리에서 "이 모든 말"(all these words)을 선포하라고 명하신다(6a절). 이것은 야웨께서 예레미야를 유다 백성의 순회 예언자(itinerant prophet; Thompson, 344) 내지는 순회 전도자(itinerant evangelist; Craigie 외, 170) 또는 순회 설교자(itinerant preacher; Lundbom I, 622)로 세우셨음을 의미한다. 그가 예레미야에게 주신 메시지에 의하면, 유다 백성은 오래전부터 야웨께서 주신 언약의 말씀을 듣고 지켜야 하는 사람들이었다(6b절).

야웨께서는 또한 이스라엘 백성을 압제와 속박의 땅 이집트에서 건져 주신 이후로 오늘에 이르기까지 끊임없이 그들에게 자신의 목소리를 순종하라고 경고하신 바가 있었다(7절; 참조. 4절). 이것은 야웨께서 출애굽 이후의 시내 산 언약 이후로도 계속해서 자신의 말씀을 갱신하셨음을 의미한다. 그러나 계속적인 언약 갱신의 말씀도 이스라엘 백성에게는 아무런 소용이 없었다. 왜냐하면 그들은 출애굽 해방의 은혜와 사랑에 기초하여 주어진 언약의 말씀에 순종하기는커녕 그것에 귀를 기울이지도 않았을 뿐더러, 시대가 바뀔 때마다 계속해서 갱신되는 야웨의 말씀을 무시하고서 자기들의 악한 마음과 완고함을 따라 제멋대로 행동하였기 때문이다(8a절; 7:24).

그들의 이러한 반역행위에 진노하신 야웨께서는 그들에게 행하라고 명하였어도 그들이 행하지 않은 언약의 모든 규정대로 저주와 심판이 그들에게

임하게 하셨다(8b절). 유다 백성은 끊임없이 언약의 말씀을 불순종함으로 인하여 마침내 시내 산 언약법에 규정된 저주와 심판을 자초하고 말았던 것이다. 사실 이스라엘 백성은 약속의 땅 가나안에 정착한 이후로 계속해서 언약의 말씀과 야웨 하나님의 계명들을 무시하였다. 야웨께서 여러 차례 자신의 종들을 통하여 계속 경고하시고 회개를 촉구하셨지만 소용이 없었다.

이스라엘 백성이 얼마나 자주, 그리고 어떠한 방식으로 야웨 하나님의 명령에 순종하기를 거절하고 그를 진노하게 했는지는, 사사기에서 열왕기하까지 이르는 역사서의 주요 내용들을 통해서 금방 확인할 수 있다. 예레미야 역시 예외가 아니다. 예레미야가 선포한 다양한 비판과 고발의 메시지들을 보면, 그 시대의 사람들이 과거로부터 아무런 교훈도 받으려 하지 않았다는 사실이 분명하게 드러난다. 그들은 야웨 하나님의 말씀을 거역했던 조상들과 똑같이 계속해서 죄를 고집했으며, 자기들을 압제와 속박의 땅에서 구원해 주신 야웨 하나님을 버리고서 끊임없이 다른 신들을 좇았다. 이 때문에 야웨께서는 이미 오래전에 경고하셨던 심판을 그들에게 내리지 않을 수 없었던 것이다.

3. 우상 숭배의 죄악(11 : 9–13)

9여호와께서 또 내게 이르시되 유다인과 예루살렘 주민 중에 반역이 있
도다 10그들이 내 말 듣기를 거절한 자기들의 선조의 죄악으로 돌아가서
다른 신들을 따라 섬겼은즉 이스라엘 집과 유다 집이 내가 그들의 조상
들과 맺은 언약을 깨뜨렸도다 11그러므로 나 여호와가 이와 같이 말하노
라 보라 내가 재앙을 그들에게 내리리니 그들이 피할 수 없을 것이라 그
들이 내게 부르짖을지라도 내가 듣지 아니할 것인즉 12유다 성읍들과 예
루살렘 주민이 그 분향하는 신들에게 가서 부르짖을지라도 그 신들이
그 고난 가운데에서 절대로 그들을 구원하지 못하리라 13유다야 네 신들

이 네 성읍의 수와 같도다 너희가 예루살렘 거리의 수대로 그 수치스러운 물건의 제단 곧 바알에게 분향하는 제단을 쌓았도다

[11:9–13] 야웨께서 세 번째로 예레미야에게 주신 말씀(9–13절)은 유다 백성의 우상 숭배에 초점을 맞추고 있다. 그는 먼저 자신과 예레미야를 향한 유다 사람들과 예루살렘 주민의 반역 행위를 고발하신다(9절). 여기서 "반역"으로 번역된 히브리어 '코쉐르'는 본래 정치적인 의미를 갖는 것이지만(삼하 15:12; 왕상 16:20; 왕하 11:14), 예레미야는 그것을 신앙적인 차원에 적용하여 유다 백성이 요시야 왕의 종교개혁 이전 시대로 돌아감으로써 야웨 하나님을 버리고 이방 신들을 따라간 행동을 고발하는 데 사용하고 있다(Craigie 외, 171; Holladay I, 354).

이 고발의 메시지에 의하면, 당시의 유다 백성은 하나님께로 방향을 돌이켜야('슈브') 마땅함에도 불구하고, 그렇게 하기는커녕 정반대로 언약의 말씀에 불순종한 조상들의 죄악으로 되돌아가서('슈브') 다른 신들을 섬김으로 야웨 하나님의 언약을 위반하는 죄악을 범하였다(10a절). 참으로 아이러니한 것은, 그들이 야웨께로 방향을 돌이켜야 하는 상황에서 항상 정반대로 그를 떠나 조상들의 죄악으로 방향을 돌이키곤 했다는 사실이다. 이는 일종의 말놀이(word-play)에 해당하는 메시지라 할 수 있다.

그리고 안타깝게도 언약 위반의 범죄에 있어서는 이스라엘 집이나 유다 집에 차이가 없었다(10b절). 야웨께서 그들의 조상들과 맺으신 언약을 깨뜨린 범죄에 있어서는, 북왕국 이스라엘이나 남왕국 유다나 차이가 없었다는 얘기다. 이처럼 중대한 언약 위반의 범죄 행위를 하나님은 그대로 두지 않으신다. 11절의 심판 선고가 이를 잘 보여 준다. 실제로 11절은 심판 선고 전문 용어인 "그러므로"(therefore, '라켄')로 시작하는 특징을 보이고 있다. 야웨께서는 그들이 도무지 피할 수 없는 재앙을 그들에게 내리실 것이요, 그들이 도움을 호소하면서 그에게 간절한 마음으로 부르짖어도 그는 듣지 않으

실 것이다(11절). 그 까닭은 그들 스스로가 야웨께서 주신 언약의 말씀을 듣지 않았고 그것에 귀를 기울이지 않았기 때문이다.

야웨께서 자기들의 부르짖음에 전혀 귀를 기울이지 않는 상황에 직면한 유다 성읍들과 예루살렘 주민은, 이제 방향을 돌이켜 자기들이 그동안 분향하며 섬기던 신들을 찾아가서 부르짖을 것이다. 그러나 생기나 생명력이 전혀 없는 나무 덩어리일 뿐이요, 창조의 권능조차도 전혀 갖지 못한 우상들이 그들에게 무슨 도움을 줄 수 있겠는가! 이미 예레미야는 앞장에서 우상 숭배의 무익함을 철저하게 비판한 바가 있다(10:3-5, 14-15). 그처럼 무익하고 무능력한 우상들이 고난과 재앙에 처한 유다 백성을 구원해 준다는 것은 절대로 기대할 수 없는 일이다(12절). 왜냐하면 그 고난과 재앙은 우주 만물을 창조하시고 인간의 삶과 역사를 주관하시는 야웨 하나님으로부터 비롯된 것이기 때문이다.

유다 백성의 신앙적인 탈선은 그들이 섬기는 신들이 그들이 사는 성읍들의 수만큼이나 많다는 데 있었다. 예레미야는 이미 2:28 하반절에서 똑같은 표현으로 유다 백성의 지나친 우상 숭배를 비판한 바가 있었다. 그런데 여기서는 그것에 더하여 그들이 바알에게 분향하려고 세운 제단들이 예루살렘 거리의 수만큼이나 많다는 사실이 추가되고 있다(13절). 여기서 한 가지 흥미로운 것은, 예레미야가 바알을 "수치스러운 물건"으로 칭하고 있다는 사실이다. "수치스러운 물건"으로 번역된 히브리어 '보쉐트'는 문자 그대로 "수치"나 "부끄러움"을 뜻하는 낱말이다. 따라서 이 표현은 유다 백성에게 있어서 바알이 그들에게 구원과 생명을 가져다주는 것이 아니라, 도리어 그들에게 부끄러움과 수치를 가져다줄 뿐임을 강조하는 효과를 갖는다.

4. 중재 기도의 금지(11 : 14-17)

14그러므로 너는 이 백성을 위하여 기도하지 말라 그들을 위하여 부르짖

거나 구하지 말라 그들이 그 고난으로 말미암아 내게 부르짖을 때에 내
가 그들에게서 듣지 아니하리라 [15]나의 사랑하는 자가 많은 악한 음모를
꾸미더니 나의 집에서 무엇을 하려느냐 거룩한 제물 고기로 네 재난을
피할 수 있겠느냐 그때에 네가 기뻐하겠느냐 [16]여호와께서는 그의 이름
을 일컬어 좋은 열매 맺는 아름다운 푸른 감람나무라 하였었으나 큰 소
동 중에 그 위에 불을 피웠고 그 가지는 꺾였도다 [17]바알에게 분향함으
로 나의 노여움을 일으킨 이스라엘 집과 유다 집의 악으로 말미암아 그
를 심은 만군의 여호와께서 그에게 재앙을 선언하셨느니라

[11:14-17] 야웨께서 네 번째로 예레미야에게 주신 말씀(14-17절)은 예레미야에게 중재 기도를 금지시키시면서, 그러한 중재 기도 금지의 이유가 무엇인지 설명하는 내용들로 이루어져 있다. 야웨께서는 유다 백성이 섬기는 이방 신들이 성읍들의 수만큼이나 많고, 그들에게 분향하려고 바친 제단들 역시 예루살렘 거리의 수만큼이나 많다는 사실(13절)을 너무도 잘 알고 계시기에, 예레미야에게 그들을 위하여 중재 기도할 필요가 없음을 강조하신다. 유다 백성을 보살펴 달라고 기도하지도 말 것이요, 그들을 도와달라고 부르짖거나 구하지도 말라는 말씀이 그렇다(14a절). 중재 기도는 예언자가 해야 할 대표적인 일들 중의 하나이지만, 이제는 더 이상 그들을 위한 중재 기도를 드릴 필요가 없다는 것이다. 이제는 어떤 방법으로도 심판을 돌이킬 수가 없게 되었기 때문이다.

그들이 회개하고 야웨께로 방향을 돌이킬 리도 없거니와, 설령 그들이 야웨께서 내리신 재앙으로 인하여 고통을 이기지 못한 나머지 그에게 부르짖으며 그를 찾는다 해도, 야웨께서는 그들의 부르짖음과 기도를 듣지 않으실 것이다(14b절). 이는 유다 백성의 죄악이 중보기도 자체를 불필요하게 만들 정도로 심각한 수준에 이르렀음을 암시한다. 예레미야는 이미 바로 앞인 11절에서도 이와 똑같은 심판의 메시지를 선포한 바가 있다: "보라 내가

재앙을 그들에게 내리리니 그들이 피할 수 없을 것이라 그들이 내게 부르짖을지라도 내가 듣지 아니할 것인즉". 예레미야의 중재 기도를 금지시키는 7 : 16~17; 14 : 10~12; 15 : 1~4 등의 메시지도 같은 맥락에서 이해할 수 있다.

그런데 심판에 직면한 유다 백성에게는 중재 기도만 불필요한 것이 아니다. 언약의 말씀에 대한 순종이 배제된 형식적인 제사 행위도 마찬가지로 불필요하다. 15절이 그 점을 잘 보여 준다. 과거에는 그들이 야웨 하나님께 대하여 "나의 사랑하는 자"(my beloved, '여디디')였다. 이미 오래전에 이사야도 유다 백성을 "나의 사랑하는 자"('여디디')로 칭한 바가 있었다(사 5 : 1). 그러나 이제는 더 이상 유다 백성이 야웨 하나님의 사랑하는 자일 수가 없게 되었다. 그 까닭은 그들이 야웨 하나님의 사랑을 무시한 채로 악한 음모나 꾸미면서, "나의 집"(성전)에서 "거룩한 제물 고기"만 드리면 재난을 피할 수 있다고 믿었기 때문이다. 일종의 제사 만능주의가 그들의 마음과 생각을 지배하고 있었던 것이다. 그러나 그렇게 한다고 해서 야웨께서 그들의 희생제물을 받아 주실 리가 없다. 따라서 당연히 그들에게는 제물 응답이나 구원의 기쁨이 있을 턱이 없다. 이렇듯이 유다 백성은 기도로도, 예배와 제물로도 야웨 하나님을 기쁘시게 할 수 없는 지경에 이르고 말았던 것이다.

그들은 한때 과거에 야웨께서 보시기에 좋은 열매를 많이 맺고, 잎도 무성한 아름다운 감람나무(올리브나무)였었다. "푸른 감람나무", 곧 잎이 무성한 감람나무는 호세아가 북왕국 이스라엘을 칭하는 데 사용하던 표현이기도 했고(호 14 : 6), 시편에서는 시인 자신이나 예배 공동체를 칭하는 표현이기도 했다(시 52 : 8). 그러나 이제는 더 이상 유다 백성이 그처럼 아름다운 감람나무일 수 없게 되었다. 야웨께서 그들의 악행과 불신앙에 진노하신 나머지 요란한 천둥소리와 함께 그 잎을 불로 사르고 그 가지를 부러뜨리실 것이기 때문이다(16절). 이것은 감람나무와도 같던 유다 백성이 휘몰아치는 태풍 속에서 번개에 맞아 가지가 부러지고 불에 타서 잿더미가 되고 말 것임을 암시하는 심판의 메시지라 할 수 있다.

이렇듯이 유다 백성을 사람(사랑하는 자)과 나무(감람나무)에 비교하신 야웨께서는 네 번째 말씀의 결론 부분에서 나무 비유의 메시지를 담고 있는 16절을 이어받아 이스라엘 집과 유다 집, 곧 북왕국 이스라엘과 남왕국 유다를 다시금 자신이 심은 나무에 비교하신다. 그렇지만 이제는 더 이상 그들이 그의 사랑하는 사람일 수도 없고, 그의 눈에 아름답고 잎이 무성한 나무일 수도 없다. 이미 멸망한 북왕국이나 멸망을 목전에 둔 남왕국이 서로 약속이나 한 듯이 야웨 하나님을 버리고 항상 바알을 좇아 그에게 분향함으로써 하나님의 진노를 촉발시켰기 때문이다. 그 결과 이제는 야웨께서 이스라엘 백성과 유다 백성의 죄악에 대하여 재앙을 내리시는 일밖에 남지 않게 되었다(17절).

5. 예레미야의 고백록 : 첫 번째 탄식과 응답(11 : 18-23)

18여호와께서 내게 알게 하셨으므로 내가 그것을 알았나이다 그때에 주
께서 그들의 행위를 내게 보이셨나이다 19나는 끌려서 도살당하러 가는
순한 어린 양과 같으므로 그들이 나를 해하려고 꾀하기를 우리가 그 나
무와 열매를 함께 박멸하자 그를 살아 있는 자의 땅에서 끊어서 그의 이
름이 다시 기억되지 못하게 하자 함을 내가 알지 못하였나이다 20공의로
판단하시며 사람의 마음을 감찰하시는 만군의 여호와여 나의 원통함을
주께 아뢰었사오니 그들에게 대한 주의 보복을 내가 보리이다 하였더니
21여호와께서 아나돗 사람들에 대하여 이와 같이 말씀하시되 그들이 네
생명을 빼앗으려고 찾아 이르기를 너는 여호와의 이름으로 예언하지 말
라 두렵건대 우리 손에 죽을까 하노라 하도다 22그러므로 만군의 여호와
께서 이와 같이 말씀하시니라 보라 내가 그들을 벌하리니 청년들은 칼
에 죽으며 자녀들은 기근에 죽고 23남는 자가 없으리라 내가 아나돗 사
람에게 재앙을 내리리니 곧 그들을 벌할 해에니라

[11 : 18-23] 예레미야는 야웨 하나님의 대변인이면서 동시에 유다의 도덕적인 양심을 대표하는 자였기에 악을 행하는 자들의 표적이 된다. 11 : 18~12 : 6 단락은 바로 이 주제를 다루고 있는 바, 그를 죽이려는 사람들의 음모와 이에서 비롯되는 예레미야의 탄식과 기도라는 주제가 그렇다. 그 첫 번째 단락인 11 : 18~23은 예레미야가 유다 백성의 언약 위반과 그에 상응하는 야웨 하나님의 심판(11 : 1-17)을 선포함으로 인하여 당하는 고통의 문제를 다루고 있다. 이 본문 단락은 예레미야가 여섯 차례에 걸쳐서 되풀이하고 있는 이른바 "고백록"(confessions; 11 : 18-12 : 6; 15 : 10-21; 17 : 12-18; 18 : 18-23; 20 : 7-13, 14-18)의 첫 번째에 해당하는 것으로, 예언자 예레미야 개인의 내적인 갈등과 당시의 공동체가 속한 상황을 모두 알게 해 주는 이중적인 역할을 수행하고 있다(Craigie 외, 172-173).

이 단락은 크게 보아 두 개의 하위 단락들로 나누어진다. 그 첫 번째인 18~20절은 자신이 당하는 고통에 대한 예레미야의 탄식과 기도를 담고 있으며, 두 번째인 21~23절은 그에 대한 하나님의 응답을 담고 있다. 이러한 구조는 바로 다음에 이어질 12 : 1~6에서도 똑같이 나타난다(Holladay I, 365). 이를테면 12 : 1~4이 11 : 18~23과 마찬가지로 하나님을 향한 예레미야의 원망과 기도를 담고 있다면, 12 : 5~6은 다시금 예레미야의 원망과 기도에 대한 하나님의 응답을 소개하고 있는 것이 그렇다. 그리고 한 가지 더 주목할 만한 특징은, 18~23절이 다음과 같은 세부적인 구성 요소들로 이루어져 있다는 점이다.

18절	야웨 하나님에 관한 진술
19절	불평과 하소연
20절	기도
21~23절	하나님의 응답

이처럼 예레미야의 탄식과 기도 및 야웨 하나님의 응답이라는 구조를 가지고서 나타나는 11 : 18~12 : 6 단락의 서두에서 예레미야는 하나님께서 깨달음을 주신 덕택에 자신을 죽이려는 고향 사람들, 곧 아나돗(1 : 1) 지역 사람들과 친족들의 음모를 알게 되었음을 밝힌다(18절). 아마도 아나돗 지역 사람들과 예레미야의 친족들은 예레미야가 남왕국 유다의 파멸과 바벨론에 항복하라고 설교하는 것을 보고서, 그가 바벨론에 나라를 팔아먹은 매국노가 된 것이 아닌가 하는 판단하에 그를 죽이고자 했을 것이다. 고향과 친족의 명예를 더럽힌 죄를 묻겠다는 의도에서 말이다. 그러나 예레미야로서는 그들의 음모가 충격으로 다가올 수밖에 없었다. 자신의 사회적이고 심리적인 안전판이라 할 수 있는 고향 지역 사람들이 작당하여 자신을 죽이고자 했으니, 얼마나 큰 충격이었겠는가! 더욱이 그는 야웨께서 유다 백성에게 선포하라고 한 비판과 고발의 메시지, 그리고 그에 상응하는 저주와 심판의 메시지를 전했을 뿐인데, 그 일로 말미암아 죽음의 위기를 겪게 되었으니 충격이 더욱 컸을 것이다.

이에 예레미야는 야웨 하나님께 탄식하며 부르짖는다. 그러면서 그는 자신의 불행한 처지를 도살장으로 끌려가는 순한 어린 양에 비교한다(19a절; 참조. 시 44 : 11, 22; 사 53 : 7). 그런가 하면 그를 죽이려는 자들은 그를 나무에 비교하면서, 그 나무와 열매(자녀들)를 함께 멸함으로써 그를 사람 사는 세상에서 없애 버리고 그의 이름이 다시는 기억되지 못하게 하자고 모의한다(19b절). 바로 앞의 16절에서 예레미야는 하나님의 심판을 받아 망하게 될 유다 백성을 아름다운 감람나무에 비교하였으나, 이제는 역으로 그들이 예레미야를 나무에 비교하면서 그를 죽이겠다고 말한다는 것은 참으로 아이러니한 일이 아닐 수 없다. 그리고 공교롭게도 예레미야는 나중에 하나님께로부터 결혼을 금지당하며, 자기 이름을 후대에 남길 자녀조차도 갖지 못하는 운명에 처하게 된다: "너는 이 땅에서 아내를 맞이하지 말며 자녀를 두지 말지니라"(16 : 2). 따라서 아나돗 사람들의 살해 위협은 사실상 예레미야 개인에게 한정된 것이라 할 수 있다.

어쨌든 예레미야로서는 너무도 억울한 일이 아닐 수 없었다. 하나님께서 명하신 일을 한 결과, 자신이 속한 공동체로부터 배척을 당할 뿐만 아니라 생명의 위협을 당했기 때문이다. 이에 큰 고통과 슬픔을 느낀 그는, 공의로 판단하시며 인간의 마음과 생각을 감찰하시는 하나님께 자신의 억울함과 원통함을 호소하면서, 그들을 향한 "주의 보복"(your vengeance)을 보게 해 달라고 간구한다(20절). 야웨 하나님의 정의로우심에 근거한 예레미야의 이러한 하소연과 보복 간구는 충분히 이해할 만한 것이다. 왜냐하면 그는 남왕국의 마지막 왕인 시드기야의 통치 시기에도 순전히 자신이 선포한 야웨 하나님의 말씀 때문에 생명의 위협을 당한 적이 있을 정도로 극심한 고통을 당한 예언자였기 때문이다(37 : 11–38 : 13).

억울함과 원통함으로 가득 찬 예레미야의 탄식과 하소연에 대하여 야웨께서는 어떠한 반응을 보이시는가? 그는 자신이 세운 말씀의 종 예레미야의 탄식과 하소연을 들으시고 응답하신다. 그의 목숨을 노리는 아나돗 사람들에게 임할 심판을 선고하시는 메시지가 그 점을 잘 보여 준다. 그 심판 메시지에 의하면, 아나돗 사람들은 "너는 여호와의 이름으로 예언하지 말라"는 금지 명령으로 예레미야를 위협하곤 했다. 일반적으로 히브리어 부정사 '로'(=not)는 직설법 형태의 부정문을 만드는 데 사용되지만, 여기서는 아주 예외적으로 명령문에 사용됨으로써 십계명의 부정 명령에서처럼 신적인 금지 명령을 가리키는 데 사용되고 있다. 따라서 "너는 여호와의 이름으로 예언하지 말라"는 예언 금지 명령은 그야말로 절대적인 의미를 가지고 있다고 할 수 있을 정도로 매우 강한 금지 명령이다.

아나돗 사람들과 그곳에 거주하던 예레미야의 친족들은 이처럼 강한 어조로 예레미야의 생명을 위협하면서, 더 이상 야웨의 이름으로 예언하는 날에는 자기들 손에 죽을 것이라고 경고한다(21절; 참조. 암 7 : 10–16). 그러나 그들의 이러한 경고는 결코 이루어지지 못할 것이다. 그 이유에는 두 가지가 있다. 그 하나는 예레미야가 야웨께서 친히 예언자로 세우신 말씀의 종이라는 사실에 있다. 따라서 예레미야의 예언 활동은 그를 예언자로 세우신 야웨 하나님에 의해서만 가능한 것이지, 결코 사람이 무력이나 생명 위협으로 중단시킬 수 있는 것이 아니다. 그들의 경고가 이루어지지 못하는 두 번째 이유는 야웨께서 정하신 심판이 그들에게 임할 것이라는 사실에 있다. 22절 서두에 나오는 전형적인 심판 전용 접속사 '라켄'(therefore)이 그 점을 뒷받침한다.

22절의 심판 메시지는 두 가지 종류의 심판에 대해서 언급한다. 칼과 기근이 그것이다. 이 두 가지는 결국 전쟁과 기근의 심판을 의미한다. 더 구체적으로 말하자면, 언젠가는 야웨께서 그들을 벌할 때가 올 것이요, 그때가 되면 그들 중의 청년들은 칼에 죽을 것이요, 그들의 자녀들은 기근에 죽을 것이다(22절). 그뿐이 아니다. 야웨께서 작정하신 이러한 전쟁과 기근의 대재앙으로 인하여 마침내 그들 중에서 살아남을 자가 한 명도 없게 될 것이다(23절). 그러나 바벨론 포로로부터 예루살렘으로 돌아온 아나돗 지역 사람들이 128명이었다고 보고하는 에스라 2:23과 느헤미야 7:27에 비추어 볼 때, 이처럼 가혹한 심판 메시지는 아직 완전히 성취된 것이라고 보기 어렵다(Craigie 외, 179; Thompson, 352). 아니면 다소 과장된 표현일 뿐이지 실제로 살아남을 자가 하나도 없을 것이라는 메시지는 아니라고 볼 수도 있다. 그래서인지 랍비들은 예루살렘 함락 당시에 아나돗 사람들이 회개함으로써 가혹한 심판 메시지의 철회가 가능해졌다고 설명한다(Lundbom I, 639).

경우에 따라서는 자녀들의 완전한 파멸을 선포하는 이 심판이 너무 가혹한 것으로 여겨질 수도 있다. 그러나 이것은 히브리 성서에서 자녀들이 부모의 죄가 초래할 결과들을 경험하는 많은 사례들 중의 하나에 해당하는 것이다. 공동체 인격(corporate personality)이라는 개념은 이스라엘적인 사유의 본질에 속한 것이다. 고대 이스라엘 사람들은 개개인의 행동이 그들의 사회적인 맥락 안에 있는 타인들에게 현저한 영향을 미친다는 것을 알고 있었다.

또한 그들은 한 개인의 사회적인 맥락이 그 개인에게 긍정적이거나 부정적인 영향을 미친다는 것도 알고 있었다. 이를테면 여호수아 7장에서 보듯이, 여리고 성 점령 과정에서 발생한 아간의 범죄 행위로 인하여 이스라엘 공동체 전체가 고통을 당하게 되었던 것처럼 말이다(Chisholm, 『예언서개론』, 254; 참조. Kaminsky, *Corporate Responsibility in the Hebrew Bible*).

6. 예레미야의 고백록 : 두 번째 탄식과 응답(12 : 1–6)

> 1여호와여 내가 주와 변론할 때에는 주께서 의로우시니이다 그러나 내
> 가 주께 질문하옵나니 악한 자의 길이 형통하며 반역한 자가 다 평안함
> 은 무슨 까닭이니이까 2주께서 그들을 심으시므로 그들이 뿌리가 박히
> 고 장성하여 열매를 맺었거늘 그들의 입은 주께 가까우나 그들의 마음
> 은 머니이다 3여호와여 주께서 나를 아시고 나를 보시며 내 마음이 주를
> 향하여 어떠함을 감찰하시오니 양을 잡으려고 끌어냄과 같이 그들을 끌
> 어내시되 죽일 날을 위하여 그들을 구별하옵소서 4언제까지 이 땅이 슬
> 퍼하며 온 지방의 채소가 마르리이까 짐승과 새들도 멸절하게 되었사오
> 니 이는 이 땅 주민이 악하여 스스로 말하기를 그가 우리의 나중 일을
> 보지 못하리라 함이니이다 5만일 네가 보행자와 함께 달려도 피곤하면
> 어찌 능히 말과 경주하겠느냐 네가 평안한 땅에서는 무사하려니와 요단
> 강 물이 넘칠 때에는 어찌하겠느냐 6네 형제와 아버지의 집이라도 너를
> 속이며 네 뒤에서 크게 외치나니 그들이 네게 좋은 말을 할지라도 너는
> 믿지 말지니라

예레미야의 첫 번째 고백록인 11 : 18~12 : 6 단락의 두 번째 탄식을 담고 있는 12 : 1~6은, 바로 앞의 첫 번째 탄식 본문인 11 : 18~23과 마찬가지로, 하나님을 향한 예레미야의 탄식(1–4절)과 그에 대한 야웨 하나님의 응답

(5-6절)을 담고 있다.

1a절	야웨 하나님에 관한 진술
1b~2절	불평과 하소연
3~4절	기도
5~6절	하나님의 응답

[12 : 1] 이 두 번째 탄식은 예레미야가 11 : 18~23의 첫 번째 탄식에서 자신의 기도에 대한 야웨의 응답에 충분히 만족하지 못했음을 의미할 수도 있다.

두 번째 탄식의 서두에서 예레미야는 법정 용어를 빌어 하나님과 자신 사이의 법정 공방에 관해 진술하되, 하나님과 변론할 때마다 그가 의로우신(righteous) 분임을 인정하지 않을 수 없다고 고백한다(1a절). 이것은 적어도 예레미야 개인의 경우에는 야웨께서 항상 자신을 의롭고 공정하게 대하셨음을 의미한다. 그러나 개인적인 차원을 넘어서서 공동체 전체 차원을 바라볼 때는 상황이 달라진다. "정의"('미슈파팀'='미슈파트'[justice]의 복수형)의 문제를 가지고 야웨께 말씀드리겠다는 예레미야의 말("Indeed I would discuss matters of justice with You")이 이를 잘 보여 준다(개역 개정판은 단순하게 "내가 주께 질문하옵나니"로 번역함). 이를테면 악한 자들의 길이 형통하며 반역하는 자들이 평안을 누리는 이유가 대체 무엇인지 모르겠다는 내용의 수사학적인 질문이 그렇다(1b절).

예레미야는 여기서 일종의 신정론(神正論, theodicy) 문제를 가지고서 야웨께 항변하고 있다. 신정론이라는 것은 정의로우신 하나님이 세상을 통치하시는데, 왜 악인이 득세하고 의인이 고통당하는지 이해할 수가 없다는 현실 인식에 뿌리를 두고 있다. 정의가 왜곡된 듯한 현실 속에서 하나님의 정의가 어디 있는지 알고자 하는 인식론적인 노력이 바로 신정론인 것이다. 이 점에서 본다면, 까닭 없이 큰 고통과 재앙을 당하던 욥의 탄식도 신정론적인 상황에 속한 것이라 할 수 있다(욥 9 : 15-16, 19-22). 전도자도 세상 모든 일들의 헛됨을 지적하면서 신정론 문제를 여러 차례 지적한 바가 있다(전 3 : 16; 4 : 1-3; 7 : 15; 8 : 14 등). 특히 하박국은 예언자로서는 드물게 신정론 문제를 가지고서 야웨께 하소연했던 특이한 경력의 소유자였다(합 1 : 2-4).

[12 : 2] 정도의 차이가 있기는 해도 예레미야 역시 이곳에서 하나님의 정의 문제를 지적한 것이라 할 수 있다. 야웨께서 과거에 자신을 공정하게 대하셨다는 것을 인정하면서도, 악인들이 형통함을 누리는 모습을 보고서 여전히 고통스러워하는 모습이 그렇다. 좀 더 구체적으로 그는 반역을 일삼는 악인들을 나무에 비교하면서, 야웨께서 그들을 심으신 결과 뿌리가 내리고 장성하여 열매를 맺었다고 말한다(2a절). 흥미롭게도 예레미야는 여기서 형통함을 누리는 악인들을 나무에 비교하고 있다. 앞서 11장에서는 야웨께서 유다 백성을 나무에 비교하신 바가 있었고(11 : 16), 예레미야를 죽이려는 아나돗 사람들이 예레미야를 나무에 비교한 바가 있었다(11 : 19). 그런데 이제는 예레미야 자신이 악인들을 나무에 비교하고 있는 것이다.

예레미야 입장에서 형통함을 누리는 것으로 보이는 악인들은 단지 입으로만 주님과 가까울 뿐이지, 마음은 멀리 떨어져 있는 사람들이었다(2b절; 참조. 9 : 8). 그런데도 그들은 일상생활 속에서 전혀 벌을 받지 않았으며, 도리어 하나님의 도우심에 힘입어 형통함과 성공을 누리면서 살고 있는 것처럼 보였다. 그러나 정작 야웨 하나님의 예언자로 부름 받은 예레미야 자신은 그들과 정반대의 상황에 처해 있었다. 앞서 11 : 18~21 단락에서 구체적으로 언급한 바와 같이, 그의 고향 아나돗의 주민들과 친족들은 그의 목숨을 취하려고 음모를 꾸몄으며, 더 이상 예언 활동을 하지 못하도록 그를 공갈하고 협박하였다(11 : 19, 21).

[12 : 3] 이에 억울함과 원통함을 견디지 못한 예레미야는, 자신의 무죄함을 누

구보다도 잘 아시고 자신의 속을 들여다보시며 자신의 마음이 온전히 주를 향하고 있음을 감찰하고 계시는 야웨께 간구한다. 자신을 괴롭히고 압제하는 자들을 도살할 양처럼 이끌어 내시고, 그들을 따로 구별하셔서 죽일 날을 정해 달라고 말이다(3절). 예레미야의 이러한 간구는 공의로 판단하시며 인간의 마음과 생각을 감찰하시는 하나님께 자신의 억울함과 원통함을 호소하면서, 그들을 향한 주의 보복을 보게 해 달라고 간구하는 11 : 20과 거의 비슷한 내용으로 되어 있다. 또한 그는 바로 앞의 단락에서 도살장으로 끌려가는 어린 양의 비유(11 : 19)를 자신에게 적용했던 방식을 뒤집어서, 이제는 그것을 악인들에게 그대로 적용한다.

[12 : 4] 그러면서도 예레미야는 시각을 달리하여 유다 백성에게 임할 생태학적인 기근의 재앙(참조. 습 1 : 3), 곧 유다 땅이 슬퍼하고 들녘의 모든 풀이 말라 죽으며 짐승과 새들도 멸망당하는 현실에 대해서 언급하는 것을 잊지 않는다. 비록 이 모든 재앙이 자기들의 나중 일들을 야웨께서 알지 못하실 것이라고 생각하던 유다 백성의 무지와 오만과 편견, 그리고 이에서 비롯된 온갖 죄악 때문에 초래되는 것이지만, 그럼에도 불구하고 야웨께서 그들에게 이토록 가혹한 벌을 내리시는 것에 대하여 예레미야는 큰 당혹감을 느낀다(4절). 예레미야의 이 탄식에는 야웨 하나님에 대한 그들의 잘못된 생각들이 교정되게 해 달라는 간구가 포함되어 있다.

[12 : 5–6] 예레미야의 이러한 항변에 대하여 하나님은 악인들을 벌하겠다는 11 : 21~23의 전형적인 위로와 격려의 말씀과는 대조적인 말씀을 주신다. 5~6절의 답변에서, 하나님은 먼저 보행자와 함께 달려도 피곤한데 말과 달리기를 한다면 어떻게 되겠는지를 물으신다. 여기서 말하는 보행자는 예레미야를 죽이고자 하는 아나돗 지역 사람들과 친족들을 가리키고, 말은 바벨론 군대를 가리키는 바, 이 질문은 지금 당장에는 예레미야가 보행자와 함께

달리겠지만, 앞으로는 말과 함께 달리기를 해야 하는 상황이 초래될 것임을 암시하는 것이나 다름없다.

평안한 땅(a land of peace, '에레츠 샬롬')에서는 안전하게 지낼 수 있지만, 요단의 "덤불"(the thicket, '가온'; Holladay I, 364; Thompson, 357; 개역 개정판은 "넘칠 때에는"으로 번역하며, 동일한 히브리어 낱말 '가온'을 49 : 19; 50 : 44에서는 "깊은 숲"으로, 그리고 슥 11 : 3에서는 "자랑"으로 번역함.)이 어떠하겠는지 묻는 두 번째 질문도 마찬가지이다(5절). 이 두 번째 질문은 유다 백성이 약속의 땅 가나안에서의 안락한 삶을 떠나 광야의 덤불과도 같은 바벨론 땅에서 거칠고 괴로운 포로 생활을 하게 될 것임을 암시한다. 야웨께서는 이러한 두 개의 질문을 통하여 예레미야의 예언 활동이 점점 더 힘들어질 것임을 예고하시면서, 그의 형제와 아버지의 집조차도 그를 속이고 마치 짐승을 사냥하듯이 그의 뒤에서 크게 소리를 지를 것이니, 그들이 좋은 말을 할지라도 믿지 말 것을 경고하신다(6절).

설교를 위한 묵상

1) 유다 백성은 과거에 야웨께서 사랑하시는 자요, 그가 보시기에 열매와 잎이 풍성한 감람나무나 다름없는 존재였다. 이것을 가장 잘 증명해 주는 것이 바로 출애굽 해방이다. 그들의 조상들은 놀라운 하나님의 은총에 힘입어 쇠풀무와도 같은 압제와 속박의 땅 이집트에서 해방되는 감격을 맛보았다. 뿐만 아니라 그들은 하나님의 백성으로서 어떻게 살아야 하는지 가르쳐 주는 언약의 말씀을 시내 산에서 선물로 받았으며, 젖과 꿀이 흐르는 땅 가나안을 새로운 삶의 공간으로 배정받기도 했다. 그러나 예레미야 시대의 유다 백성에게는 과거에 있었던 이 모든 유익들과 선물들이 아무런 의미도 갖지 못했다. 그 까닭은 그들이 야웨께서 오래전에 주신 언약의 말씀에 순종하지도 않으면서 언약 백성으로서의 과거 신분에 만족했을 뿐만 아니라, 희생 제사만 드리면 하나님의 재앙과 심판조차도 피할 수 있다는 그릇된 믿음을

가지고 있었기 때문이다. 그뿐이 아니다. 야웨 하나님을 버리고 이방 신들을 섬기는 그들의 우상 숭배는 도를 넘어선 지 오래였다. 그들이 섬기는 신들의 수는 성읍의 수와 맞먹을 정도로 많았으며, 그들이 바알을 위하여 쌓은 분향 제단의 수 역시 예루살렘 거리의 수와 맞먹을 정도로 많았다.

유다 백성의 상황이 이러했기에 야웨께서는 더 이상 그들을 사랑할 수가 없다. 전에는 그들이 아름다운 감람나무와도 같았으나, 이제는 야웨께서 그들에게 재앙이 임하게 하심으로써 그들의 가지를 꺾으시고 그 위에 불이 붙게 하여 잿더미가 되게 하실 것이다. 그들이 그의 목소리에 귀를 기울이고 언약의 말씀을 순종했더라면, 그들은 주의 백성이 되었을 것이요, 야웨는 그들의 하나님이 되셨을 것이다. 그러나 이제는 그런 일이 도무지 불가능하게 되고 말았다. 왜 그러한가? 야웨 하나님은 언약의 말씀에 순종하지 않는 자들의 화려한 신분이나 그들이 드리는 빗나간 희생 제사에 도무지 관심이 없는 분이기 때문이다. 설령 선택된 민족이라 할지라도 하나님의 언약과 말씀에 순종하는 삶 내지는 그에 대한 표준적인 응답, 곧 "아멘"의 태도 없이는 그의 구원을 기대할 수 없다. 그러한 상황에서는 중보기도도 희생 제사도 아무 쓸모가 없다. 이방 신들이 그들을 구원할 수 없음은 물론이다. 어느 누구도 하나님의 심판으로부터 그들을 구원하지 못한다. 하나님의 복과 구원을 맛보기 위해서는 오로지 그의 언약에 대한 순종이 필요할 뿐이다.

2) 하나님의 종인 예레미야를 향한 음모는 곧 하나님을 향한 음모나 다름없기에, 예레미야는 그들에게 임할 하나님의 심판을 "주의 보복"으로 표현한다. 이는 그가 철저하게 자신의 사역을 하나님의 시각에서 인식하고 있음을 의미한다. 그러면서도 그는 하나님의 명을 받아 활동하는 자신은 생명의 위협과 고통을 당하는 반면에, 자기를 죽이려는 악인들은 형통함과 평안함을 누리는 왜곡된 현실 앞에서 하나님의 공의가 어디에 있는지 묻는다. 이처럼 뒤틀린 현실은 정의로우신 하나님이 다스리는 세상에서 있을 수 없는 일이었고, 그 까닭에 예레미야는 하나님의 정의가 어디에 있는지 묻지 않을 수가 없었다. 실제로 그는 고향 마을인 아나돗의 주민들과 친족들로부터 생명의 위협을 당하였으며, 야웨의 이름으로 예언하면 죽이겠다는 협박을 받기도 했다.

야웨께서 선포하도록 명하신 것들을 전했을 뿐인데도, 그에게 돌아오는 것은 동족들과 고향 사람들의 조롱과 멸시, 그리고 생명의 위협뿐이었다. 야웨 하나님의 명령 때문에 고통을 당하는 이러한 현실로 인하여 예레미야는 하나님의 정의와 관련된 질문을 던지지 않을 수 없었던 것이다. 그것은 말씀의 종인 그에게 있어서 참으로 견디기 어려운 현실이었다. 그러나 시각을 달리해서 보면, 야웨 하나님을 향한 예레미야의 이러한 문제 제기와 항변은 무죄한 자들의 억울함을 해결해 줄 분이 하나님뿐이라는 사실(시 17 : 1-9)에 대한 그의 개인적인 확신에서 비롯된 것이라 할 수 있다. 야웨께서는 그것을 누구보다도 잘 알고 계시기에, 그의 예언 사역이 고난과 고통의 연속임을 인정하면서도, 그의 탄식과 하소연을 외면하지 않으시고 그의 간구와 항변에 친절하게 응답하신다. 그 응답에 의하면, 예레미야를 죽이려고 한 아나돗 사람들은 그들의 죄악으로 인하여 하나님의 엄한 심판을 받게 될 것이다. "주의 보복"이 그들에게 임할 것이라는 얘기다. 또한 하나님께서는 그의 예언 사역이 갈수록 힘들고 어려워질 것이지만, 용기와 믿음을 가지고 현재와 미래의 고난을 이겨 낼 것을 주문하신다.

L. 하나님의 슬픔(12 : 7-17)

11 : 18~12 : 6에서 두 차례의 탄식과 그에 대한 야웨 하나님의 응답을 통하여 자신의 첫 번째 고백록을 소개한 예레미야는, 바로 이어지는 12 : 7~17 단락에서 이제는 자기 백성을 향한 야웨 하나님의 슬픔과 탄식, 그리고 하나님의 응답을 소개한다. 12 : 7~17 단락은 두 개의 하위 단락들로 나누어진다. 그 첫 번째는 12 : 7~13로 폐허가 된 땅을 향한 하나님의 탄식을 담고 있으며, 두 번째 단락은 12 : 14~17로서 이스라엘 주변국들의 심판과 구원에 관한 말씀을 담고 있다. 그리고 특이하게도 하나님의 탄식을 담고 있는 7~13절 단락은 시문체로 되어 있지만, 그에 대한 하나님 자신의 응답을

담고 있는 14~17절 단락은 산문체로 되어 있다(Craigie 외, 183).

이러한 문체상의 특징은 바로 앞 단락에 나오는 예레미야의 탄식과 그에 대한 야웨 하나님의 응답과 비슷한 모습을 보이고 있다. 왜냐하면 예레미야의 탄식을 담고 있는 11:18~20이 시문체로 되어 있는 반면에, 그에 대한 야웨 하나님의 응답을 담고 있는 11:21~23은 산문체로 되어 있기 때문이다. 그리고 한 가지 더 추가할 것은, 7~17절 단락 전체에서 예레미야의 예언 메시지가 야웨 하나님의 말씀임을 강조하는 '코 아마르 야웨'(thus says Yahweh, "야웨께서 이와 같이 말씀하시기를")라는 사자 양식이 14절에서 한 번 사용되고 있으며, '느움 야웨'(declares Yahweh, "야웨의 말씀이니라")라는 예언구 역시 마지막인 17절에서 한 번 사용되고 있다는 점이다.

1. 폐허가 된 땅을 향한 하나님의 탄식(12 : 7-13)

> 7내가 내 집을 버리며 내 소유를 내던져 내 마음으로 사랑하는 것을 그
> 원수의 손에 넘겼나니 8내 소유가 숲속의 사자같이 되어서 나를 향하
> 여 그 소리를 내므로 내가 그를 미워하였음이로라 9내 소유가 내게 대하
> 여는 무늬 있는 매가 아니냐 매들이 그것을 에워싸지 아니하느냐 너희
> 는 가서 들짐승들을 모아다가 그것을 삼키게 하라 10많은 목자가 내 포
> 도원을 헐며 내 몫을 짓밟아서 내가 기뻐하는 땅을 황무지로 만들었도
> 다 11그들이 이를 황폐하게 하였으므로 그 황무지가 나를 향하여 슬퍼하
> 는도다 온 땅이 황폐함은 이를 마음에 두는 자가 없음이로다 12파괴하는
> 자들이 광야의 모든 벗은 산 위에 이르렀고 여호와의 칼이 땅 이 끝에서
> 저 끝까지 삼키니 모든 육체가 평안하지 못하도다 13무리가 밀을 심어도
> 가시를 거두며 수고하여도 소득이 없은즉 그 소산으로 말미암아 스스로
> 수치를 당하리니 이는 여호와의 분노로 말미암음이니라

[12:7-13] 앞 단락(11:18-12:6)에서 예레미야는 두 차례에 걸쳐 예레미야 자신의 탄식과 하소연, 그리고 그에 대한 야웨 하나님의 응답을 다루었지만, 이제는 시각을 달리하여 심판을 받아 폐허가 된 땅을 향한 야웨 하나님의 탄식과 슬픔을 소개한다. 이것은 말씀의 종으로 부름 받은 예언자 예레미야의 탄식과 야웨 하나님의 탄식이 평행 관계에 놓여 있음을 의미할 뿐만 아니라, 유다 백성을 향한 탄식이 지상의 차원과 천상의 차원 모두를 공유하고 있는 포괄적인 것임을 의미하기도 한다. 그리고 심판 신탁(judgment oracle)의 성격을 겸하여 가지고 있는 하나님의 이 탄식(Holladay I, 385)은 전형적인 탄식의 문체로 되어 있으며, 남왕국이 바벨론 연합군의 공격을 받은 주전 602년의 상황(왕하 24:2)을 배경으로 하고 있는 듯하다.

그런데 한 가지 흥미로운 것은, "집"('베트')이라는 낱말을 통하여 예레미야의 탄식과 야웨 하나님의 탄식이 서로 연결되고 있다는 사실이다. 12:6에 언급되어 있는 "네 …… 아버지의 집"('베트-아비카')이라는 표현과 7절에 언급되어 있는 "내 집"('베티')이라는 표현이 그렇다. 아나돗 사람들과 예레미야의 친족들, 곧 "네 …… 아버지의 집"(12:6)은 예언자를 해하려는 음모를 꾸몄지만, 야웨께서는 자기 백성, 곧 "내 집"(여기서는 성전을 가리키는 표현이 아님.)을 버리실 것이다. 그들이 야웨 하나님을 배척했기 때문이다.

야웨께서는 자신의 언약 백성인 유다 나라를 "내 집"으로 칭하실 뿐만 아니라, "내 소유"와 "내 마음으로 사랑하는 것"(7절), 그리고 "내 포도원"과 "내 몫"과 "내가 기뻐하는 땅"(10절) 등으로 칭하기도 하신다. 특히 "내 소유"라는 표현은 7절과 8절과 9절에서 각기 한 번씩 사용됨으로써 모두 세 차례에 걸쳐 연속 사용되는 모습을 보이고 있다. 유다 나라를 칭하는 이러한 다양한 표현들은, 바로 앞 단락에서 유다 백성을 "나의 사랑하는 자"(11:15)나 "아름다운 푸른 감람나무"(11:16)로 칭하는 것과 똑같이 긍정적인 의미를 가지고 있다.

유다 백성을 향한 하나님의 이처럼 정감 넘치는 표현들은 적어도 과거에는 충분히 통용될 수 있는 것들이었다. 그들은 하나님께 넘치는 은혜를 받았고, 출애굽 해방과 홍해 구원 및 약속의 땅 정착 등을 겪으면서 자기들을 향한 그의 사랑이 얼마나 큰지 확인할 수 있었다. 그러나 이제는 이 모든 것이 소용없게 되었다. 그들은 시내 산에서 선물로 주어진 언약을 깨뜨리고 그의 목소리를 무시했을 뿐만 아니라, 이방 신들을 섬기면서 그의 말씀에 불순종했기 때문이다. 이로 인하여 하나님께서는 그들을 "버리시고" 그들을 "내던지셨으며" 원수(바벨론 군대)의 손에 그들을 "넘겨주고" 말았다(7절).

8~9절에서 예레미야는 하나님의 이러한 심판을 받은 유다 나라를 사자와 새에 비유한다. 먼저 8절에 의하면, 유다 백성이 하나님의 미워하심을 입어 심판을 받은 이유는, "내 소유"나 다름없는 그들이 숲속의 사자처럼 하나님을 향하여 으르렁거리면서 덤벼들었기 때문이다(8a절). 마치 하나님을 먹이나 원수처럼 생각하고서 말이다. 유다는 한때 야곱의 기원문에서 매우 긍정적인 의미에서 사자에 비교되었지만(창 49:9), 여기서는 정반대로 매우 부정적인 의미에서 사자에 비교되고 있다. 마치 사자처럼 자신을 대적하고 자신에게 반항하는 유다 백성을 하나님이 기뻐하실 리가 없음은 너무도 당연한 일이다. 한때 그들을 "사랑"하셨던(7절) 야웨께서 이제는 도리어 그들을 "미워하실" 수밖에 없게 되었으니(8b절; 참조. 호 9:15; 암 6:8), 참으로 역설적인 운명의 전환이 아닐 수 없다(참조. Fretheim, 196).

"내 소유"인 그들은 또한 야웨께서 보시기에 아름다운 깃털을 자랑하는 매와도 같았다. 그러나 유다 백성에게 심판이 임하면서 상황이 역전되고 말았다. 아름다운 깃털을 자랑하는 매가 도리어 사나운 매들에게 둘러싸여 공격을 당하는 존재로 바뀌고 만 것이다. 하나님께서는 모든 들짐승들을 향하여 그 새를 뜯어먹으라고 명하신다(9절). 참으로 아이러니한 일이 아닌가! 왜냐하면 야웨 하나님을 대적하는 유다 백성은 그에게 대하여 사자나 매와도 같은 존재였는데, 이제는 역으로 야웨께서 사나운 매들이나 들짐승들과도 같은 이방 통치자들과 그들의 군대에게 유다 백성을 공격하라는 명령을 내리고 계시기 때문이다.

하나님의 심판은 많은 목자들(shepherds, '로임'), 곧 이방 나라의 통치자들이 "내 포도원"(참조. 사 5 : 1-7)을 헐고 "내 몫"을 짓밟는가 하면 "내가 기뻐하는 땅"을 황무지로 만들어 버리는 결과를 초래하였다(10절). 본래 목자들은 유다 나라의 통치자들이나 왕들을 가리키는 표현이지만(2 : 8; 3 : 15), 여기서는 6 : 3에서와 마찬가지로 유다 나라를 멸할 이방 나라의 통치자들을 가리키는 표현으로 역전되어 나타난다(Lundbom I, 656). 유다 나라를 올바르게 다스려야 할 목자들이 제 구실을 못하는 까닭에, 이제는 야웨께서 다른 나라의 목자들을 불러다가 그들을 벌하시겠다는 것이니, 참으로 아이러니한 일이 아닐 수 없다.

그런가 하면 예레미야가 여기서 말하는 포도원 이미지는 이미 2 : 21과 5 : 10 및 6 : 9 등에서도 심판의 맥락에서 사용된 바가 있다. 비록 여기에서처럼 "포도원"을 뜻하는 낱말 '케렘'(vineyard)을 직접 사용하지는 않고 있지만 말이다. 그리고 개역 개정판에서 "내 몫"과 "내가 기뻐하는 땅"으로 번역되어 있는 표현은 똑같이 "들판"을 뜻하는 히브리어 '헬르카'로 되어 있다. 달리 말해서 히브리어 본문은 "내 '헬르카'"(my field)와 "내가 기뻐하는 '헬르카'"(my pleasant field)로 되어 있다는 얘기다. 따라서 이 부분은 대부분의 영역 성서들과 마찬가지로 개역 개정판의 번역을 따르기보다는 "내 들판"과 "내가 기뻐하는 들판"으로 번역함이 옳을 것이다.

요컨대, 야웨의 사랑을 그토록 많이 받던 곳이 이제는 이방 군대의 침략을 받아 황무지로 변하고 말았다. 참으로 불행한 일이 아닐 수 없다. 예레미야는 그 황무지가 하나님을 향하여 슬퍼한다고 말한다. 폐허가 된 유다 땅을 의인화하고 있는 이 구절은 심판받아 망한 유다 백성의 탄식을 황무지를 통하여 표현하고 있는 것이다. 유다 나라의 온 땅이 계속해서 폐허로 남아 있는 까닭은, 그곳을 마음에 두거나 보살필 수 있는 사람이 하나도 없기 때문이다(11절). 그뿐이 아니다. 파괴자들, 곧 심판의 도구로 선택된 이방 나라 군대(바벨론)가 광야의 모든 메마른 산으로 몰려오고, 야웨의 칼이 땅 이 끝에서 저 끝에 이르는 모든 지역을 삼킴으로 인하여, 어느 누구도 평안(peace, '샬롬')을 누릴 수 없는 상황에 처하고 말았다(12절; 참조. 6 : 14). 하나님께서 직접 심판을 집행하시는데 과연 누가 평안을 누릴 수 있겠는가! 이로써 줄곧 평화를 외쳤던 거짓 예언자들의 예언(8 : 11)이 잘못된 것임이 백일하에 드러나고 말았다.

하나님의 심판은 농산물 수확에까지 미친다(13절). 이것은 유다 나라를 향한 야웨 하나님의 심판이 사람에게만 임하는 것이 아니라, 땅과 농산물에까지 미치는 포괄적인 것임을 의미한다. 참으로 철저한 심판이 아닐 수 없다. 그것은 시내 산 언약의 저주 규정에 해당하는 것이라 할 수 있는 것으로, 레위기 26 : 16과 신명기 28 : 38에 상세하게 규정되어 있다. 호세아(호 8 : 7)와 미가(미 6 : 15) 역시 이처럼 철저한 심판에 관하여 언급한 바가 있다. 13절의 심판 선고에 의하면, 유다 백성은 아무리 열심히 밀을 심어도 가시만을 거두며, 아무리 수고해도 소득을 얻을 수 없게 된다. 종국에는 농산물 수확의 부족으로 인하여 수치를 당할 수밖에 없는 바, 이 모든 일의 결과는 순전히 유다 백성을 향한 야웨의 분노에서 비롯된 것이다.

2. 이스라엘 주변국들의 심판과 구원(12 : 14-17)

14내가 내 백성 이스라엘에게 기업으로 준 소유에 손을 대는 나의 모든
악한 이웃에 대하여 여호와께서 이와 같이 말씀하시니라 보라 내가 그들
을 그 땅에서 뽑아 버리겠고 유다 집을 그들 가운데서 뽑아 내리라 15내
가 그들을 뽑아 낸 후에 내가 돌이켜 그들을 불쌍히 여겨서 각 사람을
그들의 기업으로, 각 사람을 그 땅으로 다시 인도하리니 16그들이 내 백
성의 도를 부지런히 배우며 살아 있는 여호와라는 내 이름으로 맹세하
기를 자기들이 내 백성을 가르쳐 바알로 맹세하게 한 것같이 하면 그들

이 내 백성 가운데에 세움을 입으려니와 [17]그들이 순종하지 아니하면 내 가 반드시 그 나라를 뽑으리라 뽑아 멸하리라 여호와의 말씀이니라

[12 : 14-17] 야웨께서는 두 차례에 걸친 예레미야의 탄식(11 : 18-20; 12 : 1-4)에 대하여 두 번씩이나 응답의 말씀(11 : 21-23; 12 : 5-6)을 주신 것과 마찬가지로, 자신의 탄식(12 : 7-13)에 대해서도 응답에 해당하는 말씀을 주신다(12 : 14-17). 자신의 탄식에 대한 이 응답의 말씀은 본 단락의 처음과 끝인 14절 상반절과 16~17절에서 이스라엘을 괴롭힌 이방 나라들에게 임할 심판과 구원의 메시지를 선포하고 있으며, 그 한가운데인 14절 하반절과 15절에서 유다 백성의 회복과 구원에 관한 메시지를 선포하고 있다.

하나님은 범죄한 자기 백성을 심판하시는 분이지만, 동시에 그들이 심판으로 인하여 겪는 고통과 아픔에 대하여 탄식하시는 분이요, 그들이 자신의 상처를 깨닫고서 다시금 그에게로 돌아오기를 간절히 기다리시는 분이다. 이를 가장 잘 보여 주는 것이 14~17절이다. 이 단락에 의하면, 유다 사람들과 예루살렘 주민은 여전히 "내 백성"으로 칭해진다(14, 16절). 특히 16절에서는 "내 백성"이라는 표현이 세 번씩이나 사용되고 있다. 또한 한때 하나님의 심판의 도구로 선택되어 이스라엘 백성을 공격했던 주변 나라들의 운명이 완전히 뒤바뀔 것이다. 이를테면 이집트, 앗수르, 에돔, 모압, 아모리, 아람, 바벨론 등이 그렇다. 이 나라들은 이제 정반대로 하나님의 원수, 곧 "나의 모든 악한 이웃"으로 칭해질 것이다(14절).

야웨께서 자기 백성 이스라엘에게 기업으로 준 땅을 침범한 나라들은 모두 어떻게 되는가? 그들 역시 하나님의 심판을 면치 못할 것이다. 하나님께서는 그들을 그들 자신의 땅에서 뿌리째 뽑아 내어(uproot) 남의 나라에 포로로 사로잡혀 가게 하실 것이다. 그러나 반대로 남의 나라에 포로로 사로잡혀 간 유다 집은 하나님의 긍휼하심에 힘입어 고향으로 돌아오는 은총을 맛보게 될 것이다. 예레미야는 다른 곳에서도 이러한 구원 은총에 관해서 언급

한 바가 있다(16 : 15; 23 : 3; 24 : 6; 27 : 22; 29 : 10, 14; 30 : 3; 32 : 37; 33 : 10-11, 26 등). 야웨께서는 심판의 도구가 되었던 나라들에게 하던 것과 똑같이 유다 백성을 이방 나라들 가운데서 뽑아 내실(uproot) 것이다(14절). 그러나 야웨께서 이렇게 하시는 것은 그들을 벌하기 위해서가 아니다. 포로생활하던 곳에서 그들을 뽑아 내신 야웨께서는 그들을 불쌍히 여기실 것이요, 각 사람으로 하여금 맨 처음에 분배받았던 그들 자신의 땅으로 인도하실 것이다(15절).

그렇지만 이스라엘을 침략하여 괴롭힌 나라들에게 구원의 길이 전혀 없는 것은 아니다. 이에는 두 가지가 있다. 그 하나는 그들이 자기들에게 있는 "여러 나라의 길"(the way of the nations, 10 : 2; '데레크 하꼬임')을 과감하게 버리고 야웨께서 유다 백성에게 주신 길, 곧 "내 백성의 도"(the ways of my people, '다르케['데레크'의 복수형] 암미')를 부지런히 배우는 데 있다(16a절). 물론 여기서 말하는 "내 백성의 도"는 유다 백성에게 있는 야웨 신앙 내지는 그 구체적인 표현인 시내 산 언약법을 가리킨다.

이방 나라들이 야웨 하나님께 구원받을 수 있는 두 번째 방법은, 그들이 유다 백성과 마찬가지로 야웨 하나님의 주권을 인정하는 가운데 살아 계신 야웨의 이름으로 맹세하는 데 있다. 전에는 그들이 유다 백성에게 바알의 이름을 부르면서 맹세하게끔 강제했지만, 이제는 방향을 바꾸어 그들 자신이 오직 야웨 하나님만 섬기겠다고 그의 이름을 두고 맹세를 한다면, 그들에게도 구원의 길이 열릴 것이라는 얘기다. 그들이 이처럼 야웨 하나님께로 완전히 방향을 바꾸면 어떻게 되는가? 야웨께서는 그들도 "내 백성" 가운데에 세움을 입을 것이라는 약속의 말씀을 주신다(16b절). 유다 백성과 마찬가지로 그들 역시 야웨 하나님의 소유가 되고 그의 백성이 될 것이라는 얘기다.

이와 비슷하게 이방 나라들의 구원에 대해서 언급하는 예언 메시지는 이사야(사 2 : 1-4; 19 : 16-25; 56 : 6-8; 60 : 11-14)와 미가(미 4 : 1-3)에서도 똑같이 발견된다. 그러나 이방 나라들의 구원이 아무 조건 없이 저절로 이루어지는 것은 결코 아니다. "내 백성의 도"를 배워야 하고, 야웨 하나님만 섬기기로 맹세해야만 한다. 만일 그들이 야웨 하나님을 인정하거나 그의 도를 배우려고 하지 않고 도리어 그의 언약과 말씀에 불순종하는 길을 택한다면 어떻게 되는가? 그때는 야웨께서 그들을 뿌리째 뽑아(uproot) 완전히 멸하실 것이다(17절). 지상에서 완전히 사라지게 하실 것이라는 얘기다.

설교를 위한 묵상

1) 하나님은 자기 백성 이스라엘이 언약을 위반하는 죄를 범할 때 언약에 규정된 저주를 그대로 실행하시는 분이다. 그는 숲속의 사자처럼 자신을 대적하는 자들을 결코 그냥 두시는 분이 아니다. 사나운 매나 거친 들짐승과도 같은 이방 군대들을 통하여 그들을 벌하실 것이다. 사람과 땅과 농산물 수확에 이르기까지 그야말로 삶의 모든 영역에 걸쳐서 철저한 심판을 행하시는 분인 것이다. 그가 심판을 행하시면 어느 누구도 그 심판으로부터 구원하지 못한다. 어느 누구도 평안을 누리지 못함은 물론이다. 심지어는 그들의 삶의 터전인 땅조차도 예외일 수가 없다. 그는 유다 백성의 포도원이나 땅을 누구도 보살필 수 없는 폐허로 바꾸실 것이요, 황무지로 변한 땅이 하나님을 향하여 슬픔을 느낄 정도의 벌을 내리실 것이다.

그러나 심판을 통하여 자기 백성을 결딴내시는 하나님의 마음은 결코 편치 않다. 예레미야가 탄식하는 것 이상으로 하나님도 자기 백성이 당하는 심판의 고통을 두고서 마음 아파하신다. 그 까닭에 하나님은 심판을 행하시면서도 그들을 "내 집", "내 마음으로 사랑하는 것", "내 소유", "내 포도원", "내 들판", "내가 기뻐하는 들판" 등으로 부르기를 주저하지 않으신다. 이러한 표현에는 심판을 받아 큰 고통에 사로잡힌 시점에라도 유다 백성이 자신에게로 돌아오기를 간절하게 기다리는 하나님의 아픈 마음이 담겨 있다 하겠다. 비록 그들이 불순종과 반역행위로 말미암아 파멸과 재앙의 심판을 받을 것이지만, 그럼에도 불구하고 그들은 여전히 야웨께서 지극히 아끼고 사랑하시는 존재였던 것이다. 야웨 하나님의 바로 이러한 마음이 예레미야의 탄식에 이어 하나님 자신의 탄식을 가능하게 했다.

2) 하나님은 이스라엘 주변에 있는 나라들을 자기 백성을 심판하기 위한 도구로 선택하시지만, 그들 역시 세상 역사를 주관하시는 야웨 하나님의 심판으로부터 벗어나지 못한다. 세상 모든 나라들이 그의 주권 아래 있지만, 특히 이스라엘 주변에 있는 나라들이 그렇다. 야웨 하나님의 "악한 이웃들"로 불리는 그들은 "내 소유"가 되는 유다 백성으로 하여금 바알의 이름으로 맹세하게 하면서 바알을 섬기도록 강제하는가 하면, 그들을 침공함으로써 야웨께서 "내 백성" 이스라엘에게 기업으로 준 소유에 손을 댄 일로 인하여 하나님의 원수가 되고 말았다. 이로 인하여 그들은 뿌리 뽑힘을 당하는 심판을 면치 못할 것이다. 그들이 아무리 강한 군대를 가지고 있다 할지라도, 그리고 그들이 아무리 많은 신들을 섬기고 있다 할지라도 하나님의 심판에는 예외가 있을 수 없다.

그러나 그들에게 구원의 길이 없는 것은 아니다. 이제까지 자기들이 걸어왔던 우상 숭배의 길을 버리고 야웨께서 자기 백성에게 주신 길을 열심히 배우고 실천한다면, 그리고 살아 계신 야웨 하나님의 이름으로 맹세하면서 오직 그만 섬기겠다고 다짐한다면, 그들에게도 똑같이 구원의 길이 열릴 수 있는 것이다. 이방 나라들을 향한 이러한 심판과 구원의 메시지는 유다 백성과 밀접하게 관련된다. 그래서인지 예레미야는 이방 나라들을 향한 심판과 구원의 메시지 중간에 유다 백성의 구원에 관한 메시지를 삽입하고 있다. 이것은 하나님이 자기 백성의 죄악을 심판하시는 분이면서도, 심판으로 모든 것을 끝장내시는 분이 결코 아님을 분명하게 보여 준다. 자기 백성을 향한 하나님의 구원은 먼저 그들을 침공한 나라들을 향한 심판을 통해서 우회적으로 이루어진다. 그런 다음에 그 나라들에 사로잡혀 있는 자기 백성을 그곳에서 뽑아 내어 약속의 땅으로 돌아가게 함으로써 그의 구원이 완성된다. 물론 자기 백성을 향한 하나님의 구원은 전적으로 그의 긍휼하심과 불쌍히 여기심에 뿌리를 두고 있는 것이다. 유다 백성의 변화나 회개와는 무관하게 말이다. 이 점에서 볼 때 장차 있을 유다 백성의 구원은 야웨 하나님께로부터 주어지는 은총의 선물임에 틀림없다.

M. 상징과 비유로 선포되는 경고와 심판(13 : 1–27)

유다 나라를 향한 하나님의 심판 메시지를 담고 있는 13장은 예레미야의 이름을 한 번도 언급하지 않고 있으며, 크게 두 단락으로 나누어진다. 전반부인 1~14절은 예레미야의 상징적인 행동과 비유의 메시지를 담고 있으며, 후반부인 15~27절은 경고와 심판의 메시지를 담고 있다. 좀 더 구체적으로 말하자면, 1~14절은 허리띠와 관련된 상징적인 행동을 다루는 1~11절과 포도주 가죽부대에 관한 비유의 말씀을 담고 있는 12~14절로 나누어지며, 15~27절은 경고의 말씀을 다루는 15~19절과 예루살렘의 죄악과 그에 대한 심판의 말씀을 담고 있는 20~27절로 나누어진다.

그런데 흥미롭게도 상징과 비유의 말씀을 담고 있는 1~14절은 산문체로 되어 있는 반면에, 경고와 심판의 말씀을 담고 있는 15~27절은 시문체로 되어 있다. 그리고 한 가지 더 추가할 것은, 13장 본문 전체에서 예레미야의 예언 메시지가 야웨 하나님의 말씀임을 강조하는 '코 아마르 야웨'(thus says Yahweh, "야웨께서 이와 같이 말씀하시기를")라는 사자 양식이 1, 9, 12, 13절에서 네 번 사용되고 있으며, '느움 야웨'(declares Yahweh, "야웨의 말씀이니라")라는 예언구는 11, 14, 25절에서 세 번 사용되고 있다는 점이다. 특히 13장은 예레미야 전체에서 '코 아마르 야웨'라는 "사자 양식"이 본문의 맨 처음에 나오는 장으로 널리 알려져 있다. 19장과 22장 및 51장 등도 마찬가지이다. 이것은 예레미야 전체에서 '코 아마르 야웨'가 맨 처음 나오는 장은 모두 네 개의 장밖에 없음을 의미한다.

1. 허리띠와 관련된 상징적인 행동(13 : 1–11)

1여호와께서 이와 같이 내게 이르시되 너는 가서 베 띠를 사서 네 허리
에 띠고 물에 적시지 말라 하시기로 2내가 여호와의 말씀대로 띠를 사서

내 허리에 띠니라 [3]여호와의 말씀이 다시 내게 임하여 이르시되 [4]너는
사서 네 허리에 띤 띠를 가지고 일어나 유브라데로 가서 거기서 그것을
바위 틈에 감추라 하시기로 [5]내가 여호와께서 내게 명령하신 대로 가서
그것을 유브라데 물가에 감추니라 [6]여러 날 후에 여호와께서 내게 이르
시되 일어나 유브라데로 가서 내가 네게 명령하여 거기 감추게 한 띠를
가져오라 하시기로 [7]내가 유브라데로 가서 그 감추었던 곳을 파고 띠를
가져오니 띠가 썩어서 쓸 수 없게 되었더라 [8]여호와의 말씀이 내게 임하
니라 이르시되 [9]여호와께서 이와 같이 말씀하시니라 내가 유다의 교만
과 예루살렘의 큰 교만을 이같이 썩게 하리라 [10]이 악한 백성이 내 말 듣
기를 거절하고 그 마음의 완악한 대로 행하며 다른 신들을 따라 그를 섬
기며 그에게 절하니 그들이 이 띠가 쓸 수 없음같이 되리라 [11]여호와의
말씀이니라 띠가 사람의 허리에 속함같이 내가 이스라엘 온 집과 유다
온 집으로 내게 속하게 하여 그들로 내 백성이 되게 하며 내 이름과 명
예와 영광이 되게 하려 하였으나 그들이 듣지 아니하였느니라

[13 : 1–11] 예언자들이 선포하는 야웨 하나님의 말씀에는 크게 두 가지가 있다. 그 하나는 입으로 선포하는 구두 메시지이고, 다른 하나는 상징적인 행동을 통하여 비언어적인 방식으로 선포되는 말씀이다. 예언 메시지의 대세를 이루는 전자가 귀로 듣는 말씀이라고 한다면, 후자는 눈으로 보는 말씀이라고 할 수 있다. 귀로 듣는 말씀은 특별한 경우가 아니면 듣는 순간에 거의 이해가 되지만, 눈으로 보는 말씀은 바로 이해되기보다는 누군가에 의하여 해석되거나 별도의 설명이 주어지지 않는 한 이해되지 못하는 경우가 많다. 예레미야 13장에서도 1~7절이 예레미야에게서 맨 처음으로 발견되는 상징적인 행동에 해당하는 본문인 반면에, 8~11절은 그에 대한 야웨 하나님의 설명으로 이루어져 있다는 사실이 그 점을 뒷받침한다(Lundbom I, 665).

예언자들 중에서는 에스겔이 상징적인 행동을 가장 많이 보여 주는 예언

자로 널리 알려져 있다. 그는 하나님의 심판을 마치 하나님을 위한 광대와도 같이 여러 가지 상징적인 행위들을 통해서 구체적으로 보여 주었던 예언자이다. 이로써 그의 삶은 불순종한 유다 백성에게 살아 있는 실물 교훈으로 전달된다. 먼저 그는 토판을 한 장 가져다가 그 위에 예루살렘이 포위될 것을 나타내는 그림을 그리며(4 : 1–3), 390일을 왼쪽으로 누워 이스라엘 족속의 죄악을 떠맡고 40일을 오른쪽으로 누워 유다 족속의 죄악을 떠맡되, 밀과 보리와 콩과 팥과 조와 귀리를 반죽하여 만든 빵을 쇠똥으로 구워 먹음으로써, 유다 백성이 남의 나라에 포로로 잡혀가 더러운 떡을 먹을 것임을 상징적으로 보여 준다(겔 4 : 4–17). 그리고 그는 아주 적은 수의 남은 자들만이 불의 시련을 거쳐서 살아남게 될 것임을 상징하기 위해 머리카락과 수염을 날카로운 칼로 밀어서 저울에 달아 나누어 놓고, 그 삼분의 일을 성읍 한가운데서 불로 태우고, 또 삼분의 일은 성읍 둘레를 돌면서 칼로 내려치며, 또 삼분의 일은 바람에 날려 흩어지게 한다(겔 5 : 1–12).

또한 에스겔은 유다 백성에게 포로 생활이 가까이 닥쳤음을 알리기 위해, 포로로 잡혀가는 자들이 짊어지는 짐을 메고 성벽을 뚫고서 이사를 한다(겔 12 : 1–12). 그런가 하면 바벨론 왕의 칼(군대)이 올 두 길을 한 땅에서 나오도록 그리되, 성으로 들어가는 길머리에 길이 나뉘는 지시표를 하고, 암몬 족속의 랍바에 이르는 길과 유다의 예루살렘에 이르는 길 두 개를 그림으로써, 바벨론의 느부갓네살이 예루살렘을 먼저 공격할 것인가, 아니면 암몬 족속을 먼저 공격할 것인가를 알아내기 위해 점을 친 후에 예루살렘을 칠 것임을 상징적으로 보여 준다(겔 21 : 18–23). 마지막으로 에스겔은 유다 백성이 예루살렘의 함락을 슬퍼할 수 없을 것임을 그들에게 보여 주는 표시로, 하나님께서 그에게 명하신 대로 그의 죽은 아내를 위해 애도하기를 거부한다(겔 24 : 15–27).

예레미야의 경우에도 상징적인 행동을 통한 말씀 선포의 사례가 비교적 자주 발견된다. 이를테면 야웨 하나님의 결혼 금지 명령으로 예레미야는 가정을 갖지 못한 채로 예언 활동을 수행하며(16 : 1-4), 토기장이의 집으로 가서 토기장이가 온갖 종류의 그릇을 자기 의견에 좋은 대로 만드는 모습을 보기도 한다(18 : 1-12). 그는 또한 토기장이의 옹기를 구입한 다음에 그것을 깨뜨리는 행동을 통하여 야웨 하나님의 심판을 선고하기도 하며(19장), 거짓 예언자들과 싸우는 과정에서 줄과 멍에를 목에 걸고서 바벨론에 항복해야 살 것이라는 메시지를 전한다(27-28장). 그런가 하면 예레미야는 아나돗에 있는 숙부 하나멜의 밭을 사들임으로써 유다 백성의 귀향을 예언하며(32 : 1-15), 큰 돌 여러 개를 감춤으로써 심판의 메시지를 전한다(43 : 8-13). 그리고 마지막으로 그는 심판 예언을 기록한 책을 유프라테스 강에 던지는 행동을 취하기도 한다(51 : 59-64).

실행된 비유(acted parable; Clements, 85)를 담고 있는 1~11절 단락은 예레미야의 상징적인 행동을 자서전적인 문체로 진술하는 부분(1-7절)과 그러한 행동의 의미를 설명하는 야웨의 말씀(8-11절)으로 나누어지는 바(Thompson, 363), 이 단락의 서두에서 야웨께서는 예레미야에게 베로 만든 띠를 새로 구입하여 허리에 띠고 물에 적시지 말라는 첫 번째 명령을 내리신다(1절). 이것은 유다 백성이 처음에는 하나님의 선택하심을 입은 새로운 민족이요, 물에 젖지도 않은 깨끗한 언약 백성이었음을 암시하는 것으로 보인다. 광야 시대의 이스라엘이 순전한 신부와도 같았고 야웨를 위한 성물의 첫 열매와도 같았다고 보는 2 : 2~3의 메시지도 이와 거의 비슷한 의미를 전달하고 있는 것으로 보인다.

예레미야는 상징적인 행동을 명하는 이 첫 번째 "여호와의 말씀"을 따라 베로 만든 띠를 샀고 그것을 자신의 허리에 띠었다(2절). 이에 "여호와의 말씀"이 다시금 예레미야에게 임했다(3절). 두 번째로 그에게 임한 여호와의 말씀은 그 허리띠를 아나돗으로부터 북동쪽으로 350마일(560km) 정도 떨어진 유프라테스 강가('프랏'을 유프라테스로 보지 않고 아나돗 북동쪽 4km 지점의 파라[Parah]로 보는 견해도 있음, Holladay I, 496; Lundbom I, 668-669;

차준희, 147-148; 박동현 I, 474)의 한 바위틈에 숨겨 두라는 것이다(4절). 예레미야는 이 두 번째 명령도 그대로 실행에 옮겼다(5절). 여러 날이 지난 다음에, 어쩌면 수년이 지난 후에, 야웨께서는 세 번째로 예레미야에게 명하여 유프라테스 강가의 바위틈에 숨겨 놓은 허리띠를 가져오게 하셨다(6절). 예레미야는 상징적인 행동을 명하는 이 세 번째 명령도 그대로 순종하여 허리띠를 감추어 둔 곳으로 갔다. 그런데 그 감추어 둔 곳을 파서 허리띠를 꺼내 보니, 그것은 오랫동안 비바람에 노출된 탓에 썩어서 쓸 수 없게 되고 말았다(7절).

야웨께서는 8~11절에서 일종의 실물교육이라고도 할 수 있는 이상의 세 가지 상징적인 행동들이 갖는 의미에 대해서 설명하신다. 다시금 "여호와의 말씀"으로 주어지는(8절) 그 설명에 의하면, 허리띠는 하나님의 백성을 가리키고, 허리띠가 붙들어 매고 있는 허리와 몸통은 야웨 하나님을 가리키고 있음이 분명하다. 이것은 사람이 띠를 허리에 감는 것처럼 야웨께서도 언약을 통하여 자신을 자기 백성에게 묶으셨음을 의미했다. 또한 그것은 그들을 언약 백성으로 꾸준히 보살펴 주신 하나님의 은혜와 사랑을 암시하는 것일 수도 있다. 그리고 그 허리띠가 몸에서 분리된 채로 멀리 떨어진 곳에서 수년 동안 비바람에 노출되어 썩고 만 것은, 유다 나라가 야웨 하나님을 버렸을 뿐만 아니라 그가 주신 언약을 파기하고 그로부터 멀어진 탓에 이제는 쓸모없는 존재가 되었음을 암시한다.

그래서인지 야웨께서는 9절에서 유다 나라 전체의 교만과 지배 계층이 몰려 사는 예루살렘의 큰 교만을 그 허리띠처럼 썩게 할 것이라고 말씀하신다. 그들의 교만은 사실 자기들이 하나님의 은혜로 선택된 민족이라는 생각에서 비롯된 것이었다. 그리고 그들의 교만이 썩는다는 것은 곧 그들의 교만이 무너지고 땅바닥에 떨어질 것임을 뜻하는 것으로, 그들이 이방 나라(바벨론)의 침략을 받아 포로로 사로잡혀 갈 것임을 암시한다. 유다 나라와 예루살렘에 하나님의 이러한 심판이 임하는 이유는, "이 악한 백성"이 하나님의 말씀 듣기를 거절하고 자신의 완악한 마음을 따라 행하면서 다른 신들을 섬기며 경배하였기 때문이다. 그 까닭에 그들은 이제 허리띠가 썩어서 더 이상 사용될 수 없는 것과도 같이 도무지 쓸모없는 존재가 되고 말 것이다(10절).

전에는 허리띠가 사람의 허리에 단단히 동여지듯이 야웨께서 이스라엘 온 집(북왕국 이스라엘)과 유다 온 집(남왕국 유다)을 자신에게 단단히 동여매어, 그들을 "내 백성"이 되게 하고 자기 이름을 빛내게 하는 한편으로, 자기를 찬양하게 하고 또 자기에게 영광을 돌리게 하셨다(참조. 신 26 : 19). 그럼에도 불구하고 그들은 야웨의 말씀에 귀를 기울이지 않았으며 그 말씀에 순종하지도 않았다. 도리어 그들은 야웨 하나님을 버리고 이방 신들을 섬기는 신앙적인 탈선의 길에 빠지고 말았다(11절). 그 때문에 이제 그들은 야웨 하나님 앞에서 썩은 허리띠처럼 무익한 존재가 될 수밖에 없을 것이다. 그리고 본문에는 분명하게 언급되어 있지 않지만, 예레미야가 유프라테스 강으로 먼 길을 두 차례에 걸쳐서 여행한 것은, 아마도 유다 백성이 그곳에 사는 바벨론 군대의 침략을 받게 될 것이요, 그곳으로 사로잡혀 가게 될 것임을 암시할 것이다.

2. 포도주 가죽부대에 관한 비유(13 : 12–14)

12그러므로 너는 이 말로 그들에게 이르기를 이스라엘의 하나님 여호와
의 말씀에 모든 가죽부대가 포도주로 차리라 하셨다 하라 그리하면 그
들이 네게 이르기를 모든 가죽부대가 포도주로 찰 줄을 우리가 어찌 알
지 못하리요 하리니 13너는 다시 그들에게 이르기를 여호와의 말씀에 보
라 내가 이 땅의 모든 주민과 다윗의 왕위에 앉은 왕들과 제사장들과 선
지자들과 예루살렘 모든 주민으로 잔뜩 취하게 하고 14또 그들로 피차
충돌하여 상하게 하되 부자 사이에도 그러하게 할 것이라 내가 그들을
불쌍히 여기지 아니하며 사랑하지 아니하며 아끼지 아니하고 멸하리라

하셨다 하라 여호와의 말씀이니라

[13:12] 앞 단락에서 예레미야에게 상징적인 행동을 취하도록 명하신 야웨께서는, 연이어 그에게 유다 백성 전체를 대상으로 하여 한 가지 비유의 말씀을 전하라고 명하신다. 그러나 비유의 말씀 역시 쉽게 이해할 수 없는 것이기에, 앞 단락이 예레미야의 상징적인 행동(1-7절)과 그에 대한 야웨 하나님의 설명(8-11절)이라는 이중 구조를 통하여 심판 메시지를 전달하던 것처럼, 12~14절도 마찬가지로 예레미야가 전한 비유의 말씀(12절)에 이어 야웨께서 그 비유가 갖는 의미에 대해서 설명(13-14절)하시는 방식으로 심판 메시지를 전달하고 있다.

야웨께서는 유다 나라에 임할 자신의 심판을 포도주 가죽부대에 관한 비유의 말씀을 통하여 전하도록 예레미야에게 명하신다. 다수의 주석가들은 여기서 포도주 "가죽부대"(wineskin)로 번역된 히브리어 낱말 '네벨'을 포도주를 담는 "항아리"([wine] jar 또는 [wine] jug)로 번역한다(주전 7세기경의 포도주 항아리 사진은 Fretheim, 207에서 볼 수 있음). 그러나 이 낱말을 어떻게 번역하건 간에 그것이 포도주를 담는 용기임에는 틀림이 없다. 개역 개정판이나 표준새번역, 그리고 NIV(New International Version) 등을 따라서 포도주를 담는 "가죽부대"로 번역해도 큰 무리가 없을 것이다.

야웨께서는 예레미야에게 "모든 가죽부대가 포도주로 가득 찰 것이다!"라는 대중적인 격언의 메시지를 유다 백성에게 전하도록 지시하신다(12a절). 포도 수확철이 되면 포도주를 담는 가죽부대가 포도주로 가득 차기 마련이기에, 이 비유의 말씀은 너무도 당연한 현실을 반영하는 것이라 할 수 있다. 그래서인지 유다 백성은 예레미야를 비난하는 듯한 어조로 그처럼 당연한 사실을 자기들이 모를 리가 있겠느냐고 되묻는다(12b절). 예레미야와 유다 백성 사이에 오가는 이러한 문답은 야웨께서 때가 되면 유다 나라 전체를 진노와 심판의 포도주로 가득 채우실 것임을 암시하지만, 유다 백성은 하나님께서 대중적인 격언을 통하여 뜻하신 바를 제대로 이해하지 못한다. 13~14절을 보면 이 점이 분명하게 드러난다.

[13 : 13–14] 유다 백성의 시큰둥한 반응을 접하신 야웨께서는, 예레미야를 통해 주어진 비유의 말씀이 어떠한 의미를 갖는지 13~14절에서 자세하게 설명하신다. 그는 유다 땅의 모든 주민과 다윗의 왕위에 앉은 왕들과 제사장들과 예언자들과 예루살렘의 모든 주민을 술에 잔뜩 취하게 할 것이요(13절; 참조. 25 : 15–29; 48 : 26), 그들로 하여금 서로 부딪쳐서 깨지게 하고, 아버지와 자녀도 서로 부딪쳐서 깨지게 하겠다고 말씀하신다(14a절). 이 말씀은 지배 계층이나 피지배 계층 할 것 없이 유다 백성 전체가 심판의 대상이 될 것임을 의미한다. 부모와 자녀가 모여 사는 가정이라고 예외일 수 없다. 한마디로 말해서 가정 안과 밖에 있는 사람들 중 어느 누구도 하나님의 심판을 피하지 못할 것이라는 얘기다.

그러나 하나님의 심판은 단순히 유다 백성 전체를 술에 잔뜩 취하게 만드는 것으로 끝나지 않는다. 야웨께서는 부모와 자녀를 포함한 유다 백성 모두를 술에 취한 채로 서로 부딪쳐서 깨지게 하실 것이다. 유다 공동체의 심각한 분열상을 전제하고 있는 이 말씀에는, 야웨께서 술에 취하여 인사불성 상태에 빠진 유다 공동체로 하여금 가정 안에서나 밖에서 서로를 상하게 함으로써, 종국에는 유다 나라 전체가 폭력적이고 무자비한 심판에 직면하게 될 것이라는 메시지가 감추어져 있다. 하나님은 심판하심에 있어서 그들을 전혀 불쌍히 여기지 않을 것이요, 그들을 동정하지도 않으실 것이다. 도리어 인정사정없이 그들을 완전히 멸망시킬 것이다(14b절).

3. 경고의 말씀(13 : 15–19)

15너희는 들을지어다, 귀를 기울일지어다, 교만하지 말지어다, 여호와께

서 말씀하셨음이라 [16]그가 어둠을 일으키시기 전, 너희 발이 어두운 산
에 거치기 전, 너희 바라는 빛이 사망의 그늘로 변하여 침침한 어둠이
되게 하시기 전에 너희 하나님 여호와께 영광을 돌리라 [17]너희가 이를
듣지 아니하면 나의 심령이 너희 교만으로 말미암아 은밀한 곳에서 울
것이며 여호와의 양 떼가 사로잡힘으로 말미암아 눈물을 흘려 통곡하리
라 [18]너는 왕과 왕후에게 전하기를 스스로 낮추어 앉으라 관 곧 영광의
면류관이 내려졌다 하라 [19]네겝의 성읍들이 봉쇄되어 열 자가 없고 유다
가 다 잡혀가되 온전히 잡혀가도다

[13 : 15–19] 하나님은 심판을 집행하기에 앞서 경고의 말씀을 주신다. 앞서 야웨께서 예레미야에게 중재 기도 자체를 금지하신 것(7 : 16; 11 : 14–17)을 보면, 유다 백성이 이 경고의 말씀에 귀를 기울일 가능성은 전혀 없지만, 그럼에도 불구하고 하나님께서는 혹시나 하는 마음으로 그들에게 강력한 경고의 메시지를 전하신다. 이 경고의 말씀은 교만을 접고 스스로를 낮추어 하나님의 은혜와 영광을 구하라는 메시지를 담고 있다. 15~17절이 유다 백성 전체를 향한 경고의 메시지를 담고 있다면, 18~19절은 왕족, 특히 왕과 황태후(queen mother)를 향한 경고의 메시지를 담고 있다.

유다 백성이 임박한 야웨 하나님의 심판을 피하여 구원을 받기 위해서는, 하나님과 그의 말씀을 멸시하는 교만한 마음을 내버리고 그의 말씀에 귀를 기울여야 한다. 15절에서 연속적으로 이어지는 세 개의 명령문이 이를 잘 보여 준다. "들으라!"는 명령과 "귀를 기울이라!"는 명령, 그리고 "교만하지 말라!"는 명령이 그렇다. 앞의 두 가지 명령이 말씀에 순종하는 삶을 가리키고 있는 반면에, 마지막 세 번째 명령은 야웨 하나님과 그의 말씀에 대한 정신적인 태도가 어떠해야 하는지 말하고 있다.

예레미야는 16절에서 네 번째 명령을 유다 백성에게 전한다. 야웨 하나님께 영광을 돌리라는 명령이 바로 그것이다. 유다 백성은 야웨 하나님의 가

혹한 심판이 임하기 전에, 곧 그가 날을 어두워지게 하시기 전에, 그리고 그들이 그 어두움으로 인하여 어두운 산 속에서 길을 잃고 헤매기 전에 교만한 마음을 내던지고서 야웨께 영광을 돌려야 한다. 그렇지 않을 경우에는, 설령 그들이 어두운 밤중에 빛을 간절히 바란다고 해도 하나님께서는 그것을 새벽 여명으로 이끄시는 것이 아니라 도리어 자신이 정해 두신 자연의 질서를 깨뜨리고서 그것을 더욱 침침한 어둠과 짙은 흑암으로 바꾸어 놓으실 것이다(16절). 한밤중의 어둠이 결코 끝나지 않고 아무리 기다려도 새벽이 오지 않는 심판이 그들에게 임할 것이라는 얘기다. 물론 여기서 야웨께 영광을 돌린다는 것은, 문자적인 의미에서 볼 때 그에게 영광(glory, '카보드')을 "드리는"(give, '나탄') 행동을 가리키는 것으로, 찬양이나 예배를 가리킨다기보다는 겸손함과 회개 및 순종 등을 통하여 그를 존중히 여기는 태도를 가리킨다.

만일 그들이 야웨께서 예레미야를 통하여 주신 경고의 말씀에 귀를 기울이지 않는다면, 어떠한 일이 벌어질 것인가? 그렇게 되면, 그들의 교만 때문에 예레미야의 심령이 은밀한 곳에서 울 것이요, 야웨의 양 떼(시 80 : 1; 95 : 7; 100 : 3)가 포로로 사로잡힘으로 인하여 하염없이 눈물을 흘릴 것이다(17절; 4 : 19-20; 8 : 18-19, 9 : 1). 이것은 눈물의 예언자인 예레미야의 탄식하는 마음을 절실하게 표현한 것이지만, 궁극적으로는 예레미야를 통해 표현되는 하나님의 탄식을 그대로 반영하는 것이기도 하다. 공의의 하나님께서는 자기 백성의 죄악에 대하여 벌을 내리시면서도, 그들이 당할 심판의 고통으로 인하여 그들 못지않게 마음 아파하시는 분인 것이다.

교만한 마음을 버림으로써 하나님의 심령을 편하게 해 드려야 할 자들은 일반 백성들만이 아니다. 왕과 황태후(또는 태후, queen mother)도 그 일에서 예외일 수 없다(18a절). 개역 개정판은 18절에 나오는 '그비라'를 '왕후'(queen)로 번역하고 있지만, 더 정확하게는 왕의 어머니인 "황태후"로 번역해야 옳을 것이다. 왜냐하면, 열왕기상 15 : 13이나 역대하 15 : 16에서 보듯이, '그비라'는 현직 왕의 통치 시기에 때때로 막강한 정치적 영향력을 행사하던 왕의 어머니를 가리키는 낱말이기 때문이다(참조. 왕하 10 : 13).

비록 '그비라'라는 낱말이 사용되지 않고 있지만, 솔로몬의 어머니 밧세바가 솔로몬의 왕위 등극을 위해 결정적인 역할을 수행한 것(왕상 1 : 11-31)이나, 아도니야가 밧세바를 찾아와 수넴 여인 아비삭을 얻을 수 있도록 솔로몬에게 잘 말해 달라고 요청하는 것(왕상 2 : 13-25)은 황태후가 왕실 정치에서 얼마나 큰 영향력을 가지고 있었는지를 잘 보여 준다. 열왕기가 이스라엘 왕정사를 기록하면서, 왕의 아내 이름보다는 어머니인 황태후의 이름을 자주 사용하고 있다는 사실(왕상 11 : 26; 14 : 21, 31; 15 : 2, 13; 22 : 42, 52; 왕하 8 : 26; 9 : 22; 11 : 1; 12 : 1; 14 : 2; 15 : 2, 33; 18 : 2; 21 : 1, 19; 22 : 1; 23 : 31, 36; 24 : 8, 12, 15, 18)도 같은 맥락에서 이해할 수 있다.

예레미야가 여기서 말하는 왕과 황태후는 아마도 남왕국의 여호야김 왕이 죽은 후 18세에 왕위에 올랐다가 3개월 만에 폐위된 여호야긴 왕과 그의 어머니 느후스다를 가리킬 것이다(22 : 24-30, 특히 26절; 29 : 2; 왕하 24 : 8, 12, 15). 야웨께서는 예레미야를 통하여 그들에게 왕의 자리에서 내려와 자신을 낮출 것을 명하신다. 겸손한 모습으로 회개할 것을 촉구하신 것이다. 만일 그렇게 하지 않는다면, 그들의 영광스러운 면류관이 머리에서 벗겨져 떨어질 것이기 때문이다(18b절). 그뿐이 아니다. 유다의 최남단 국경지대에 있는 남쪽 지방(네겝)의 성읍들이 이방 군대의 침략을 받아 봉쇄된 상태에 있으나(왕하 24 : 2) 그 성읍들을 열(open) 사람이 전혀 없는 탓에, 온 유다가 남김없이 포로로 사로잡혀 갈 것이기 때문이다(19절).

"봉쇄되어 열 자가 없고"라는 표현에 비추어 본다면, 19절 본문이 언급하는 성읍들은 사람들이 거주하는 일반적인 성읍들이 아니라 국가에서 필요로 하는 식량과 무기들을 공급하거나 보관했던 일종의 국고성(國庫城, store cities; 출 1 : 11; 왕상 9 : 19; 대하 8 : 4, 6; 16 : 4; 17 : 12 등)을 가리킬 가능성이 높다. 따라서 19절에는 바벨론 군대가 아무도 그 성읍들을 열지 못하도록 완전히 봉쇄할 것이기에, 유다 군대가 식량과 무기를 공급받지 못한 채로 전쟁에 패할 것이라는 의미가 감추어져 있는 셈이다. 이처럼 화급한 위기의 때, 곧 북쪽에 있는 바벨론 군대가 유다 왕국의 북쪽 지역을 다 정복한 후에 이제는 가장 남쪽에 있는 네겝의 성읍들까지 포위 공격하여 함락시키려는 위기의 때에, 나라를 책임져야 할 왕과 황태후는 당연히 교만한 마음을 버리고서 자신을 낮춘 채로 하나님의 은혜와 구원 및 영광을 구해야 하지 않겠는가!

4. 예루살렘의 죄악과 그에 대한 심판(13 : 20–27)

> 20너는 눈을 들어 북방에서 오는 자들을 보라 네게 맡겼던 양 떼, 네 아
> 름다운 양 떼는 어디 있느냐 21너의 친구 삼았던 자를 그가 네 위에 우두
> 머리로 세우실 때에 네가 무슨 말을 하겠느냐 네가 고통에 사로잡힘이
> 산고를 겪는 여인 같지 않겠느냐 22네가 마음으로 이르기를 어찌하여 이
> 런 일이 내게 닥쳤는고 하겠으나 네 죄악이 크므로 네 치마가 들리고 네
> 발뒤꿈치가 상함이니라 23구스인이 그의 피부를, 표범이 그의 반점을 변
> 하게 할 수 있느냐 할 수 있을진대 악에 익숙한 너희도 선을 행할 수 있
> 으리라 24그러므로 내가 그들을 사막 바람에 불려 가는 검불같이 흩으리
> 로다 25여호와의 말씀이니라 이는 네 몫이요 내가 헤아려 정하여 네게
> 준 분깃이니 네가 나를 잊어버리고 거짓을 신뢰하는 까닭이라 26그러므
> 로 내가 네 치마를 네 얼굴에까지 들춰서 네 수치를 드러내리라 27내가
> 너의 간음과 사악한 소리와 들의 작은 산 위에서 네가 행한 음란과 음행
> 과 가증한 것을 보았노라 화 있을진저 예루살렘이여 네가 얼마나 오랜
> 후에야 정결하게 되겠느냐 하시니라

[13:20–27] 13장의 마지막 단락인 20~27절은 2인칭 여성 단수를 대상으로 하여 선포되는 말씀인 바, 이는 이 단락 전체가 27절에 언급된 바와 같이 남 왕국의 수도인 예루살렘을 젊은 여인으로 의인화하는 메시지임을 암시한다.

야웨께서는 먼저 예루살렘에게 눈을 높이 들고 북방에서 오는 침략자들(바벨론 군대, 1 : 15; 4 : 16; 6 : 1, 22; 8 : 16)을 바라보라고 하시면서, 자신에게 맡겨진 양 떼, 곧 그들이 자랑하여 마지않던 아름다운 양 떼가 지금 어디에 있는지 살펴보라고 명하신다(20절). 이러한 명령은 젊은 여인으로 의인화된 예루살렘이 그곳에 거주하는 남왕국 유다의 통치자들을 가리키고 있음을 의미한다. 20~27절 단락에서 유일하게 23절과 24절에서만 사용되고 있는 남성 복수형 "너희"와 "그들"은 바로 그러한 통치자들을 가리키는 표현이다. 그들은 자기들에게 맡겨진 야웨의 양 떼, 곧 유다 백성이 침략자들 앞에서 칼에 죽거나 포로가 되어 사로잡혀 가는데도 그들을 전혀 보호하지 못하는 무기력한 모습을 보일 것이다.

이를 좀 더 구체적으로 보여 주는 것이 21절 말씀이다. 야웨께서는 예루살렘이 오랫동안 공들여 친구로 삼고서 동맹 관계를 맺었던 나라를 그들의 우두머리로 세우시고서, 그 나라로 하여금 유다 나라를 공격하고 지배하게 만드실 것이다(21a절). 이것은 남왕국 유다의 여호야김 왕이 3년 동안 열심히 바벨론 제국의 느부갓네살 왕에게 조공을 바쳤으나 3년 후에 그를 배반하였고(왕하 24 : 1), 그 결과 그의 아들 여호야긴 왕의 때인 주전 597년에 바벨론 연합군의 공격을 받아 유다 나라가 크게 패하면서 많은 사람들이 포로로 잡혀간 역사적인 사건(왕하 24 : 10–17)을 가리키는 것으로 보인다. 당시에 바벨론 왕 느부갓네살은 왕이 된 지 3개월 밖에 되지 않은 여호야긴을 사로잡아 가고, 그를 대신하여 여호야긴의 숙부 맛다니야를 왕으로 세운 다음에, 그의 이름을 시드기야(Zedekiah, "야웨는 의로우시다"라는 뜻을 가지고 있음[Yahweh is righteous].)로 바꾸고 말았다(왕하 24 : 15–17).

이처럼 비극적인 상황에 직면하게 될 예루살렘이 대체 무슨 말을 할 수 있겠는가? 그는 아마도 해산하는 여인처럼 온갖 진통에 사로잡힐 것이다(21b절; 4 : 31; 6 : 24; 22 : 23). 그뿐이 아니다. 예루살렘은 마음속으로 "어찌하여 이런 일이 내게 닥쳤을꼬?"하면서 탄식하겠지만, 사실 자신의 치마가 벗겨지는 큰 수치를 당할 것이요(레 18 : 6–19; 20 : 17; 신 22 : 30; 27 : 20; 사 47 : 2–3; 호 2 : 3; 나 3 : 5), 또 자신의 발뒤꿈치가 상하는 고통을 맛보게 될 것이다. 그 까닭은 그가 저지른 죄악이 너무도 크고 많기 때문이다(22절). 여기서 말하는 발뒤꿈치가 남녀의 몸 중에서도 특히 성기를 가리키는 완곡한 표현(신 28 : 57; 삼상 24 : 3; 사 6 : 2; 7 : 20 등)임을 염두에 둔다면(참조. Fretheim, 214), 발뒤꿈치가 상할 것이라는 심판의 메시지는 유다 나라가 마치 성폭력에 희생되는 것과도 같은 충격과 수치에 사로잡힐 것임을 암시한다.

예루살렘이 이렇듯이 하나님의 무서운 심판을 피할 수 없는 이유는, 그들이 더 이상 돌이킬 수 없을 정도로 심하게 변질된 삶과 신앙에 빠져들었기 때문이다. 예레미야는 이것을 피부가 검은 사람과 몸에 얼룩이 있는 맹수에 비교한다. 이를테면 에티오피아 사람("구스인")이 자신의 피부 색깔을 바꿀 수 없는 것처럼, 그리고 표범이 자기 몸에 있는 반점들을 바꿀 수 없는 것처럼, 예루살렘도 자신의 죄악을 도저히 씻어 낼 수가 없다는 것이다. 이것은 죄로 얼룩진 예루살렘의 현 상황이 절대적으로 바뀔 수 없는 것임을 고발하는 메시지가 아닐 수 없다. 만일 그러한 일이 가능해진다면, 비록 죄악에 익숙해진 그들이지만 마음과 생각을 고쳐먹고서 선을 행할 수 있을 것이다(23절). 그러나 예루살렘의 죄악은 에티오피아 사람의 검은 피부나 표범의 얼룩처럼 지워질 수 있는 성질의 것이 결코 아니다. 따라서 그들이 새롭게 변화되어 선을 행한다는 것은 도저히 있을 수 없는 일이요, 기대조차도 할 수 없는 일인 것이다.

이제 남은 것은 하나님의 철저한 심판뿐이다. 예루살렘의 죄악에 대한 하나님의 심판은 24절과 26절 두 차례에 걸쳐서 언급되는 "그러므로" 단락에 잘 언급되어 있다. 첫 번째 심판에 대해서 언급하는 24~25절에 의하면, 야웨께서는 유다 백성을 사막의 바람에 불려 가는 검불처럼 산산이 흩으실 것이다(24절). 이것은 유다 나라의 멸망과 바벨론 포로를 암시하는 것인 바, 이러한 심판은 하나님을 잊어버리고 "거짓"(lie, falsehood, deception; '쉐케르')을 신뢰하는 그들에게 당연히 배정된 몫이요, 분깃이라 할 수 있다(25절). 예레미야가 여기서 말하는 "거짓"은 바알을 가리키는 표현으로(Bright, 95), 유다 백성의 극심한 우상 숭배를 고발하는 메시지임에 틀림없다.

하나님의 두 번째 심판은 젊은 여인으로 의인화된 예루살렘을 빗댄 것으로서, 그의 치마를 얼굴까지 들어올려서 그 몸의 수치가 드러나게 하는 방식으로 이루어질 것이다(26절). 여기서 "수치"(shame, dishonor)로 번역된 히브리어 낱말 '칼론'은 구약성서에서 모두 17번 나오는데, 그중에서 남녀의 생식기를 뜻하는 경우가 두 군데 있다. 26절과 나훔 3:5이 바로 그것이다. 치마를 얼굴까지 들어올려서 수치를 드러나게 하겠다는 것은, 여성으로 의인화된 예루살렘의 생식기를 드러내는 수치를 당하게 하겠다는 심판의 메시지이다(참조. 강성열, "구약성서의 성기 관련 어휘 연구," 「신학이해」 제31집 〈2006〉, 7-41). 이것은 결국 예루살렘이 야웨 앞에서 영적인 간음을 행한 탓에, 간음자가 받는 것과 동일하게 수치스러운 형벌을 받게 될 것임을 의미한다(참조. 호 2:3; 겔 16:37).

고멜(호 1-3장)처럼 도덕적인 통제 능력을 완전히 상실한 여인과도 같은 예루살렘이 이처럼 부끄럽고도 충격적인 심판을 받는 이유는 어디에 있는가? 그 이유는 그가 음란하게 소리를 지르면서 간음을 행했을 뿐만 아니라, 들판에 있는 작은 산 위에서(2:20) 음란과 음행과 가증한 일들을 저질렀기 때문이다(왕하 23:1-20; 대하 34:1-7). 이처럼 대중화된 유다 백성의 우상 숭배와 풍요 제의 참여를 참지 못하시는 야웨께서는 심판 메시지의 종결 부분에서 저주를 선포하시면서(Woe to you, "화 있을진저!"; '오이[woe] 라크[to you]'), 예루살렘에게 얼마나 오랫동안 부정한 채로 있을 것인지 묻는다(27절). 도무지 불가능해 보이는 일이기는 하지만, 예루살렘이 자신의 부정함을 고치고서 하나님께로 돌아서기를 바라는 하나님의 심정이 이 물음에 담겨 있다.

1) 하나님의 종인 예언자의 주된 활동은 입으로 하나님의 말씀을 선포하는 데 있지만, 때로는 상징적인 행동을 통하여 하나님의 뜻을 사람들에게 자신의 삶과 몸으로 보여 주기도 한다. 참으로 예언자의 삶 전체가 하나님의 말씀을 운반하는 도구가 되는 셈이다. 이곳에 진술된 예레미야의 상징적인 행동에 의하면, 이스라엘은 하나님의 선택과 언약에 힘입어 완전히 새로운 존재로 출발하였으나, 나중에는 썩어서 쓸모없게 된 허리띠와도 같은 존재가 되고 말았다. 애초에 하나님께서 그들을 선택하시고 그들과 언약 관계를 맺으신 것은 그들로 하여금 하나님께 영광을 돌리게 하는 것이었지만, 이스라엘은 하나님이 자기들을 위하여 세우신 계획에 상응하는 삶을 전혀 살지 못하였다. 그 까닭에 그들은 심판을 받아 썩은 허리띠와도 같은 파멸의 길에 처하게 될 것이다. 이것은 하나님의 선택하심을 입은 자라 할지라도 그의 뜻과 말씀에 순종하지 않을 경우에는 가차 없는 심판에 직면하게 될 것임을 의미한다. 이로써 우리는 하나님의 심판이 결코 사람을 차별하는 법이 없다는 엄정한 사실을 마음 깊이 새겨 두지 않으면 안 된다. 남녀노소 신분 고하를 막론하고 범죄한 자들은 다 심판의 대상에 포함되기 때문이다. 어느 누구도 예외일 수 없다. 왕이나 제사장 또는 예언자라고 해서 심판에서 벗어나는 것은 결코 아니다. 돈이나 권력이나 명예 등을 많이 가지고 있다고 해서 심판에서 면제되는 것도 아니다. 하나님의 심판 앞에서는 가난한 자도 부자도, 그리고 적게 배운 자도 많이 배운 자도, 힘없는 자도 권세 있는 자도 똑같이 그것을 피하지 못한다. 그리고 일단 하나님의 심판이 결정되고 나면, 불쌍히 여김이나 동정심이 들어설 여지가 전혀 없다. 에누리 없는 심판이 모두에게 똑같이 적용되기 때문이다. 하나님의 심판을 받는 자들은 마치 술에 취한 자들처럼 완전히 무기력한 상태에서 하나님의 징계를 받게 된다. 이를 두려워하는 자라면 결코 그를 떠나 이방 신들을 섬기거나 그와의 언약 관계를 깨뜨리려고 하지 않을 것이다.

2) 하나님께서 유다 나라를 심판하시는 궁극적인 이유는 그들의 교만한 마음에 있다. 자기들을 구원하시고 언약 관계를 맺으신 하나님을 버리고서 자기들 멋대로 이방 신들을 따라가는가 하면, 하나님의 말씀에 귀를 기울이지 않는 영적인 교만이야

말로 모든 죄의 근원이요, 심판의 궁극적인 원인인 것이다. 따라서 하나님의 심판을 면하기 위해서는 지위 고하를 막론하고 온 유다 백성이 교만한 마음을 버리고 하나님의 말씀에 귀를 기울이는 겸손한 자세를 가질 필요가 있다. 최고위층에 속한 왕과 황태후라 할지라도 예외일 수 없다. 그들이 만일 하나님 앞에 범죄함으로 인하여 경고와 심판의 말씀을 들었다면, 겸손하게 자신의 높은 보좌 위에서 내려와 하나님 앞에서 회개하는 마음으로 무릎을 꿇을 수 있어야 한다. 그렇지 않을 경우에는 빛과 구원이 어둠과 심판으로 바뀔 것이요, 그들은 한 사람도 예외 없이 적군의 칼에 죽거나 약속의 땅에서 쫓겨나 남의 나라에 포로로 사로잡혀 갈 것이다. 그리고 그것은 자신이 선택하고 구원한 백성을 자기 손으로 징계해야 하는 하나님의 마음에 피눈물이 나게 할 것이다.

유다 백성은 하나님의 이처럼 안타까운 마음을 전혀 헤아리지 못하는 어리석은 모습을 보였다. 그 결과 마침내 남왕국 유다는 그동안 동맹 관계를 맺어 오던 나라의 침략과 지배를 받아 해산하는 여인처럼 고통을 당할 것이요, 포로로 사로잡혀 가는 재난을 당하게 될 것이다. 죄악에 오염된 그들의 모습은 피부 색깔을 바꿀 수 없는 에티오피아 사람들과도 같고, 자기 몸의 반점들을 바꾸지 못하는 표범의 모습과도 같은 것이어서, 선을 행할 가능성이라고는 눈꼽만큼도 찾을 길이 없다. 그들은 검불처럼 하나님의 심판의 바람에 날아갈 것이요, 치마가 벗겨진 채로 자기 몸의 부끄러운 부분을 드러내는 젊은 여인처럼 큰 수치를 당할 것이다. 하나님을 떠나 이방 신들을 음란하게 섬긴 자들의 말로는 이처럼 비참한 것이다. 누구든지 하나님의 사랑과 구원과 은혜를 배반하고서 우상 숭배의 길에 빠져들게 되면, 돌이킬 수 없는 하나님의 엄한 심판으로 인하여 크게 탄식하고 후회해도 아무 소용이 없게 될 것이다. 심판이 오기 전에 방향 전환이 없다면 어느 누구도 범죄한 자들을 향한 하나님의 불같은 심판을 피할 길이 없다.

N. 극심한 가뭄과 전쟁으로 인한 파멸(14 : 1–15 : 9)

앞 단락(13 : 1–27)에서 상징과 비유를 통하여 심판의 말씀을 전하신 야웨께서는 이제 시각을 달리하여 극심한 가뭄과 전쟁을 매개로 하는 심판이 유다 백성에게 있을 것이라는 보다 직설적인 예언의 말씀을 예레미야에게 주신다. 그리고 이 단락이 강조하는 가뭄과 전쟁의 심판은 칼과 기근과 전염병과 전쟁 포로 등의 네 가지 심판으로 구체화된다. 14 : 1~15 : 9 단락은 이러한 심판의 주요 내용에 따라 여섯 개의 하위 단락들로 나누어진다. 극심한 가뭄에 관하여 예언하는 14 : 1~6, 유다 백성의 첫 번째 탄식과 간구를 담고 있는 14 : 7~9, 유다 백성의 탄식과 간구에 대한 하나님의 첫 번째 응답을 담고 있는 14 : 10~18, 유다 백성의 두 번째 탄식과 간구를 다루는 14 : 19~22, 그에 대한 하나님의 두 번째 응답을 다루고 있는 15 : 1~4, 그리고 마지막으로 하나님의 탄식에 관해 말하는 15 : 5~9 등이 그렇다.

14 : 1~15 : 9 단락 역시 다른 단락들과 마찬가지로 시문체와 산문체의 결합으로 이루어져 있다. 산문체로 된 부분은 14 : 1과 14 : 10~17a, 15 : 1~2a, 15 : 3~4이고, 시문체로 된 부분은 14 : 2~9, 14 : 17b~22, 15 : 2b, 15 : 5~9이다. 그리고 한 가지 더 추가할 것은, 14 : 1~15 : 9 단락에서 예레미야의 예언 메시지가 야웨 하나님의 말씀임을 강조하는 '코 아마르 야웨'(thus says Yahweh, "야웨께서 이와 같이 말씀하시기를")라는 사자 양식이 14 : 10, 15, 15 : 2에서 세 번 사용되고 있으며, '느움 야웨'(declares Yahweh, "야웨의 말씀이니라")라는 예언구는 15 : 3, 6, 9절에서 세 번 사용되고 있다는 점이다. 그런데 개역 개정판은 15 : 6에서 '느움 야웨'를 "여호와께서 이르시되"로 번역함으로써, "여호와의 말씀이니라"로 번역하고 있는 다른 본문들과 차이를 보이고 있다. 번역의 일관성을 유지할 필요가 있을 것이다.

1. 극심한 가뭄(14 : 1–6)

1가뭄에 대하여 예레미야에게 임한 여호와의 말씀이라 2유다가 슬퍼하
며 성문의 무리가 피곤하여 땅 위에서 애통하니 예루살렘의 부르짖음
이 위로 오르도다 3귀인들은 자기 사환들을 보내어 물을 얻으려 하였으
나 그들이 우물에 갔어도 물을 얻지 못하여 빈 그릇으로 돌아오니 부끄
럽고 근심하여 그들의 머리를 가리며 4땅에 비가 없어 지면이 갈라지니
밭 가는 자가 부끄러워서 그의 머리를 가리는도다 5들의 암사슴은 새끼
를 낳아도 풀이 없으므로 내버리며 6들나귀들은 벗은 산 위에 서서 승냥
이같이 헐떡이며 풀이 없으므로 눈이 흐려지는도다

[14 : 1–6] 7 : 1, 11 : 1, 16 : 1, 18 : 1, 21 : 1, 25 : 1, 26 : 1 등처럼 특정 주제를 다루는 단락의 표제(superscription) 역할을 수행하고 있는 1절은, 2절 이하의 본문이 가뭄에 관하여 예레미야에게 임한 야웨의 말씀임을 밝히고 있다. 가뭄은 이스라엘 백성이 시내 산 언약에 규정되어 있는 야웨 하나님의 말씀에 불순종했을 때 그들에게 임할 저주들 중의 하나로 이미 예고된 것이다(신 28 : 22–24). 야웨께서 유다 백성에게 내리실 극심한 가뭄은 유다 나라 전체에 참으로 견디기 어려운 슬픔과 고통을 안겨 줄 것이다. 예레미야는 그것을 다양한 형태로 설명하는 바, 먼저는 사람들이 당할 고통에 대해서(2–4절), 그리고 나중에는 들짐승들이 당할 고통에 대해서 언급한다(5–6절). 물론 사람들과 들짐승들이 당할 고통은 물의 부족으로 인한 초목의 메마름으로부터 비롯된 것이기 때문에, 결과적으로는 생명을 가진 모든 피조물들이 함께 고통당하는 이른바 생태학적인 재앙이 초래된다고 볼 수 있다.

예레미야는 먼저 유다 백성이 당할 고통을 네 부류의 사람들로 나누어 설명한다. 유다 나라의 일반 백성인 성읍 주민들("성문의 무리", 2절)과 귀족들("귀인들", 3절), 그리고 유다 나라의 사회적 하층민에 속한 종들("사환들",

3절)과 농부들("밭 가는 자", 4절)이 그렇다. 야웨께서 유다 나라에 내리실 가뭄이 너무도 극심한 탓에 유다 백성은 슬퍼하며 울 것이요, 성문들(gates, '샤아르'[gate]의 복수형)은 피곤에 지쳐 쓰러질 것이다. 그들은 땅바닥에 쓰러져 탄식할 것이요, 예루살렘의 부르짖음이 하늘을 향하여 치솟을 것이다(2절). 예레미야는 여기서 성문들을 의인화하여 유다 성읍의 주민들을 가리키는 표현으로 사용하고 있다. 그 까닭에 개역 개정판은 "성문들"을 의역하여 "성문의 무리"로 번역한 것이다. 예레미야는 또한 예루살렘도 의인화하여 예루살렘 주민들을 가리키는 데 사용하고 있다. 예레미야는 앞서 12 : 4, 11절에서도 땅과 황무지를 의인화함으로써, 그것들이 마치 유다 사람들처럼 야웨 하나님을 향하여 슬퍼한다고 표현한 적이 있다.

이처럼 성문들과 예루살렘을 의인화한 2절의 메시지는 유다 나라 전역에서 대대적인 애곡이 터질 것임을 예고한 것이라 할 수 있다. 일반적으로 애곡 행동은 다른 사람의 죽음이나 고통에 대해서 탄식하거나(창 37 : 34; 레 10 : 6; 19 : 27-28; 21 : 5, 10; 신 14 : 1; 삼상 31 : 13 등) 자신과 민족의 불행한 처지를 슬퍼할 때(삼상 4 : 11-12; 삼하 13 : 19; 에 4 : 1-3; 욥 1 : 20 등) 또는 자신과 민족의 죄를 뉘우치고 회개할 때(수 7 : 6; 삿 20 : 26; 삼상 7 : 6; 삼하 12 : 16-17; 15 : 30; 왕상 21 : 27 등) 이루어지는 것인데, 여기서 예레미야는 가뭄이 너무도 극심한 탓에 그러한 상황에 버금가는 대대적인 애곡이 유다 나라 전역에서 이루어질 것이라고 예언한 것이다. 이사야(사 24 : 4)도 땅과 사람의 애곡함에 대해서 언급한 바가 있지만, 극심한 가뭄으로 인한 대대적인 애곡에 대해서는 아무래도 요엘 1 : 10~20의 설명이 가장 구체적일 것이다.

유다 나라의 성읍 주민들만 극심한 가뭄의 고통을 느끼는 것이 아니다. 신분이 높은 귀족들도, 그리고 그들에게 종속되어 있는 종들도 극심한 가뭄의 고통을 피해 가지 못한다. 귀족들은 물을 구하기 위해 사방으로 종들을 보내겠지만, 종들이 우물로 간다고 해서 뾰족한 수가 있는 것은 아니다. 비가 장기간 오지 않음으로 인하여 물웅덩이도, 우물도 텅텅 비어 있을 것이기 때문이다. 결국 귀족들의 명령을 받아 우물을 찾은 종들은 메말라 버린 우물 앞에서 절망감에 사로잡힌 채 빈 그릇만 가지고 돌아올 수밖에 없다. 그들은 귀족들의 명령을 이행하지 못한 것에 대한 부끄러움과 걱정에 사로잡힌 나머지 자기들의 머리를 가릴 것이다(3절).

여기서 머리를 가리는 행동은 부끄러움이나 걱정, 근심을 가리키는 행동인 바, 다윗도 아들 압살롬의 반란을 막지 못하여 예루살렘을 등지고 감람 산길로 올라갈 때, 부끄러움을 이기지 못한 채로 백성들과 함께 머리를 가리고 울면서 행한 적이 있다(삼하 15:30). 그런가 하면 하만은 자신이 죽이려고 했던 모르드개가 왕에 의해 존귀하게 여김 받는 것을 보고, 번뇌에 사로잡힌 나머지 자신의 머리를 가린 채로 서둘러 집으로 돌아가고 말았다(에 6:12). 머리를 가리는 행동은 예레미야의 예언에서 밭을 가는 농부들에 의해서도 이루어진다. 땅에 비가 온 지 너무 오래되어 지면이 갈라지는 상황에 직면한 농부들은 상한 마음에 애간장을 태우면서 어찌할 바를 몰라 자기들의 머리를 가릴 것이다(4절).

극심한 가뭄이 들면 사람들만 힘들어지는 것이 아니다. 들짐승들도 똑같은 고통을 겪게 될 것이다. 들의 암사슴은 새끼를 낳아도 풀이 없으므로 갓 낳은 새끼를 먹일 수가 없어서 내버려 죽게 만들 수밖에 없을 것이요(5절), 들나귀들은 극심한 가뭄 탓에 민둥산처럼 벌거벗은 산 위에 서서 승냥이같이 헐떡이되, 초목이 다 말라 버린 상황에서 먹을 풀을 찾지 못함으로 인하여 눈이 흐려지는 고통을 맛보게 될 것이다(6절). 예레미야는 2:24에서도 들 암나귀들의 헐떡거림에 관하여 언급한 적이 있지만, 그때는 발정기에 도달한 암나귀들이 성욕을 억제하지 못하여 헐떡거리는 모습을 묘사한 것이다. 여기서는 정반대로 물과 풀을 먹지 못한 까닭에 기력이 쇠하여 헐떡거리는 모습을 묘사하고 있으며, 그것이 영양 부족(특히 풀에 포함되어 있는 비타민 A의 결핍; Lundbom I, 697)으로 인한 실명의 고통으로 이어질 것임을 분명하게 밝히고 있다.

그리고 예레미야는 앞서 첫 번째 고백록(11 : 18–12 : 6)의 두 번째 탄식 단락(12 : 1–6)에 속한 12 : 4에서도 채소가 마르고 짐승과 새들로 멸절하게 되었다는 사실을 가지고서 야웨께 탄식한 적이 있다. 유다 백성에게 임할 생태학적인 기근의 재앙, 곧 유다 땅이 슬퍼하고 들녘의 모든 풀이 말라 죽으며 짐승과 새들도 멸망당하는 현실에 대해서 언급했던 것이다. 예레미야는 이곳의 5~6절에서도 12 : 4과 마찬가지의 생태학적 재앙에 대해서 언급하고 있는 셈이다. 요컨대, 예레미야는 2~6절에서 그야말로 생명을 가진 피조물 전체가 총체적인 고통과 슬픔에 사로잡힐 것임을 예언한 것이라 할 수 있다.

2. 유다 백성의 첫 번째 탄식과 간구(14 : 7–9)

> 7여호와여 우리의 죄악이 우리에게 대하여 증언할지라도 주는 주의 이
> 름을 위하여 일하소서 우리의 타락함이 많으니이다 우리가 주께 범죄하
> 였나이다 8이스라엘의 소망이시요 고난 당한 때의 구원자시여 어찌하여
> 이 땅에서 거류하는 자같이, 하룻밤을 유숙하는 나그네같이 하시나이까
> 9어찌하여 놀란 자 같으시며 구원하지 못하는 용사 같으시니이까 여호
> 와여 주는 그래도 우리 가운데 계시고 우리는 주의 이름으로 일컬음을
> 받는 자이오니 우리를 버리지 마옵소서

[14 : 7–9] 1~6절이 지배계층과 하층민을 포함하는 유다 백성 전체를 3인칭으로 묘사하는 것과는 달리, 7~9절은 1인칭 복수형(we)을 사용함으로써 유다 백성 전체가 하나님께 탄식하면서 회개하고, 그의 용서와 회복의 은총을 간구하고 있는 것으로 묘사한다. 7~9절의 이러한 내용은 죄의 고백과 도움 호소의 두 가지 요소가 핵심을 이루고 있음을 암시한다. 물론 야웨 하나님 앞에서 이러한 탄식과 간구를 드리는 자들 중에는 당연히 유다 백성의 죄악을

고발하고 비판하고 책망하면서 그들에게 임할 하나님의 심판을 선고하는 예레미야 자신이 포함되어 있다. 따라서 본문에 여러 차례 언급되는 1인칭 복수형 "우리"는 예레미야가 유다 백성을 대표하여 하나님께 탄식하면서 회개하고, 그의 용서와 회복의 은총을 간구하는 표현이라 할 수 있다.

유다 백성은 그들의 죄악이 자기들의 완악함과 불순종 행위를 고발한다 할지라도, 주의 거룩한 이름을 생각해서 선처해 주실 것을 간구한다. 그러면서 자기들이 야웨께 대하여 수도 없이 범죄하고 타락했음을 인정하며 고백한다(7절). 모세도 과거에 하나님께서 광야생활 중 불평하는 이스라엘 백성을 전염병으로 쳐서 멸하고자 하셨을 때, 주의 인자하심과 명성을 위하여 참아 달라고 간구한 적이 있다(민 14:11-19, 특히 15-19절). 그때에는 야웨께서 모세의 기도와 간구를 들으시고 이스라엘 백성을 멸하지 않기로 작정하셨지만, 여기서는 유다 백성의 탄식과 간구조차도 별다른 의미를 갖지 못한다. 왜냐하면 사실은 그것이 유다 백성 전체의 진정한 탄식과 간구가 아니라, 그들을 대표하는 예레미야의 탄식과 간구에 지나지 않기 때문이다. 달리 말해서 그것은 야웨께서 유다 백성에게서 기대하시는 탄식과 간구일 뿐이지, 실제로 유다 백성이 야웨 앞에서 보여 주었던 탄식과 간구가 아니라는 얘기다.

이어지는 8~9절에서 예레미야는 유다 백성을 대표하여 이상(ideal)과 현실(reality)을 교차대구 형식으로 대비시키는 문학적인 기법을 사용한다(Craigie 외, 202).

8a절 이상

  8b절 현실

  9a절 현실

9b절 이상

8절의 경우를 보도록 하자. 야웨 하나님을 이스라엘의 소망이시요, 고난 당할 때의 구원자로 칭하는 8a절이 예레미야가 기대하는 이상적인 상황에 해당하는 것이라면, 그가 어찌하여 유다 땅에서 거류하는 자(stranger)와 같이 행하시고, 하룻밤을 유숙하는 나그네(traveler)처럼 행하시는지 묻는 것(8b절)은 유다 백성이 실제로 겪고 있는 현실을 가리킨다. 물론 여기서 "거류하는 자"나 "하룻밤을 유숙하는 나그네"는 장기 체류자가 아니라 잠시 머물다 떠날 사람을 가리키는 바, 이러한 표현은 야웨 하나님이 결코 자기 백성과 오랫동안 함께 계시지 않고 금방 떠나실 것이요, 따라서 그들을 끝까지 돌보지 않으실 것이라는 사실을 암시한다.

예레미야는 또한 어찌하여 야웨께서 놀라울 정도로 실망감에 사로잡힌 사람처럼 되시고, 구원하지 못하는 용사처럼 되셨는지 물으면서(9a절), 그에게 유다 백성 가운데 계시고 그의 이름으로 일컬음을 받는 자들인 유다 백성들을 버리지 말아 달라고 간구한다(9b절). 9절의 이러한 내용은 상반절이 유다 백성이 처해 있는 실제 현실을 반영하고 있는 반면에, 하반절은 야웨께로부터 기대하는 이상적인 상황을 담고 있음을 분명하게 보여 주고 있다. 9절에 담긴 예레미야의 이러한 탄식과 간구는 8절과 비슷하게 야웨께서 자기 백성에게 크게 실망하신 나머지 전혀 구원을 베풀지 않으실 뿐만 아니라, 자기 백성 중에 계시지 않는 암담한 현실을 전제하고 있다. 따라서 9절의 내용은 백성을 대변하여 말하는 예레미야가 야웨 부재의 현실을 탄식하면서, 그의 적극적인 개입과 임재를 간구하는 것이라고 볼 수 있다.

어쩌면 예레미야는 자신의 이러한 탄식과 간구가 응답되지 않을 것이라는 사실을 잘 알고 있었을 것이다. 죄를 인정하거나 뉘우치려는 의사가 전혀 없는 유다 나라를 멸망시키려는 하나님의 심판 계획이 이미 확정되었음을 여러 차례 선포한 바가 있었고, 범죄한 유다 백성을 위한 중재 기도를 금지당한 적도 있었기 때문이다. 그럼에도 불구하고 유다 백성을 위해 예언의 말씀을 전해야 하는 자신의 역할에 대해서, 그는 상반되는 감정이 교차하는 당혹스러움을 느꼈을 수도 있다. 자신의 예언이 완악한 유다 백성에게서 거부당할 것이라는 생각, 따라서 그들을 위한 자신의 탄식과 간구가 응답되지 않을 것이라는 생각, 그러면서도 야웨께로부터 전해 받은 비판과 고발 및 심판 등의 예언 메시지를 선포하지 않을 수 없다는 생각 등이 복잡하게 얽혀서 그를 괴롭혔을 것이라는 얘기다.

3. 하나님의 첫 번째 응답(14 : 10-18)

10여호와께서 이 백성에 대하여 이와 같이 말씀하시되 그들이 어그러진
길을 사랑하여 그들의 발을 멈추지 아니하므로 여호와께서 그들을 받
지 아니하고 이제 그들의 죄를 기억하시고 그 죄를 벌하시리라 하시고
11여호와께서 또 내게 이르시되 너는 이 백성을 위하여 복을 구하지 말
라 12그들이 금식할지라도 내가 그 부르짖음을 듣지 아니하겠고 번제와
소제를 드릴지라도 내가 그것을 받지 아니할 뿐 아니라 칼과 기근과 전
염병으로 내가 그들을 멸하리라 13이에 내가 말하되 슬프도소이다 주 여
호와여 보시옵소서 선지자들이 그들에게 이르기를 너희가 칼을 보지 아
니하겠고 기근은 너희에게 이르지 아니할 것이라 내가 이곳에서 너희
에게 확실한 평강을 주리라 하나이다 14여호와께서 내게 이르시되 선지
자들이 내 이름으로 거짓 예언을 하도다 나는 그들을 보내지 아니하였
고 그들에게 명령하거나 이르지 아니하였거늘 그들이 거짓 계시와 점술
과 헛된 것과 자기 마음의 거짓으로 너희에게 예언하는도다 15그러므로
내가 보내지 아니하였어도 내 이름으로 예언하여 이르기를 칼과 기근
이 이 땅에 이르지 아니하리라 하는 선지자들에 대하여 여호와께서 이
와 같이 말씀하셨노라 그 선지자들은 칼과 기근에 멸망할 것이요 16그들
의 예언을 받은 백성은 기근과 칼로 말미암아 예루살렘 거리에 던짐을
당할 것인즉 그들을 장사할 자가 없을 것이요 그들의 아내와 아들과 딸

이 그렇게 되리니 이는 내가 그들의 악을 그 위에 부음이니라 [17]너는 이
말로 그들에게 이르라 내 눈이 밤낮으로 그치지 아니하고 눈물을 흘리리
니 이는 처녀 딸 내 백성이 큰 파멸, 중한 상처로 말미암아 망함이라 [18]내
가 들에 나간즉 칼에 죽은 자요 내가 성읍에 들어간즉 기근으로 병든 자
며 선지자나 제사장이나 알지 못하는 땅으로 두루 다니도다

[14 : 10–12] 유다 백성을 위한 예레미야의 탄식과 간구에 대한 하나님의 응답은 복과 구원과 은혜가 아니라 도리어 심판이다. 유다 백성은 은연중에 하나님의 복과 구원과 은혜를 기대했겠지만, 하나님은 줄기차게 예레미야를 통하여 심판과 멸망을 선포하신다. 이것은 그들이 전혀 기대하지 않던 결과라 할 수 있다. 어쩌면 그것은 예레미야가 기대하던 바도 아니었을 것이다. 비록 비판과 고발 및 심판 등의 메시지를 전하면서도, 예레미야의 심중에는 야웨께서 자기 백성을 긍휼히 여기시고 그들을 구원해 주시기를 바라는 마음이 간절했을 것이다. 그러한 기대감이 조금이라도 있었기에, 그는 여러 차례 유다 백성을 위하여 탄식하며 하나님의 도우심을 간구했던 것이다. 야웨께서 예레미야의 중재 기도를 금하신 것(7 : 16–17; 11 : 14–17; 14 : 10–12; 15 : 1–4 등) 자체가 예레미야의 그러한 속내를 잘 알게 해 준다.

그러나 야웨 하나님의 생각과 계획은 확고하다. 그는 유다 백성을 위한 예레미야의 탄식과 간구를 완전히 무시하신다. 그 까닭은 어그러진 길을 사랑하는 그들이 어느 한곳에 머물지 않고 이리저리 옮겨다니기를 좋아하기 때문이다. 야웨께서는 유다 백성의 이처럼 비뚤어진 성향을 잘 알고 있기에, 그들을 용납하지 않으실 뿐더러 그들의 죄를 기억하시고 벌하실 것이다(10절). 마침내 야웨께서는 예레미야에게 유다 백성을 위한 중재 기도를 금하시되, 그들의 행복(well-being, welfare; '토바')을 구하지 말라고 명하신다(11절). 왜냐하면 그는 그들에게 은총을 베풀고 싶은 마음이 전혀 없을 뿐만 아니라, 그들의 구원을 위해 일하실 생각이 전혀 없기 때문이다.

설령 그들이 죄를 고백하고 뉘우치는 가운데 금식하며 기도한다 할지라도(참조. 7절) 야웨께서는 그들의 부르짖음을 듣지 않으실 것이요, 그들의 죄를 낱낱이 기억하시고 벌하실 것이다. 또한 설령 그들이 정성을 다하여 번제와 소제를 드릴지라도, 그는 그것을 받지 않으실 뿐만 아니라 도리어 보편적인 심판 수단인 칼과 기근과 전염병으로 그들을 멸하실 것이다(12절). 그런데 흥미롭게도 이곳에서 처음 언급되는 칼과 기근과 전염병은 예레미야의 전문 용어라고 할 정도로 거의 예레미야에만 나오는 표현이다. 에스겔에 의하여 세 번 사용되기는 하지만(겔 6 : 11; 12 : 16; 14 : 21), 구약의 나머지 모든 용례가 예레미야에 의해서만 사용되기 때문이다(21 : 7, 9; 24 : 10; 27 : 8, 13; 29 : 17, 18; 32 : 24, 36; 34 : 17; 38 : 2; 42 : 17, 22; 44 : 13).

그렇다면 야웨께서 어떻게든 자기 백성을 칼과 기근과 전염병을 통한 심판으로 멸하시겠다는 것은 무엇을 의미하는 것일까? 이것은 유다 백성 전체가 예레미야의 중재 기도로도, 금식을 동반하는 참회 기도로도 하나님의 용서와 구원을 바랄 수 없는 상태에 이르고 말았음을 의미한다. 심지어는 정성을 다한 번제와 소제로도 하나님의 은총과 사랑을 기대할 수 없는 불행한 상황이 초래되고 말았다. 이 세 가지, 곧 중재 기도와 참회 기도, 그리고 희생제물 등이 전혀 응답받지 못할 것이라는 야웨의 말씀은 앞의 두 번째 중재 기도 금지 명령(11 : 9–17)에서도 거의 동일하게 반복되고 있다. 왜냐하면 11 : 11은 야웨께서 유다 백성의 부르짖음과 참회 기도를 듣지 않으실 것임을 밝히고 있으며(12절), 11 : 14은 그가 예레미야의 중재 기도를 금지함과 아울러(11절) 유다 백성의 참회 기도를 듣지 않으실 것임(12절)을 밝히고 있기 때문이다. 그리고 11 : 15은 유다 백성이 거룩한 제물 고기, 곧 희생제물로도 재난을 피할 수 없을 것(12절)이라고 말한다.

[14 : 13–16] 10~12절이 유다 백성을 향한 야웨 하나님의 심판을 다루고 있다면, 이어지는 13~16절은 거짓 예언자들의 그릇된 예언과 그들에게 임할 심

판을 다루고 있다(참조. 6 : 13–15; 8 : 10–12). 먼저 예레미야는 유다 백성을 향한 하나님의 단호한 심판 결심에 대하여 자신의 슬픈 마음을 있는 그대로 표현한다. 거짓 예언자들이 유다 백성에게 칼이나 기근이 임하지 않을 것이요, 그들에게 "이곳에서"(in this place) 곧 성전에서 확실한 평강('샬롬')을 주실 것이라고 예언하는 바람에(13절), 많은 유다 사람들이 그릇된 정보에 휘말려 여전히 죄 가운데 머물러 있다는 것이 예레미야에게는 참을 수 없는 고통으로 다가왔을 것이다. 그러나 야웨께서는 거짓 예언자들이 자신의 이름으로 거짓을 예언하고 있음을 폭로하신다. 왜냐하면 그는 그들을 보내신 적이 없고 그들에게 명령하거나 말한 적이 없기 때문이다. 그들은 거짓 환상(false vision)과 점술과 헛된 것(우상 숭배)과 자기들의 마음에서 꾸며 낸 거짓말로 예언하는 자들이었다(14절).

하나님은 거짓 예언자들의 죄악을 그대로 두시는 분이 결코 아니다. 그는 그들의 죄악을 철저하게 심판하실 것이다. 심판 선고를 뜻하는 접속사인 15절 서두의 '라켄'(therefore)이 이 점을 잘 보여 준다. 야웨께서는 거짓 예언자들을 칭함에 있어서 13절에 있는 예레미야의 탄식과 14절에 있는 자신의 말씀을 합성하신다. 그들은 "내가 보내지 아니하였어도 내 이름으로 예언"(14절)하는 자들이요, "칼과 기근이 이 땅에 이르지 아니하리라"(15a절)고 예언하는 자들이다(13절). 야웨께서는 이러한 거짓 예언의 내용 자체가 역으로 그들과 유다 백성에게 심판으로 임할 것임을 분명하게 밝히신다. 칼과 기근이 임하지 않으리라던 거짓 예언과는 정반대로 도리어 그들이 칼과 기근에 망할 것이요(15b절), 그들의 거짓 예언을 믿음으로 받아들인 유다 백성도 기근과 칼로 인하여 예루살렘 거리에 던짐을 당하되, 그들의 아내와 아들과 딸 등 모두가 그러한 벌을 당하게 될 것이라는 말씀이 그렇다.

이것은 거짓 예언자들의 그릇된 예언이 유다 백성의 죄악을 면제해 주는 것이 아님을 의미한다. 그들에게도 그들 나름대로 거짓 예언을 분별할 수 있는 기본적인 신앙 양식이 있었다. 그런데도 그들은 미련하고 어리석게도 거짓 예언자들의 그릇된 예언을 아무 생각 없이 받아들이고 말았다. 그것이 자기들을 편하게 해 줄 것이라는 기대감 때문이었을 것이다. 그러나 야웨 하나님의 심판에는 에누리가 없다. 그가 그들 모두의 죄악을 그들 위에 쏟아부으심으로 인하여 거짓 예언자들이나 유다 백성 모두가 똑같은 심판을 당할 것이다. 그 결과 칼과 기근에 죽은 그들을 장사 지낼 자가 어디에도 없을 것이다(16절). 그들의 시신이 정상적인 장례를 치르지 못한 채로 아무 데나 버려져 있을 것이기에, 그들은 참으로 불명예스럽고 수치스러운 죽음을 맞이하게 될 것이다.

[14 : 17–18] 거짓 예언자들과 자기 백성에게 이처럼 철저한 심판을 내리실 야웨 하나님의 마음이나 그러한 사실을 계속해서 선포해야 할 예레미야의 마음이 결코 편할 리가 없다. "처녀 딸 내 백성"이 큰 파멸과 중한 상처로 인하여 망할 것이라는 사실로 인하여, 그의 눈은 밤낮으로 계속해서 눈물을 흘릴 것이다(17절; 참조. 9 : 1). 들에 나가도 죽은 자들이 있을 것이요, 성읍에 들어가도 기근으로 병든 자들이 있을 것이다. 성읍 안팎의 내버려진 시신들과 고통에 시달리는 자들의 모습은 전쟁과 기근의 참화가 얼마나 심각한 것인지 한눈에 알게 해 줄 것이다. 유다 백성의 지도자들이라고 할 수 있는 거짓 예언자들과 제사장들은 어떻게 되는가? 그들은 자기들이 알지 못하는 땅으로 끌려가서 어찌할 바를 모르는 채로 헤매고 다닐 것이다(18절).

4. 유다 백성의 두 번째 탄식과 간구(14 : 19–22)

> 19주께서 유다를 온전히 버리시나이까 주의 심령이 시온을 싫어하시나
> 이까 어찌하여 우리를 치시고 치료하지 아니하시나이까 우리가 평강을
> 바라도 좋은 것이 없고 치료받기를 기다리나 두려움만 보나이다 20여호
> 와여 우리의 악과 우리 조상의 죄악을 인정하나이다 우리가 주께 범죄

하였나이다 [21]주의 이름을 위하여 우리를 미워하지 마옵소서 주의 영광
의 보좌를 욕되게 마옵소서 주께서 우리와 세우신 언약을 기억하시고
폐하지 마옵소서 [22]이방인의 우상 가운데 능히 비를 내리게 할 자가 있
나이까 하늘이 능히 소나기를 내릴 수 있으리이까 우리 하나님 여호와
여 그리하는 자는 주가 아니시니이까 그러므로 우리가 주를 앙망하옵는
것은 주께서 이 모든 것을 만드셨음이니이다 하니라

[14:19–22] 예레미야는 7~9절에서와 마찬가지로 19~22절에서도 "우리"라는 1인칭 복수형을 사용함으로써 유다 백성과 자신을 동일시하며, 7~9절과 똑같이 죄의 고백과 도움 호소라는 두 가지 요소를 핵심으로 가지고 있다. 19절에서 예레미야는 부정적인 답변이 기대되는 세 개의 수사학적인 질문들과 한 개의 직설법 문장을 통해서 유다 백성이 당하고 있는 고통스러운 현실을 있는 그대로 드러내고자 한다. 그리고 20절에서는 유다 백성을 대표하여 그들의 죄악을 고백하며, 21~22절에서는 재앙으로부터 유다 백성을 건져 주실 것을 하나님께 호소한다. 19~22절의 이러한 내용은 고통과 재앙의 현실, 그로부터 비롯된 죄의 고백과 회개, 그리고 하나님의 구원과 도우심 호소 등이 이 단락의 기본 틀을 이루고 있음을 보여 주고 있는 바, 이는 19~22절 단락이 죄의 고백과 도움 호소라는 7~9절의 두 가지 핵심 요소에 한 가지를 추가해서 가지고 있음을 암시한다. 고통과 재앙의 현실에 대한 19절의 언급이 그렇다.

7~9절에 이어 19~22절에서도 유다 백성을 위한 중재자 역할을 계속하고 있는 예레미야는, 먼저 19절에서 유다 백성이 당하고 있는 고통스러운 현실을 세 개의 질문들을 통하여 잘 보여 주고 있다. 이 질문들에 의하면, 야웨께서는 유다를 온전히 버리신 것이 아니며, 그의 심령('네페쉬')이 시온을 싫어하는 것도 아니다. 레위기 26:11, 30절(개역 개정판은 똑같은 히브리어 낱말 '네페쉬'를 "마음"으로 번역함.)에서 심령이 싫어한다는 것은, 언약에 불

순종할 때 주어지는 징계들 중의 하나로 언급된다. 또한 야웨 하나님은 유다 백성을 심하게 치셨지만, 그들을 치료하지 않고 내버려두실 분이 아니다(19a절). 사실 야웨 하나님은 유다 백성의 죄를 벌하기 위해 그들을 치고 버리셨지만, 그들을 완전히 내버리고 싫어하는 것으로 끝내려는 의도하에 그런 것이 아니고, 도리어 징계와 심판을 통하여 그들을 정화시킨 다음 그들을 새롭게 만들려는 계획 속에서 그렇게 하신 것이다.

따라서 심판은 불가피한 것이고, 심판 이후에야 비로소 구원의 은총이 새롭게 그들에게 주어질 것이다. 그런데도 유다 백성은 하나님의 이러한 계획을 전혀 알지 못했고, 알려고 하지도 않았던 것으로 보인다. 그 까닭에 그들은 거짓 예언자들의 말을 믿고서 그들이 예언했던 평강('샬롬')을 여전히 기대했고, 적정선에서 심판이 철회됨으로써 자기들이 치료받을 것이라고 생각하고 그때를 기다렸지만, 좋은 일이라고는 하나도 없었고, 상처가 낫기는커녕 오히려 무서운 일만 계속 당하게 되었다(19b절; 참조. 8:15; 14:13-16).

심판은 계속되고 구원은 갈수록 멀어져 가는 것만 같은 상황 속에서, 유다 백성은 자기들의 죄를 뉘우치고 회개할 수밖에 없다. 그들은 단순히 자기들의 죄악만을 고백한 것이 아니다. 조상들의 죄악까지도 인정하고서 고백하고자 한다(20절). 그러나 이것이 유다 백성의 진정한 회개와 참회라고 보기는 어렵다. 그것은 어디까지나 그들을 대신하는 예레미야의 고백일 뿐이요, 예레미야가 유다 백성에게서 기대하지만 도무지 이루어질 가망성이 없는 회개일 뿐이다. 심판이 확정되었음을 선포하는 예레미야의 예언 메시지들이나 15:1 이하의 중재 기도 금지 명령이 이 점을 잘 보여 준다.

그럼에도 불구하고 예레미야는 계속해서 야웨 하나님의 도우심을 호소하되, 이제는 방향을 달리하여 유다 백성을 위해서가 아니라 야웨 하나님 자신의 이름과 영광을 위해서 그들을 구원해 달라고 간구한다. 이를테면 주의 이름을 위해서라도 유다 백성을 미워하거나 박대하지 마시고, 영화로운 그의 보좌나 다름없는 예루살렘 성전과 성전 제의(cult; Holladay I, 438;

Lundbom I, 717)가 욕보이지 않게 해 달라고 간구하는 것이 그렇다(21a절). 예레미야는 또한 유다 백성과 더불어 세우신 언약을 기억하시고 폐하지 말아 달라고 야웨께 간구한다(21b절). 그러나 사실 언약을 깨뜨리고 위반한 자는 야웨 하나님이 아니라 유다 백성이기에, 예레미야가 대신하는 유다 백성의 이러한 간구는 모순된 것이 아닐 수 없다.

이어지는 22절에서 예레미야는 야웨께 이러한 간구를 드릴 수 있는 신앙적인 근거를 분명하게 밝히고 있다. 19절에서와 마찬가지로, 그는 이곳에서도 부정적인 답변이 예상되는 세 개의 수사학적인 질문들을 던지며, 그 질문들을 통하여 야웨 하나님의 창조 권능을 강조한다. 앞의 두 질문이 이방인들의 우상과 피조물인 하늘을 야웨 하나님과 대비시키고 있다면, 세 번째 질문은 야웨 하나님의 권능을 강조하는 내용으로 이루어져 있다. 이방인들이 섬기는 허황된 우상들 가운데 과연 비를 내릴 수 있는 신이 어디에 있으며, 야웨 하나님의 피조물인 하늘이 능히 소나기를 내릴 수가 있겠느냐는 것이 처음 두 질문의 요지이다. 그리고 세 번째 질문은 야웨 하나님이야말로 그 두 가지를 다 하실 수 있는 분이 아니냐는 것을 강조하기 위한 목적을 가지고 있다(22a절). 예레미야는 야웨 하나님의 창조 권능, 곧 그가 비나 소나기와 같은 것들을 다 창조하셨다는 사실에 근거하여 오직 그만 바라보며, 오직 그에게만 희망을 걸겠다고 다짐한다(22b절).

5. 하나님의 두 번째 응답(15 : 1–4)

1여호와께서 내게 이르시되 모세와 사무엘이 내 앞에 섰다 할지라도 내
마음은 이 백성을 향할 수 없나니 그들을 내 앞에서 쫓아 내보내라 2그
들이 만일 네게 말하기를 우리가 어디로 나아가리요 하거든 너는 그들
에게 이르기를 여호와께서 이와 같이 말씀하시니라 죽을 자는 죽음으로
나아가고 칼을 받을 자는 칼로 나아가고 기근을 당할 자는 기근으로 나

아가고 포로 될 자는 포로 됨으로 나아갈지니라 하셨다 하라 [3]여호와의 말씀이니라 내가 그들을 네 가지로 벌하리니 곧 죽이는 칼과 찢는 개와 삼켜 멸하는 공중의 새와 땅의 짐승으로 할 것이며 [4]유다 왕 히스기야의 아들 므낫세가 예루살렘에 행한 것으로 말미암아 내가 그들을 세계 여러 민족 가운데에 흩으리라

[15:1] 예레미야는 자신의 중재 기도가 별다른 효과를 얻지 못할 것임을 잘 알고 있으면서도 중재자 역할을 중단하지 않는다. 그는 계속해서 야웨 하나님께 호소하면서 유다 민족의 죄를 고백하며, 언약을 지키시는 하나님의 신실하심에 대한 자신의 믿음을 고백한다(14:19-22). 그러나 야웨께서는 다시금 예언자의 기도를 받아들이지 않겠다고 거절하신다. 그는 모세나 사무엘이 자신 앞에 서 있다 할지라도 자신의 마음('네페쉬')이 그들을 향할 수 없으며, 도리어 그들을 자신 앞에서 쫓아낼 것이라는 심판의 말씀을 전하신다(1절).

1절에 있는 이 말씀은 참으로 놀라운 것이다. 왜냐하면 모세나 사무엘은 똑같이 야웨께 중재 기도를 함으로써 성공한 것으로 유명한 사람들이기 때문이다. 특히 모세는 두 차례에 걸쳐서 중재 기도의 응답을 받은 사람이다. 첫 번째 응답의 경우를 먼저 보도록 하자. 모세가 십계명을 받기 위해 시내산에 올랐을 때, 산 밑의 이스라엘 백성은 아론을 사주하여 금송아지를 만들고서 그것을 향해 경배하는 모습을 보였다. 이에 진노하신 야웨께서 그들을 멸하려고 하시자, 모세는 그들을 위해 중재 기도를 드렸고, 그의 간구를 들으신 야웨께서는 그들을 멸하려는 계획을 철회하신다(출 32:7-14).

모세의 중재 기도에 대한 두 번째 응답은, 이스라엘 백성이 가나안 땅을 정탐한 사람들의 부정적인 보고를 듣고서 출애굽의 지도자들인 모세와 아론, 그리고 긍정적인 보고를 한 여호수아와 갈렙 등을 돌로 쳐서 죽이려고 하던 상황 속에서 이루어진다. 그때 야웨께서는 믿음 없는 이스라엘 백성에

게 진노하시고서 그들을 전염병으로 쳐서 멸하고자 하셨다. 이에 모세는 주의 인자하심과 명성을 위해서라도 그들의 죄악을 용서해 주실 것을 간구하였고, 야웨 하나님은 그의 기도와 간구를 들으시고 이스라엘 백성을 멸하지 않기로 작정하셨다(민 14 : 11–20).

이스라엘 백성을 위한 사무엘의 중재자 역할도 예외가 아니다. 한번은 사무엘이 이스라엘 백성을 미스바에 모이게 한 후, 그들과 함께 금식하면서 회개하는 집회를 주관한 적이 있었다. 그때 블레셋 사람들이 군대를 이끌고 쳐들어오자, 이스라엘 자손은 사무엘에게 중재 기도를 부탁하였다. 이에 사무엘은 어린 양으로 번제를 드림과 아울러 이스라엘을 위하여 야웨 하나님께 중재 기도를 드렸고, 야웨께서는 큰 우레를 발하여 블레셋 군대를 어지럽게 하심으로써 사무엘의 중재 기도에 응답하셨다(삼상 7 : 1–14). 또한 사무엘은 자신의 마지막 설교에서 왕을 요구했던 이스라엘 백성을 책망한 후에, 그들을 위하여 기도하기를 쉬는 죄를 결단코 범하지 않겠다고 약속한 바가 있다(삼상 12 : 23).

[15 : 2] 그런데 야웨께서는 이처럼 중재 기도의 응답을 받은 적이 있던 모세와 사무엘이 자신 앞에 나아와 예레미야 시대의 유다 백성을 위해 중재 기도를 드린다 해도, 소용이 없을 것임을 분명하게 밝히신다. 만일 유다 백성이 예레미야에게 자기들이 어디로 가야 하는지 묻는다면, 그는 죽음과 칼과 기근과 포로 등의 네 가지 심판이 그들에게 임할 것이요, 각자 자신에게 정해진 멸망의 길을 따라가게 될 것이라는 야웨 하나님의 말씀을 전해야만 한다(2절). 이 말씀은 유다 백성이 아무리 필사적인 태도로 심판을 피하려고 해도 파멸이 불가피할 것이요, 도망이 불가능하다는 것을 신랄하게 비꼬는 의도를 감추고 있다.

[15 : 3–4] 야웨께서는 유다 백성에게 임할 죽음과 죽음 이후의 상황을 다시금

네 가지 비유를 통하여 말씀하신다. 이를테면 그들을 칼에 맞아 죽게 하고, 개가 그들을 뜯어 먹게 하며, 공중의 새가 그들의 시체를 쪼아먹게 하고, 들짐승이 그들을 먹어 치우게 할 것이라는 말씀이 그렇다(3절). 유다 백성에게 이처럼 가혹한 심판이 임하는 이유는 그동안 여러 차례 설명된 바가 있지만, 야웨께서는 유다 왕 히스기야의 아들 므낫세가 예루살렘에 행한 것을 특별하게 언급하심으로써(4a절), 아버지 히스기야의 종교개혁을 뒤엎어 버린 므낫세의 반종교개혁이야말로 유다 백성의 신앙적인 탈선의 뿌리에 해당하는 것임을 암시하고 있다. 그 결과 그들은 세계 여러 민족 가운데 뿔뿔이 흩어지는 심판을 피하지 못할 것이요, 세상 모든 나라 사람들에게 두려움을 불러일으키는 심판의 표본이 될 것이다(4b절).

실제로 므낫세는 아버지 히스기야가 종교개혁을 추진하면서 헐어 버린 산당들을 다시 세웠으며, 바알의 제단을 쌓고 아세라 목상을 만들기도 했고, 하늘의 일월성신을 경배하며 섬기기까지 했다. 또한 그는 자신의 아들을 불살라 제물로 바치는 이른바 인신 제사를 행하기도 했다(왕하 21 : 2-7, 11). 그래서인지 열왕기의 저자는 므낫세와 아몬에 이어 왕이 된 요시야가 대대적인 종교개혁을 추진했음에도 불구하고, 악명 높은 므낫세의 종교 정책 때문에 야웨 하나님의 진노가 사라지지 않았으며(왕하 23 : 26), 여호아하스에 이어 왕이 된 여호야김의 통치 시기에 바벨론 왕 느부갓네살이 동맹군을 조직하여 유다 나라를 크게 파멸시킨 것도 므낫세가 범한 모든 죄 때문임을 분명하게 밝히고 있다(왕하 24 : 3).

6. 하나님의 탄식(15 : 5–9)

> 5예루살렘아 너를 불쌍히 여길 자 누구며 너를 위해 울 자 누구며 돌이
> 켜 네 평안을 물을 자 누구냐 6여호와께서 이르시되 네가 나를 버렸고
> 내게서 물러갔으므로 네게로 내 손을 펴서 너를 멸하였노니 이는 내가

뜻을 돌이키기에 지쳤음이로다 [7]내가 그들을 그 땅의 여러 성문에서 키
로 까불러 그 자식을 끊어서 내 백성을 멸하였나니 이는 그들이 자기들
의 길에서 돌이키지 아니하였음이라 [8]그들의 과부가 내 앞에 바다 모래
보다 더 많아졌느니라 내가 대낮에 파멸시킬 자를 그들에게로 데려다가
그들과 청년들의 어미를 쳐서 놀람과 두려움을 그들에게 갑자기 닥치게
하였으며 [9]일곱을 낳은 여인에게는 쇠약하여 기절하게 하며 아직도 대
낮에 그의 해가 떨어져서 그에게 수치와 근심을 당하게 하였느니라 그
남은 자는 그들의 대적의 칼에 붙이리라 여호와의 말씀이니라

[15:5–6] 므낫세 왕의 과도한 악행이 유다 백성의 신앙적인 탈선의 온상이 되었고, 그것이 마침내는 유다 나라에 임할 하나님의 심판으로 연결되었음을 밝히신(15:1–4) 야웨께서는, 5~9절에서 예루살렘을 2인칭 여성 단수로 의인화하여 칭하시되, 예루살렘이 심판을 받아 망하게 될 것이라는 사실에 대하여 자신의 아픈 마음을 탄식의 어조로 표현하신다. 예루살렘을 향한 야웨 하나님의 탄식은 그가 부정적인 답변이 예상되는 세 개의 수사학적인 질문을 연이어 던지시는 것으로 시작된다. 이 질문들에 의하면, 파멸에 직면한 예루살렘을 불쌍히 여길 자가 어디에도 없으며, 예루살렘을 생각하여 위로의 눈물을 흘릴 자도 없고, 예루살렘의 평안('샬롬')을 물을 자도 없다(5절). 이 셋 중의 마지막 질문, 곧 예루살렘의 평안을 물을 자가 누구냐는 질문은 시편 122:6~8을 연상시킬 정도로 그 내용이 매우 비슷하다: "예루살렘을 위하여 평안을 구하라 예루살렘을 사랑하는 자는 형통하리로다 네 성 안에는 평안이 있고 네 궁중에는 형통함이 있을지어다 내가 내 형제와 친구를 위하여 이제 말하리니 네 가운데에 평안이 있을지어다".

그렇다면 예루살렘은 대체 무슨 연유로 이처럼 아무도 걱정해 주지 않고 불쌍히 여겨 주지도 않는 비참한 지경에 이르게 된 것일까? 야웨께서는 그 이유를 예루살렘이 대표하는 유다 백성의 죄악에서 찾으신다. 그가 자신의

손을 펴서 예루살렘을 멸하고자 하신 것은, 그들이 야웨 하나님을 버렸고 그에게서 떠나갔기 때문이다(6a절; 참조. 1:16; 2:13, 17, 19; 5:7, 19; 8:9; 9:13 등). 야웨 하나님은 그들이 잘못된 길에서 돌이켜 자신에게로 돌아오기를 간절히 기다렸으나, 아무런 소용이 없었다(3:7, 10, 12, 14, 22; 4:1; 5:3; 8:5; 15:19 등). 야웨께서 자신의 뜻을 돌이키기에(repent, relent; '니함') 지쳤다는 것이 그러한 사실을 뒷받침한다(6b절). 야웨께서는 그들이 돌아오기만 하면 언제든지 뜻을 돌이킬 생각을 가지고 있었지만, 그들의 방향 전환은 도저히 이루어질 가망이 없었다. 그 때문에 야웨께서는 기다림에 지친 나머지 그들에게 은혜를 베풀고자 했던 생각을 완전히 접으신 것이다.

[15:7] 이제 그들에게 남은 것이라고는 파멸과 심판밖에 없었다. 그들이 야웨 하나님을 버렸기에 이제는 야웨께서 그들을 버리시는 심판이 그들에게 임할 것이다(6:30; 12:7). 그 심판을 야웨께서는 키질의 비유로 설명하신다. 그들이 야웨께서 원하시는 바를 따라 잘못된 길에서 돌이키지 않았기에, 그는 그들을 그 땅의 모든 성문 앞에서 키로 까불러 자식들을 끊으실 것이요, 이로써 완악한 자기 백성을 정결케 하실 것이다(7절). 마치 농부들이 키질을 하는 과정에서 곡물로부터 겨를 제거하는 것처럼 말이다. 야웨께서 앞서 그들을 "녹이고 연단"하겠다고 하신 말씀(9:7)도 이와 비슷한 의도를 포함하고 있는 것으로 보인다.

[15:8-9] 그러나 시각을 달리해서 본다면, 유다 나라의 미래 세대를 대표하는 자식들을 끊으신다는 것은 현저한 인구 감소를 뜻하는 것으로서, 야웨께서 아브라함을 비롯한 족장들에게 주신 자손 약속과 너무도 대조적인 메시지가 아닐 수 없다. 왜냐하면 창세기의 족장사(창 12-50장)에서 그는 족장들에게 하늘의 별과 같이(창 15:5; 22:17; 26:4), 땅의 티끌같이(창 13:16; 28:14), 그리고 바다의 모래같이(창 22:17; 32:12) 많은 자손을 주겠다고

약속하셨기 때문이다. 이것은 이스라엘 역사 초기에 족장들에게 주셨던 자손 약속이 유다 백성의 불순종으로 인하여 철회된 것이나 마찬가지의 효과를 갖게 될 것임을 암시한다. 하나님의 심판으로 인하여 유다 나라 안에서 과부들이 바다의 모래보다 더 많아지는 결과가 초래될 것이라는 예레미야의 예언 메시지도 같은 맥락에서 이해할 수 있다(8a절).

그뿐이 아니다. 야웨께서는 한참 밝을 때인 대낮에 유다 나라를 파멸시킬 자들, 곧 바벨론 군대를 그들에게로 데려다가 성인 남자들과 청년들의 어머니들을 공격하게 하실 것이요, 놀람과 두려움이 갑자기 그들에게 닥치게 하실 것이다(8b절). 그리하여 일곱 명의 아들을 낳은 여인들로 하여금 전쟁에서 아들들이 죽는 바람에 그 충격을 이기지 못한 나머지 정신을 잃고 쓰러지게 하실 것이요, 아직 대낮인데도 마치 해가 떨어진 것처럼 만드심으로써 그 여인들에게는 대낮조차도 칠흑 같은 밤으로 느껴지게 하실 것이다. 이로 말미암아 그 여인들은 큰 수치와 근심을 당하게 될 것이다(9a절).

예레미야가 여기서 말하는 "일곱"이라는 숫자는 완전수에 해당하는 것으로, 많은 자녀들을 가리키는 숙어적인 표현이라 할 수 있다. 사무엘의 어머니 한나가 부르는 노래에서 언급되는 "일곱" 자녀들도 마찬가지이다(삼상 2 : 5). 한나가 사무엘을 낳은 후에 세 아들과 두 딸을 더 낳음으로써(삼상 2 : 21) 모두 여섯 명의 자녀들을 갖게 되었다는 사실을 염두에 둔다면, 한나의 노래에 나오는 "일곱"이라는 숫자는 한나의 실제 상황과 무관한 완전수임에 틀림없다. 나오미 주변에 있던 여인들이 보아스와 결혼하게 된 며느리 룻을 칭송하면서, 그녀를 일컬어 "일곱 아들보다 귀한 네 며느리"로 칭한 것(룻 4 : 15)도 같은 맥락에서 이해할 수 있다(Thompson, 390). 그렇다면 자식들을 끊는 심판을 피하여 살아남은 자들은 어떻게 되는가? 그들 역시 원수들이 보는 앞에서 칼에 맞아 죽게 될 것이다(9b절).

설교를 위한 묵상

1) 극심한 가뭄으로 구체화되는 하나님의 심판은 유다 나라 전체를 파멸에 빠뜨린다. 그것은 사회적인 신분이나 지위를 가리지 않는다. 귀족들이라고 예외일 수 없으며, 하층민들이라고 심판을 피해 갈 수 있는 것도 아니다. 하나님의 심판에는 차별이 없다. 어느 누구도 그것을 피해 가지 못한다. 유다 나라 사람이라면 누구도 예외 없이 극심한 가뭄으로 인하여 슬퍼하며 소리 높여 울 것이요, 피곤에 지친 나머지 땅바닥에 쓰러져 탄식함으로써 유다 전역에서 대대적인 애곡이 터질 것이다. 가뭄으로 인하여 유다 나라의 모든 초목이 다 말라 버릴 것이요, 물과 풀을 찾지 못한 들짐승들도 새끼들이 굶주려 죽는 것을 바라보고 있을 수밖에 없다. 이것은 사람과 식물, 그리고 동물 등 모든 생명체가 극심한 가뭄의 심판 아래에서 목숨을 잃는 생태학적 재앙을 겪게 될 것임을 의미한다.
이처럼 강력한 생태학적 재앙 앞에서 유다 백성은 하나님께 탄식하면서 회개하지 않을 수 없다. 그러나 불행하게도 자신의 죄를 깨닫지도 못하고 인정하지도 않는 유다 백성이 그렇게 할 리는 없다. 이에 예레미야는 유다 백성을 대표하여 "우리"라는 표현으로 그들의 죄를 대신 고백하며 참회한다. 그리고 하나님께 용서와 구원의 은총을 간구한다. 예언자의 중재 기도에 대하여 일반적으로는 용서와 희망의 메시지가 응답으로 주어지기 마련이다. 모세가 그랬고 사무엘도 그랬다. 그러나 예레미야가 활동하던 시대의 유다 나라에서는 그런 일이 불가능하다. 유다 백성이 야웨 앞에서 너무도 많은 죄를 범했기 때문이요, 그에게로 방향을 돌이킴으로써 용서받을 수 있는 가능성이 전무(全無)했기 때문이다. 그래서 야웨께서는 예레미야의 중재 기도를 금하신다. 예언자는 마땅히 자기 백성을 위한 중재자 역할을 수행해야 하지만, 멸망을 앞두고 있는 유다 나라에서는 중재자 역할이 필요 없을 정도로 상황이 악화되어 있었다. 나라와 민족을 위하여 중재 기도를 드리기는커녕, 유다 백성 앞에서 칼도 기근도 전염병도 임하지 않고 도리어 평화가 있을 것이라고 말하던 거짓 예언자들의 잘못이 참으로 크다 하겠다.

2) 하나님은 설령 자신이 사랑하여 선택한 민족이라 할지라도, 그들이 그러한 사랑에 응답하는 삶을 살지 못할 경우에는 회개하고 돌아올 기회를 주시기도 하지만, 그

렇게 될 가망이 없을 때에는 그들에게서 소망과 구원을 거두어 가시는 분이다. 일단 자기 백성에게서 회개와 변화의 가능성을 발견하지 못할 경우에는, 그들 중에 잠시 머물다 떠나 버리는 나그네처럼 행하실 것이다. 그는 자기 백성을 향하여 애착을 가지고 그들의 고통과 아픔에 동참하고자 하시지만, 그들이 하나님의 이러한 마음을 전혀 헤아리지 못한 채로 여전히 비뚤어진 삶과 행동을 고집한다면, 그는 큰 실망감에 사로잡힌 나머지 그들의 곁을 아무 미련 없이 떠나실 것이다. 예레미야가 아무리 간절한 마음으로 그들을 대표하여 회개하고 도움을 호소한다고 해도 소용이 없다. 하나님이 그들과 함께하시지 않는 것과도 같은 상황 속에서, 예레미야는 하나님의 적극적인 개입과 구원의 은총을 간구하지만 하나님은 듣지 않으신다.

하나님의 참으심과 인내에도 한계가 있는 법이다. 모세를 출애굽의 지도자로 선택하셨지만 그가 여러 차례 거부하자 마침내는 진노하심으로 그를 이집트로 보내지 않으셨던가! 유다 백성을 향한 하나님의 마음도 마찬가지이다. 그는 유다 백성을 대표하는 예레미야의 탄식과 간구에 귀를 기울이지 않으신다. 도리어 그것을 금하기까지 하신다. 이것은 탄식과 간구가 항상 복과 구원을 보증해 주는 것이 아님을 의미한다. 야웨께서는 유다 백성이 자신에게 돌아오기를 기다리시지만, 아무 기한 없이 무한정 기다려 주시는 분이 아니다. 어느 한 시점까지는 최대한으로 인내하면서 기다리시겠지만, 그 시점을 넘어서면 탄식과 간구조차도 효력을 발하지 못한다. 하나님이 정하신 때를 넘기면, 누가 와서 간구를 해도 소용이 없다. 하늘의 시간, 곧 하나님이 정하신 시간–헬라어로 '카이로스'(kairos)로 칭하는–을 지킨다는 것은 대단히 중요한 일이다. 불행하게도 유다 백성은 인내하시는 하나님의 시간을 무시하는 잘못을 범하고 말았다. 그 시간을 넘기면 하나님의 긍휼도, 구원도 불가능하다는 사실을 깨닫지 못했던 것이다.

O. 예레미야의 고백록(15 : 10-21)

예레미야의 탄식과 불평 및 그에 대한 하나님의 응답을 기본 구조로 가지고 있는 15 : 10~21 단락은 예레미야가 여섯 차례에 걸쳐서 되풀이하고 있는 이른바 "고백록"(confessions; 11 : 18-12 : 6; 15 : 10-21; 17 : 12-18; 18 : 18-23; 20 : 7-13, 14-18)의 두 번째에 해당하는 것이다. 10절과 15~18절이 예레미야의 탄식과 불평을 담고 있다면, 11~14절과 19~21절은 야웨 하나님의 응답을 담고 있다. 첫 번째 고백록인 11 : 18~12 : 6도 이와 똑같은 구조로 되어 있다. 11 : 18~20과 12 : 1~4이 예레미야의 탄식과 불평을 담고 있는 반면에, 11 : 21~23과 12 : 5~6은 하나님의 응답을 담고 있기 때문이다.

그리고 하나님의 응답을 담고 있는 11~14절과 19~21절은 제각기 서두인 11절과 19절에서 히브리어 낱말 '임'(if)을 사용함으로써, 이 둘이 평행구조 속에 있음을 분명하게 보여 주고 있다. 비록 11절이 '임'(if)을 두 번 사용하는 19절과는 조금 달리 '임-로'(surely; '임'[if]과 '로'[not]의 합성어임.)를 두 번 사용하고 있다는 차이를 보이고 있기는 하지만 말이다(Craigie 외, 209; Holladay I, 449). 마지막으로 한 가지 더 추가할 것은, 시문체로 되어 있는 10~21절 단락 전체에서 예레미야의 예언 메시지가 야웨 하나님의 말씀임을 강조하는 '코 아마르 야웨'(thus says Yahweh, "야웨께서 이와 같이 말씀하시기를")라는 사자 양식이 19절에서 한 번 사용되고 있으며, '느움 야웨'(declares Yahweh, "야웨의 말씀이니라")라는 예언구 역시 후반부인 20절에서 한 번 사용되고 있다는 점이다.

1. 첫 번째 탄식과 응답(15 : 10-14)

10내게 재앙이로다 나의 어머니여 어머니께서 나를 온 세계에 다투는 자

와 싸우는 자를 만날 자로 낳으셨도다 내가 꾸어 주지도 아니하였고 사
람이 내게 꾸이지도 아니하였건마는 다 나를 저주하는도다 [11]여호와께
서 이르시되 내가 진실로 너를 강하게 할 것이요 너에게 복을 받게 할
것이며 내가 진실로 네 원수로 재앙과 환난의 때에 네게 간구하게 하리
라 [12]누가 능히 철 곧 북방의 철과 놋을 꺾으리요 [13]그러나 네 모든 죄로
말미암아 네 국경 안의 모든 재산과 보물로 값 없이 탈취를 당하게 할
것이며 [14]네 원수와 함께 네가 알지 못하는 땅에 이르게 하리니 이는 나
의 진노의 맹렬한 불이 너희를 사르려 함이라

[15 : 10] 예레미야는 하나님의 탄식을 담고 있는 바로 앞 단락(15 : 5–9)에서 자식들이 죽음으로 인하여 놀람과 두려움에 사로잡히는 어머니들에 관하여 언급하면서, 전쟁터에서 아들들을 잃은 어머니들이 충격에 사로잡힌 나머지 정신을 잃고서 쓰러질 것이요, 대낮조차도 해가 떨어진 후의 밤처럼 느낄 것이라고 말한 바가 있다. 어머니들에 대한 앞 단락의 이러한 언급은 예레미야의 탄식에서 조금은 변형된 행태로 되풀이된다. "어머니"라는 주제가 똑같이 나타난다는 점에서 볼 때에는 양자 사이에 공통점이 있지만, 내용상으로 보면 양자 사이에 적지 않은 차이도 있다.

이미 살핀 바와 같이, 앞 단락에 있는 하나님의 탄식은 유다 백성 중에 있는 무수한 어머니들을 다루고 있으며, 자녀들의 죽음과 관련된 어머니들의 고통과 아픔을 다루고 있다. 이와는 달리 10절에 있는 예레미야의 탄식은 예레미야라는 한 개인의 어머니만을 다루고 있으며, 자식이 당하는 온갖 핍박과 고통에 대하여 느끼는 어머니의 아픔보다는 예레미야 자신의 고통, 즉 어머니가 자기를 낳아 세상에 내보내신 결과 자신이 예언자로서 당하게 된 모진 고통과 아픔을 다루고 있다.

"내게 재앙이로다"(Woe to me, '오이–리')라는 전형적인 탄식의 외침으로 10절을 시작하는 예레미야는, 어머니가 자신을 낳으셨다는 사실 자체를 재

앙으로 여긴다. 왜냐하면 그는 예언자가 된 후로 자신을 향하여 강한 적대감에 사로잡힌 자들을 만나는 게 일과처럼 되고 말았기 때문이다. 어머니가 자신을 주변 사람들 모두와 다투는 자(a man of strife, '이쉬 리브')와 싸우는 자(a man of contention, '이쉬 마돈')로 낳으셨다는 설명이 바로 그 점을 가리킨다(10a절). 사실상 동의어나 다름없는 '리브'(strife)와 '마돈'(contention)은 하박국 1 : 3(개역 개정판은 "변론"['리브']과 "분쟁"['마돈']으로 번역함.)과 잠언 15 : 18(개역 개정판은 "다툼"['마돈']과 "시비"['리브']로 번역함.)에서도 나란히 나오는 낱말들인 바, 예레미야는 이 두 낱말을 사용함으로써 자신이 모든 주변 사람들에게 갈등과 분쟁의 사람이 되었음을 분명하게 밝히고 있다.

사실 지혜문학의 전문 용어라고 할 수도 있는 '마돈'은 사람들 사이에서 흔히 발생하는 갈등의 상황을 가리키는 데 두루 사용되고 있다(잠 15 : 18["다툼"]; 16 : 28["다툼"]; 17 : 14["다투는"]; 22 : 10["다툼"]; 26 : 20["다툼"]; 28 : 25["다툼"]; 29 : 22["다툼"]; 시 80 : 6["다툼"]; Craigie 외, 209). 그런가 하면 이미 앞의 2 : 9, 29절에서 사용된 적이 있는 '리브'는 본래 일종의 법정 소송 용어에 해당하는 것으로, 2장에서는 9절과 29절에서 유다 백성과 야웨 하나님 사이의 뒤틀어진 관계에 적용되고 있지만, 여기서는 유다 사람들과 예언자 사이의 불편한 관계를 가리키는 데 사용되고 있다(참조. 창 26 : 20; 삼하 22 : 44; 시 18 : 43; 31 : 20; 잠 20 : 3; 26 : 17, 21; 30 : 33).

요컨대, 자신이 예언자로서 당하는 갈등과 분쟁의 삶이 자신의 불행한 출생에 뿌리를 두고 있다고 보는 예레미야의 탄식과 불평은, 그가 나중에 매우 격한 어조로 자신의 생일을 저주하는 것(20 : 14-18; 참조. 욥 3장)과 비슷한 의미를 전달하고 있다. 이 둘은 똑같이 이제까지 자신이 살아온 삶 전부를 부정한다는 점에서, 그가 야웨 하나님의 심판을 선고함으로써 당하는 핍박과 고통이 얼마나 견디기 어려운 것이었는지를 한눈에 알게 해 준다. 예레미야는 또한 자신이 어느 누구에게도 꾸어 준 적이 없고 다른 사람들이 자신에게 꾼 적도 없는데, 모두가 자신을 저주함으로 인하여 마음에 큰 고통을 느길 수밖에 없었다고 탄식한다(10b절). 물론 예레미야의 주변에 있던 사람들이 강한 적대감을 가지고서 그에게 시비를 걸고 그를 저주하는 것에는 이유가 있었다. 이는 그가 바벨론 제국에 항복해야 산다고 예언하는가 하면, 유다 나라가 심판을 받아 망할 것이라고 예언했기 때문이다.

[15 : 11–12] 예레미야의 이러한 탄식과 불평에 대하여 야웨께서는 자신이 그를 강하게 하실 것이요, 그에게 복을 받게 하실 것임을 약속하신다(11a절). 또한 그는 예레미야의 원수들, 곧 그를 괴롭히는 자들로 하여금 재앙과 환난을 당하게 하실 것이요, 마침내는 재앙과 환난을 견디지 못한 그들이 예레미야를 찾아와서 도움을 호소하게 될 것이라고 약속하신다(11b절). 예레미야를 향한 하나님의 도우심은 이것으로 끝나지 않는다. 야웨께서는 부정적인 답변이 예상되는 수사학적인 질문을 통하여 아무도 예레미야를 해치지 못할 것이라고 약속하신다. 북방의 철과 놋을 과연 누가 능히 꺾을 수 있겠느냐는 질문이 그렇다(12절). 이는 야웨께서 북방의 철과 놋이 상징하는 바벨론 군대를 통하여 예레미야를 괴롭히는 자들–특히 하나냐(28장)–을 벌하실 것이라는 약속의 말씀이나 다름없다(Holladay I, 455).

[15 : 13–14] 예레미야를 강하게 하시고 북방 군대를 통하여 그를 지켜 주겠다는 약속에 이어 야웨께서는 유다 백성을 향한 심판의 말씀을 한층 견고하게 하신다. 이에는 두 가지가 있다. 그 하나는 재물에 관한 것이고, 다른 하나는 사람에 관한 것이다. 전자의 경우, 야웨께서는 그들이 범한 모든 죄로 말미암아 국경 안의 모든 재산과 보물이 아무런 값도 못 받는 약탈품으로 탈취당하게 하실 것이다(13절). 그리고 후자의 경우, 그들은 탈취당한 것들과 함께 자기들이 알지 못하는 땅으로 끌려가서 원수들을 섬기는 불행을 맛보게 될 것이다. 그들을 향하여 불처럼 타오르는 야웨 하나님의 맹렬한 분노가 마침내는 그들을 사를 것이다(14절).

13절과 14절의 이러한 심판의 말씀(참조. 17 : 3-4)은 두 가지 목적을 가지고 있는 것으로 보인다. 그 하나는 예레미야를 괴롭히는 자들이 징계받을 것이라는 사실을 예레미야에게 확신시키는 데 있고, 다른 하나는 예레미야가 선포한 심판의 말씀이 옳았음을 유다 백성 앞에서 확증하는 데 있다. 첫 번째 목적은 예레미야를 위로하고 격려함으로써 그에게 기쁨을 주는 것이지만, 두 번째 목적은 자기 백성에게 임할 심판과 파멸을 잘 알고 있는 예레미야의 마음에 고통과 슬픔을 안겨 주는 것이다(Craigie 외, 210). 이 점에서 볼 때, 13~14절은 예레미야에게 두 가지의 상반된 감정을 느끼게 하는 본문이 아닐 수 없다. 이러한 점을 염두에 두고 있어서인지, 13~14절은 유다 백성을 계속해서 2인칭 남성 단수인 "너"로 칭하다가, 14절 마지막 부분에서 2인칭 남성 복수인 "너희"로 칭하는 변화를 보이고 있기도 하다.

2. 두 번째 탄식과 응답(15 : 15-21)

15여호와여 주께서 아시오니 원하건대 주는 나를 기억하시며 돌보시사
나를 박해하는 자에게 보복하시고 주의 오래 참으심으로 말미암아 나로
멸망하지 아니하게 하옵시며 주를 위하여 내가 부끄러움 당하는 줄을
아시옵소서 16만군의 하나님 여호와시여 나는 주의 이름으로 일컬음을
받는 자라 내가 주의 말씀을 얻어 먹었사오니 주의 말씀은 내게 기쁨과
내 마음의 즐거움이오나 17내가 기뻐하는 자의 모임 가운데 앉지 아니하
며 즐거워하지도 아니하고 주의 손에 붙들려 홀로 앉았사오니 이는 주
께서 분노로 내게 채우셨음이니이다 18나의 고통이 계속하며 상처가 중
하여 낫지 아니함은 어찌 됨이니이까 주께서는 내게 대하여 물이 말라
서 속이는 시내 같으시리이까 19여호와께서 이와 같이 말씀하시되 네가
만일 돌아오면 내가 너를 다시 이끌어 내 앞에 세울 것이며 네가 만일
헛된 것을 버리고 귀한 것을 말한다면 너는 나의 입이 될 것이라 그들은

네게로 돌아오려니와 너는 그들에게로 돌아가지 말지니라 [20]내가 너로
이 백성 앞에 견고한 놋 성벽이 되게 하리니 그들이 너를 칠지라도 이기
지 못할 것은 내가 너와 함께하여 너를 구하여 건짐이라 여호와의 말씀
이니라 [21]내가 너를 악한 자의 손에서 건지며 무서운 자의 손에서 구원
하리라

[15 : 15–18] 예레미야는 10절에서 시작한 탄식과 불평을 15~18절에서 계속 이어 간다. 10절에서 그는 온 나라 사람들이 자신에게 시비를 걸고 싸움을 걸어온다고 탄식하면서, 어머니를 향하여 왜 자신을 낳으셨냐고 불평을 쏟아 놓은 바가 있다. 다른 사람들에게 빚진 일도 없고 꾸어 준 일도 없는데 사람들마다 자신을 저주하려고만 드니, 그로서는 참으로 견디기 어려웠을 것이다. 그리고 유다 백성들로서는 예레미야가 야웨 하나님의 심판을 선고하면서 바벨론에 항복해야 산다고 예언했으니 결코 그를 좋게 볼 수만은 없었을 것이다. 그는 유다 백성들이 보기에 철저하게 다툼과 충돌의 사람으로, 그리고 저주받아 마땅한 사람으로 이해되었을 것이다.

10절의 이러한 탄식과 불평은 15절에서 조금은 누그러진 형태로 표현되고 있다. 예레미야는 15절에서 탄식과 불평의 어조로 야웨께 다섯 가지를 요청한다. 그 첫 번째는 박해와 저주에 직면(참조. 20 : 10)한 자신을 야웨께서 기억해 달라는 것이다. 하나님이 그를 잊지 않으시고 기억해 주시는 것이야말로 그의 삶을 가장 안전하게 해 주는 것이기 때문이다. 예레미야는 두 번째로 온갖 박해에 시달리는 자신을 돌보아 주시고 보살펴 주실 것을 하나님께 요청한다. 하나님의 기억하심은 기억의 대상이 되는 자에게 필요한 것을 채워 주는 행동을 포함하는 바, 말씀의 종으로 세운 자를 돌보시고 보살펴 주심이 바로 그러한 행동에 해당한다.

예레미야가 하나님께 세 번째로 요청한 것은, 자신을 박해하고 괴롭히는 자들에게 원수를 갚아 달라는 것이다. 여러 차례 생명의 위협을 당하고 모진

고통과 수난을 겪은 예레미야로서는 원수들을 향한 하나님의 보복하심이 절실했을 것이다. 자신의 힘으로는 도저히 감당할 수 없는 그들에게 하나님께서 친히 보복해 주셔야 그들이 박해와 저주의 행동을 중단할 것이기 때문이다(참조. 20 : 11).

네 번째로 예레미야는 하나님께 오래 참으심으로 자신을 멸망치 않게 해 달라고 요청한다. 하나님의 기억하심과 돌보심, 그리고 원수들을 향한 보복 등이 없으면 자신이 멸망할 수밖에 없음을 잘 알고 있기에, 예레미야는 적극적으로 하나님의 오래 참으심을 간구하며 그에 기초한 구원을 간절히 원하고 있는 것이다. 그리고 마지막으로 예레미야는 자신이 주님 때문에 온갖 수모를 당하고 있음을 알아 달라고 하나님께 요청한다. 그러면서 그는 15절 서두에서 이러한 모든 요청들과 간구의 근거로 하나님이 자신을 매우 잘 알고 있다는 점을 든다. 심판의 말씀을 선포하도록 직접 예언자로 부르신 하나님만큼이나 예레미야를 잘 알고 계신 분이 세상 어디에 있겠는가!

15절에서 자신이 하나님의 말씀을 충실하게 설교함으로 인하여 어떠한 고통을 당했는지 야웨께 아뢴 예레미야는, 이어지는 16절에서 자신이 하나님께로부터 말씀을 선포하도록 부름 받은 예언자임을 강조한다. "주의 이름으로 일컬음을 받는 자"라는 16절의 표현이 그렇다. 그는 하나님이 사람들 앞에 선포해야 할 예언의 말씀을 주셨을 때 그것을 받아먹었다(참조. 겔 3 : 3). 주의 말씀은 그에게 기쁨과 마음의 즐거움으로 다가왔다. 예레미야의 이 말은 자신이 자의에 의해서가 아니라 순전히 타의에 의해서 말씀의 종이 되었음을 암시하는 것이기도 하다.

그러면서도 그는 주께서 주신 말씀을 기쁨과 즐거움으로 받아먹었다. 비록 그가 자신의 뜻에 의하여 예언자가 된 것이 아니요, 또 그로 인하여 온갖 박해와 고통이 주어졌지만, 그럼에도 불구하고 그에게 주어진 말씀은 기쁨과 즐거움을 가져다주었다. 그러나 예언자들의 무수한 예언의 말씀들에서 보듯이, 주의 말씀은 때때로 사람들에게 큰 고통과 아픔을 주는 것이기도 하다(암 7 : 10). 예레미야 시대의 사람들이 그랬다. 그들에게 주의 말씀은 "불"과도 같은 것이요, "바위를 쳐서 부스러뜨리는 방망이"와도 같은 것이었다(렘 23 : 29). 그들이 예레미야를 괴롭히고 그를 박해하고 죽이려고까지 한 것은, 순전히 그가 선포한 심판의 말씀이 그들을 견딜 수 없게 만들었기 때문이다.

주의 말씀에 대한 반응이 이렇게 다르다 보니, 예레미야는 자신이 선포한 심판의 말씀을 무시한 채로 웃으며 떠들어 대는 사람들과 함께 어울려 즐거워할 수가 없었다. 또한 그는 하나님의 계획에 자신을 바치는 과정에서 일상적인 삶의 기쁨을 포기하지 않을 수가 없었다(17a절). 그가 보기에 당시의 유다 백성들은, 하나님의 심판이 목전에 다가왔는데도 상황의 심각성을 전혀 모른 채 죄악의 즐거움에 빠져 있었다. 이 때문에 예레미야는 주께서 채우신 분노를 가득 안은 채 주의 손에 붙들려 외롭게 앉아 있을 수밖에 없었다(17b절).

그러나 이처럼 자신의 가슴을 채우고 있는 하나님의 거룩한 분노와는 별도로, 예레미야는 여전히 주의 말씀으로 인한 박해와 저주 때문에 자신의 고통이 그치지 않고 계속되며 상처는 도무지 나을 기미가 없다고 탄식한다. 야웨 하나님께서 맡기신 일을 성실하게 잘 수행하고 있는데도 고통과 상처가 멈추지 않기에, 예레미야는 하나님을 일컬어 마치 물이 말라서 속이는 시내(wadi) 같다고 말한다(18절). 야웨께서는 이전에 자신을 일컬어 "생수의 근원"(2 : 13)이라고 말씀하셨으나, 예레미야는 도리어 자신에게 고통을 안겨 주시는 하나님을 일컬어 물이 흐르다가도 마르고 마르다가도 흐르는 여름철의 시냇물과도 같이 도무지 믿을 수 없는 분이라고 말한 것이다.

[15 : 19-21] 예레미야의 탄식과 불평에 대한 야웨 하나님의 응답(19-21절)은 이른바 "사자(使者) 양식"(messenger formula)을 통하여 표현된다. 사자 양식에 이어지는 응답의 말씀에서 야웨 하나님은 부드럽게 예레미야를 책망하

시면서, 그가 회개할 필요가 있으며 더 이상 하나님께 대하여 그처럼 모욕적인 말을 해서는 안 된다는 점을 지적하신다(19a절). 만일 그가 회개하여 방향을 돌이킨다면 야웨께서는 그를 다시 이끌어 자기 앞에 세우실 것이요, 만일 그가 헛된 것을 버리고 귀한 주의 말씀을 선포한다면 야웨께서는 그를 자기 입으로 삼으실 것이다. 이로써 예레미야는 계속해서 야웨의 대변인 역할을 수행할 수 있을 것이다. 그 까닭에 그는 범죄한 유다 백성들의 사고방식을 그대로 모방해서는 안 된다. 그는 야웨께로 방향을 돌이킬지언정 유다 백성들에게로 돌아가서는 안 된다(19b절).

바로 이어서 야웨께서는 마치 예레미야에게 힘을 주려는 듯이 폭력적인 원수들에게서 그를 보호해 주실 것임을 약속하신다. 그는 먼저 예레미야를 유다 백성들 앞에서 견고한 놋 성벽이 되게 하실 것이요, 그들이 그를 칠지라도 이기지 못할 것이라고 말씀하신다. 그 까닭은 야웨께서 그와 함께하심으로써 그를 구하여 건지실 것이기 때문이다(20절). 야웨께서는 또한 예레미야를 악한 자들의 손에서 건져 주시고 무서운 자들의 손에서 그를 구원하여 주실 것이다(21절). 이러한 구원의 말씀은 그가 맨 처음 예언자로 부름 받았을 때 주어진 말씀(1 : 8, 18-19)과 유사한 모습을 보이는 바, 이는 그가 절망과 고통의 밑바닥에서 새롭게 제2의 소명을 경험한 것이나 다름없음을 의미할 것이다.

설교를 위한 묵상

1) 예레미야는 자신이 처해 있는 박해와 저주의 상황을 하나님의 기억하심과 돌보심에 비추어 생각한다. 그는 하나님께서 자신을 잊어버리셨기에 자신에게 고통과 절망이 찾아왔다고 생각한 것으로 보인다. 그는 마치 하나님이 자기 얼굴을 감추시고 어디론가 숨어 버리신 것 같은 느낌 때문에 더욱 힘들었을 것이다. 그 까닭에 그

는 하나님께 자신을 기억해 주시고 돌보아 주실 것을 간구한다. 그는 또한 주변 사람들의 박해와 저주로 말미암아 멸망하는 일이 없도록 도와주시고, 자신이 주를 위하여 온갖 부끄러움을 당하고 있음을 알아 주셨으면 좋겠다고 간구하기도 한다. 사실 하나님의 기억하심과 아심은 하나님의 백성들이나 주의 말씀을 전하는 종들의 삶에 있어서 대단히 중요한 의미를 갖는다.

출애굽 사건의 배경에 대해서 설명하는 출애굽기 2 : 24~25이 이 점을 잘 보여 준다:"하나님이 그들의 고통 소리를 들으시고 하나님이 아브라함과 이삭과 야곱에게 세운 그의 언약을 기억하사 하나님이 이스라엘 자손을 돌보셨고 하나님이 그들을 기억하셨더라". 이 말씀에 의하면, 이스라엘 역사에서 가장 중요한 의미를 갖는 출애굽 해방은 하나님의 기억하심과 돌보심에 의하여 촉발된 것이었다. 시편 105 : 42도 출애굽 사건과 광야 인도가 하나님의 기억하심에 의한 것이었음을 강조한다. 그런가 하면 시편 106 : 45은 사사 시대에 여러 차례 이루어진 하나님의 구원하심이 자신의 언약을 기억하신 하나님의 인자하심에서 비롯된 것이었음을 분명하게 밝히고 있다. 이 점에 비추어 볼 때, 그의 기억하심과 돌보심이야말로 때때로 고통과 절망을 안겨 주는 세상을 살아가는 하나님의 사람들에게 꼭 필요하고 중요한 것임이 분명해진다.

2) 주의 말씀으로 인한 사람들의 박해와 저주를 견디지 못한 예레미야는 자기 생일을 저주함으로써 자신의 삶 전체를 송두리째 부정하려고까지 했다(20 : 14-18). 이것은 그를 대적하는 자들로부터 주어진 정신적인 충격과 고통이 얼마나 컸었는지 한눈에 알게 해 준다. 20 : 8도 동일한 아픔을 실감나게 잘 전하고 있다:"내가 말할 때마다 외치며 파멸과 멸망을 선포하므로 여호와의 말씀으로 말미암아 내가 종일토록 치욕과 모욕거리가 됨이니이다". 15 : 18에서도 그는 자신의 고통과 괴로움이 그치지 않고 계속될 뿐만 아니라, 상처 역시 중하여 나을 기미가 없다고 탄식해 마지않는다. 오죽했으면 하나님을 일컬어 "물이 말라서 속이는 시내" 같은 분이라고 불평했겠는가! 그럼에도 불구하고 예레미야는 끝까지 주의 말씀에 충성하고자 한다. 그 까닭은 주의 말씀이 고통 중에도 그에게 참된 기쁨과 즐거움을 주기 때문이다.

사실 예레미야에게는 주의 말씀이야말로 유일한 희망의 근거라 할 수 있다. 주의 말씀을 위해 자기 삶을 희생한 그로서는 말씀 외에 의지할 것이 세상에 없었다. 주의 말씀만이 그에게 남아 있는 유일한 삶의 자원이나 마찬가지였기 때문이다. 따라서 세상의 어느 누구도, 그리고 세상의 그 어떤 것도 그에게 참된 기쁨과 즐거움을 줄 수 없었다. 주의 말씀은 문자 그대로 그의 삶의 전부라고 해도 틀리지 않았을 것이다. 오늘날의 성도들에게도 주의 말씀은 이처럼 소중한 것이어야 마땅하다. 자기 삶 전부와 바꿀 수 있는 최고의 것이어야 마땅하다. 예레미야의 삶에서 보듯이 그것이 때로는 우리의 삶을 힘들게 할 수도 있다. 그러나 우리가 일평생 주의 말씀에 사로잡히게 되면, 그로 인하여 우리 삶이 참된 만족과 행복을 누릴 수밖에 없다. 우리를 사로잡은 주의 말씀이 우리를 그렇게 만들어 줄 것이다. 그래서 시편 기자는 그의 말씀을 일컬어 꿀보다 더 단 것으로, 그리고 많은 순금보다 더 사모해야 하는 것으로 묘사한다(시 19:9-10; 119:72, 103).

3) 주의 말씀에 사로잡혀 사는 사람은 자기 삶이 아무리 힘들고 어려울지라도 하나님의 주권적인 섭리와 지혜, 그리고 그의 은혜와 사랑 등을 의심하면 안 된다. 설령 세상 사람들이 자신의 삶을 부담스럽게 하고 힘들게 할 수도 있는 주의 말씀을 버린 채로, 하나님을 떠난 삶에서 참된 만족을 누리려고 하거나, 그의 말씀과는 무관한 삶을 즐기는 데 몰두한다 할지라도, 주의 말씀에 의지하여 살아가는 사람은 세상적인 즐거움과 행복에 마음을 빼앗기면 안 된다. 상당히 많은 경우들에 있어서 그것은 단지 거룩한 분노를 일으키는 헛된 것일 뿐이다. 예레미야는 비록 그들의 모임과 자리를 즐겨 찾은 적도 없고 그들의 생활양식을 부러워한 적도 없지만, 주의 말씀 때문에 사람들로부터 박해와 저주를 받으면서 사회적인 고립 상태에 빠지게 된 터라, 하나님께 대하여 함부로 말하는 잘못을 범한 것으로 보인다. 하나님이 하시는 일을 연약한 인간이 함부로 판단해서는 안 되는데도 말이다.
그래서인지 야웨께서는 자신의 지혜와 섭리를 끝까지 신뢰하지 못한 예레미야의 행동과 발언을 책망하시면서, 그가 조금 더 진실한 마음으로 주의 말씀에 전념한다면, 그를 대적하는 원수들에게서 그를 안전하게 지켜 주시고, 그를 구원하여 주겠다고 약속하신다. 예레미야가 만일 자신의 잘못을 뉘우치고 다시금 순전한 믿음으로 야웨께로 방향을 돌이킨다면, 그리고 박해와 저주의 상황에 굴하지 않고 끝까지 존귀한 주의 말씀을 위해 헌신하고자 한다면, 야웨께서는 그를 자신의 대변인("입")이 되게 하시고 그를 향한 자신의 약속을 반드시 지키실 것이다. 그리하여 마침내는 세상의 어느 누구도 그를 해치지 못하도록 그를 안전하게 보호해 주실 것이다.

P. 결혼조차도 할 수 없는 급박한 상황(16 : 1–21)

야웨께서 주신 약속의 말씀에도 불구하고 예레미야의 삶은 조금도 나아지지 않는다. 도리어 야웨께서는 예레미야에게 결혼하여 자녀를 가지는 일을 금하심으로써(1–2절), 다가올 심판에 비추어 볼 때 가정을 갖는다는 것이 적절치 못한 행동임을 알리신다. 그 심판으로 인하여 땅의 모든 가정들이 파괴될 것이기 때문이다(3–4절). 더 나아가서 예레미야는 장례식이나 죽은 자를 위한 애곡 의식에 참여하는 일까지 금지당한다(5절). 이것 역시 다가올 심판의 전조가 되는 것이다. 그 심판은 대대적인 파괴와 죽음을 초래할 것이요, 그로 인하여 사람들은 죽은 자를 장사 지낼 기회를 갖지 못할 것이다. 죽은 자들을 위해 애곡하거나 살아남은 자들을 위로하는 일을 할 수 없음은 물론이다(6–7절). 야웨께서는 또한 예언자에게 잔치들을 멀리할 것을 명하신다. 왜냐하면 결혼식 축제를 포함하는 모든 잔치들이 순식간에 끝장날 것이기 때문이다(8–9절).

유다 백성이 왜 야웨께서 자기들을 심판하려 하시는지 알고자 한다면, 예레미야는 그들이 우상을 숭배하던 조상들의 죄를 능가했으며, 완악하게 그의 계명들에 불순종했다는 사실을 지적해야만 한다(10–12절). 이 때문에 야웨께서는 그들을 포로로 사로잡혀 가게 하실 것이요, 사로잡혀 간 그곳에서 그들은 실컷 이방 신들을 섬길 수 있을 것이다(13절). 이러한 심판 선고를 계속하기 전에, 야웨께서는 심판의 날을 넘어서서 자기 백성을 바벨론 포로로부터 구원하고 또 그들을 고국으로 돌아가게 할 때를 내다보신다(14–15절).

그러나 그 사이에 침략군들이 그 땅을 휩쓸어 갈 것이다. 어부가 그물로 물고기를 모으는 것처럼 원수들이 자기들에게 희생될 자들을 대량으로 모을 것이다. 침략군들은 사냥꾼들과 마찬가지로 무자비하게 희생물들을 추격할 것이다(16절). 우상을 숭배하는 야웨의 백성은 죄의 대가를 두 배로 지불하게 될 것이다(17-18절). 18절에 묘사되어 있는 장면과는 대조적으로, 예레미야는 이방인들이 야웨께 나아와서 자기들이 저지른 우상 숭배의 죄를 고백할 때를 기대한다(19-20절). 그날에는 야웨께서 열방을 가르치실 것이다(21절).

이상으로 요약되는 16장 본문은 예레미야의 결혼을 금지시키는 1~9절이 중심 단락을 구성하고 있으며, 백성의 질문과 예레미야의 답변(10-13절), 포로의 귀환(14-15절), 어부들과 사냥꾼들의 비유(16-18절), 민족들이 야웨께로 돌아올 미래(19-21절) 등의 부수적인 내용들로 이루어져 있다. 마지막 단락인 19~21절만 시문체로 되어 있고 나머지는 전부 산문체로 되어 있는 16장에서는, 예레미야의 예언 메시지가 야웨 하나님의 말씀임을 강조하는 '코 아마르 야웨'(thus says Yahweh, "야웨께서 이와 같이 말씀하시기를")라는 사자 양식이 3, 5, 9절에서 세 번 사용되고 있으며, '느움 야웨'(declares Yahweh, "야웨의 말씀이니라")라는 예언구는 5, 11, 14, 16절에서 네 번 사용되고 있다.

1. 예레미야의 결혼 금지(16 : 1-9)

> [1]여호와의 말씀이 또 내게 임하여 이르시되 [2]너는 이 땅에서 아내를 맞
> 이하지 말며 자녀를 두지 말지니라 [3]이곳에서 낳은 자녀와 이 땅에서 그
> 들을 해산한 어머니와 그들을 낳은 아버지에 대하여 여호와께서 이와
> 같이 말씀하시오니 [4]그들은 독한 병으로 죽어도 아무도 슬퍼하지 않을
> 것이며 묻어 주지 않아 지면의 분토와 같을 것이며 칼과 기근에 망하고

그 시체는 공중의 새와 땅의 짐승의 밥이 되리라 5여호와께서 이와 같이
말씀하시되 초상집에 들어가지 말라 가서 통곡하지 말며 그들을 위하여
애곡하지 말라 내가 이 백성에게서 나의 평강을 빼앗으며 인자와 사랑
을 제함이라 여호와의 말씀이니라 6큰 자든지 작은 자든지 이 땅에서 죽
으리니 그들이 매장되지 못할 것이며 그들을 위하여 애곡하는 자도 없
겠고 자기 몸을 베거나 머리털을 미는 자도 없을 것이며 7그 죽은 자로
말미암아 슬퍼하는 자와 떡을 떼며 위로하는 자가 없을 것이며 그들의
아버지나 어머니의 상사를 위하여 위로의 잔을 그들에게 마시게 할 자
가 없으리라 8너는 잔칫집에 들어가서 그들과 함께 앉아 먹거나 마시지
말라 9만군의 여호와 이스라엘의 하나님께서 이와 같이 말씀하시니라
보라 기뻐하는 소리와 즐거워하는 소리와 신랑의 소리와 신부의 소리를
내가 네 목전, 네 시대에 이곳에서 끊어지게 하리라

[16 : 1–9] 야웨께서는 예레미야에게 일종의 상징적인 행동에 해당하는 두 가지의 것을 명하신다. 그 하나는 결혼하여 아내를 맞이하는 일을 하지 말라는 것이고, 다른 하나는 결혼하여 자녀를 두는 일을 하지 말라는 것이다(1–2절). 이 둘은 서로 밀접하게 관련되어 있다. 자녀를 두는 일은 결혼하여 아내를 맞이하는 일 없이는 불가능한 것이기 때문이다. 예레미야에게 강제된 이 두 가지 명령은 그가 결혼 적령기에 도달한 젊은이였음을 암시한다. 그렇지 않고서야 그에게 이러한 명령이 주어질 리가 없다. 그런데 흥미롭게도 예레미야에게 주어진 이 명령은 금지를 뜻하는 통상적인 부정어 '알'이 아니라 강력한 신적인 금지를 뜻하는 부정사 '로'(Davidson, 124)를 두 번 사용하는 특이한 것으로(차준희, 185), 거의 한 세기 전에 정반대의 명령을 받았던 호세아의 경우(호 1 : 2)와 뚜렷한 대조를 이룬다. 북왕국 이스라엘의 예언자로 부름 받았던 호세아는 예언 활동의 시초부터 결혼과 자녀 출산의 명령을 받았다. 비록 음란한 여자를 맞이하여 음란한 자식들을 낳으라는 명령이 주어지

고 있기는 하지만 말이다.

예레미야의 경우, 그에게 주어진 결혼 금지와 자녀 출산 금지는 어떠한 의미를 갖는 상징적인 행동으로 이해될 수 있을까? 야웨 하나님의 이 두 가지 명령은 유다 나라에 임할 심판이 확정되었고 곧 이루어질 것이라는 사실을 암시한다. 예레미야에게 주어진 결혼 금지 명령과 자녀 출산 금지 명령이 "이 땅에서"(in this land)라는 단서를 달고 있다는 사실이 이 점을 뒷받침한다. 유다 백성이 거주하고 있는 땅이 곧 심판을 받아 망할 것이기에, 그 땅에서는 이제 더 이상 결혼의 기쁨과 즐거움을 누릴 수 없을 것이다(참조. 8–9절). 결혼하여 행복한 가정을 이루는 것을 용납하지 못하는 심판과 파멸의 상황이 곧 닥칠 것이요, 예레미야 자신조차도 그처럼 급박한 상황 속에서 결혼하여 자녀를 낳으면서 예언자로서의 활동에 전념할 만큼 한가하지 못할 것이라는 메시지가 그 안에 감추어져 있는 셈이다.

그렇다면 이미 결혼하여 자녀들을 양육하고 있는 부모들은 어떻게 되는가? 3~4절은 그러한 사람들에게 임할 가혹한 심판에 대해서 설명하고 있다. 3절이 심판받아 죽게 될 사람들의 목록을 나열하고 있다면, 4절은 그들에게 임할 심판의 구체적인 내용을 담고 있다. 야웨께서는 결혼하여 가정을 이룬 자들의 집에서 태어난 자녀들(참조. 9 : 21)을 가장 먼저 언급하며, 이어서 그들을 낳은 어머니들과 아버지들을 차례대로 언급한다. 이것은 문자 그대로 유다 백성 전체가 심판의 대상에 포함될 것임을 뜻한다. 그리고 야웨께서는 이들에 대해서도 예레미야에게 주셨던 것과 똑같이 "이곳에서"(in this place)와 "이 땅에서"(in this land)라는 공간 개념을 적용하신다(3절). 이는 유다 백성에게 임할 하나님의 심판이 철저하게 약속의 땅 안에서만 이루어질 것임을 가리키는 것이다.

그 땅에 사는 그들은 독한 질병과 칼과 기근에 죽을 것이요, 아무도 그들의 죽음을 슬퍼하지 않을 것이다. 뿐만 아니라 이렇게 죽은 그들을 묻어 줄 사람이 없는 까닭에, 그들의 시체는 정상적인 매장 절차를 거치지 못한 채 썩어서 지면의 분토와 같이 될 것이요, 공중의 새와 들짐승의 밥이 되고 말 것이다(4절; 7 : 33-8 : 3). 심판의 상황이 이처럼 급박하게 돌아갈 것이기에, 야웨께서는 예레미야에게 초상집(a house of mourning, '베트 마르제아흐')에 들어가지 말 것이요, 설령 들어간다 할지라도 통곡하지 말며 그들을 위하여 애곡하지 말라고 명하신다(5a절). 구약성서에서 예레미야 16 : 5과 아모스 6 : 7("떠드는 소리")에만 나오는 '마르제아흐'는 전후 문맥에서 보듯이, 아모스 6 : 7의 경우처럼 시끌벅적하게 애곡의 잔치가 벌어지는 상황(mourning/funeral feast)을 가리킨다고 볼 수 있다(Craigie 외, 216; Holladay I, 470). 야웨께서는 자신이 그동안 그들에게 베푸셨던 "나의 평강"(peace, '샬롬')을 빼앗고, 그들에게 주셨던 "인자(lovingkindness, '헤세드')와 사랑(compassion, '라하밈')"을 다시 거두어들이실 것이다(5b절).

"이 땅에서"(in this land) 이루어질 하나님의 심판은 사람을 가리지 않는다. 어른이나 아이 또는 신분이 높은 자나 낮은 자나 할 것 없이 모두 자기들이 살던 땅에서 죽음을 맞이하게 될 것이요, 그들의 시체는 정상적으로 매장되지 못한 채 버려질 것이다. 또한 그들의 죽음을 애곡할 자도, 몸을 베거나 머리털을 미는 등의 행동을 통하여 애곡 의식을 행할 자도 없을 것이다(6절). 여기서 몸을 베거나 머리털을 미는 애곡 의식에 대해서는 약간의 설명이 필요할 것으로 보인다. 그러한 행동은 애곡하는 자의 신체적인 외양(physical appearance)을 죽음의 세계에 들어선 자들과 동일시하는 것이라 할 수 있다. 애곡 의식에 참여하는 자는 자신의 외모에 변형을 가하고 신체에 손상을 가하여 죽은 자와 자신을 동일시함으로써 자신의 슬픔을 극대화한다는 얘기다(Anderson, *A Time to Mourn, A Time to Dance*, 75).

이렇듯이 신체를 변형시키거나 신체에 상처를 입히는 애곡의 행동은 그에 대한 평가에 따라 긍정적인 경우와 부정적인 경우로 나눌 수 있다. 먼저 긍정적인 경우를 본다면, 귀향 공동체의 지도자였던 에스라는 이스라엘 백성과 제사장들과 레위 사람들이 주변 나라 사람들과 뒤섞여 살면서 그들과 혼혈 결혼함으로써 하나님의 백성으로서의 정체성을 상실하고 말았다는 보고를 듣는 순간 탄식하면서 머리털과 수염을 뜯는다(스 9 : 1-3). 그런가 하면 욥은 극심한 재앙을 만난 후에 겉옷을 찢고 머리털을 밀고서 땅에 엎드려 하나님께 경배한다(욥 1 : 20).

그러나 이처럼 신체의 일부를 훼손하는 방식의 애곡 의식이 이스라엘 안에서 정당한 것으로 인정되는 경우는, 머리털과 수염을 뜯거나 미는 경우에만 한정될 뿐이다. 이 두 가지 이외의 애곡 의식, 곧 살을 베거나 몸에 상처를 입히는 형태의 애곡 의식(왕상 18 : 28; 렘 41 : 5; 47 : 5)은 이방 종교와의 관련성으로 인하여 철저하게 금지되거나 부정적인 평가의 대상이 된다. 그리고 머리털과 수염을 미는 행동(렘 9 : 26; 25 : 23; 49 : 32)도 이교 제의와 연결되어 있을 경우에는 당연히 금지 대상에 포함된다. 예로써 레위기의 성결 법전은 이방 종교에서 행하듯이 머리 가를 둥글게 깎거나 수염을 밀어서는 안 되며, 죽은 사람을 애도한다고 하여 몸에 상처를 내거나 문신을 새겨서도 안 된다고 규정한다(레 19 : 27-28; 21 : 5). 그리고 신명기 법전은 야웨 하나님의 백성인 이스라엘이 죽은 사람을 애도하면서 몸에 상처를 내거나 앞머리를 밀어서는 안 된다고 명한다(신 14 : 1).

예레미야가 6절에서 말하는 애곡 의식, 곧 몸을 베거나 머리털을 미는 행동도 신체 훼손 방식의 애곡 행동에 대한 부정적인 평가에 해당하는 것이다. 그 까닭은 예레미야가 이교 제의와 관련된 애곡 의식인 몸을 베는 것을 먼저 언급함으로써 머리털을 미는 행동도 같은 범주에 속한 것으로 규정하고 있기 때문이다. 유다 나라에 임할 심판은 이러한 애곡 의식 자체를 불가능하게 할 뿐만 아니라, 유가족과 함께 슬픔을 나눌 자도, 그리고 그들을 위로하려고 함께 음식을 나누는 사람도 없게 만들 것이다. 심지어는 친부모를 잃은 자들에게 위로의 잔을 건넬 사람도 없을 것이다(7절).

예레미야는 초상집에 들어가는 것만 금지당할 뿐만 아니라(5절), 정반대로 잔칫집(a house of feasting; 참조. 전 7 : 2)에 들어가서 그곳에 있는 사람들과 함께 앉아 먹거나 마시는 것도 금지당한다(8절). 확대된 사자 양식('코 아마르 야웨 츠바오트 엘로헤 이스라엘')을 통하여 전달되는 야웨 하나님의 심판은 온갖 기뻐하는 소리와 즐거워하는 소리, 신랑의 소리와 신부의 소리 등을 그가 보는 앞에서 그의 시대에, 그리고 "이곳에서"(in this place) 전부 끊어 버릴 것이다(9절). 예레미야는 이렇듯이 장례와 관련된 심판의 말씀(5-7절)에 이어 결혼 축제와 관련된 심판의 말씀(8-9절)을 연속으로 선포함으로써, 야웨께서 유다 공동체 안에서 슬픔과 애곡의 감정뿐만 아니라 기쁨과 즐거움의 감정까지도 모두 사라지게 만드실 것임을 분명하게 밝히고 있다. 그러한 상반된 감정을 표현할 수 있는 사람들이 유다 땅에서 모두 사라지게 될 것이라는 얘기다.

2. 백성의 질문과 예레미야의 답변(16 : 10-13)

> [10]네가 이 모든 말로 백성에게 말할 때에 그들이 네게 묻기를 여호와께서 우리에게 이 모든 큰 재앙을 선포하심은 어찌 됨이며 우리의 죄악은 무엇이며 우리가 우리 하나님 여호와께 범한 죄는 무엇이냐 하거든 [11]너는 그들에게 대답하기를 여호와께서 말씀하시되 너희 조상들이 나를 버리고 다른 신들을 따라서 그들을 섬기며 그들에게 절하고 나를 버려 내 율법을 지키지 아니하였음이라 [12]너희가 너희 조상들보다 더욱 악을 행하였도다 보라 너희가 각기 악한 마음의 완악함을 따라 행하고 나에게 순종하지 아니하였으므로 [13]내가 너희를 이 땅에서 쫓아내어 너희와 너희 조상들이 알지 못하던 땅에 이르게 할 것이라 너희가 거기서 주야로 다른 신들을 섬기리니 이는 내가 너희에게 은혜를 베풀지 아니함이라 하셨다 하라

[16:10-13] 10~13절 단락은 유다 백성의 질문과 예레미야의 답변이라는 구

조를 가지고 있다. 유다 백성의 질문은 "이 모든 말"(all these words), 곧 예레미야의 결혼 금지라는 상징적인 행동과 심판의 급박성 때문에 초상집도 잔칫집도 가서는 안 된다는 야웨 하나님의 말씀에 대하여 그들이 궁금증을 가짐으로 인하여 생겨난 것이다. 여기서 한 가지 흥미로운 것은, 야웨께서 "이 백성"(this people; 개역 개정판은 "이"[this]라는 지시 대명사를 번역하지 않음.)에게 전하도록 명하신 "이 모든 말"에 예레미야의 상징적인 행동과 구두로 선포한 메시지가 다 포함되어 있다는 사실이다. 예레미야는 앞의 13 : 1~7에서도 야웨 하나님의 명을 따라 베띠를 사서 허리에 띠었다가 그것을 유프라테스 강가의 바위틈에 감춘 적이 있다. 그리고 나중에 그것이 썩어서 더 이상 쓸 수 없을 때쯤에 다시 가져오는 상징적인 행동을 취한 적이 있었다.

여기서도 예레미야는 결혼하여 가정을 갖지 않는 상징적인 행동을 취한다. 이것이 유다 백성에게는 상당히 의아스럽게 여겨졌을 것이다. 초상집과 잔칫집의 비유도 마찬가지이다. 무엇인가 설명이 필요했을 것이다. 그리하여 마침내 그들은 그 궁금증을 견디지 못한 채로 예레미야에게 물을 것이다. 예레미야가 아내를 맞이하여 가정을 갖지 않고 자녀를 두지 않으려는 이유가 무엇인지, 야웨께서 이제껏 예레미야를 통해 선포하신 그 모든 재앙을 계획하신 이유가 무엇인지, 그리고 자기들이 야웨 하나님 앞에서 범한 죄악이 무엇인지 말이다(10절).

그들의 이러한 질문들에 대하여 예레미야는 어떠한 답을 줘야 하는가? 야웨께서는 그 답까지도 예레미야에게 주신다(11-12절). 그는 유다 백성에게 임할 모든 재앙과 불행의 원인이 조상들의 죄악과 조상들을 능가하는 그들의 죄악에 있음을 분명하게 밝히라고 예레미야에게 명하신다. 이것은 야웨께서 주신 답에 두 가지가 있음을 의미한다. 하나는 조상들의 죄악이요, 다른 하나는 예레미야 시대 사람들의 죄악이다.

조상들의 죄악을 다루는 첫 번째 답은 예레미야가 이전에도 몇 차례 지적한 바가 있는 것으로(2 : 5; 7 : 26; 11 : 7–8 등), "버리다"라는 뜻을 가진 동사 '아잡'(forsake; 참조. 1 : 16; 2 : 13, 17, 19; 5 : 7, 19; 9 : 13; 17 : 13; 19 : 4; 22 : 9 등)을 두 번에 걸쳐 사용하고 있다. 이 첫 번째 답에 의하면, 예레미야 이전 시대의 조상들은 야웨 하나님을 버리고('아잡') 다른 신들을 따라가는 우상 숭배의 죄를 범하였다. 그들은 이방 신들을 섬기고 경배하는 데 여념이 없었으며, 야웨 하나님을 버림('아잡')과 동시에 그의 율법에 불순종하는 잘못까지 범하였다(11절).

야웨께서 주신 두 번째 답은 예레미야 시대의 유다 백성을 겨냥하고 있다. 그들은 불행하게도 조상들보다 훨씬 더 악한 모습을 보였다. 그들은 제각기 자신의 완악한 마음을 따라 행하였고, 야웨의 말씀을 거역하고 무시하는 삶에 열중하였다(12절). 이에 대한 하나님의 심판은 너무도 당연한 것이다. 하나님은 그들을 약속의 땅에서 쫓아내실 것이요, 그들과 그들의 조상들이 알지 못하던 땅, 곧 바벨론 땅으로 이끌어 가실 것이다(13a절).

여기서 "쫓아내다"로 번역된 히브리어 낱말은 '툴' 동사의 히필 사역형으로, 매우 강하게 내던지는(throw away, hurl out) 행동을 가리킨다. 예레미야의 경우에는 이곳과 22 : 26에서만 사용된다(Craigie 외, 217; Holladay I, 474). 또한 이 동사는 흥미롭게도 요나 1장에서 세 번 사용된다. 야웨 하나님이 불순종하는 요나의 잠든 양심을 깨우기 위해 큰 바람을 던지시는 것이나(욘 1 : 4; 개역 개정판은 "내리시매"로 번역함.), 태풍을 만난 선원들과 승객들이 배를 가볍게 하기 위해 배 안의 모든 물건들을 바다로 던지는 행동(욘 1 : 5; 개역 개정판은 "던지니라"로 번역함.), 그리고 나중에 그들이 요나를 바다에 던지는 행동 모두가 '툴' 동사의 히필 사역형으로 되어 있다. 이 점에 비추어 본다면, 야웨께서 예레미야를 통하여 주시는 심판의 말씀은 그가 그들을 매우 강하게 내던지실 것이라는 의미를 함축하고 있다. 이렇게 남의 땅에 내던져짐을 당한 그들은 거기서 밤낮으로 다른 신들을 섬길 것이다. 그들이 이렇듯이 이방 땅에서 고통 중에 다른 신들을 섬겨야 하는 이유는, 야웨께서 그들에게 더 이상 은혜를 베풀지 않으실 것이기 때문이다(13b절).

3. 포로의 귀환(16 : 14–15)

> [14]여호와의 말씀이니라 그러나 보라 날이 이르리니 다시는 이스라엘 자손을 애굽 땅에서 인도하여 내신 여호와께서 살아 계심을 두고 맹세하지 아니하고 [15]이스라엘 자손을 북방 땅과 그 쫓겨났던 모든 나라에서 인도하여 내신 여호와께서 살아 계심을 두고 맹세하리라 내가 그들을 그들의 조상들에게 준 그들의 땅으로 인도하여 들이리라

[16 : 14–15] 야웨께서는 자기 백성을 남의 땅에 내팽개치는 심판으로 모든 것을 끝내시는 분이 아니다. 그는 여전히 자기 백성을 향한 애정과 긍휼을 간직하고 계신 분이다. 비록 그가 그들에게 진노하신 나머지 더 이상 그들에게 은혜를 베풀지 않기로 작정하셨지만(13b절), 그것이 결코 항구적인 것은 아니다. 심판과 책망의 말씀 가운데 삽입되어 있는 14~15절의 구원 선포가 이 점을 잘 보여 준다. 23 : 7~8과 매우 유사한 내용으로 되어 있는(Thompson, 409) 14~15절의 핵심은 심판 이후에 있을 포로 귀환의 의미를 담고 있다.

14~15절의 이러한 구원 선포는 심판의 날이 끝난 후에 있을 두 가지 사실을 밝히고 있다. 그 하나는 이스라엘 사람들의 맹세 방식이 바뀔 것이라는 사실과 관련되어 있다. 이를테면 야웨 하나님의 살아 계심을 두고 맹세하는 방식이 출애굽 사건에 초점을 맞추던 기존의 방식에서 바벨론 포로 귀환에 초점을 맞춘 방식으로 바뀔 것이라는 얘기다(14–15a절). 그리고 구원 선포가 다루는 두 번째 주제는 야웨께서 자기 백성을 이전에 쫓겨났던 조상들의 땅으로 돌아오게 하실 것이라는 약속과 관련되어 있다(15b절).

예레미야가 선포해야 할 첫 번째 구원 메시지에 따르면, 유다 백성은 야웨 하나님의 살아 계심을 두고 맹세할 때, 이전에 출애굽 사건에 기초하여

사용하던 맹세 양식을 스스로 포기할 것이다. 주지하는 바와 같이, 출애굽 해방은 이스라엘의 초기 역사에서 가장 중요한 의미를 갖는 사건이었다. 압제와 속박의 땅에서 신음하던 자기 백성 이스라엘을 구원하신(출 2:23-25; 3:7-9; 6:5-7 등) 출애굽 해방이야말로 야웨 하나님의 정체성을 가장 확실하게 보여 주는 사건이요, 이스라엘 백성이 신정 공동체로서 갖는 기본 정신, 곧 정의로운 평등 공동체의 형성이라는 민족적 과제를 가장 잘 규정해 주는 사건이기도 했다.

바로 이러한 이유 때문에 이스라엘 백성은 어떤 중요한 일을 행하거나 다짐할 때마다 자기들을 이집트에서 인도하여 내신 야웨 하나님의 살아 계심을 두고 맹세하는 관례가 있었던 것으로 보인다. 이러한 맹세 방식은 열 가지 재앙과 창조주의 권능으로 자기 백성을 구원하신 야웨 하나님께 의지하는 태도야말로 모든 문제의 해결점이라는 인식에 기초한 것이다. 그런데 이러한 맹세 방식이 이제 앞으로는 바뀔 것이다. 이스라엘 백성이 포로 귀환 이후로는 이스라엘 자손을 북방 땅과 그 쫓겨났던 모든 나라에서 인도하여 내신 야웨 하나님의 살아 계심으로 맹세하게 될 것이라는 얘기다.

이러한 맹세 양식의 변화는 포로 귀환이 갖는 중요성 때문에 가능하다. 바벨론 포로기의 신학자들은 바벨론 포로 귀환이 새로운 출애굽(new exodus)의 의미를 갖는 매우 중요한 사건이라고 생각했다. 이사야 43:16~20, 48:20~21, 51:9~11 등이 그렇다. 특히 이사야 43:18~19은 제2의 출애굽(second exodus)이라 할 수도 있는 바벨론 포로 귀환이 옛 출애굽을 능가하는 것이라고까지 말한다: "너희는 이전 일을 기억하지 말며 옛날 일을 생각하지 말라 보라 내가 새 일을 행하리니 이제 나타낼 것이라 너희가 그것을 알지 못하겠느냐 반드시 내가 광야에 길을 사막에 강을 내리니".

예레미야가 선포해야 할 두 번째 구원 메시지는 첫 번째 메시지가 언급하는 맹세 양식의 변화와 긴밀하게 관련되어 있다. 왜냐하면 맹세 양식의 변화는 필연적으로 바벨론 포로 귀환을 전제하고 있기 때문이다. 15b절이 이 점을 분명하게 밝히고 있다. 야웨께서는 이스라엘 자손을 북방 땅과 그 쫓겨났던 모든 나라에서 인도하실 것이요, 그들을 이전에 조상들에게 선물로 주셨던 고향 땅으로 인도하여 들이실 것이다.

그러나 14~15절의 이러한 포로 귀환 메시지는 어디까지나 철저한 심판과 징계가 끝난 후에 이루어질 일을 다루고 있을 뿐이다. 장차 있을 포로 귀환의 은총이 심판의 의미를 약화시키는 것은 결코 아니다. 심판과 포로 귀환의 은총은 전혀 별개의 것들이다. 양자 사이에 상관 관계가 있다면, 심판이 먼저 있고 난 후에 비로소 포로 귀환의 은총이 선물로 주어질 것이라는 점이다. 유다 백성은 야웨께서 정하신 대로 먼저 그들의 죄악에 대한 철저한 심판과 징계를 통하여 정화되는 과정을 겪게 될 것이다. 그러고 나서야 비로소 포로 귀환의 선물이 주어질 것이다. 16절 이하에 다시금 계속 이어지는 심판 메시지가 이 점을 뒷받침한다.

4. 어부들과 사냥꾼들의 비유(16 : 16-18)

> 16여호와의 말씀이니라 보라 내가 많은 어부를 불러다가 그들을 낚게 하며 그 후에 많은 포수를 불러다가 그들을 모든 산과 모든 언덕과 바위 틈에서 사냥하게 하리니 17이는 내 눈이 그들의 행위를 살펴보므로 그들이 내 얼굴 앞에서 숨기지 못하며 그들의 죄악이 내 목전에서 숨겨지지 못함이라 18내가 우선 그들의 악과 죄를 배나 갚을 것은 그들이 그 미운 물건의 시체로 내 땅을 더럽히며 그들의 가증한 것으로 내 기업에 가득하게 하였음이라

유다 백성을 향한 심판과 징계의 메시지를 계속 선포하던 예레미야는, 14~15절에서 잠시 바벨론 포로 귀환과 관련된 구원과 희망의 메시지를 전한 후에, 다시금 심판과 징계의 메시지로 돌아선다. 16~18절에서 그는 어

부들과 사냥꾼들의 비유를 들어 바벨론에 포로로 사로잡혀 가는 심판이 철저하게 이루어질 것이라는 메시지를 선포한다. 16절과 18a절이 심판과 징계를 선고하고 있다면, 17절과 18b절은 심판과 징계의 원인을 밝히고 있다.

[16:16] 먼저 예레미야는 유다 나라를 침략할 북방 군대의 모습을 바다에서 그물로 물고기를 잡는 어부들에 비유한다(16a절). 이 비유에 의하면, 유다 백성은 당연히 그 어부들에게 잡히는 물고기에 해당한다. 이어서 예레미야는 바벨론 연합군의 모습을 많은 사냥꾼들(hunters; 개역 개정판의 "포수"라는 표현은 총기를 사용하기 전의 고대 이스라엘 상황에 적합하지 않은 번역임.)로 비유한다. 야웨께서는 그들로 하여금 유다 나라의 모든 산과 모든 언덕과 바위틈에서 사냥하게 하실 것이다(16b절). 그야말로 유다 나라 전역을 하나도 빠뜨리지 않고 모두 사냥의 대상이 되게 하신다는 얘기다. 이것은 유다 백성 중에 살아남은 사람들이 바벨론에 포로로 잡혀가게 될 것임을 의미한다. 열왕기하는 실제로 많은 사람들이 주전 597년(왕하 24:14-16)과 587년(왕하 25:6-7, 11, 18-21)에 바벨론에 포로로 잡혀갔음을 증거하고 있다.

[16:17] 야웨께서 이처럼 북방 군대를 어부들과 사냥꾼들처럼 사용하여 유다 나라를 샅샅이 뒤지게 하시고, 그들로 하여금 자기 백성을 마치 물고기나 짐승처럼 잡아 내고 사냥하게 하시는 데에는 이유가 있다. 유다 백성의 "길들"(ways; 개역 개정판은 "행위"로 번역함.), 곧 우상 숭배를 포함하는 그들의 모든 이교적인 행동들과 야웨 하나님의 뜻을 거역하는 행위들을 낱낱이 살펴보시는 하나님의 목전에서는 그들의 철면피한 얼굴을 결코 숨길 수가 없기 때문이다. 또한 그들의 모든 행실을 똑똑히 지켜보시는 야웨 앞에서는 그들의 온갖 죄악 역시 결코 감출 수가 없기 때문이다(17절).

[16:18] 18절은 유다 백성의 이러한 죄악을 조금 더 구체적으로 설명하고 있

다. 이 설명에 의하면, 유다 백성은 시체와도 같이 생명력을 전혀 갖지 못한 가증스러운 우상들로 하나님의 소유권에 속한 "내 땅"(my land)을 더럽혔을 뿐만 아니라, "내 기업"(my inheritance), 곧 야웨께서 그들에게 선물로 주셨지만 여전히 그가 궁극적인 소유권을 가지고 계신 약속의 땅을 역겨운 우상들로 가득 채우고 말았다. 그 까닭에 하나님은 그들의 죄악과 허물을 그들이 마땅히 받아야 할 벌을 넘어서서 갑절(double)로 보복하실 것이다(18절).

예레미야가 여기서 말하는 갑절의 보복은 이제껏 선포된 심판과 징계에 새롭게 추가된 것으로, 충분한 징벌을 뜻하는 것이지만(Lundbom I, 771), 어쩌면 그것은 16절에 있는 두 가지 비유의 말씀, 즉 어부들과 사냥꾼들의 비유를 빗댄 것일 수도 있다(Craigie 외, 218; Holladay I, 479). 즉, 유다 백성이 그들의 모든 죄악에 대하여 마땅히 받아야 할 벌의 두 배를 받아야 함을 지적한 것이라기보다는, 그들의 죄악이 그만큼 중한 것임을 강조하는 과장된 표현일 수도 있다는 얘기다. 이사야 40:2도 유다 백성이 야웨의 손에서 벌을 배(double)나 받았음을 지적한 바가 있다. 아니면 그것은 주전 597년과 587년의 연속적인 심판을 뜻할 수도 있다(17:18; Fretheim, 251; 차준희, 191).

5. 민족들이 야웨께로 돌아올 미래(16 : 19–21)

> 19여호와 나의 힘, 나의 요새, 환난날의 피난처시여 민족들이 땅끝에서 주께 이르러 말하기를 우리 조상들의 계승한 바는 허망하고 거짓되고 무익한 것뿐이라 20사람이 어찌 신 아닌 것을 자기의 신으로 삼겠나이까 하리이다 21여호와께서 이르시되 보라 이번에 그들에게 내 손과 내 능력을 알려서 그들로 내 이름이 여호와인 줄 알게 하리라

16장에서 유일하게 시문체로 되어 있는 19~21절은 예레미야와 야웨 하

나님 사이에 오가는 대화 형식으로 이루어져 있다. 19~20절이 이방 나라들에 대한 예레미야의 기대감을 기도와 간구 형태로 표현하고 있다면, 21절은 그에 대한 하나님의 응답을 담고 있다. 19~20절에 표현되어 있는 예레미야의 기대감과 간구는 심판과 징계의 암울한 분위기 속에서도 희망을 잃지 않는 예레미야의 깊은 신앙을 엿볼 수 있게 해 준다. 그는 심판과 징계의 맥락에 속한 14~15절에서도 바벨론 포로 귀환이라는 희망 섞인 메시지를 선포한 바가 있다. 그런가 하면 19~21절 단락은 바로 앞 단락이 다루고 있는 우상 숭배의 문제를 그대로 이어받아 서술하되, 이방 민족들에게 있는 우상 숭배의 죄가 야웨 하나님의 개입을 통하여 어떻게 해결되는지 예레미야의 간구와 하나님의 응답 속에서 다루고 있다.

[16 : 19–20] 예레미야는 먼저 19절 서두에서 이방 나라들을 향한 자신의 기대감이 "나의 힘"이요, "나의 요새"이시며, "환난날의 피난처"이신 야웨 하나님으로부터 비롯된 것임을 분명하게 밝힌다. 아울러 그는 세상 모든 나라들과 민족들이 언젠가는 모든 땅끝에서 야웨께로 돌아와 그동안 자기들이 저질렀던 우상 숭배의 죄악을 고백할 것이라고 말한다. 그들은 자기들이 조상들에게서 물려받은 것이 허망하고 거짓되고 무익한 것들뿐이었음을 인정할 것이다(19b절). 또한 그들은 사람들이 어찌 자기들이 섬길 신들을 스스로 만들 수 있겠느냐는 질문("Can man make gods for himself?"; '하야아세-로 아담 엘로힘')과 그런 것들은 어떻게 해도 신들이 될 수 없다(they are not gods; '헴마 로 엘로힘')는 부정적인 서술문을 통하여 자기들의 무지함과 어리석음을 솔직하게 고백할 것이다(20절).

[16 : 21] 예레미야의 이러한 기대감과 간구에 대하여, 야웨께서는 언젠가는 그들에게 자신의 손과 능력을 알려서 그들로 하여금 자기 이름이 야웨인 줄 알게 하겠다고 말씀하신다(21절). 그런데 개역 개정판은 21절을 "여호와께

서 이르시되 보라 이번에 그들에게 내 손과 내 능력을 알려서 그들로 내 이름이 여호와인 줄 알게 하리라"고 단순하게 번역함으로써 "알다"('야다')라는 동사를 두 번밖에 반영하지 않고 있지만, 히브리어 본문에는 "알다"('야다') 라는 동사가 세 번 되풀이된다. 다행히도 표준새번역이 이를 잘 반영하고 있다: "그러므로 보아라, 내가 그들에게 알리겠다(make them know['야다'의 히필형]). 이번에는 나의 권세와 능력을 그들에게 알려서(make them know['야다'의 히필형]), 나의 이름이 '주'라는 것을 그들이 깨닫게(know, '야다'의 칼형) 하겠다". 뿐만 아니라 개역 개정판은 히브리어 본문에 없는 "여호와께서 이르시되"라는 표현을 집어넣고 있어서 번역상의 큰 오류를 범하고 있다.

그리고 21절 마지막에 있는 "그들로 내 이름이 여호와인 줄 알게 하리라"는 표현은 "그들이(또는 너희가) 나를 야웨인 줄 알리라"는 문구로 알려진 이른바 '야웨 인지 양식'(Yahweh recognition formula)을 약간 변형시킨 것으로, 에스겔에서 대단히 많이 사용되고 있는 표현이다(겔 6:7, 10, 13-14; 7:4, 27; 11:10, 12; 12:15-16, 20; 13:9, 14, 21, 23; 14:8; 15:7; 16:62; 20:12, 20, 26, 38, 42, 44; 22:16; 23:49; 24:24, 27; 25:5, 7, 11, 17; 26:6; 28:22-24, 26; 29:6, 16, 21; 30:8, 19, 26; 32:15; 33:29; 34:27; 35:4, 9, 15; 36:11, 38; 37:6, 13, 28; 38:23; 39:6-7, 22, 28 등). 흥미롭게도 에스겔 40~48장에서는 한 번도 사용되지 않는 이 표현 양식은, 하나님이 역사의 소용돌이 속에서 무기력하게 끌려다니는 연약한 신이 아니라는 점과, 그가 예언자를 통하여 하신 말씀을 반드시 그대로 이루실 것임을 강조하는 효과를 갖는다.

설교를 위한 묵상

1) 예언자로 부름 받은 예레미야의 소명은 단순히 입으로 야웨 하나님의 말씀을 선

포하는 데만 있었던 것이 아니다. 달리 말해서 귀로 듣는 것만이 야웨 하나님께서 주신 말씀의 전부가 아니라는 얘기다. 다른 많은 예언자들과 마찬가지로 예레미야 역시 자신의 삶을 통하여 야웨 하나님의 뜻을 선포하라는 소명을 받았다. 이른바 상징적인 행동을 통하여 눈에 보이는 말씀을 선포하는 것 역시 예레미야의 소명에 포함되어 있었던 것이다. 그가 자신의 마음에 맞는 배우자를 선택하여 가정을 이루고 자녀를 두는 일 자체를 금지당한 것이 그렇다. 그는 또한 초상집에 들어가서도 안 되었으며, 그곳에서 통곡하거나 애곡하는 일도 금지당했다. 그리고 이와는 정반대로 잔칫집에 들어가서 사람들과 함께 먹거나 마시는 일도 금지당했다.

야웨께서 예레미야에게 내리신 이상의 세 가지 금령은 철저하게 예레미야의 사회적인 삶을 차단시키려는 의도를 가지고 있었다. 배우자를 선택할 수도 없고, 초상집이나 잔칫집에 들어갈 수도 없다는 것은 그의 일상생활이 주변 사람들로부터 철저하게 봉쇄되었음을 의미한다. 예레미야 주변에 있던 사람들은 예레미야의 이러한 행동을 이해하지 못했을 것이다. 도리어 그들은 젊은 나이에 독신으로 지내는 것도 모자라 마땅히 가야 할 초상집과 잔칫집조차 전혀 출입하지 않는 예레미야를 이상한 사람으로 여기면서 그를 조롱하고 멸시했을 것이다. 공동체에 속한 사람으로서 마땅히 다른 사람들과 함께 슬픔의 자리와 기쁨의 자리에 참여해야 함에도 불구하고 그러한 사회적인 의무를 무시했으니, 어느 누가 예레미야를 온전한 사람으로 이해했겠는가! 그러나 시각을 달리해서 본다면, 예레미야의 이러한 행동은 유다 백성에게 임할 하나님의 심판이 그만큼 광범위하고 철저할 것임을 드러내는 것이다. 이는 예레미야의 상징적인 행동 역시 구두 메시지와 마찬가지로 야웨 하나님의 뜻을 전달하는 소중한 수단임을 뜻하는 바, 오늘의 목회자들이나 기독교인들에게도 이와 동일한 원리가 적용될 수 있을 것이다. 자신의 삶과 행동을 통하여 사람들에게 눈으로 하나님의 말씀과 뜻을 보여 주는 신앙생활의 중요한 원리 말이다.

2) 예레미야는 심판의 말씀을 선포하면서 어부와 사냥꾼의 비유를 든다. 마치 어부가 강이나 바다에서 그물로 샅샅이 물고기를 낚듯이, 그리고 사냥꾼이 모든 산과 모든 언덕과 바위 틈에서 온갖 짐승을 하나도 남김없이 다 사냥하려고 하는 것과 마찬가지로, 야웨께서는 유다 백성을 남김없이 철저하게 벌하실 것이다. 실제로 많은 유다 백성은 바벨론 연합군의 공격을 받아 바벨론에 포로로 잡혀가는 불행을 맞이해

야만 했다. 예수께서도 예레미야와 똑같이 어부의 비유를 말씀하신 바가 있다. 그러나 그가 사용하신 어부의 비유는 예레미야가 의도했던 포로 심판의 의미와는 정반대로 선교와 구원의 의미를 강하게 가지고 있다. 그는 공생애 초기에 갈릴리 해변으로 지나가시다가 어부 시몬 베드로와 그의 형제 안드레가 바다에 그물을 던지는 것을 보셨다. 이에 그는 그들에게 자기를 따라오라고 명하시면서, 그들을 사람을 낚는 어부가 되게 하겠다고 말씀하셨다(마 4 : 18–19; 막 1 : 16–17).

그러나 구약에서만 언급되는 사냥꾼의 비유는, 어부 비유의 경우처럼 후대에 가서 긍정적인 의미를 갖기보다는, 처음부터 끝까지 일관되게 부정적인 의미로만 사용된다. 실제로 예레미야는 앞에서 유다 백성 중에 있는 악인들의 죄악을 고발하면서, 그들의 죄악을 새 사냥꾼이 매복함같이 지키면서 덫을 놓아 사람들을 사로잡는 행동으로 비유하여 설명한 바가 있다(렘 5 : 26). 그리고 시편 기자는 원수나 악인을 새 사냥꾼의 올무나 전염병에 비유하면서, 야웨 하나님께서 시인을 그런 것들로부터 건져 주실 것임을 분명하게 밝히고 있다(시 91 : 3; 124 : 7). 그런가 하면 잠언의 지혜 교사는 노루가 사냥꾼의 손에서 벗어나고 새가 그물 치는 자의 손에서 벗어나는 것처럼, 지혜 교사에게서 배우는 사람들 역시 스스로를 구원하는 모습을 보여야 한다고 가르친다(잠 6 : 5). 사냥꾼과 관련된 이상의 본문들은 사냥꾼이 부정적인 의미를 갖는 자로 묘사되고 있음을 의미한다.

Q. 인간의 마음과 행위를 살피시는 하나님의 공의로운 심판(17 : 1–27)

심판 선고의 와중에 잠시 먼 미래를 내다본(16 : 14–15, 19–21) 예레미야는 다시금 현재의 상황으로 돌아온다. 현재의 상황은 우상 숭배에 빠진 유다 백성의 범죄로 얼룩져 있다(17 : 1–2). 그들의 우상 숭배 행위는 국가의 번영을 보증받기 위한 목적을 가지고 있지만, 야웨께서는 그들의 부를 침략군에게 넘기실 것이다(3-4절). 1~4절이 이처럼 유다 백성의 죄악을 고발하고 그에 상응하는 하나님의 심판을 선고하고 있다면, 이어지는 5~8절은 야웨 하나님을 굳게 의지하는 사람과 그렇지 못한 사람에게 닥칠 운명에 대해서 언급하고 있다. 야웨 하나님의 심판 앞에서 인간의 힘을 의지하고 그를 무시하는 자들은 파멸의 운명에 처해질 것이다(5-6절). 그러나 야웨를 충성스럽게 따르는 자들은 충분한 물을 공급받은 탓에 항상 풍성한 열매를 맺는 나무와도 같을 것이다(7-8절).

9~11절에서 예레미야는 인간의 악함이 어디에 뿌리를 두고 있는지 살피면서 거짓되고 부패한 인간의 마음을 고발하며, 각 사람의 마음과 행위를 살피시고 그에 걸맞게끔 보응하시는 하나님의 정의로운 심판을 밝히고 있다. 이어서 그는 세 번째 "고백록"(confessions)으로 알려진 12~18절에서 다시금 야웨 하나님을 배척한 자들과 예언자로서의 소명을 충실하게 이행하고 있는 자신의 삶을 대비시키면서, 공의로운 하나님께서 원수들과 악인들을 향한 심판의 말씀을 그대로 이루어 주실 것(12-13절)과, 예언자로 부름 받아 활동하는 자신을 그들에게서 건져 주실 것(14-18절)을 간구한다. 그리고 17장의 후반부인 19~27절에서 야웨 하나님은 유다 백성에게 조상들이 그러했던 것처럼 옛 안식일 법을 어겨서는 안 된다는 경고의 메시지를 전하시는 중에(19-23절), 만일 그들이 예레미야의 경고에 대하여 긍정적인 반응을 보이면서 안식일을 성실하게 지킨다면, 그들의 성읍을 안전하게 지켜 줄 것이요, 성전에 제물을 가져오는 자들의 예배를 받아 주실 것이지만(24-26절), 만일 그들이 계속해서 안식일을 위반한다면 불이 그 성읍을 삼킬 것(27절)이라는 심판의 말씀을 전하신다.

1~18절은 전부 시문체로 되어 있지만, 안식일 준수를 강조하는 마지막 19~27절은 산문체로 되어 있으며, 그 중간에 있는 12~18절은 예레미야가 여섯 차례에 걸쳐서 되풀이하고 있는 이른바 "고백록"(confessions; 11:18-12:6; 15:10-21; 17:12-18; 18:18-23; 20:7-13, 14-18)의 세 번째에

해당하는 것으로 알려져 있다. 그리고 한 가지 더 추가할 것은, 17장 전체에서 예레미야의 예언 메시지가 야웨 하나님의 말씀임을 강조하는 '코 아마르 야웨'(thus says Yahweh, "야웨께서 이와 같이 말씀하시기를")라는 사자 양식이 5, 19, 21절에서 세 번 사용되고 있으며, '느움 야웨'(declares Yahweh, "야웨의 말씀이니라")라는 예언구 역시 후반부인 24절에서 한 번 사용되고 있다는 점이다.

1. 유다 백성의 죄악과 하나님의 심판(17 : 1–4)

> 1유다의 죄는 금강석 끝 철필로 기록되되 그들의 마음 판과 그들의 제단
> 뿔에 새겨졌거늘 2그들의 자녀가 높은 언덕 위 푸른 나무 곁에 있는 그
> 제단들과 아세라들을 생각하도다 3들에 있는 나의 산아 네 온 영토의 죄
> 로 말미암아 내가 네 재산과 네 모든 보물과 산당들로 노략을 당하게 하
> 리니 4내가 네게 준 네 기업에서 네 손을 뗄 것이며 또 내가 너로 하여금
> 너의 알지 못하는 땅에서 네 원수를 섬기게 하리니 이는 너희가 내 노를
> 맹렬하게 하여 영원히 타는 불을 일으켰음이라

[17 : 1–2] 1~4절은 유다 백성의 죄악에 대한 포괄적인 비판과 고발(1절), 그 죄악의 구체적인 증거(2절), 그리고 야웨 하나님의 심판 선고(3-4절) 등으로 나누어진다. 예레미야는 먼저 1절에서 포괄적으로 유다 백성의 죄악을 지적하되, 그들의 죄가 금강석 끝 철필로 그들의 마음 판과 제단 뿔에 새겨진 것과도 같다고 말한다. 흥미롭게도 예레미야는 유다 백성의 죄악을 고발하고 비판하는 1~2절에서는 유다 백성을 3인칭 남성 복수로 칭하지만, 야웨 하나님의 심판을 선고하는 3~4a절과 4b절에서는 그들을 제각기 2인칭 남성 단수와 2인칭 남성 복수로 칭함으로써, 야웨께서 그들을 직접 대면하여 말씀하시는 형식을 취하고 있다.

그들의 죄가 그들의 마음 판과 그들의 제단 뿔에 새겨졌다는 것은 무엇을 의미하는가? 금강석 끝 철필은 단단한 돌판이나 점토판에 글이나 그림을 새기는 데 가장 효과적인 것을 일컫는다. 야웨께서는 시내 산에서 두 개의 돌판에 십계명을 기록하여 주신 적이 있다(출 24 : 12; 31 : 18; 신 4 : 13; 9 : 9, 10 등). 그런가 하면 잠언은 인자와 진리를 마음 판에 새기라고 말하며(잠 3 : 3), 하나님의 계명과 법을 마음 판에 새기라고 가르친다(잠 7 : 3; 참조. 신 6 : 6; 11 : 18-19; Lundbom I, 777). 그런데 이제는 야웨께서 정반대로 유다 백성의 마음 판과 제단 뿔에 그들의 죄를 철필로 새기셨다고 예레미야는 말한다. 그리고 제단은 희생제물을 드리면서 죄를 고백함으로써 속죄가 이루어지는 곳을 가리키는 바, 여기서는 제단에서 속죄가 이루어지기는커녕 도리어 그곳의 뿔에 유다 백성의 죄가 새겨지는 불행한 일이 초래될 것이다.

그러나 이처럼 불행한 상황도 마지막 때가 되면 다시금 본래적인 행복과 구원의 상황으로 역전될 것이다. 종말의 때에 야웨께서 이스라엘 백성에게 선물로 주실 새 언약에 관하여 말하고 있는 31 : 31 이하의 메시지가 그것을 잘 보여 준다. 그때가 되면 야웨께서는 "이스라엘 집과 유다 집에 새 언약을 맺"으실 것이요(31절), "나의 법을 그들의 속에 두며 그들의 마음에 기록"하실 것이다. 그 결과 야웨는 그들의 하나님이 되고 그들은 "내 백성"이 되는 경이로운 회복이 이루어질 것이다(33절). 물론 그러한 회복과 구원은 시간이 지나면 저절로 이루어지는 것이 결코 아니다. 그들의 모든 죄악에 대한 철저한 징계와 심판을 통하여 정화가 이루어진 다음에야 비로소 하나님의 구원이 선물로 주어질 것이다.

예레미야 시대의 유다 백성이 범한 죄악은 2절에 자세하게 기록되어 있다. 그들은 어른 세대나 자녀 세대가 똑같이 야웨 하나님과 더불어 맺은 언약과 그가 주신 말씀들을 기억(민 15 : 39; 신 8 : 18)하기보다는, 도리어 높은 언덕 위 푸른 나무 곁에 있는 바알의 제단들과 아세라 목상(木像)들을 기억하여(remember, '자카르'; 개역 개정판은 "생각하도다"로 번역함.) 그곳을 찾았다

(신 12 : 2; 렘 2 : 20; 3 : 6, 13). 그들은 그곳에서 신전 창기와 성관계를 맺는 이른바 제의적인 매음 행위(cultic prostitution)를 통하여 개인과 가정의 풍요와 다산을 보증받고자 했으며, 국가적인 번영과 안전을 추구하려는 의도도 가지고 있었다(Bright, 118; Clements, 104–105; Ackerman, 51, 189).

[17 : 3–4] 야웨께서는 심판 본문인 3~4절 서두에서 심판을 받을 대상인 유다 백성을 "들에 있는 나의 산"으로 칭하시면서, 유다 나라 전역에서 행해지고 있는 몹쓸 죄악들("네 온 영토의 죄")로 말미암아 자신이 그들의 모든 재산과 보물을 약탈당하게 하실 것이요, 우상 숭배나 풍요 제의의 중심지인 산당(山堂)들도 노략당하게 하실 것이라고 말씀하신다(3절). 이러한 심판의 결과, 바알 종교의 풍요 제의에 참여하여 풍요와 다산을 보증받고자 했던 그들의 의도는 완전한 실패로 돌아가고 말 것이다. 야웨께서는 또한 그들로 하여금 "네 기업"에서 손떼게 하심으로써 그들을 유다 땅으로부터 쫓아내실 것이요, 그들로 하여금 그들이 알지 못하는 땅에서 원수들을 섬기게 하실 것이라는 심판을 선고하신다. 그 까닭은 그들이 야웨 하나님의 진노를 맹렬하게 하여 영원히 타는 불을 일으켰기 때문이다(4절).

여기서 한 가지 우리의 주목을 끄는 것은, 야웨께서 한때 "내 기업"(2 : 7; 16 : 18)으로 칭하시던 것이 "네 기업"으로 칭해지고 있다는 점이다. 이것은 야웨께서 유다 백성에게 선물로 주신 땅이 이제는 더 이상 야웨 하나님의 것이 아니라 유다 백성의 것이 되었음을 뜻한다. 또한 이것은 유다 백성이 야웨 하나님의 소유권을 인정하지 않았을 뿐만 아니라, 야웨 하나님도 그들에게 선물로 주셨던 땅에 대한 소유권을 포기하셨음을 의미한다. 그가 이렇게 자신의 기업에 대한 미련과 애착을 버리신 까닭은, 유다 백성이 야웨 하나님과의 언약 관계를 무시한 그들과 그들의 기업을 벌하시는 심판이 이미 확정되었기 때문이다.

2. 신뢰의 대상에 따라 달라지는 운명(17 : 5–8)

> 5여호와께서 이와 같이 말씀하시니라 무릇 사람을 믿으며 육신으로 그
> 의 힘을 삼고 마음이 여호와에게서 떠난 그 사람은 저주를 받을 것이라
> 6그는 사막의 떨기나무 같아서 좋은 일이 오는 것을 보지 못하고 광야
> 간조한 곳, 건건한 땅, 사람이 살지 않는 땅에 살리라 7그러나 무릇 여
> 호와를 의지하며 여호와를 의뢰하는 그 사람은 복을 받을 것이라 8그는
> 물가에 심어진 나무가 그 뿌리를 강변에 뻗치고 더위가 올지라도 두려
> 워하지 아니하며 그 잎이 청청하며 가무는 해에도 걱정이 없고 결실이
> 그치지 아니함 같으리라

[17 : 5–8] 하나님의 심판은 유다 백성 모두 벌하는 방식으로 진행되지 않는다. 아브라함 시대의 소돔과 고모라는 의인 열 사람이 없어서 멸망하였지만, 유다 나라에는 그 이상의 의인들이 있을 것이기에, 야웨께서는 다가올 심판을 피할 소수의 의롭고 신실한 자들이 있을 것임을 예고하신다. 예레미야는 5~6절에서 저주와 심판을 피하지 못할 악인들의 생각과 삶의 양식이 어떠한지 구체적으로 지적하며, 7~8절에서는 야웨 하나님을 의지하며 신뢰하는 자들에게 주어질 복을 물가에 심긴 나무의 비유를 통하여 비교적 상세하게 설명한다. 5~8절의 이러한 설명은 시편이나 잠언에 많이 나오는 일종의 반의적(反意的)인 평행법(antithetic parallelism)에 해당하는 것으로, 심판받아 망할 유다 백성이 정신을 차리고 복 있는 자들의 자리에 서기를 바라는 야웨 하나님의 간절한 기대감을 그 안에 감추고 있는 것이라 할 수 있다.

그렇다면 야웨 하나님의 심판을 피하지 못할 유다 백성은 대체 어떠한 사람들인가? 개역 개정판은 그들을 집합명사인 "사람"(5a절)으로 번역하고 있지만, 히브리 성서는 "젊고 강한 남자"(a young and strong man)를 뜻하는 낱말 '게베르'를 사용하고 있다. 단수 명사로 되어 있긴 해도, 사실 이 낱말

은 유다 백성 전체를 가리키는 집합명사나 다름없다. 야웨께서 보시기에 그들은 스스로를 강하게 여기는 자들이기에, 야웨 하나님을 전적으로 의지하고 신뢰하려는 태도를 전혀 보이지 않는다. 도리어 그들은 국가 간의 조약에서나 일상생활 속에서 하나님보다는 사람(5b절, '아담')을 더 믿고 의지하는 자들이요, 육신(flesh, '바싸르')으로 힘을 삼고 그들의 마음(heart, '렙')이 야웨께로부터 떠난 자들이다.

그들은 언약법에 규정되어 있는 하나님의 심판과 저주를 피하지 못한다. 심판과 저주의 결과, 그들은 사막의 가시덤불과 같아서 좋은 일이 오는 것을 보지 못할 것이다. 개역 개정판은 "가시덤불"(bush)을 뜻하는 히브리어 낱말 '아르아르'를 "떨기나무"로 번역하고 있으나, 사실 '아르아르'는 모세의 소명 장소인 떨기나무('스네'; 출 3 : 2)가 아닌 다른 식물을 가리킨다. 사막의 가시덤불이 장차 닥칠 좋은 일을 보지 못한다는 것은, 유다 백성이 충분한 물과 영양분을 공급받지 못한 가시덤불처럼 말라비틀어져 죽게 될 것임을 의미한다. 아무런 열매도 맺지 못한 채로 말이다.

그들은 또한 사람의 생존을 허용하지 않는 뜨거운 광야에서 살게 될 것이요, 소금기 많은 땅에 거주하게 될 것이다(6절). 이 본문이 말하는 뜨거운 광야나 소금기 많은 땅은 유다 백성이 바라는 풍요나 다산과 완전히 무관할 뿐만 아니라 인간의 생명조차 허용하지 않는 공간을 가리키는 바, 이것은 유다 백성이 인간과 동식물의 생명을 도무지 허용하지 않는 뜨거운(hot) 땅에서 비참한 삶을 살게 될 것임을 의미한다. 6절의 이러한 메시지는 4절이 언급하고 있는 야웨 하나님의 맹렬한(hot) 진노를 상징하는 것이다.

그러나 야웨 하나님을 의지하고 신뢰하는 자들은 다르다. 저주와 심판을 받을 자들과 마찬가지로 '게베르'로 표현되고 있는 그들은 하나님을 의지하고 신뢰하기에 강한 자들이다. 그들은 사람을 믿고 육체를 신뢰하는 자들이 저주를 받는 것과는 달리 하나님의 풍성한 복을 받을 것이다(7절). 그들은 물가에 심긴 나무가 그 뿌리를 강변에 뻗침과 같을 것이다. 따라서 그들은 무더위가 닥쳐와도 걱정하거나 두려워할 필요가 없다. 그 잎이 언제나 푸르고 무성할 것이기에 가뭄이 심해도 걱정할 것이 없다. 오히려 그들은 계절에 따라 계속해서 풍성한 열매를 맺을 것이다(8절). 그들의 이러한 모습은 시편 1편에 묘사되어 있는 복 있는 자의 모습과 비슷하다. 시편 1편이 묘사하는 복 있는 자는 악인들의 꾀를 따르지 않고, 죄인들의 길에 서지 않으며, 오만한 자들의 자리에 앉지 않고, 오직 야웨 하나님의 율법을 즐거워하여 그의 율법을 주야로 묵상하는 자이다. 그는 시냇가에 심은 나무가 철을 따라 열매를 맺으며 그 잎사귀가 마르지 아니함과도 같아서, 자신이 하는 모든 일에 형통함을 누릴 것이다(시 1 : 1-3).

3. 인간의 마음과 행위를 살피시는 하나님(17 : 9-11)

> 9만물보다 거짓되고 심히 부패한 것은 마음이라 누가 능히 이를 알리요
> 마는 10나 여호와는 심장을 살피며 폐부를 시험하고 각각 그의 행위와
> 그의 행실대로 보응하나니 11불의로 치부하는 자는 자고새가 낳지 아니
> 한 알을 품음 같아서 그의 중년에 그것이 떠나겠고 마침내 어리석은 자
> 가 되리라

[17 : 9-11] 유다 백성의 죄악을 심판하시는 하나님의 판단 기준은 어디에 있는가? 그리고 그들의 죄악은 본질적으로 어디에 뿌리를 두고 있는 것인가? 야웨께서는 이 두 가지 질문에 대한 답을 인간의 마음에서 찾으신다. 그는 인간의 마음('렙')을 일컬어 이 세상에 있는 그 어떤 것보다도 거짓되고 심히 부패한 것이라고 칭하시면서, 누가 이러한 사실을 알겠느냐는 수사학적인 질문을 통하여 거짓과 위선으로 가득한 인간의 마음을 사람들이 잘 알지 못한다는 사실을 드러내신다. 부패한 인간의 마음은 오직 야웨 하나님만이 알고 계실 뿐이다. 이로써 야웨께서는 거짓되고 부패한 인간의 마음이야말로

그동안 유다 백성이 저지른 모든 죄악의 근원임을 분명하게 밝히신다. 유다 백성의 죄가 그들의 마음('렙') 판에 새겨져 있다는 1절의 말씀도 같은 맥락에 속한 것이다.

인간의 마음에 대한 이러한 통찰은 홍수 심판의 원인을 인간의 마음에서 찾는 창세기의 노아 홍수 기사에서도 찾아볼 수 있다. 창세기 6장은 창조 세계의 부패와 포악함이 인간의 마음에 있는 것임을 분명하게 지적하고 있다: "여호와께서 사람의 죄악이 세상에 가득함과 그의 마음('렙')으로 생각하는 모든 계획이 항상 악할 뿐임을 보시고…… 그때에 온 땅이 하나님 앞에 부패하여 포악함이 땅에 가득한지라 하나님이 보신즉 땅이 부패하였으니 이는 땅에서 모든 혈육 있는 자의 행위가 부패함이었더라"(창 6 : 5, 11-12). 창세기의 이 본문에 의하면, 죄악의 근원은 인간의 악한 마음에 있었다. 따라서 악한 마음에서 계획하는 모든 것들이 악할 수밖에 없었고, 그러다 보니 당연히 세상과 땅이 온통 죄악과 폭력으로 가득 차게 된 것이다. 하나님과 동행하기를 싫어하고 하나님의 창조 질서를 무시하고서 하나님처럼 되고자 하는 인간의 마음이 악하다는 것은 어찌 보면 너무나 당연한 것이다. 그러기에 홍수가 끝나고 나서 다시금 하나님은 인간의 마음이 악하다는 것을 다음과 같이 밝히신다: "여호와께서 그 향기를 받으시고 그 중심('렙')에 이르시되 내가 다시는 사람으로 말미암아 땅을 저주하지 아니하리니 이는 사람의 마음('렙')이 계획하는 바가 어려서부터 악함이라……"(창 8 : 21).

사실 성서는 인간의 마음이 본질상 악하다는 것을 도처에서 강조하고 있다. 그 대표적인 본문이 바로 예레미야 17 : 9이다. 인간의 마음이야말로 하나님의 창조 세계에서 가장 거짓되고 부패한 것이라는 설명이 그렇다. 이처럼 인간의 마음이 근본적으로 악한 까닭에, 하나님은 끊임없이 이스라엘 자손에게 마음에 할례를 받아야 한다고 말씀하신다. 신명기 10 : 16, 30 : 6, 예레미야 4 : 4, 9 : 26, 에스겔 44 : 7, 9절, 사도행전 7 : 51, 로마서 2 : 29 등이 그러하다. 그리고 "모든 지킬 만한 것 중에 더욱 네 마음('렙')을 지키라 생명의 근원이 이에서 남이니라"고 말하는 잠언 4:23도 같은 맥락에 속한다.

이 때문에 지혜문학에서는 하나님께서 사람을 보실 때에 그 마음이 어떠한가를 저울질하신다(weigh)는 표현이 사용되고 있기까지 하다. 잠언 21:2의 "사람의 행위가 자기 보기에는 모두 정직하여도 여호와는 마음('렙')을 감찰하시느니라"가 그러하다. 이 구절에서 "감찰하시느니라"는 히브리어로 "저울질한다"는 뜻의 '타칸' 동사로 되어 있다. 잠언 24:12도 마찬가지이다. 이 구절은 하나님을 일컬어 "마음('렙')을 저울질('타칸')하시는 이"라고 부른다. 그리고 하나님의 보는 것은 사람과 같지 아니하여 사람은 외모를 보지만 하나님은 중심('레밥'='렙')을 보신다는 사무엘상 16:7 역시 같은 맥락에 속한다. 악한 생각과 살인과 간음과 음란과 도둑질과 거짓 증언과 비방 등 사람을 더럽히는 모든 것들이 인간의 마음(헬라어로 '카르디아'=마음)에서 나온다는 마태복음 15:17~20도 마찬가지이다(강성열, "'타칸' 동사의 심판 개념에 관한 연구," 「신학이해」 제33집〈2007〉, 9-27).

야웨께서는 예레미야 17:10에서도 인간의 마음에 대해서 언급하신다. 야웨 자신이 사람의 심장('렙')을 살피며 폐부를 시험하시는 분이요, 사람들의 행위와 행실에 따라서 보응하시는 분이라는 설명이 그렇다. 이 본문에서 "심장"으로 번역된 낱말은 바로 앞의 "마음"이라는 낱말과 똑같이 히브리어 '렙'이다. 즉, "마음"인 것이다. 야웨께서 이처럼 인간의 모든 행위와 행실의 근원이 되는 마음을 살피시는 분이기에, 어느 누구도 그의 날카로운 눈을 피하지 못한다. 특히 다른 사람들을 압제하는 등의 불의한 방법을 사용하여 재산을 모은 사람이 그렇다. 그는 정의로우신 하나님의 심판을 피하지 못한다. 어떠한 심판이 그에게 임하는가?

그는 자기가 낳지 않은 알을 품는 자고새와도 같아서, 인생의 한창때인 중년 시절 어느 한순간에 그 재산이 다 떠나가는(forsake, '아잡') 고통을 당할 것이요, 나중에는 어리석은 사람의 신세에 처하고 말 것이다(11절). 예레미야는 여기서 흥미롭게도 야웨 하나님을 버리고 떠난 유다 백성의 죄악을 비난하는 데 사용하는 '아잡' 동사(forsake, 1 : 16; 2 : 19; 5 : 7, 19; 9 : 13; 16 : 11; 19 : 4; 22 : 9 등)를 사용함으로써, 그들의 버린 행동이 결과적으로는 그들의 재물에 의하여 버림당하는 결과를 초래할 것임을 강조하고 있다. 그들이 야웨 하나님을 버렸기에 이제는 역으로 그들의 재물이 그들을 버릴 것이라는 얘기다.

그런데 예레미야는 왜 여기서 자고새에 관한 비유를 얘기하고 있는 것일까? 주지하는 바와 같이, 메추라기의 일종인 자고새(partridge)는 다른 새의 알을 자기 것으로 생각하고는 그것을 자기 몸에 품고서 정성을 다하여 새끼가 알에서 나오게 하며, 알에서 새끼가 태어나면 그것이 잘 자라도록 먹이를 물어다 주고, 외부의 침입으로부터 보호해 주며, 극진한 사랑으로 돌보고 키워 준다. 그러나 자고새의 품에서 자란 새끼들은 스스로 생활할 수 있게 되면, 자기를 키워 주었던 새가 자기 어미가 아닌 것을 알고서 자고새의 품을 떠난다고 한다. 불의한 방법으로 재산을 모은 사람들의 미래도 이와 똑같을 것이다. 그가 남에게서 탈취한 재물을 아무리 정성스럽게 잘 보존하고 지킨다 해도, 언젠가는 그것이 다 그의 곁을 떠날 때가 오고야 말 것이다. 그 까닭은 그것이 본래부터 그의 것이 아니었기 때문이다.

4. 예레미야의 고백록(17 : 12–18)

> [12]영화로우신 보좌여 시작부터 높이 계시며 우리의 성소이시며 [13]이스
> 라엘의 소망이신 여호와여 무릇 주를 버리는 자는 다 수치를 당할 것이
> 라 무릇 여호와를 떠나는 자는 흙에 기록이 되오리니 이는 생수의 근원
> 이신 여호와를 버림이니이다 [14]여호와여 주는 나의 찬송이시오니 나를
> 고치소서 그리하시면 내가 낫겠나이다 나를 구원하소서 그리하시면 내
> 가 구원을 얻으리이다 [15]보라 그들이 내게 이르기를 여호와의 말씀이 어
> 디 있느냐 이제 임하게 할지어다 하나이다 [16]나는 목자의 직분에서 물러

가지 아니하고 주를 따랐사오며 재앙의 날도 내가 원하지 아니하였음을
주께서 아시는 바라 내 입술에서 나온 것이 주의 목전에 있나이다 17주
는 내게 두려움이 되지 마옵소서 재앙의 날에 주는 나의 피난처시니이
다 18나를 박해하는 자로 치욕을 당하게 하시고 나로 치욕을 당하게 마
옵소서 그들은 놀라게 하시고 나는 놀라게 하지 마시옵소서 재앙의 날
을 그들에게 임하게 하시며 배나 되는 멸망으로 그들을 멸하소서

예레미야의 세 번째 고백록에 해당하는 12~18절은 야웨 하나님을 버리는 자들에게 임할 심판을 선고하는 본문(12-13절)과 순수한 예레미야의 탄식(14-18절)으로 나누어진다. 그래서인지 12절의 발언 주체인 1인칭 복수형은 14절에서 1인칭 단수형으로 바뀌고 있으며, 야웨 하나님을 칭하는 표현은 12절의 3인칭에서 14절의 2인칭으로 바뀌고 있다. 이것은 12~13절이 유다 백성을 대표하는 예레미야의 공동체적인 찬미와 탄식을 담고 있는 본문인 반면에, 14~18절은 예레미야 자신의 개인적인 탄식을 담고 있는 본문임을 의미한다.

[17 : 12-13] 예레미야는 심판 선고(13b절)에 앞서 먼저 12~13a절에서 야웨 하나님을 찬미하는 모습을 보인다. 개역 개정판은 12절 서두의 "영화로우신 보좌"를 호격으로 번역하고 있지만, 히브리어 본문은 호격이라기보다는 직설법 서술문으로 보는 게 옳다. 따라서 "처음부터 높은 데 있는 야웨 하나님의 영화로운 보좌는 우리의 성소이시며"라는 서술문으로 번역하는 것이 더 나을 것이다. 거의 대부분의 번역본들이 이렇게 번역하고 있다. 어쩌면 예레미야는 야웨 하나님을 "영화로운 보좌"로 표현함으로써 그것을 의인화했을 수도 있다.

호격 문장은 13절에 가서야 비로소 나온다. 13절 서두에서 예레미야는 야웨 하나님을 "이스라엘의 소망"으로 칭하며, '아잡' 동사(forsake; 참조.

1 : 16; 2 : 13, 17, 19; 5 : 7, 19; 9 : 13; 16 : 11; 19 : 4; 22 : 9 등)를 두 번에 걸쳐 사용함으로써, 유다 백성의 죄악이 야웨 하나님을 버리고 떠난 데 있음을 지적한다. 그리하여 그는 이처럼 높고 거룩하신, 그리고 자기 백성의 유일한 희망이신 야웨를 버리는('아잡') 자들은 다 수치를 당할 것이요, 땅바닥에 쓴 이름처럼 금방 지워지고 말 것이라는 심판을 선고한다. 그 까닭은 그들이 생수의 근원이신 야웨 하나님을 버렸기('아잡') 때문이다(13b절). 예레미야는 2 : 13에서 이미 유다 백성이 생수의 근원되는 야웨 하나님을 버렸음('아잡')을 비난한 바가 있다.

[17 : 14–18] 예레미야 자신의 개인적인 탄식을 담고 있는 본문인 14~18절 단락의 서두인 14절에서도 그는 야웨 하나님을 찬미하지만, 그것은 개역 개정판의 경우처럼 14절 상반절에 표현되어 있지 않고, 도리어 14절 마지막에서 원인을 나타내는 직설법 서술문으로 표현됨으로써, 14절 앞에 있는 간구의 근거를 제공하고 있다. 야웨가 "나의 찬송"이기에 그러한 간구가 가능하다는 얘기다. 예레미야는 바로 그 야웨께 자신을 고쳐 달라고 간구한다. 그래야 자신이 낫겠다는 것이다. 자신이 구원을 얻을 수 있도록 자신을 구원해 달라고 간구하기도 한다(14절). 동의어나 거의 다름없는 치유와 구원에 초점을 맞춘 예레미야의 이러한 간구는 내적인 차원의 치유와 외적인 차원의 구원을 병렬시킴으로써, 정신적인 고통의 치유로 인한 내적 건강의 회복과 외적인 핍박과 방해로부터의 해방을 염두에 두고 있는 것으로 보인다(Fretheim, 261).

예레미야는 자신의 찬송이신 야웨께 이러한 간구를 드릴 수밖에 없는 이유를 15절에서 밝히고 있다. 그의 설명에 의하면, 그를 괴롭히는 자들은 재앙과 심판이 곧 있을 것이라는 야웨의 말씀이 어디 있느냐고 조롱하면서, 그것이 진짜로 자기들의 삶 속에서 이루어지게 해 보라고 빈정대곤 했다(15절). 아마도 예레미야는 자신의 심판 선고가 유다 백성의 회개를 불러일으키기는커녕 도리어 그들의 멸시와 조롱을 초래했을 뿐만 아니라, 자신이 선포한 그 심판이 당장에 이루어지지 않는다는 사실로 인하여 상당한 좌절감과 고통을 느꼈을 것이다.

이렇듯이 자신의 예언적인 권위를 무시하면서 조롱하는 사람들 앞에서 예레미야는 어떠한 태도를 보였을까? 16절에 그것이 잘 설명되어 있다. 그는 자신이 이러한 핍박 앞에서도 전혀 굴하지 않고 양이나 염소 등의 가축을 보살피는 목자의 직무, 곧 유다 백성을 바른 길로 인도하려는 예언자의 직무에 최선을 다하였으며, 열심히 주를 따랐다고 말한다. 그는 또한 "재앙의 날"(the woeful day, '욤 아누쉬'; 참조. 17, 18절)이 속히 오게 해 달라고 간구한 적도 없음을 주께서 아신다고 말한다. 그가 주 앞에서 원하시는 말씀을 선포했기에, 야웨께서는 예레미야가 어떠한 말을 했는지 잘 알고 계신다는 것이다(16절). 자신의 무죄함을 강조하는 예레미야의 이러한 항변과 탄식은 그가 끝까지 자기 백성을 위한 중재자의 역할에 최선을 다했으며, 자신이 선포했던 그들의 파멸을 원하지 않았음을 의미한다(Thompson, 425-426; Fretheim, 261-262). 그들이 심판의 말씀을 듣고서도 회개하기를 거부했을 뿐더러, 계속해서 자신을 멸시하고 괴롭혔음에도 불구하고 말이다.

15~16절에서 이처럼 간구의 내용을 전혀 포함하지 않고 도리어 순수한 탄식의 어조로 야웨께 자신의 심정을 털어 놓은 예레미야는, 야웨께서 자신에게 두려움이 되지 않았으면 좋겠다는 간구를 드린다. "재앙의 날"(the day of disaster, '욤 라아'; 참조. 16, 18절)에 그가 자신의 피난처이시기 때문이다(17절). 도리어 그는 자신을 박해하는 자들로 치욕을 당하게 하실지언정, 그의 말씀을 선포하는 자신으로 하여금 치욕을 당하게 하지는 말아 달라고 간구하며, 그들을 놀라게 할지언정 자신을 놀라게 하지는 마시라고 간구한다. 그는 또한 "재앙의 날"(the day of disaster, '욤 라아'; 참조. 16, 17절)이 그들에게 임하게 하시고 배나 되는 멸망(double/twofold destruction)으로 그들을 멸하심으로써, 자신이 예언한 심판의 말씀이 그대로 이루어지게 해 달라고

간구한다(18절). 예레미야의 이러한 간구는 그가 재앙의 날을 원치 않았다는 16절과 뚜렷한 대조를 이루고 있는 바, 이것은 그가 당하는 고통이 얼마나 큰 것인지 알게 해 준다. 그가 간구하는 "배나 되는 멸망"은 문자 그대로 두 배의 징계와 형벌을 뜻할 수도 있지만, 철저한 징계와 형벌을 뜻한다고 볼 수도 있다(16 : 18에 대한 설명을 보라).

5. 안식일 준수의 강조(17 : 19-27)

> [19]여호와께서 내게 이와 같이 말씀하시되 너는 가서 유다 왕들이 출입하는 평민의 문과 예루살렘 모든 문에 서서 [20]무리에게 이르기를 이 문으로 들어오는 유다 왕들과 유다 모든 백성과 예루살렘 모든 주민인 너희는 여호와의 말씀을 들을지어다 [21]여호와께서 이와 같이 말씀하시되 너희는 스스로 삼가서 안식일에 짐을 지고 예루살렘 문으로 들어오지 말며 [22]안식일에 너희 집에서 짐을 내지 말며 어떤 일이라도 하지 말고 내가 너희 조상들에게 명령함같이 안식일을 거룩히 할지어다 [23]그들은 순종하지 아니하며 귀를 기울이지 아니하며 그 목을 곧게 하여 듣지 아니하며 교훈을 받지 아니하였느니라 [24]여호와의 말씀이니라 너희가 만일 삼가 나를 순종하여 안식일에 짐을 지고 이 성문으로 들어오지 아니하며 안식일을 거룩히 하여 어떤 일이라도 하지 아니하면 [25]다윗의 왕위에 앉아 있는 왕들과 고관들이 병거와 말을 타고 이 성문으로 들어오되 그들과 유다 모든 백성과 예루살렘 주민들이 함께 그리할 것이요 이 성은 영원히 있을 것이며 [26]사람들이 유다 성읍들과 예루살렘에 둘린 곳들과 베냐민 땅과 평지와 산지와 네겝으로부터 와서 번제와 희생과 소제와 유향과 감사제물을 여호와의 성전에 가져오려니와 [27]그러나 만일 너희가 나를 순종하지 아니하고 안식일을 거룩되게 아니하여 안식일에 짐을 지고 예루살렘 문으로 들어오면 내가 성문에 불을 놓아 예루살렘 궁

전을 삼키게 하리니 그 불이 꺼지지 아니하리라 하셨다 할지니라 하시니라

[17:19–27] 앞의 1~18절이 유다 백성의 죄악을 비판하고 그에 상응하는 심판을 선고함과 아울러, 하나님께서 유다 백성 앞에 두신 복과 저주의 길, 인간의 악한 마음에 대한 통찰, 예레미야의 탄식과 간구 등을 담고 있는 반면에, 17장을 마무리하는 19~27절은 조금은 색다른 주제이면서도 야웨를 버린 유다 백성의 죄악 중의 하나인 안식일 준수의 문제를 다루고 있다. 그래서인지 1~18절이 시문체로 되어 있는 것과는 달리, 19~27절은 17장에서 유일하게 산문체로 되어 있다. 그리고 한 가지 흥미로운 것은, 바로 앞 단락의 16~18절에서 세 번 반복되는 "재앙의 날"(the day of disaster, '욤 라아') 이 19~27절에 일곱 번 반복되는 "안식일"(the sabbath day, '욤 하샵바트'; 21절[1회], 22절[2회], 24절[2회], 27절[2회])과 뚜렷한 대조를 이루고 있다는 점이다(Holladay I, 509). 재앙의 날은 유다 백성의 죄에 대한 야웨 하나님의 심판이 임하는 날이지만, 안식일은 사실 우주 만물을 창조하신 야웨께서 인간과 모든 자연 생태계를 위하여 선물로 주신 쉼의 날(출 20:10; 신 5:14)이기 때문이다.

야웨께서는 예레미야에게 유다 왕들이 출입하는 평민의 문(the gate of the people 또는 the public gate, '샤아르 브네 하암')과 예루살렘의 모든 문(gates, '샤아레'='샤아르'[gate]의 복수 연계형)으로 갈 것을 명하신다(19절). 많은 사람들이 왕래하는 그곳에 서서 예레미야는 그 문들(gates, '셔아림'='샤아르'[gate]의 복수형; 개역 개정판은 단수형인 "문"으로 번역함.)로 들어오는 유다 왕들과 유다 모든 백성과 예루살렘 모든 주민으로 하여금 야웨의 말씀을 듣도록 해야만 했다(20절).

그가 전한 야웨의 말씀에 의하면, 그들은 스스로 조심하여 안식일에 짐을 지고 예루살렘 문들(gates, '샤아레'; 개역 개정판은 단수형인 "문"으로 번역함.)

로 들어오는 일이 없게 해야 했다(21절). 안식일에는 어떠한 짐도 옮겨서는 안 된다는 것이다. 또한 그들은 안식일에 집에서 짐을 밖으로 내어서는 안 되었으며, 어떤 일도 해서는 안 되었다. 이전에 야웨께서 그들의 조상들에게 명령하셨던 것처럼 그들은 안식일을 거룩하게 지켜야만 했다(22절). 그러나 불행하게도 그들의 조상들은 안식일을 거룩하게 지키라는 야웨의 말씀에 순종하지도 않았고 그 말씀에 귀를 기울이지도 않았다. 도리어 그들은 목을 곧게 하여 야웨의 말씀을 거역하였으며, 그의 교훈을 받지도 않았다(23절; 참조. 19 : 15b).

그렇지만 예레미야 시대의 유다 백성이 불순종한 조상들처럼 하지 않고 야웨의 말씀에 순종한다면 상황이 달라질 것이다. 만일 그들이 안식일에 짐을 지고 문들(gates, '샤아레'; 개역 개정판은 단수형인 "성문"으로 번역함.)로 들어오는 일이 없게 한다면, 그리고 안식일을 거룩히 하여 아무 일도 하지 않는다면, 야웨께서 그들에게 그에 합당한 복을 주실 것이다(24절). 안식일을 잘 지킨 그들에게 어떠한 복이 주어지는가? 다윗의 왕위에 앉아 있는 왕들과 고관들이 병거와 말을 타고 예루살렘 문들(gates, '샤아레'; 개역 개정판은 단수형인 "성문"으로 번역함.)로 들어오되, 그들과 유다 모든 백성과 예루살렘 주민들(똑같은 히브리어 낱말 '요슈베'를 개역 개정판은 20절에서 "주민"으로 번역함.)이 함께 그리할 것이요, 예루살렘은 영원히 사람이 사는 성읍이 될 것이다(25절).

그뿐이 아니다. 그들은 유다 성읍들과 예루살렘 주변에 있는 곳들과 베냐민 땅과 평원지대와 산간지역과 남쪽의 네겝(Negev)으로부터 와서 번제물과 희생제물과 소제물과 유향과 감사의 제물 등을 야웨의 성전에 가져올 수 있을 것이다(26절). 이것은 야웨께서 그들의 예배를 기꺼이 받아 주실 것임을 의미한다. 그러나 만일 그들이 야웨의 말씀에 불순종하여 안식일을 거룩하게 지키지 않고, 도리어 안식일에 짐을 지고 예루살렘 문들(gates, '샤아레'; 개역 개정판은 단수형인 "문"으로 번역함.)로 들어온다면, 그들에게 야웨의 진노와 심판이 임할 것이다. 야웨께서는 그 문들(gates, '셔아림'; 개역 개정판은 단수형인 "성문"으로 번역함.)에 불을 놓아 예루살렘 궁전을 삼키게 하실 것이요, 어느 누구도 그 불을 끄지 못하게 하실 것이다(27절). 예루살렘에 임할 이러한 심판의 모습은 북왕국 이스라엘 주변의 나라들에 임할 심판과 매우 유사한 형태를 띠고 있다(암 1 : 4, 7, 10, 12, 14; 2 : 2, 5).

그런데 어떻게 보면, 안식일 준수에 대한 예레미야의 이러한 강조점은 범죄한 유다 백성이 직면하고 있던 보다 근본적인 문제들, 곧 우상 숭배와 사회적인 불의의 문제들을 간과하는 것처럼 보일 수도 있다. 안식일 계명의 위반이 중대한 범죄 행위임에는 틀림없지만(참조. 출 20 : 8; 민 15 : 32-36), 유다 백성은 야웨 하나님을 향한 그들의 내적인 태도를 전혀 변화시키지 않은 채로 형식적으로만 안식일을 쉽게 지켰을 수도 있다. 그러나 외견상 단순해 보이는 예레미야의 안식일 준수 강조는 사실 매우 중요한 의미를 가지고 있다. 왜냐하면 안식일 준수의 실패는 깊이 뿌리박은 그들의 탐욕과 야웨 경외 결여를 단적으로 보여 주는 것일 수도 있기 때문이다. 아모스 8 : 4~6이 이 점을 잘 보여 준다. 이 본문에 의하면, 안식일 계명의 위반은 사회적인 불의에 수반되는 것이요, 공동체의 행복을 깨뜨리는 것이나 다름없었다(Lundbom I, 810).

설교를 위한 묵상

1) 야웨 하나님께서는 때때로 자기 백성 이스라엘에게 두 개의 길을 제시하신다. 복의 길과 저주의 길이 그렇다. 시내 산 언약도 마찬가지이다. 레위기 26장과 신명기 28장에 자세하게 기록되어 있는 복과 저주가 그것을 잘 보여 준다. 복과 저주는 지혜문학의 중심 주제이기도 하다. 특히 잠언을 보면 부지런한 사람과 게으른 사람, 의로운 사람과 악한 사람, 야웨 하나님을 경외하는 사람과 그렇지 않은 사람 등에게 제각기 복과 저주가 주어진다는 가르침이 계속 반복된다. 예레미야는 여기서 풍요

와 다산의 약속을 받기 위해 우상 숭배에 빠져든 유다 백성의 죄악이 저주를 초래했다고 말한다. 하나님보다는 사람을 더 믿고 육체의 힘을 의지하는 자들 역시 마찬가지이다. 그들의 마음이 야웨 하나님께로부터 떠난 지 오래이기에 그들에게는 저주와 심판이 준비되어 있을 뿐이다.

예레미야의 예언 메시지를 듣는 유다 백성이 그렇다. 그들은 지금 하나님의 저주 아래 놓여 있다. 그들에게는 진노의 심판을 받는 일만 남아 있다. 그러나 희망이 아주 없는 것은 아니다. 예레미야는 야웨 하나님을 의지하고 신뢰하는 자들에게 풍성한 복이 임할 것임을 강조한다. 만일 지금이라도 유다 백성이 방향을 돌이켜 야웨 하나님을 찾고 그를 의지하려고 노력한다면, 그리고 그의 뜻을 찾아 행하며 그의 말씀에 순종하는 삶을 회복한다면, 풍성한 복을 열매로 거둘 수 있을 것이다. 그렇지만 그렇게 될 가능성은 전혀 없어 보인다. 야웨께서 보시기에 그들은 이 세상 어떤 것보다도 거짓되고 부패한 마음을 가지고 있는 데다가, 언약 관계의 기초를 이루고 있는 안식일 계명조차도 제대로 지키지 못하는 모습을 보이곤 했다. 유다 백성의 이러한 모습 속에서 오늘의 기독교인들은 소중한 교훈을 얻을 수 있어야 한다. 야웨께서 우리 앞에 두신 두 개의 길 중에서 저주의 길이 아니라 복의 길을 택하는 것이 그렇다. 세상의 헛된 것들이나 인간의 힘과 재물 등을 의지하기보다는, 야웨 하나님을 더욱 굳게 의지하고 신뢰하는 삶이야말로 하늘의 복을 가능하게 하는 삶이 아니겠는가.

2) 유다 백성은 이스라엘의 소망이신 야웨 하나님을 버리고 다른 신들을 섬기고 좇는 죄를 범하였다. 그들은 생수의 근원이신 야웨 하나님을 버린 까닭에 심판을 피할 길이 없다. 그런데도 그들은 심판을 선고하는 예레미야의 예언 메시지를 믿음으로 받아들이지 못했다. 도리어 그들은 예레미야를 배척했으며, 그를 멸시하고 조롱했다. 그가 선포한 야웨의 말씀이 어디에 있는지 물으면서, 심판의 말씀이 이루어지게 해 보라고 빈정댔던 것이다. 이로 인하여 예레미야는 견디기 어려운 정신적인 상처를 받았다. 야웨께서 명하신 심판의 말씀을 전한 것 때문에 멸시와 조롱을 받는다는 사실이 그를 괴롭게 했던 것이다. 죄가 없는데도 마치 자신이 큰 죄를 범한 것처럼 사람들이 무시하고 손가락질한 까닭에, 그는 마음에 큰 상처를 입었을 것이다. 바로 이 때문에 예레미야는 야웨 하나님께 자신을 고쳐 주시고 구원해 주실 것을 요청하면서, 자신의 무죄를 입증해 달라고 간구한다. 자신을 괴롭히는 자들로부터의 치유

와 구원을 원했던 것이다.

예레미야의 이러한 탄식과 간구에 대하여 야웨께서는 아무런 답도 주지 않으신다. 다른 때에는 위로와 소망의 말씀을 주셨던 그가 이제는 한없이 침묵하신다. 우리는 그저 예레미야의 불평과 고통을 듣고 있을 뿐이다. 그럼에도 불구하고 예레미야는 유다 백성을 비뚤어진 길에서 바른 길로 돌이키려는 목자의 직무에 충실하고자 했으며, 그들에게 임할 심판을 선고하면서도 그날이 속히 오는 것을 원하지 않았다. 그들의 박해와 모욕을 견디지 못한 나머지 나중에는 야웨께서 재앙과 심판의 날에 그들에게 치욕을 안겨 주시고 그들을 놀랍게 하시되, 갑절의 형벌로 그들을 멸망시켜 달라고 간구하기는 했지만 말이다. 예레미야의 이러한 성실성은 오늘의 우리가 본받아야 할 훌륭한 신앙 품성이 아닐 수 없다. 아무리 상황이 자신에게 불리하게 돌아간다 할지라도, 자신이 마땅히 해야 할 일에 끝까지 최선을 다하는 태도야말로 하나님의 사람들이 마음 깊이 새겨 두어야 할 귀한 삶의 자세가 아니겠는가.

R. 토기장이의 비유와 예레미야의 고백록(18 : 1–23)

계속해서 예레미야를 1인칭으로 칭하고 있는 18장은 13~17절과 21~23절을 제외한 나머지 모든 본문이 산문체로 기록되어 있으며, 토기장이의 비유를 다루고 있는 1~12절, 유다 백성의 가증스러운 우상 숭배 행위와 그에 대한 하나님의 심판을 다루는 13~17절, 그리고 예레미야의 고백록을 담고 있는 18~23절의 세 단락으로 나누어진다. 그리고 맨 앞의 1~12절은 토기장이에 관한 비유의 말씀을 담고 있는 1~4절과 토기장이이신 야웨 하나님의 심판을 다루는 5~12절의 둘로 나누어진다. 그런가 하면 맨 마지막의 18~23절은 예레미야가 여섯 차례에 걸쳐서 되풀이하고 있는 이른바 "고백록"(confessions; 11 : 18–12 : 6; 15 : 10–21; 17 : 12–18; 18 : 18–23; 20 :

7-13, 14-18)의 네 번째에 해당하는 것이다.

18장의 이러한 내용은 일정한 구조상의 특징을 가지고 있기도 하다. 야웨 하나님의 말씀과 그에 대한 유다 백성이나 예레미야의 응답이라는 구조가 그렇다. 예레미야에게 토기장이의 집으로 가라고 명하시는 야웨 하나님의 말씀을 담고 있는 1~2절과 토기장이의 비유에 대한 야웨 하나님의 설명을 다루고 있는 5~11절, 그리고 야웨 하나님의 심판을 담고 있는 13~17절이 전자에 해당한다면, 야웨 하나님의 명령에 순종하는 예레미야의 행동을 다루는 3~4절과 유다 백성과 예루살렘의 응답을 다루는 12절, 그리고 예레미야의 탄식과 간구를 담고 있는 18~23절은 후자에 해당한다. 마지막으로 한 가지 더 추가할 것은, 18장 전체에서 예레미야의 예언 메시지가 야웨 하나님의 말씀임을 강조하는 '코 아마르 야웨'(thus says Yahweh, "야웨께서 이와 같이 말씀하시기를")라는 사자 양식이 11절과 13절에서 두 번 사용되고 있으며, '느움 야웨'(declares Yahweh, "야웨의 말씀이니라")라는 예언구 역시 6절에서 한 번 사용되고 있다는 점이다.

1. 자기 뜻대로 그릇을 만드는 토기장이(18 : 1-4)

> 1여호와께로부터 예레미야에게 임한 말씀에 이르시되 2너는 일어나 토
> 기장이의 집으로 내려가라 내가 거기에서 내 말을 네게 들려 주리라 하
> 시기로 3내가 토기장이의 집으로 내려가서 본즉 그가 녹로로 일을 하는
> 데 4진흙으로 만든 그릇이 토기장이의 손에서 터지매 그가 그것으로 자
> 기 의견에 좋은 대로 다른 그릇을 만들더라

[18 : 1-4] 하나님은 매우 다양한 방식으로 자신의 뜻을 세상에 알리신다. 대부분의 경우 구두로 선포된 말씀으로 직접 자신의 뜻을 세상에 전하시지만, 예언자의 상징적인 행동을 통하여 자신의 뜻을 계시하기도 하신다. 그런가

하면 자신의 뜻을 알리기 위하여 예언자에게 환상을 보여 주실 때도 있고, 경우에 따라서는 어떤 상징이나 표징을 보여 주실 때도 있다. 본문에 나오는 토기장이(potter) 비유는 일종의 표징(sign)에 해당하는 것이다. 물론 넓게 보면 환상이나 상징, 표징 등도 "야웨의 말씀"에 해당한다. 그 까닭에 1절과 5절은 토기장이 비유가 야웨의 말씀을 통해서 주어진 것임을 분명하게 밝히고 있다. 1~4절이 표징에 해당하는 것이라면, 5절 이하는 그 표징에 대한 일종의 해석에 해당한다.

토기장이 비유를 시작하는 1절은 7 : 1이나 11 : 1과 똑같이 '하따바르 아쉐르 하야 엘-이르므야후 메에트 아도나이 레모르'("The word which came to Jeremiah from Yahweh saying")로 되어 있다. 그런데 개역 개정판은 이 똑같은 히브리어 표현을 조금씩 다르게 번역하고 있어서 약간의 수정 작업이 필요한 것으로 보인다: "여호와께로부터 예레미야에게 말씀이 임하니라 이르시되"(7 : 1); "여호와께로부터 예레미야에게 임한 말씀이라 이르시되"(11 : 1); "여호와께로부터 예레미야에게 임한 말씀에 이르시되"(18 : 1). 번역의 일관성이 이루어지도록 해야 한다는 점을 염두에 둔다면, 11 : 1의 번역이 가장 원문에 가깝기 때문에 7 : 1과 18 : 1도 가능하다면 11 : 1에 맞추어 번역을 통일시키는 게 좋을 것이다.

야웨께서 예레미야에게 주신 말씀은 두 개의 명령으로 이루어져 있다. 그 하나는 토기장이의 집으로 내려가라는 명령이고, 다른 하나는 그곳에서 그에게 들려주는 "내 말"(my words)에 귀를 기울이라는 명령이다(2절). 여기서 토기장이(potter)를 뜻하는 히브리어 낱말 '요체르'는 '야차르' 동사의 분사인데, 이 동사 어근은 야웨 하나님의 창조 사역을 설명하는 낱말들 중의 하나이기도 하다. 특히 야웨께서 흙을 빚어 인간을 만드실 때 이 동사가 사용된다("지으시고" 창 2 : 7; "지으신" 창 2 : 8). 그리고 야웨께서 남자의 짝인 여자를 만들기 전에 각종 들짐승과 공중의 각종 새를 만드실 때도 '야차르' 동사가 사용된다("지으시고" 창 2 : 19). 야웨 하나님을 일컬어 빛을 지으시고(사

45 : 7), 땅을 지으시며(사 45 : 18), 산들(암 4 : 13)과 육지(시 95 : 5)와 만물(렘 10 : 16['요체르']; 51 : 19['요체르'])을 지으신 분으로 설명하고, 본문들도 마찬가지로 '야차르' 동사를 사용하고 있다(Craigie 외, 244). '야차르' 동사의 이러한 용례들에 비추어 본다면, 그리고 토기장이 비유에 대한 설명을 고려한다면, 이곳에 언급되는 토기장이는 야웨 하나님을 암시하는 것임에 틀림없다.

야웨께로부터 두 가지 명령을 받은 예레미야는 그것이 어떠한 의미를 가지고 있는지 전혀 알지 못한 채로 토기장이의 집으로 내려간다. 때마침 토기장이는 자기 집에서 녹로(물레)를 돌리면서 그릇 만드는 작업에 열중하고 있었다(3절). 예레미야가 보니, 그 토기장이는 진흙으로 그릇을 빚다가 그것이 마음에 들지 않아서인지 그것을 부숴 버리고는 그 흙으로 다시금 다른 그릇을 만들고 있었다(4절). 이것은 그가 빚어 만들던 그릇이 아직 불에 구워서 완전한 형태를 갖추기 전의 상황이기에 가능한 일이었다. 만일에 그것이 완전히 굳어진 상태의 그릇이었다면, 그것을 부수고 다른 그릇으로 만들 수 없기 때문이다. 완성된 그릇이 맘에 들지 않으면 깨뜨릴 수밖에 없을 것이요, 일단 깨뜨리면 그것은 복구가 불가능할 뿐더러(참조. 19 : 11), 다른 그릇을 만드는 데 재활용할 수도 없다.

예레미야는 토기장이가 그릇 빚는 모습에서 해석이 필요한 하나의 표징을 발견했을 것이다. 그 표징은 한편으로는 하나님의 절대 주권을 나타내는 것이지만, 다른 한편으로는 그릇과도 같은 이스라엘의 태도에 따라 토기장이이신 하나님의 생각도 달라질 것임을 나타내는 것이기도 하다. 5절 이하에 이어지는 야웨 하나님의 설명은 후자의 의미에 초점을 맞추고 있다. 사도 바울 역시 로마서 9 : 19~29에서 토기장이의 비유를 사용하고 있지만, 그는 이 두 가지 의미 중에서도 전자에 초점을 맞추고 있음이 분명하다. 그는 로마서의 이 본문에서 적어도 구원 문제와 관련해서라면 하나님께 절대적인 자유 주권이 있음을 강조하고 있기 때문이다.

2. 토기장이이신 하나님의 심판(18 : 5–12)

5그때에 여호와의 말씀이 내게 임하니라 이르시되 6여호와의 말씀이니
라 이스라엘 족속아 이 토기장이가 하는 것같이 내가 능히 너희에게 행
하지 못하겠느냐 이스라엘 족속아 진흙이 토기장이의 손에 있음같이 너
희가 내 손에 있느니라 7내가 어느 민족이나 국가를 뽑거나 부수거나 멸
하려 할 때에 8만일 내가 말한 그 민족이 그의 악에서 돌이키면 내가 그
에게 내리기로 생각하였던 재앙에 대하여 뜻을 돌이키겠고 9내가 어느
민족이나 국가를 건설하거나 심으려 할 때에 10만일 그들이 나 보기에
악한 것을 행하여 내 목소리를 청종하지 아니하면 내가 그에게 유익하
게 하리라고 한 복에 대하여 뜻을 돌이키리라 11그러므로 이제 너는 유
다 사람들과 예루살렘 주민들에게 말하여 이르기를 여호와의 말씀에 보
라 내가 너희에게 재앙을 내리며 계책을 세워 너희를 치려 하노니 너희
는 각기 악한 길에서 돌이키며 너희의 길과 행위를 아름답게 하라 하셨
다 하라 12그러나 그들이 말하기를 이는 헛되니 우리는 우리의 계획대로
행하며 우리는 각기 악한 마음이 완악한 대로 행하리라 하느니라

[18 : 5–6] 하나님은 토기장이 표징을 발견한 예레미야에게 그것이 갖는 의미를 5절 이하에서 "여호와의 말씀"(5절)으로 자세하게 설명해 주신다. 가장 먼저 생각할 것은, 토기장이가 하나님이라면 토기장이의 손에 있는 진흙은 곧 이스라엘이라는 점이다. 그 까닭에 야웨께서는 이스라엘 백성을 부르시면서, 자신이 그들을 토기장이와 같이 다룰 수 없을 줄 아느냐는 질문으로 그들을 책망하신다. 또한 그는 진흙이 토기장이의 손 안에 있는 것처럼 그들 역시 자신의 손 안에 있음을 분명하게 밝히신다(6절). 토기장이가 진흙으로 자신의 마음에 드는 그릇을 만들려고 노력하되, 그것이 마음에 들지 않으면 그것을 부수고서 다른 그릇을 빚어 만드는 것처럼, 이스라엘 역시 그가 원하

시는 그릇으로 다듬어지지 않으면 그가 그것을 부술 수도 있다는 얘기다.

[18 : 7–10] 그렇지만 토기장이이신 야웨 하나님의 손 안에 있는 진흙이 꼭 "이스라엘 족속"(house of Israel, '베트 이스라엘')만 가리키는 것은 아니다. 그것은 세상 모든 나라들과 민족들까지도 포함하는 것이다. 세상 모든 나라들과 민족들 역시 창조주이신 그의 손 안에 있다. 야웨 하나님은 참으로 세상 모든 나라들의 역사를 주관하시는 분이다. 그는 자신이 원하는 민족이나 국가를 뽑거나 부수거나 멸망시킬 수 있는 분이요(7절), 그 반대로 자신이 원하는 민족이나 국가를 건설하거나 심을 수도 있는 분이다(9절). 하나님은 자신의 이러한 역사 주권을 일찍이 1 : 9~10에서 예레미야에게 강조하신 바가 있다. 그는 자신의 말씀을 예레미야의 입에 주시고 그를 여러 나라들과 여러 왕국들 위에 세우시고서는, 그로 하여금 "그것들을 뽑고 파괴하며 파멸하고 넘어뜨리며 건설하고 심게" 하셨던 것이다.

만일 야웨께서 어떤 민족을 징계하기로 작정하시고 누군가를 통하여 그것을 말씀하셨는데, 그 민족이 임박한 파멸을 경고하는 메시지를 듣고서 자기들의 죄에서 방향을 돌이켜(turn from, '슈브') 새롭게 살기로 작정한다면 어떻게 되는가? 설령 그들이 하나님의 징계를 받아 멸망 직전의 위기에 놓여 있다 할지라도 그들이 마음을 고쳐먹고서 자기들의 죄를 뉘우치고 회개한다면, 야웨께서는 언제든지 그들을 너그럽게 용서하실 것이요, 그들에게 내리기로 했던 재앙을 거두실(relent, '니함') 것이다(8절). 마치 토기장이가 마음에 드는 그릇을 빚게 되면, 그 그릇을 정성 들여 완성하는 것처럼 말이다. 요나서 3장에 기록되어 있는 니느웨 백성의 사례가 그 점을 잘 보여 준다. 야웨께서는 요나의 심판 메시지를 들은 니느웨 사람들이 왕이나 권력자들이나 일반 백성이건 할 것 없이 모두가 "그들이 행한 것 곧 그 악한 길에서 돌이켜 떠난(turn from, '슈브')" 것을 보시고, 자신의 뜻을 "돌이키사" (relent, '니함') 그들에게 내리겠다고 말씀하신 재앙을 내리지 않으셨던 것이다(욘 3:4-10, 특히 10절).

그 반대의 경우에는 어떠할까? 만일 야웨께서 어떤 민족을 잘 되게 해 주기로 작정하시고 누군가를 통하여 그것을 말씀하셨는데, 그 민족이 야웨께서 보시기에 악한 것을 행함으로써 그의 목소리(voice, '콜')에 불순종한다면 어떻게 될 것인가? 설령 그들이 하나님의 은혜에 힘입어 크게 융성함을 누린다 할지라도 그들이 주의 말씀에 불순종하여 죄악의 길에 빠지게 되면, 하나님은 그들에게 약속한 복을 거두시고 도리어 그들에게 벌을 내리실 것이다(10절). 마치 토기장이가 마음에 들지 않는 그릇을 빚게 되면, 그것을 부수고서 다시 새로운 그릇을 만들려고 하는 것처럼 말이다. 그런데 불행하게도 앗수르 제국에 망한 북왕국 이스라엘이 그러한 형벌을 자초했고, 남왕국 유다도 똑같은 길을 가고 있었다.

요컨대, 야웨 하나님의 역사 주권을 강조하는 7~10절의 메시지는 하나님의 심판 선고와 복이 반드시 고정된 것이 아님을 뜻한다. 그가 장차 발생할 일을 반드시 절대적인 것으로 선포하신 것은 아니라는 얘기다. 하나님은 세상 나라들과 민족들을 향한 자신의 계획을 세우시고 예언자들을 통하여 그것을 그들에게 선포하시지만, 그들이 그가 주신 경고의 말씀과 도덕적인 기준들에 어떠한 반응을 보이느냐가 실제로 그들에게 발생할 일을 결정하기 마련이다. 야웨께서 예레미야에게 보여 주신 토기장이와 진흙의 비유도 마찬가지이다. 토기장이의 계획이 항상 처음부터 절대적으로 정해진 것은 아니기 때문이다. 따라서 여기에는 숙명론(fatalism)이나 역사 결정론(determinism)이 자리할 공간이 없다(Craigie 외, 245). 왜냐하면 이스라엘 민족이나 세상 나라들을 상징하는 "진흙"도 나름대로 자신의 뜻을 행사하는 것으로 묘사되지만, 그들이 어떻게 행동하느냐에 따라 "토기장이"이신 야웨 하나님의 반응이 결정되기 때문이다.

[18:11] 이러한 사실은 언약 백성인 남왕국 유다의 경우라고 예외일 수 없다.

예레미야가 야웨 하나님의 명령을 좇아 유다 사람들과 예루살렘 주민들에게 선포한 메시지에 의하면, 야웨께서는 언약 관계를 깨뜨린 그들에게 내릴 재앙을 마련하고 계시며('요체르', 토기장이를 뜻하는 낱말과 완전히 똑같음.), 그들을 칠 계획도 세우고 계신다. 따라서 그들은 제각기 자신의 악한 길에서 돌이키며(turn from, '슈브') 잘못된 길과 행위를 고치지 않으면 안 된다(11절). 만일 그들이 이러한 경고의 말씀에 귀를 기울이고서 그 말씀대로 행하기만 한다면, 야웨께서는 언제든지 그들을 용서하시고 그들에게 복을 내리실 준비가 되어 있다.

[18 : 12] 그러나 불행하게도 그들은 그렇게 하지 않을 것이다. 그들이 마땅히 보여야 할 반응은 회개이지만, 야웨께서는 그러한 일이 이루어지리라는 것에 대해서 회의적인 반응을 보이시며, 그들이 계속해서 죄를 범할 것임을 예견하신다. 아니나 다를까, 실제로 그들은 야웨께서 원하시는 대로 사는 것을 헛되고 쓸모없는 일로 여길 것이요, 따라서 계속해서 하나님의 뜻을 무시한 채로 자기들 멋대로 세상을 살아가겠다고 말할 것이다. 또한 그들은 자신의 악한 마음에서 나오는 고집대로 행동하겠다고 말할 것이다(12절). 이것은 결국 그들이 회개하고서 야웨 하나님께로 방향을 돌이킬 가능성이 전혀 없음을 의미한다. 상황이 이러한데 하나님께서 애초에 그들에게 내리기로 계획하신 심판을 과연 철회하시겠는가? 어림없는 일이다.

3. 처녀 이스라엘의 우상 숭배(18 : 13–17)

13그러므로 여호와께서 이와 같이 말씀하시니라 너희는 누가 이러한 일
을 들었는지 여러 나라 가운데 물어보라 처녀 이스라엘이 심히 가증한
일을 행하였도다 14레바논의 눈이 어찌 들의 바위를 떠나겠으며 먼 곳에
서 흘러내리는 찬물이 어찌 마르겠느냐 15무릇 내 백성은 나를 잊고 허

무한 것에게 분향하거니와 이러한 것들은 그들로 그들의 길 곧 그 옛길
에서 넘어지게 하며 곁길 곧 닦지 아니한 길로 행하게 하여 [16]그들의 땅
으로 두려움과 영원한 웃음거리가 되게 하리니 그리로 지나는 자마다
놀라서 그의 머리를 흔들리라 [17]내가 그들을 그들의 원수 앞에서 흩어
버리기를 동풍으로 함같이 할 것이며 그들의 재난의 날에는 내가 그들
에게 등을 보이고 얼굴을 보이지 아니하리라

[18 : 13–17] 야웨께서 토기장이 비유를 통하여 심판 철회의 가능성을 밝히셨으나, 남왕국 유다에게는 변화의 가능성이 전혀 없었다. 야웨께서는 그들에게서 희망이 사라진 이유를 13~17절에서 밝히신다. 그는 자기 백성을 "처녀 이스라엘"(virgin of Israel, '브툴라트 이스라엘')이라 칭하시면서, 그들이 심히 가증한 일을 행하였다고 비난하신다(13b절; 31 : 4, 21; 참조. 암 5 : 2). 이스라엘이 이처럼 처녀로 칭함 받는 것은 특정한 나라나 그곳의 성읍들을 여성으로 의인화시키는 히브리어 문법에 기인한 것으로, 유다 백성이 하나님을 버리고 가나안의 바알을 음란하게 섬겼음을 뜻하는 비유로 사용되고 있다(Thompson, 437).

그 까닭에 야웨께서는 부정적인 답변이 예상되는 수사학적인 질문, 곧 유다 백성에게서 발견되는 것과도 같은 일에 대해서 들어 본 적이 있는지 여러 나라 가운데 물어보라는 수사학적인 질문(13a절)으로 그들의 지나친 언약 파괴 행위를 책망하신다. 사실 유다 백성이 출애굽 사건에서 구원의 은총을 베푸시고 광야에서 40년 동안이나 자기들과 동행하신 후에 약속의 땅으로 인도해 주신 야웨 하나님을 버리고서 헛된 우상을 선택한 것은 세상 나라들 가운데 유례가 없는 일이었다. 야웨께서는 앞서 유다 백성의 죄악을 비난하면서, 다른 나라 사람들 중에 자기들이 섬기는 신들을 신 아닌 것과 바꾼 자들이 없음을 지적하신 바가 있다(2 : 10–11). 그들은 자기들이 믿는 신들에게 끝까지 충성하는 모습을 보였던 것이다.

야웨께서는 또한 유다 백성의 죄악을 고발하기 위하여 자연 현상과 관련된 비유의 말씀을 주신다. 레바논 산의 눈과 물줄기를 소재로 하는 비유가 그렇다. 그는 부정적인 답변이 예상되는 두 개의 수사학적인 질문을 던지신다. 첫 번째 질문에서 그는 레바논 산의 눈(snow)이 험준한 바위 봉우리를 떠난(forsake, '아잡') 적이 있었는지 물으시며, 두 번째 질문에서는 레바논 산의 멀리 떨어진 수원지(水源池)에서 흘러내리는 시원한 물줄기가 마른 적이 있었는지 물으신다(14절). 이 두 가지 질문은 유다 백성의 우상 숭배가 전적으로 있을 수 없는 일인데도 실제 현실은 그렇지 못하다는 사실을 지적하는 것이다. 달리 말해서 야웨 하나님을 버리고('아잡'; 1:16; 2:13, 17, 19; 5:7, 19; 9:13; 16:11; 17:13; 19:4; 22:9 등) 떠난 유다 백성의 우상 숭배는 레바논 산의 눈이 바위 봉우리를 떠나거나 그곳에서 흘러내리는 물줄기가 마르는 것같이 도저히 있을 수 없는 일인데도 실제 현실은 그렇지 못하다는 얘기다.

레바논 산의 눈과 물줄기에서 보듯이, 자연계의 순환은 이처럼 정확하고 순리를 벗어나는 법이 없으며 항상 변함없이 일정한 모습을 보이는데(8:7), "내 백성"은 그렇지 못하다는 것이 야웨 하나님의 안타까운 심정이었다(Thompson, 437-438). 자연계의 항구성이나 불변성과는 달리 그들은 너무도 쉽게 자기들의 하나님을 잊어버리고(forget, '샤카흐'; 2:32; 3:21; 13:25 등) 헛된 우상들(worthless idols/gods)에게 분향하곤 했다. 그 우상들이 그들을 옛길, 곧 이제껏 그들이 걸어왔던 바른 길로부터 벗어나 넘어지게 했고, 사람들이 닦지 않은 곁길, 곧 이정표도 없는 길로 가도록 잘못 이끌었음에도 불구하고 말이다(15절).

야웨께서는 이처럼 배은망덕한 유다 백성을 심판하시되, 그들이 사는 땅을 황폐하게 만드심으로써 그곳으로 하여금 두려움과 영원한 웃음거리가 되게 하실 것이요, 그곳을 지나가는 사람들마다 놀라서 그의 머리를 흔들면서 그들을 비웃을 것이다(16절). 그는 한때 그들에게 대하여 생수의 근원이나 다름없었던 분(2 : 13)이었으나, 이제는 도리어 그들을 원수 앞에서 뿔뿔이 흩어 버리실 것이다. 마치 뜨겁고 메마르고 건조한 사막 바람인 동풍(東風, east wind)이 사람과 식물을 포함한 모든 것을 날려 버리듯이 말이다. 또한 그는 자기 백성이 재난을 당하는 날에, 그들을 긍휼히 여기시기는커녕 도리어 그들에게 등을 보이고 자기 얼굴을 그들에게서 감추실 것이다(17절). 그들이 아무리 도움과 구원을 호소해도 소용이 없을 것이다. 이미 그의 마음이 변화의 가능성을 전혀 보이지 않는 그들을 완전히 떠나고 말았기 때문이다.

4. 예레미야의 고백록(18 : 18–23)

> 18그들이 말하기를 오라 우리가 꾀를 내어 예레미야를 치자 제사장에게서 율법이, 지혜로운 자에게서 책략이, 선지자에게서 말씀이 끊어지지 아니할 것이니 오라 우리가 혀로 그를 치고 그의 어떤 말에도 주의하지 말자 하나이다 19여호와여 나를 돌아보사 나와 더불어 다투는 그들의 목소리를 들어 보옵소서 20어찌 악으로 선을 갚으리이까마는 그들이 나의 생명을 해하려고 구덩이를 팠나이다 내가 주의 분노를 그들에게서 돌이키려 하고 주의 앞에 서서 그들을 위하여 유익한 말을 한 것을 기억하옵소서 21그러하온즉 그들의 자녀를 기근에 내어 주시며 그들을 칼의 세력에 넘기시며 그들의 아내들은 자녀를 잃고 과부가 되며 그 장정은 죽음을 당하며 그 청년은 전장에서 칼을 맞게 하시며 22주께서 군대로 갑자기 그들에게 이르게 하사 그들의 집에서 부르짖음이 들리게 하옵소서 이는 그들이 나를 잡으려고 구덩이를 팠고 내 발을 빠뜨리려고 올무를 놓았음이니이다 23여호와여 그들이 나를 죽이려 하는 계략을 주께서 다 아시오니 그 악을 사하지 마옵시며 그들의 죄를 주의 목전에서 지우지 마시고 그들을 주 앞에 넘어지게 하시되 주께서 노하시는 때에 이같이 그들에게 행하옵소서 하니라

[18 : 18–23] 예레미야의 네 번째 고백록에 해당하는 이 본문 단락은 주변 사람들의 핍박에 대한 예레미야의 탄식(18절), 간구(19절), 탄식(20a절), 무죄의 고백(20b절), 저주의 간구(21–22a절), 탄식(22b절), 저주의 간구(23절) 등으로 세분된다. 고백록의 서두인 18절에 의하면, 예레미야의 주변 사람들은 그가 전하는 심판과 재앙의 메시지를 야웨 하나님의 말씀으로 받아들이지 않았다. 도리어 그들은 경고의 메시지를 발하는 그를 배척하였으며, 심지어는 그를 죽일 계획을 세우기까지 했다. 그들은 제사장에게서 율법이, 지혜로운 자에게서 책략이, 그리고 (거짓) 예언자들에게서 말씀이 끊어지지 않을 것이기에, 예레미야 같은 이상한 사람이 더 이상 필요하지 않다고 생각했을 것이다. 이는 그가 칼과 기근과 전염병의 심판을 예언하는가 하면 바벨론에 항복해야 산다고 예언했기 때문이다. 그래서인지 그들은 혀로 예레미야를 헐뜯고 그의 어떤 말에도 주의를 기울이지 말고 무시하자고 모의한다(18절). 이것은 유다 백성이 야웨 하나님의 말씀(message)과 그 말씀을 전하는 자(messenger) 모두를 거부하는 큰 잘못을 범하고 있음을 분명하게 보여 준다(Craigie 외, 252).

그런데 흥미롭게도 18절 중간의 "제사장"과 "지혜로운 자," 그리고 "선지자" 등에 대한 언급은, 이스라엘 공동체 안에 제사장이나 선지자 말고도 지혜자라는 새로운 사회 계층이 존재하고 있었으리라는 추측을 가능케 한다. 이러한 사실은 "……그들 중에서 지혜자의 지혜가 없어지고 명철자의 총명이 가려지리라"고 말하는 이사야 29 : 14에 의해서도 확인된다. 이들 지혜자 계층은 일반 백성들이나 지배 계층의 자제들을 대상으로 지혜를 가르쳤을 뿐만 아니라, 예레미야 8 : 8~9에서 드러나는 바와 같이 이스라엘의 왕정 안에서 서기관직에 종사하기도 하였으며, 왕의 정치 고문 역할을 수행하기도 하였다(구덕관, 『지혜와 율법』〈서울 : 대한기독교서회, 1992〉, 28–30; Crenshaw, 『구약 지혜문학의 이해』〈서울 : 한국장로교출판사, 1993〉, 36–41). 그러나 이스라엘의 역사가 거의 예언자들과 제사장들의 관점에서 기록되었기 때문에, 그들이 사회적으로 차지하는 비중은 예언자들이나 제사장들에 비해 상대적으로 열등한 것이었으며, 그들의 잘못된 활동이 때로는 거짓 예언자들이나 거짓 제사장들의 경우와 마찬가지로 참 예언자들의 비판 대상이 되기도 하였다.

다시 예레미야의 고백록으로 돌아가 보자. 주변 사람들의 핍박으로 생명의 위협을 당하던 예레미야는 정의로운 재판관이신 야웨께서 자신을 돌아보시고 자신과 더불어 다투는 원수들의 악의에 찬 말들을 한 번 들어 보셨으면 좋겠다고 말한다(19절). 그는 야웨 하나님과 그의 대변인인 예레미야 자신이 그들을 위하여 행한 모든 선한 일에 대하여 그들이 악으로 갚고자 하는 일이 과연 옳은지 물으면서, 그들이 자신의 생명을 해치려고 구덩이를 팠던 일에 대해서 언급한다. 그는 너무도 답답하고 억울했다. 야웨께서 명하신 일을 했을 뿐인데 사람들이 자기를 배척할 뿐만 아니라 죽이려고까지 하니, 그로서는 이러한 상황이 도무지 이해되지 않았을 것이다. 그뿐이 아니다. 예레미야의 원수들은 그의 목숨을 빼앗으려고 구덩이를 팠지만, 그는 도리어 그들의 유익을 위하여 끝까지 최선을 다했었다. 그는 그들을 변호하면서 주의 분노를 그들에게서 돌이키려고 애썼으며, 주의 앞에서 그들을 위하여 유익한 말을 했고 그들을 위하여 주의 은혜를 간구했었다. 야웨께서 중재 기도를 금하셨음에도 불구하고 말이다(7 : 16-17; 11 : 14-17; 14 : 10-12; 15 : 1-4 등). 그는 자신이 그들을 위하여 행한 이 모든 일들을 기억해 달라고 야웨께 간구한다(20절).

자신의 억울함을 호소하면서 야웨 하나님의 기억하심을 간구한 예레미야는 원수들을 위한 저주의 기도를 드린다. 21절 서두에 나오는 '라켄'은 21절이 일종의 심판 선고에 해당하는 본문임을 분명하게 보여 준다. 개역 개정판은 일반적으로 '라켄'을 "그러므로"로 번역하고 있지만, 여기서는 다소 예외적으로 "그러하온즉"으로 번역하고 있다. 예레미야는 야웨께서 원수들의 자녀를 기근에 내어 주어 굶어 죽게 하시고 그들을 칼의 세력에 넘겨 죽게 하시며, 그들의 아내들이 자녀들과 남편들을 잃은 채로 과부가 되게 하시고, 그들의 장정들은 죽임을 당하며 그들의 청년들은 전쟁터에서 칼에 맞아 죽게 해 달라고 간구한다(21절).

또한 그는 주께서 갑자기 그들에게 군대가 임하게 하셔서 그들의 집집마다 울부짖는 소리가 터져 나오게 해 달라고 간구한다. 그 까닭은 그들이 예레미야를 잡으려고 구덩이를 팠고 그의 발을 빠뜨리려고 올무를 놓았기 때문이다(22절). 마지막으로 예레미야는 자신을 죽이려 하는 그들의 모든 흉계를 잘 아시는 야웨께서 그들의 악을 용서하지 마시고 그들의 죄를 지우지도 마시고 주께서 진노하시는 날에 그들이 주 앞에서 거꾸러져 죽게 해 달라고 간구한다(23절). 바로 전까지만 해도 그들을 위해 하나님의 은혜를 구하던(20절) 그가 이처럼 갑자기 저주와 심판의 메시지로 전환하게 된 것은, 그들에게서 변화의 가능성을 전혀 찾을 수가 없었고, 이로 인하여 그들을 향한 야웨 하나님의 심판이 불가피하다는 인식에서 비롯된 것이다. 예레미야는 결국 야웨 하나님의 중재 기도 금지 명령이 타당하다는 점을 인정하지 않을 수 없었다. 그렇다고 해서 그가 기쁘고 즐거운 마음으로 저주의 간구를 했던 것은 결코 아니었지만 말이다.

다른 한편으로, 원수들을 향한 예레미야의 이러한 저주와 간구는 지나치게 가혹한 것이요 강한 복수심에서 비롯된 것처럼 보일 수도 있지만, 그것은 야웨께서 자신의 개입 없이는 무력하기 짝이 없는 자들을 구원함으로써 정의를 세우시기 원하는 참된 호소로 이해되어야 할 것이다. 그러나 이보다 더 중요한 것은, 그것이 언약 위반의 범죄에 수반되는 저주와 심판의 의미를 강하게 가지고 있다는 점이다(14 : 12, 15-18; 15 : 2-3, 8-9; 참조. 출 22 : 24; 시 109 : 9-10). 하나님의 정의가 세워지기를 바라는 예레미야의 이러한 호소는, 신약성서의 다양한 가르침들에 비추어 볼 때 금지의 대상임에 틀림이 없지만(예로써 마 5 : 44; 눅 6 : 28; 롬 12 : 14를 보라.), 적어도 구약 시대에는 매우 합법적이고 정당한 것으로 인정되었다. 왜냐하면 그러한 기도에 대한 하나님의 긍정적인 응답은 이스라엘 백성으로 하여금 저주 간구의 합법성과 정당성을 인정하는 방향으로 생각하게 해 주었기 때문이다(참조. 신 32 : 43; 시 58 : 10-11).

설교를 위한 묵상

1) 야웨 하나님은 토기장이 같으신 분이다. 토기장이는 사람들이 쓸모로 하는 그릇들을 만들다가 제작 중인 그릇이 마음에 들지 않거나 그릇 자체에 결함이 있으면, 그것을 부수고서 다시 다른 그릇을 만든다. 일단 그릇이 완성된 후에 그런 일이 발생하면, 그것을 깨뜨린 후 버리는 수밖에 없지만, 아직 불에 굽기 전의 단계라면 부수어서 다른 그릇을 만들 수 있다. 예레미야가 목격한 토기장이의 모습은 그릇이 완성되기 전의 상황에 해당하는 것이었다. 이것은 토기장이이신 야웨 하나님께서 자기 백성에게 심판과 파멸을 선고하시면서도, 여전히 그들의 변화와 갱신을 향한 애착을 가지고 계심을 뜻한다. 본질적으로 그는 자기 백성이 망하는 것을 원치 않으신다. 언제든 그들이 잘못된 길에서 돌이켜 자신에게로 돌아오는 것을 원하신다. 그것이 그들에게 생명과 구원을 향한 길이기 때문이다. 그런데도 어리석은 이스라엘은 그렇게 하지 않는다. 예언자를 통하여 계속해서 하나님의 심판과 파멸이 있을 것이라는 경고의 메시지를 들으면서도, 그들은 자기들의 생각과 삶을 바꾸려 하지 않는다. 하나님의 구원은 항상 생명을 향한 길로 열려 있지만, 이스라엘이 그것을 받아들이지 않으면 아무런 소용이 없다. 심판이 확정될 수밖에 없는 것이다.
그리고 중요한 것은, 이러한 사실이 꼭 이스라엘 민족에게만 국한되지 않는다는 점이다. 토기장이와도 같으신 야웨 하나님은 우주 만물을 창조하신 분이기에, 이스라엘 민족을 포함한 세상 모든 나라들과 민족들도 그의 손 안에 있다. 창조주이신 그의 손을 벗어날 수 있는 민족은 어디에도 없다. 그 까닭에 세상 나라들과 민족들의 행동이나 삶의 양식도 토기장이이신 야웨 하나님의 기준에 맞지 않으면 심판의 대상이 될 수밖에 없다. 그렇지만 가능성은 항상 열려 있다. 심판은 유보적이다. 만일 그들이 잘못된 삶의 방식을 바꾸어 야웨께서 진정으로 원하시는 삶을 회복한다면,

그들에게 예비된 심판이 철회될 수도 있다. 그러나 만일 정반대로 그들이 여전히 자기들의 잘못된 삶의 방식을 고집한다면, 야웨께서는 그들을 깨뜨리고 부수실 것이다. 심판이 확정되어 그들을 멸망의 길로 인도하고 말 것이라는 얘기다. 이것은 민족이나 나라에게만 적용되는 원리가 아니다. 신앙생활하는 개개인에게도 똑같이 적용되는 원리이다. 토기장이이신 야웨 하나님의 절대적인 자유 주권과 역사 주권에 자기 삶을 맡기는 사람이라야 그의 구원과 생명을 영원토록 누릴 것이다.

2) 창세기 1장에 보면 하나님은 첫째 날부터 여섯째 날에 이르기까지 모든 피조물들을 조화롭고 아름답게 창조하셨다. 그 순서를 주의 깊게 들여다보면, 첫째 날에서 셋째 날까지와 넷째 날에서 여섯째 날까지가 대칭 관계에 있음을 알 수 있다. 첫째 날의 빛 창조, 둘째 날의 궁창 창조 및 궁창 위의 물과 아래의 물의 구분, 셋째 날의 바다와 마른 땅과 식물 창조, 그리고 넷째 날의 해와 달과 별의 창조, 다섯째 날의 물고기와 새의 창조, 여섯째 날의 동물과 사람 창조 등을 비교해 보면 그러한 사실이 잘 드러난다. 즉, 넷째 날에 만들어진 것은 첫째 날에 만들어진 것에 상응하고, 다섯째 날에 만들어진 것은 둘째 날에 만들어진 것에 상응하며, 여섯째 날에 만들어진 것은 셋째 날에 만들어진 것에 상응한다. 이렇게 해서 만들어진 모든 피조물들은 하나님께서 보시기에 대단히 좋은 것들이었다. 이것은 야웨 하나님이 우주 만물을 일정한 법칙과 질서를 따라 움직이도록 창조하셨음을 의미한다.
이렇게 해서 만들어진 하나님의 창조 질서, 곧 자연계의 질서와 법칙은 좀처럼 변하는 법이 없다. 예레미야는 그 사례를 레바논 산에서 찾는다. 그의 설명에 의하면, 레바논 산 높은 봉우리의 바위에 덮인 눈은 그곳을 떠나는 법이 없으며, 먼 곳에서 흘러내리는 찬물도 마르는 법이 없다. 그것은 야웨께서 레바논 산이라는 피조물에 새겨 두신 창조의 질서요, 법칙이다. 따라서 아주 특별한 일이 아닌 한 그 질서나 법칙은 바뀌지 않는다. 자연계도 이처럼 한 번 정해진 질서와 법칙을 따르는 법인데, 하나님의 언약 백성인 이스라엘은 그러지 못했다. 하나님이 정해 주신 법을 따라 사는 게 당연한 일인데도, 그들은 언약법을 무시할 뿐만 아니라 그 법을 주신 야웨 하나님을 버리고 다른 신들을 따르는 배은망덕한 모습을 보였다. 야웨께서는 출애굽 사건을 비롯하여 여러 가지 방식으로 그들에게 은혜를 베푸시고 그들에게 선을 행하셨지만, 그들은 그것을 악으로 갚았다. 예레미야도 자기 백성을 파멸과 심판으로부터 건지기 위해 많은 노력을 기울였지만 허사였다. 이스라엘은 선을 악으로 갚는 파렴치한 태도로 일관하였던 것이다. 이러한 상황에서는 하나님의 재앙과 심판을 피할 길이 없다. 그뿐이 아니다. 재앙을 당하고 있을 때 그들이 아무리 도움을 호소해도 소용이 없다. 야웨께서는 그들에게서 등을 돌리실 것이요, 자기 얼굴까지도 감추실 것이다.

S. 깨뜨려진 항아리(19 : 1–15)

19장 본문은 18장에 있는 토기장이 비유와 연결되어 있다. 18장이 토기장이이신 하나님의 자유 주권과 토기장이가 만드는 그릇인 이스라엘의 상태에 초점을 맞추고 있다면, 19장은 토기장이의 그릇과도 같은 이스라엘이 하나님의 심판을 받아 깨뜨려질 것이라는 사실에 초점을 맞추고 있다. 그리고 예레미야 19장은 특이하게도 산문체의 설교를 담고 있는 본문으로서, 1~25장의 심판 메시지 후반부에 속해 있으며, 사회 · 정치적인 문제보다는 종교적이고 신앙적인 문제를 겨냥한 고발 메시지와 심판 선고를 핵심으로 하고 있다.

고발 메시지의 경우, 야웨 하나님을 버리고 바알을 포함한 다른 많은 신들을 숭배하는 행위, 바알을 위하여 산당을 건축한 일, 힌놈의 아들 골짜기에서 자기 아들들을 번제물로 불살라 바친 행위 등이 비판의 표적이 되고 있다. 그리고 심판 선고의 경우, 유다 백성과 예루살렘을 비롯한 여러 성읍들, 특히 힌놈의 아들 골짜기에 무시무시한 재앙이 임할 것이라는 메시지가 중심을 이루고 있다. 이상의 두 가지 구성 요소들에 초점을 맞추어 19장 전체를 분해하면 다음과 같다.

1~2절 도입부
　3절 심판 선고
4~5절 비판과 고발
　6~12절 심판 선고
13절 비판과 고발 및 심판 선고
　14~15절 심판 선고

예레미야 19장은 이처럼 도입부에 이어서 심판 선고와 고발 메시지가 교차되어 나타나는 특징을 갖지만, 행동(1-2, 10, 14절)과 말씀(3-9, 11-13, 15절)의 두 가지 요소가 반복되어 나타나는 특징을 가지고 있기도 하다(Holladay I, 538). 예레미야의 행동에 대해서 설명하는 구절들에 의하면, 예레미야는 토기장이의 집을 찾아가서 항아리("옹기") 하나를 산 다음에 장로들과 제사장들 몇 명을 데리고 힌놈의 아들 골짜기로 가며(1-2절), 그들이 보는 앞에서 그 항아리를 깨뜨린다(10절). 마지막으로 그는 힌놈의 아들 골짜기(도벳)에서 성전 뜰로 돌아와 백성들을 상대로 말씀을 선포하고자 한다(14절). 그리고 말씀 부분은 위에서 본 바와 같이 하나님의 말씀, 곧 비판과 고발 및 심판 선고 등으로 이루어져 있다. 이러한 특징을 알기 쉽게 정리하면 다음과 같다.

1~2절 행동
　3~9절 말씀
10절 행동
　11~13절 말씀
14절 행동
　15절 말씀

그리고 한 가지 더 추가할 것은, 19장 전체에서 예레미야의 예언 메시지가 야웨 하나님의 말씀임을 강조하는 '코 아마르 야웨'(thus says Yahweh, "야웨께서 이와 같이 말씀하시기를")라는 사자 양식이 1, 3, 11, 15절에서 모두 네 번 사용되고 있으며, '느움 야웨'(declares Yahweh, "야웨의 말씀이니라")라는 예언구 역시 6절과 12절에서 두 번 사용되고 있다는 점이다.

1. 항아리를 사라는 명령(19 : 1–2)

> 1여호와께서 이와 같이 말씀하시되 가서 토기장이의 옹기를 사고 백성
> 의 어른들과 제사장의 어른 몇 사람과 2하시드 문 어귀 곁에 있는 힌놈
> 의 아들의 골짜기로 가서 거기에서 내가 네게 이른 말을 선포하여

[19 : 1–2] 예레미야 전체에서 13장에 이어 두 번째로 '코 아마르 야웨'라는 사자 양식으로 시작하는 19장은, 13장과 마찬가지로 상징적인 행동을 하나님의 말씀으로 가지고 있는 본문으로 알려져 있다. 상징적인 행동과 관련하여 야웨께서 예레미야에게 하신 말씀은 13절까지 이어지며, 네 가지를 명하고 있다. 토기장이의 항아리("옹기") 하나를 구입하여 백성의 어른들과 제사장들 중 어른들을 데리고서 예루살렘 남쪽에 있는 힌놈의 아들 골짜기로 가라는 것이 첫 번째 명령이요(1절), 그곳에서 왕족들과 예루살렘 주민들을 향하여 '여호와의 말씀'(3절)을 선포하라는 것이 두 번째 명령이다(3–9절). 그리고 힌놈의 아들 골짜기로 함께 간 자들 앞에서 그 항아리를 깨뜨리라는 것이 세 번째 명령이요(10절), 마지막 네 번째 명령은 항아리를 깨뜨린 행동의 의미가 무엇인지 사람들에게 설명하라는 것이다(11–13절). 이 네 가지 명령은 앞서 살핀 바와 같이 행동(1–2절) → 말씀(3–9절) → 행동(10절) → 말씀(11–13절) 등의 구조로 이루어져 있다.

야웨께서 예레미야에게 구입하도록 명하신 것은 흙으로 만든 항아리(a

flask of earthenware or a clay[=earthenware] jar)이다. "오지병"(개역 한글판)이나 "옹기"(개역 개정판) 또는 "항아리"(표준새번역) 등으로 다양하게 번역되는 히브리어 '바크부크'는 본절과 10절 및 열왕기상 14 : 3에서만 나타나는 낱말로서, 흔히 물(왕상 14 : 3에서는 "꿀")을 담는 데 사용되는 그릇을 가리킨다. 7절의 '바코티'(개역 개정판은 "내가 …… 무너뜨려"로 번역함.)와 발음이 약간 비슷하여 일종의 말놀이(word-play)에 해당하는 낱말이기도 하다. 발음의 유사성에 기인한 이러한 말놀이는 항아리의 원료인 '하레스'("흙", 1절)와 힌놈의 아들 골짜기를 내려다보는 '하시드'(더 정확하게는 '하르시트') 문(2절) 사이에서도 발견된다(Holladay I, 536).

예레미야는 항아리를 구입한 후에 백성 중의 어른들(elders, '지크네 하암') 일부와 제사장 중의 어른들(senior priests, '지크네 하코하님'; 왕하 19 : 2; 사 37 : 2) 일부를 데리고 힌놈의 아들 골짜기로 가라는 명을 받는다(1-2절). 이를테면 평신도를 대표하는 사람들과 성직자 계층을 대표하는 사람들을 증인으로 데리고 가라는 얘기다. 예레미야에게 과연 그들을 데리고 갈 만큼의 영향력이 있었는지는 알 길이 없지만, 어쩌면 그들은 예레미야의 발언 중에서 문제삼을 만한 것들을 찾아내려는 의도를 가지고 있었을지도 모른다. 예레미야가 그들을 데리고 가야 할 곳은 하시드 문 어귀 곁에 있는 힌놈의 아들 골짜기였다. 구약에서 본절에서만 언급되는 하시드 문은 흔히 "질그릇 조각의 문"(Potsherd Gate)으로 번역되는 바, 예루살렘 탈굼(Jerusalem Targum)은 이 문을 분문(糞門, Dung Gate, 느 2 : 13; 3 : 13-14; 12 : 31)과 동일시하기도 하나 확실치는 않다(Holladay I, 539-540; Thompson, 448). 그 문이 질그릇 조각을 버리는 데 사용되는 문인 것은 어느 정도 확실해 보이지만, 각종 생활 오염물질까지도 버리는 통로인지는 알 길이 없다.

그리고 예루살렘의 서쪽 지역에 있는 남북으로 길게 뻗어 있는 '힌놈(Hinnom)의 아들 골짜기'(수 15 : 8; 18 : 16; 왕하 23 : 10; 대하 28 : 3; 33 : 6; 렘 7 : 31-32; 19 : 2, 6; 32 : 35)는 흔히 '힌놈의 골짜기'(수 15 : 8; 느 11 :

30) 또는 '힌놈의 아들 골짜기'(왕하 23 : 10) 등으로도 불리는 곳으로, 어린 아이를 바알이나 몰렉(Molech)에게 제물로 드리는 이른바 인신 제사(child sacrifice)가 폭넓게 행해지는 곳이었다(신 18 : 9-10의 인신 제사 금지 규정 참조). 역사적으로 보면 포로기 이전에는 남왕국의 아하스(왕하 16 : 3)와 므낫세(왕하 21 : 6) 때 그런 일이 빈번하게 이루어졌다. 요시야 왕의 종교개혁(왕하 23 : 10)이나 여호야김 때의 종교적인 상황(렘 7 : 31-32; 19 : 5; 32 : 35)을 보면, 그 골짜기에서의 인신 제사 풍습이 남왕국 유다에서 사라지지 않고 계속 남아 있었음을 알 수 있다. 뿐만 아니라 힌놈의 아들 골짜기에는 바알 산당이 건축되어 있어서(32 : 35), 유다 백성의 바알 숭배 중심지 역할을 수행하기도 했다. 하나님은 이처럼 종교적인 탈선의 중심지로 여겨지는 곳을 방문하여 심판을 선고하도록 예레미야에게 명하신 것이다.

2. 우상 숭배로 인한 재앙(19 : 3–5)

> 3말하기를 너희 유다 왕들과 예루살렘 주민아 여호와의 말씀을 들으라
> 만군의 여호와 이스라엘의 하나님이 이같이 말씀하시되 보라 내가 이곳
> 에 재앙을 내릴 것이라 그것을 듣는 모든 자의 귀가 떨리니 4이는 그들
> 이 나를 버리고 이곳을 불결하게 하며 이곳에서 자기와 자기 조상들과
> 유다 왕들이 알지 못하던 다른 신들에게 분향하며 무죄한 자의 피로 이
> 곳에 채웠음이며 5또 그들이 바알을 위하여 산당을 건축하고 자기 아들
> 들을 바알에게 번제로 불살라 드렸나니 이는 내가 명령하거나 말하거나
> 뜻한 바가 아니니라

[19 : 3–5] 예레미야가 평신도 대표와 성직자 대표를 대동하고서 힌놈의 아들 골짜기에서 선포할 심판의 말씀은 확대된 사자 양식('코 아마르 야웨 츠바오트 엘로헤 이스라엘')으로 시작하는 3절에서 9절까지 이어진다. 힌놈의

아들 골짜기에서 심판의 말씀을 들을 자들은 유다의 왕들과 예루살렘 주민이다(3절). "유다 왕들"이라는 표현은 예레미야의 이 메시지가 특정 왕을 대상으로 하는 것이 아니라 유다 왕국 전체를 대상으로 하는 것임을 암시하는 바, 유다의 왕들이 심판 메시지의 일차적인 수령자가 되어야 하는 이유는 4~5절에 언급된 바와 같이 그들이 야웨 하나님을 떠나 다른 신들에게 분향하였으며(왕하 22:17; 렘 1:16; 44:5, 8, 15), 아하스와 므낫세를 비롯한 많은 왕들이 인신 제사에 깊이 빠져 있었을 뿐만 아니라, 므낫세(왕하 21:16; 24:4)나 여호야김(왕하 22:17)처럼 무죄한 자, 곧 사회적 약자 계층(Fretheim, 282-283)-인신 제물로 희생되는 어린아이들을 포함하는(Jones, 266; Thompson, 449)-의 피를 흘리는 일이 너무도 흔했기 때문이다(참조. 신 19:10; 21:8; 27:25; 렘 2:34; 5:26-28; 7:6; 22:3; 26:15). 바알을 위해 산당(山堂, high places)을 건축하는 일이 빈번하게 이루어졌음은 물론이다(4-5a절).

이러한 이방 신 숭배 행위에는 어쩌면 야웨와 바알을 동일시함으로써 야웨께 인신 제사를 드리는 이른바 혼합주의(syncretism)도 포함되어 있었을 것이다. 그러나 그 모든 것들은 야웨께서 명하신 것도, 그가 말씀하신 것도, 뜻하신 것도 아니었다(5b절; 7:31). 그 까닭에 약속의 땅에 속한 힌놈의 아들 골짜기는 하나님께서 보시기에 불결한 땅이 될 수밖에 없었다(4a절). 명목상으로는 이스라엘의 땅임에 틀림없지만, 실제로는 이스라엘 땅이라고 할 수 없을 정도로 심각하게 오염되어 있었기 때문이다. 어디 힌놈의 아들 골짜기뿐이겠는가! 유다 나라의 수도인 예루살렘이라고 예외일 수는 없었을 것이다. 나라 전체가 야웨를 버리고 우상 숭배에 빠져들었으니, 어찌 유다 나라와 예루살렘을 하나님께서 선택하신 거룩한 나라요 성읍으로 칭할 수 있겠는가! 참으로 나라 전체를 정화시킬 하나님의 심판이 강력하게 요청되는 상황이 아닐 수 없었다.

아니나 다를까, 하나님은 유다 왕들과 예루살렘 주민들을 향하여 자신이 그곳에 무서운 재앙을 내릴 것임을 분명하게 밝히신다. 그가 예레미야를 통하여 전하실 심판의 말씀은 그것을 듣는 자들의 귀가 떨릴 정도로 무시무시한 것이다(3절). 야웨의 진노로부터 비롯된 재앙이 너무도 큰 두려움을 안겨주는 것인 까닭에 그들의 두 귀가 얼얼할 정도가 될 것이라는 얘기다. "귀가 떨리니"라는 표현은 사무엘상 3 : 11과 열왕기하 21 : 12에서도 발견되는 것으로, 한결같이 심판 선고에 대한 사람들의 반응을 신체 언어로 표현한 것이다. 그리고 조상들과 유다의 왕들이 "알지 못하던" 다른 신들(4절)은 이스라엘이 전혀 들어 본 적이 없는 낯선 신들을 가리키기보다는, 이스라엘과 언약 관계를 맺은 적이 없는, 따라서 이스라엘이 "알지"('야다') 못하는 신들을 가리킨다(신 11 : 28; 13 : 3, 7, 14; 28 : 64; 29 : 26; 렘 7 : 9; 44 : 3).

그 신들 중에서도 가장 유명한 신이 바로 바알이다. 이스라엘은 가나안 정착 이후 줄곧 바알 숭배에 빠져들었다. 그들이 빠른 속도로 바알 종교에 빠져든 것에는 여러 가지 이유가 있었겠지만, 그중에서도 바알 숭배가 갖는 풍요와 다산의 제공 때문이었다. 지리적으로 볼 때, 이스라엘의 새로운 정착지였던 팔레스타인 지역의 풍요는 전적으로 비에 의존하고 있었는데, 그곳에 거주하던 가나안 사람들은 바알이야말로 그 땅에 비를 내려 줌으로써 풍요를 약속해 준다고 믿었다. 농경 정착 문화의 경험이 전무(全無)했던 이스라엘로서는 그 영향을 받지 않을 수 없었고, 바알에 관한 무수한 구약 본문들이 보여 주는 바와 같이 사사 시대를 거쳐 왕정 시대에 이르기까지 이스라엘을 바알 종교에 예속시키는 결과를 가져왔다. 특히 남왕국 유다의 경우, 히스기야의 아들 므낫세가 대표적인 바알 숭배자로 나타난다(왕하 21 : 3). 열왕기하 23 : 4~5에 의하면, 바알 숭배는 요시야의 종교개혁에 의해 집중적인 공격을 받기 전까지 유다 백성의 종교 세계를 지배하고 있었음이 분명하다.

3. 죽임의 골짜기(19 : 6-9)

[6]그러므로 보라 다시는 이곳을 도벳이나 힌놈의 아들의 골짜기라 부르
지 아니하고 오직 죽임의 골짜기라 부르는 날이 이를 것이라 여호와의
말이니라 [7]내가 이곳에서 유다와 예루살렘의 계획을 무너뜨려 그들로
그 대적 앞과 생명을 찾는 자의 손의 칼에 엎드러지게 하고 그 시체를
공중의 새와 땅의 짐승의 밥이 되게 하며 [8]이 성읍으로 놀람과 조롱거리
가 되게 하리니 그 모든 재앙으로 말미암아 지나는 자마다 놀라며 조롱
할 것이며 [9]그들이 그들의 원수와 그들의 생명을 찾는 자에게 둘러싸여
곤경에 빠질 때에 내가 그들이 그들의 아들의 살, 딸의 살을 먹게 하고
또 각기 친구의 살을 먹게 하리라 하셨다 하고

[19 : 6-9] 6~9절의 심판 선고는 3절의 요약된 심판 선고를 구체화시킨 것이라 할 수 있다. 또한 그것은 바로 앞의 4~5절에 서술된 범죄 행위에 상응하는 처벌에 대해서 서술하는 것이기도 하다. 먼저 6절(=7 : 32)을 보도록 하자. 모든 예언자들의 심판 선고가 항상 그렇듯이, 6절도 "그러므로"('라켄')라는 접속사로 시작한다. 이는 4~5절에 서술된 각종 범죄를 저질렀으므로 그에 상응하는 벌이 있을 것임을 나타내는 접속사라 할 수 있다. 바로 이어서 나오는 감탄 부사 "보라"(behold, '힌네')는 하나님의 심판이 얼마나 엄중한 것인지 강조하는 효과를 갖는다. 단순히 어떠한 처벌이 주어질 것이라는 서술에 앞서, 장차 어떠한 일이 벌어질 것인지 주시하여 "보라"는 것이다. 반드시 그렇게 될 것이므로!

심판 선고의 서두에 언급되는 도벳(Topheth)은 열왕기하 23 : 10, 이사야 30 : 33, 예레미야 7 : 31~32, 19 : 6~14 등에서 언급되는 지역으로, 힌놈의 아들 골짜기 안에 있는 한 장소를 가리킨다. 예레미야는 이 도벳이나 힌놈의 아들 골짜기가 다른 이름으로 불릴 것임을 밝힌다. "죽임의 골짜기" 또는

"살육의 골짜기"(the Valley of Slaughter)로 이름이 바뀔 것이라는 얘기다(6절). 이러한 이름의 변화는, 과거에 그곳이 어린아이를 제물로 바치고 무죄한 자들의 피를 흘린 곳이었으나, 이제는 도리어 그들이 하나님의 심판을 받아 죽임을 당하는 곳이 될 것임을 암시한다. 하나님께서 범죄한 그들을 반드시 죽이시겠다는 것이다(11절 참조). 이로써 힌놈의 아들 골짜기는 하나님의 심판을 받아 희생될 자들의 공동묘지로 바뀔 것이다(7 : 32).

그들을 어떻게 죽이시겠다는 것인가? 7절 하반절에 의하면, 하나님은 그들을 그들의 대적자들 앞에서 그리고 그들의 생명을 찾는 자들의 칼에 엎드러지게 하실 것이요, 그들의 시체를 공중의 새와 땅의 짐승의 밥이 되게 하실 것이다. 특히 후반부의 심판 선고 곧 그들의 시체가 공중의 새와 들짐승의 밥이 될 것이라는 메시지는, 그들이 정상적인 장례 절차를 통하여 무덤에 묻히지 못한 채로 길거리에서 음식물 쓰레기를 청소하는 온갖 짐승들과 공중의 새에게 먹히는 불명예스러운 죽음을 맞게 될 것을 뜻한다(신 28 : 26; 왕상 14 : 11; 16 : 4; 21 : 23-24; 렘 7 : 33; 16 : 4; 34 : 20). 이는 그들을 명예롭게 매장해 줄 자가 한 명도 없음을 뜻한다. 모두가 하나님의 심판을 받아 죽을 것이기 때문이다.

그뿐이 아니다. 그들은 주변의 적대 세력들에 포위되어 곤경에 빠져 있을 때, 굶주림에 시달린 나머지 자기 자녀들의 살을 먹을 것이요, 사랑하는 친구들의 살을 먹을 것이다(9절). 이러한 식인 풍습(cannibalism)은 주전 9세기에 북왕국 이스라엘이 아람 왕 벤하닷의 침략을 받았을 때 수도인 사마리아에서 행해진 적이 있었으며(왕하 6 : 24-31), 남왕국이 바벨론에 멸망당하기 전에 남왕국의 수도인 예루살렘에서도 행해진 적이 있었다(애 2 : 20; 4 : 10). 시내 산 언약법에 의하면, 그러한 행동은 본래 하나님께 불순종하는 행동에 대한 저주에 해당하는 것이다(레 26 : 29; 신 28 : 53). 그래서인지 그것은 예언자들의 심판 메시지에서 종종 발견된다(사 9 : 19-21; 겔 5 : 10; 슥 11 : 9). 예외적이긴 하지만 이스라엘을 괴롭히는 이방 민족에게 식인 풍습의 형벌이 주어질 것이라는 구원 메시지에서도 그것이 발견된다(사 49 : 26).

그렇다면 하나님은 이상의 다양한 심판을 통하여 대체 무엇을 의도하시는 것일까? 7절 상반절에 그것이 잘 설명되어 있다. 하나님은 남왕국 유다를 완전한 파멸에 빠뜨림으로써, "유다와 예루살렘의 계획"을 무너뜨리시고 무효케 하실 것이다(7a절). 물론 여기서 말하는 유다와 예루살렘의 계획은 그들이 하나님을 배제한 채 이방 신들을 숭배하는 새로운 나라를 건설하려는 의도를 가리킨다. 마치 시날 평지에서 바벨탑을 쌓던 사람들이 하나님의 존재를 무시한 채 성과 대를 하늘 높이 쌓아 자기들만의 제국을 건설하려고 했던 것처럼 말이다(창 11장). 그러나 하나님을 배제한 계획이나 하나님을 도외시한 인간 제국의 건설은 결코 성공할 수가 없다. 바벨탑을 쌓던 사람들의 무모한 계획이 결국에는 언어 혼잡으로 인하여 완전히 중단되지 않았던가!

하나님을 떠나 우상 숭배에 빠진 자들에게 임할 심판은 이것으로 끝나지 않는다. 안으로는 죽음과 파멸, 좌절과 실패가 그들의 삶을 지배할 것이지만, 밖으로부터 오는 수치와 불명예 역시 그들에게 견디기 어려운 고통을 안겨 줄 것이기 때문이다. 주변 나라 사람들의 멸시와 조롱이 그에 해당한다(신 28 : 37; 렘 18 : 16; 24 : 9; 25 : 9, 18; 29 : 18; 51 : 37; 미 6 : 16; 대하 29 : 8). 8절에 의하면, 남왕국 유다가 하나님의 심판을 받아 망하고 난 다음에, 수도인 예루살렘과 유다 나라는 주변 나라 사람들에게 놀람과 조롱의 대상이 되고 말 것이다. 유다 지역을 지나가는 사람들이라면 누구나 놀라는 표정으로 유다 나라의 왕들과 예루살렘 주민들 및 유다 백성 전체를 조롱하게 될 것이다(참조. 왕상 9 : 8; 애 2 : 15-16; 겔 27 : 36; 습 2 : 15). 하나님의 심판이 이처럼 철저할 것이기에 예레미야는 심판 선고 서두(6절)에서 "보라"라는 감탄 부사를 사용한 것이다.

4. 항아리처럼 깨뜨려질 유다 나라(19 : 10–13)

10너는 함께 가는 자의 목전에서 그 옹기를 깨뜨리고 11그들에게 이르기
를 만군의 여호와께서 이와 같이 말씀하시되 사람이 토기장이의 그릇
을 한 번 깨뜨리면 다시 완전하게 할 수 없나니 이와 같이 내가 이 백성
과 이 성읍을 무너뜨리리니 도벳에 매장할 자리가 없을 만큼 매장하리
라 12여호와의 말씀이니라 내가 이곳과 그 가운데 주민에게 이같이 행하
여 이 성읍으로 도벳 같게 할 것이라 13예루살렘 집들과 유다 왕들의 집
들이 그 집 위에서 하늘의 만상에 분향하고 다른 신들에게 전제를 부음
으로 더러워졌은즉 도벳 땅처럼 되리라 하셨다 하라 하시니

[19 : 10] 10~13절 단락은 예레미야의 상징적인 행동(10절)과 그에 대한 해설(11–13절)의 성격을 가지고 있다. 이 단락을 읽어 보면, 하나님께서 왜 예레미야에게 토기장이의 항아리를 사서 힌놈의 아들 골짜기로 가게 했는지 알 수 있다. 그 내용은 이렇다. 예레미야가 3~9절에 기록된 고발과 심판의 메시지를 선포하자, 하나님은 그에게 손에 들고 있던 항아리를 사람들이 보는 데서 깨뜨릴 것을 명하신다(10절). 일종의 상징적인 행동인 셈이다. 항아리가 깨진 것에 상응하는 어떠한 결과가 생겨날 것임을 암시하는 행동 말이다. 물론 여기서 말하는 항아리는 불에 굽는 등의 제작 과정을 완전히 마친 제품을 의미한다. 진흙을 빚어 그릇을 만들다가 그것이 맘에 들지 않거나 그것에 결함이 있어서 제작 도중 진흙 그릇을 부수고 그것으로 다른 그릇을 만드는 것(18 : 4)과는 전혀 다른 경우에 해당하는 것이다.

[19 : 11] 아니나 다를까, 예레미야는 항아리를 깨뜨린 상징적인 행동의 의미를 사람들에게 설교하라는 하나님의 명령을 받는다. 무엇보다도 그것은 유다 백성과 예루살렘 주민들이 한 번 깨지면 다시 회복될 수 없는(be repaired, '라파'[heal, repair] 동사의 니팔형) 항아리 조각처럼 완전한 파멸에 빠질 것임을 뜻한다. 그 조각들을 다시 결합시켜 다른 항아리를 만들 수 없는 까닭에, 그것은 심판의 확실성과 철저성을 강조하는 말씀이나 다름없다. 어느 정도로 철저한 심판인가? 더 이상 그들의 시체를 묻을 자리가 없어서 도벳을 매장지로 삼을 정도로 엄한 심판이 그들에게 임할 것이다(11절).

그렇지 않아도 도벳이 인신 제사의 장소로, 우상 숭배의 장소로 이미 하나님 앞에서 불결해졌는데(4절), 이제는 하나님께서 그곳을 거대한 공동묘지로 삼으심으로써, 이미 각종 우상 숭배 행위로 더러워진 그곳을 다른 방식으로 한층 더 더러워지게 하실 것이다(참조. 왕하 23 : 13-16, 19-20). 이는 사람의 주검이 인근 지역을 부정하게 만든다는 인식에 기초한 것이다(레 21 : 1ff. ; 민 5 : 2-3). 앞의 7절에서 예레미야는 죽은 자들의 시체가 매장되지 못한 채로 공중의 새와 들짐승의 밥이 될 것이라는 심판의 말씀을 선포한 바가 있다. 7절과 11절의 이러한 심판 선고는 매장 여부의 차이를 드러내고 있기는 해도, 죽은 자들의 시체 또는 야생 동물의 밥이 되고 난 후에 남은 뼈가 공히 그 지역을 부정하게 만든다는 점에 있어서는 차이가 없다.

[19 : 12-13] 하나님께서 이렇듯이 예루살렘과 유다 나라 전체에 죽음의 형벌을 내리심으로써 그곳을 도벳과도 같은 거대한 공동묘지로 만드시려는(12절) 이유는 어디에 있는가? 13절(=32 : 29)에 그 이유가 잘 설명되어 있다. 한마디로 말해서 그것은 유다 나라의 일반 백성과 왕들이 앗수르와 바벨론의 천체(天體, heavenly bodies) 숭배를 본받아, 집집마다 지붕 위에서 하늘의 만상(萬象, heavenly host) 곧 해와 달과 별 등을 향하여 향을 피워 올리는가 하면(왕하 21 : 3; 23 : 5, 12; 렘 7 : 18; 8 : 2; 습 1 : 5), 다른 신들에게 술을 부어 제물로 바치는 전제(奠祭, drink offering)를 드림으로써(렘 7 : 18) 예루살렘의 집들과 유다 왕들의 집들이 하나님께 받아들여질 수 없을 정도로 더러워졌기 때문이다. 그 까닭에 예루살렘은 하나님의 벌을 받아 인신 제사가 이루

어지던 도벳처럼 죽음으로 가득 찬 성읍이 되고 말 것이다.

5. 목이 곧은 자들에게 임할 재앙(19 : 14–15)

14예레미야가 여호와께서 자기를 보내사 예언하게 하신 도벳에서 돌아
와 여호와의 집 뜰에 서서 모든 백성에게 말하되 15만군의 여호와 이스
라엘의 하나님께서 이와 같이 말씀하시되 보라 내가 이 성읍에 대하여 선언한 모든 재앙을 이 성읍과 그 모든 촌락에 내리리니 이는 그들의 목을 곧게 하여 내 말을 듣지 아니함이라 하시니라

[19 : 14–15] 19장의 마지막 단락인 14~15절은 1~13절과 마찬가지로 행동(14절) → 말씀(15절)의 구조를 가지고서 나타난다. 앞의 1~13절 단락과 차이가 있다고 한다면, 앞 단락이 전체적으로 야웨께서 예레미야에게 하신 말씀에 속해 있는 반면에, 본 단락에서는 15절만 야웨의 말씀에 속한 것이고, 14절은 순전히 예레미야 자신의 행동에 관해서 서술하고 있다는 점이다. 엄밀하게 말하면 14절에 묘사된 예레미야의 행동 역시 야웨의 말씀에 의해서 이루어진 것이겠지만 말이다. 아울러 또 한 가지 주목할 것은, 말씀 선포의 장소가 서로 다르다는 점이다. 앞 단락이 성문 밖의 도벳과 힌놈의 아들 골짜기를 지리적인 배경으로 가지고 있는 반면에, 본 단락은 성문 안에 있는 예루살렘 성전의 뜰을 지리적인 배경으로 가지고 있다.

도벳 설교를 마친 예레미야는 즉시 성전 뜰로 돌아와 일부 선택된 자들 내지는 지도자들을 대상으로 하여 설교했던 내용들을 이제는 모든 백성을 대상으로 하여 선포한다(14절; Thompson, 453). 1~3절에 의하면, 예레미야는 평신도를 대표하는 자들과 성직자를 대표하는 자들을 대동하고서 유다의 왕들과 예루살렘 주민을 상대로 하여 심판의 말씀을 전한 바가 있다. 그런데 이제는 문자 그대로 "모든 백성"에게 동일한 심판의 말씀을 전해야 했던 것

이다. 물론 야웨께서 예레미야에게 명하신 15절의 설교 내용은 매우 압축된 형태로 되어 있다. 일종의 설교 요약문인 셈이다. 그러나 실제로는 3~13절의 내용을 충분히 포함하고 있었을 것이다. 메시지 자체에는 큰 변화가 없었을 것이라는 얘기다.

어쨌든 확대된 사자 양식('코 아마르 야웨 츠바오트 엘로헤 이스라엘')으로 시작하는 이 요약문에 의하면, 유다 백성이 그들의 목을 곧게 하여 하나님의 말씀에 순종하지 않은 까닭에(렘 7 : 26; 17 : 23; 신 10 : 16; 왕하 17 : 14), 야웨께서는 예루살렘을 향하여 선포한 모든 재앙들을 예루살렘과 그 주변의 모든 성읍들 위에 내리실 것이다. 1~13절에서도 그랬지만, 이곳에서도 하나님의 말씀은 더 이상 유다 백성의 회개를 촉구하지 않으며, 그것을 기대하지도 않는다. 그들에게 변화와 갱신의 가능성이 전혀 없기 때문이다. 이는 하나님의 심판이 이미 확정되어서 도무지 돌이킬 수 없음을 의미한다.

예레미야의 이 성전 설교는 그가 아직 성전 출입을 자유롭게 하던 때를 배경으로 하고 있는 것으로 보인다. 그때는 아마도 여호야김 제4년(주전 605년경) 이전의 어느 시점에 해당할 것이다. 왜냐하면 예레미야는 여호야김 제4년에 이미 성전 출입을 금지당한 채로 아무도 알 수 없는 곳으로 피신한 상태에 있었고(36 : 26), 따라서 자신이 직접 성전에 들어가 두루마리에 기록된 하나님의 말씀을 사람들의 귀에 낭독할 수 없었기 때문이다. 그 까닭에 예레미야는 자신의 비서와도 같은 바룩에게 그 일을 대신하도록 했다(36 : 1-6). 이 점을 고려한다면, 예레미야 19장의 설교는 여호야김의 통치가 시작된 주전 609년 이후에 선포된 것으로 여겨진다. 물론 그 하한선은 성전 출입을 금지당하여 다른 곳으로 피신함으로써 공식 활동이 잠시 중단된 주전 605년일 것이다. 따라서 예레미야 19장은 주전 609~605년 사이의 어느 한 시점에 선포된 것이라 할 수 있다(Bright, 174-175).

1) 예레미야는 하나님의 말씀을 선포하도록 부름 받은 예언자이다. 본문은 그가 하나님의 말씀에 얼마나 철저하게 순종하는 인물인지 한눈에 알게 해 준다. 자신을 해칠지도 모르는 사람들을 이끌고 힌놈의 아들 골짜기로 가서 하나님의 심판을 선고한 것이나, 사람들이 보는 앞에서 항아리를 깨뜨리며 그것이 하나님의 철저한 심판을 뜻하는 상징적인 행동임을 설명한 것이 그 점을 잘 보여 준다. 또한 그는 힌놈의 아들 골짜기에서 성전 뜰로 돌아와 모든 백성 앞에서 동일한 심판을 선고하기도 한다. 이 일로 인하여 그는 성전 총감독인 바스훌에게 폭행을 당했을 뿐만 아니라, 차꼬에 묶인 채로 성전에 있는 베냐민 문 위층 근처에 감금을 당하는 어려움에 처하기까지 한다(20 : 1–2).

그가 당한 고난은 이것으로 그치지 않는다. 동족의 멸망을 예언하고 바벨론에 항복해야 산다고 예언한 탓에(38 : 1–3), 그는 고향 아나돗 사람들에 의해 살해의 위협을 당하기도 했으며(11 : 21), 여호야김 왕 때에는 성전 뜰에서 하나님의 심판을 설교했다가 생명의 위협을 당한 적이 있었다(26장). 그런가 하면 시드기야 왕 때에는 왕의 신하들이 그를 감옥에(37 : 14–15), 시위대 뜰에 있는 구덩이에(38 : 5–6), 혹은 시위대 뜰에 계속 가두어 둔 적도 있었다(32 : 1–5; 37 : 21; 38 : 28). 이 때문에 그는 여러 차례 하나님 앞에 자신의 억울함을 호소하지 않을 수 없었다(15 : 10, 15–18; 17 : 7–18; 18 : 18–23). 그는 또한 자신의 출생 자체를 저주할 정도로 탄식한 적도 있었다(20 : 14–18).

그때마다 하나님은 그를 위로하시며 구원해 주겠다고 약속하셨다(12 : 5–6; 15 : 11–14, 19–21). 이로 인하여 그는 하나님의 약속을 확신하는 가운데 고통과 괴로움 속에서도 하나님의 말씀을 선포하지 않을 수 없었다(20 : 7–11). 하나님의 말씀을 전하지 않으면 중심이 불붙는 것 같아서 골수에 사무치기까지 답답함을 느꼈으니(20 : 9), 하나님의 말씀을 향한 그의 열심이 어느 정도인지 금방 알 수 있다. 예레미야의 이러한 모습은 니느웨로 가서 심판을 선고하라는 명을 받았으나 하나님의 낯을 피하여 다시스로 가는 배를 타는 요나의 모습(욘 1장)과 크게 대조를 이룬다. 목숨을 아끼지 않고 하나님의 지시에 순종하는 예레미야의 모습은, 하나님의 명령과 말씀에 불순종함으로 인하여 죽음의 형벌을 당할 수밖에 없는 유다 백성의 모습

(5, 15절)과도 대조를 이룬다. 오늘날 우리에게도 이처럼 철저한 순종의 삶이 필요하다. 설령 예레미야처럼 사람들 앞에서 항아리를 깨뜨리는 행동으로 인하여 정신나간 사람이 아닌가 하는 오해를 받는다 할지라도 말이다.

2) 하나님은 아무 조건 없이 이스라엘 민족을 속박의 땅 이집트에서 구원하여 내신 후, 그들에게 은혜에 감사하는 마음으로 살 것을 요청하는 차원에서 모세를 통하여 시내 산 언약법을 주셨다. 하나님께서 그들에게 주신 각종 율법 규정들은 따라서 그의 무조건적인 구원 은총(출애굽 해방)에 이스라엘이 어떻게 응답해야 하는가를 규정하고 있는 자발적인 순종과 응답의 체계라고 해도 틀린 말이 아니다. 달리 말해서 시내 산 언약은 하나님의 특별한 구원 은총에 힘입어 그의 소유가 된 이스라엘이 그의 거룩한 백성으로서 지켜야 할 삶의 규범이라는 얘기다. 그러나 불행하게도 이스라엘은 그들을 거룩하게 할 하나님의 법들에 순종하는 삶을 살지 못했다. 그들은 너무도 자주 하나님을 떠나 이방 신들을 섬김으로써, 하나님의 백성으로서의 정체성을 상실하고 말았다. 그들의 신앙적인 탈선은 시내 광야에 머물 때부터 시작되었다. 그 유명한 금송아지 사건을 필두로 하여 사사 시대를 거쳐 왕정 시대에 이르기까지 그들의 우상 숭배 행위는 그칠 줄을 몰랐다. 그 결과 그들은 계속해서 하나님의 징계와 심판에 직면해야만 했다.
예레미야가 19장에서 사람들에게 선포한 파멸의 메시지는 결국 남왕국 유다에게 임할 하나님의 최종적인 심판을 뜻하는 것이었다. 바알 숭배, 인신 제사, 산당 건축, 천체 숭배, 그리고 무죄한 자들의 피를 흘리는 사회적인 불의 등이 끊이지 않고 계속되는 상황 속에서는 하나님의 진노와 심판이 불가피했다. 그런데 이제 하나님의 심판은 이전의 경우와는 달라서, 예루살렘과 유다 나라 전체를 완전한 파멸에 빠뜨리는 대대적인 심판이 될 것이다. 그것은 불명예스러운 죽음, 놀람, 조롱, 멸시, 식인(食人) 행동 등을 동반할 것이다. 깨진 항아리를 원상 그대로 복원시킬 수 없는 것처럼, 유다 나라 역시 회복 불가능한 상태로 산산조각날 것이다. 예레미야의 이러한 심판 선고를 통해서 우리는 소중한 교훈을 얻게 된다. 그것은 곧 진노와 심판 중에도 길이 참으시는 하나님이 언젠가는 완전한 파멸을 통하여 철저하게 우리의 죄악을 벌하실 때가 있다는 사실이다. 진정으로 하나님을 두려워하는 자라면, 그의 명령과 뜻을 따라 사는 삶에 빈틈이 없을 것이다. 남의 나라 땅에서 허물과 틈새가 없이 시종일관 충성스러운 신앙 자세를 견지한 다니엘처럼 말이다.

3) 유다의 왕들과 예루살렘 주민들이 계속해서 하나님의 징계를 받으면서도 우상 숭배의 길에서 떠나지 못한 이유는 대체 어디에 있는가? 무엇이 그들을 그토록 줄기차게 하나님 아닌 다른 신들을 섬기게 했는가? 아마도 그들은 주변 세계의 다신교(polytheism)에 포위되어 있으면서, 한 분인 하나님께 매여 있는 것을 싫어했는지도 모른다. 특히 모세를 통하여 주신 시내 산 언약법 내지는 각종 율법 규정들을 지키는 것에 염증을 느꼈는지도 모른다. 그들은 여러 신들을 마음껏 섬길 수 있는 고대 근동 지역의 종교들에 매력이 있다고 생각했을 것이다. 그리하여 그 지역의 여러 신들, 특히 풍요와 다산을 주관하는 것으로 여겨지던 신들로부터 참된 행복과 만족감을 얻고자 했을 것이다. 어쩌면 그들은 약소국가로서의 열등의식을 극복하려는 목적에서 주변 강대국들의 신들을 무분별하게 수입했는지도 모른다.

그러나 유일한 참 신인 하나님을 버리고 다른 신들을 따라간 그들의 소행은 용서받을 수 없는 배은망덕한 행동이었다. 야웨 하나님이 아닌 다른 신들을 통해서 국익을 증진시키고 나라의 안정을 꾀하는 한편, 개개인의 삶에 참된 풍요와 행복을 보장할 수 있으리라고 믿었던 그들의 생각은 크게 잘못된 것이었다. 어찌 하나님 대신 주변 나라 사람들이 숭배하던 다른 신들을 섬김으로써, 번영과 행복이 보장되는 새로운 나라를 건설할 수 있겠는가! 이처럼 비뚤어진 그들의 생각과 "계획"(7절)이 성공할 수 없다는 것은 너무도 자명한 일이다. 그것은 마치 에덴 동산에서 선악과를 따 먹음으로써 하나님처럼 되고자 했던, 아니 자기들 스스로가 하나님이고자 했던 아담과 하와의 생각과 다름없는 것이다.

그러나 그러한 생각과 계획은 결코 성공하지 못한다. 하나님께서 무너뜨릴 것이기 때문이다. 잠언은 사람이 아무리 훌륭한 계획을 세워도 그것의 성패는 순전히 하나님에게 달려 있다고 말한다(잠 16:1, 9; 19:21). 하물며 하나님을 무시한 채 세운 악한 계획은 더 말할 필요가 없다. 그러한 계획에는 오로지 심판과 파멸이 있을 뿐이다. 인간의 삶과 역사는 근본적으로 사람의 계획에 의해서가 아니라 우주 만물을 창조하시고 역사를 주관하시는 하나님 한 분에 의해서만 결정된다. 사람의 생각과 계획, 민족들의 도모와 사상 및 계획 등은 영원하지 않다. 오로지 하나님의 도모와 계획만이 영원히 흔들리지 않을 것이요, 그의 생각과 계획만이 대대로 끊어지지 않을 것이다(시 33 : 10–11). 우리는 겟세마네 동산에서 자신의 생각과 뜻을 접고서 하나님의 생각과 계획에 순종하고자 하셨던 예수 그리스도를 본받아, 항상 자신의 뜻과 계획보다는 하나님의 생각과 계획을 앞세우는 신실한 하나님의 종들이 되어야 할 것이다.

T. 예레미야의 탄식과 생일 저주(20 : 1–18)

예레미야의 전기적인 자료를 담고 있는 20장은 예레미야가 여섯 차례에 걸쳐서 되풀이하고 있는 이른바 "고백록"(confessions; 11 : 18–12 : 6; 15 : 10–21; 17 : 12–18; 18 : 18–23; 20 : 7–13, 14–18)을 두 개 가지고 있는 본문으로 알려져 있다. 그 첫 번째인 7~13절의 고백록이 주변 사람들과의 갈등 구조 속에서 드러나는 예레미야의 탄식을 다루고 있다면, 두 번째인 14~18절의 고백록은 자신의 생일을 저주하는 예레미야의 격한 감정을 담고 있다. 이 두 개의 고백록은 공히 시문체로 되어 있지만, 예레미야와 성전 총감독 바스훌의 대결 구도를 다루고 있는 앞의 1~6절은 산문체로 되어 있으며, 예레미야를 3인칭으로 칭하고 있다.

그리고 한 가지 더 추가할 것은, 20장 전체에서 예레미야의 예언 메시지가 야웨 하나님의 말씀임을 강조하는 '코 아마르 야웨'(thus says Yahweh, "야웨께서 이와 같이 말씀하시기를")라는 사자 양식이 4절에서 한 번 사용되고 있으며, '느움 야웨'(declares Yahweh, "야웨의 말씀이니라")라는 예언구는 한 번도 사용되지 않고 있다는 점이다. 이러한 전형적인 예언구가 20장에서 거의 사용되지 않는 이유는, 이 본문이 예레미야의 실제 메시지와는 무관한 전기적(biographical) 자료를 담고 있는 데다가, 예레미야를 1인칭으로 칭하는 고백록이 7~18절까지 3분의 2 이상을 차지하고 있기 때문이다.

1. 예레미야와 바스훌(20 : 1–6)

1임멜의 아들 제사장 바스훌은 여호와의 성전의 총감독이라 그가 예레
미야의 이 일 예언함을 들은지라 2이에 바스훌이 선지자 예레미야를 때
리고 여호와의 성전에 있는 베냐민 문 위층에 목에 씌우는 나무 고랑으
로 채워 두었더니 3다음날 바스훌이 예레미야를 목에 씌우는 나무 고랑
에서 풀어 주매 예레미야가 그에게 이르되 여호와께서 네 이름을 바스
훌이라 아니하시고 마골밋사빕이라 하시느니라 4여호와께서 이와 같이
말씀하시되 보라 내가 너로 너와 네 모든 친구에게 두려움이 되게 하리
니 그들이 그들의 원수들의 칼에 엎드러질 것이요 네 눈은 그것을 볼 것
이며 내가 온 유다를 바벨론 왕의 손에 넘기리니 그가 그들을 사로잡아
바벨론으로 옮겨 칼로 죽이리라 5내가 또 이 성읍의 모든 부와 그 모든
소득과 그 모든 귀중품과 유다 왕들의 모든 보물을 그 원수의 손에 넘
기리니 그들이 그것을 탈취하여 바벨론으로 가져가리라 6바스훌아 너와
네 집에 사는 모든 사람이 포로 되어 옮겨지리니 네가 바벨론에 이르러
거기서 죽어 거기 묻힐 것이라 너와 너의 거짓 예언을 들은 네 모든 친
구도 그와 같으리라 하셨느니라

[20 : 1–3] 앞장(19장)에서 예레미야는 평신도를 대표하는 자들과 성직자를 대표하는 자들을 대동하고서 유다의 왕들과 예루살렘 주민에게 심판의 말씀을 전한 후에 모든 백성을 향하여 동일한 심판의 말씀을 선포한 바가 있다. 그때 임멜의 아들로서 성전 총감독(overseer–leader, '파키드 나기드')으로 있었던 바스훌도 예레미야의 심판 선고를 직접 들은 사람들 중의 한 명이었다(1절). 29 : 26에서 성전 "감독자"를 칭할 때 '파키드'라는 명사만 사용되는 것을 보

면, 고위 관리를 뜻하는 '나기드'(officer)보다는 감독자를 뜻하는 '파키드'가 성전 감독자의 본래적인 직책을 가리키는 낱말이었을 것이라는 추론을 가능케 한다. 여기에 '나기드'가 추가됨으로써 바스훌은 성전 감독자들의 우두머리 직책을 가진 자로 이해되었을 것이다.

아마도 성전 감독자들은 성전의 안전과 질서를 지키는 한편 성전 질서를 어지럽히는 자들을 처리하는 일종의 성전 경찰(temple police; Fretheim, 285)에 해당하는 자들이었을 것이요, 따라서 성전 총감독은 이들의 우두머리에 해당하는 자를 뜻했을 것이다. 바스훌은 이처럼 중요한 성전 총감독의 직책을 가지고 있었기에, 예레미야가 힌놈의 아들 골짜기에서 유다 왕들과 예루살렘 주민을 대상으로 하여 설교할 때나 성전 뜰에서 모든 백성을 상대로 말씀을 전할 때 그의 심판 선고를 모두 들었을 것이다. 21장과 38장에서도 바스훌이 언급되지만, 그는 임멜의 아들이 아니라 말기야의 아들(21:1; 38:1)이기에 이곳의 바스훌과는 전혀 다른 인물임이 분명하다. 느헤미야 10:3에서 한 번 더 언급되는 바스훌 역시 훨씬 후대의 사람이므로, 예레미야와 갈등을 벌이는 바스훌과 동일한 인물일 수가 없다.

성전을 책임지고 있는 그로서는 도벳이 거대한 공동묘지가 될 정도로 많은 사람들이 죽을 뿐만 아니라, 무수한 시체들이 매장되지 못한 채 야생 동물들의 먹이가 될 것이라는 예레미야의 과격한 심판 선고를 용납할 수 없었다. 그리하여 마침내 그는 "예언자 예레미야"(예레미야에서 "예언자"와 "예레미야"가 병렬되어 나오는 첫 번째 사례에 해당함; 25:2; 28:5-6, 10-12, 15; 29:1, 29; 32:2; 34:6; 36:8, 26; 37:2-3, 6, 13; 38:9-10, 14; 42:2, 4; 43:6; 45:1; 46:1, 13; 47:1; 49:34; 50:1; 51:59)에게 폭력을 행함으로써 그를 향한 자신의 불편한 감정과 분노를 표현하였으며, 그의 몸을 목에 씌우는 나무 고랑으로 채워서 야웨 하나님의 성전에 있는 베냐민 문 위층에 가두어 두기까지 했다(2절). 예루살렘 북쪽이나 북동쪽에 위치한 (Holladay I, 543) 그곳은 아마도 성전 문에 딸린 감옥으로서, 성전 문으로 출입하는 많은 사람들이 쉽게 볼 수 있는 장소(참조. 37 : 13; 38 : 7)였을 것이다. 이 점에 비추어 본다면, 예레미야는 성전 문에 딸린 감옥에 갇힘으로써 공개적인 모욕과 수치를 당했다고 볼 수 있다(Craigie 외, 267).

이튿날 바스훌은 무슨 이유에서인지 예레미야를 목에 씌우는 나무 고랑에서 풀어 주었다. 그러자 예레미야는 야웨께서 그의 이름을 '바스훌'이 아니라 '마골밋사빕'(terror on every side, "사방['밋사빕']의 두려움['마골']"이라는 뜻)이라 칭하셨다는 심판의 말씀을 전한다(3절). 왜냐하면 야웨께서 유다 나라 사방에 두려움이 임하게 하실 것이요, 바스훌이 성전 총감독의 역할을 올바로 수행하지 못한 채로 바로 그러한 두려움과 심판을 상징하는 인물로 바뀔 것이기 때문이다. 실제로 예레미야에서는 '마골밋사빕'이라는 표현이 사람 이름이 아니라 일반적인 심판 메시지로서 6 : 25, 20 : 10, 46 : 5, 49 : 29, 시편 31 : 13, 예레미야애가 2 : 22 등에서도 사용되고 있다(Fretheim, 286). 바스훌의 바뀐 이름 용례까지 포함하면 예레미야에서 '마골밋사빕'이라는 표현은 모두 다섯 번 사용되고 있는 셈이다.

[20 : 4–6] 야웨께서 이처럼 바스훌의 이름을 마골밋사빕으로 바꾸심으로써 사방에 두려움이 임하게 하시는 심판은 4~5절에서 한층 구체적으로 서술된다. 야웨께서는 먼저 바스훌이 보는 앞에서 그의 주변에 있는 모든 친구들을 원수들의 칼에 엎드러져 죽게 하실 것이다(4a절). 그러나 야웨 하나님의 심판은 바스훌의 친구들에게 임하는 것으로 끝나지 않는다. 유다 백성 전체(4b절)와 예루살렘의 모든 재물(5절)에 임할 것이다. 유다 나라의 사람과 재물 모두에게 심판이 임할 것이라는 얘기다. 4b절에 의하면, 야웨께서 유다 백성 전부를 바벨론 왕의 손에 넘기신 결과 성전의 총감독인 바스훌은 바벨론 왕이 그들을 사로잡아 바벨론으로 끌고 간 후에 그들을 칼로 죽이는 모습을 직접 목격하게 될 것이다. 그는 또한 야웨께서 예루살렘 성읍의 모든 부와 그 모든 소득과 그 모든 귀중품과 유다 왕들의 모든 보물을 그 원수의 손에 넘기

신 결과, 그들이 그 모든 것들을 탈취하여 바벨론으로 가져가는 것을 두려움에 사로잡힌 채 바라볼 것이다(5절).

4a절에서 바스훌과 그의 친구들에게 임할 심판을 선고한 예레미야는 4b~5절에서 유다 백성과 유다 나라의 모든 재물에 임할 심판을 선고한 다음에, 6절에서 다시금 바스훌에게 임할 심판의 주제로 돌아온다. 6절의 심판 메시지에 의하면, 바스훌과 그의 집안 모든 사람들이 포로로 사로잡혀 갈 것이요, 바스훌 자신은 바벨론에서 죽어 그곳에 매장될 것이다. 그의 거짓 예언을 듣고 신뢰한 그의 모든 친구들도 그와 같이 될 것이다. 4~6절의 이러한 메시지는 다음에서 보듯이 일종의 교차대구법을 사용하고 있음을 분명하게 보여 준다(Craigie 외, 265).

4a절 바스훌과 친구들에 관한 말씀
 4b절 유다 나라 모든 사람들에 관한 말씀
 5절 예루살렘과 유다의 모든 재물에 관한 말씀
6절 바스훌과 친구들에 관한 말씀

4~6절의 이러한 교차대구는 바스훌에게 새롭게 주어진 이름, 곧 '마골밋사빕'이라는 이름이 주는 의미를 잘 반영하고 있다. 왜냐하면 4~6절은 "사방의 두려움"을 뜻하는 이 이름이 적어도 두 가지 차원에서 실제 상황이 될 것임을 분명하게 보여 주고 있기 때문이다. 대칭 구조 속에 있는 4a절과 6절, 그리고 4b절과 5절의 내용이 그렇다. 4a절과 6절이 좁은 의미에서 바스훌의 주변 사람들에게 임할 두려움에 대해서 언급하고 있다면, 4b절과 5절은 넓은 의미에서 바스훌이 속한 유다 나라 전체에 임할 두려움에 대해서 언급하고 있는 셈이다.

2. 예레미야의 고백록(20 : 7-13)

7여호와여 주께서 나를 권유하시므로 내가 그 권유를 받았사오며 주께
서 나보다 강하사 이기셨으므로 내가 조롱거리가 되니 사람마다 종일토
록 나를 조롱하나이다 8내가 말할 때마다 외치며 파멸과 멸망을 선포하
므로 여호와의 말씀으로 말미암아 내가 종일토록 치욕과 모욕거리가 됨
이니이다 9내가 다시는 여호와를 선포하지 아니하며 그의 이름으로 말
하지 아니하리라 하면 나의 마음이 불붙는 것 같아서 골수에 사무치니
답답하여 견딜 수 없나이다 10나는 무리의 비방과 사방이 두려워함을 들
었나이다 그들이 이르기를 고소하라 우리도 고소하리라 하오며 내 친한
벗도 다 내가 실족하기를 기다리며 그가 혹시 유혹을 받게 되면 우리가
그를 이기어 우리 원수를 갚자 하나이다 11그러하오나 여호와는 두려운
용사 같으시며 나와 함께하시므로 나를 박해하는 자들이 넘어지고 이기
지 못할 것이오며 그들은 지혜롭게 행하지 못하므로 큰 치욕을 당하오
리니 그 치욕은 길이 잊지 못할 것이니이다 12의인을 시험하사 그 폐부
와 심장을 보시는 만군의 여호와여 나의 사정을 주께 아뢰었사온즉 주
께서 그들에게 보복하심을 나에게 보게 하옵소서 13여호와께 노래하라
너희는 여호와를 찬양하라 가난한 자의 생명을 행악자의 손에서 구원하
셨음이니라

[20:7-13] 예레미야는 한때 바스훌에게 폭행당하고 그에 의하여 차꼬에 채워진 채로 예루살렘 성전의 베냐민 문 부근에 갇히는 신세가 된 적이 있다. 예레미야의 이러한 수치스러운 경험은 그의 심령을 철저하게 뒤흔들어 야웨께 부르짖게 만들었다. 기도와 간구의 형태로 되어 있는 그의 고백록(7-13절)은 묘하게도 불평과 찬미, 그리고 절망과 확신을 결합시키고 있다. 이 모든 요소들이 어떻게 한 개의 짧은 기도에서 공존할 수 있는지 이해한다는 것은 쉬

운 일이 아니다. 그러나 이처럼 명백한 불일치는 당시에 예레미야가 느끼고 있던 감정적인 혼란 상태가 어떠한지 분명하게 보여 준다. 그의 일부는 하나님께 덤비면서 불평하고 싶어 하지만, 그의 다른 일부는 하나님이 자신의 보호자이심을 확신하고 싶어 한다(Chisholm, 『예언서개론』, 267).

7~13절의 이러한 성격은 이 단락이 탄식(7-10절)과 신뢰의 고백(11절), 간구(12절), 찬미(13절) 등의 요소들로 이루어짐으로써, 시편에 있는 개인 탄원(individual lament)의 노래와 비슷한 구조를 가지고 있다는 사실과 무관하지 않을 것이다(Polk, *The Prophetic Persona*, 152). 그리고 양식비평의 견지에서 본다면, 이 단락은 다음과 같은 교차대구법을 사용하고 있는 것으로 이해할 수도 있다(Craigie 외, 271).

7-9절 야웨를 향한 불평
  10절 원수들을 향한 불평
    11a절 확신:나와 함께하시는 야웨 하나님
  11b절 원수들의 추락
    12a절 확신:마음을 보시는 야웨 하나님
  12b절 원수들을 향한 보복
13절 야웨 하나님의 구원에 대한 찬미

이처럼 세 가지 요소들이 대칭 구조를 보이고 있는 다섯 번째 고백록의 서두에서, 예레미야는 야웨께서 자기를 속이셨을 뿐만 아니라 강한 힘으로 자신을 이기심으로써(overcome, '야콜') 자신에게 고통이 닥치게 하셨다고 불평한다(7a절). 여기서 개역 개정판은 "속이다, 유혹하다, 설득하다"(deceive, seduce, persuade)라는 뜻을 가진 '파타' 동사(출 22:16; 왕상 22:20)를 "권유하다"라는 뜻으로 번역하지만, 이 낱말이 들어 있는 문맥을 중시한다면 "(유혹하여) 속이다"라는 뜻으로 번역하는 것이 더 나아 보인다(표준새번역,

NIV, NASB; Holladay I, 552-553; Jones, 272-273).

예레미야가 이처럼 야웨께서 자신을 속이셨다고 생각하는 이유는, 그가 목숨을 걸고서 폭력(violence, '하마스'; 개역 개정판은 "파멸"로 번역함.)과 멸망(destruction, '쇼드')의 형태로 임할 야웨 하나님의 심판을 외쳤건만, 자신에게 돌아온 것이라고는 멸시와 수치뿐이었기 때문이다. 그를 만나는 사람들마다 "여호와의 말씀으로 말미암아" 그를 종일토록 조롱하고 멸시했다는 설명이 이 점을 잘 보여 준다(7b-8절). 물론 그들의 조롱과 멸시는 궁극적으로 예레미야가 선포한 야웨 하나님의 말씀을 향한 것이나 다름없었다. 그러나 그러한 조롱과 멸시를 직접 겪은 예레미야로서는 하나님의 일을 했는데도 멸시와 수치, 고통과 시련이 닥쳐오니, 하나님이 자신을 속였다고 생각할 수밖에 없었을 것이다. 아마도 그는 하나님이 자신의 예언 사역을 상당히 매력적인 것으로 만들어 주시리라 기대했을 것이다. 아니면 하나님이 자기를 괴롭히는 자들에게 적절한 경고를 주시고 자신을 고통과 수치로부터 건져 주실 것이라고 믿었을 것이다.

그렇지만 실제 상황은 정반대였다. 그가 기대했던 하나님의 도우심과 보호하심은 현실과 너무도 거리가 멀었다. 조롱과 수치와 고통의 연속이었다. 이를 견디지 못한 그는 수도 없이 마음속으로 자신의 사역을 포기해야겠다고 다짐했다. 다시는 야웨를 선포하지 않으며 그의 이름으로 말하지 않겠다고 결심하곤 했다. 그러나 소용이 없었다. 야웨의 말씀이 그의 안에서 마치 밖으로 분출되기를 바라는 불과도 같이 그를 강하게 압박했기 때문이다. 예언 사역을 중단하려고 결심할 때마다, 그는 자기 속에 있는 야웨의 말씀이 불덩이가 되어 뼛속까지 침투해 들어가는 것을 느꼈다. 사람들에게 전함으로써 밖으로 분출해야 할 야웨 하나님의 말씀을 속에 가두고만 있으니, 그것이 불덩이처럼 속에서 타들어 감으로 인하여 예레미야는 참으로 답답함을 견디지 못했던 것이다. 야웨께서는 예레미야를 "이기셨지만"(7절; overcome, '야콜'), 예레미야는 그의 말씀을 도저히 "이겨 낼"(overcome, '야콜') 수가 없었던 것이다(9절; 개역 개정판은 "견딜 수 없나이다"로 번역함).

예레미야가 이처럼 자기 안에 야웨의 말씀을 가두어 둔 채로 정신적인 고통에 시달린 것은, 순전히 주변 사람들의 비난과 조롱 때문이었다. 그는 주변의 많은 사람들이 수군거리는 소리를 들었다: "(예레미야의 심판 선고 때문에) 사방에 두려움('마골밋사빕')이 있다. 너희는 그를 고소하라. 우리도 그를 고소하리라!"(Terror on every side! Denounce [him;] yes, let us denounce him!) 심지어는 예레미야의 친한 벗들조차도 그가 실족하기를 기다렸다. 그들은 혹시라도 예레미야가 유혹을 받아 속기라도 한다면, 그를 이기어(overcome, '야콜') 그에게 보복(revenge/vengeance, '니크마')을 하자고 벼르고 있었다(10절). 그런데 흥미롭게도 예레미야는 바로 앞의 7절에서 한 번 사용한 바 있던 '파타' 동사의 푸알형(수동태)을 10절에서 사용함으로써(개역 개정판은 "유혹을 받게 되면"으로 번역함.) 야웨께서 자신을 속이신 것 같다는 느낌에 더하여 이제는 자신이 사람들의 유혹을 받아 속을지도 모르는 상황을 가정하고 있다.

친구들이 야웨 하나님의 두 가지 행동(7절의 '파타' 동사[deceive]와 '야콜' 동사[overcome])을 모방하여 자신을 괴롭히고자 하는 상황이 계속되기는 해도, 예레미야는 야웨 하나님을 향한 자신의 믿음을 결코 잃지 않는다. 그가 자신을 속이는 것처럼 보이고, 친구들까지도 자신의 실족함을 기다리는 모습이 역력하지만, 그럼에도 불구하고 예레미야는 두려운 용사(a dread warrior/champion) 같으신 야웨 하나님이 자기 곁에 계시기에, 자신을 박해하는 자들이 힘도 쓰지 못한 채 쓰러짐으로써 자신을 "이기지"(overcome, '야콜') 못할 것이요, 그들이 지혜롭게 행하지 못함으로 인하여 영원히 잊을 수 없는 큰 치욕을 당하게 될 것이라는 확신을 고백한다(11절). 11a절 마지막의 심판 선고 전문 용어인 "그러므로"('알-켄'; therefore)는 원수들을 향한 야웨 하나님의 심판을 강조하는 효과를 갖는다. 개역 개정판에는 이 낱말이 "(나와 함께) 하시므로"에 부분적으로 반영되어 있다.

이어지는 12절에서 예레미야는 자신의 간절한 마음을 담아 야웨께 간구의 기도를 드린다. 의인을 시험하시고 사람들의 폐부와 심장(heart, '렙')을 감찰하시는(참조. 11 : 20; 17 : 10) 만군의 야웨께 자신의 억울한 사정을 아뢰었으니, 주께서 자신이 보는 앞에서 원수를 갚아 달라고, 즉 그들에게 보복(revenge/vengeance, '니크마')을 해 달라고 간구한다. 원수들의 보복(10절, '니크마')에 맞서 도리어 그들에게 보복(12절, '니크마')을 해 달라는 예레미야의 이러한 간구는, 인간의 마음과 생각을 감찰하시는 야웨께서 정의롭게 행하실 것이요, 그가 자신의 신실함과 의로움을 인정하실 것이라는 확신에 기초한 것이다. 이러한 확신이 있기에 그는 야웨께 노래하고 그를 찬양할 것을 다른 사람들에게 요청한다. 그는 가난한 자들의 생명을 악인들의 권세에서 구원하시는 분이기 때문이다(13절).

3. 생일을 저주하는 예레미야(20 : 14–18)

> 14내 생일이 저주를 받았더면, 나의 어머니가 나를 낳던 날이 복이 없었
> 더면, 15나의 아버지에게 소식을 전하여 이르기를 당신이 득남하였다 하
> 여 아버지를 즐겁게 하던 자가 저주를 받았더면, 16그 사람은 여호와께
> 서 무너뜨리시고 후회하지 아니하신 성읍같이 되었더면, 그가 아침에는
> 부르짖는 소리, 낮에는 떠드는 소리를 듣게 하였더면, 좋을 뻔하였나니
> 17이는 그가 나를 태에서 죽이지 아니하셨으며 나의 어머니를 내 무덤이
> 되지 않게 하셨으며 그의 배가 부른 채로 항상 있지 않게 하신 까닭이로
> 다 18어찌하여 내가 태에서 나와서 고생과 슬픔을 보며 나의 날을 부끄
> 러움으로 보내는고 하니라

예레미야는 산을 오르던 때와 똑같이 빠른 속도로 산을 내려간다. 바로 앞에서 야웨 하나님을 향한 자신의 믿음을 고백하면서, 두려운 용사 같고 자

기와 함께하시는 야웨께 자신의 억울한 상황을 해결해 달라고 간구했던 그가, 이제는 정반대로 자신의 생일과 태어난 날을 저주하고 있다. 그는 참으로 견디기 어려운 경험에서 비롯된 고통을 믿음으로 이겨 내면서도, 자신의 마음속 깊은 곳에 숨어 있던 불편한 감정을 생일 저주를 통하여 숨김없이 표현하고자 했을 것이다. 아마 욥도 자신에게 닥친 일들을 감당치 못함으로 인하여 느끼는 좌절감과 분노를 이처럼 무절제한 감정의 표출을 통하여 상당 부분 밖으로 분출시켰을 것이다. 어쩌면 그것은 일종의 카타르시스 효과를 가져다주는 것이었을 수도 있다. 이 점은 예레미야가 견디기 어려운 슬픔과 고통을 다음과 같이 교차대구법(chiasmus)을 사용(Craigie, 278)하여 짜임새 있게 잘 표현하고 있다는 사실에 의하여 뒷받침된다고 볼 수도 있다.

14절 생일에 대한 저주

15~16절 심부름꾼(messenger)에 대한 저주

17절 심부름꾼에 대한 저주의 동기

18절 출생에 대한 탄식

"날"(day, '욤')에 대한 언급으로 시작해서 똑같은 "날"에 대한 언급으로 끝을 맺는 예레미야의 마지막 고백록(20 : 14-18)은, 욥기 3장에 있는 욥의 생일 저주와 평행되는 내용들이 많다. 이를테면 태어난 날에 대한 저주(14절; 욥 3 : 1, 3-4, 8)나 사내아이가 태어났다는 소식(15절; 욥 3 : 3), 태중에 머물러 있을 때의 상황에 대한 언급(17-18절; 욥 3 : 10), 태중에서의 죽음을 갈망하는 태도(17절; 욥 3 : 11), 그리고 마지막으로 세상에 태어나게 한 이유에 대한 질문(18절; 욥 3 : 20ff.) 등이 그렇다(Craigie 외, 277). 욥이나 예레미야는 이렇듯이 자신의 생일이나 출생을 저주하면서도, 자신의 출생을 가능케 한 부모나 야웨 하나님을 저주하지는 않는다(레 20 : 9; 24 : 10-16; Thompson, 464). 그러나 두 사람의 탄식과 저주 사이에는 한 가지 차이점이 존재한다. 득남(得男) 소식과 관련하여, 욥이 단순히 득남 소식에 대한 언급만을 담고 있는 것과는 달리, 예레미야는 생일 저주에 더하여 득남 소식을 전하는 자를 향한 저주까지도 포함시키고 있다는 사실이 그렇다.

[20 : 14] 먼저 14절에서 예레미야는 자신의 생일이 저주를 받았어야 하고, 자기 어머니가 자신을 낳던 날이 복된 날이 되지 말았어야 한다고 탄식한다. 예레미야의 이러한 저주와 탄식은 이제까지 자신이 누려 왔던 행복하고 건강한 삶 전체를 송두리째 부정하는 것이나 다름없다. 과거에 자신이 태어나던 날로 되돌아가고 싶다는 예레미야의 이러한 탄식은 역설적으로 현재 그가 당하고 있는 고통과 절망이 얼마나 큰 것인지 짐작케 해 준다. 욥의 생일 저주와 마찬가지로 말이다. 그렇지만 이러한 생일 저주의 메시지는 불의한 감정이나 불신앙에서 비롯된 것이 아니다. 도리어 그것은 하나님에 대한 강한 믿음과 깊은 경건에서 비롯된 것이다.

[20 : 15–17] 예레미야는 자신의 아버지에게 득남 소식을 전하여 아버지를 즐겁게 하던 심부름꾼도 저주를 받았어야 한다고 탄식한다(15절). 이어지는 16절에서 그는 그 심부름꾼에게 임했으면 좋았을 뻔했던 저주를 구체적으로 나열한다. 그는 야웨께서 사정없이 뒤엎어 버리면서도 전혀 동정하거나 불쌍히 여기지 않으시는 성읍들과 같이 되었더라면 좋았을 것이다. 그는 또한 야웨께서 아침에는 울부짖는 고통 소리를 듣게 하시고 낮에는 전쟁의 함성을 듣게 하시는 고통을 당했으면 좋았을 것이다. 이를테면 창세기 19장에 나오는 소돔과 고모라처럼 말이다. 득남 소식을 전하던 심부름꾼에게 임할 이러한 저주는 유다 나라에 임할 저주와 크게 다를 바가 없다. 그는 유다 백성이 받을 저주를 그들과 공유함으로써, 은연중에 유다 백성 전체를 대표하는 인물로 묘사되고 있다.

그가 이렇게 득남 소식을 전했던 심부름꾼을 저주하는 이유는 어디에 있는가? 원인을 나타내는 접속사 '아쉐르'(because)로 시작하는 17절에 그 해답이 있다. 예레미야는 야웨께서 자신을 태에서 죽이지 않으시고 자기 어머니를 자신의 무덤이 되게 하지 않으신 것 때문에 그 심부름꾼을 저주하지 않을 수 없다고 말한다. 만일 자신이 세상에 정상적으로 태어나지 않고 모태에서 죽었더라면 어머니의 태가 자신의 무덤이 되었을텐데, 야웨께서 그렇게 하지 않으셨기에 득남 소식을 전하던 심부름꾼이 한없이 얄밉다는 얘기다.

그는 또한 야웨께서 어머니의 배를 부른 채로 그냥 두지 않으시고 도리어 자신을 세상에 태어나게 하신 것이 너무 원망스럽다는 마음을 솔직하게 표현한다(17절). 야웨께서 자신을 일찍부터 죽이지 않으시고 안전하게 세상에 태어나게 하신 결과로 인하여 심부름꾼이 득남 소식을 전하게 되었고, 마침내는 지금처럼 도무지 견디기 어려운 고통과 시련을 당하고 있기 때문이다. 출생과 죽음은 모든 인간이 보편적으로 경험하는 삶의 시작과 끝을 일컫는 것인데, 예레미야는 자기 인생의 끝인 죽음을 생명의 첫 출발점인 출생 시점에서 찾고 있는 셈이다. 이는 그만큼 그의 현실이 절망과 고통으로 가득 차 있음을 의미한다.

[20 : 18] 예레미야의 이런 절망적인 생각은 심부름꾼에 대한 이야기에서 다시금 현재 자신이 당하고 있는 고통과 재앙의 문제로 방향을 돌이키는 18절에도 잘 반영되어 있다. 여기서 그는 어찌하여 자신이 모태에서 나와서 고생과 슬픔을 맛보면서 매일의 삶을 부끄러움 속에서 보내야 하는지 알 수가 없다는 질문을 야웨께 던진다. 예레미야의 이 질문은 답변을 얻지 못한 채 20장을 끝맺는다. 이것은 여전히 그에게 희미하게나마 미래에 대한 희망이 남아 있음을 암시하고 있는 것으로 보인다.

1) 예레미야는 말씀의 종으로 부름 받은 자이다. 따라서 그는 어떠한 일이 있어도 자신에게 위탁된 야웨의 말씀을 사람들에게 선포해야 한다. 그러나 그것은 결코 사람들을 편하게 해 주고 즐겁게 해 주는 것이 아니다. 야웨의 말씀은 그것에 귀를 기울여야 하는 사람들을 불편하게 할 뿐만 아니라, 그것을 전해야 하는 사람들까지도 불편하게 하는 것이다. 특히 심판의 말씀이 그렇다. 예레미야가 이제껏 유다 백성에게 선포했던 심판의 말씀은 그들을 매우 불편하게 만들었다. 그들은 나라가 망할 것이요, 많은 사람들이 포로로 잡혀가거나 칼과 기근과 전염병으로 죽을 것이라는 말씀을 마음 편히 들을 수가 없었다. 그래서 그들은 그러한 메시지를 전하는 예레미야를 가만두지 않았다. 그들은 온갖 방법을 동원하여 그가 야웨의 말씀을 전하지 못하게 막고자 했으며, 심지어는 그를 죽임으로써 그의 입을 막으려고까지 했다.
바로 이것이 심판의 말씀을 전해야 하는 예레미야를 힘들게 했다. 그는 야웨께서 하라는 대로 그의 말씀을 전했을 뿐인데, 돌아온 것이라고는 온갖 핍박과 고통과 살해 위협뿐이었다. 사람들의 조롱과 모욕과 멸시 같은 정신적인 고통도 힘들었지만, 그를 죽이려고 하거나 그의 몸에 직접 손을 대는 신체적인 위협과 고통도 힘들었다. 성전 총감독인 바스훌 같은 지도자 계층이 특히 그러했다. 이를 견디지 못한 그는 야웨께서 마치 자신을 속이는 것 같다는 느낌을 갖지 않을 수 없었다. 그리하여 마침내 그는 야웨의 말씀을 더 이상 전할 수 없다는 강한 심리적 압박감을 갖기에 이르렀다. 그러나 그럴수록 예레미야는 자신의 속이 불붙는 것 같은 느낌을 피할 수 없었다. 야웨의 말씀이 불덩어리가 되어 자신의 속을 태우는 것과도 같은 고통을 느꼈던 것이다. 그는 결국 자신 안에 있는 말씀의 불덩이를 밖으로 토해 내지 않으면 안 되었다. 어떻게든 자신에게 맡겨진 야웨의 말씀을 밖으로 분출하지 않을 수 없었던 것이다.
이것은 예레미야에게만 한정된 일이 아니다. 오늘의 우리에게도 똑같이 닥쳐올 수 있는 일이다. 야웨의 말씀으로 인하여 온갖 불편함과 고통을 느낄 때마다 사람들은 하나님이 자신을 속이는 것 같다는 느낌을 받을 수도 있다. 실제로 그럴 때가 있기도 하다. 그리하여 그의 말씀을 더 이상 전하거나 실천하지 않으려는 유혹을 느낄 수도 있다. 그러나 그렇게 하면 안 된다. 그 이유는 너무도 단순하다. 어느 누구도 하나님을 이길 수 없기 때문이다. 사람은 어떤 방법으로도 하나님을 이기지 못한다. 하나님은 사람을 이길 수 있지만 말이다. 그를 이기려고 하다가는 도리어 자신이 말씀의 불덩이로 인하여 고통당하는 일이 벌어질 수밖에 없다. 따라서 하나님의 말씀이 자신을 불편하게 만든다고 해서, 그것을 피하거나 가슴속에만 묻어 두려고 해서는 안 된다. 그것을 기쁨으로 받아들일 수 있어야 하며, 그것을 과감하게 밖으로 분출하여 사람들에게 전하고, 자신도 그 말씀을 따라 살려고 노력해야 한다.

2) 예레미야는 야웨의 말씀으로 인하여 심각한 고통과 불편함을 느꼈지만, 그럼에도 불구하고 야웨께서 자신을 이기셨기에 그 말씀을 전하지 않을 수가 없었으며, 그가 자신과 함께하시는 용사와도 같은 분임을 확신하고자 했다. 그는 또한 야웨께서 자신을 박해하는 자들에게 큰 치욕을 안겨 주실 것이라는 확신을 표현하기도 했다. 사실 그를 핍박하는 자들은 그의 실패와 좌절을 기대하면서, 그가 유혹에 넘어가 속게 되면 그의 예언 활동을 금지시키거나 그를 제거할 수 있을 것이라고 생각했을 것이다. 이러한 사실을 잘 알고 있는 예레미야는 야웨 하나님을 향한 서운함과 불편함을 이겨 내고자 했으며, 자신의 사정을 잘 아시는 야웨께서 구원자로 나타나셔서 원수들에게 보복하실 것임을 의심치 않았다. 그리하여 마침내 그는 가난한 자들의 생명을 행악자들의 손에서 구원하시는 야웨께 노래하며 그를 찬양할 것을 사람들에게 명할 수 있었다.

그러나 그가 당하는 온갖 고통은 이처럼 강한 확신을 흔들리게 만들었다. 하나님을 향한 강한 확신을 표현했던 그가 자신의 생일을 저주하기에 이르렀다는 사실이 그 점을 뒷받침한다. 야웨 하나님을 향한 신뢰의 고백도 그가 현실적으로 당하는 고통과 절망을 이겨 내지 못했다. 원수들이 자신을 이기려고 해도 야웨 하나님의 간섭과 개입과 심판으로 자신을 이기지 못한다는 것을 믿음으로 받아들이면서도, 당장 자신의 삶과 생명이 위협당하는 상황에서는 그러한 믿음이 그를 지켜 주지 못했다. 야웨 하나님을 향한 확신과 찬양으로 자신의 믿음을 고백했던 그였으나, 종국에는 자신의 삶을 위태롭게 만드는 고통과 절망의 상황 앞에 무너지고 말았다. 그는 이제까지의 행복했던 삶 자체를 부질없고 의미 없는 것으로 여긴 까닭에, 고통과 절망으로 가득 찬 현재의 상황에서 과거로 돌아가 차라리 태어날 때 죽었더라면 좋았을 뻔했다는 탄식을 쏟아 놓기 시작했다. 자신이 태어난 날을 저주하고 득남 소식을 전하던 심부름꾼까지도 저주하는 모습을 보였던 것이다.

그것은 참으로 실현 불가능한 탄식과 저주였다. 그의 탄식과 저주 앞에서 하나님은 침묵하신다. 자신이 어찌하여 어머니의 태에서 죽어 나오지 않고 도리어 태어나 고생과 슬픔에 빠져 있는지 이해할 수가 없다는 예레미야의 마지막 질문은 아무런 답변도 얻지 못한 채 끝을 맺는다. 이것은 그의 탄식과 저주가 끝이 아님을 암시한다. 그것은 야웨께서 여러 차례 그에게 약속하신 것들이 여전히 유효함을 뜻하기도 한다. 야웨께서는 어떤 형태로든 예레미야가 시련과 고통을 이겨 내고서 말씀의 종으로서의 사역을 훌륭하게 잘 마무리하도록 그를 끝까지 안전하게 지켜 주실 것이다. 그가 선포한 심판의 말씀이 그대로 성취되는 상황 속에서도 말이다.

U. 예루살렘과 유다 왕실에 임할 심판(21 : 1–14)

바로 앞의 20장에서는 바스훌을 비롯한 주변 사람들에게 핍박을 당하던 예레미야가 야웨께 자신의 억울함을 호소하면서 그의 도우심을 간구하지만, 21장에서는 도리어 왕과 제사장을 비롯한 지배층이 예레미야에게 사람을 보내어 야웨께 중재 기도를 해 줄 것을 요청하는 모습을 보인다(1–2절). 그러나 그렇게 해 봐야 소용이 없다. 예레미야는 야웨 하나님의 에누리 없는 심판의 메시지를 그들에게 전한다(3–7절). 21 : 1~7의 이러한 내용은 37 : 3~10과 평행을 이루고 있다. 37장에서도 시드기야 왕이 제사장을 비롯한 고위 관리를 예레미야에게 보내어 예레미야에게 중재 기도를 요청한다(37 : 3). 그러나 야웨께서는 그것을 무시하고서 예레미야에게 심판의 말씀을 선포하게 하신다(37 : 6–10). 그렇다고 해서 이 두 본문이 완전히 똑같은 것은 아니다. 양자 사이에 차이가 있다면, 21장이 예루살렘 포위 공격 직전의 상황을 담고 있는 반면에, 37장은 시드기야 왕의 원군 요청(겔 17 : 15)을 받은 이집트 군대가 유다 국경선 지역에 나타나자 바벨론 군대가 이집트 군대를 상대하기 위해 잠시 예루살렘을 비운 틈새(37 : 5)를 다루고 있다는 점이다.

예레미야는 유다 백성 앞에 두 가지의 길이 있음을 분명하게 밝힌다. 생명의 길과 사망의 길이 그렇다. 사망의 길은 칼과 기근과 전염병으로 죽는 심판을 뜻하며, 생명의 길은 바벨론 군대에게 항복함으로써 목숨을 건지는 데 있다(8–10절). 이어지는 시문체의 11~14절에서 예레미야는 유다 왕실을 향한 심판의 말씀을 전하고 있다. 야웨께서는 자기가 세운 예언자를 통하여 왕과 그의 관리들에게 그 땅에 사회 정의를 세우고 압제당하는 자들의 재판을 변호할 것을 촉구하신다(11–12a절). 그렇지 않을 경우, 하나님의 불같은 심판이 압제적인 정책을 펼치는 그들에게 임할 것이다(12b절). 예루살렘 거민이 안전함을 느끼고 있음에도 불구하고, 야웨께서는 그 성읍을 공격하고 그곳 거민들의 악행을 벌하기로 작정하신다(13–14절).

이상에서 살핀 바와 같이, 21장은 지배층의 중재 기도 요청(1–2절), 예레미야의 예루살렘 멸망 예언(3–7절), 생명의 길과 사망의 길(8–10절), 유다 왕실에 임할 심판(11–14절)의 네 단락으로 이루어져 있다. 1~10절의 산문체와 11~14절의 시문체로 결합되어 있는 21장 역시 예레미야의 예언 메시지가 야웨 하나님의 말씀임을 강조하는 '느움 야웨'(declares Yahweh, "야웨의 말씀이니라")라는 특징적인 예언구와 '코 아마르 야웨'(thus says Yahweh, "야웨께서 이와 같이 말씀하시기를")라는 사자 양식을 자주 사용하고 있다. '느움 야웨'는 7, 10, 13~14절에서 모두 네 번 사용되고 있으며, '코 아마르 야웨'는 4, 8(개역 개정판은 이 구절에서만 "여호와께서 말씀하시기를"로 번역함.), 12절에서 모두 세 번 사용되고 있다.

1. 지배층의 중재 기도 요청(21 : 1–2)

1여호와께로부터 예레미야에게 말씀이 임하니라 시드기야 왕이 말기야의 아들 바스훌과 제사장 마아세야의 아들 스바냐를 예레미야에게 보내니라 [2]바벨론의 느부갓네살 왕이 우리를 치니 청컨대 너는 우리를 위하여 여호와께 간구하라 여호와께서 혹시 그의 모든 기적으로 우리를 도와 행하시면 그가 우리를 떠나리라 하니

[21 : 1-2] 히브리어 본문의 1절은 "여호와께로부터 예레미야에게 말씀이 임하니라"라는 구절로 시작한다. 더 정확하게는 "야웨께로부터 예레미야에게 임한 말씀"(The word which came to Jeremiah from Yahweh)이라는 명사 문장으로 되어 있다(7 : 1; 11 : 1; 18 : 1; 30 : 1; 34 : 1; 35 : 1). 이어지는 1b절은 바벨론 군대가 예루살렘 공격을 시작하던 주전 588년경에 남왕국의 시드기야 왕이 야웨 하나님의 도우심을 간구하기 위해 예레미야에게 두 명의 특사를 보냈다고 말한다. 바로 전까지만 해도 예레미야는 성전 총감독인 제사장 바스훌에게 붙잡혀 폭행당하였으며, 나무 고랑에 묶인 채로 멸시와 조롱을 당했었다(20 : 1-2). 아마도 바스훌의 이러한 행동은 시드기야 왕의 묵인하에 이루어졌을 것이다. 그런데 이제 상황이 급변하여 바벨론 군대의 공격에 직면하게 되자, 시드기야는 서둘러 두 명의 특사를 예레미야에게 보내어 자기들을 위한 중재 기도를 요청하기에 이르렀다. 자기들에게 계속해서 심판과 재앙의 말씀을 선포했던, 그 까닭에 자기들이 싫어하고 핍박하기까지 했던 예레미야에게 중재 기도를 요청한 것이다.

시드기야 왕이 예레미야에게 보낸 두 명의 특사는 말기야의 아들 바스훌과 제사장 마아세야의 아들 스바냐였다(1절). 20 : 1에 나오는 성전 총감독 겸 제사장인 바스훌이 임멜(Immer)의 아들인 반면, 이곳의 바스훌은 말기야(Malchijah)의 아들이기에, 두 사람은 히브리어 이름은 똑같지만(Pashhur) 아버지가 다른 사람들임에 틀림없다. 이곳에 나오는 말기야의 아들 바스훌은 38 : 1~6에서 다시 한 번 언급된다. 그는 예레미야의 심판 메시지에 분개한 나머지 다른 고위 관리들과 함께 시드기야 왕에게 예레미야를 죽일 수 있

게 해 달라고 요청했고, 왕이 이를 허락하자 예레미야를 감옥 뜰에 있는 왕의 아들 말기야의 구덩이에 던져 넣어 그를 죽이고자 했다. 그가 예레미야를 줄로 달아 내린 그 구덩이에는 물이 없고 진창뿐이었다. 예레미야를 이렇게 괴롭히고 죽이고자 했던 바스훌의 이름은 느헤미야 11 : 12과 역대상 9 : 12의 귀향 공동체의 예루살렘 거주민 명단에도 나온다.

바스훌과 함께 예레미야에게 파송된 또 한 명의 특사는 현직 제사장인 스바냐(Zephaniah)이다. 29 : 25, 29, 37 : 3, 52 : 24, 열왕기하 25 : 18 등에서도 언급되는 제사장 스바냐는 주전 597년의 제1차 바벨론 포로 때에 사로잡혀 간 사람들 중에 속해 있던 스마야로부터 예레미야를 책망하지 않은 일로 인하여 그를 비롯한 모든 제사장들을 비난하는 편지를 받은 사람이었다(29 : 24-28). 스바냐는 또한 예레미야에게 시드기야 왕이 두 번째로 중재 기도를 요청할 때도 특사로 파견된 사람이었다(37 : 3). 마지막으로 그는 바벨론의 느부갓네살 왕에 의하여 대제사장 스라야와 함께 립나(Libnah)에서 죽임당하는 사람들의 명단에 포함되어 있었다(52 : 24-27).

이상에서 설명한 두 명의 특사, 곧 바스훌과 스바냐를 예레미야에게 보낸 시드기야 왕은 바벨론의 느부갓네살 왕이 유다 나라를 공격하러 왔으니 자기들을 위하여 야웨께 간구해 달라고 부탁한다. 그러면서 그는 만일 야웨께서 혹시 그의 모든 기적으로 자기들을 도우신다면, 느부갓네살 왕이 공격을 멈추고 자기들을 떠날 것이라는 말을 덧붙인다(2절). 시드기야는 아마도 야웨께서 과거에 그러했던 것처럼 기적적인 방법으로 예루살렘을 구원해 주실 것이라고 생각했을 것이다. 이를테면 출애굽 해방이나 홍해 바다 구원 또는 가나안 정착 당시의 다양한 기적들을 통한 구원이 그렇다. 그러나 무엇보다도 그는 야웨께서 예루살렘에서 실제로 있었던 일, 곧 야웨께서 예루살렘을 앗수르 왕 산헤립에게서 구원하셨던 주전 701년의 사건(사 37 : 36-38)을 염두에 두고 있었을 가능성이 매우 높다(Lundbom I, 100; Thompson, 467).

시드기야가 두 명의 특사를 통하여 언급하는 느부갓네살 왕의 이름은 여기서 처음 나온다. 예레미야는 이제껏 느부갓네살 왕의 이름을 한 번도 언급한 적이 없다. 시드기야가 처음으로 그의 이름을 언급한 셈이다. 그런데 개역 개정판에서 똑같이 번역되고 있는 느부갓네살이라는 이름은 실제로는 히브리 성서에서 두 가지 형태로 약간 다르게 나타난다. 그 하나는 히브리어 알파벳 '레쉬'가 들어 있는 이름(Nebuchadrezzar)이고, 다른 하나는 히브리어 알파벳 '눈'이 들어 있는 이름(Nebuchadnezzar)이다. '레쉬'가 들어 있는 이름은 구약성서에서 오로지 예레미야와 에스겔에서만 모두 33회 나오는 바, 그중 29회가 예레미야에서 사용되며, 4회는 에스겔에서 사용된다. 그리고 '눈'이 들어 있는 이름은 열왕기하와 역대상하, 에스라, 느헤미야, 에스더, 예레미야, 다니엘에서 전부 57회 사용되고 있는데, 예레미야에서는 그중 8회만 사용되며, 그것도 예레미야 27~29장에서 집중적으로 사용되고 있다(27 : 6, 8, 20; 28 : 3, 11, 14; 29 : 1, 3; Craigie 외, 285).

2. 예레미야의 예루살렘 멸망 예언(21 : 3–7)

> 3예레미야가 그들에게 대답하되 너희는 시드기야에게 이같이 말하라 4이
> 스라엘의 하나님 여호와께서 이와 같이 말씀하시되 보라 너희가 성 밖
> 에서 바벨론의 왕과 또 너희를 에워싼 갈대아인과 싸우는 데 쓰는 너희
> 손의 무기를 내가 뒤로 돌릴 것이요 그것들을 이 성 가운데 모아들이리
> 라 5내가 든 손과 강한 팔 곧 진노와 분노와 대노로 친히 너희를 칠 것이
> 며 6내가 또 사람이나 짐승이나 이 성에 있는 것을 다 치리니 그들이 큰
> 전염병에 죽으리라 하셨다 하라 7여호와의 말씀이니라 그 후에 내가 유
> 다의 왕 시드기야와 그의 신하들과 백성과 및 이 성읍에서 전염병과 칼
> 과 기근에서 남은 자를 바벨론의 느부갓네살 왕의 손과 그들의 원수의
> 손과 그들의 생명을 찾는 자들의 손에 넘기리니 그가 칼날로 그들을 치
> 되 측은히 여기지 아니하며 긍휼히 여기지 아니하며 불쌍히 여기지 아

니하리라 하셨느니라

[21 : 3–7] 두 명의 특사를 예레미야에게 보내어 중재 기도를 요청한 시드기야의 시도는 전혀 성공을 거두지 못했다. 3절 이하의 심판 선고가 이를 잘 보여 준다. 꼭 3절 이하의 내용에 의존하지 않더라도, 그의 중재 기도 요청이 응답을 얻지 못할 것임은 너무도 확실한 일이다. 왜냐하면 야웨께서 이미 여러 차례 예레미야에게 유다 나라와 유다 백성을 위한 중재 기도를 금하셨기 때문이다(7 : 16; 11 : 14–17; 14 : 10–12; 15 : 1–4 등). 따라서 예레미야는 그들을 위한 중재 기도 자체를 드릴 수가 없었다.

그래서인지 예레미야는 곧바로 두 명의 특사에게 야웨 하나님의 심판 메시지를 시드기야에게 그대로 전하라고 말한다(3절). 그가 전하는 야웨 하나님의 심판 메시지는 4절 이하에 구체적으로 언급되어 있다. 그의 심판 선고에 의하면, 야웨께서는 유다 백성이 성벽을 둘러싸고서 공격하는 바벨론 왕과 갈대아인들에게 맞서 싸우려고 준비한 모든 전쟁무기들–더 정확하게는 유다 나라의 군대–을 뒤로 돌리실 것이요, 그것들을 성읍 한가운데로 모아들이실 것이다(4절). 이것은 유다 백성이 더 이상 성읍 밖의 바벨론 군대와 맞서 싸울 수 없기 때문에, 성읍 한가운데로 모일 수밖에 없음을 의미한다. 아니면 하반절의 "그것들"(them)을 바벨론 군대로 해석할 수도 있을 것이다. 이렇게 본다면 4b절은 야웨께서 바벨론 군대를 예루살렘 한가운데로 들어오게 하심으로써 예루살렘을 함락시키실 것이라는 메시지로 읽을 수도 있다.

그뿐이 아니다. 야웨께서는 유다 백성을 향한 진노(anger, '아프')와 분노(wrath; '헤마')와 대노(great indignation, '케체프 까돌')를 참을 수가 없어서 든 손과 강한 팔로 직접 그들을 공격하실 것이다(5절). 여기서 사용되는 세 개의 낱말 쌍은 신명기 29 : 28(H 29 : 27)에서도 똑같은 순서로 사용되고 있지만, 개역 개정판은 신명기 29 : 28에서 이 똑같은 세 개의 낱말 쌍을 "진노와 격분과 크게 통한하심"으로 조금 다르게 번역하고 있어서 일관성이 떨어진다.

그런가 하면 "든 손과 강한 팔"(an outstretched hand and a mighty arm; '야드 느투야'와 '즈로아 하자카')이라는 표현은 구약성서에서 일반적으로 거룩한 용사(a holy warrior)로서 자기 백성을 구원하시는 야웨 하나님의 모습을 가리키는 데 자주 사용되었다. 이를테면 예레미야 27 : 5("큰 능력"과 "쳐든 팔"; '코아흐 하까돌'과 '즈로아 느투야'), 32 : 17("큰 능력과 펴신 팔"; '코아흐 하까돌'과 '즈로아 느투야'), 32 : 21("강한 손과 펴신 팔") 등이 그러하며, 예레미야 밖에서는 출애굽기 6 : 6("편 팔"; '즈로아 느투야'), 신명기 4 : 34("강한 손과 편 팔"; '야드 하자카'와 '즈로아 느투야'), 5 : 15("강한 손과 편 팔"; '야드 하자카'와 '즈로아 느투야'), 7 : 19("강한 손과 편 팔"; '야드 하자카'와 '즈로아 느투야'), 26 : 8("강한 손과 편 팔"; '야드 하자카'와 '즈로아 느투야'), 열왕기상 8 : 42("능한 손"과 "펴신 팔"; '야드 하자카'와 '즈로아 느투야'), 열왕기하 17 : 36("큰 능력과 편 팔"; '코아흐 까돌'과 '즈로아 느투야') 등이 그러하다.

그러나 예레미야 21 : 5에서는 이처럼 중요한 의미를 갖는 표현의 명사와 형용사가 서로 뒤바뀐 채 나타난다. 구약성서에서 흔히 쓰이는 표현이 '야드 하자카'와 '즈로아 느투야'인데, 예레미야 21 : 5는 이를 바꾸어 '야드 느투야'와 '즈로아 하자카'로 표현하고 있기 때문이다. 이는 자기 백성을 구원하시는 야웨 하나님의 역할이 역전되어 이제는 그가 자기 백성을 대적하여 싸우시는 분으로 자신을 드러내실 것임을 암시하는 것으로 보인다(Thompson, 468; Holladay I, 569-570).

자기 백성을 향한 야웨 하나님의 공격은 사람이나 짐승을 가리지 않고 살아 있는 모든 생명체를 겨냥할 것이요, 그의 큰 전염병 공격으로 인하여 모두가 죽음에 이르고 말 것이다(6절). 그런 다음에 야웨께서는 전염병과 칼과 기근에서 살아남은 자들을 느부갓네살의 손과 원수들의 손, 그리고 그들의 목숨을 노리는 자들의 손에 넘기실 것이다. 그렇게 되면 그들은 자기들에게 넘겨진 포로들을 측은히 여기거나 긍휼히 여기지 않을 것이요, 불쌍히 여기지도 않고서 무자비하게 칼로 쳐 죽일 것이다(7절; 참조. 13 : 14).

그런데 흥미롭게도 예레미야는 7절에서 철저하게 세 개의 낱말 쌍(triad)을 기초로 하여 시 종류의 심판을 선고하고 있다. "전염병과 칼과 기근"(다른 곳에서는 "칼과 기근과 전염병"으로 표현됨, 14 : 12; 21 : 7, 9; 24 : 10; 27 : 8, 13; 29 : 17, 18; 32 : 24, 36; 34 : 17["칼과 전염병과 기근"]; 38 : 2; 42 : 17, 22; 44 : 13)이 그 첫 번째요, "느부갓네살 왕의 손과 그들의 원수의 손과 그들의 생명을 찾는 자들의 손"이 그 두 번째에 해당하는 것이다. 그리고 세 번째는 "측은히 여기지 아니하며 긍휼히 여기지 아니하며 불쌍히 여기지 아니하리라"(참조. 13 : 14)는 표현에 있다(Craigie 외, 288). 예레미야는 이러한 세 개의 낱말 쌍들을 거듭 사용함으로써, 6절의 "큰 전염병"에 국한되었던 야웨 하나님의 심판이 크게 확장될 것임을 암시하고 있다.

예레미야가 7절에서 이렇게 말하는 자들, 곧 포로로 잡혀가 무자비하게 죽임당할 자들 중에는 시드기야 왕과 그의 신하들이 포함된다. 실제로 예루살렘 포위 공격을 시작한 지 2년이 지난 후에 예루살렘을 함락시킨 느부갓네살은, 7절의 예언 메시지가 밝힌 것처럼, 당장 시드기야의 목숨을 빼앗지 않고 도리어 그를 살려 준다. 물론 느부갓네살은 시드기야를 포로로 사로잡아 가기 전에 먼저 그의 아들들을 처형하고 유다의 모든 고관을 죽인다. 그러고 난 후에 그는 시드기야의 두 눈을 뺀 다음, 그를 놋사슬로 결박하여 바벨론으로 끌고 가서 그가 죽을 때까지 감옥에 가두고 말았다(52 : 10-11).

3. 생명의 길과 사망의 길(21 : 8-10)

8여호와께서 말씀하시기를 보라 내가 너희 앞에 생명의 길과 사망의 길
을 두었노라 너는 이 백성에게 전하라 하셨느니라 9이 성읍에 사는 자는
칼과 기근과 전염병에 죽으려니와 너희를 에워싼 갈대아인에게 나가서
항복하는 자는 살 것이나 그의 목숨은 전리품같이 되리라 10여호와의 말

씀이니라 내가 나의 얼굴을 이 성읍으로 향함은 복을 내리기 위함이 아니요 화를 내리기 위함이라 이 성읍이 바벨론 왕의 손에 넘김이 될 것이요 그는 그것을 불사르리라

[21:8–10] 야웨께서는 자기 백성을 철저하게 심판하실 것이지만, 모든 사람들을 다 죽이고 멸하시는 것은 아니다. 그는 유다 백성 앞에 생명의 길과 죽음의 길을 두셨음을 그들에게 밝히신다(8절). 예레미야가 말하는 "이 성읍", 곧 예루살렘에 사는 자들은 칼과 기근과 전염병에 죽게 되겠지만, 그들을 포위 공격하는 갈대아인들에게 나아가서 항복하는 자들은 죽지 않고 살 것이다. 그러나 불행하게도 그들은 마치 노략물이나 전리품을 얻음같이 겨우 자신의 목숨을 건질 것이다(9절). 그들의 목숨이 노략물이나 전리품(booty, '샬랄'; 개역 개정판은 똑같은 히브리어 낱말 '샬랄'을 38:2; 39:18; 45:5에서는 "노략물"로 번역함.)같이 여겨질 것이라는 얘기다. 9절의 이러한 메시지는 38:2에서 거의 그대로 되풀이된다: "……이 성에 머무는 자는 칼과 기근과 전염병에 죽으리라 그러나 갈대아인에게 항복하는 자는 살리니 그는 노략물을 얻음같이 자기의 목숨을 건지리라"(참조. 38:17–18).

예레미야가 이렇게 되풀이하고 있는 생명의 길과 죽음의 길은 얼핏 보기에는 앞에서 살핀 바 있는 17:5~8이나 18:7~10에서도 발견되는 것처럼 보인다. 사실 이 두 본문은 표현만 다를 뿐이지 제각기 저주와 복, 그리고 재앙 철회와 복의 취소에 대해서 언급하고 있다. 만일 유다 백성이 잘못된 길에서 돌이켜 회개하는 마음으로 야웨 하나님을 의지하고 신뢰한다면, 복이 그들에게 임할 것이요, 본래 예정되었던 재앙도 철회될 것이다. 그러나 정반대로 그들이 바른 길에서 벗어나 야웨 하나님을 버리고 그의 뜻에 불순종한다면, 저주가 그들에게 임할 것이요, 본래 예정되었던 복도 취소되고 말 것이다.

그러나 예레미야가 여기서 말하는 생명의 길과 죽음의 길은 그 의미가 많

이 다르다. 전에는 회개하고 돌이킬 경우 심판이나 재앙의 철회가 가능할 수도 있었으나, 이제는 그렇게 할 수 있는 단계를 훨씬 넘어서 버렸다. 그들이 회개할 턱도 없거니와, 설령 회개한다고 해도 이제는 심판이나 재앙의 철회가 불가능하다. 심판이 이미 확정되었기 때문이다. 그리하여 예레미야는 바벨론에 항복하는 자들은 목숨을 건질 것이요, 그렇지 않은 자들은 목숨을 잃을 것이라고 말한다. 바벨론에 항복하는 자들에게는 생명의 길이 약속되겠지만, 그렇지 않고 바벨론에 맞서거나 저항하려는 자들에게는 죽음의 길이 약속되어 있다는 얘기다. 이것은 멸망 직전의 유다 백성에게 남겨진 생명의 길이나 죽음의 길이 공히 심판 개념에 포함되어 있음을 의미한다. 또한 그것은 선택의 여지 없이 일방적으로 야웨 하나님에 의하여 두 개의 길이 그들에게 주어질 것임을 뜻한다. 심판의 테두리 안에서 생명의 길과 죽음의 길이 결정된다는 얘기다.

10절은 유다 백성이 직면할 수밖에 없는 이러한 강제적인 양자택일의 심판 상황을 비유적인 언어로 묘사하고 있다. 예레미야의 설명에 의하면, 야웨께서 예루살렘 도성을 마주보고 계신 것은, 그곳과 그 도성 주민들에게 복을 내리기 위해서가 결코 아니다. 도리어 그들에게 재앙을 내리려고 그들을 바라보고 계신다. 그가 예루살렘 도성에 내리실 재앙은 무엇을 가리키는가? 그것은 곧 야웨께서 예루살렘을 바벨론 왕의 손에 넘기시고, 그곳을 불질러 버리실 것임을 가리킨다(10절). 전에는 거룩한 용사로서 자기 백성을 위해 싸우시던 야웨께서 이제는 범죄한 자기 백성을 벌하시기 위해 바벨론 왕을 도구로 사용하실 것이다.

4. 유다 왕실에 임할 심판(21 : 11-14)

> [11]유다 왕의 집에 대한 여호와의 말을 들으라 [12]여호와께서 이와 같이 말
> 씀하시니라 다윗의 집이여 너는 아침마다 정의롭게 판결하여 탈취당한

자를 압박자의 손에서 건지라 그리하지 아니하면 너희의 악행 때문에
내 분노가 불같이 일어나서 사르리니 능히 끌 자가 없으리라 [13]여호와의
말씀이니라 골짜기와 평원 바위의 주민아 보라 너희가 말하기를 누가
내려와서 우리를 치리요 누가 우리의 거처에 들어오리요 하거니와 나는
네 대적이라 [14]내가 너희 행위대로 너희를 벌할 것이요 내가 또 수풀에
불을 놓아 그 모든 주위를 사르리라 여호와의 말씀이니라

[21 : 11–14] 11~14절은 3절에서 시작된 메시지를 뒤잇고 있는 것으로 보인다. 그러나 실제로는 그렇지 않다는 것이 금방 드러난다. 3~10절은 예루살렘이 대표하는 남왕국 유다 전체를 향한 심판 메시지를 담고 있지만, 11~14절의 심판 메시지는 그중에서도 다윗의 후손들을 칭하는 유다 왕의 집을 겨냥하고 있기 때문이다. 이 단락이 "유다 왕의 집에 대한 여호와의 말"이라고 밝히는 11절이 그 점을 뒷받침한다. 1절부터 줄곧 산문체의 예언 메시지가 이어지다가 11절부터 갑자기 시문체로 바뀐다는 것도 두 단락 사이의 무시할 수 없는 중요한 차이점들 중의 하나로 여겨질 수 있다. 그런데 개역 개정판은 항상 야웨의 "말씀"으로 번역하고 있는 히브리어 낱말 '다바르'(word)를 11절에서는 8 : 9에서와 똑같이 "말"로 번역하고 있어서 수정이 필요한 것으로 보인다.

예레미야는 11절에서 사용한 "유다 왕의 집"이라는 표현을 12절에서는 "다윗의 집"으로 바꾸어 쓰면서, 11절에서와 똑같이 "너희"라는 2인칭 남성 복수 형태의 명령문을 연이어 사용한다. 개역 개정판은 "너는 아침마다 정의롭게 판결하여"에서 히브리어 본문의 "너희"를 "너"로 번역하는 명백한 오류를 범하고 있다. "너희"로 고쳐야 마땅하다. 아무튼 이 첫 구절에서 야웨께서는 다윗의 집으로 하여금 정의를 행할 것을 명하신다. 아침마다 정의롭게(justice, '미슈파트') 판결하라는 명령은, 하루를 시작할 때마다 유다 백성에게 정의('미슈파트')를 행할 것을 명하시는 것이라 할 수 있다. 이 명령이 일

반적이고 포괄적인 정의의 실천을 명하는 것이라면, 탈취당한 자를 압박자의 손에서 건질 것을 명하시는 것은 조금 더 구체적인 정의의 실천을 명하시는 것이라 할 수 있다. 만일 그들이 이 두 가지 명령에 순종하지 않을 경우에는 어떻게 되는가? 그럴 경우에는 그들의 악행 때문에 야웨 하나님의 분노가 불같이 일어날 것이요, 그것을 끌 자가 없을 것이다(12절; 참조. 4 : 4b).

야웨께서는 또한 골짜기 사이에 거주하며 바위가 많은 평원 지대에 거주하는 예루살렘 통치자들의 말을 인용하시면서, 결코 그들이 생각한 대로 되지 않을 것임을 분명하게 밝히신다. 그들은 부정적인 답변이 예상되는 두 개의 수사학적인 질문을 던진다. 자기들에게로 내려와서 공격할 자가 누구겠으며, 자기들의 깊숙한 거처에까지 들어올 자가 누구겠느냐는 질문이 그렇다(13a절). 이 두 개의 질문에 의하면, 그들은 골짜기에 둘러싸인 예루살렘의 지대가 높기 때문에 어느 누구도 함부로 침공하지 못할 것이라는 자신감을 가지고 있었음에 틀림없다. 그러나 야웨께서 그들과 함께하시지 않으면 아무 소용이 없다. 더욱이 그들이 야웨 하나님을 버리고 다른 신들을 섬기는 죄를 범할 경우에는 더 말할 것이 없다. 그들의 죄악을 잘 아시는 야웨께서는 그들이 아무리 견고한 성읍에 거주하고 있다 할지라도, 자신이 친히 그들의 대적이 되어 그들을 치실 것이라는 심판의 말씀을 전하신다(13b절).

13절의 이러한 메시지는 11~12절이 유다 나라의 왕실 내지는 유다 나라의 왕을 겨냥하는 심판의 메시지인 반면에, 13절과 14절은 예루살렘에 거주하는 통치자들을 겨냥하고 있는 심판의 메시지임을 암시한다. 실제로 13b절은 야웨께서 그들을 대적하실 것이라고 말하며, 14절은 13절의 수사학적인 질문, 곧 어느 누가 난공불락의 요새나 다름없는 예루살렘을 감히 공격할 수 있겠느냐는 물음에 대하여, 오직 야웨 하나님만이 그렇게 하실 수 있다는 답변을 제공하고 있다. 그 답변에 의하면, 그들을 대적하시는 야웨께서 12절에 언급된 것과도 같은 그들의 행위를 따라 그들을 벌하실 것이요, 아무도 접근하지 못하리라고 자신하던 성읍 수풀에 불을 놓아 그 모든 주변을 다 태워 버리실 것이라고 말한다(참조. 10b절). 여기서 말하는 수풀은 아마도 예루살렘 성읍을 가리킬 것이다. 그렇게 본다면, 예레미야가 14b절에서 말하는 수풀은 예루살렘 도성의 왕궁과 성전을 가리킬 것이요, 특히 레바논 수풀궁(the house of the forest of Lebanon, 왕상 7 : 2; 참조. 왕상 10 : 17, 21)으로 알려진 왕궁을 가리킬 것이다(Holladay I , 579).

예루살렘과 유다 왕실을 향한 심판 메시지를 담고 있는 11~14절의 이러한 내용은 그 다음에 이어지는 내용의 도입부를 이루고 있을 가능성이 매우 높다. 지금 성서 본문에 반영되어 있는 전통적인 장 구분에도 불구하고 말이다. 왜냐하면 11~14절이 말하는 일반적인 왕실 심판 메시지는 22 : 1~9에서 계속되며, 그 후에 조금 더 구체적으로 왕들을 향한 심판의 메시지를 담고 있는 본문들이 23 : 8까지 계속 이어지고 있기 때문이다. 이를테면 여호아하스(살룸)를 겨냥하고 있는 22 : 10~12, 여호야김(엘리아김)을 겨냥하고 있는 22 : 13~19, 그리고 여호야긴(고니야)을 겨냥하고 있는 22 : 24~30 등이 그렇다. 그리고 마지막 23 : 1~8은 유다 왕들 전체를 향한 심판 메시지를 담고 있다.

설교를 위한 묵상

1) 시드기야 왕은 두 명의 특사를 예레미야에게 보내어 바벨론 군대의 침략으로부터 유다 나라의 구원을 위해 야웨 하나님께 중재 기도를 해 달라는 부탁을 한다. 그러나 그의 중재 기도 요청은 받아들여지지 않는다. 성전 총감독 바스훌을 비롯한 권력자들이 예레미야를 괴롭히고 핍박할 때는 수수방관하더니, 당장에 그가 선포한 재앙과 심판이 목전에 닥치자 예레미야에게 중재 기도를 요청하는 시드기야 왕의 모습은 왕이 취해야 할 올바른 태도라고 하기 어렵다. 요나의 심판 메시지를 듣고서 일반 백성이 대대적인 회개 운동을 벌이는 것을 보고서 이를 전국으로 확대시켰던 니느웨 왕의 모습(욘 3장)이야말로 그에게 정말 필요한 것이었다. 그러나 불행하게

도 시드기야 왕에게는 이러한 모습을 찾아볼 길이 없었다.
예레미야는 왕을 비롯한 모든 유다 백성을 향하여 수도 없이 회개하고 야웨께 돌아오라는 메시지를 선포한 바가 있다. 그러나 그들이 이에 귀를 기울이지 않은 탓에 이미 심판이 확정되어 바벨론 군대가 성읍을 향해 진격하고 있는 상황에서는, 중재 기도 요청이 아무런 의미도 갖지 못한다. 야웨께서 예레미야에게 여러 차례 유다 나라와 백성을 위한 중재 기도 자체를 금지하셨기에 더욱 그렇다. 나라의 최고 권력자가 요청했다고 해서 하나님의 종인 예레미야가 시드기야의 중재 기도 요청에 응할 까닭도 없다. 이미 결정된 하나님의 심판은 취소될 수 없다. 최고 권력자인 왕이라고 해서 그것을 돌이킬 수 있는 것은 더욱 아니다. 우주 만물을 창조하시고 세상 역사를 주관하시는 하나님의 결정을 돌이킬 수 있는 것은 어디에도 없다. 그 까닭에 예레미야는 온갖 훼방과 핍박을 무릅쓰고서 용감하게 심판을 선고하며, 바벨론에 항복하는 자라야 목숨을 건질 수 있다는 메시지를 전한다. 이러한 용기가 오늘날 우리에게도 필요하지 않을까 싶다.

2) 예루살렘 주민들과 그곳에 거주하는 통치자들은 예루살렘이 골짜기 사이에 있는 데다가 바위가 많은 평원 지대에 자리하고 있기에 어떤 군대가 와도 쉽게 무너뜨리지 못한다는 자신감을 가지고 있었다. 그들은 누가 자기들을 공격하여 무너뜨릴 수 있겠느냐는 질문을 통하여 자기들의 자신감을 표현하곤 했다. 이 질문은 야웨 하나님의 심판조차도 천연의 요새와 다름없는 예루살렘을 건들지 못할 것이라는 자만심에서 비롯된 것이었다. 그들의 이러한 자신감은 충분히 근거가 있는 것이라 할 수 있다. 왜냐하면 예루살렘은 이스라엘 백성의 가나안 정착 이후 다윗 통치 초기 때까지도 정복되지 못한 채 여전히 여부스 족속이 거주하고 있었기 때문이다. 다윗이 예루살렘을 공격할 때조차도 여부스 족속은 "네가 결코 이리로 들어오지 못하리라 맹인과 다리 저는 자라도 너를 물리치리라"(삼하 5 : 6)는 말로 그들의 넘치는 자신감을 표현할 정도였다. 몸이 불편한 사람들만으로도 쉽게 막아 낼 수 있을 만큼 예루살렘이 견고한 성읍이라는 자신감을 그들은 이렇게 표현했던 것이다. 그럼에도 불구하고 종국에는 다윗이 예루살렘을 정복하고서 통일 왕국의 수도로 삼았지만 말이다. 이제는 상황이 바뀌어 유다 백성이 여부스 족속처럼 예루살렘의 견고함을 자신하면서, 어느 누구도 예루살렘을 침공하여 함락시키지 못한다는 자신감을 질문 형태로

표현하고 있다. 그러나 야웨께서는 예루살렘 주민과 통치자들의 자신감 넘치는 질문을 그대로 인용하시되, 결코 그들이 생각한 대로 되지 않을 것임을 분명하게 밝히신다. 이미 심판이 확정된 상황에서는 그 무서운 심판을 막아 낼 사람이 어디에도 없다. 예레미야와 같이 신실한 예언자가 중재 기도를 드린다고 해도 소용없다. 중재 기도의 금지 자체가 그 점을 암시하고 있다. 어느 민족이든 어떠한 성읍이든 야웨께서 함께하시지 않으면 아무 소용이 없는 법이다. 더욱이 그들이 야웨 하나님을 버리고 다른 신들을 섬기는 죄를 범할 경우에는 더 말할 필요가 없다. 유다 나라의 죄악을 잘 아시는 야웨께서는 그들이 아무리 견고한 성읍에 거주하고 있다 할지라도, 자신이 친히 그들의 대적이 되어 그들을 치실 것이라고 말씀하신다. 이처럼 엄위하신 야웨 하나님을 두려워하고 그의 뜻에 순종하는 사람과 민족이라야 안전과 생명을 보증받을 수 있는 법이다.

V. 유다 왕들에게 임할 심판(22 : 1–30)

예레미야는 예루살렘과 유다 왕실에 대한 포괄적인 심판의 말씀(21장)에 이어, 22장에서 일반적인 왕실 심판 메시지(1–9절)와 살룸(여호아하스)을 향한 심판 메시지(10–12절), 여호야김을 향한 심판 메시지(13–19절), 그리고 여호야긴을 향한 심판 메시지(24–30절) 등의 심판 예언을 연속적으로 선포한다. 그리고 그 중간에 있는 20~23절에서는 예루살렘에 임할 야웨 하나님의 심판을 선포하고 있다. 그러나 문체상의 특징에 근거해서 본다면, 이러한 내용 단락들은 산문체와 시문체에 따라서 다음과 같이 구분될 수 있는 바, 이는 22장이 산문체와 시문체가 번갈아 가면서 교대로 반복되는 특징을 가지고 있음을 보여 준다.

1~5절 산문체

6~7절 시문체

8~9절 산문체

10절 시문체

11~12절 산문체

13~23절 시문체

24~27절 산문체

28~30절 시문체

비록 예레미야의 이름을 한 번도 언급하고 있지 않지만, 22장 역시 예레미야의 예언 메시지가 야웨 하나님의 말씀임을 강조하는 '코 아마르 야웨'(thus says Yahweh, "야웨께서 이와 같이 말씀하시기를")라는 사자 양식과 '느움 야웨'(declares Yahweh, "야웨의 말씀이니라")라는 특징적인 예언구를 자주 사용하고 있다. '코 아마르 야웨'는 1, 3, 6, 11, 18, 30절에서 모두 여섯 번 사용되고 있으며, '느움 야웨'는 5, 16, 24절에서 세 번 사용되고 있다.

1. 일반적인 왕실 심판 메시지(22 : 1–9)

1여호와께서 이와 같이 말씀하시되 너는 유다 왕의 집에 내려가서 거기
에서 이 말을 선언하여 2이르기를 다윗의 왕위에 앉은 유다 왕이여 너
와 네 신하와 이 문들로 들어오는 네 백성은 여호와의 말씀을 들을지
니라 3여호와께서 이와 같이 말씀하시되 너희가 정의와 공의를 행하여
탈취당한 자를 압박하는 자의 손에서 건지고 이방인과 고아와 과부를
압제하거나 학대하지 말며 이곳에서 무죄한 피를 흘리지 말라 4너희가
참으로 이 말을 준행하면 다윗의 왕위에 앉을 왕들과 신하들과 백성이
병거와 말을 타고 이 집 문으로 들어오게 되리라 5그러나 너희가 이 말

을 듣지 아니하면 내가 나를 두고 맹세하노니 이 집이 황폐하리라 여호
와의 말씀이니라 6여호와께서 유다 왕의 집에 대하여 이와 같이 말씀하
시니라 네가 내게 길르앗 같고 레바논의 머리이나 내가 반드시 너로 광
야와 주민이 없는 성읍을 만들 것이라 7내가 너를 파멸할 자를 준비하리
니 그들이 각기 손에 무기를 가지고 네 아름다운 백향목을 찍어 불에 던
지리라 8여러 민족들이 이 성읍으로 지나가며 서로 말하기를 여호와가
이 큰 성읍에 이같이 행함은 어찌 됨인고 하겠고 9그들이 대답하기는 이
는 그들이 자기 하나님 여호와의 언약을 버리고 다른 신들에게 절하고
그를 섬긴 까닭이라 하셨다 할지니라

[22 : 1–9] 1~9절은 1~5절과 6~7절 및 8~9절 등 세 개의 하위 단락들로 나누어진다. 1~5절과 6~7절은 제각기 이름이 알려지지 않은 어떤 왕–시드기야(Fretheim, 316)나 여호야김(Craigie 외, 297)을 가리킬 수도 있는–을 향한 심판의 말씀을 담고 있으며, 8~9절은 질문과 답변의 형태를 빌어 예루살렘 함락의 이유를 밝히고 있다. 이 세 개의 하위 단락들은 산문체(1–5절)로 시작했다가 중간의 시문체(6–7절)를 거쳐 다시금 산문체(8–9절)로 마무리되는 특징을 가지고 있다. 그리고 예레미야는 2절에서는 유다 왕을 2인칭 남성 단수로 칭하지만, 3~5절에서는 왕궁 사람들과 백성 모두를 묶어서 2인칭 남성 복수로 칭하며, 6~7절에서 다시금 2인칭 남성 단수로 돌아온다. 그런가 하면 9절에서는 여러 민족들이 그들을 3인칭 남성 복수로 칭하는 모습을 보인다.

먼저 야웨께서는 유다 왕과 왕실에 속한 관리들의 책임을 묻기 위해 예레미야를 왕궁으로 보내신다. 그는 예레미야에게 유다 왕의 집, 곧 유다 왕궁으로 내려가서 그곳에서 심판의 말씀을 선포하라고 명하신다(1절). 여기서 야웨께서 그에게 왕궁으로 "내려가라"(go down)고 명하셨다는 것은, 예레미야가 이 명령을 받기 전에 성전에 있었음을 암시하는 것으로 보인다. 성전에

머물러 있던 예레미야는 하나님의 이 명령을 따라 유다 왕궁으로 내려갔으며, 다윗의 왕위에 앉은 유다 왕에게 신하들과 예루살렘 성읍으로 출입하는 모든 백성과 함께 야웨의 말씀을 들으라고 말한다(2절). 야웨께서는 그들에게 정의(justice, '미슈파트')와 공의(righteousness, '츠다카')를 실천하고 억압하는 자들에게 짓눌려 고통당하는 사람들을 그들로부터 건져 주고, 이방인(stranger/alien, '게르')과 고아와 과부를 괴롭히거나 학대하지 말고, 왕궁에서 무죄한 사람의 피를 흘리지 말 것을 명하신다(3절).

야웨 하나님과의 언약 관계에 충실할 것을 명하는 이 말씀은 유다 나라의 지도자들에게 공동체 안의 약한 자들과 무력한 자들, 곧 자신의 억울한 상황을 호소할 힘도 없고 도움 받을 데도 전혀 없는 사회적 약자들의 권리를 과감하게 변호함으로써, 그 땅에 사회 정의를 증진시킬 것을 명하신 것이라 할 수 있다. 예레미야는 이미 앞의 성전 설교(7장)에서 이와 유사하게 "너희가 만일 길과 행위를 참으로 바르게 하여 이웃들 사이에 정의(justice, '미슈파트')를 행하며 이방인과 고아와 과부를 압제하지 아니하며 무죄한 자의 피를 이곳에서 흘리지 아니하며 다른 신들 뒤를 따라 화를 자초하지 아니하면"(7 : 5-6)이라는 예언 메시지를 선포한 바가 있으며, 19 : 4에서는 유다 나라의 왕들이 힌놈의 아들 골짜기를 무죄한 자들의 피로 채웠음을 비난한 바 있다. 그리고 바로 앞의 21 : 12a에서는 '코 아마르 야웨'라는 사자 양식을 포함하여 3절의 명령과 매우 유사한 어조로 다음과 같이 유다 왕실을 비판하는 메시지를 선포한 바가 있다: "여호와께서 이와 같이 말씀하시니라 다윗의 집이여 너는 아침마다 정의롭게(justice, '미슈파트'; 이에 대해서는 21 : 12에 대한 설명 참조) 판결하여 탈취당한 자를 압박자의 손에서 건지라".

유다 나라의 지도자들에게 임할 운명은 이처럼 사회적 약자들을 보살피고 섬길 것을 명하는 야웨 하나님의 언약 규정에 그들이 얼마나 즐거운 마음으로 순종하느냐에 달려 있다. 만일 그들이 이 명령을 기쁨으로 철저하게 실천한다면, 다윗의 왕위에 앉을 왕들이 병거와 군마를 타고 신하와 백성을 거느리고서 왕궁의 대문 안으로 들어오게 될 것이다(4절). 안식일을 거룩하게 잘 지키면 "다윗의 왕위에 앉아 있는 왕들과 고관들이 병거와 말을 타고 이 성문으로 들어오되 그들과 유다 모든 백성과 예루살렘 주민들이 함께 그리할 것이요 이 성은 영원히 있을 것"이라고 말하는 17 : 25도 이와 비슷한 약속의 말씀을 담고 있다.

그러나 이와는 정반대로, 만일 그들이 야웨 하나님의 명령을 귀담아 듣지 않고 그 명령에 순종하지 않는다면 어떠한 결과가 초래되는가? 만일 그러한 불순종이 이루어질 경우, 야웨께서는 유다 왕궁을 폐허로 만들겠다고 맹세하신다(5절). 왕궁을 폐허로 만드시겠다는 야웨 하나님의 이러한 맹세는, 안식일을 거룩하게 지키지 않을 경우, "성문에 불을 놓아 예루살렘 궁전을 삼키게 하리니 그 불이 꺼지지 아니하리라"라는 심판의 말씀(17 : 27)과 같은 맥락에 속한 것이다. 사회적인 약자들을 향한 정의의 실천을 등한시하는 경우에 야웨께서 성읍을 불로 심판하시겠다는 21 : 14의 심판 메시지도 마찬가지이다.

순종과 불순종에 따르는 복과 저주에 관하여 말하는 4~5절의 이러한 예언 메시지는 시내 산 언약 규정에 기초한 것이라 할 수 있다. 따라서 야웨 하나님의 명령에 대한 순종은 다윗 왕조를 안전하게 만들 것이지만, 불순종은 다윗 왕조를 파멸에 빠뜨릴 수밖에 없다. 그리고 무엇보다 중요한 것은, 유다 나라와 다윗 왕조를 향한 야웨 하나님의 심판이 야웨께서 "나를 두고"(by myself) 스스로 맹세한 것이라는 점이다(5절). 이것은 야웨께서 유다 나라와 다윗 왕조를 반드시 심판하실 것임을 스스로 다짐한 것으로, 앞서 여러 번 언급한 바와 같이, 야웨 하나님의 심판이 이미 확정되었기에 결코 철회될 수 없는 것임을 뜻하는 메시지가 아닐 수 없다.

그런데 심판을 받아 폐허가 될 유다 나라의 왕궁은 길르앗과 레바논의 삼림에서 베어 낸 나무들로 만들어져 있었던 것으로 보인다. 유다 왕궁이 야웨께서 보시기에는 길르앗과도 같고 레바논의 머리와도 같다는 말씀(6a절)이 이러한 사실을 뒷받침한다. 실제로 길르앗과 레바논은 산악 지대로서 삼림이 우거진 곳들이었다. 바로 이 때문에 예루살렘에 있는 유다 나라의 왕궁은 레바논 수풀궁(the house of the forest of Lebanon, 왕상 7 : 2)으로 불리기도 했다.

그러나 유다 왕궁의 호화스러움과 영화로움이 그것을 안전하게 만드는 것은 결코 아니다. 왕을 비롯한 유다 나라의 지도자들이 하나님의 뜻을 바르게 알고 그의 명령에 순종할 때에야 비로소 그들의 안전이 보증된다. 그 까닭에 야웨께서는 만일 그들이 자신의 명령에 순종한다면 안정과 평화를 보증하시겠지만, 정반대로 그의 명령에 불순종한다면 그들을 광야와 주민 없는 성읍으로 만드실 것이다(6b절; 참조. 호 2 : 3[H 2 : 5]). 왕궁이 아무리 화려하게 지어져 있다 할지라도 소용없다. 설령 그곳이 길르앗이나 레바논처럼 숲과 나무로 가득한 곳이라 할지라도, 야웨께서는 그곳을 나무 한 그루 자라지 않는 광야로, 그리고 사람이 도무지 살 수 없는 곳으로 바꾸어 버리실 것이다.

뿐만 아니라 야웨께서는 하나님이 세운 지도자로서의 직무를 올바로 이행하지 못한 자들을 벌하고 그들의 나라를 파멸시킬 자를 성별하실(consecrated/set apart, '킷다슈티'; 개역 개정판은 "준비하다"는 동사로 약하게 번역함.) 것이요, 그들은 제각기 자기 손에 무기를 들고서 그들의 아름다운 백향목을 찍어 불에 던지고 말 것이다(7절). 아름다운 백향목으로 만든 왕궁을 불태워 버릴 것이라는 얘기다. 이스라엘 백성은 전쟁 중에 다른 민족의 성읍을 점령할 때 그곳의 나무를 찍어 내서는 안 되었으나(신 20 : 19-20), 야웨 하나님께서 성별하여 세우신 원수의 군대는 유다 나라를 점령할 때 한 그루의 나무도 남김없이 다 불태움으로써, 그곳을 광야와 주민이 없는 성읍과도 같이 만들어 버릴 것이다.

예레미야는 8~9절에서 질문과 답변의 형태로 예루살렘 왕궁이 이처럼 철저하게 파멸당하게 되는 이유가 무엇인지 밝히고 있다(참조. 신 29 : 24-

26; 왕상 9 : 8-9). 예루살렘 멸망의 이유를 묻는 자들과 그 질문에 답하는 자들은 유다 백성이 아니라, 이미 폐허가 되어 버린 그곳을 지나가는 다른 나라 사람들이다. 남왕국 유다에 임한 재앙을 보고 놀라면서 그들을 조롱하게 될(19 : 8) 그들은 예루살렘의 폐허 곁을 지나는 중에, 무엇 때문에 야웨께서 그 큰 성읍을 그렇게 폐허로 만드셨는지 모르겠다는 질문을 서로에게 던질 것이다(8절). 이러한 질문에 대하여 그 구경꾼들은 유다 나라의 지도자들이 야웨 하나님의 언약을 버리고 다른 신들에게 절하면서 그 신들을 열심히 섬긴 까닭에 그렇게 된 것이라는 답을 서로에게 줄 것이다(9절; 참조. 19 : 4-8).

여러 민족에 속한 구경꾼들이 이처럼 서로 간에 주고받는 질문과 답변에서 우리는 두 가지 중요한 사실을 발견하게 된다. 그 하나는 그러한 질문과 답변을 주고받는 자들이 이방 나라 사람들이지만 야웨 하나님의 심판 주권을 인정하고 있다는 사실이다. 그리고 다른 하나는 그들이 유다 나라의 파멸 원인을 유다 백성보다 더 정확하게 인식하고 있다는 점이다. 어쩌면 이방 나라 사람들이 실제로 그러한 질문과 답변을 주고받지 않았을 수도 있다. 도리어 그것은 유다 백성과 지도자들에게 그들의 무지와 어리석음을 깨닫게 하려는 하나의 문학적인 기교일 수도 있다(Craigie 외, 303).

2. 살룸을 향한 심판 메시지(22 : 10-12)

10너희는 죽은 자를 위하여 울지 말며 그를 위하여 애통하지 말고 잡혀
간 자를 위하여 슬피 울라 그는 다시 돌아와 그 고국을 보지 못할 것임
이라 11여호와께서 유다 왕 요시야의 아들 곧 그의 아버지 요시야를 이
어 왕이 되었다가 이곳에서 나간 살룸에 대하여 이와 같이 말씀하시니
라 그가 이곳으로 다시 돌아오지 못하고 12잡혀간 곳에서 그가 거기서
죽으리니 이 땅을 다시 보지 못하리라

[22 : 10–12] 1~9절에서 일반적인 왕실 심판 메시지를 전한 예레미야는 10절부터 구체적으로 유다 왕들을 향한 심판 메시지를 선포한다. 그 첫 번째 인물은 요시야 왕의 아들인 살룸(더 정확한 발음은 '샬룸'; Shallum)이다. 주전 609년에 아버지 요시야의 갑작스런 죽음으로 왕위에 오르게 된 살룸은 "여호아하스"(왕하 23 : 30)라는 이름으로 알려진 왕이기도 하다. 요시야 왕의 아들들을 순서대로 나열하는 역대상 3 : 15("요시야의 아들들은 맏아들 요하난과 둘째 여호야김과 셋째 시드기야와 넷째 살룸이요")에 의하면, 살룸이 본명(given/personal/private name)이고 여호아하스는 즉위명(regnal/royal/throne name)인 것으로 보인다.

그런데 예레미야는 유다 백성에게 죽은 자를 위하여 울지 말고 애통하지 말 것이요, 차라리 잡혀간 자를 위하여 슬피 울라는 야웨 하나님의 명령을 전한다. 예레미야가 여기서 말하는 "죽은 자"는 누구를 가리키는 것일까? 11절에서 처음으로 살룸 왕의 이름이 언급되는 것을 보면, "죽은 자"는 살룸 왕의 아버지인 요시야 왕을 가리키고 있음에 틀림없다. 대대적인 종교개혁을 일으킴으로써 대단히 훌륭한 왕으로 칭송받던(왕하 22 : 1–23 : 27) 요시야 왕은 주전 609년에 바벨론 제국에 맞서 앗수르 왕을 도우려고(개역 개정판은 전치사 '알'을 "치고자 하여"로 번역하지만, 공동번역과 표준새번역 및 NIV 등은 "도우려고"[to help the king of Assyria]로 번역함.) 유프라테스 강을 향해 올라가던 이집트 왕 느고(Necho Ⅱ, 주전 610–594년)의 군대를 방비하다가 므깃도에서 불시에 죽임을 당하고 말았다(왕하 23 : 29).

역대하 35 : 20~27은 요시야 왕의 죽음과 그 후의 상황을 훨씬 상세하게 설명하고 있다. 이 설명에 의하면, 요시야는 하나님의 입에서 나온 느고 왕의 말을 듣지 않고 므깃도에서 느고의 군대와 싸우다가 중상을 입은 후 예루살렘에서 죽었다. 이에 온 유다와 예루살렘 사람들은 요시야의 죽음을 슬퍼했으며, 예레미야는 그를 위하여 애가를 지어 부르기까지 했다. 이렇듯이 요시야 왕의 죽음을 크게 슬퍼한 유다 백성은 그의 아들 여호아하스에게 기름을 부어 아버지를 대신하여 왕으로 삼았다(왕하 23 : 29-30).

그런데 이처럼 온 백성이 큰 슬픔에 잠겨 있는 상황 속에서 예레미야는 이미 죽은 자인 요시야 왕을 위하여 울거나 탄식하지 말고, 도리어 그의 아들이요 왕위 계승자인 살룸("잡혀간 자")의 비극적인 운명을 두고서 탄식하라고 그들에게 명한다(10a절). 왜냐하면 그의 아버지인 요시야 왕은 그나마 대대적인 종교개혁을 통하여 나라를 새롭게 함으로 큰 칭송을 받은 왕이지만, 살룸은 유다 나라를 단지 3개월밖에 통치하지 못함으로 인하여 아무런 업적도 남기지 못했고, 3개월 통치 후에는 곧바로 이집트의 왕 느고에게 포로로 사로잡혀 갔기 때문이다(왕하 23 : 31-34).

예레미야가 살룸을 위하여 슬피 울라고 명한 것은 아버지 요시야를 이어 유다 왕이 된 살룸이 포로로 잡혀간 후 고국으로 돌아오지 못할 것이요, 고향 땅을 다시는 보지 못할 것이며(10b-11절), 고국으로 돌아오지 못한 채 자신을 포로로 잡아간 이집트 땅에서 죽을 것이기 때문이다(12절). 실제로 살룸은 포로로 잡혀간 이집트 땅에서 최후를 맞이해야만 하는 불행한 운명에 처해지고 말았다(왕하 23 : 34).

3. 여호야김을 향한 심판 메시지(22 : 13-19)

13불의로 그 집을 세우며 부정하게 그 다락방을 지으며 자기의 이웃을
고용하고 그의 품삯을 주지 아니하는 자에게 화 있을진저 14그가 이르기
를 내가 나를 위하여 큰 집과 넓은 다락방을 지으리라 하고 자기를 위
하여 창문을 만들고 그것에 백향목으로 입히고 붉은 빛으로 칠하도다
15네가 백향목을 많이 사용하여 왕이 될 수 있겠느냐 네 아버지가 먹거
나 마시지 아니하였으며 정의와 공의를 행하지 아니하였느냐 그때에 그
가 형통하였었느니라 16그는 가난한 자와 궁핍한 자를 변호하고 형통하
였나니 이것이 나를 앎이 아니냐 여호와의 말씀이니라 17그러나 네 두

> 눈과 마음은 탐욕과 무죄한 피를 흘림과 압박과 포악을 행하려 할 뿐이
> 니라 18그러므로 여호와께서 유다의 왕 요시야의 아들 여호야김에게 대
> 하여 이와 같이 말씀하시니라 무리가 그를 위하여 슬프다 내 형제여, 슬
> 프다 내 자매여 하며 통곡하지 아니할 것이며 그를 위하여 슬프다 주여
> 슬프다 그 영광이여 하며 통곡하지도 아니할 것이라 19그가 끌려 예루살
> 렘 문 밖에 던져지고 나귀같이 매장함을 당하리라

[22 : 13–14] 예레미야는 살룸 왕을 향한 심판 메시지를 선포한 다음에, 바로 이어서 여호야김 왕을 향한 심판 메시지를 선포한다. 13~19절을 조금 더 세분하면, 3인칭 남성 단수형으로 심판의 이유를 설명하는 13~14절과 2인칭 남성 단수형으로 심판의 이유를 설명하는 15~17절, 그리고 3인칭 남성 단수형의 실질적인 심판 메시지를 담고 있는 18~19절의 셋으로 나누어진다. 그런가 하면 15~17절의 중간인 15b~16절은 여호야김의 비뚤어진 통치와 비교되는 아버지 요시야 왕의 올바른 통치를 상당히 압축된 언어로 묘사하고 있다. 그리고 범위를 조금 더 넓혀서 본다면, "화 있을진저"(Woe, '호이')라는 재앙과 저주의 외침(woe cry)으로 시작하는 13~17절이 심판의 이유에 해당하는 비판과 고발 및 책망의 메시지를 담고 있다면, 심판 선고를 이끄는 접속사 "그러므로"(therefore, '라켄')로 시작하는 18~19절은 여호야김 왕을 향한 심판의 메시지를 담고 있다(Jones, 291; Thompson, 480).

18절에서 요시야의 아들로 소개되고 있는 여호야김의 본래 이름은 엘리아김이었다. 그는 여호아하스를 포로로 잡아간 이집트의 왕 느고에 의하여 25세 되던 해에 "요시야를 대신"하는 왕으로 지명되었으며(주전 609–598년), 여호야김이라는 새로운 이름도 부여받았다(왕하 23 : 34, 36). 아마도 여호아하스의 통치 기간이 삼 개월로 너무 짧았기에 여호야김은 여호아하스를 대신하는 왕이 아니라 요시야를 대신하는 왕으로 여겨졌을 것이다. 그런데 열왕기하 본문은 여호아하스와 여호야김이 배다른 형제였음을 분명하게 밝히

고 있다. 이 점은 두 사람의 어머니가 다르다는 사실을 통하여 확인된다. 여호아하스의 어머니는 립나(Libnah) 사람 예레미야의 딸인 하무달이었지만(왕하 23 : 31), 여호야김의 어머니는 루마 브다야의 딸로서 스비다라는 이름을 가지고 있었던 것이다(왕하 23 : 36).

여호야김은 이집트의 왕 느고가 요구하는 은과 금을 조공으로 바치기 위하여 유다 백성에게 과중하게 은금을 징수하는 잘못을 범하였다(왕하 23 : 35). 그는 백성을 섬기는 데 앞장섰던 아버지 요시야의 모범을 따르지 못했다. 아버지를 따르기는커녕 도리어 불의로 왕궁을 세우고 부정하게 그 다락방(=누각)을 지었으며, 자신의 "이웃"과도 같은 유다 백성을 강제노역에 동원하여 종으로 부리면서 품삯을 제대로 주지 않는 잘못을 범하였다(13절). 그는 또한 큰 집과 넓은 다락방을 가진 호화로운 왕궁을 백향목으로 입힌 후 붉은색을 칠하여 아름답게 만들기도 했다(14절).

[22 : 15-17] 왕권의 본질이 호화롭고 아름다운 왕궁에 있지 않음에도 불구하고, 그는 백향목을 많이 사용함으로써 값비싼 왕궁을 짓는 행동이야말로 왕권을 보증하는 것이라고 생각한 것으로 보인다. 백향목을 많이 사용한다고 해서 왕이 될 수 있겠느냐는 질문(15a절)이 그 점을 암시한다. 그러나 왕권을 안전하게 보증해 주는 것은 결코 왕궁 건축 재료인 백향목에 있지 않으며, 값비싼 백향목으로 아름답게 입힌 호화로운 왕궁에도 있지 않다. 정반대로 그것은 왕이 백성 중 연약한 자들을 어떻게 섬기고 보살펴 주느냐에 달려 있다. 약하고 무력한 자들의 재판을 변호함으로써 사회 정의를 증진시키는 일이 바로 그것이다.

예레미야는 아버지 요시야 왕의 예를 들어 여호야김의 판단과 생각이 크게 잘못된 것임을 지적한다. 그의 아버지 요시야 왕은 먹고 마시는 일상적인 삶 속에서도, 3절에서 이미 언급한 바 있는 정의(justice, '미슈파트')와 공의(righteousness, '츠다카')를 행하는 올바른 통치자의 모습을 보였고, 이로 인하여 하나님의 은혜로 형통함을 입을 수 있었다(15b절). 이것은 요시야의 정의로운 통치가 마치 먹고 마시는 일상적인 삶과 마찬가지로 지극히 자연스러운 것이었음을 암시한다. 뿐만 아니라 요시야는 가난 자들과 궁핍한 자들의 사정을 헤아려 처리해 줌으로 인하여 형통함을 입기도 했다(16a절; 참조. 21:12; 22:3). 한마디로 말해서 요시야의 형통함은 그가 야웨 하나님을 아는('야다'의 명사형인 '다아트'=knowledge; 개역 개정판은 "앎"으로 바르게 번역함.) 사람이었기에 가능한 일이었다(16b절).

열왕기하 22~23장에 상세하게 기록되어 있는 대대적인 종교개혁은 요시야 왕이 참으로 야웨 하나님을 올바로 알았던 사람임을 잘 보여 준다. 여기서 "알다"라는 뜻을 가진 히브리어 '야다' 동사는 일반적으로 단순히 머리로 인식하고 아는 것을 뜻하지 않는다. 하나님을 "안다"는 것 역시 마찬가지이다. 그것은 하나님의 뜻에 대한 단순한 지적인 승인이나 충성 선언만을 뜻하는 것이 결코 아니다. 도리어 그것은 하나님의 권위를 인정하고 그의 뜻을 적극적으로 실천에 옮김으로써 하나님의 뜻에 대한 지적인 승인을 입증하는 행동을 뜻한다. 요시야는 이를 가장 잘 보여 준 왕이었다. 그는 자신이 하나님께 속해 있음을 인식하였으며, 왕으로서의 자신의 역할이 사회 정의에 관한 하나님의 뜻을 실행하는 데 있음을 알고 있었다. 그는 가난하고 궁핍한 자들의 재판을 변호함으로써 자신이 하나님의 권위를 인정하고 있음을 입증했던 것이다.

그러나 불행하게도 그의 아들인 여호야김은 전혀 그렇지 못했다. 그는 아버지 요시야 왕과는 대조적으로 탐욕과 무죄한 피를 흘림과 압박과 포악을 행하는 일에 여념이 없었다. 그는 자신의 비뚤어진 두 눈(외적인 행동)과 마음(내적인 성향)이 이끄는 대로 행하였다. 그는 탐욕에 사로잡힌 나머지 자신의 동족을 압제하는 일에 몰두하였기 때문에(17절), 야웨 하나님의 가혹한 형벌을 받게 될 것이다. 18절을 시작하는 심판 어구 "그러므로"(therefore, '라켄')와 더불어 '코 아마르 야웨'라는 사자 양식이 이 점을 뒷받침한다.

[22:18–19] 여호야김 왕에게 임할 심판에는 두 가지가 있다. 그 하나는 유다 백성 중에 어느 누구도 여호야김 왕의 죽음을 슬퍼하지 않을 것이요, 그를 위해 애곡하거나 통곡하는 사람도 없을 것이라는 사실이다. 18절에 이 첫 번째 심판의 내용이 잘 서술되어 있다. 흥미롭게도 예레미야는 13절에서 사용된 '호이'("화 있을진저")를 탄식의 외침(mourning cry)이라는 조금 다른 의미로 네 차례에 걸쳐 반복함으로써(Alas; 개역 개정판은 "슬프다"로 번역함.), 어느 누구도 여호야김의 죽음을 슬퍼하지 않을 것임을 강조하고 있다. 두 번 반복되고 있는 "통곡하지 아니할 것이요"(they will not lament for him)라는 구절도 마찬가지이다. 남자들("형제")이나 여자들("자매") 중에 어느 누구도 그의 죽음을 슬퍼하지 않을 것이요, 그를 "주"(master)로 부르면서 그의 영광이 사라진 것을 두고서 슬퍼할 자도 없을 것이다.

여호야김 왕에게 임할 두 번째 심판은 그의 장례와 관련된 것이다. 19절에서 예레미야는 여호야김 왕이 어떠한 죽음을 맛보게 될 것인지 상세하게 설명하고 있다. 이 설명에 의하면, 여호야김 왕은 예루살렘 문밖에 던져지고 나귀같이 매장을 당할 것이다. 호화롭고 아름다운 왕궁을 건축하던 그가 정작 죽고 난 후에는 왕으로서 제대로 묻히지 못하고 도리어 짐승처럼 취급될 것이라는 사실은 참으로 아이러니한 일이 아닐 수 없다. 그의 시체가 불명예스럽게 매장당할 것이라는 19절의 이러한 심판 선고는 나중에 36:30에서 비슷한 어조로 되풀이된다: "그의 시체는 버림을 당하여 낮에는 더위, 밤에는 추위를 당하리라". 그러나 여호야김이 실제로 어떻게 죽었는지에 대해서는 정확하게 알 길이 없다. 열왕기하 24:6은 단순히 그가 "조상들과 함께 자매"라고만 진술하며, 역대하 36:6은 바벨론 왕 느부갓네살이 올라와서 그를 치고 그를 쇠사슬로 결박하여 바벨론으로 잡아갔다고 말한다.

4. 예루살렘에 임할 심판(22 : 20–23)

[20]너는 레바논에 올라 외치며 바산에서 네 소리를 높이며 아바림에서 외치라 이는 너를 사랑하는 자가 다 멸망하였음이라 [21]네가 평안할 때에 내가 네게 말하였으나 네 말이 나는 듣지 아니하리라 하였나니 네가 어려서부터 내 목소리를 청종하지 아니함이 네 습관이라 [22]네 목자들은 다 바람에 삼켜질 것이요 너를 사랑하는 자들은 사로잡혀 가리니 그때에 네가 반드시 네 모든 악 때문에 수치와 욕을 당하리라 [23]레바논에 살면서 백향목에 깃들이는 자여 여인이 해산하는 고통 같은 고통이 네게 임할 때에 너의 가련함이 얼마나 심하랴

[22 : 20–23] 여호아하스 왕과 여호야김 왕을 향한 심판을 선고한 후에 세 번째로 여호야긴 왕을 향한 심판을 선고하기에 앞서, 야웨께서는 의인화된 예루살렘을 향하여 그곳에 곧 닥칠 비극에 관하여 말씀하신다. 히브리어 본문은 20~23절에서 2인칭 여성 단수 대명사와 동사를 사용함으로써, 말씀을 들어야 할 자가 예루살렘임을 분명하게 밝히고 있다. 언뜻 보기에 이 말씀은 왕들에 관한 심판 메시지의 흐름을 방해하는 것처럼 보일 수도 있지만, 현재 위치하고 있는 자리는 매우 적절하다. 왜냐하면 예루살렘의 함락과 다윗 왕조의 붕괴는 동전의 앞뒷면과도 같기 때문이다. 그 까닭에 22절은 "네 목자들"(your shepherds)이라는 표현을 통하여 왕족을 비롯한 예루살렘의 지도자들에게 임할 심판을 선고하고 있는 것이다. 이 표현은 예루살렘의 함락과 다윗 왕조의 붕괴를 연결시키는 역할을 수행하고 있음이 분명하다.

20~23절은 탄식의 명령(20절), 비판과 고발(21절), 심판 선고(22절), 심판의 결과(23절) 등으로 이루어져 있으며, 20절과 23절에서 반복되는 레바논이 이 단락의 기본 틀(inclusio; Lundbom I, 147)을 이루고 있다. 먼저 야웨께서는 예루살렘을 향하여 세 가지의 명령을 내리신다. 레바논으로 올라

가서 외치고, 바산에서 소리를 높이며, 아바림에서 통곡하라는 명령이 그렇다(20a절). 이 세 지역, 곧 레바논과 바산, 그리고 아바림은 산악 지대로 널리 알려진 곳들이다. 레바논은 유다 나라의 북쪽에 있는 지역이고, 바산은 북동쪽에 있으며, 아바림은 남동쪽에 있는 지역을 일컫는다(Jones, 293). 지리적으로 볼 때 예루살렘을 둘러싸고 있는 이 세 지역으로 올라가서 외치고 소리를 높이며 통곡하라는 것은, 예루살렘 주변의 높은 곳에서 심판의 메시지를 선포하는 한편, 나라가 망할 것이라는 사실로 인하여 슬퍼하며 애곡하라는 명령이나 다름없다. 20a절의 이러한 명령은 높은 산에 올라 기쁘고 즐거운 구원의 소식을 널리 전하라는 이사야 40 : 9의 명령과 뚜렷한 대조를 이룬다.

여성으로 의인화된 예루살렘이 이처럼 높은 지역들로 올라가서 심판의 메시지를 선포하면서 탄식하며 애곡해야 하는 이유는 어디에 있는가? 20b절에 그 이유가 잘 설명되어 있다. 이 구절에서 야웨께서는 예루살렘이 사랑하는 자들(your lovers, '므아하바이크'; 개역 개정판은 "너를 사랑하는 자"로 번역함; 22절; 30 : 14), 곧 유다 나라가 의지하던 동맹국들(NIV는 "your allies"로 번역함.)이나 그들의 신들(Holladay I, 602; Fretheim, 321)이 다 전쟁에서 패하여 멸망하였다는 사실을 그 이유로 설명하신다. 유다 백성과 예루살렘이 사랑해야 할 유일한 대상이 야웨 하나님인데도 불구하고, 그들은 다른 신들을 섬기고 사랑했을 뿐만 아니라, 강한 군사력으로 나라의 안전에 도움을 줄 수 있다고 여기던 주변 나라들을 사랑했던 것이다. 그러나 그 나라들과 그들의 신들조차도 야웨 하나님의 심판을 받아 망할 것이기에, 이제는 더 이상 그런 나라들이나 그들의 신들을 사랑할 수 없게 될 것이다.

그뿐이 아니다. 예루살렘이 평안할 때에 야웨께서는 예언자들을 통하여 그곳에 곧 닥칠 심판과 재앙을 여러 차례 선포하셨지만, 그는 심판 예언에 귀를 기울이지 않고 계속해서 죄를 범하였다. 예루살렘은 젊을 때부터(from your youth, '느우림'; 개역 개정판은 "어려서부터"로 번역함.) 야웨 하나님의 목소리를 청종하지 않는 잘못된 버릇을 가지고 있었던 것이다(21절). 일찍이 야웨께서는 예루살렘에게 있었던 "청년 때('느우림')의 인애와 신혼 때의 사랑"을 기억하셨으나, 이제는 그 모든 것이 부질없는 것이 되고 말 것이다. 그래서인지 3 : 25에서 이스라엘 백성은 자기 조상들이 "청년의 때"('느우림')로부터 야웨께 범죄하였음을 고백하고 있다.

이처럼 청년의 때부터 계속되어 온 죄악으로 인하여, 예루살렘은 참된 평안을 잃게 될 것이요, 심판과 재앙이 그에게 임할 것이다. 그들에게 닥칠 심판은 바람이 그 성읍의 지도자들인 목자들(shepherds, '라아' 동사의 분사 형태; 참조. 23 : 1-4)을 마치 그들이 양 떼를 이끌고 인도하던 것과 똑같이 휩쓸어 가는(sweep away/shepherd, '라아' 동사의 미완료) 결과를 초래할 것이다(22a절). 개역 개정판은 이 구절을 "네 목자들은 다 바람에 삼켜질 것이요"라고 번역하지만, 히브리어 본문은 "바람이 네 목자들을 휩쓸어 갈 것이요"로 되어 있는 바, 이것은 양 떼를 보살피던 강한 목자들이 바람에 휩쓸려 갈 정도로 허약해질 것임을 의미한다.

히브리어 본문으로 살펴본 22a절의 이러한 특징은, 예레미야가 '라아' 동사를 두 번에 걸쳐 반복하는 일종의 말놀이(word play)를 사용함으로써, 목자들의 운명이 심판에 의하여 뒤집어질 것을 분명하게 보여 준다. 이처럼 운명이 뒤집어지는 야웨 하나님의 심판은 예루살렘의 목자들에게만 한정되지 않는다. 예루살렘이 사랑하던 주변의 동맹국들이나 그들의 신들("너를 사랑하는 자들")에게도 심판이 미칠 것이다. 그 나라들은 역사의 주관자이신 야웨 하나님의 심판을 받아 전쟁에 패하는 바람에 모두 포로로 사로잡혀 갈 것이요, 그때에 예루살렘은 자신이 범한 온갖 죄악 때문에 수치와 멸시를 당하게 될 것이다(22b절; 23 : 1-2).

예루살렘이 지금은 높은 지대에 자리하고 있음으로 인하여 교만에 빠진 나머지, 레바논 산 위에 터를 잡고 사는 것과도 같이 평안하고, 백향목 위의 보금자리에 깃들인 새처럼 안전을 누리고 있다고 자부하고 있지만(참조. 21a절),

그들의 거짓된 평안과 안전이 끝나는 때가 곧 오고 말 것이다. 해산하는 여인의 진통 같은 아픔이 그에게 곧 닥쳐올 것이요(6 : 24; 50 : 43), 그때가 되면 예루살렘의 신음이 땅을 뒤흔들 것이요, 예루살렘의 가련함이 참으로 심할 것이다(23절). 이로써 20~23절 단락은 죽음과 관련된 고통스러운 탄식으로부터 시작하여 출산의 고통 소리로 끝을 맺는다(Craigie 외, 315). 아마도 예레미야는 삶의 끝자락에 있는 죽음과 삶의 첫 출발점인 출산을 이렇게 연결시킴으로써, 출산의 고통이 새 생명 출생의 기쁨보다는 죽음의 고통에 더 가까운 것임을 암시하고자 했을 것이다.

5. 고니야를 향한 심판 메시지(22 : 24-30)

> 24여호와의 말씀이니라 나의 삶으로 맹세하노니 유다 왕 여호야김의 아
> 들 고니야가 나의 오른손의 인장반지라 할지라도 내가 빼어 25네 생명을
> 찾는 자의 손과 네가 두려워하는 자의 손 곧 바벨론의 왕 느부갓네살의
> 손과 갈대아인의 손에 줄 것이라 26내가 너와 너를 낳은 어머니를 너희
> 가 나지 아니한 다른 지방으로 쫓아내리니 너희가 거기에서 죽으리라
> 27그들이 그들의 마음에 돌아오기를 사모하는 땅에 돌아오지 못하리라
> 28이 사람 고니야는 천하고 깨진 그릇이냐 좋아하지 아니하는 그릇이냐
> 어찌하여 그와 그의 자손이 쫓겨나서 알지 못하는 땅에 들어갔는고 29땅
> 이여, 땅이여, 땅이여, 여호와의 말을 들을지니라 30여호와께서 이와 같
> 이 말씀하시니라 너희는 이 사람이 자식이 없겠고 그의 평생 동안 형통
> 하지 못할 자라 기록하라 이는 그의 자손 중 형통하여 다윗의 왕위에 앉
> 아 유다를 다스릴 사람이 다시는 없을 것임이라 하시니라

[22 : 24-30] 예루살렘을 향한 심판의 메시지를 선포하신 야웨께서는 여호야김의 아들이요, 왕위 계승자로서 주전 597년에 느부갓네살에게 포로로 잡혀

가기 전 3개월밖에 통치하지 못한 여호야긴(왕하 24 : 6, 8)에게로 방향을 돌리신다. 여호야긴은 예레미야에서 약간 다른 두 가지 이름을 추가로 가진 왕으로 묘사된다. “여고냐”(Jechoniah)라는 이름과 이를 조금 더 줄인 형태인 “고니야”(Coniah)라는 이름이 그렇다. 본명(given name)인 “여고냐”라는 이름은 예레미야 24 : 1, 28 : 4, 29 : 2 등에서 사용되며, 역시 본명인 “고니야”라는 이름은 이곳을 비롯하여 22 : 28과 37 : 1 등에서 사용되고 있다. 열왕기나 역대기에서 더 자주 사용되고 있는 여호야긴이라는 이름은 여호아하스라는 이름과 마찬가지로 즉위명(throne/regnal name)에 해당하는 것이었다.

24절에서 야웨께서는 설령 고니야가 자신의 오른손에 끼워져 있는 옥새가락지(signet ring)라 할지라도, 그를 손가락에서 빼어 내버리겠다는 것을 자신의 삶을 두고 맹세하신다. 그러면서도 야웨께서는 왜 고니야가 이러한 심판을 받아야 하는지에 대해서 아무런 설명도 해 주지 않으신다. 그의 통치가 짧은 것만큼이나 간결해 보이기는 해도 열왕기와 역대기에 그 이유가 잘 설명되어 있다: “여호야긴이 그의 아버지의 모든 행위를 따라서 여호와께서 보시기에 악을 행하였더라”(왕하 24 : 9); “여호야긴이…… 예루살렘에서 석 달 열흘 동안 다스리며 여호와 보시기에 악을 행하였더라”(대하 36 : 9). 여호야긴이 야웨께서 보시기에 악을 행했다는 것은, 그가 언약 관계를 깨뜨린 이전 왕들과 크게 다를 바 없는 삶을 살았음을 의미한다. 그 까닭에 야웨께서는 24절에 언급된 것과도 같은 맹세를 하신 것이다.

물론 이러한 심판의 맹세는 여호야긴이 더 이상 하나님을 대표하는 자로서의 역할을 수행하지 못할 것임을 암시하는 바, 오른손 손가락에서 빼낸 그것을 야웨께서는 그의 생명을 찾는 자들의 손과 그가 두려워하는 자들의 손, 곧 바벨론 왕 느부갓네살의 손과 갈대아인들의 손에 넘겨주겠다고 말씀하신다(25절). 야웨 하나님의 심판은 고니야에게 한정되지 않는다. 야웨께서는 고니야와 그를 “낳은 어머니”(느후스다, 왕하 24 : 8)를 그들이 “나지 아니한 다른 지방”인 이국 땅 바벨론으로 쫓아내어, 거기에서 죽게 하실 것이다(26절). 예레미야는 20~23절과 마찬가지로 여기에서도 출생과 죽음을 대비시킴으로써, 야웨 하나님의 심판이 출생의 기쁨과 즐거움을 완전히 사라지게 만드는 큰 재앙이 될 것임을 강조한다(Craigie 외, 319-320). 이로 인하여 고니야와 그의 어머니는 마음속으로 그렇게 돌아가고 싶어 하던 고향으로 영원히 돌아가지 못하게 될 것이다(27절).

25~27절에 있는 이러한 두 가지의 심판 메시지, 곧 바벨론 왕 느부갓네살에게 넘겨준다는 심판 메시지(25절)와 다시는 고향으로 돌아오지 못할 것이라는 심판 메시지(26-27절)는, 제각기 시드기야(21 : 7)와 살룸(10, 12절)에게도 똑같이 선포된 것으로, 남왕국 멸망 직전의 왕들이 거의 똑같은 운명에 처해질 것임을 뜻하는 메시지가 아닐 수 없다. 실제로 고니야는 주전 597년에 예루살렘을 포위 공격한 바벨론 왕의 군대에게 사로잡혀 바벨론으로 끌려가고 말았다(왕하 24 : 10-16): "그가 또 예루살렘의 모든 백성과 모든 지도자와 모든 용사 만 명과 모든 장인과 대장장이를 사로잡아 가매 비천한 자 외에는 그 땅에 남은 자가 없었더라 그가 여호야긴을 바벨론으로 사로잡아 가고 왕의 어머니와 왕의 아내들과 내시들과 나라에 권세 있는 자도 예루살렘에서 바벨론으로 사로잡아 가고 또 용사 칠천 명과 장인과 대장장이 천 명 곧 용감하여 싸움을 할 만한 모든 자들을 바벨론 왕이 바벨론으로 사로잡아 가고" (14-16절).

이처럼 준엄한 심판을 받아 망하게 될 고니야와 관련하여, 야웨께서는 "그렇다!"는 긍정적인 답변이 예상되는 주변 사람들의 두 가지 질문을 소개하시며, 고니야에게 그러한 심판이 임하게 된 이유가 무엇인지 묻는 주변 사람들의 세 번째 질문을 추가로 소개하신다. 앞선 두 개의 질문은 고니야를 그릇에 비유한다. 고니야가 천하고 깨진 그릇이요, 사람들이 좋아하지 않는 그릇이 맞느냐는 질문이 그렇다(28a절; 참조. 19 : 11; 호 8 : 8). 이어지는 세 번째의 질문에서 사람들은 고니야와 그의 자손이 쫓겨나서 그들이 알지 못하는 낯선 땅에 들어가게 된 이유가 무엇인지 궁금해한다(28b절).

비록 세 번째 질문에 대한 답변이 주어지지는 않지만, 이 구절은 야웨 하나님의 심판이 두 세대에 걸쳐서 이루어질 것임을 분명하게 보여 준다. 첫 번째 세대인 "너와 너를 낳은 어머니"(26절)와 두 번째 세대인 "그와 그의 자손"(28절)이 생면부지의 땅으로 쫓겨날 것이라는 심판의 말씀이 그렇다. 두 번째 세대인 자녀들에 대한 언급은 29절에서도 발견된다. 야웨께서는 고니야를 향한 심판을 계속 이어 가시면서 땅을 의인화시켜 증인으로 소환하시되, 강조하는 의미에서 세 번씩이나 땅을 불러 "여호와의 말"을 들으라고 명하신다(29절). 이처럼 똑같은 표현을 세 번 반복함으로써 강조의 의미를 매우 강렬하게 전달하고자 하는 서술 방식은 히브리 성서에서 아주 드물게 발견되는 것으로서, 7 : 4("너희는 이것이 여호와의 성전이라, 여호와의 성전이라, 여호와의 성전이라 하는 거짓말을 믿지 말라")와 이사야 6 : 3("거룩하다 거룩하다 거룩하다 만군의 여호와여 그의 영광이 온 땅에 충만하도다"), 그리고 에스겔 21 : 27("내가 엎드러뜨리고 엎드러뜨리고 엎드러뜨리려니와"[H 27 : 32]) 등에서 찾아볼 수 있다.

24~30절 단락의 마지막인 30절에서 야웨께서는 의인화된 땅으로부터 서기관에게로 관심의 방향을 돌리신다. 그는 서기관에게 고니야를 일컬어 자식도 없고 평생 동안 형통하지 못할 자로 기록할 것을 명하시며, 그의 자손 중에서 형통함을 누림으로 인하여 다윗의 왕위에 앉아 유다 나라를 다스릴 자가 다시는 없을 것이라고 말씀하신다(30절). 여기서 야웨께서는 여호야긴과 그의 자손에게 공히 "형통하다"(prosper/succeed, '찰라흐')라는 동사를 부정문(否定文) 형태로 두 번 반복하심으로써(will not prosper/succeed, '로 이츨라흐'), 여호야긴 이후의 세대가 결코 형통함을 누리지 못할 것임을 강조하고 있는 것으로 보인다(Craigie 외, 323). 역대기 본문에 의하면, 고니야는 실제로 일곱 명의 아들들을 두었으나(대상 3 : 17-18), 그의 후손들 중 어느 누구도 그의 왕위를 계승하지 못한다. 여호야긴의 계승자인 시드기야(주전 597-587년)는 고니야의 아들이 아니라, 요시야의 아들이요 여호야긴의 삼

촌이기에 더욱 그렇다(왕하 24 : 17).

그러나 나중에 여호야긴은 사로잡혀 간 지 37년째 되던 해, 곧 "므로닥(=바벨론의 최고신 마르둑)의 아들"이라는 뜻의 이름을 가진 바벨론 왕 에윌-므로닥(Evil-Merodach, 주전 562-560년)의 즉위 원년 12월 27일에 일종의 특별사면 조치에 의하여 감옥에서 석방되었고, 그 후로는 죽을 때까지 항상 왕과 한 상에서 먹었으며, 평생 동안 계속해서 날마다 일정량의 생필품을 제공받았다(왕하 25 : 27-30). 뿐만 아니라 야웨께서 학개를 통하여 여호야긴의 손자인 스룹바벨에게 주시는 메시지(학 2 : 20-23)는 고니야에게 주어진 심판과 저주의 메시지를 뒤집어엎는 역할을 수행한다. 이 메시지에서 야웨 하나님은 스룹바벨을 자신의 인장으로 삼으실 것이요, 다윗 왕조의 신적인 권위를 회복시키겠다고 약속하신다: "……그날에 내가 너를 세우고 너를 인장으로 삼으리니 이는 내가 너를 택하였음이니라……"(학 2 : 23).

설교를 위한 묵상

1) 야웨 하나님께서 유다 나라의 왕들과 지도자들에게 원하시는 것은 어려운 일이 아니다. 그것은 언약 관계를 잘 지키면서 그의 뜻에 순종하는 일이요, 유다 공동체 안의 약한 자들과 무기력한 자들을 보살피고 섬기고 배려하는 일이다. 그들이 언약 관계의 중심에 있는 토라의 기본 정신에 충실하기만 한다면, 얼마든지 야웨 하나님의 이러한 요청을 올바로 이행할 수 있다. 유다 나라를 정의로운 사랑의 공동체로 만드는 일이야말로 야웨께서 그들에게 원하시는 일이요, 그가 그들에게 명하시는 일이기 때문이다. 그들의 행복한 미래는 이 명령에 그들이 얼마나 즐거운 마음으로 순종하느냐에 달려 있다. 그들의 순종은 다윗 왕조를 안전하게 만들어 주겠지만, 불순종은 다윗 왕조를 파멸에 빠뜨릴 것이다.

그러나 불행하게도 그들에게는 야웨 하나님의 명령에 순종하고자 하는 마음과 의지가 전혀 없었다. 그들은 길르앗과 레바논의 삼림에서 베어 낸 나무들로 호화롭고 값비싼 왕궁을 만드는 데에만 관심이 있었지, 힘들게 살아가는 가엾은 백성을 보살피고 섬기는 데에는 관심이 없었다. 왕궁의 호화스러움이나 영화로움이 그것을 안전하게 만드는 것이 아님에도 불구하고, 그들은 왕궁을 값비싼 자재들로 치장하고 꾸미는 일에 여념이 없었다. 왕궁 안에 살고 있는 왕이 이처럼 자신의 개인적인 부귀영화에만 관심을 쏟음으로써, 야웨께서 세우신 지도자로서의 의무를 올바로 이행하지 못한다면, 야웨 하나님의 엄중한 심판이 그에게 임하지 않을 수 없다. 왕궁은 불에 탈 것이요, 왕은 바벨론에 포로로 잡혀갈 것이요, 고국으로 돌아오지 못한 채 남의 땅에서 불행한 죽음을 맛보게 될 것이다. 자신의 왕궁은 호화스럽게 지으면서도 사회적 약자들의 고통에는 무관심한 그릇된 통치의 최후는 이처럼 비참한 것이다. 이를 피하기 위해서라도 왕을 비롯한 지배계층은 자신의 평화와 안녕보다는 약한 이웃의 삶에 더 많은 관심을 기울이는 노력을 해야 할 것이다.

2) 남왕국 유다가 멸망하기 전의 혼란기에 나라를 다스렸던 왕들은 한결같이 야웨께서 원하시는 순종의 삶을 살지 못했다. 예레미야가 22장에서 언급하고 있는 살룸과 여호야김, 그리고 고니야 등이 그러했다. 이들은 유다 백성의 안전과 평화, 그리고 그들의 행복한 삶을 위하여 노력하기보다는 자신의 개인적인 행복과 평안을 위해 국력을 낭비하는 모습을 보였다. 이들의 잘못된 통치는 왕들 개개인에게만 불행을 가져다주는 것이 아니라, 목자로서 이들이 다스리고 섬겨야 할 유다 백성 모두에게도 똑같은 불행을 가져다준다. 예레미야는 마침내 나라의 멸망을 초래하게 되는 이들 거짓 목자들의 빗나간 통치 방식을 그들의 아버지인 요시야 왕의 선정(善政)과 대비시킨다. 그는 이집트 군대를 방비하다가 갑작스런 최후를 맞게 된 요시야 왕의 죽음을 슬퍼하지 말고 도리어 살룸 왕의 불행한 미래를 위해 울라고 명함으로써, 요시야 왕의 죽음이 살룸 왕의 불행한 미래나 죽음과는 질적으로 다른 것임을 강조한다. 요시야 왕은 야웨께서 보시기에 정직하게 행했을 뿐만 아니라 대대적인 종교개혁을 통해 나라 전체의 비뚤어진 영적 분위기를 쇄신하였지만, 살룸 왕은 정반대로 야웨께서 보시기에 악을 행한 왕으로 심판을 받아 이집트로 사로잡혀 갈 운명에 처해졌기 때문이다.

살룸은 3개월밖에 통치하지 않았기에 예레미야의 심판 선고가 아주 간결하고 단순하지만, 11년이나 유다 왕국을 통치한 여호야김 왕의 경우는 다르다. 예레미야는 여호야김 왕의 그릇된 통치를 노골적으로 그의 아버지인 요시야 왕의 정의로운 통치와 비교하는 모습을 보인다. 그의 비교 설명에 따르면, 요시야 왕이 유다 나라의 사회적인 약자들을 위한 정책을 적극 실시함으로 인하여 형통함을 누린 것과는 달리, 여호야김 왕은 약자 보호 정책을 실시하기는커녕 온갖 탐욕에 사로잡힌 나머지 자신의 부요하고 풍족한 삶을 위해 국가적인 에너지를 낭비하는 거짓 목자였다. 그 까닭에 요시야 왕의 죽음으로 인해서는 모든 백성이 슬피 울었지만, 여호야김 왕의 죽음 앞에서는 어느 누구도 슬퍼하거나 애곡하지 않을 것이다. 도리어 그의 시체는 예루살렘 문밖에 던져지고 짐승처럼 매장될 것이다. 누군가의 죽음 앞에서 주변 사람들이 보이는 반응은 이처럼 중요한 것이다. 아무도 슬퍼하지 않는 여호야김 왕의 불행한 죽음보다는 슬퍼하고 애곡하는 사람들이 많았던 요시야 왕의 죽음이 훨씬 아름다운 것은 바로 이 때문이다.

Ⅳ. 백성을 미혹하는 거짓 예언자들(23 : 1-40)

21~22장에서 줄곧 예루살렘과 유다 왕실 및 살룸과 여호야김과 여호야긴 등의 왕들을 향하여 야웨 하나님의 심판을 선고한 예레미야는 23장에서 미래의 왕들을 향한 구원의 말씀(1-8절)과 거짓 예언자들에게 임할 심판의 말씀(9-40절)을 연이어 선포한다. 비록 예레미야의 이름을 한 번도 언급하고 있지 않지만, 앞쪽의 짧은 단락인 1~8절은 거짓 목자들을 향한 심판과 새로운 목자들을 통한 구원(1-4절)과 새로운 통치자를 통한 미래의 구원(5-8절)으로 나누어지며, 뒤쪽의 긴 단락인 9~40절은 종교 지도자들의 탈선과 심판(9-12절), 사마리아와 예루살렘의 거짓 예언자들(13-15절), 야웨의 회의에 참여하지 않은 거짓 예언자들(16-22절), 천지에 충만하신 야웨 하나님(23-24절), 거짓 예언자들의 꿈 이야기(25-28절), 거짓 꿈에 대한 심판

(29-32절), 거짓 예언자들에게 임할 치욕과 수치(33-40절) 등의 세부 단락들로 나누어진다.

문체상의 특징에 근거해서 본다면, 이상의 다양한 내용 단락들은 산문체와 시문체에 따라서 아래와 같이 구분될 수 있는 바, 이는 23장이 22장과 마찬가지로 산문체와 시문체를 번갈아 가면서 교대로 반복하는 특징을 가지고 있음을 보여 준다. 또한 아래의 구분 방식에서 확인할 수 있는 것처럼, 23장은 산문체로 시작했다가 다시 산문체로 끝나는 특징을 보이고 있기도 하다.

1~4절 산문체
　5~6절 시문체
7~8절 산문체
　9~24절 시문체
25~27절 산문체
　28~29절 시문체
30~40절 산문체

이처럼 산문체와 시문체로 결합되어 있는 23장은 예레미야의 예언 메시지가 야웨 하나님의 말씀임을 강조하는 '느움 야웨'(declares Yahweh, "야웨의 말씀이니라")라는 특징적인 예언구와 '코 아마르 야웨'(thus says Yahweh, "야웨께서 이와 같이 말씀하시기를")라는 사자 양식을 자주 사용하고 있다. '느움 야웨'는 1, 2, 4, 5, 7, 11, 12, 23, 24(2번; 개역 개정판은 두 번째 것을 "여호와가 말하노라"로 번역함.), 28, 29, 30, 31, 32(2번), 33절(개역 개정판은 "여호와의 말씀에"로 번역함.)에서 무려 열일곱 번이나 사용되고 있으며, '코 아마르 야웨'는 2, 15, 16, 38절에서 모두 네 번 사용되고 있다. '느움 야웨'가 다른 곳에서보다 월등하게 많이 사용되는 이유는, 아마도 23장이 야웨 하나님의 말씀이 아니라 자신이 지어낸 말을 전하는 거짓 예언자들을 비난하는 본문이기 때문일 것이다. 거짓 예언자들에 의하여 거짓된 야웨의 말씀이 범람하는 비뚤어진 현실 속에서, 진정한 야웨 하나님의 말씀이 무엇인지 강조해야 하는 상황이기에 그렇다는 얘기다.

1. 거짓 목자들과 새로운 목자들(23 : 1-4)

> [1]여호와의 말씀이니라 내 목장의 양 떼를 멸하며 흩어지게 하는 목자에
> 게 화 있으리라 [2]그러므로 이스라엘의 하나님 여호와께서 내 백성을 기
> 르는 목자에게 이와 같이 말씀하시니라 너희가 내 양 떼를 흩으며 그것
> 을 몰아내고 돌보지 아니하였도다 보라 내가 너희의 악행 때문에 너희
> 에게 보응하리라 여호와의 말씀이니라 [3]내가 내 양 떼의 남은 것을 그
> 몰려갔던 모든 지방에서 모아 다시 그 우리로 돌아오게 하리니 그들의
> 생육이 번성할 것이며 [4]내가 그들을 기르는 목자들을 그들 위에 세우리
> 니 그들이 다시는 두려워하거나 놀라거나 잃어버리지 아니하리라 여호
> 와의 말씀이니라

[23 : 1-4] 계속해서 남왕국 유다의 왕들을 비판하면서 그들의 죄악에 상응하는 심판을 선고한 예레미야는, 거짓 예언자들에 관한 심판의 말씀을 전하기에 앞서 왕들에 관한 메시지를 마무리짓고자 한다. 거짓 목자들과 새로운 목자들을 대비시키는 1~4절과 새로운 통치자를 통한 미래의 구원을 전하는 5~8절이 그에 해당한다. 먼저 1~4절에서 예레미야는 거짓 목자들의 잘못된 행태와 그들에게 임할 심판을 선고하며(1-2절), 유다 백성의 포로 귀향과 새로운 목자들을 통한 미래의 새로운 통치에 대해서 언급한다(3-4절). 거짓 목자들의 행동과 야웨 하나님의 행동을 대비시키고 있는 1~4절의 이러한 메시지는 아래에서 보듯이 교차대구 형식으로 되어 있다.

1절 거짓 목자들을 향한 저주

2절 거짓 목자들:양 떼를 흩으며 몰아내고 돌보지 않음.

3절 야웨 하나님:양 떼를 돌아오게 하고 번성하게 하심.

4절 참 목자들을 세우심.

다윗의 후손인 유다 나라의 왕들을 가리키고 있음이 분명한 1절의 목자들은 "내 목장"의 양 떼, 곧 유다 백성을 멸하며 흩어지게 하는 자들이다. 1절과 2절에서 한 번씩 사용되고 있는 '로임'(shepherds)을 개역 개정판은 단수형인 "목자"로 번역하지만, 복수형인 "목자들"로 번역해야 옳다. '로임'이라는 낱말 자체가 복수형이기 때문이다. 그리고 히브리어 본문에 의하면, 1절은 그들을 향하여 "화 있으리라"(Woe, '호이')라는 재앙과 저주의 외침(woe cry)을 선포하는 것으로 시작한다. 개역 개정판의 번역에서는 "여호와의 말씀이니라"를 뜻하는 '느움 야웨'가 가장 먼저 나오지만, 실제로는 맨 마지막에 나온다. 그리고 개역 개정판의 가장 마지막에 나오는 "화 있으리라"가 1절의 히브리어 본문에서는 가장 먼저 언급된다.

이러한 재앙과 저주의 외침을 받을 자들은 누구인가? 그들은 "내 목장"에 속한 양 떼를 멸하며 흩어지게 만드는 거짓 목자들이다. 본래 목자들이 해야 할 일은 맹수들로부터 양 떼를 지키고 보호하는 것이다. 그러나 유다 나라의 실제 현실은 전혀 그렇지 못했다. 도리어 그 반대였다. 어처구니없게도 목자들이 양 떼를 공격하는 맹수들의 모습을 보이고 있었던 것이다. 그렇다고 해서 그들이 보살피고 섬겨야 할 양 떼가 그들 자신의 소유도 아니었다. 그 양 떼는 야웨 하나님의 소유였다. 이 점은 2절과 3절의 "내 백성"이나 "내 양 떼"라는 표현에서도 분명하게 드러난다. 목자들은 어디까지나 야웨 하나님의 소유인 양 떼를 위임받은 자들일 뿐이다. 2절의 "내 백성을 기르는 목자들"이라는 표현에 이러한 사실이 잘 반영되어 있다.

구약성서에는 이러한 양(sheep)–목자(shepherd)의 비유가 많이 나온다.

물론 이 비유에서 양은 항상 이스라엘 백성을 가리키지만, 목자들은 매우 다양한 존재들로 나타난다. 구약성서에 나오는 목자는 야웨 하나님을 가리키는 경우가 가장 일반적이다. 시편 23:1~4, 74:1, 79:13, 95:7, 100:3, 이사야 40:11, 예레미야 31:10 등이 그렇다. 그러나 목자가 이스라엘 백성을 다스리는 지도자들을 가리키는 경우도 있으며, 드물게나마 이방 나라의 지도자들을 가리키는 경우도 있다. 예레미야 2:8, 3:15, 10:21, 22:22, 23:1~2, 4, 25:34~36, 33:12, 50:6, 51:23, 에스겔 34장이 전자의 용례를 가리킨다면, 예레미야 6:3, 12:10, 43:12, 49:19, 50:44 등은 후자의 용례를 가리킨다. 그리고 마지막으로 목자가 말씀의 종인 예언자를 가리키는 경우도 있다. 예레미야 17:16이 이에 해당하는 본문이다.

그런데 예레미야는 2절에서 전형적인 심판 문구인 "그러므로"('라켄')를 사용함으로써, 2절 본문이 유다 백성의 지도자들, 곧 거짓 목자들을 향한 심판의 말씀임을 분명하게 보여 준다. 예레미야는 그들을 향한 심판을 선고하기에 앞서, 1절에서와 똑같은 비판과 고발의 메시지를 전한다. 그들이 야웨 하나님의 양 떼를 흩으며 그것을 몰아내고 돌보지 않는다는 지적이 그렇다. 바로 이 부분에서 예레미야는 2인칭 남성 복수 동사를 사용하기 이전에 강조의 의미를 갖는 2인칭 남성 복수 인칭 대명사 '아템'을 먼저 사용하고 있는 바, 이는 야웨 하나님을 가리키는 3절 첫 머리의 1인칭 단수 인칭 대명사 '아니'(I myself)에 상응하는 것이다(Holladay I, 614). 이것은 예레미야가 과거(past)를 지나 현재(present)에 이르기까지 계속되고 있는 거짓 목자들의 악행과 장차(future) 있을 야웨 하나님의 구원을 선명하게 대비시키고 있음을 뜻한다(Craigie 외, 326).

그리고 한 가지 더 주목할 것은, 예레미야가 1절과 2절에서 거짓 목자들의 악행을 두 번씩이나 반복해서 지적한 것에도 그 나름의 의미가 있다는 점이다. 아마도 예레미야는 두 번의 반복을 통해서 그만큼 그들의 죄악이 위중함을 강조하고자 했을 것이다. 물론 야웨께서는 그들의 이러한 악행을 결코 그냥 두지 않으신다. 그들의 악행을 반드시 보응하겠다는 2b절의 심판 선고가 이 점을 뒷받침한다.

예레미야는 2b절의 이러한 심판 선고에서 "방문하다"(visit)라는 뜻을 가진 '파카드' 동사의 긍정적인 의미와 부정적인 의미를 동시에 사용함으로써, 일종의 말놀이 효과를 노리고 있는 것으로 보인다. 거짓 목자들은 야웨 하나님의 양 떼를 "돌보지"('파카드') 않는 불성실한 모습을 보였다. 양 떼를 방문하여 보살피는 행동을 전혀 취하지 않은 것이다. 이에 야웨께서는 그들의 악행을 반드시 "보응하실"('파카드') 것이다(Lundbom I, 168; Fretheim, 324). 그들을 방문하여 그들의 악행에 상응하는 벌을 내리시겠다는 것이다. 2절에서 전형적인 심판 문구인 "그러므로"에 이어서 곧바로 심판 선고가 이어지지 않고, 비판과 고발의 메시지가 이어지면서 심판 선고가 이루어지고 있는 것은, 예레미야가 바로 이러한 말놀이 효과를 염두에 두었기 때문일 것이다.

물론 거짓 목자들의 악행에 대한 심판으로 모든 일이 끝나는 것은 아니다. 목자의 직무에 최선을 다해야 할 그들이 도리어 맹수로 변신하여 멸하고 몰아내고 흩어버린 양 떼가 여전히 남아 있기 때문이다. 야웨께서 자신의 양 떼에게 하실 일은 두 가지로 요약된다. 먼저 야웨께서는 거짓 목자들이 버린 자기 백성을 본래의 자리로 돌아오게 하실 것이다. 그는 자신의 양 떼인 그들을 사로잡혀 갔던 모든 나라에서 다시 불러모은 다음, 그들이 본래 살던 목장으로 데려오실 것이요, 그들로 하여금 번성하여 수가 많아지게 하실 것이다(3절). 개역 개정판이 "생육이 번성할 것이며"로 번역한 구절, 곧 "번성하여(be fruitful, '파루') 수가 많아진다(be multiply, '라부')는 히브리어 표현은 창조와 홍수의 맥락인 창세기 1:22, 28, 8:17, 9:1, 7 등에서도 사용되고 있는 것으로, 유다 나라의 회복이 창조의 때나 홍수 이후의 때와 같이 완전히 새로운 시작이 될 것임을 강조하는 것이다(3:16; 참조. 레 26:9; 겔 36:11).

야웨께서는 이처럼 자기 백성을 위하여 새로운 출애굽, 곧 바벨론 포로로부터의 해방이라는 구원의 은총을 선물로 주시고, 그들을 생육하고 번성하게 하실 것이다. 그러나 이것이 전부가 아니다. 새로운 출애굽의 은총 이후에 야웨께서 하실 두 번째 과제가 남아 있기 때문이다. 그 두 번째 과제는 그들을 올바로 다스리고 보살펴 줄 참된 지도자들을 세우는 것이다. 4절에 이 두 번째 과제가 잘 설명되어 있다. 자기 백성을 안전하게 고국으로 돌아오게 하신 다음 야웨께서는 이전의 거짓 목자들과는 전혀 다른 새로운 지도자들, 곧 그들을 제대로 보살펴 줄 참된 목자들을 세워 주실 것이다. 그렇게 되면 그들은 다시는 두려워하거나 놀라지 않을 것이요, 하나도 잃어버리는 일이 없을 것이다(4절).

그런데 흥미롭게도 예레미야는 4절 마지막 구절에서도 '파카드' 동사를 사용함으로써 일종의 말놀이 효과를 노리고 있다. 앞의 2절과 차이가 있다면, 2절에서는 능동의 의미를 갖는 '파카드' 동사의 칼형이 두 번에 걸쳐 사용되고 있지만, 여기서는 수동의 의미를 갖는 '파카드' 동사의 니팔형이 한 차례에 걸쳐 사용되고 있다는 점이다. 그들이 야웨 하나님의 "방문을 받는"(be visited, '파카드' 동사의 니팔형) 일이 없을 것이라는 표현이 그렇다. 그들이 심판과 징벌을 목적으로 하는 야웨 하나님의 방문을 받는 일이 더 이상 없을 것이라는 얘기다. 그래서인지 개역 개정판은 이를 "잃어버리지"(lacking/missing; Carroll I, 443) 않을 것이라는 표현으로 번역하고 있다.

2. 새로운 통치자를 통한 미래의 구원(23 : 5–8)

> 5여호와의 말씀이니라 보라 때가 이르리니 내가 다윗에게 한 의로운 가
> 지를 일으킬 것이라 그가 왕이 되어 지혜롭게 다스리며 세상에서 정의
> 와 공의를 행할 것이며 6그의 날에 유다는 구원을 받겠고 이스라엘은 평
> 안히 살 것이며 그의 이름은 여호와 우리의 공의라 일컬음을 받으리라
> 7그러므로 여호와의 말씀이니라 보라 날이 이르리니 그들이 다시는 이

스라엘 자손을 애굽 땅에서 인도하여 내신 여호와의 사심으로 맹세하지 아니하고 [8]이스라엘 집 자손을 북쪽 땅, 그 모든 쫓겨났던 나라에서 인도하여 내신 여호와의 사심으로 맹세할 것이며 그들이 자기 땅에 살리라 하시니라

[23 : 5–6] 33 : 14~16과 거의 평행을 이루는 5~8절은 자기 백성을 위한 야웨 하나님의 구원 메시지를 담고 있는 본문이다. 야웨께서는 이전의 거짓 목자들과 대비되는 참된 목자들을 세우시되, 다윗의 후손들 중 한 명을 의로운(righteous, '차띠크') 가지로 일으키실 것이다. 미래의 이상적인 왕으로 세움을 입을 그는, 지혜롭게 나라와 백성을 다스리며 그 땅(land, '에레츠'; 개역 개정판은 "세상에서"로 번역함.)에 정의(justice, '미슈파트')와 공의(righteousness, '츠다카')를 행할 것이다(5절). 이사야가 예언했던 미래의 이상적인 지도자가 그러하듯이 말이다(사 11 : 1–5).

여기서 중요한 것은, 야웨께서 세우실 참된 목자들이 "그 땅에서" 정의롭게 나라를 다스릴 것이라는 사실이다. 예레미야가 말하는 "그 땅"은 당연히 족장 시대 이후로 야웨 하나님께서 줄기차게 언급하신 약속의 땅을 가리킨다. 나라가 망하기 직전까지 유다 백성은 약속의 땅에서 안정된 삶을 누릴 수 있었지만, 야웨 하나님을 버리고 이방 신들을 섬기는 죄악으로 인하여 조만간 약속의 땅에서 쫓겨나는 심판을 받게 될 것이다. 그러나 그것이 전부가 아니다. 야웨 하나님의 심판으로 약속의 땅을 떠나 이방 민족의 땅에서 포로생활을 하게 될 유다 백성이 언젠가는 야웨 하나님의 구원에 힘입어 약속의 땅으로 되돌아오게 될 것이요(참조. 8절), 미래의 이상적인 통치자 역시 그 땅에서 그들을 정의와 공의로 다스릴 것이다.

그가 약속의 땅에서 야웨 하나님이 원하시는 정의로운 통치를 시작하면, 유다 나라는 구원을 받게 될 것이요, 이스라엘은 안정된 삶을 누릴 수 있을 것이다(6a절). 이로 인하여 그는 "야웨는 우리의 공의이시다"(Yahweh is our righteousness, '야웨 치드케누')라는 새로운 이름으로 불릴 것이다(6b절). 지혜롭고 정의로운 다윗계 통치자를 칭하는 데 사용될 이 이름은 남왕국 유다의 마지막 왕인 시드기야의 이름을 연상시킨다. 아마도 예레미야는 "나의 공의는 야웨이시다"('치드키야후')라는 뜻을 가진 시드기야의 이름을 빗대어 '야웨 치드케누'라는 새로운 이름을 사용함으로써, 이상적인 왕과 시드기야 사이의 대조를 암시하고자 했을 것이다(Thompson, 490–491).

이 점에 비추어 본다면, '야웨 치드케누'는 시드기야의 이름인 '치드키야후'의 이름에 대한 말놀이임이 분명해진다. 시드기야는 공의를 행하던 왕이 아니라, 예레미야 34 : 8~22, 52 : 2(=왕하 24 : 19), 역대하 36 : 11~16 등에 언급된 바와 같이, 야웨께서 보시기에 악을 행한 왕이었기 때문이다. 정의나 공의와는 너무도 거리가 먼 왕이었던 것이다. 그 까닭에 시드기야 왕은 예레미야에게 중재 기도를 요청했지만, 기도의 응답을 받기는커녕 야웨 하나님의 엄중한 심판과 재앙의 말씀을 듣게 되었다(21 : 1–10). 시드기야가 이렇게 왕위에 앉을 자격이 없는 자요, 따라서 야웨께로부터 버림 받은 자라면, 야웨께서 세우실 미래의 이상적인 왕은 자기 백성 중에 정의와 공의를 행할 자이다. 야웨께서는 시드기야의 그릇된 통치를 역전시킬 지혜롭고 정의로운 왕으로 그를 세우실 것이다(Lundbom I, 175).

[23 : 7–8] 5~6절이 이처럼 야웨께서 세우실 미래의 이상적인 통치자에 관해서 말하고 있다면, 7절 서두의 "그러므로"(therefore, '라켄')라는 접속사를 통하여 5~6절과 연결되고 있는 7~8절은 포로로부터의 귀향에 초점을 맞추고 있다. 16 : 14~15과 거의 똑같은 내용으로 되어 있는 7~8절은 또한 두 종류의 맹세 양식에 대해서 소개하고 있기도 하다. 첫 번째 맹세 양식은 7절에 소개되어 있는 것으로, 출애굽 사건에 기초하여 행해지던 것을 가리킨다. 과거의 이스라엘 백성은 자기들을 이집트 땅에서 인도하여 내신 야웨의 살아 계심을 두고 맹세하곤 했다.

그러나 이제 야웨께서 세우실 새로운 왕의 시대가 도래하면, 더 이상 출애굽 사건에 기초한 맹세 양식이 사용되지 않을 것이다. 도리어 그들은 두 번째의 새로운 맹세 양식을 사용하게 될 것이다. 이스라엘 집의 자손을 북쪽 땅과 그들이 쫓겨났던 모든 나라에서 인도하여 내신 야웨 하나님의 살아 계심을 두고 맹세할 것이라는 얘기다. 이것은 바벨론 포로로부터 돌아온 이스라엘 백성이 장차 더 이상 출애굽 해방의 은총을 주신 야웨의 살아 계심을 두고 맹세하지 않고, 바벨론 포로 귀향의 은총을 주신 야웨의 살아 계심을 두고 맹세할 것임을 의미한다. 이처럼 새롭게 변화된 맹세 양식은 또한 바벨론 포로로부터의 귀향이 첫 번째 출애굽 해방을 뛰어넘는 제2의 출애굽 해방이 될 것임을 뜻하기도 한다. 그들은 이렇게 돌아온 "자기 땅"(their own soil, '아드마탐')에서 평안을 누리며 살게 될 것이다(8절).

3. 종교 지도자들의 탈선과 심판(23 : 9–12)

9선지자들에 대한 말씀이라 내 마음이 상하며 내 모든 뼈가 떨리며 내
가 취한 사람 같으며 포도주에 잡힌 사람 같으니 이는 여호와와 그 거룩
한 말씀 때문이라 10이 땅에 간음하는 자가 가득하도다 저주로 말미암아
땅이 슬퍼하며 광야의 초장들이 마르나니 그들의 행위가 악하고 힘쓰
는 것이 정직하지 못함이로다 11여호와의 말씀이니라 선지자와 제사장
이 다 사악한지라 내가 내 집에서도 그들의 악을 발견하였노라 12그러므
로 그들의 길이 그들에게 어두운 가운데 미끄러운 곳과 같이 되고 그들
이 밀어냄을 당하여 그 길에 엎드러질 것이라 그들을 벌하는 해에 내가
그들에게 재앙을 내리리라 여호와의 말씀이니라

[23 : 9–12] 남왕국 유다의 문제점은 왕을 비롯한 정치 지도자들에게만 있는 게 아니다. 제사장을 비롯한 종교 지도자들, 특히 거짓 예언자들에게도

많은 문제점이 있었다. 그 까닭에 예레미야는 9~12절 단락의 서두인 9절에 "선지자들에 대한 [말씀이라]"(As for the prophets 또는 Concerning the prophets, '란느비임')라는 표제를 사용하고 있다. 23~24절을 제외한 9~40절의 모든 구절들에서 "예언하다"라는 뜻을 가진 '나바' 동사와 이 동사의 명사형인 '나비'("예언자")가 모두 23회에 걸쳐서 사용되고 있다는 사실(Craigie 외, 335)도 이 점을 뒷받침한다. 11절에서 제사장들 역시 비난과 심판의 표적이 되고 있기는 하지만 말이다.

9~12절 단락은 크게 세 개의 하위 단락들로 나누어진다. 9절이 야웨 하나님의 임재와 말씀에 대한 예레미야의 반응과 탄식을 담고 있다면, 10~11절은 예레미야가 탄식할 수밖에 없는 상황에 대한 비판과 고발을 담고 있다. 그리고 마지막 12절은 전형적인 심판 문구인 "그러므로"('라켄')를 서두에 사용하면서, 종교 지도자들의 신앙적인 탈선에 대한 야웨 하나님의 심판을 선고하고 있다.

먼저 9절을 보도록 하자. 15:16~18이나 20:8~9의 고백록과 비슷한 탄식의 어조를 사용하고 있는 9절에서 예레미야는 야웨 하나님과 그의 거룩한 심판의 말씀으로 인하여 자신의 마음이 상하며 모든 뼈가 떨리는 느낌을 받았다고 말한다. 또한 그는 자신이 마치 술에 취한 사람 같고 포도주에 잡힌 사람 같다고 말한다. 이것은 예레미야의 몸과 마음 전체가 심판의 말씀에 의하여 심한 상처를 입었음을 의미한다. 그야말로 그의 존재 전체가 큰 충격을 받은 것이다.

12:4과 비슷한 내용을 가지고 있는 10절은 서두에서 원인을 나타내는 접속사 '키'(for)를 사용함으로써(개역 개정판에는 이 낱말이 번역되어 있지 않음.), 심판의 말씀이 선고될 수밖에 없는 죄악의 상황에 대해 강력한 어조로 고발하고 있다. 그가 보기에 유다 땅에는 간음하는 자들로 가득했다. 예레미야가 여기서 말하는 간음은 아마도 실제적인 간음과 영적인 간음 모두를 포함할 것이다. 예레미야는 또한 간음하는 자들의 악하고(evil, '라아') 정직하지

못한 행동들로 인하여 야웨 하나님의 저주가 임하는 바람에, 유다 땅이 슬퍼하며 광야의 초장들이 마른다고 말한다(10절). 이것은 기근과 가뭄의 재앙이 그들과 그들의 땅에 임할 것임을 의미한다.

10절에서 간음자들로 가득한 유다 "땅"의 죄악을 포괄적으로 고발한 예레미야는 이어지는 11절에서 고발과 비판의 범위를 좁혀 이제는 유다 땅의 종교 지도자들인 예언자들과 제사장들의 문제를 다룬다. 10절과 11절이 이처럼 범위를 달리하는 연속적인 고발과 비판의 메시지라는 점은, 11절 역시 10절과 마찬가지로 그 서두에 원인을 나타내는 접속사 '키'(for)를 사용하고 있다는 사실을 통해서 확인된다(10절에서와 마찬가지로 11절에서도 개역 개정판에는 이 낱말이 번역되어 있지 않음). 그가 보기에 유다 땅의 예언자들이나 제사장들은 한결같이 사악한 자들이다. 야웨께서는 "내 집"인 성전에서조차도 그들이 악(evil, '라아')을 행하는 것을 목격하셨다(11절).

야웨께서는 유다 백성의 악함(evil, '라아'; 10절)과 종교 지도자들의 악함(evil, '라아'; 11절)을 결코 그냥 두지 않으신다. 이제 그들에게 남은 것은 야웨 하나님의 심판을 받는 일뿐이다. 야웨께서 그들에게 "재앙"(evil, calamity, '라아')을 내리겠다고 말씀하시는 12b절이 그 점을 잘 보여 준다. 이렇게 10절에서 12절까지 계속 반복되는 똑같은 낱말 '라아'는, 일반 백성과 종교 지도자들의 '라아'(evil)에 대하여 야웨께서 자신의 '라아'(evil, calamity)로 응답하실 것임을 드러내는 메시지가 아닐 수 없다. 12절의 서두에 나오는 전형적인 심판 문구인 "그러므로"('라켄') 역시 그들의 악에 대하여 야웨 하나님의 심판이 선고될 것임을 알리는 역할을 수행한다.

10b절이 유다 땅을 향한 부분적인 심판 선고에 해당하는 것이라면, 12절은 거짓 예언자들과 제사장들을 포함하는 유다 백성 전체를 향한 전면적인 심판 선고에 해당하는 것이라 할 수 있다. 예레미야는 그들의 길이 어두운 가운데 미끄러운 곳과 같이 될 것이요, 그곳에서 떠밀려 넘어지는 불행한 일을 겪게 될 것이라고 말한다(12a절). 어둡고 미끄러운 길에서는 아무리 조심

스럽게 걷는다 해도 그 길을 가는 사람들이 미끄러지면서 서로에게 떠밀려 넘어질 수밖에 없는 바, 예레미야는 유다 백성에게 닥칠 심판이 이러한 집단 붕괴의 모습을 갖게 될 것임을 그림 같은 언어로 전달하고 있는 것이다. 야웨께서 그들을 벌하는 해가 될 때 그들에게 재앙(evil, '라아')을 내리겠다고 말씀하시는 12b절의 심판 선고는 그들의 죄악이 그에 상응하는 심판을 초래할 것임을 분명하게 보여 준다.

4. 사마리아와 예루살렘의 거짓 예언자들(23 : 13–15)

> [13]내가 사마리아 선지자들 가운데 우매함을 보았나니 그들은 바알을 의
> 지하고 예언하여 내 백성 이스라엘을 그릇되게 하였고 [14]내가 예루살렘
> 선지자들 가운데도 가증한 일을 보았나니 그들은 간음을 행하며 거짓
> 을 말하며 악을 행하는 자의 손을 강하게 하여 사람으로 그 악에서 돌이
> 킴이 없게 하였은즉 그들은 다 내 앞에서 소돔과 다름이 없고 그 주민은
> 고모라와 다름이 없느니라 [15]그러므로 만군의 여호와께서 선지자에 대
> 하여 이와 같이 말씀하시니라 보라 내가 그들에게 쑥을 먹이며 독한 물
> 을 마시게 하리니 이는 사악이 예루살렘 선지자들로부터 나와서 온 땅
> 에 퍼짐이라 하시니라

[23:13–15] 앞 단락(9–12절)에서 거짓 예언자나 제사장과 같은 종교 지도자들의 죄악을 고발하고 비판한 예레미야는 이제 범위를 좁혀 거짓 예언자들의 죄악을 고발하고 비판하는 한편, 그들에게 임할 야웨 하나님의 심판을 선고하고자 한다. 그러면서도 그는 예루살렘의 거짓 예언자들에게 있는 문제점을 지적하고 비판하기에 앞서(14절), 북왕국 멸망의 원인을 제공했던 사마리아의 거짓 예언자들에게 있는 문제점을 지적한다(13절). 13절과 14절이 제각기 사마리아와 예루살렘의 거짓 예언자들을 향한 비판과 고발의 메시지

를 담고 있다면, 15절은 그들을 향한 심판 선고에 해당하는 말씀을 담고 있는 셈이다.

13절에 의하면, 야웨께서는 사마리아의 예언자들에게서 못마땅한 일 두 가지를 보셨다. 그 하나는 그들이 바알을 의지하여 예언하는 일이요, 다른 하나는 그들이 "내 백성" 이스라엘을 그릇된 길로 인도한 일이었다(13절). 바알을 의지하여 예언한다는 것은 그들이 야웨 하나님을 버리고 바알을 섬기고 있었음을 뜻한다. 그것은 야웨 하나님과의 언약 관계를 깨뜨리는 행동이 아닐 수 없다. 그들의 이처럼 빗나간 행동은 이스라엘 백성을 잘못된 길로 인도할 수밖에 없었다. 그것은 야웨 하나님의 백성을 돌보기는커녕 도리어 그들을 흩어지게 몰아내는 거짓 목자들의 행동이나 다름없었다(1-2절). 예레미야는 50장에서도 이와 비슷한 메시지를 선포한다: "내 백성은 잃어버린 양 떼로다 그 목자들이 그들을 곁길로 가게 하여 산으로 돌이키게 하였으므로 그들이 산에서 언덕으로 돌아다니며 쉴 곳을 잊었도다"(50 : 6).

그런데 예루살렘의 거짓 예언자들은 그 정도가 더욱 심했다. 예레미야는 그들에게 있는 가증한 일들을 훨씬 더 구체적으로 지적한다. 그들은 간음을 행하며, 거짓을 말하며, 악을 행하는 자들의 손을 강하게 하였다. 그들의 간음은 아마도 그들이 실제로 간음을 행한 것을 가리킬 수도 있지만, 다른 한편으로는 야웨 하나님을 버리고 다른 신들을 따라간 행동을 가리키기도 할 것이다. 그리고 그들이 거짓을 말했다는 것은, 그들이 야웨 하나님께서 주신 말씀을 선포하지 않고 도리어 자신이 지어낸 말을 야웨 하나님의 말씀으로 위장하여 선포하는 행동을 가리킬 것이다. 그들의 이러한 거짓 예언은 사람들로 하여금 그들이 행하는 악(evil, '라아'; 참조. 10-12절)에서 돌이킴(turn back, '슈브')이 없게 하였다.

한마디로 말해서 예루살렘의 거짓 예언자들은 심판을 받아 망한 소돔이나 다름없었다. 그리고 그들의 그릇된 인도를 따라 행하면서 온갖 악에 빠져든 예루살렘의 주민은 고모라와도 같았다(14절). 온갖 가증한 일들을 행하는 예루살렘의 거짓 예언자들이나 아무 거리낌 없이 악을 행하는 예루살렘 주민의 이러한 모습은 북왕국의 경우와 마찬가지로 야웨 하나님과의 언약 관계를 깨뜨리는 나쁜 죄악이 아닐 수 없었다. 그 까닭에 그들은 소돔과 고모라가 당한 것과도 같이 가혹한 하나님의 심판을 피할 길이 없을 것이다.

그래서인지 예레미야는 15절에서 전형적인 심판 문구인 "그러므로"('라켄')로 시작하는 심판을 그들에게 선고한다. 야웨께서는 그들에게 쓴 쑥을 먹이고 독을 탄 물을 마시게 하실 것이다. 그 까닭은 죄악이 마치 독처럼 예루살렘의 거짓 예언자들에게서 솟아 나와서 유다 온 땅(land, '에레츠')에 퍼졌기 때문이다. 먹고 마시는 것과 관련된 예레미야의 이러한 심판 은유는 사실 언약 체결 이후에 이루어지는 흥겨운 언약의 잔치를 암시하는 것이지만(출 24:11; 참조. 32:6), 예레미야는 언약의 잔치가 갖는 긍정적인 의미를 심판의 맥락에서 완전히 뒤집음으로써 언약 관계가 깨졌음을 상징적으로 보여주고 있다(Craigie 외, 340).

5. 야웨의 회의와 거짓 예언자들(23 : 16–22)

> 16만군의 여호와께서 이와 같이 말씀하시되 너희에게 예언하는 선지자
> 들의 말을 듣지 말라 그들은 너희에게 헛된 것을 가르치나니 그들이 말
> 한 묵시는 자기 마음으로 말미암은 것이요 여호와의 입에서 나온 것이
> 아니니라 17항상 그들이 나를 멸시하는 자에게 이르기를 너희가 평안하
> 리라 여호와의 말씀이니라 하며 또 자기 마음이 완악한 대로 행하는 모
> 든 사람에게 이르기를 재앙이 너희에게 임하지 아니하리라 하였느니라
> 18누가 여호와의 회의에 참여하여 그 말을 알아들었으며 누가 귀를 기울
> 여 그 말을 들었느냐 19보라 여호와의 노여움이 일어나 폭풍과 회오리바
> 람처럼 악인의 머리를 칠 것이라 20여호와의 진노가 내 마음의 뜻하는
> 바를 행하여 이루기까지는 그치지 아니하나니 너희가 끝날에 그것을 완

전히 깨달으리라 [21]이 선지자들은 내가 보내지 아니하였어도 달음질하
며 내가 그들에게 이르지 아니하였어도 예언하였은즉 [22]그들이 만일 나
의 회의에 참여하였더라면 내 백성에게 내 말을 들려서 그들을 악한 길
과 악한 행위에서 돌이키게 하였으리라

[23 : 16-22] 16~22절 단락은 거짓 예언자들을 향한 비난과 공격을 중심 내용으로 가지고 있지만, 실제 의도는 유다 백성으로 하여금 거짓 예언자들의 잘못된 가르침이나 거짓 예언에 현혹되지 말도록 경고하는 데 있다고 볼 수 있다. "너희에게 예언하는 선지자들의 말을 듣지 말라"라고 말하는 16a절이 그 점을 잘 보여 준다. 그리고 이 단락은 야웨 하나님을 칭함에 있어서 인칭 변화가 자주 나타난다는 특징을 보이고 있다. 이를테면 16절에서는 야웨 하나님이 3인칭 남성 단수로 나타나며, 17절에서는 1인칭 단수로 나타난다. 그리고 18~20절에서는 다시금 3인칭 남성 단수가 사용되며(개역 개정판은 20절의 3인칭 남성 단수를 1인칭 단수로 번역하되 각주에서 히브리어 본문이 3인칭으로 되어 있음을 밝히고 있음.), 21~22절에서는 다시금 1인칭 단수가 사용된다.

이 단락의 서두에서 야웨께서는 유다 백성에게 거짓 예언자들의 말을 귀담아 듣지 말 것을 경고하신다. 그들은 사람들에게 헛된 것을 가르치는 자들이다. 그들이 말한 묵시는 자기 마음에서 만들어 낸 것이지, 야웨 하나님의 입에서 나온 것이 아니기 때문이다(16절). 그들은 야웨 하나님을 멸시하는 자들에게 평안('샬롬')을 전하면서 그것이 야웨의 말씀이라고 속였으며, 마음의 완악함을 따라 행하는 모든 사람들에게도 재앙이 임하지 않을 것이라는 거짓을 말하곤 했다(17절; 6 : 14; 8 : 11). 거짓 예언자들은 유다 백성에게 어떠한 재앙도 그들을 해치지 못할 것이요, 따라서 재앙 대신 평화가 그들의 삶을 지배할 것이라는 거짓말로 유다 백성을 속인 것이다.

그들의 이러한 거짓 평화 예언은 아직 제1차 바벨론 포로(주전 597년)의

심판이나 재앙을 직접 겪지 않은 여호야김 왕 시대의 상황을 전제하고 있는 것으로 보인다. 아니면 제1차 바벨론 포로가 이루어진 후 어느 정도 시간이 흐른 다음의 시드기야 왕 때를 가리킬 수도 있다(Craigie 외, 343). 그러나 설령 거짓 예언자들이 활동하던 시대의 상황이 상대적으로 안정되어 있고 또 당장에 재앙이나 불행이 닥쳐올 것으로 여겨지지 않는다고 해도, 항상 그것이 오래도록 지속되리라는 보장은 어디에도 없다. 그런데도 그들은 자신 있게 거짓 평화를 외치면서 재앙이 임하지 않을 것이라는 거짓 예언으로 사람들을 미혹하였다.

그들이 이처럼 뻔뻔스럽게 야웨 하나님의 말씀이 아닌 것을 야웨의 말씀으로 위장하여 거짓 평화를 선포하는 이유는 어디에 있는가? 그 이유를 야웨께서는 부정적인 답변이 예상되는 수사학적인 질문을 통하여 밝히신다. 누가 야웨 하나님이 주관하시는 회의(참조. Fretheim, 336)에 참여하여 그의 말을 알아들었으며 누가 귀를 기울여 그의 말을 들었느냐는 두 가지 질문이 그렇다(18절). 이 두 개의 질문은 거짓 예언자들이 야웨의 회의에 참여한 적이 없는 자들이요, 따라서 야웨 하나님의 말씀을 직접 들은 적도 없는 자들이라는 사실을 분명하게 밝히고 있다. 예레미야처럼 확실한 소명을 받은 적이 없는 자들이라는 얘기다. 열왕기상 22장에 나오는 미가야 예언자처럼 말이다.

이제 그들에게 남은 것은 야웨 하나님의 엄중한 심판뿐이다. 19~20절은 사람들에게 그릇된 확신을 심어 주는 그들의 메시지와는 대조적으로, 야웨께서 예레미야를 통하여 직접 선포하시는 심판과 재앙의 메시지를 담고 있다. 지금 당장에는 모든 것이 안정되어 있고, 따라서 재앙과 불행이 쉽게 닥쳐오지 않을 것처럼 보일지도 모르지만, 야웨께서는 이에 아랑곳하지 않고 사람들에게 곧 진노의 심판을 쏟아부으실 것이다. 야웨께서 자신의 노여움이 폭풍과 회오리바람처럼 악인들의 머리를 칠 것이라고 말씀하시는 것이 그렇다(19절). 그의 진노는 자신이 뜻하신 바를 이룰 때까지 중단되지 않을 것이다. 마지막 날이 되어서야 비로소 그들은 그러한 사실을 완전히 깨닫게 될 것이다(20절).

21절은 16절과 비슷한 어조로 거짓 예언자들의 행동을 다시금 비난한다. 야웨께서 그들을 보내지 않으셨는데도 그들이 달음질하면서 거짓 예언하기를 그치지 아니하였다는 메시지가 그렇다. 만일 그들이 참으로 야웨께서 부르시고 세우신 그의 대변인들이라면, 그들은 백성의 죄를 있는 그대로 드러냈을 것이고 또 마땅히 그렇게 해야만 했다. 왜냐하면 유다 백성이 야웨 하나님의 언약을 위반한 것이 너무도 확실했기 때문이다. 그런데도 그들은 그렇게 하지 않았다. 18절에서 이미 지적된 바와 같이, 그들은 야웨의 회의에 참여한 적이 없었기에 유다 백성에게 있는 언약 위반의 죄악을 제대로 인식하지 못했다. 정말로 그들이 야웨의 회의에 참여하였더라면 "내 백성"에게 "내 말"을 들려서 그들을 악한 길과 악한 행위에서 돌이키게 하였을 것이다(22절).

6. 천지에 충만하신 야웨 하나님(23 : 23–24)

> 23여호와의 말씀이니라 나는 가까운 데에 있는 하나님이요 먼 데에 있는
> 하나님은 아니냐 24여호와의 말씀이니라 사람이 내게 보이지 아니하려
> 고 누가 자신을 은밀한 곳에 숨길 수 있겠느냐 여호와가 말하노라 나는
> 천지에 충만하지 아니하냐

[23 : 23–24] 야웨께서는 부정적인 답변이 예상되는 세 개의 수사학적인 질문들을 통하여 거짓 예언자들을 벌하시고 유다 나라를 심판하시는 자신의 확고한 의지를 분명하게 밝히신다. 첫 번째 질문에서 그는 자신이 본질적으로 가까운 데 있는 하나님이면서 동시에 먼 데에 있는 하나님이기도 하다는 사실을 가르치고자 하신다(23절). 이 질문의 배후에는 유다 백성의 잘못된 생

각, 곧 야웨 하나님이 어느 한 공간에 제한되어 있다고 여기는 듯한 생각을 교정하려는 의도를 가지고 있다. 아마도 그들은 야웨 하나님이 먼 데만 계신 분이기에 유다 땅에서 벌어지는 모든 일들을 다 아실 수 없다고 생각했을 것이다.

그러나 전혀 그렇지 않다. 야웨 하나님은 먼 데도 계신 분이지만 가까운 데도 계신 분이다. 내재성(immanence)과 초월성(transcendence)을 모두 가지고 계신 분이라는 얘기다(Thompson, 501). 그는 피조물인 인간과 차원이 다른 곳에 계신 초월적인 분이면서 동시에 어머니나 아버지처럼 가까이서 자기 백성의 제사를 받아 주시고, 그들을 원수의 목전에서 구원해 주시는 내재적인 분이기도 하다. 특히 23절이 강조하는 "가까운 데에 있는 하나님"이라는 표현은, 그가 예루살렘 성전 안에 거주하고 계실 뿐만 아니라, 유다 땅에 거하시면서 수시로 그들의 삶과 행동을 살펴보시는 분임을 암시하고 있는 것으로 보인다.

두 번째 질문은 사람들이 제아무리 은밀한 곳에 숨는다고 하여도, 그가 야웨 하나님의 눈에서 벗어날 수 없다는 사실을 지적하고 있다(24a절). 불순종하던 예언자 요나의 행적이 이를 잘 보여 준다. 그는 니느웨를 향한 심판의 말씀을 위탁받았으나, 야웨 하나님의 눈을 피하려고 당시에 땅끝으로 알려진 다시스로 가는 배를 탔고, 배 안에서도 가장 은밀한 곳인 밑층에 내려가서 깊은 잠에 빠졌다. 그러나 소용이 없었다. 야웨께서는 태풍을 통하여 그의 자는 양심을 일깨우고자 하셨고, 선장을 통하여 그의 잠을 깨우셨다. 야웨께서는 그에게 두 차례의 기회를 주셨지만, 그는 깨닫지 못했다. 이에 야웨께서는 마지막으로 제비뽑기 방식을 통하여 배에 탄 모든 사람들 앞에서 요나를 태풍의 원인자로 폭로하셨다(욘 1장).

그런데도 유다 백성은 은밀한 곳에 자신을 숨기면 야웨 하나님께서도 발견하지 못하실 것이라는 잘못된 생각을 가지고 있었던 것으로 보인다. 그들은 야웨 하나님을 자신의 조그마한 세계 밖에서 무슨 일이 벌어지고 있는지 전혀 알지 못하는 근시안적인 신으로 인식했던 것이다. 두 번째 질문은 유다 백성의 이처럼 비뚤어진 생각을 겨냥하고 있다. 야웨께서는 그 근거와 이유를 세 번째 질문을 통해서 밝히신다(24b절). 세 번째 질문은 야웨 자신이 천지에 충만한 신이라는 사실을 가르치려는 의도를 가지고 있다. 그는 온 세상의 통치자로서, 그 안에서 발생하는 모든 일들을 훤히 알고 계신 분이다. 사람들은 자기들의 죄악을 포함하여 그 어느 것도 그에게서 숨기지 못한다. 아무리 은밀한 곳이라 할지라도 천지에 충만하신 야웨 하나님의 눈을 피할 수는 없다.

시편 11 : 4도 이 점을 아름다운 필체로 노래하고 있다: "여호와께서는 그의 성전에 계시고 여호와의 보좌는 하늘에 있음이여 그의 눈이 인생을 통촉하시고 그의 안목이 그들을 감찰하시도다". 특히 시편 139 : 1~12이 그렇다: "여호와여 주께서 나를 살펴보셨으므로 나를 아시나이다 주께서 내가 앉고 일어섬을 아시고 멀리서도 나의 생각을 밝히 아시오며 나의 모든 길과 내가 눕는 것을 살펴보셨으므로 나의 모든 행위를 익히 아시오니 여호와여 내 혀의 말을 알지 못하시는 것이 하나도 없으시니이다…… 내가 주의 영을 떠나 어디로 가며 주의 앞에서 어디로 피하리이까 내가 하늘에 올라갈지라도 거기 계시며 스올에 내 자리를 펼지라도 거기 계시니이다 내가 새벽 날개를 치며 바다 끝에 가서 거주할지라도 거기서도 주의 손이 나를 인도하시며 주의 오른손이 나를 붙드시리이다 내가 혹시 말하기를 흑암이 반드시 나를 덮고 나를 두른 빛은 밤이 되리라 할지라도 주에게서는 흑암이 숨기지 못하며 밤이 낮과 같이 비추이나니 주에게는 흑암과 빛이 같음이니이다".

7. 거짓 예언자들의 꿈 이야기(23 : 25-28)

25내 이름으로 거짓을 예언하는 선지자들의 말에 내가 꿈을 꾸었다 꿈을
꾸었다고 말하는 것을 내가 들었노라 26거짓을 예언하는 선지자들이 언

제까지 이 마음을 품겠느냐 그들은 그 마음의 간교한 것을 예언하느니
라 [27]그들이 서로 꿈꾼 것을 말하니 그 생각인즉 그들의 조상들이 바알
로 말미암아 내 이름을 잊어버린 것같이 내 백성으로 내 이름을 잊게 하
려 함이로다 [28]여호와의 말씀이니라 꿈을 꾼 선지자는 꿈을 말할 것이요
내 말을 받은 자는 성실함으로 내 말을 말할 것이라 겨가 어찌 알곡과
같겠느냐

[23:25-28] 거짓 예언자들은 야웨 하나님의 이름을 빙자하여 거짓을 예언하는 자들이다. 자신의 거짓 예언을 감추기 위해 야웨 하나님의 이름을 악용하는 자들이라는 얘기다. 그들은 또한 자신의 말이 거짓이 아님을 알리기 위해서 꿈을 통하여 야웨 하나님의 말씀이 주어졌음을 두 번에 걸쳐서 강조한다(25절): "내가 꿈을 꾸었다 꿈을 꾸었다"(I had a dream, I had a dream!, '할람티 할람티'). 이로써 그들은 자신이 꿈을 매개로 하는 예언적인 환상을 보았기에 신적인 권위를 가지고 있음을 상소한 것이다. 사실 꿈은 야웨 하나님이 자신의 뜻을 사람들에게 알리는 중요한 수단들 중의 하나였다. 민수기 12:6~8은 꿈이 야웨께서 사람들에게 자신을 알리는 한 수단이요, 자신의 말씀을 예언자들에게 알리는 수단이기도 하다는 사실을 분명하게 밝히고 있다.

실제로 구약 시대의 많은 사람들이 꿈을 통하여 야웨 하나님의 뜻을 전달받는 경험을 하였다. 이를테면 벧엘에서 잠을 자다가 꿈 속에서 사닥다리 환상을 보았던 야곱(창 28:10-22)이 그랬고, 꿈 속에서 형들의 곡식 단들이 자신의 곡식 단을 둘러서서 절하던 모습을 본 후 다시 두 번째로 꿈 속에서 해와 달과 열한 별이 자신에게 절하던 모습을 보았던 요셉도 마찬가지였다(창 37:5-10). 이집트의 파라오가 두 차례에 걸쳐서 7년 풍년과 7년 흉년을 암시하는 꿈을 꾼 것(창 41:1-7)도 꿈을 통한 계시에 해당되는 것이다. 솔로몬이 기브온 산당에서 일천 번제를 드린 후 밤중에 꿈을 통하여 지혜와 부귀와 영광을 약속받은 것(왕상 3:4-15)이나, 바벨론의 느부갓네살(단 2,

4장)과 다니엘(단 7장)이 꿈을 통하여 하나님이 하실 일에 대한 계시를 받은 것도 같은 맥락에 속한다.

그렇다면 예레미야가 말하는 거짓 예언자들의 경우는 어떨까? 26절에서 그는 거짓 예언자들이 계시의 수단인 꿈과 관련하여 언제까지 거짓된 마음을 품겠는지 묻는 수사학적인 질문을 던지면서, 그들이 자기 마음속에 있는 간교한 것을 예언한다고 말한다. 사실 그들이 말하는 꿈이나 예언은 자신의 미혹된 마음으로부터 비롯된 것이요, 야웨 하나님의 뜻을 잘못 대변하고 있는 것이나 마찬가지였다. 그들은 서로 간에 꿈 이야기를 주고받는 모습을 보이기도 했다. 그 이유는 그들의 조상들이 바알 숭배에 빠지면서 야웨 하나님의 이름을 잊어버린 것처럼 "내 백성"으로 하여금 그의 이름을 잊어버리게 하려는 의도가 그들에게 있었기 때문이다(27절).

어쩌면 거짓 예언자들은 유다 백성으로 하여금 야웨 하나님의 이름을 잊어버리고 그 대신 다른 신들을 섬기도록 하기 위해, 꿈 이야기를 주고받으면서 계략을 꾸미고 있었는지도 모른다. 그러나 참 예언자는 결코 그렇게 해서는 안 된다. 설령 꿈을 꾸었다고 주장하는 거짓 예언자가 꿈 이야기를 하더라도, 야웨의 말씀을 받은 예언자는 그런 것에 개의치 말고 충실하게 자신이 받은 말씀만 전해야 한다. 쭉정이는 결코 알곡과 같을 수 없다(28절). 이것은 거짓 예언자들에게 있는 평화와 안전의 꿈이 참 예언과 나란히 놓일 때 공허한 거짓말임이 탄로 날 것임을 의미한다. 마치 쭉정이가 알곡과 비교될 때 금방 식별되는 것처럼 말이다.

8. 거짓 꿈에 대한 심판(23 : 29–32)

29여호와의 말씀이니라 내 말이 불같지 아니하냐 바위를 쳐서 부스러뜨
리는 방망이 같지 아니하냐 30여호와의 말씀이라 그러므로 보라 서로 내
말을 도둑질하는 선지자들을 내가 치리라 31여호와의 말씀이니라 보라

그들이 혀를 놀려 여호와가 말씀하셨다 하는 선지자들을 내가 치리라
32여호와의 말씀이니라 보라 거짓 꿈을 예언하여 이르며 거짓과 헛된 자
만으로 내 백성을 미혹하게 하는 자를 내가 치리라 내가 그들을 보내지
아니하였으며 명령하지 아니하였나니 그들은 이 백성에게 아무 유익이
없느니라 여호와의 말씀이니라

[23 : 29–32] 예레미야처럼 야웨께서 세우신 참 예언자들의 메시지는 죄를 고발하고 심판을 선포한다는 점에서 힘을 가지고 있다. 그들의 메시지 자체는 모든 것을 불태우는 파괴적인 불이나 바위조차도 부스러뜨리는 강한 쇠방망이의 타격과도 같은 것이다(29절; 나 1 : 6). 물론 참 예언자들이 전하는 야웨 하나님의 말씀은 거짓 예언자들을 향한 심판의 말씀을 뜻한다. 그래서인지 야웨께서는 바로 이어지는 30절의 서두에서 전형적인 심판 어구인 "그러므로"(therefore, '라켄')를 사용하신다. 개역 개정판은 "여호와의 말씀이라"('느움 야웨')라는 특징적인 예언구를 가장 먼저 번역하고 있지만, 실제 히브리어 본문에서는 "그러므로"가 가장 먼저 나오고 '느움 야웨'는 중간에 나온다.

야웨께서는 심판의 말씀을 담고 있는 30~32절에서 세 번에 걸쳐 "보라"라는 강조 어구를 거듭 사용하시면서, 거짓 예언자들을 향한 자신의 불편한 감정을 드러내시며, 그들을 향한 엄한 심판을 선고하신다. 각 절마다 반복되는 표현, 곧 "보라…… (거짓) 선지자들(미혹하게 하는 자, 32절)을 내가 치리라"는 구절이 이 점을 뒷받침한다. 30절의 첫 번째 심판 선고에서 야웨께서는 거짓 예언을 통하여 참 예언자들이 선포하는 야웨의 말씀, 곧 "내 말"을 도둑질하는 예언자들을 치겠다고 말씀하신다. 그리고 31절의 두 번째 심판 선고에서는 하나님의 말씀을 전한다고 제멋대로 혀를 놀리는 거짓 예언자들을 치겠다고 말씀하신다.

그런데 흥미롭게도 31절의 히브리어 본문은 거짓 예언자들이 야웨 하나님의 말씀을 전한답시고 말하는 전형적인 예언 문구를 '느움 야웨'로 표현하

지 않고 '느움'으로만 표현한다. 개역 개정판은 "여호와가 말씀하셨다"고 번역하지만, 이는 참 예언자들의 전형적인 예언 문구인 "느움 야웨"를 번역한 것이 아니라, '느움'을 번역한 것이다. 거짓 예언자들의 말에는 '느움'(말씀)의 주인이신 "야웨"가 빠져 있음을 지적한 메시지가 아닐 수 없다. 예레미야가 이처럼 거짓 예언자들의 메시지를 '느움'으로만 표현한 것은, 앞서 이미 언급한 바와 같이, 그들이 전하는 야웨의 말씀이라는 것이 실상은 야웨께서 주신 것이 아니라 그들 스스로가 마음속에서 지어낸 것이기 때문이다.

그리고 마지막의 세 번째 심판 선고(32절)에서 야웨께서는 거짓되고 허황된 꿈들을 야웨 하나님의 계시라고 말하면서 거짓과 헛된 자만으로 "내 백성"을 미혹하는 자들(1-4절 참조)을 치겠다고 말씀하신다. 그 까닭은 야웨께서 그들을 보낸 적이 없고 그들에게 예언하라고 명한 일이 없기 때문이다. 여기서 야웨께서는 1인칭 단수의 의미를 포함하고 있는 동사들과는 별도로 맨 앞에 1인칭 단수 인칭 대명사 '아노키'를 사용하심으로써, 자신이 결코 그들을 보낸 적이 없으며 그들에게 예언하라고 명한 적도 없음을 강조하신다. 야웨께서 보시기에 그들은 유다 백성에게 아무 유익도 주지 못하는 자들이요, 도리어 거짓말로 유다 백성을 잘못 인도한 쓸모없는 자들일 뿐이다(32절).

9. 거짓 예언자들에게 임할 치욕과 수치(23 : 33-40)

33이 백성이나 선지자나 제사장이 네게 물어 이르기를 여호와의 엄중한
말씀이 무엇인가 묻거든 너는 그들에게 대답하기를 엄중한 말씀이 무엇
이냐 묻느냐 여호와의 말씀에 내가 너희를 버리리라 하셨고 34또 여호와
의 엄중한 말씀이라 하는 선지자에게나 제사장에게나 백성에게는 내가
그 사람과 그 집안을 벌하리라 하셨다 하고 35너희는 서로 이웃과 형제
에게 묻기를 여호와께서 무엇이라 응답하셨으며 여호와께서 무엇이라
말씀하셨느냐 하고 36다시는 여호와의 엄중한 말씀이라 말하지 말라 각

사람의 말이 자기에게 중벌이 되리니 이는 너희가 살아 계신 하나님, 만
군의 여호와 우리 하나님의 말씀을 망령되이 사용함이니라 하고 [37]너는
또 선지자에게 말하기를 여호와께서 네게 무엇이라 대답하셨으며 여호
와께서 무엇이라 말씀하셨느냐 [38]너희는 여호와의 엄중한 말씀이라 말
하도다 그러므로 여호와께서 이와 같이 말씀하시되 내가 너희에게 사람
을 보내어 이 말씀은 여호와의 엄중한 말씀이니 너희는 말하지 말라 하
였으나 너희가 여호와의 엄중한 말씀이라 하였은즉 [39]내가 너희를 온전
히 잊어버리며 내가 너희와 너희 조상들에게 준 이 성읍을 내 앞에서 내
버려 [40]너희는 영원한 치욕과 잊지 못할 영구한 수치를 당하게 하리라
하셨느니라

[23:33-40] 거짓 예언자들의 그릇된 메시지에 중독된 유다 백성은 거짓 예언자들과 제사장들을 데리고 예레미야를 찾아올 것이다. 그리고는 예레미야에게 그가 야웨께로부터 받은 엄중한 말씀이 무엇인지 따지듯이 물을 것이다. 그들의 질문에 대하여 예레미야는 "엄중한 말씀이 무엇이냐 묻느냐"면서 야웨께서 그들을 버리실 것이라는 말씀이 엄중한 말씀임을 분명하게 밝혔다(33절). 여기서 "엄중한 말씀"으로 번역된 히브리어 낱말 '맛사'는 야웨께서 선포하신 말씀(pronouncement 또는 oracle)을 뜻하는 낱말이지만, 사람들을 힘들게 하는 짐(burden)을 뜻하는 낱말이기도 하다. 어떤 점에서 보면, 예레미야는 이 본문에서 동음이의어(同音異議語)인 두 낱말의 의미를 결합시킨 일종의 말놀이를 사용하고 있는 것이라 할 수 있다(Fretheim, 340-341). 그래서인지 개역 개정판과 표준새번역은 이 두 가지 의미를 결합시켜 '맛사'를 제각기 "엄중한 말씀"과 "부담이 되는 말씀"으로 번역하고 있다.

반면에 70인역은 "엄중한 말씀이 무엇이냐 묻느냐"로 번역된 히브리어 표현 '에트-마-맛사'를 훼손된 본문으로 보고, 이를 '아템 함맛사'("너희가 바로 '맛사'이다")로 수정하여 읽는다. 70인역의 수정 본문을 받아들인다면,

예레미야는 야웨께로부터 받은 가장 최근의 '맛사'(신탁, oracle)가 무엇인지 묻는 유다 백성의 질문에 대하여, "야웨의 맛사"를 말하는 대신 일종의 말놀이 수법을 통하여 그들 자신이 바로 '맛사'(짐, burden)라고 말해야 하는 것으로 이해된다(Thompson, 503, 505). 이렇게 본다면, 그들의 죄악과 악행은 야웨께서 버리고 싶은 무거운 짐과도 같은 것이라는 얘기가 된다. 따라서 33절 마지막의 "내가 너희를 버리리라"라는 말씀은 무거운 짐과도 같은 그들을 버리겠다는 야웨 하나님의 심정이 담겨 있는 것으로 이해할 수 있다.

예레미야는 이어서 거짓 예언자나 제사장 또는 유다 백성 중에 "야웨의 맛사"라는 표현을 쓰는 사람과 그의 집안에 벌을 내리겠다(visit 또는 punish, '파카드')는 심판의 말씀을 선포한다(34절; 2절 참조). 그 까닭은 그들이 야웨께로부터 받지도 않은 것을 "야웨의 맛사"(또는 "야웨의 말씀")라고 속이면서 사람들에게 전하고 있기 때문이다. 야웨께서는 자신의 "맛사"를 왜곡하는 그런 사람을 결코 그냥 두지 않으실 것이다. 그 까닭에 예레미야는 이웃과 형제에게 말할 때 "야웨의 맛사"라는 표현 대신 "야웨께서 무엇이라 응답하셨느냐?"는 질문과 "야웨께서 무엇이라 말씀하셨느냐?"는 질문을 서로 주고받아야 한다고 사람들에게 말한다(35절). 야웨의 말씀을 왜곡시킬 바에는 차라리 "야웨의 맛사"라는 말 자체를 아예 사용하지 말아야 한다는 얘기다.

그런데도 굳이 "야웨의 맛사"라는 표현을 사용하고자 하는 사람이 있다면, 그가 전하는 말 자체가 그에게 정말로 '맛사'가 될 것이다(개역 개정판은 여기서 '맛사'를 "중벌"로 번역함). 그의 말 자체가 그에게 부담스러운 것이 되고 짐이 될 것이라는 얘기다. 왜냐하면 야웨께서 주시지도 않은 것을 자기 마음대로 지어서 "야웨의 맛사"라고 하는 행동은 살아 계신 하나님, 곧 만군의 야웨 하나님의 말씀을 조작하거나 변질시키는 죄와 다름없기 때문이다(36절). 따라서 유다 백성은 거짓 예언자에게 물을 때, "야웨의 맛사"가 무엇인지 묻지 말고 도리어 "야웨께서 네게 무엇이라 대답하셨느냐?"라고 물어야 하고, "야웨께서 무엇이라 말씀하셨느냐?"라고 물어야 한다(37절). 이웃과 형제를 향하여 말할 때와 똑같은 방식(35절)으로 말이다. 거짓 예언자에게서는 진정한 "야웨의 맛사"를 들을 수가 없기 때문이다.

그럼에도 불구하고 거짓 예언자들은 "야웨의 맛사"라는 표현을 계속해서 사용한다. 야웨께서 그들에게 사람을 보내어 "야웨의 맛사"라는 표현을 사용하지 말라고 경고하셨는데도, 그들은 "야웨의 맛사"라는 "이 말"(this word)을 하곤 했다(38절). 이에 야웨께서는 그들의 이처럼 잘못된 언어 습관을 벌하기로 작정하신다. 38절 중간과 39절 서두에 나오는 "그러므로"(therefore, '라켄'; 개역 개정판의 38절 마지막에 나오는 "하였은즉"에 이 낱말의 의미가 포함되어 있음.)가 이 점을 잘 보여 준다.

야웨께서는 그들을 잊어버리실(forget, '나샤트') 것이요, 그들과 그들의 조상들에게 주셨던 성읍 예루살렘을 뽑아서 "내 앞에서" 내버리실(cast away 또는 forsake, '나타쉬') 것이다(39절). 이러한 심판의 말씀은 야웨 하나님의 심판이 유다 백성과 그들의 성읍 예루살렘에 똑같이 임할 것임을 의미하는 바, 이는 야웨 하나님을 잊어버리고(2 : 32; 3 : 21; 13 : 25; 18 : 15 등; forget, '샤카흐') 그를 버린(15 : 6; forsake, '나타쉬') 그들의 잘못된 행동에 상응하는 형벌이라 할 수 있다. 특히 바로 앞의 27절에서 예레미야가 비난한 바와 같이, 이스라엘의 조상들은 바알로 말미암아 야웨 하나님의 이름을 잊어버렸고, 거짓 예언자들조차도 야웨의 백성으로 하여금 그의 이름을 잊게 하는 잘못을 범하였다.

상황이 이러했기에 그들을 잊어버리고 싶은 야웨 하나님의 심판이 불가피했다. 그들을 잊어버리고 그들과 그들의 성읍을 내버림으로써 야웨께서는 그들로 하여금 결코 잊혀질 수 없는(will not be forgotten; '샤카흐'의 니팔형) 영원한 치욕과 수치를 당하게 하실 것이다(40절). 그들은 야웨 하나님의 이름을 잊어버릴지 모르지만, 다가올 수치스러운 심판은 결코 잊지 못할 것이다. 도리어 그것이 영원토록 그들의 기억에 남아 그들을 한없이 괴롭힐 것이다. 예레미야는 자신을 괴롭히는 자들에게 이와 거의 비슷한 하나님의 심판을 선고한 바가 있다: "큰 치욕을 당하오리니 그 치욕은 길이 잊지 못할 것이니이다"(20 : 11).

설교를 위한 묵상

1) 유다 나라가 야웨 하나님의 심판을 받아 망할 수밖에 없는 원인에는 여러 가지가 있지만, 그중에서도 특히 그의 백성을 기르는 목자들에게 가장 큰 책임이 있다고 할 수 있다. 그들은 야웨 하나님의 양 떼를 돌보기는커녕 도리어 그의 양 떼를 흩으며 몰아내는 악을 행하였다. 예레미야가 비난하는 목자들은 정치 지도자들과 종교 지도자들을 포함하고 있는 바, 예레미야는 23장에서 거짓 예언자들의 잘못된 예언 행동을 집중적으로 비난하고 있다. 그들은 거짓된 예언으로 야웨의 백성을 그릇된 길로 인도하였을 뿐만 아니라, 그들 스스로가 간음을 행하며 거짓을 말하는 죄를 범하였다. 그들의 악행은 악을 행하는 자들에게 용기를 불어넣어 줌으로써, 그들로 하여금 더 큰 악을 행하도록 부추기는 역할을 수행하였다. 야웨께서 보시기에 그들은 유황불 심판을 받아 망했던 소돔이나 고모라와 다름없는 자들이었다.

야웨께서는 유다 백성에게 거짓 예언자들의 말을 귀담아듣지 말 것을 경고하신다. 왜냐하면 그들은 야웨의 회의에 참여한 적이 없는 자들이요, 예레미야처럼 하나님의 소명을 받은 적이 없는 자들이기 때문이다. 그들은 유다 백성이 야웨 하나님의 언약을 무시하고 다른 신들을 섬기는 모습을 보면서도, 그들의 죄악을 폭로하고 비판하는 일에 관심이 없었다. 도리어 그들은 유다 백성에게 그 땅에 재앙이 임하지 않을 것이요, 평화가 지속될 것이라는 희망의 메시지를 선포하곤 했다. 그러나 그러한 예언 메시지는 야웨께서 그들에게 주신 것이 아니었다. 그들이 마음속으로 지어낸 것일 뿐이었다. 따라서 그들은 소돔이나 고모라와 똑같은 형벌을 받게 될 것이다. 그뿐이 아니다. 야웨께서는 그들이 선포한 메시지와는 정반대로 유다 땅과 그곳에 사는 사람들 모두에게 진노의 심판을 쏟아부으실 것이다.

야웨께서 주시지도 않은 메시지를 야웨 하나님의 말씀인 것처럼 위장하여 선포하는 거짓 예언자들의 행동은 매우 악한 것이다. 그것은 자신을 망하게 할 뿐만 아니라,

그들의 메시지를 듣고서 거짓된 확신에 사로잡힌 채 용감하게 악을 행하는 사람들까지도 망하게 한다. 그들은 야웨께서 멀리 계신 분이기에 야웨께서 자기들의 악행을 살펴보지 못할 것이라고 생각하지만, 결코 그렇지 않다. 그는 멀리 계신 분이면서 동시에 가까이에도 계신 분이다. 그의 불꽃 같은 눈을 피할 존재는 이 세상 어디에도 없다. 그는 거짓된 생각과 거짓된 입으로 "야웨의 말씀"을 조작하고 변질시킨 거짓 예언자들과 그들의 잘못된 인도를 따라 야웨 하나님을 버리고 이방 신들을 섬긴 유다 백성을 불 같고 방망이 같은 자신의 참된 말씀으로 벌하실 것이다. 야웨의 말씀을 진정으로 두려워하는 자라면, 그의 말씀에 귀를 기울이고 그의 말씀을 따라 사는 삶에 소홀함이 없어야 할 것이다.

2) 세상에 속한 것들을 멀리한 채로 자기 목숨을 걸고서 예언 활동을 하는 참 예언자들과는 달리, 거짓 예언자들은 철저하게 세상에 속한 자들이요, 권력층에 기생하여 살아가는 사람들이다. 그들은 기성 체제에 안주하는 자들이기에 철저하게 체제지향적이며, 주변 사람들에게 거짓 평화를 강조한다. 그들은 또한 야웨 하나님의 재앙과 심판이 유다 땅에 임하지 않을 것이라고 말함으로써, 악을 행하는 자들의 손을 강하게 붙들어 준다. 그들은 본질적으로 변화와 개혁을 싫어하며, 자신의 안정과 행복을 위해 현상 유지를 선호하는 사람들이다. 예레미야와 같은 참 예언자들이 재앙과 심판을 선고하는 것과는 달리, 그들은 평화와 안정이야말로 야웨 하나님의 말씀이라고 우겨 댄다. 자기들 마음대로 만들어 내고 조작한 야웨의 말씀을 입증하기 위해, 그들은 꿈이나 환상 같은 신비로운 체험을 통하여 말씀을 받았다고 강변하며, 심지어는 야웨 하나님의 이름을 빙자하여 예언하는 일을 서슴지 않는다. 야웨의 회의에 참여하여 그의 부르심을 받은 적이 전혀 없는데도 말이다.

그러나 거짓 예언자들이 아무리 위장된 메시지로 평화와 안정을 외친다고 해도, 유다 나라를 향한 야웨 하나님의 심판 계획은 결코 바뀌지 않는다. 그는 유다 나라에 만연해 있는 온갖 죄악을 그대로 두시는 분이 아니다. 그는 사람들이 잘못했을 때는 상처를 도려내는 심정으로 가혹한 심판을 선고하시며 그것을 그대로 집행하시는 분이다. 자기 백성이라고 예외일 수는 없다. 설령 야웨께서 오래전에 다윗과 예루살렘을 선택하시고 다윗 왕조와 그의 성읍 예루살렘을 지켜 주기로 약속하셨다 할지라도, 그들이 야웨 하나님과의 언약 관계를 깨뜨리고 다른 신들을 섬기는 악을 행하는 한에 있어서는, 그러한 약속조차도 효력을 발할 수 없다. 야웨 하나님은 현상 유지를 목표로 하여 활동하는 거짓 예언자들의 위장된 평화 예언과는 달리, 악을 행하는 모든 자들에게 전쟁과 재앙, 그리고 심판과 재앙을 쏟아부으시는 분이다.

따라서 거짓 예언자들이 예언한 평화는 결코 이루어질 수 없다. 그들이 원치 않는 변화와 개혁은 도리어 참 예언자들과 그들을 부르신 야웨 하나님에 의하여 이루어질 것이다. 야웨께서는 심판을 통하여 썩은 부위를 도려내고 그 자리에 새 살이 돋아나게 하실 것이요, 거짓 목자들이 돌보지 않은 탓에 사방으로 흩어지고 말았던 자기 백성으로 하여금 원근 각처에서 고국으로 돌아오게 하여 번영과 행복을 누리게 하실 것이다. 쭉정이와도 같은 거짓 예언자들은 "야웨의 맛사"를 함부로 변질시켜 전한 까닭에, 야웨 하나님이 그들을 무거운 짐처럼 여겨 가차 없이 버리시고 가혹한 심판을 통하여 그들을 파멸에 빠뜨리실 것이지만, 심판을 피해 살아남은 자들은 다윗 가문에서 새롭게 일으킴을 받을 의로운 왕의 지혜롭고 정의로운 통치 아래에서 참된 평화를 누리게 될 것이다. 현상 유지에 급급하고 거짓 평화와 안정을 외치는 데 골몰하는 거짓 예언자들의 허황된 메시지에 현혹되지 말고, 비록 아프고 괴로울지라도 참된 심판과 재앙의 말씀에 귀를 기울이는 우리 모두가 되어야 할 것이다.

X. 좋은 무화과와 나쁜 무화과(24 : 1-10)

전체가 산문체로 되어 있는 24장은 1~3절과 4~10절의 두 단락으로 나누어진다. 1~3절이 두 종류의 무화과 열매에 관한 환상을 다루고 있다면, 4~10절은 그 환상에 대한 해석을 담고 있다. 1절에 의하면, 24장은 바벨론의 느부갓네살 왕이 여고냐(여호야긴) 왕과 다른 뛰어난 유다 시민들을 바벨론으로 사로잡아 간(참조. 왕하 24 : 10-17) 주전 597년 이후의 어느 시점에 선포된 말씀을 담고 있다. 야웨께서는 예레미야에게 교훈을 주기 위하여 무화과 두 광주리를 사용하신다. 한 광주리는 제철에 난 맛있는 첫 무화과를 담고 있으며, 다른 광주리는 썩어서 먹을 수 없는 무화과를 담고 있다(2-3절). 좋은 무화과는 최근에 포로로 잡혀간 자들을 상징한다(4-5절).

사람들이 좋은 무화과로 인하여 즐거워하는 것처럼 야웨께서도 이 포로민들에게 은총을 베푸실 것이다. 마침내 그들을 회개하는 예배 공동체로 변화시키고 또 그들에게 그 땅을 돌려줌으로써 말이다(6-7절). 이 예언은 문자 그대로 여호야긴(참조. 22 : 24-30)이나 그와 함께 있는 포로민들에게 적용된다고 보기 어렵다. 도리어 그것은 그들의 후손을 가리키고 있음에 틀림없다. 이와 관련하여 예레미야가 이들 포로민들에게 보낸 편지(29 : 1-23)는 70년이 지나기 전까지는 그 예언이 성취되지 않을 것임을 분명하게 밝히고 있다(참조. 29 : 10; 25 : 11-12). 그리고 썩은 무화과는 시드기야 왕과 유다 땅에 남은 다른 사람들을 상징한다. 사람들이 썩은 무화과를 던져 버리는 것처럼 야웨께서도 그 땅에 남아 있는 자들을 배척하실 것이다(8절). 그는 그 땅을 황무지로 만드실 것이요, 유다를 주변 나라 사람들에게 조롱거리가 되게 할 것이다(9-10절).

이상의 내용을 담고 있는 24장은 18 : 1~12에 기록되어 있는 토기장이의 비유나 아모스 7 : 1~9 : 10에 기록되어 있는 다섯 가지 심판의 환상들과 그 형태가 비슷한 것으로서, 예레미야의 예언 메시지가 야웨 하나님의 말씀임을 강조하는 '느움 야웨'(declares Yahweh, "야웨의 말씀이니라")라는 특징적인 예언구를 전혀 사용하지 않고 있으며, 그 대신에 '코 아마르 야웨'(thus says Yahweh, "야웨께서 이와 같이 말씀하시기를")라는 사자 양식을 5절과 8절에서 두 번 사용하고 있다.

1. 무화과 두 광주리 환상(24 : 1-3)

1바벨론의 느부갓네살 왕이 유다 왕 여호야김의 아들 여고냐와 유다 고관들과 목공들과 철공들을 예루살렘에서 바벨론으로 옮긴 후에 여호와

께서 여호와의 성전 앞에 놓인 무화과 두 광주리를 내게 보이셨는데 [2]한
광주리에는 처음 익은 듯한 극히 좋은 무화과가 있고 한 광주리에는 나
빠서 먹을 수 없는 극히 나쁜 무화과가 있더라 [3]여호와께서 내게 이르시
되 예레미야야 네가 무엇을 보느냐 하시매 내가 대답하되 무화과이온데
그 좋은 무화과는 극히 좋고 그 나쁜 것은 아주 나빠서 먹을 수 없게 나
쁘니이다 하니

[24 : 1-3] 히브리어 본문의 1절은 "야웨께서 내게 보이셨다"(Yahweh showed me, '히르아니 야웨')는 표현으로 시작한다. 개역 개정판에서는 이 표현이 맨 마지막에 나오는 것으로 번역되어 있지만, 히브리어 본문에서는 그것이 가장 먼저 언급되고 있다. 이러한 표현 방식은 아모스가 본 다섯 가지 심판의 환상들 중 앞의 네 가지 환상들에서도 똑같이 발견되고 있다: "주 여호와께서 내게 보이신 것[이 이러하니라]"(암 7 : 1, '히르아니 아도나이 야웨'); "주 여호와께서 또 내게 보이신 것[이 이러하니라]"(암 7 : 4, '히르아니 아도나이 야웨'); "[또] 내게 보이신 것[이 이러하니라]"(암 7 : 7, '히르아니'); "주 여호와께서 내게 [이와 같이] 보이셨느니라"(암 8 : 1, '히르아니 아도나이 야웨').

이처럼 '히르아니 야웨'라는 표현으로 환상의 주체가 야웨 하나님임을 분명하게 밝힌 예레미야는 1절의 나머지 부분에서 야웨께서 자신에게 보여 주신 환상의 시간적이고 공간적인 배경에 대해서, 그리고 그 환상의 개괄적인 내용에 대해서 설명하고 있다. 야웨께서 보여 주신 환상은 바벨론의 느부갓네살 왕이 주전 597년에 남왕국 유다의 여고냐 왕, 곧 여호야김의 아들 여호야긴과 유다 고관들 및 목공들과 철공들을 예루살렘에서 바벨론으로 사로잡아 간 후의 상황을 밑바닥에 깔고 있으며, 그 공간적인 배경은 야웨의 성전 앞을 가리키고 있다. 그리고 예레미야가 야웨의 성전 앞에서 본 환상은 그 앞에 놓인 무화과 두 광주리였다. 이 두 광주리가 야웨의 성전 앞에 놓여 있었다는 것은, 그것들이 야웨께 제물로 바쳐진 것이었으리라는 추측을 가능

케 한다(신 26 : 1-11; Lundbom I, 228).

그런데 예레미야가 성전 앞에서 본 두 광주리에는 품질이 전혀 다른 두 종류의 무화과가 담겨 있었다. 한 광주리에는 처음 익은 듯한 아주 좋은 무화과가 담겨 있었고, 다른 광주리에는 도저히 먹을 수 없을 정도로 매우 나쁜 무화과가 담겨 있었다는 설명이 그 점을 잘 보여 준다(2절). 처음 익은 듯한 아주 좋은 무화과는 첫 이삭의 소제를 야웨께 드리는 것(레 2 : 14; 23 : 20)에 상응하는 것으로, 그것이 야웨께 제물로 바쳐진 것이었음을 암시한다. 그러나 제물의 품질을 조사하는 제사장들이 판단하기에 먹을 수 없을 정도로 품질이 나쁜 무화과는 말라기에 나오는 "더러운 떡"이나 "눈먼 희생제물, 저는 것, 병든 것" 등과도 같이 부정한 제물(말 1 : 7-8)에 상응하는 것으로, 도저히 야웨께 바쳐질 수 없는 썩은 무화과를 가리키고 있는 것으로 보인다.

예레미야에게 이러한 환상을 보여 주신 야웨께서는 그에게 무엇을 보고 있는지 물으셨다. 이에 예레미야는 자신이 두 광주리에 담긴 무화과를 보고 있는데, 한 광주리에 담긴 좋은 무화과는 아주 좋은 반면에, 다른 광주리에 담긴 무화과는 너무도 나쁜 것이기에 먹을 수가 없다고 답한다(3절). 예레미야의 이 답변은 2절의 환상을 그대로 되풀이하고 있는 것으로, 그가 두 광주리 환상을 매우 정확하게 보았음을 암시한다. 그러나 그 환상이 어떠한 의미를 가지고 있는지는 알 길이 없었다. 예레미야가 본 환상 중에는 그것이 무엇을 뜻하는지에 대한 어떠한 설명도, 해석도 주어지지 않았기 때문이다. 환상의 의미에 대한 설명이나 해석은 오로지 그 환상을 주신 야웨 하나님께 속한 것이었다. 실제로 4절 이하에서 환상의 의미에 대한 야웨 하나님의 구체적인 설명이 주어지고 있다.

2. 환상에 대한 해석(24 : 4-10)

4여호와의 말씀이 또 내게 임하니라 이르시되 5이스라엘의 하나님 여호
와께서 이와 같이 말씀하시니라 내가 이곳에서 옮겨 갈대아인의 땅에
이르게 한 유다 포로를 이 좋은 무화과같이 잘 돌볼 것이라 6내가 그들
을 돌아보아 좋게 하여 다시 이 땅으로 인도하여 세우고 헐지 아니하며
심고 뽑지 아니하겠고 7내가 여호와인 줄 아는 마음을 그들에게 주어서
그들이 전심으로 내게 돌아오게 하리니 그들은 내 백성이 되겠고 나는
그들의 하나님이 되리라 8여호와께서 이와 같이 말씀하시니라 내가 유
다의 왕 시드기야와 그 고관들과 예루살렘의 남은 자로서 이 땅에 남아
있는 자와 애굽 땅에 사는 자들을 나빠서 먹을 수 없는 이 나쁜 무화과
같이 버리되 9세상 모든 나라 가운데 흩어서 그들에게 환난을 당하게 할
것이며 또 그들에게 내가 쫓아 보낼 모든 곳에서 부끄러움을 당하게 하
며 말거리가 되게 하며 조롱과 저주를 받게 할 것이며 10내가 칼과 기근
과 전염병을 그들 가운데 보내 그들이 내가 그들과 그들의 조상들에게
준 땅에서 멸절하기까지 이르게 하리라 하시니라

[24 : 4-10] 예레미야의 답변이 끝나자 "야웨의 말씀"이 그에게 임하였다(4절). 환상의 의미에 대한 해석(5-10절)의 도입부에 해당하는 4절은 16 : 1과 완전히 똑같은 히브리어 표현으로 되어 있다: '와여히 드바르-야웨 엘라이 레모르'(The word of the LORD also came to me saying). 개역 개정판은 이곳의 4절과 16 : 1을 제각기 "여호와의 말씀이 또 내게 임하니라 이르시되"와 "여호와의 말씀이 또 내게 임하여 이르시되"로 아주 약간 다르게 번역하고 있기는 하지만, 의미상으로는 아무런 차이가 없다.

5절 이하에서 야웨께서는 예레미야가 성전 앞에서 본 환상이 어떤 의미를 담고 있는지 '코 아마르 야웨'("야웨께서 이와 같이 말씀하시니라")라는 사

자 양식을 통하여 그에게 설명하신다. 5절의 이러한 사자 양식은 무화과 두 광주리 환상이나 그것의 의미가 예레미야에게 필요한 것이 아니라, 유다 나라의 왕과 백성 모두에게 필요한 것임을 암시하고 있다. 예레미야는 야웨 하나님의 사자로서 환상과 그 의미를 사람들에게 전해야만 했던 것이다. 환상의 주체이신 야웨께서 그에게 직접 주신 해석에 의하면, 한 광주리에 담긴 좋은 무화과는 희망으로 가득한 유다 백성의 미래를 상징하고 있다. 야웨께서는 갈대아 사람들의 땅에 포로로 잡혀온 유다 포로를 좋은 무화과같이 잘 돌보실 것이다(5절). 물론 그렇다고 해서 그들의 죄가 남은 자들보다 덜하거나 그들이 남은 자들보다 더 선하고 의롭다는 것은 결코 아니다. 그것은 도리어 하나님이 그들을 위해 긍정적인 계획을 가지고 있음을 의미할 뿐이다(Holladay I, 56; Lundbom I, 231).

그는 고국으로 인도하여 들인 그들을 좋게 만들어 다시금 고국으로 돌아오게 하되, 그 땅에 그들을 견고하게 세우고 헐지 않으실 것이요, 잘 심어서 뽑지도 않으실 것이다(6절). 또한 그는 자신이 야웨이심을 아는(know, '야다'; 참조. 호 2:8, 20; 4:1; 5:4; 6:3, 6; 8:2; 13:4) 마음을 그들에게 주셔서 그들로 하여금 온전한 마음으로 자신에게 돌아오게(return, '슈브') 하실 것이다. 이로 인하여 그들은 "내 백성"이 될 것이요, 야웨 자신은 "그들의 하나님"이 되실 것이다(7절). 일반적으로 예레미야는 인간의 마음에 대해서 말할 때 그것을 부정적인 의미에서 언급하지만(3:17; 5:23; 11:8 등), 이곳 7절에서는 그것을 긍정적인 의미에서 언급함으로써 바벨론에 포로로 잡혀와 있는 사람들에게 희망의 미래를 제시하고 있다(참조. 31:31-34).

그리고 7절의 "내가 여호와인 줄 아는"이라는 표현은, "그들이(또는 너희가) 나를 야웨인 줄 알리라"는 에스겔의 야웨 인지 양식(Yahweh recognition formula, 겔 6:7, 10, 13-14; 7:4, 27; 11:10, 12 등)과 거의 비슷한 의미를 전달하고 있는 것으로, "그들은 내 백성이 되겠고 나는 그들의 하나님이 되리라"는 통상적인 시내 산 언약 양식(covenant formula, 출 6:7; 레 26:

12; 신 29 : 13[H 12])과 밀접하게 관련되어 있다. 예레미야도 이러한 언약관계에 대해서 몇 차례 언급한 적이 있는 바, 그것이 조건부 약속으로 설명되는 경우도 있지만(렘 7 : 23; 11 : 4), 여기서처럼 전적인 회복과 구원의 메시지로 전달되기도 한다(렘 30 : 22; 31 : 1, 33; 32 : 38).

좋은 무화과 광주리에 관한 환상이 이처럼 긍정적인 의미를 가지고 있는 반면에, 다른 광주리에 담긴 나쁜 무화과 환상은 포로로 잡혀가지 않고 유다 땅에 그대로 남아 있거나 이집트 땅으로 간 사람들의 불행한 미래를 상징하고 있다. 바로 앞의 5~7절에서 사자 양식을 통하여 구원 메시지를 전했던 예레미야는, 다시금 사자 양식을 통하여 8~10절에 담긴 심판과 재앙의 메시지를 선포한다. 그 메시지에 의하면, 야웨께서는 유다 왕 시드기야와 그의 고관들과 유다 땅에 그대로 남아 있는 예루살렘의 남은 자들, 그리고 이집트 땅으로 간 사람들을 아주 나빠서 먹을 수가 없는 나쁜 무화과처럼 만들어 버리실 것이다(8절).

여기서 이집트 땅으로 간 사람들이 누구를 가리키는지에 대해서 논란이 있기는 하지만, 아마도 그들은 평소에도 친이집트 성향을 보이던 사람들로서 주전 597년에 여호야긴을 비롯한 많은 사람들이 바벨론으로 잡혀갈 때(왕하 24 : 10-16) 은밀하게 이집트로 망명한 자들을 가리킬 것이다(26 : 21-23; Lundbom I, 233). 그들은 바벨론에 항복해야 목숨을 건질 수 있다고 설교했던 예레미야의 예언 메시지(21 : 9; 38 : 2, 17-18)를 거역한 까닭에, 야웨 하나님의 심판을 피할 수 없는 상황에 놓여 있음이 분명하다. 그래서 그들은 유다 땅에 남아 있는 자들과 함께 심판을 받아야 할 자들의 무리에 속하게 된 것이다.

그렇다면 야웨께서 이러한 이집트 망명객들과 시드기야 왕을 비롯하여 유다 땅에 남아 있는 모든 자들을 나쁜 무화과처럼 버리신다는 것은 무엇을 뜻하는가? 9~10절에 그 의미가 잘 기록되어 있다. 야웨께서는 그들을 세상 모든 나라들 가운데 흩으셔서 그들로 하여금 환난을 당하게 하실 것이요, 그들을 쫓아 보낸 모든 곳에서 그들로 하여금 부끄러움을 당하게 하시고, 흩어진 나라들의 주민들로부터 비웃음과 조롱과 저주를 받게 하실 것이다(9절). 9절의 이러한 심판 메시지는 남왕국 유다와 예루살렘 성읍을 놀람과 조롱거리가 되게 하겠다는 18 : 16, 19 : 8, 25 : 9, 18, 29 : 18, 51 : 37 등의 심판 예언을 상기시키는 것으로서(참조. 미 6 : 16; 대하 29 : 8), 시내 산 언약의 저주 규정(신 28 : 37)에 해당하는 것이라 할 수 있다.

야웨께서는 또한 그들과 그들의 조상에게 준 땅에서 그들이 멸절될 때까지 계속해서 칼과 기근과 전염병을 그들에게 보내실 것이다(10절). 여기서 말하는 세 가지 심판의 도구, 곧 칼과 기근과 전염병은 예레미야의 예언 메시지에 자주 나오는 것들로서(21 : 7), 전면적인 파멸을 뜻하는 심판이 있을 것임을 알리는 것들이다. 그리고 8~10절의 경고와 심판의 메시지는 여호야김(22 : 18-23; 25 : 1-14)과 시드기야(21 : 1-7; 34장)를 향한 철저한 심판의 메시지와 크게 다를 바 없는 내용들로 이루어져 있다(Craigie 외, 361).

야웨께서 무화과 두 광주리 환상에 대하여 예레미야에게 주신 이러한 해석은 좋은 무화과에 해당하는 자들을 향한 구원의 메시지와 나쁜 무화과에 해당하는 자들을 향한 심판의 메시지를 담고 있는 바, 이는 당시의 유다 백성에게 있던 잘못된 생각을 바로잡기 위한 목적을 가지고 있었던 것으로 보인다. 왜냐하면 주전 597년에 느부갓네살 왕에 의하여 바벨론에 포로로 잡혀가지 않고 도리어 유다 땅에 남아 있던 자들은 자기들이야말로 야웨 하나님께 복을 받은 자들이요, 포로로 잡혀간 자들은 그 반대로 하나님의 심판을 받은 자들이라고 생각했기 때문이다. 그러나 5~10절은 그들의 그러한 생각이 완전히 잘못된 것임을 분명하게 밝히고 있다(겔 33 : 23-29; Clements, 146-147; Fretheim, 349). 포로로 잡혀간 자들에게는 희망의 미래가 약속되어 있지만, 포로로 잡혀가지 않고 남은 자들은 장차 엄중한 심판을 받을 것이라는 메시지가 그렇다.

설교를 위한 묵상

1) 야웨께서 자신의 뜻과 계획을 밝히시는 방법에는 크게 두 가지가 있다. 사람들의 귀에 들려주시는 구두 메시지와 사람들의 눈에 보여 주시는 환상이나 꿈이 그렇다. 구두 메시지는 귀로 듣는 것이기에 쉽게 이해가 되지만, 환상이나 꿈은 눈으로 보는 것이기에 별도의 해석이 주어지지 않으면 쉽게 이해되지 않는다는 특징을 가지고 있다. 이를테면 이집트의 두 관원장(창 40장)이나 파라오(창 41장), 그리고 바벨론의 느부갓네살(단 2장과 4장) 등이 꾸었던 꿈과 그에 대한 요셉이나 다니엘의 해석이 그 가장 대표적인 예에 속한다. 야웨께서는 예언자들에게도 때때로 환상을 주시지만, 반드시 그 환상의 의미를 구두 메시지를 통하여 분명하게 밝혀 주신다. 예레미야가 성전 앞에서 보았던 무화과 두 광주리 환상(렘 24 : 1-3)도 이에서 벗어나지 않는다. 야웨께서는 이 두 광주리 환상이 어떠한 의미를 갖는지 친절하게 설명해 주신다. 야웨께서 예레미야에게 주신 설명에 의하면, 좋은 무화과에 해당하는 사람들에게는 희망의 미래가 약속되지만, 나쁜 무화과에 해당하는 사람들에게는 심판과 파멸이 예정되어 있다. 환상의 내용 자체가 그 환상이 갖는 의미의 방향성을 암시해 주기는 해도, 그 정확한 의미까지 가르쳐 주는 것은 아니다. 그것은 오로지 환상을 보여 주시는 야웨 하나님에 의해서만 온전하게 주어지는 것이라 할 수 있다. 인간의 삶과 역사를 주관하시는 야웨 하나님은 때때로 자신이 선택한 사람들에게 환상을 보여 주시는 분이요, 그것의 의미까지도 결정하시고 알려 주시는 분이다. 환상을 보는 예언자들은 어디까지나 환상을 통해 주어지는 야웨 하나님의 뜻과 계획을 사람들에게 전해 주는 말씀의 도구일 뿐이다. 오늘의 기독교인들은 여러 가지 방식으로 인간의 삶과 역사 안에서 자신의 뜻을 이루어 가시는 야웨 하나님의 역사 주권을 인정하되, 그의 뜻을 잘 헤아려 사람들에게 알리고 전하는 자들의 말씀과 설교에 귀를 기울이지 않으면 안 된다.

2) 사람들은 매우 자주 자신과 세상을 향한 야웨 하나님의 분명한 뜻과 계획을 잘못 판단하곤 한다. 자신의 주관적인 생각과 판단이 마치 야웨 하나님의 뜻과 일치하는 것처럼 오해하는 경우가 많다는 얘기다. 본문에 나오는 유다 사람들도 그랬다. 주전 597년에 바벨론의 느부갓네살 왕에 의해 포로로 사로잡혀 가지 않고 유다 땅에 남

아 있던 사람들, 특히 시드기야 왕과 그의 고관들 및 예루살렘 사람들과 이집트 망명객들은 전쟁의 칼날을 피해 살아남은 자신들이야말로 하나님께 복을 받은 자들이요, 느부갓네살에 의해 포로로 잡혀간 자들은 야웨 하나님께 벌을 받아 포로가 된 것이라고 생각했다. 그러나 실제 상황은 정반대였다. 야웨께서는 예레미야를 통하여 그러한 사실을 사람들에게 분명하게 가르쳐 주시고자 했다.

겉으로 보기에는 바벨론에 포로로 잡혀간 자들이 심판을 받아 남의 나라에서 포로생활을 하는 것처럼 여겨졌을 수도 있다. 그러나 야웨께서는 그들을 좋은 무화과처럼 잘 돌보실 것이요, 언젠가는 다시금 고국으로 돌아오게 하실 것이다. 그리고 유다 땅에 남아 있거나 이집트로 망명한 자들은 겉으로 보기에 심판과 재앙을 피한 것처럼 여겨질 수도 있다. 야웨께서는 그들을 나쁜 무화과처럼 버리실 것이요, 여러 나라 가운데 흩으심으로써 환난을 당하게 하실 뿐만 아니라 칼과 기근과 전염병으로 그들을 파멸에 빠뜨리실 것이다. 이로 인하여 그들은 큰 수치와 부끄러움을 당하게 될 것이다. 유다 나라를 향한 야웨 하나님의 뜻과 계획은 이처럼 사람이 함부로 판단할 수 있는 것이 아니다. 그 까닭은 이렇다: "이는 내 생각이 너희의 생각과 다르며 내 길은 너희의 길과 다름이니라 여호와의 말씀이니라 이는 하늘이 땅보다 높음같이 내 길은 너희의 길보다 높으며 내 생각은 너희의 생각보다 높음이니라"(사 55 : 8-9).

Y. 유다와 이방 나라들을 향한 심판(25 : 1-38)

여호야김 제4년째 되던 해(주전 605년)에 야웨께서는 바벨론 포로생활이 곧 다가올 것임을 공식적으로 선포하신다(1절). 지난 23년 동안 예레미야는 유다 백성의 죄악을 고발하였다. 그러나 그들은 그의 메시지를 무시하였다(2-3절). 예레미야나 그와 같은 다른 예언자들은 유다 백성에게 회개할 것을 촉구하였으며, 우상숭배의 결과에 관해 경고하였으나 아무 소용이 없었다

(4-7절). 이 때문에 야웨께서는 새롭게 바벨론의 왕이 된 느부갓네살을 심판의 도구로 소환하신다. 바벨론 군대는 그 땅을 폐허로 만들 것이요, 기쁨의 소리와 일상생활을 끊어 버릴 것이다(8-10절). 포로가 된 사람들은 유다 땅이 황무지로 변한 상태에서 70년 동안 어쩔 수 없이 바벨론을 섬겨야 할 것이다(11절).

바벨론이 오랫동안 하나님의 백성을 지배하겠지만, 야웨께서는 마침내 형세를 역전시키실 것이다(12-14절). 50~51장에 있는 바벨론 심판의 메시지에서 보듯이, 야웨께서는 바벨론의 죄악을 낱낱이 벌하실 것이다. 그리고 바벨론을 심판하신 후에 야웨께서는 이방 나라들을 향한 심판을 시작하실 것임을 밝히신다. 야웨께서는 심판을 독한 포도주를 담은 잔에 비교하시면서, 이방 나라들로 하여금 그 잔을 마시게 할 것이라고 선언하신다. 하나님의 진노로 인하여 그들은 술에 취한 것인 양 비틀거릴 것이다(15-16절). 이 심판의 범위는 긴 민족 목록이 보여 주듯이 사실상 전 세계에 걸쳐 있다(17-26절). 이방 나라들 중에서 어느 나라도 심판으로부터 면제되지 않을 것이다(27-28절). 결국 하나님의 특별한 도시인 예루살렘조차도 재앙을 경험해야만 한다면, 이방 나라들은 얼마나 더 큰 고통을 당하겠는가!(29절)

심판은 끔찍할 것이다. 하늘 보좌에 주권자로 앉아 계신 야웨께서는 사자처럼 포효하실 것이요, 포도를 밟으면서 포도 수확을 경축하는 자들처럼 소리치실 것이다(30절). 야웨께서 자신의 강한 칼로 인류에게 심판을 행하시면, 파멸이 이 나라에서 저 나라로 옮겨 갈 것이요(31-32절), 그 길은 매장되지 못한 시체 더미로 가득하게 될 것이다(33절). 야웨께서는 이방 나라의 지도자들을 목자들에 비교하시면서, 그들이 죽음을 맛보게 될 것이라고 선언하신다(34-35절). 그는 초장을 황무지로 만드실 것이요, 미친 듯이 날뛰는 사자처럼 양 떼(인류를 상징함.)를 공격하실 것이다(36-38절).

이상으로 요약되는 25장은 크게 보아 다음과 같은 여섯 단락으로 나눌 수 있다:(1) 유다 백성의 거듭된 불순종(1-7절), (2) 유다와 예루살렘을 향한 심판(8-11절), (3) 바벨론에 임할 심판(12-14절), (4) 이방 나라들에게 내리는 진노의 술잔(15-26절), (5) 피할 수 없는 하나님의 심판(27-29절), (6) 이방 나라들에게 임할 심판(30-38절). 이 여섯 개의 단락은 거의 다 산문체로 되어 있지만, 마지막 여섯 번째 단락인 30~38절은 중간인 33절을 제외하고는 모두 시문체로 되어 있다. 그리고 25장은 예레미야의 예언 메시지가 야웨 하나님의 말씀임을 강조하는 '코 아마르 야웨'(thus says Yahweh, "야웨께서 이와 같이 말씀하시기를")라는 사자 양식을 8, 15, 27(개역 개정판은 "여호와 이스라엘의 하나님의 말씀에"로 조금 다르게 번역함.), 28(개역 개정판은 "만군의 여호와께서 말씀하시기를"으로 조금 다르게 번역함.), 32절에서 모두 다섯 번 사용하고 있으며, '느움 야웨'(declares Yahweh, "야웨의 말씀이니라")라는 특징적인 예언구는 9, 12, 29, 31절에서 모두 네 번 사용하고 있다.

1. 유다 백성의 거듭된 불순종(25 : 1-7)

1유다의 왕 요시야의 아들 여호야김 넷째 해 곧 바벨론의 왕 느부갓네
살 원년에 유다의 모든 백성에 관한 말씀이 예레미야에게 임하니라 2선
지자 예레미야가 유다의 모든 백성과 예루살렘의 모든 주민에게 말하여
이르되 3유다의 왕 아몬의 아들 요시야 왕 열셋째 해부터 오늘까지 이십
삼 년 동안 여호와의 말씀이 내게 임하기로 내가 너희에게 꾸준히 일렀
으나 너희가 순종하지 아니하였느니라 4그러므로 여호와께서 그의 모든
종 선지자를 너희에게 끊임없이 보내셨으나 너희가 순종하지 아니하였
으며 귀를 기울여 듣지도 아니하였도다 5그가 이르시기를 너희는 각자
의 악한 길과 악행을 버리고 돌아오라 그리하면 나 여호와가 너희와 너
희 조상들에게 영원부터 영원까지 준 그 땅에 살리라 6너희는 다른 신을
따라다니며 섬기거나 경배하지 말며 너희 손으로 만든 것으로써 나의
노여움을 일으키지 말라 그리하면 내가 너희를 해하지 아니하리라 하였

으나 [7]너희가 내 말을 순종하지 아니하고 너희 손으로 만든 것으로써 나의 노여움을 일으켜 스스로 해하였느니라 여호와의 말씀이니라

[25 : 1–7] 앞장(24장)이 주전 597년에 여호야긴 왕과 유다 고관들 및 기술자들이 바벨론의 느부갓네살 왕에 의하여 바벨론에 포로로 잡혀간 이후의 상황을 다루고 있다면, 25장은 그보다 조금 더 이른 시기인 주전 605년, 곧 여호야김 왕 제4년째 되던 해에 예레미야에게 임한 야웨 하나님의 말씀을 담고 있다(1절). 예레미야가 야웨 하나님의 말씀을 받은 주전 605년은 바벨론의 느부갓네살 왕이 유프라테스 강변에 있는 갈그미스(Carchemish) 전투에서 이집트의 파라오인 느고 2세(Necho Ⅱ, 주전 610–594년)의 군대를 패배시킨 해이기도 했다(46 : 2). 더 정확하게는 주전 605년 늦은 봄이나 초여름에 갈그미스 전투가 벌어졌고, 느부갓네살 왕은 이 전투에서 승리를 거두었던 것이다.

이 전쟁에서 승리한 바벨론 제국은 갈그미스 전투에서 승리를 거둠으로써 시리아–팔레스타인 지역을 포함하는 고대 근동 지역의 패자(霸者)로 우뚝 서게 되었다(Craigie 외, 364). 실제로 느부갓네살 왕은 이 전쟁에서 승리를 거둔 후 시리아와 팔레스타인까지 남하하여 예루살렘을 포위 공격하는 모습을 보였다. 그런데 바벨론과 이집트 사이에 벌어진 갈그미스 전투는 요시야 왕과 밀접한 관련을 가지고 있는 전쟁이기도 했다. 대대적인 종교개혁으로 유명했던 요시야 왕은 갈그미스에서 바벨론 군대와 싸우기 위하여 갈그미스로 올라가던 느고 2세의 군대를 방비하다가 므깃도에서 느고 2세에 의해 갑작스럽게 죽음을 맞이한 불행한 왕이었기 때문이다(왕하 23 : 29; 대하 35 : 20).

야웨께서 예레미야에게 주신 말씀은 1절에서 "유다의 모든 백성에 관한 말씀"으로 불린다. "선지자 예레미야"(예레미야에서 "선지자"와 "예레미야"가 병렬되어 나오는 두 번째 사례에 해당함; 20 : 2; 28 : 5–6, 10–12, 15; 29 : 1,

29; 32 : 2; 34 : 6; 36 : 8, 26; 37 : 2–3, 6, 13; 38 : 9–10, 14; 42 : 2, 4; 43 : 6; 45 : 1; 46 : 1, 13; 47 : 1; 49 : 34; 50 : 1; 51 : 59)는 유다의 모든 백성과 예루살렘의 모든 주민을 향하여 야웨 하나님의 심판을 선고하는 바(2절), 이 심판 메시지의 서두에 의하면, 예레미야는 아몬의 아들 요시야 왕의 제13년째 되던 해(주전 627년; 1 : 2)로부터 여호야김 왕의 통치 제4년째인 주전 605년에 이르기까지 23년 동안 자신에게 임한 야웨의 말씀을 계속 반복해서 그들에게 전했다. 그러나 아무 소용이 없었다. 그들이 계속해서 야웨의 말씀에 불순종했기 때문이다(3절).

그뿐이 아니었다. 야웨께서는 그들의 비뚤어진 삶을 바로잡기 위하여 오래전부터 많은 예언자들을 끊임없이 그들에게 보내셨다(send, '샬라흐'; 9절에 대한 설명 참조). 그러나 역시 소용이 없었다. 그들은 예언자들을 통하여 주어지는 야웨 하나님의 말씀에 귀를 기울이지 않았으며, 그 말씀에 순종하지도 않았다(4절; 개역 개정판의 4절 서두 "그러므로"는 적절치 않은 번역이다. 심판 어구인 '라켄'이 아니라 단순 접속사 '와우'가 쓰이고 있으므로 "그리고"[and]로 번역해야 옳다). 그가 예언자들을 통하여 주신 말씀은 5~7절에 잘 요약되어 있다. 이에는 크게 두 가지가 있다. 그 하나는 유다 백성의 일상적인 삶에 관한 것이고, 다른 하나는 그들의 신앙생활에 관한 것이다.

먼저 야웨께서는 유다 백성에게 각각 자신의 악한 길과 악행(evil deeds, 4 : 4; 21 : 12; 23 : 2, 22; 26 : 3; 44 : 22)을 버리고 돌아오라고(return, '슈브') 명하셨다(18 : 11; 26 : 3; 35 : 15; 36 : 3, 7). 그러면서 그는 만일 그들이 그렇게 하기만 한다면, 그들과 그들의 조상에게 준 땅에서 영원토록 살 수 있게 해 주겠다고 약속하셨다(5절). 이러한 긍정 명령에 이어 야웨께서는 그들에게 다른 신들을 따라다니며 섬기거나 경배하지도 말고 그들의 손으로 만든 것들로 그의 노여움을 일으키지 말라는 부정적인 금지 명령을 그들에게 내리신다. 만일 그들이 이 금지 명령을 잘 지킨다면, 그는 그들을 해하지 않을 것이요, 그들에게 재앙을 내리지 않겠다고 약속하셨다(6절).

그러나 이 두 가지의 긍정 명령과 금지 명령도, 그리고 명령 이행에 따르는 두 가지 약속도 아무런 소용이 없었다. 유다 백성은 예언자들을 통하여 주어진 경고의 말씀에 귀를 기울이지 않았고, 도리어 손으로 만든 우상들을 섬김으로써 야웨 하나님의 노여움을 일으켰으며, 이로 인하여 재앙과 심판을 초래하고 말았던 것이다(7절). 7절의 이러한 비판 메시지, 곧 "내 말을 순종하지 아니하고"라는 비판과 "너희 손으로 만든 것으로써 나의 노여움을 일으켜"라는 비판은 제각기 4절의 "너희가 순종하지 아니하였으며"와 6절의 "너희 손으로 만든 것으로써 나의 노여움을 일으키지 말라"를 결합시킨 것으로, 말씀에 대한 불순종과 우상숭배로 요약되는 유다 백성의 거듭된 죄악을 강조하는 효과를 가지고 있다.

2. 유다와 예루살렘을 향한 심판(25 : 8-11)

> 8그러므로 만군의 여호와께서 이와 같이 말씀하시니라 너희가 내 말을
> 듣지 아니하였느니라 9보라 내가 북쪽 모든 종족과 내 종 바벨론의 왕
> 느부갓네살을 불러다가 이 땅과 그 주민과 사방 모든 나라를 쳐서 진멸
> 하여 그들을 놀램과 비웃음거리가 되게 하며 땅으로 영원한 폐허가 되
> 게 할 것이라 여호와의 말씀이니라 10내가 그들 중에서 기뻐하는 소리와
> 즐거워하는 소리와 신랑의 소리와 신부의 소리와 맷돌 소리와 등불 빛
> 이 끊어지게 하리니 11이 모든 땅이 폐허가 되어 놀랄 일이 될 것이며 이
> 민족들은 칠십 년 동안 바벨론의 왕을 섬기리라

[25:8-11] 앞 단락에서 언급한 바와 같이, 말씀에 대한 불순종과 우상숭배의 거듭된 죄악으로 인하여 유다 백성에게 남은 것은 이제 야웨 하나님께 벌을 받는 일뿐이었다. "그러므로"(therefore, '라켄')라는 전형적인 심판 어구와 사자 양식인 '코 아마르 야웨'로 시작하는 8절 이하에 재앙과 심판의 구체적

인 내용이 서술되어 있다. 심판 선고에 앞서 야웨께서는 다시금 그들의 죄악을 한마디로 요약하신다: "너희가 내 말을 듣지 아니하였느니라". 8b절에 있는 이 요약의 말씀은 앞 단락에서 요약한 유다 백성의 두 가지 죄악을 더 줄인 것으로, 야웨 하나님의 말씀에 대한 불순종이야말로 유다 백성에게 있는 온갖 죄악의 뿌리가 되는 것임을 분명하게 지적하고 있다.

그들에게 임할 심판은 야웨께서 불러내신 북쪽 모든 종족과 바벨론의 느부갓네살 왕에 의하여 이루어질 것이다(9a절; 참조. 1 : 15). 특히 주목할 것은 야웨께서 바벨론의 왕인 느부갓네살을 일컬어 "내 종"(servant, '에베드')이라 칭하신다는 사실이다(27 : 6; 43 : 10). 여기서 사용되고 있는 히브리어 낱말 '에베드'는 4절에서 예언자들을 칭하는 "그의 모든 종"(servants, '에베드'의 복수형)과 똑같은 낱말로서, 느부갓네살이 예언자들과 마찬가지로 야웨 하나님의 뜻을 이룰 도구로 선택되었음을 의미한다(참조. 고레스, 사 44 : 28-45 : 1; Thompson, 512). 야웨께서는 이처럼 자신의 종으로 선택하신 느부갓네살을 심판의 도구로 보내셔서(send, '샬라흐'; 개역 개정판은 "불러다가"로 번역함.) 유다 땅과 그 주민과 사방 모든 나라를 쳐서 진멸하실 것이요, 이로써 그들 모두를 놀램과 비웃음거리가 되게 하고, 그들이 사는 땅을 영원한 폐허로 만들어 버릴 것이다(9절).

9절의 이러한 심판 메시지에서 한 가지 흥미로운 것은, 개역 개정판이 "불러다가"로 번역하고 있는 히브리어 낱말이 4절의 "보내셨으나"와 동일한 '샬라흐'(send) 동사라는 사실이다. 이것은 야웨께서 예언자들을 "보내어"('샬라흐') 경고와 심판의 말씀을 전하게 하셨으나 유다 백성이 그 말씀에 불순종한 까닭에(4절), 이제는 심판의 도구인 바벨론 왕 느부갓네살을 그들에게 "보내실"('샬라흐') 것임을 의미한다(Fretheim, 355). 유다 백성은 야웨께서 앞서 보내셨던 "종들"을 무시하였지만, 그가 장차 보내실 또 다른 "종"은 결코 무시하지 못할 것이다. 그를 통하여 이루어질 심판이 너무도 확실할 것이기 때문이다. 그리고 9b절의 "영원한 폐허"(an everlasting desolation)라는 표현은 과장된 것임이 분명하다. 왜냐하면 야웨께서는 언젠가 그 땅을 회복시켜 주겠다고 약속하셨기 때문이다(12 : 15).

야웨께서는 또한 유다 백성의 일상생활 속에서 기뻐하는 소리와 즐거워하는 소리와 신랑의 소리와 신부의 소리 등을 끊어 버리실 것이요, 맷돌 소리와 등불 빛도 사라지게 하실 것이다(10절). 거의 똑같은 표현이 나오는 7 : 34, 16 : 9에서 설명한 바와 같이 결혼의 기쁨을 표현하는 소리가 끊어질 것이라는 심판의 말씀은, 결국 남녀의 결혼이 불가능하게 될 것이요, 따라서 당연히 결혼 다음에 이루어질 자녀 출산이 금지될 것임을 의미한다. 그리고 일상생활에서 흔히 들을 수 있는 맷돌 소리와 등불 빛이 사라진다는 것은, 칼과 기근과 전염병 등으로 맷돌을 갈 사람이 사라지고 맷돌로 갈아야 할 곡물조차도 사라질 것임을 의미하며, 등불 빛이 사라진다는 것은 칼과 기근과 전염병 심판으로 인하여 등불을 켤 사람이 없어지고 등불을 켜는 데 사용되는 기름조차도 고갈될 것임을 의미한다.

예레미야가 10절에서 언급하고 있는 심판은 마침내 유다 모든 땅이 폐허가 되어 놀라운 일이 되게 할 것이요, 유다 백성은 70년 동안 바벨론 왕을 섬기게 된다는 것이다(11절). 그런데 11절 마지막에 언급되는 70년의 기간을 문자적으로 보아야 하는지, 아니면 상징적인 것으로 보아야 하는지에 대해서 학자들 사이에 논란이 많다. 그것을 문자적으로 보려는 자들은 포로 기간을 바벨론의 느부갓네살 통치 원년이면서 동시에 다니엘을 비롯한 일부 왕족과 귀족들이 포로로 잡혀간 시점(왕하 24 : 1-2; 단 1 : 1-2)인 주전 605년부터 계산한다. 그렇게 볼 경우에 포로생활은 66~67년 동안 계속된 셈이 된다. 따라서 이 견해에 의하면 70이라는 숫자는 상당히 문자적인 것이 된다. 여전히 대략적인 숫자이긴 하지만 말이다. 그리고 문자적인 견해를 주장하는 학자들 중 어떤 이들은 이러한 해석의 근거를 다니엘 9 : 2에서 찾기도 한다. 그들은 다니엘이 자기가 포로로 잡혀간 주전 605년을 70년 기간의 시작으로 이해하였다고 추론한다.

그러나 70이라는 숫자를 너무 문자적으로 받아들일 필요는 없을 것이다. 느부갓네살이 주전 605년에 유다를 침공하였고 주전 597년에 다시 침공하였지만(왕하 24 : 1-2, 10-16; 대하 36 : 6-7; 단 1 : 1-2), 본문은 유다의 종살이 기간을 주전 587년의 예루살렘 함락으로부터 시작되는 그 땅의 폐허 기간과 긴밀하게 관련시키고 있다(25 : 9-11과 24 : 8-10을 비교하라). 역대하 36장도 이러한 견해를 지지한다. 왜냐하면 역대하 36 : 21에 언급된 70년의 폐허 기간은 바로 앞의 17~20절에 언급된 주전 587년의 사건들로부터 시작되는 것이 지극히 자연스럽기 때문이다. 뿐만 아니라 역대기 본문은 그 사건들을 예레미야의 70년 포로생활 예언과 직접 관련시키고 있다. 이렇게 본다면, 유다 백성의 종살이 기간은 70년이 아니라 47년 내지는 48년이 된다.

그런가 하면 29 : 10이 말하는 70년 기간은 여호야긴이 포로로 잡혀간 주전 597년 이후의 어느 한 시점(29 : 2)에 포로민들이 받은 편지에 언급되어 있다. 만일 이곳에 언급된 70년이 주전 597년에 시작되는 것이라면, 종살이 기간은 사실상 70년이 아니라 58~59년이 된다. 어떠한 경우에든 문제의 기간은 70년 동안 지속되지 않는다. 이 때문에 70이라는 숫자는 하나님의 심판을 완전하게 충족시키는 오랜 기간을 나타내는 상투적인 관용어구로 보는 것이 더 좋을 것이다. 그것은 또한 인간의 평균 수명을 가리키기도 하기 때문에(시 90 : 10; 사 23 : 15를 보라.), 포로생활이 바벨론에 포로로 잡혀간 자들의 여생을 넘어서는 기간 동안 지속될 것임을 암시한다(Holladay I, 669; Chisholm, 『예언서개론』, 278-279).

3. 바벨론에 임할 심판(25 : 12-14)

[12]여호와의 말씀이니라 칠십 년이 끝나면 내가 바벨론의 왕과 그의 나라
와 갈대아인의 땅을 그 죄악으로 말미암아 벌하여 영원히 폐허가 되게
하되 [13]내가 그 땅을 향하여 선언한 바 곧 예레미야가 모든 민족을 향하

여 예언하고 이 책에 기록한 나의 모든 말을 그 땅에 임하게 하리라 [14]그리하여 여러 민족과 큰 왕들이 그들로 자기들을 섬기게 할 것이나 나는 그들의 행위와 그들의 손이 행한 대로 갚으리라

[25 : 12–14] 바벨론 제국을 향한 심판 메시지를 담고 있는 12~14절은 유다와 예루살렘을 향한 심판 메시지를 담고 있는 1~11절로부터 유다와 주변 나라들을 향한 심판 메시지를 담고 있는 15~29절로 옮겨가는 길목에 있는 단락이라 할 수 있다. 달리 말하자면, 12~14절은 이방 나라들을 향한 심판 메시지의 서론에 해당되는 것이다. 이방 나라들을 향한 심판 메시지에서 바벨론이 가장 먼저 언급된 것은, 바벨론이야말로 유다 나라와 가장 밀접한 관계를 가지고 있는 제국이기 때문이었을 것이다.

앞 단락(8–11절)에 의하면, 야웨께서는 자기 백성을 벌하기 위하여 바벨론 제국을 심판의 도구로 선택하시고 느부갓네살 왕을 자신의 종으로 칭하기까지 하셨다. 그러나 바벨론 제국이라고 해서 그의 역사 주권을 벗어날 수 있는 것은 결코 아니다. 설령 바벨론이 많은 유다 사람들을 포로로 잡아가고 70년 동안이나 하나님의 백성을 통치한다고 할지라도, 그들 역시 역사의 주관자이신 야웨 하나님의 심판을 피할 수 없다. 12~14절이 이러한 사실을 잘 보여 주며, 50~51장은 바벨론이 받을 심판을 훨씬 상세하게 전달하고 있다.

야웨께서는 앞서 언급한 바벨론의 70년 통치 기간이 끝나면 바벨론 왕과 그의 나라를 심판하시되, 그들의 죄악–더 구체적으로는 그들의 우상숭배와 교만함과 과도한 잔인성(참조. 50–51장)–을 따라 벌하실 것이요, 갈대아인의 땅을 유다 땅과 마찬가지로(9절) 영원한 폐허(an everlasting desolation)가 되게 하실 것이다(12절). 야웨 하나님은 바벨론 땅을 향하여 선언하신 이러한 심판의 말씀을 반드시 이루실 것이다. 그리고 바벨론을 향한 심판은 예레미야가 유다 주변의 모든 이방 나라들을 향하여 예언한 후에 자신의 책에 기록한 야웨 하나님의 모든 말씀("나의 모든 말")을 성취하는 중에 이루어질

것이다(13절). 그래서인지 70인역은 14절을 생략한 채로 이방 나라들에 대한 심판의 메시지를 담고 있는 46~51장을 13절 바로 다음에 두어 번역하고 있다.

바벨론을 향한 야웨 하나님의 심판은 어떻게 이루어질 것인가? 14a절에 의하면, 야웨께서는 여러 민족과 큰 왕들이 바벨론 사람들로 하여금 자기들을 섬기게 하는 방식으로 바벨론을 심판하실 것이다. 이렇게 다른 민족들을 통하여 이루어질 바벨론 심판은, 바벨론 사람들의 행위와 그들의 손이 행한 대로 갚음으로써 이루어지는 것이며(14b절), 유다 백성을 포함한 많은 다른 민족들을 포로로 잡아와 자기들을 섬기게 한 바벨론 제국의 통치 방식에 상응하는 것이라 할 수 있다. 바벨론 제국을 향한 예레미야의 이러한 심판 예언은 실제로 페르시아 제국의 통치자인 고레스(Cyrus, 주전 550-530년)가 바벨론을 무너뜨림으로써 신바벨론 제국을 끝장낸 주전 539년에 그대로 성취된다.

4. 이방 나라들에게 내리는 진노의 술잔(25 : 15-26)

> 15이스라엘의 하나님 여호와께서 이같이 내게 이르시되 너는 내 손에서
> 이 진노의 술잔을 받아 가지고 내가 너를 보내는 바 그 모든 나라로 하
> 여금 마시게 하라 16그들이 마시고 비틀거리며 미친 듯이 행동하리니 이
> 는 내가 그들 중에 칼을 보냈기 때문이니라 하시기로 17내가 여호와의
> 손에서 그 잔을 받아서 여호와께서 나를 보내신 바 그 모든 나라로 마시
> 게 하되 18예루살렘과 유다 성읍들과 그 왕들과 그 고관들로 마시게 하
> 였더니 그들이 멸망과 놀램과 비웃음과 저주를 당함이 오늘과 같으니
> 라 19또 애굽의 왕 바로와 그의 신하들과 그의 고관들과 그의 모든 백성
> 과 20모든 섞여 사는 민족들과 우스 땅의 모든 왕과 블레셋 사람의 땅 모
> 든 왕과 아스글론과 가사와 에그론과 아스돗의 나머지 사람들과 21에돔

과 모압과 암몬 자손과 [22]두로의 모든 왕과 시돈의 모든 왕과 바다 건너
쪽 섬의 왕들과 [23]드단과 데마와 부스와 살쩍을 깎은 모든 자와 [24]아라비
아의 모든 왕과 광야에서 섞여 사는 민족들의 모든 왕과 [25]시므리의 모든
왕과 엘람의 모든 왕과 메대의 모든 왕과 [26]북쪽 원근의 모든 왕과 지면
에 있는 세상의 모든 나라로 마시게 하니라 세삭 왕은 그 후에 마시리라

[25 : 15-26] 야웨 하나님의 심판을 받은 바벨론이 마침내 무너질 것이라는 메시지(12-14절)는 다음 예언으로 넘어가는 전환점 역할을 수행한다. 실제로 예레미야는 15절 이하에서 세상 모든 나라들을 향한 야웨 하나님의 심판 메시지를 선포한다(참조. 1 : 5; 암 1 : 3-2 : 6; 사 13-23장; 겔 25-32장). 맨 먼저 야웨께서는 예레미야에게 진노의 술잔을 받아 가지고 자신이 보내는 모든 나라들로 하여금 그 독한 포도주를 마시게 하는 상징적인 행동을 취할 것을 명하신다(15절). 하나님의 심판을 뜻하는 진노의 술잔을 마신 그들은 비틀거리면서 미친 듯이 행동할 것이다(16a절). 그 까닭은 그들이 마신 술에 치명적인 독이 들어 있기 때문이다(참조. 신 32 : 33). 야웨께서 그들 중에 전쟁을 상징하는 칼을 보내셨다는 것(16b절)이 그 점을 뒷받침한다.

15~16절에 있는 야웨 하나님의 이러한 명령은 17~26절에서 예레미야의 행동에 의하여 그대로 실천에 옮겨진다. 그 서두인 17절은 예레미야가 야웨 하나님의 손에서 진노의 술잔을 받아 그가 보내신 모든 나라들, 곧 남왕국 유다로부터 시작해서 마지막 나라인 바벨론에 이르기까지 모든 나라들로 그것을 마시게 했다고 말한다. 가장 먼저 그는 그 술잔을 예루살렘과 유다 성읍들과 그 왕들과 그 고관들에게 마시게 하였다. 그 결과 그들은 멸망과 놀램과 비웃음과 저주를 당하기에 이르렀다(18절). 여러 나라들 중에 유다가 가장 먼저 진노의 술잔을 마시게 된 이유는, 야웨 하나님과의 특별한 언약 관계 속에 있는 유다 백성이 야웨 하나님을 버리고 다른 신들을 섬김으로써 그 언약 관계를 깨뜨렸기 때문이다.

예레미야가 그 다음에 진노의 술잔을 마시게 한 나라들과 백성들의 목록은 19~26절에서 계속된다. 이 목록은 유다 나라의 남쪽과 남동쪽, 그리고 남서쪽과 동쪽과 북서쪽 및 바벨론 너머로 멀리 떨어져 있는 나라들을 차례대로 소개하고 있다. 유다 나라의 남쪽에 있는 나라는 이집트이다. 19~20a절은 이집트의 왕 파라오와 그의 신하들과 그의 고관들과 그의 모든 백성과 모든 섞여 사는 민족들을 먼저 소개한다. 그리고 유다 나라의 남동쪽과 남서쪽에 있는 나라는 제각기 우스와 블레셋이다. 우스(Uz)는 욥의 고향으로 알려진 곳으로(욥 1 : 1), 예레미야 25 : 20에서 블레셋, 에돔, 암몬, 모압 등지와 함께 언급되고 있으며, 예레미야애가 4 : 21은 에돔이 우스 지역을 점령한 것으로 묘사하고 있다. 이 두 구절과 욥을 "동방 사람"으로 부르는 욥기 1 : 3에 기초해 볼 때, 우스 지역은 아라비아 지역일 가능성이 높다.

우스 땅의 모든 왕 다음에는 유다 나라의 남서쪽에 있는 블레셋 사람의 땅 모든 왕과 블레셋에 속한 네 도시 국가들(아스글론, 가사, 에그론, 아스돗)의 나머지 사람들(20b절)이 소개된다. 블레셋은 가사와 아스돗과 아스글론과 가드와 에그론 등의 다섯 도시국가들이 연합하여 이루어진 나라이기에(수 13 : 3; 삼상 6 : 16-18), 일반적으로 다섯 도시 연맹체(Pentapolis)로 불리는 바, 예레미야는 여기에서 가드를 제외한 나머지 네 개의 도시국가들을 모두 언급하고 있다.

이어서 예레미야는 다시금 유다 나라의 동쪽에 있는 나라들을 소개한다. 에돔과 모압과 암몬 자손(21절)이 그렇다. 그 다음으로는 유다 나라의 북서쪽에 있는 나라들이 소개된다. 두로의 모든 왕과 시돈의 모든 왕과 바다 건너쪽 섬의 왕들(22절), 드단과 데마와 부스와 "살쩍을 깎은 모든 자"(23절; 표준새번역은 "관자놀이의 머리카락을 짧게 깎은 모든 족속"으로 번역함.), 아라비아의 모든 왕과 광야에서 섞여 사는 민족들의 모든 왕(24절), 시므리의 모든 왕과 엘람의 모든 왕과 메대의 모든 왕(25절), 북쪽 원근의 모든 왕과 지면에 있는 세상의 모든 나라들, 그리고 마지막으로 세삭 왕(26절) 등이 그렇다.

이 목록의 마지막에 나오는 세삭(Sheshach, 26절)은 바벨론을 칭하는 비밀스러운 이름이라 할 수 있는 바, 이 이름에 사용된 기법은 "치환 기법"(히브리어로 '아트바쉬', atbash)으로 불린다. 이는 히브리어 알파벳을 거꾸로 읽을 때 어떤 이름의 각 철자들이 그에 상응하는 철자들로 대체되게끔 하는 기법을 일컫는다. 히브리어에서 "바벨"이라는 이름은 '베트-베트-라메드' 자음들로 이루어져 있다. '베트'는 히브리어 알파벳의 두 번째 철자이고, '라메드'는 열두 번째 철자이다. "세삭"이라는 비밀스런 이름은 '쉰-쉰-카프' 자음들로 이루어져 있다. '쉰'은 알파벳의 스물한 번째 철자이고, '카프'는 열한 번째 철자이다. 히브리어 알파벳을 거꾸로 읽을 경우, '쉰'은 끝에서 두 번째 철자가 되고 '카프'는 끝에서 열두 번째 철자가 된다(Chisholm, 『예언서개론』, 280). 따라서 히브리어 낱말 "바벨"의 철자들을 거꾸로 뒤집어서 읽으면, 자연스럽게 "세삭"이라는 낱말이 만들어지는 것이다.

5. 피할 수 없는 하나님의 심판(25 : 27-29)

> 27너는 그들에게 이르기를 만군의 여호와 이스라엘의 하나님의 말씀에
> 너희는 내가 너희 가운데 보내는 칼 앞에서 마시며 취하여 토하고 엎드
> 러져 다시는 일어나지 말아라 하셨느니라 28그들이 만일 네 손에서 잔을
> 받아 마시기를 거절하거든 너는 그들에게 이르기를 만군의 여호와께서
> 말씀하시기를 너희가 반드시 마셔야 하리라 29보라 내가 내 이름으로 일
> 컬음을 받는 성에서부터 재앙 내리기를 시작하였은즉 너희가 어찌 능히
> 형벌을 면할 수 있느냐 면하지 못하리니 이는 내가 칼을 불러 세상의 모
> 든 주민을 칠 것임이라 하셨다 하라 만군의 여호와의 말씀이니라

[25 : 27-29] 앞의 단락(15-26절)이 여러 나라들로 하여금 진노의 술잔을 마시게 하는 예레미야의 상징적인 행동에 초점을 맞추고 있다면, 이어지는

27~29절은 그러한 상징적인 행동이 갖는 의미를 해설해 주고 있는 단락이다. 먼저 27절을 보도록 하자. 야웨께서는 예레미야로 하여금 확대된 사자 양식('코 아마르 야웨 츠바오트 엘로헤 이스라엘')을 통하여 유다 나라 주변의 이방 나라들을 향한 심판의 말씀을 선포하게 하시면서, 그들에게 심판의 칼 앞에서 진노의 술잔을 마시며 취하여 토하고 엎드러져 다시는 일어나지 말라고 명하신다(27절). 이것은 야웨께서 그들로 하여금 강제로 마시게 하는 진노의 술잔이 만취 상태를 초래하는 것이요, 그 안에 들어 있는 독으로 말미암아 몸을 마비시키는 효과를 불러일으키는 것임을 의미한다. 그 까닭에 예레미야는 16절에서와 마찬가지로 27절에서도 진노의 술잔과 칼을 나란히 언급한다. 이로써 그는 진노의 술잔 안에 있는 독이야말로 전쟁의 칼과도 같은 것임을 분명하게 밝힌 것으로 보인다.

만일 그들이 진노의 술잔을 받아 마시기를 거절한다면 어떻게 해야 하는가? 그럴 경우에도 예레미야는 그들이 반드시 그 술잔을 마셔야 한다는 강력한 메시지를 선포하지 않으면 안 된다. 그것이 예레미야 자신의 말이 아니라 야웨 하나님의 말씀이기 때문이다(28절). 심판을 상징하는 진노의 술잔을 피할 수 있는 민족은 어디에도 없다. 어느 민족이든 진노의 술잔을 마셔야 한다는 메시지는, 앞서 예레미야가 나열한 이방 민족들 중에서 어떤 나라도 야웨 하나님의 심판을 피하지 못한다는 사실을 가리키는 것이다.

그렇다면 야웨 하나님의 심판은 정확하게 어디서부터 시작하는가? 그의 심판은 심판받을 나라들의 목록에서 가장 먼저 언급(18절)된 바 있는 유다와 예루살렘에서부터 시작한다. 예레미야는 특히 예루살렘을 "내 이름으로 일컬음을 받는 성"으로 칭함으로써, 야웨께서 자신의 사랑하는 성읍조차도 심판하시기에, 그렇지 않은 나라들이 심판받는 것은 너무도 당연한 일이 아니겠느냐는 의미를 전달하고 있는 것으로 보인다. 실제로 그는 예루살렘에서 시작한 형벌을 이방 나라들이 피할 수 없다고 말하면서, 야웨께서 칼을 불러 세상의 모든 주민을 치실 것이라고 예언한다(29절).

6. 이방 나라들에게 임할 심판(25 : 30–38)

30그러므로 너는 그들에게 이 모든 말로 예언하여 이르기를 여호와께서
높은 데서 포효하시고 그의 거룩한 처소에서 소리를 내시며 그의 초장
을 향하여 크게 부르시고 세상 모든 주민에 대하여 포도 밟는 자같이 흥
겹게 노래하시리라 31요란한 소리가 땅끝까지 이름은 여호와께서 뭇 민
족과 다투시며 모든 육체를 심판하시며 악인을 칼에 내어 주셨음이라
여호와의 말씀이니라 32만군의 여호와께서 이와 같이 말씀하시니라 보
라 재앙이 나서 나라에서 나라에 미칠 것이며 큰 바람이 땅끝에서 일어
날 것이라 33그날에 여호와에게 죽임을 당한 자가 땅 이 끝에서 땅 저 끝
에 미칠 것이나 그들을 위하여 애곡하는 자도 없고 시신을 거두어 주는
자도 없고 매장하여 주는 자도 없으리니 그들은 지면에서 분토가 되리
로다 34너희 목자들아 외쳐 애곡하라 너희 양 떼의 인도자들아 잿더미에
서 뒹굴라 이는 너희가 도살 당할 날과 흩음을 당할 기한이 찼음인즉 너
희가 귀한 그릇이 떨어짐같이 될 것이라 35목자들은 도망할 수 없겠고
양 떼의 인도자들은 도주할 수 없으리로다 36목자들이 부르짖는 소리와
양 떼의 인도자들이 애곡하는 소리여 여호와가 그들의 초장을 황폐하게
함이로다 37평화로운 목장들이 여호와의 진노하시는 열기 앞에서 적막
하게 되리라 38그가 젊은 사자같이 그 굴에서 나오셨으니 그 호통치시는
분의 분노와 그의 극렬한 진노로 말미암아 그들의 땅이 폐허가 되리로
다 하시니라

[25 : 30–38] 30~38절은 중간에 있는 33절 한 절만을 산문체로 가지고 있는 시문체의 심판 예언으로서, 세상 모든 나라들에 미칠 야웨 하나님의 심판을 다양한 은유들을 통하여 설명하고 있다. 가장 먼저 야웨께서는 유다 나라와 이방 나라들을 심판하실 자신의 모습을 짐승과 사람의 은유에 담아 말씀하

신다. 짐승의 은유는 맹수들의 왕인 사자를 가리키며, 사람의 은유는 포도를 수확하는 자를 가리킨다.

사자의 경우를 먼저 보도록 하자. 30절은 먹이를 발견한 사자와 같이 포효하시는 야웨 하나님의 모습을 강조하기 위하여 "포효하다"(roar)라는 뜻을 가진 히브리어 동사 '샤악'을 세 번에 걸쳐 반복하고 있다. 그가 높은 데 있는 예루살렘(참조. 17 : 12)에서 사자처럼 포효하시고('샤악') 그의 거룩한 처소인 예루살렘(사 33 : 20)에서 소리를 내시며 그의 초장을 향하여 크게 부르시는(roar mightily, '샤옥 이슈악') 분이라는 것이 그렇다(30a절; 참조. 암 1 : 2; 욜 3 : 16[H 4 : 16]). 특히 '샤옥 이슈악'에서 앞의 '샤옥'은 '샤악' 동사의 부정사 절대형으로, 본 동사인 '이슈악'('샤악'의 미완료 형태) 앞에 사용됨으로써 강조의 의미를 전달하고 있다(Davidson, 114).

30a절이 이렇듯이 야웨께서 예루살렘에서 사자처럼 포효하심으로써 자신의 초장이나 다름없는 유다 나라를 심판하실 것임을 드러내고 있다면, 30b절은 그 범위를 넓혀 세상 모든 나라들을 향한 심판의 메시지를 선포하고 있다. 예레미야는 이곳에서 이방 나라들을 심판하시는 야웨 하나님의 모습을 포도 수확자의 모습에 비교한다. 야웨 하나님이 세상 모든 주민에 대하여 포도 밟는 자와도 같이 흥겹게 노래하실 분이라는 메시지가 그렇다. 하나님의 심판이 때때로 포도를 밟는 것에 비교된다는 사실(사 63 : 3; 욜 3 : 13)을 염두에 둔다면, 포도를 수확하는 자와 관련된 은유는 "흥겹게 노래하신다"는 표현과는 대조적으로 사람들을 큰 두려움에 사로잡히게 만드는 메시지가 아닐 수 없다.

야웨께서는 또한 법정 소송 언어를 빌어 자신의 심판을 설명하기도 하신다. 이를 위해 먼저 그는 바로 앞절(30절)에서 상세하게 설명한 바가 있는 심판의 "요란한 소리"가 땅끝까지 퍼지게 될 것이라고 말씀하시면서, 그 이유를 법정 소송을 가리키는 명사 '리브'(controversy)를 통하여 표현하신다. 그는 뭇 민족과 다투시며('리브') 모든 육체를 심판하시며 악인을 칼에 내어 주실 것이다(31절). 예레미야는 이러한 심판의 메시지 역시 예레미야 자신의 말이 아니라 야웨 하나님의 것임을 31절 마지막의 '느움 야웨'로 마무리짓는다.

32절에서 다시금 사자 양식으로 새로운 심판 메시지를 전하는 예레미야는 폭풍의 은유를 빌어 전면적이고 파괴적인 심판의 모습을 강조한다. 이 은유에 의하면, 재앙이 이 민족에게서 저 민족에게로 퍼져 나갈 것이요, 큰 폭풍(a great storm, '싸아르 가돌'; 개역 개정판의 "큰 바람"이라는 번역은 "폭풍"을 뜻하는 '싸아르'의 의미를 제대로 전달하지 못함.)이 땅끝에서부터 일어날 것이다. 이어지는 33절은 30~38절의 시문체 단락 중간에 유일한 산문체 메시지로 자리하고 있는 바, 큰 폭풍과도 같은 32절의 심판이 어떠한 결과를 초래할 것인지 섬뜩한 죽음의 언어로 실감나게 묘사하고 있다. 그날이 되면, 야웨께 죽임을 당한 자들이 땅 이 끝에서 저 끝에까지 널려 있을 것이요, 그들을 위하여 애곡하는 자도 없고 그들의 시신을 거두어 주는 자도 없고 매장하여 주는 자도 없을 것이라는 메시지가 그렇다. 이로 인하여 그들은 지면에서 분토가 되고 말 것이다(33절). 온 땅이 제대로 매장되지 못한 시체로 뒤덮이게 될 것이라는 얘기다. 전에는 유다와 예루살렘을 향하여 이와 비슷한 심판의 말씀이 선포되었는데(8 : 2; 12 : 12; 16 : 4), 이제는 그것이 다른 모든 나라들까지 확대될 것이다.

야웨께서는 또한 이방 나라의 지도자들을 목자들로, 양 떼의 인도자들로 칭하시면서, 그들에게 울부짖고 통곡하며 잿더미 위에서 뒹굴라고 명하신다(34a절). 잿더미 위에서 뒹굴라는 것은, 사람이 죽으면 잿더미로 변하는 것과 마찬가지로, 자신을 죽은 자처럼 생각하며 슬퍼하라는 의미를 담고 있다(참조. 6 : 26; 겔 27 : 30; 욘 3 : 6; 애 3 : 16). 그들이 이처럼 크게 슬퍼하며 애곡해야 할 이유는 어디에 있는가? 이는 그들이 도살당할 날과 흩음을 당할 기한이 찼기 때문이다(34b절). 일반적으로는 양 떼가 사람을 위한 식용 동물로 도살당하는 것이 관례(11 : 19; 사 53 : 7)이고, 목자가 사라지면 양 떼가 흩어지는 것이 관례(10 : 21; 23 : 1-2; 왕상 22 : 17; 겔 34 : 5)인데, 이제는 그러한 상황이 역전되어 도리어 목자들이 도살당하거나 흩음을 당하는(포로로 사로잡혀 가는) 심판이 그들에게 다가올 것이라는 얘기다. 참으로 아이러니하고 역설적인 상황 전개가 아닐 수 없다.

이방 나라의 지도자들에게 임할 심판은 이 같은 목자 은유에 더하여 그릇 은유를 통하여 표현되기도 한다. 34c절에 의하면, 그들은 마침내 귀하고 값진 그릇이 땅바닥에 떨어져 깨지는 것처럼 부서질 것이다. 일반 그릇은 무거워서 땅바닥에 떨어져도 좀처럼 부서지지 않지만, 값비싼 그릇은 소재가 가볍기에 생각보다 쉽게 깨질 수도 있다. 35절에서 다시금 목자 은유로 돌아온 예레미야는 목자들이 하나님의 심판을 피하여 도망할 수 없고, 양 떼의 인도자들은 도주할 수 없다고 말한다(참조. 암 2:14; 시 142:4[H 142:5]; 욥 11:20). 하나님을 피한다는 것 자체가 불가능할 뿐만 아니라, 그들을 위한 도피처가 어디에도 없기 때문이다.

이제 남은 것은 목자들이 부르짖는 소리와 양 떼의 인도자들이 애곡하는 소리일 뿐이다. 야웨께서 그들의 초장(=땅)을 황폐하게 만드실 것이기에(36절), 이제는 양 떼가 먹을 양식이 없어서 죽을 것이요, 삶의 근거가 사라진 목자들의 통곡 소리가 온 땅에 퍼질 것이다. 평화로운 목장들이 불길처럼 뜨거운 야웨의 진노의 열기 앞에서 황무지가 되고 말 것이다(37절). 그가 젊은 사자같이 그 굴에서 나오셨기에 그 호통치시는 분의 분노와 그의 극렬한 진노의 공격을 받은 탓에 그들의 땅이 폐허가 될 것이다(38절). 38절의 이러한 사자 은유는 30~38절 단락의 서두인 30절의 사자 은유와 맥을 같이하고 있는 것으로, 야웨 하나님의 심판이 먹이를 향한 젊은 사자의 맹렬한 공격과도 같이 치열하게 진행될 것임을 암시하고 있다.

설교를 위한 묵상

1) 야웨께서는 예레미야 이전에도 계속해서 말씀의 종인 예언자들을 이스라엘 백성에게 보내셔서 그들로 하여금 비뚤어진 길, 곧 그들의 악한 길과 악행으로부터 돌이켜서 자신에게로 돌아오기를 촉구하셨으며, 이방 신들을 좇는 행위로부터 방향을 돌이킬 것을 촉구하기도 하셨다. 예레미야도 주전 627년에 예언자로 부름 받은 이후 23년 동안 꾸준히 야웨 하나님의 경고와 심판의 말씀을 유다 백성에게 전했다. 그러나 아무런 소용이 없었다. 그들은 계속해서 예언자들이 선포하는 야웨 하나님의 말씀에 귀를 기울이지 않았으며, 그의 말씀에 순종하지도 않았다. 도리어 그들은 구속의 은총을 선물로 주신 야웨 하나님을 버리고 이방 신들을 좇는 배은망덕한 모습을 보였으며, 야웨 하나님의 도우심을 바라고 기대하기보다는 강대국의 무력을 더 의지하고 신뢰하는 파렴치한 모습을 보였다.

이렇게 야웨 하나님의 말씀을 듣지 않는 불순종의 상황에서는 그의 심판을 받는 길밖에 없다. 야웨께서는 자신의 말씀을 대언하는 예언자들을 보내시지만, 유다 백성이 예언자들을 통하여 선포된 말씀에 불순종했기에, 이제는 방향을 바꾸어 자신의 뜻을 이룰 다른 종들을 보내실 것이다. 북쪽의 모든 종족과 바벨론의 느부갓네살 왕이 바로 그들이다. 특히 "내 종"으로 불리는 느부갓네살이 그렇다. 이것은 무엇을 의미하는가? 유다 백성이 야웨께서 보내신 종의 말에 귀를 기울이지 않는다면, 야웨께서는 이제는 방향을 바꾸어 그들을 벌하고 징계할 새로운 종을 보내실 것이다. 느부갓네살이 결코 예레미야와 똑같은 말씀의 종일 수는 없지만, 그는 야웨 하나님께서 예레미야를 통하여 선포하신 심판의 말씀을 집행하는 도구로 선택되었다는 점에서, 야웨 하나님의 종임에 틀림없다. 오늘날 우리도 마찬가지이다. 말씀의 종에게 귀를 기울이지 않는다면, 야웨께서 세우신 심판의 종이 나타나 심판의 말씀을 집행할 것이다. 우리는 이 점을 두려워해야 한다.

2) 야웨께서는 자기 백성의 불순종을 벌하기 위하여 이방 민족을 심판의 도구로 활용하신다. 바벨론 제국과 느부갓네살 왕의 침략과 공격을 통하여 그는 자기 백성의 일상생활 속에서 모든 기쁨과 즐거움이 사라지게 하실 것이요, 그들이 사는 땅을 폐허로 만드실 것이다. 그러나 설령 바벨론이나 느부갓네살 왕이 심판의 도구로 선택

되었다고 해도, 그들 역시 역사를 주관하시는 야웨 하나님의 심판을 벗어나지는 못한다. 그들도 야웨 하나님께서 보시기에 악을 행한다면, 유다 나라와 똑같이 그의 징계와 심판을 받아야 한다. 그들의 교만과 우상숭배, 그리고 정복전쟁 중에 드러난 과도한 잔인성 등이 심판의 대상이 될 것이다. 바벨론뿐만이 아니다. 어떠한 나라이든 간에 야웨 하나님 앞에서 그가 원치 않는 악을 행한다면, 그의 징계와 심판을 피하지 못한다. 야웨께서는 그들의 손이 행한 대로 그들에게 갚으실 것이요, 그들로 하여금 강한 독이 들어 있는 진노의 술잔을 마시게 함으로써 그들을 멸망의 길로 인도하실 것이다.

진노의 술잔을 마신 나라들은 어떻게 되는가? 그들은 그 술잔 안에 있는 치명적인 독으로 인하여 몸이 마비되는 증세를 겪을 것이요, 다시는 일어서지 못하는 비극적인 운명에 처해지게 될 것이다. 그 독은 마치 전쟁의 칼과도 같은 것이어서, 그들을 완전한 파멸에 빠뜨릴 것이다. 야웨께서 예레미야를 통하여 전달하시는 진노의 술잔을 피할 수 있는 민족은 어디에도 없다. 유다와 예루살렘에서 시작되는 야웨 하나님의 심판은 마침내 유다 주변의 모든 나라들에게까지 폭넓게 미칠 것이다. 그는 젊은 사자처럼 맹렬하게 달려들어 자신의 먹이를 공격하실 것이요, 포도를 수확하는 사람처럼 포도를 밟으실 것이다. 또한 그는 큰 폭풍으로 자신의 심판을 이루실 것이다. 그 결과 이방 나라의 지도자들은 양 떼가 도살당하고 흩어지는 것과 똑같은 형벌을 받아 크게 슬퍼하며 애곡하게 될 것이다. 이처럼 엄위하신 야웨 하나님의 심판을 잘 알고 있는 사람이라면, 이스라엘이나 유다처럼 그의 말씀을 버리고 악을 행하면서 이방 신들을 섬기는 어리석은 행동을 취하지 않을 것이다.

강성열. 『성서로 보는 결혼 은유: 결혼 은유의 기원과 전승에 관한 연구』. 서울: 성광문화사, 1998.

______. 『현대인을 위한 창세기 강해』. 서울: 한국장로교출판사, 1998.

______. "구약성서의 성기 관련 어휘 연구," 「신학이해」 제31집(2006), 7-41.

______. "'타칸' 동사의 심판 개념에 관한 연구," 「신학이해」 제33집(2007), 9-27.

______. 『내가 네게 장가들리라: 설교를 위한 호세아 연구』. 서울: 한국성서학연구소, 2010.

______. "고대 이스라엘의 애곡 의식과 회개," 「신학이해」 제45집(2013), 7-39.

______. "구약성서의 이주민 신학과 다문화 선교의 실천," 「종교문화학보」 제15집(2018. 12), 97-124.

구덕관. 『지혜와 율법』. 서울: 대한기독교서회, 1989.

김근주. 『특강 예레미야』. 서울: IVP, 2013.

목회와신학 편집부 편. 『예레미야 I, 어떻게 설교할 것인가』. 서울: 두란노아카데미, 2009.

박동현. (=박동현 I) 『성서주석 예레미야 I』(1-26장). 서울: 대한기독교서회, 2006.

박동현. (=박동현 Ⅱ)『성서주석 예레미야 Ⅱ』(27-52장). 서울:대한기독교서회, 2006.

장성길.『예레미야서 주해:이스라엘의 구원과 회복의 드라마』. 서울:이레서원, 2007.

차준희.『예레미야서 다시보기』. 서울:프리칭아카데미, 2013.

Ackerman, S. *Under Every Green Tree:Popular Religion in Sixth-Century Judah*. Atlanta:Scholars Press, 1992.

Anderson, Gary A. *A Time to Mourn, A Time to Dance:The Expression of Grief and Joy in Israelite Religion.* Pennsylvania:The Pennsylvania State University Press, 1991.

Baumgartner, W. *Jeremiah's Poems of Lament*, tr. by David E. Orton. Sheffield:The Almond Press, 1987.

Boadt, L. *Jeremiah 1-25*. Wilmington:Glazier, 1982.

Bright, J. *Jeremiah*, AB. Garden City:Doubleday & Company, 1981.

Brueggemann, W. "The 'Uncared For' Now Cared For (Jer 30:12-17):A Methodological Consideration," *JBL* 104 (1985), 419-428.

Carroll, R. P. (=Carroll I) *Jeremiah 1-25*, OTL. London:SCM Press, 1986.

Carroll, R. P. (=Carroll Ⅱ) *Jeremiah 26-52*, OTL. London:SCM Press, 1986.

Chisholm, R. B.『예언서개론』, 강성열 옮김. 서울:크리스챤다이제스트, 2006.

Clements, R. E. *Jeremiah*, Interpretation. Atlanta:John Knox Press, 1988.

Cogan M. and H. Tadmor, *II Kings*, AB. New York:Doubleday, 1988.

Craigie, Peter C., P. H. Kelley, J. F. Drinkard. *Jeremiah 1-25*, WBC. Dallas:Word Books, 1991.

Crenshaw, J. L.『구약 지혜문학의 이해』, 강성열 옮김. 서울:한국장로교출판사, 1993.

Davidson, A. B.『히브리어 문법』, 이영근 옮김. 서울:크리스챤다이제스트, 1995.

Day, J. *Yahweh and the Gods and Goddesses of Canaan*. Sheffield: Sheffield Academic Press, 2000.

Diamond, A. R. *The Confessions of Jeremiah in Context:Scenes of Prophetic Drama*. Sheffield:JSOT Press, 1987.

Diamond, A. R. Pete, Kathleen M. O'Connor, and Louis Stulman (eds.). *Troubling Jeremiah*. Sheffeild:Sheffield Academic Press, 1999.

Finegan, J. *Myth and Mystery:An Introduction to the Pagan Religions of the Biblical World*. Grand Rapids:Baker Book House, 1989.

Fretheim, Terence E. *Jeremiah*. Macon:Smyth & Helwys, 2002.

Friebel, Kelvin G. *Jeremiah's and Ezekiel's Sign-Acts:Rhetorical and Nonverbal Communication*. Sheffield:Sheffield Academic Press, 1999.

Hoerth, A. J., G. L. Mattingly, and E. M. Yamauchi (eds.), *Peoples of the Old Testament World*. Grand Rapids:Baker, 1994.

Holladay, W. L. "Structure, Syntax and Meaning in Jeremiah iv 11-12a," *Vetus Testamentum* 26 (1976), 28-37.

Holladay, W. L. "The Identification of the Two Scrolls of Jeremiah," *Vetus Testamentum* 30 (1980), 452–467.

Holladay, W. L (=Holladay I). *Jeremiah 1:A Commentary on the Book of the Prophet Jeremiah Chapters 1–25*, Hermeneia. Philadelphia:Fortress Press, 1986.

Holladay, W. L. (=Holladay Ⅱ) *Jeremiah 2:A Commentary on the Book of the Prophet Jeremiah Chapters 26–52*, Hermeneia. Philadelphia:Fortress, 1989.

Jones, D. R. *Jeremiah*, NCBC. Grand Rapids:Eerdmans, 1992.

Kaminsky, Joel S. *Corporate Responsibility in the Hebrew Bible*. Sheffield:Sheffield Academic Press, 1995.

Keown, Gerald L., Pamela J. Scalise, and Thomas G. Smothers, *Jeremiah 26–52*, WBC. Dallas; Word Books, 1995.

King, P. J. *Jeremiah:An Archaeological Companion*. Louisville: Westminster/ Knox Press, 1993.

Leslie, Elmer A. *Jeremiah*. New York:Abingdon Press, 1954.

Lundbom, J. R. (=Lundbom I) *Jeremiah 1–20*, AB. New York: Doubleday, 1999.

Lundbom, J. R. (=Lundbom Ⅱ) *Jeremiah 21–36*, AB. New York: Doubleday, 2004.

Lundbom, J. R. (=Lundbom Ⅲ) *Jeremiah 37–52*, AB. New York: Doubleday, 2004.

McConville, J. G. *Judgment and Promise:An Interpretation of the Book of Jeremiah*. Winona Lake:Eisenbrauns, 1993.

Newsome, James D. (ed.). *A Synoptic Harmony of Samuel, Kings, and Chronicles:With Related Passages from Psalms, Isaiah,*

Jeremiah, and Ezra. Grand Rapids: Baker Book House, 1986.

O'Connor, Kathleen M. *The Confessions of Jeremiah: Their Interpretation and Role in Chapters 1–25*. Atlanta: Scholars Press, 1988.

Overholt, T. W. *The Threat of Falsehood: A Study in the Theology of the Book of Jeremiah*. London: SCM Press Ltd., 1970.

Polk, T. *The Prophetic Persona: Jeremian and the Language of the Self*. Sheffield: Sheffield Academic Press, 1984.

Pritchard, J. B. (ed.). *The Ancient Near East in Pictures Relating to the Old Testament*. Princeton: Princeton: Princeton Univ. Press, 1969.

Rabin, C., S. Talmon, and E. Tov (eds.). *The Book of Jeremiah*. The Hebrew University Bible. Jerusalem: The Magnes Press, 1997.

Raitt, Thomas M. *A Theology of Exile: Judgment/ Deliverance in Jeremiah and Ezekiel*. Philadelphia: Fortress Press, 1977.

Smith, M. S. *The Laments of Jeremiah and Their Contexts*. Atlanta: Scholars Press, 1990.

Smith, M. S. *The Early History of God: Yahweh and the Other Deities in Ancient Israel*. New York: Harper Collins Publishers, 1990.

Stulman, Louis. *The Prose Sermons of the Book of Jeremiah: A Redescription of the Correspondences with the Deuteronomistic Literature in the Light of Text-critical Research*. Atlanta: Scholars Press, 1986.

Thompson, J. A. *The Book of Jeremiah*, NICOT. Grand Rapids: Eerdmans, 1985.

Trible, P.『하나님과 성의 수사학』, 유연희 옮김. 서울:태초, 1996.

Wilson, R. R. "An Interpretation of Ezekiel's Dumbness," *VT* 22 (1972), 91–104.

NIV (New International Version)

NASB (New American Standard Bible)

NEB (New English Bible)

REB (Revised English Bible)

NRSV (New Revised Standard Version)

| 한국장로교총회창립 100주년기념 표준주석 |

구약

집필부분	집필자
창세기	김중은 박사
출애굽기	이종록 박사
레위기	정중호 박사
민수기	김진명 박사
신명기	김회권 박사
여호수아	강사문 박사
사사기/룻기	허성군 박사
사무엘상·하	김선종 박사
열왕기상·하	김태훈 박사
역대상	배희숙 박사
역대하	함 택 박사
에스라/느헤미야	민경진 박사
에스더	이미숙 박사
욥기	하경택 박사
시편	이승현 박사
잠언	천사무엘 박사
전도서	채은하 박사
아가	강승일 박사
이사야	조성욱 박사
예레미야	강성열 박사
예레미야애가	박동현 박사
에스겔	이은우 박사
다니엘	배정훈 박사
호세아/요엘	김정철 박사
아모스	최인기 박사
오바댜/요나	김유기 박사
미가	오택현 박사
나훔/하박국/스바냐	윤동녕 박사
학개/스가랴/말라기	김근주 박사

신약

집필부분	집필자
마태복음	최재덕 박사
마가복음	차정식 박사
누가복음	오덕호 박사
요한복음	김문경 박사
사도행전	이 달 박사
로마서	장흥길 박사
고린도전서	조광호 박사
고린도후서	박흥순 박사
갈라디아서	이종윤 박사
에베소서	석원식 박사
빌립보서/빌레몬서	김덕기 박사
골로새서	김철홍 박사
데살로니가전·후서	김형동 박사
디모데전·후서/디도서	박종기 박사
히브리서	소기천 박사
야고보서	이승호 박사
베드로전·후서	왕인성 박사
요한 1·2·3서/유다서	최흥진 박사
요한계시록	김춘기 박사

Presbyterian Church of Korea Standard Commentary

100

| 한국장로교총회창립 100주년기념 표준주석 |

예레미야 1~25장

초판인쇄 2021년 12월 26일
초판발행 2021년 12월 30일

기획·편찬 표준주석편찬위원회 강성열
편 집 인 대한예수장로회총회교육자원부
발 행 인 박창원
발 행 소 한국장로교출판사
주 소 03129 / 서울시 종로구 대학로 19, 409호(연지동, 한국기독교회관)
전 화 (02) 741-4381 / 팩스 741-7886
영 업 국 (031) 944-4340 / 팩스 944-2623
등 록 No. 1-84(1951. 8. 3.)

ISBN 978-89-398-9993-3 / 978-89-398-0434-0(세트)
Printed in Korea

값 33,000원

책임편집 정현선
편 집 이슬기 김은희
표지·본문디자인 최준호
경영지원 박호애 최수현
마 케 팅 박준기 이용성 성영훈